이론과 실제가 만나다

제4판

광고관리

안광호 이유재 유창조

학현사
HAKHYUNSA

| 제4판 | 서 문

3판을 출판한 지 벌써 7년의 시간이 흘렀다. 빠른 속도로 변화해 가는 광고환경과 기업의 광고전략에 맞추어 서둘러 개정판을 내지 못한 저자들의 게으름에 대해 사과의 말씀을 드린다.

광고에 기반을 둔 마케팅커뮤니케이션 캠페인의 기본원리는 일관성과 통합이다. 기업의 마케팅전략, 마케팅커뮤니케이션 전략, 그리고 광고전략은 서로 일관성을 유지해야 한다. 그리고 마케팅믹스 프로그램, 마케팅커뮤니케이션 믹스프로그램, 그리고 광고구성요소도 각각 마케팅목표, 마케팅커뮤니케이션 목표, 광고목표에 맞추어 통합적으로 관리되어야 한다. 본서는 개정 4판에 이르기까지 이러한 관점을 토대로 서술되었다.

다양한 디지털미디어의 출현과 인터넷 및 SNS의 확산에 따라 소비자의 매체 소비행위와 광고메시지 접촉점에 큰 변화를 보이고 있다. 이에 따라 기업의 타겟고객에 대한 마케팅커뮤니케이션 접근방식에도 혁신적 변화가 일어나고 있다. 이번 개정판은 광고환경과 마케팅커뮤니케이션 방식의 변화, 그리고 이에 대응한 최근의 마케팅/광고사례들을 소개하는 데 초점을 맞추고 있다. 이번 개정판에서도 저자들은 기업현장에서 일어나는 유익하고 재미있는 광고 및 촉진사례를 소개함으로써 이론과 실제 간에 균형을 맞추려는 집필의도를 유지하려고 노력했다.

이번 개정판의 주요특징은 다음과 같다.

첫째, 각 장 도입부의 광고사례들을 최신의 것으로 대체했다. 독자들은 본문으로 들어가기 전에 도입사례를 읽으면서 해당 장에서 다루고 있는 주요 광고개념들이 기업의 마케팅커뮤니케이션 결정에 어떻게 적용되는지를 개괄적으로 이해할 기회를 갖게 될 것이다.

둘째, 본문 중에 소개되는 〈광고 Highlight〉의 상당부분도 최신의 마케팅케뮤니케이션 트렌드와 광고사례로 대체했다. 독자들은 〈광고 Highlight〉를 읽으면서 본문에서 다루고 있는 주요개념들이 기업의 광고전략 수립과 실행에 실제로 적용되고 있음을 이해하게 될 것이다.

셋째, 최신의 광고사진을 소개함으로써 독자들이 최근의 광고사례를 이해하는 데 도움을 주고 딱딱한 본문내용을 읽어 가면서 잠시 기분전환의 기회를 갖도록 했다.

넷째, 도입사례, 〈광고 Highlight〉, 광고사진 등에 관련 유튜브 영상과 QR코드를 추가함으로써 독자들이 재미를 갖고 해당 광고사례의 내용을 배울 수 있도록 했다. 독자들은 본서에서 소개하는 사례들을 읽어 내려 가면서 스마트폰이나 노트북을 통해 관련 유튜브 동영상을 참고할 수 있어 보다 생생한 학습을 할 수 있을 것이다.

다섯째, 제11장 매체전략에서는 최근의 매체환경 변화에 맞추어 다양한 매체유형들을 ATL과 BTL로 분류해 소개했다. 최근 소비자들의 매체소비패턴 변화에 맞추어 기업들의 마케팅커뮤니케이션 활동은 TV, 신문, 잡지, 라디오 같은 전통적인 광고매체를 포함하는 ATL보다는 이벤트, 옥외광고와 뉴미디어를 포함하는 BTL을 더 강조하는 추세를 보인다. 이에 따라 개정판에서는 BTL에 포함되는 매체유형을 소개하는 데 상당부분을 할애했다. 특히 종합편성채널을 포함한 케이블TV, IPTV, 스마트폰과 스마트태블릿 같은 모바일미디어, 소셜미디어 등과 같은 뉴미디어의 광고미디어로서의 중요성이 부각됨에 따라 뉴미디어를 이용한 광고에 대해 자세히 설명했다.

여섯째, 이번 개정판의 구성에서 큰 변화 중 하나는 3판에 포함되었던 14장과 15장을 삭제한 것이다. 2개 장을 삭제한 주요이유 중 하나는 교재의 분량이 많이 늘어나 한 학기 동안 교재의 내용을 소화하는 데 어려움이 있을 것으로 판단했기 때문이다. 광고에 대한 소비자의 심리적 반응을 다루고 있는 14장 정보처리과정 모형과 15장 태도 형성 및 변화 모형에 포함된 주요개념들은 1~3부의 필요한 부분에 반영했다. 이에 따라 이번 개정 4판은 1~3부의 13개 장으로 구성된다.

이 밖에도 본문의 많은 광고/마케팅사례들을 최신의 것으로 교체함으로써 독자들이 최근의 마케팅커뮤니케이션 트렌드를 학습할 수 있도록 하고 본문의 가독성을 높이기 위해 문구수정 등의 세심한 노력을 기울였다.

저자들은 개정과정에서 많은 분들의 도움을 받았다. 적절한 광고사례와 광고사진의 탐색과 원고정리를 위해 수고한 인하대 석사과정 조은비 양, 서울대 권용주, 김현지, 박유정, 박지혜, 이희경 조교에게 고마움을 표시하고 싶다. 본서의 출판을 위해 아낌없는 지원을 해 준 양서원 출판그룹 박철용 회장님, 박세원 대표님, 그리고 학현사 영업부 및 편집부 직원들에게도 감사의 말씀을 드린다.

오랫동안 변함없이 본서를 사용해주신 대학과 기업의 많은 독자들에게 깊은 감사를 드리며 앞으로도 최고의 광고관리 교재를 만들어 이에 보답할 것을 약속드린다.

2020년 8월

안광호 · 이유재 · 유창조

| 제2판 | 서문

초판을 낸 지 벌써 몇 년의 세월이 흘렀다.

뉴미디어의 출현과 확산에 따라 소비자의 매체 소비행위와 광고산업이 급변하고 있고, 이에 따라 기업의 타겟고객에 대한 마케팅커뮤니케이션 방식에도 상당한 변화를 보이고 있다.

그럼에도 불구하고 저자들은 광고 의사결정에 변함없이 적용될 기본원리가 존재한다고 믿는다. 본서는 광고전략과 광고프로그램을 개발/실행하는 데 지침이 될 원리들을 이해하기 쉽게 제시하고, 다양한 마케팅/광고 사례를 토대로 이들이 현장에서 어떻게 적용되는지를 설명하고 있다. 물론 저자들은 독자들이 본서를 읽으면서 광고라는 매력 있고 흥미진진한 학문/실무 분야에 애정을 갖게 되기를 바란다.

이번 개정판은 변화된 광고환경을 소개하고, 본서를 애용해 주신 독자들이 주신 제언을 반영하고자 노력했다. 좋은 교재는 독자들이 알아야 할 개념들을 이해하기 쉽게, 그리고 물 흐르듯이 자연스럽게 읽어 내려갈 수 있도록 서술하는 것이라고 생각한다. 이번 개정판에서도 저자들은 초판과 마찬가지로 독자의 입장에서 좋은 광고교재가 될 수 있도록 최선의 노력을 기울였다. 다음은 개정판의 주요 특징을 정리한 것이다.

첫째, 개정판은 초판에 비해 책의 구성에서 큰 변화를 보이고 있다. 이번 개정판에서는 독자들이 광고전략의 수립/실행 과정을 쉽고 체계적으로 이해할 수 있도록 책의 내용을 재구성했다. 구체적으로 마케팅전략(3장), IMC전략(4장, 5장), 광고전략의 수립과 실행(6~12장), 광고효과측정과 광고에 대한 소비자 반응(13~15장)의 순으로 장들을 재구성함으로써, 독자들이 마케팅, IMC, 광고 의사결정이 어떻게 서로 연결되어 있는지를 이해할 수 있도록 했다. 이에 따라 초판 5장과 6장에서 다루어졌던 광고에 대한 소비자 반응은 개정판의 14장과 15장에서 다루고 있다. 광고의 핵심 역할은 타겟고객에게 제품정보를 제공하고, 자사제품을 구매하도록 설득시키는 것이다. 따라서 13장 광고효과측정, 14장 광고에 대한 소비자 반응–정보처리과정, 15장 광고에 대한 소비자 반응–브랜드태도의 형성과 변화는 3장~12장에 걸쳐 다루고 있는 마케팅, IMC, 광고 전략의 수립과 실행의 결과로 창출된 타겟소비자의 다양한 반응들과 이의 전략적 시사점을 서술하고 있다.

둘째, 새로운 마케팅, 광고 사례들을 소개하고, 오래되거나 마케팅/광고 이론을 이해시키는 데 적절하지 않은 것으로 판단된 사례들은 삭제했다. 각 장의 도입사례, 광고 Highlight, 그리고 본문

중에 소개되는 다양한 사례들은 독자들이 광고관련 개념들을 쉽게 이해하고, 광고전략의 수립/실행 과정이 실제로 현장에서 어떻게 적용되는지를 학습하는 데 도움을 줄 것이다. 저자들은 독자들이 개념을 이해하는 데 가장 적절한 사례를 제시하고자 노력했다.

셋째, 풍부한 광고사진, 표, 그림을 제공함으로써 독자가 본문의 내용을 이해하고 정리하는 데 도움을 주고자 했다. 저자들은 최근의 광고캠페인과 고전적 광고캠페인을 균형적으로 소개함으로써 광고원리가 광고환경의 변화에 상관없이 적용될 수 있음을 보여주고자 했다. 그리고 최근에 성공을 거둔 광고물의 사진은 독자들이 본문의 내용에 흥미를 갖고 최근의 광고추세를 이해하는 데 도움을 줄 것이다.

넷째, 책 전반에 걸쳐 구성이나 표현을 매끄럽고 자연스럽게 만들기 위해 최선의 노력을 기울였다. 저자들은 각 장들을 읽어가면서 독자의 입장에서 이해하기 어려울 것으로 생각되는 문장과 각 장의 구성을 꼼꼼히 수정하려고 노력했다. 이에 따라 개정판은 전판에 비해 독자들이 책을 읽어 내려가는 데 한결 수월해졌을 것이다.

저자들은 개정과정에서 많은 분들의 도움을 받았다. 가장 적절한 광고사례와 광고사진을 찾고, 두서없는 원고를 깔끔히 정리하기 위해 고생한 인하대 석사과정 허영회 군과 박동명 군, 그리고 김성환 군, 서울대학교 박사과정의 문선희 양, 석사과정의 김준환 군, 김희령 양, 이채호 군, 박사과정 이상준 군에게 진심으로 고마움을 표시하고 싶다. 멋있는 표지디자인을 해준 백승주 씨에게도 감사를 드린다. 또한 본서의 출판을 위해 물질적 · 정신적 지원을 아끼지 않은 양서원 출판그룹의 박철용 회장님과 직원 여러분들에게, 그리고 본문에 소개된 광고사진의 이용을 허락해주신 TV CF의 류재훈 대리님께도 감사드린다. 교재의 가치는 독자들의 지속적인 사랑으로부터 창출된다. 저자들은 전판과 마찬가지로 본 개정판이 변함없이 독자들의 사랑을 받아 광고 분야의 선도적 교재가 되기를 기원한다.

2010년 8월
안광호 · 이유재 · 유창조

차례

PART 1 광고에 대한 이해

PART 2 광고전략수립을 위한 전략적 접근

PART 1

광고에 대한 이해

CHAPTER 01
광고란?

CHAPTER 02
광고산업의 개요

CHAPTER

1

광고란?

1. 광고란 무엇인가?
2. 광고의 역할
3. 광고의 분류기준
4. 광고의 탄생과정

"만일 내가 다시 인생을 시작한다면 나는 다른 어떤 직업보다는 광고직에 나서고 싶다. 왜냐하면 광고는 인간에게 필요한 것의 전부를 포함하고 있고, 또한 생동감 넘치는 상상력과 인간심리를 심층적으로 종합, 연구한 것이기 때문이다. 광고는 많은 사람에게 유용한 것들에 관한 실제적인 지식을 가져다주기 때문에 본질적으로 교육의 한 형식이라 할 수 있다. ……그것은 끊임없이 그리고 빠르게 예술의 정상을 향하여 솟아오른다. 또한 쉬지 않고 새로운 길을 포장한다. ……과거 반세기 동안 사람들 사이에서 일어난 현대문명 수준의 전반적인 향상은, 광고라는 도구에 의한 수준 높은 지식의 확산 없이는 불가능했을 것이다."

–프랭클린 루즈벨트(Franklin D. Roosevelt) 대통령–

광고계의 대부로 알려진 헬 스테빈스는 광고를 '예술의 얼개를 빌려 과학을 수행하는 상상공학(imagineering)'이라 표현했다. 기업의 입장에서 브랜드의 매출증대라는 목표를 달성하기 위해 과학적인 논리로 광고전략을 수립하고, 이를 효과적으로 소비자에게 전달하기 위해 가장 예술적인 방식을 동원한다. 따라서 광고대행사는 가장 논리적인 사람들과 가장 예술적인 사람들이 함께 일하는 특이한 인력구성을 자랑하게 된다. 광고는 마케팅의 다른 실행수단들이 실패했을 때, 소비자의 인식 속에 마지막까지 남아있는 수단으로 작용하기도 한다. 그렇기 때문에 개인, 중소기업, 대기업, 비영리조직, 정부에 이르기까지 수많은 광고주들은 오늘도 표적청중을 설득하고 바라는 행동을 유도하는데 가장 효과적인 마케팅커뮤니케이션 방안을 찾아내고자 하고, 대행사들은 이들을 위해 불철주야 가장 예술적이고도 정확한 광고전략을 구사하고자 노력하고 있을 것이다.

본서 1부의 1장에서는 광고의 정의, 기능과 분류를 살펴보고, 광고전략의 수립과 집행의 전반적 개요를 소개한다. 또한 2장에서는 광고산업에 대한 조망을 제시함으로써 광고 전반에 대한 이해를 돕고자 한다.

1 광고란 무엇인가?

(1) 광고의 정의

"OO자동차 선전 봤어? 재미있더라."

우리는 일상에서 간혹 광고를 이의 유사개념들과 혼동하는 모습을 만나게 된다. 자동차 선전이라고 할 때 화자는 자동차 광고를 일컫고자 한 말일 것이다. 그러나 선전은 광고와는 사뭇 다른 개념이다. 광고의 정확한 의미는 무엇일까?

영어로 광고를 뜻하는 'advertising'의 어원은 라틴어 'advertere'로, '돌아보게 하다', '마음을 향하게 하다' 라는 의미를 지닌다. 그런가 하면 광고라는 의미의 독일어 'Die Reklame'와 프랑스어 'Reclame'는 모두 라틴어 'Clame' 즉, '반복해서 부르짖다'라는 말에서 유래하였다. 우리말이 근간으로 삼은 한자 '廣告(넓을 광, 알릴 고)'를 보아도 '세상에

널리 알리는 것'을 의미한다. 이처럼 광고의 의미를 언어적 해석에 주목해 종합해보면 '반복하여 부르짖어 알림으로써 사람들의 마음을 향하게 만드는 것'이라 이해할 수 있겠다.

미국광고대행사협회는 '대중에게 제품이나 서비스를 알리기 위해 매스미디어를 통해 유료로 전달하는 모든 행위'라고 규정한 바 있다. 그러한 전통적인 정의에 오늘날 매체의 변화를 더한 넓은 의미의 광고를 생각해 본다면 '기업, 정부, 개인 등이 자신의 주체를 밝히고 특정한 대상을 상대로 원하는 메시지를 일방향 또는 쌍방향 매체를 통해 전달하는 과정'이라고 정의해볼 수 있겠다.

광고의 개념과 흔히 혼용되고 있는 용어에는 선전, PR 등이 있다. 먼저 선전(propaganda)은 설득커뮤니케이션의 한 형태로, 개인이나 집단이 어떤 주어진 상황에서 자신들이 바라는 반응을 얻을 목적으로 커뮤니케이션 수단을 사용해 다른 개인이나 집단의 태도를 형성 · 통제 · 변화시키기 위한 조직적 기도이다.[1] 선전은 대체로 정치적, 군사적, 종교적 목적을 위해 사용되는데, 때로 주체를 감추고 여론을 선동한다는 점에서 광고와 차이를 지닌다. 나치의 괴벨스가 고안한 선전선동이 대표적이다. PR(public relations)은 조직의 성패에 영향을 주는 공중과 조직 사이의 관계를 파악하고, 정립하고, 호혜적인 관계를 유지하는 관리기능이다.[2] PR 중에서도 개인이나 조직이 자신이 원하는 정보를 언론매체에 보내 뉴스, 기사의 형태로 일반 대중에 전달되도록 하는 것을 퍼블리시티(publicity), 언론홍보라고 한다. 신제품 출시나 기업 실적 발표와 같은 정보를 제공하여 기사화되도록 하는 것이 그 예다. 기업들이 사회공헌활동을 하는 것도 PR의 한 영역인데, 가령 스타벅스는 공정무역 커피를 구매하고 소규모 커피 농가를 지원한다. 더불어 최근에는 소셜 미디어를 통해 기업을 둘러싼 이슈와 사건들이 빠르고 넓게 공유됨에 따라, 위기관리 PR을 통해 피해의 규모와 여파를 최소화하는 것이 중요하게 되었다. 도미노피자의 경우, 음식 제조가 비위생적으로 이뤄진다는 동영상이 유튜브로 확산되자 사건 발생 후 48시간도 안돼 CEO의 공식사과영상을 게재하고, 지속적으로 SNS 모니터링을 진행하여 전화위복의 기회로 활용했다.

---

1) 이명현 · 김요한, 광고학개론, 서울: 커뮤니케이션북스, 2010, P.34.

2) 김혜성, 광고의 이해, 서울: 커뮤니케이션북스, 2011, P.5.

이제는 TV 앞에서 이렇게 말해야 옳다.
"OO자동차 광고 봤어? 재미있더라."

사실 광고의 정의는 매우 다양하다. 광고를 바라보는 관점이 그만큼 다각적이기 때문이다. 광고업계의 종사자들이 광고의 어떤 측면을 강조하느냐에 따라, 학자들이 광고의 속성이나 기능의 어느 부분에 초점을 맞추느냐에 따라 다양하게 정의되었다. 본서에서는 다양한 정의 중 가장 큰 분류라 할 수 있는 마케팅 관점에서의 정의와 커뮤니케이션 관점에서의 정의를 소개하고, 이를 통합하여 이해할 수 있는 IMC 관점에서의 광고를 소개한다.

(2) 마케팅 관점에서의 광고

기업은 적정이윤을 추구하는 목표를 가지고, 이를 달성하기 위해 여러 가지 경영활동을 수행한다. 따라서 광고의 의미를 이해하기 위해서는 우선 기업경영에 있어서 광고의 역할을 살펴볼 필요가 있다.

기업의 여러 경영활동은 기업목표를 중심으로 유기적이면서 효율적으로 수행되어야 한다. 좋은 제품을 생산하는 기능, 유능한 인재를 채용해 훈련시키고 적재적소에 이들

그림 1-1 기업경영의 관점에서 본 광고의 위치

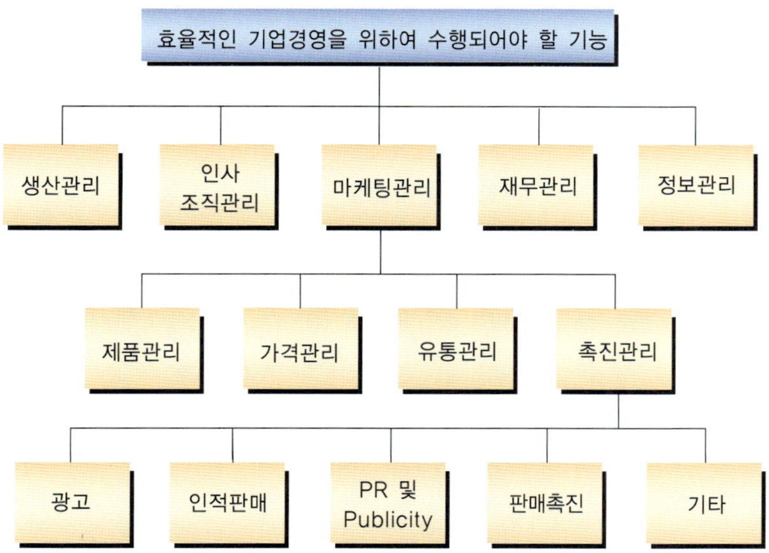

을 배치시키는 기능, 좋은 투자대안을 물색하고 필요한 자본을 조달하는 기능, 생산된 제품을 마케팅하는 기능, 기업경영에 필요한 정보망을 구축하고 관리하는 기능 등이 유기적인 관계를 갖고 효율적으로 수행되어야 한다. 이러한 기능들 중의 하나인 마케팅활동은 제품, 가격, 유통, 촉진으로 구성되는 마케팅믹스에 대한 관리이다. 마케팅믹스를 구성하는 요소의 하나인 촉진(promotion)의 핵심은 소비자를 대상으로 커뮤니케이션 기능을 수행하는 것이다. 이를 위해 광고(advertising), PR(Public Relations) 및 퍼블리시티(publicity), 인적판매(personal selling), 판매촉진(sales promotion) 등의 마케팅 커뮤니케이션 도구가 사용되며, 이들을 총칭해 촉진믹스(promotion mix)라 일컫는다. 이러한 관점에서 광고는 광고주가 대가를 지불하고 제품, 서비스, 아이디어를 촉진시키고 알리는 것을 목적으로 하는 것으로 이해할 수 있다.

마케팅활동은 소비자의 욕구를 정확히 파악하여 이를 충족시켜 줌으로써 기업과 소비자의 교환과정을 창출하는 것이다. 교환과정을 통하여 기업은 적정이윤을 확보하고 소비자에게 욕구충족을 제공한다. 교환과정을 창출하기 위해 마케터는 제품(product), 가격(price), 유통(place), 촉진(promotion) 등의 마케팅믹스(marketing mix)를 활용한다. 그들은 소비자의 욕구를 충족시켜 줄 수 있는 적절한 제품을 개발하고(product), 기업에게 적정

표 1-1 촉진믹스 구성요소의 비교

촉진믹스	후원자의 공개여부	대금지불	사용되는 매체
광고	후원자가 밝혀짐	매체 사용료를 지불	TV, 라디오, 신문, 잡지 등의 대중매체, PC, 모바일, 옥외 등을 이용한 디지털 미디어 등
PR/퍼블리시티	후원자가 밝혀지지 않음	사용되는 매체에 대한 대금을 지불하지 않음(방송국이나 신문사가 자체적으로 기사를 편성하기 때문)	TV, 라디오, 신문, 잡지 등의 대중매체, 소셜미디어 등
판매촉진	후원자가 밝혀짐	사용되는 매체가 없기 때문에 매체 사용료가 없으나, 인센티브 제공에 따른 비용이 발생됨	판매촉진의 방법에 따라 다양한 매체가 사용됨
인적판매	후원자가 밝혀짐	사용되는 매체가 없기 때문에 매체 사용료의 지불은 없으나 판매원에 대한 임금이 지급됨	고객과의 대면접촉에 의한 커뮤니케이션이 일어남

이윤을 보장하며 소비자가 가치를 느낄 수 있는 가격을 정하고(price), 그들이 편리하게 제품을 구매할 수 있는 유통망을 설계하고(place), 그들에게 제품을 효율적으로 알리고 구매를 유도하는 촉진 프로그램을 설계해야(promote) 하는 것이다. 광고는 바로 그 촉진 프로그램의 하나이다.

촉진활동의 핵심적인 기능은 소비자에 대한 커뮤니케이션이다. 기업은 촉진활동을 통해 소비자에게 제품정보를 제공하고 궁극적으로 제품구매를 유도하고자 한다. 이러한 촉진활동의 수행과정에서 마케터가 사용할 수 있는 커뮤니케이션 도구들을 촉진믹스라고 하는데, 이에는 광고, 인적판매, PR 및 퍼블리시티, 판매촉진 등이 있다.

첫째, 광고는 광고하는 주체(광고주)가 자신의 이름을 밝히고, 매체를 이용하는 대가로 대금을 지불하며, TV, 라디오, 신문, 잡지 등과 같은 대중매체와 PC, 모바일, 옥외 등을 이용한 디지털 미디어를 주로 사용한다는 특징을 갖는다. 광고는 광고를 하는 주체가 제품을 판매하는 기업임이 공개되기 때문에, 신문사나 방송국에서 제공되는 기사(퍼블리시티)에 비하여 신뢰성이 낮다. 또한 대중매체를 이용하는 광고는 일방적으로 메시지가 전달되므로 메시지를 전달받는 소비자를 통제하기 어렵고 이들의 관심을 끌기가 쉽지 않을 뿐만 아니라, 표적소비자들의 반응을 확인하기가 어렵다. 한편 대중매체를 이용하는 광고는 소비자 1인당 단순접촉비용이 다른 촉진도구들에 비하여 저렴한 편이다.

둘째, PR과 퍼블리시티는 광고와 같이 대중매체를 통하여 메시지가 전달되지만, 메시지를 전달하는 주체가 기업(광고주)이 아닌 신문사나 방송국이 되며, 이에 따라 매체사용료를 공식적으로 지불하지 않는다. 퍼블리시티에서는 대체로 뉴스나 논평의 형식을 빌려 제품이나 서비스가 소개된다. 따라서 PR이나 퍼블리시티는 메시지 내용에 대한 신뢰도가 광고에 비하여 높지만, 기사 내용이나 기사화의 가능성에 대한 통제가 어렵다. 최근에는 다양한 소셜 미디어가 PR의 새로운 수단으로 활용되고 있다.

셋째, 판매촉진은 단기적인 판매증대를 위해 소비자나 중간상에게 쿠폰, 무료샘플, 수량할인 등의 추가적인 가치나 인센티브를 지급하는 것이다. 광고가 브랜드 인지도의 창출과 호의적 태도 형성을 통한 판매증대를 기대하는 장기적인 목표를 갖는 반면, 판매촉진은 중간상과 소비자의 즉각적인 구매행동을 유도하는 단기적인 목표를 갖는다. 판매촉진은 다른 커뮤니케이션 도구들에 비해 즉각적인 매출증대의 효과를 기대할 수 있고 프로그램의 계획 및 실행이 용이한 장점을 갖는다.

넷째, 인적판매는 매체가 아닌 판매원이 직접 소비자와 접촉하여 메시지를 전달하는 것을 말한다. 따라서 메시지 전달에 따른 소비자의 반응을 직접 관찰할 수 있고 소비자의 반응에 따라 메시지의 내용이나 전달방식의 변화가 가능하다. 그러나 판매원이 접촉할 수 있는 고객의 수는 한정되어 있기 때문에 고객 1인당 접촉비용은 광고에 비해 매우 높은 편이다.

(3) 커뮤니케이션 관점에서의 광고

커뮤니케이션에 초점을 두는 학자들은 광고를 광고주와 소비자 사이의 커뮤니케이션 매개체로 파악한다. 이러한 관점의 학자들은 광고를 정의할 때 반드시 '정보'와 '설득'이라는 단어를 포함해야 한다고 주장한다. 커뮤니케이션이란 정보의 전달, 아이디어의 교환, 발신자와 수신자 사이에 의미를 공유하는 과정을 말한다. 즉, 커뮤니케이션 관점에서는 기업 또는 조직과 같은 광고주와 소비자 사이의 커뮤니케이션 과정이 바로 광고인 셈이다. 이러한 관점에서 광고는 발신자(광고주)와 수신자(소비자)를 연결하기 위해 상호작용 형태나 매체를 사용하여 광범위한 청중에게 도달하기 위한 유료의 설득 커뮤니케이션이다.

커뮤니케이션이 성공적으로 이루어지기 위해서는 광고 메시지가 발신자(기업)로부터 수신자(소비자)에게 잘 전달되어야 할 뿐 아니라, 메시지(예: 제품, 서비스의 핵심편익)의 의미를 기업과 소비자가 공유할 수 있어야 한다. 의미의 공유가 이루어졌을 때 소비자는 제품을 구매하는 행위로 반응을 보일 수 있기 때문이다. 그러나 의사소통에서 항상 의미의 공유가 이루어지는 것은 아니기에 광고의 기획과 실행에 있어서 면밀한 계획이 필요하다. 광고관리자는 광고 아이디어를 개발하기 전 소비자를 정확히 이해해야 하고, 소비자들이 광고를 보았을 때 어떤 반응을 보일지를 생각한 후 그들의 욕구에 맞는 표현 아이디어를 개발하고 전달해야 한다.

이 같은 맥락에서 본서는 4장에서 IMC개념의 토대가 되는 커뮤니케이션 과정을 살펴보고, 마케팅 커뮤니케이션 효과라 할 수 있는 광고에 대한 소비자 반응을 4부에서 면밀히 고찰할 것이다.

(4) IMC 관점에서의 광고

"마케팅이란 소비자, 고객, 파트너와 사회에 가치 있는 제공물을 창출하고, 커뮤니케이션하고, 전달하고 교환하는 활동과 일련의 제도, 그리고 과정이다"

–미국마케팅학회

광고를 정확히 이해하기 위해서는 어느 한 가지 입장에 국한되기보다 종합적인 관점에서의 큰 조망이 필요하다. 광고가 한 그루의 나무라면, 광고가 자라고 있는 숲을 이해해야 나무의 본질이 보일 것이다. 기업에서 하나의 제품이 만들어지고 그것이 소비자의 손에 도달하는 일련의 과정을 본다면, 광고가 어떠한 맥락에서 제작되고 집행되는 것인지, 광고업계의 구조와 생리가 어떠한지 보다 정확히 이해할 수 있게 된다. 예컨대, 삼성전자의 스마트폰 갤럭시가 출시되었을 때, 우리는 단지 광고를 통해서만 제품을 만난 것이 아니다. 삼성전자가 소비자에게 제시하는 가격, 유통경로, 브랜드 이름, 구매 후 서비스 등 수많은 마케팅활동이 존재한다. 또 마케팅믹스의 주요 구성 요소로서 수행되는 촉진활동인 각종 매체에서의 광고, PR, 퍼블리시티, 인적판매, 등 다양한 마케팅 커뮤니케이션 방식을 통해 기업은 소비자와 만난다. 기업의 마케팅 활동은 어느 것이라도 개별적으로 수행되지 않는다. 기업의 각 부문이 서로 조화되어 하나의 흐름을 가져야 원활한 기업활동이 이루어지듯 마케팅의 각 활동들도 하나의 큰 그림 아래 상호 유기적일 때 시너지 효과(synergy effect)를 창출해 낼 수 있다. 따라서 광고관리자는 광고 이외에 기업이 행하는 마케팅활동들을 파악하고, 커뮤니케이션 도구들을 통합적이고 일관성 있게 집행하는 마케팅 커뮤니케이션 전략을 수립할 수 있어야 한다.

'광고란 무엇인가?'라는 질문에 대한 답이 바로 그것이라 하겠다. 광고를 공부하는 이들이 마케팅이라는 보다 넓은 시각을 가져야 탁월한 광고관리자의 역할을 다할 수 있다. 뿐만 아니라 광고가 소비자와의 커뮤니케이션이라는 점을 통찰하고 있어야 한다. 메시지의 수신자이자 때로는 생산자인 소비자에 대한 깊은 이해를 바탕으로 한 커뮤니케이션을 할 때 효과적인 광고전략을 구사할 수 있을 것이다.

본서는 앞서 설명한 마케팅, 커뮤니케이션의 두 가지 관점을 통합하여 광고를 파악하

광고 Highlight

광고를 하지 않고 최고의 광고를 만든 스키틀즈

미국에서 매년 2월의 첫 번째 일요일은 TV 시청률이 가장 높은 날 중 하나다. 미식축구리그의 결승전이 펼쳐지는 일명 'Super Bowl Sunday'이기 때문이다. 대부분의 사람들이 TV 앞에 모여 함께 즐기는 날이니 TV광고 경쟁도 엄청나다. 2019년 슈퍼볼에서는 30초 구좌가 60억 원 가까이에 거래되었다.

당연히 모두가 TV광고 경쟁에 열을 올리던 슈퍼볼 선데이에 스키틀즈는 그날 단 하루만 볼 수 있는 브로드웨이 뮤지컬 공연을 선보였다. 30초짜리 TV광고 대신 진짜 뮤지컬을 만든 것이다. 약 40분 분량의 공연 한 차례를 위해 유명 극작가와 연출가, 브로드웨이 작곡가와 안무가, 연기자들이 40일을 준비했고, 1,500석이 티켓 오픈 당일 매진됐다.

분명 브랜드 마케팅을 위한 작품인데도 뮤지컬의 내용은 광고를 비판한다. 자사 제품인 스키틀즈 광고를 비웃고 광고 자체가 조장하는 소비주의를 풍자한다. 그렇다고 이 회사가 소비주의를 비판하는 공익 캠페인이나 광고에 대한 인문학적 성찰을 의도한 것은 아니다. 광고에 대한 풍자가 광고임을 인정한다.

이 캠페인은 가장 많이 언급된 슈퍼볼 광고 중 하나가 되었고, 25억 회의 노출과 약 582억 원에 이르는 확산효과를 얻었다. 광고가 아닌 광고로 '올해의 슈퍼볼 광고'로 뽑혔으니 이들의 전략은 성공한 셈이다.

이들은 앞서 2018년 슈퍼볼 광고에서도 기상천외한 방식으로 광고를 비꼬았다. 당시 큰 돈을 들여 광고를 제작해놓고도 10대 소년 딱 한 명에게만 보여준 것이다. 슈퍼볼 당일에는 소년이 광고를 보는 모습

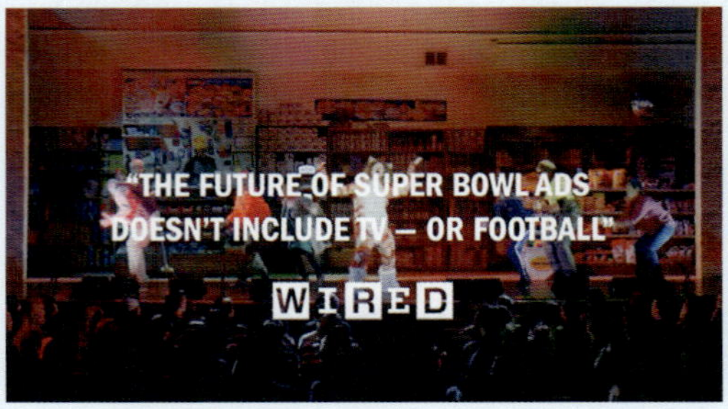

YouTube https://www.youtube.com/watch?v=y8XQjknvi_I

제 목 Skittles the Musical

검색어 Skittles super bowl commercial 2019

만 페이스북 라이브로 방송했다. 사람들은 소년의 반응만 볼 수 있었고, 아직도 광고내용은 이 소년밖에 모른다. 덕분에 이는 15억 건의 미디어 노출을 일으키며 칸 광고제 금상을 수상했다. 물론 이 노출은 TV가 아니라 인터넷이었고 15억 건의 비결은 이야깃거리였다. '황금시간대 TV광고'라는 플랫폼을 포기하고 기존광고를 뒤집어 버리는 접근을 시도한 스키틀즈는 사람들에게 회자되는 콘텐츠로 광고의 지평을 넓혔다.

"모든 광고주들이 1억 명에게 똑같은 광고를 보여줄 때 우리는 슈퍼볼 역사상 가장 독점적인 광고를 하는 단 하나의 브랜드가 되려 한다." – 맷 몬테이 Mars 부사장

자료원: 박진섭, 광고계동향, 2020년 1,2월호; 배소진, "광고 하나 없이 '최고의 광고'로 뽑힌 광고", 2019.02.08., TTimes에서 발췌 및 수정.

고자 한다. 마케팅 커뮤니케이션의 통합적 관리(IMC: Integrated Marketing Communication)가 광고업계 및 기업의 거대 화두로 자리잡은 것은 광고에 대한 커다란 조망이 필요하기 때문일 터이다. 광고는 기업이 마케팅활동을 수행하는 데 사용되는 촉진수단의 하나이며, PR, 퍼블리시티, 인적판매, 판매촉진, 이벤트 등 여타 마케팅 커뮤니케이션 수단들과 병행하여 가장 강력한 역할을 할 수 있도록 전략적으로 기획되어야 한다는 것을 광고관리자는 늘 염두에 두고 있어야 한다.

본서는 IMC 관점에서 광고전략이 수립/실행되는 과정을 살펴보기 위해, 3장 마케팅 전략의 개요에서는 마케팅전략 수립에 대한 개념적 틀을 제시하고, 4장 IMC 개념과 IMC전략 수립과정, 5장 촉진관리: IMC전략 실행을 위한 촉진도구들에서는 IMC전략을 수립 · 실행하는 데 사용되는 다양한 촉진도구들에 대해 살펴보기로 한다.

광고가 실제로 계획, 제작, 집행, 평가되는 과정, 즉 실전에 대한 이야기는 3부 '광고전략의 수립과 실행'에서 다루어질 것이다. 6장 광고목표, 7장 광고예산, 8장 광고컨셉의 설정, 9장 크리에이티브 아이디어의 개발, 10장 크리에이티브 요소와 광고제작과정, 11장 매체전략 Ⅰ, 12장 매체전략 Ⅱ, 13장 광고효과의 측정을 통하여 실전에서의 광고업무와 광고업계의 이야기들이 전개된다.

2 광고의 역할

현대사회에서 광고가 수행하는 여러 가지 기능들은 크게 소비자에게 미치는 영향과 사회전반에 미치는 영향의 두 가지 관점에서 분석될 수 있다. 우선, 광고는 기업수준의 관점에서 소비자들에게 제품을 소개하거나 판매를 촉진하는 마케팅적 기능을 수행한다. 또한 보다 거시적인 관점에서 광고는 사회전반에 걸쳐 사회문화적 및 경제적 기능을 수행한다.

(1) 마케팅적 기능

기업은 광고를 적정이윤을 확보하기 위한 경영활동의 하나로 활용하고 있는데, 광고

LG 트롬 스타일러

https://www.youtube.com/watch?v=_OW-5Vwryis

제품인지도 형성에 초점을 맞춘 광고: LG트롬 스타일러는 의류관리기라는 새로운 제품범주를 알리는 광고를 수행한다.

의 주요기능은 메시지에 대한 긍정적 소비자 반응을 창출/강화하는 것이다. 이러한 광고기능은 소비자 반응과정을 통해 설명될 수 있는데, 광고에 대한 소비자 반응과정은 제품에 대한 인지, 제품에 대한 지식(knowledge)이나 믿음(belief)의 형성, 제품에 대한 호의적 태도(attitude) 또는 선호도(preference) 형성, 구매행동의 단계로 구성된다. 소비자 반응과정의 각 단계별로 광고의 마케팅적 기능을 살펴보면 다음과 같다.

1) 제품인지도 형성

신제품을 출시할 때 마케터는 브랜드명을 소비자에게 알리고자 한다. 소비자들이 무엇보다도 먼저 자사브랜드가 판매되고 있음을 알고 있어야 구매를 고려할 수 있기 때문이다. LG트롬 스타일러는 '걸어만 놔도 새 옷처럼'이라는 문구로 '의류 관리기'라는 새로운 범주의 생활가전을 알리고, 자주 세탁하기 힘든 의류를 편리하게 관리하는 새로운 라이프 스타일을 제안하였다.

2) 제품지식 형성

광고는 제품정보(가령, 제품의 특징이나 기능)를 제공하여

제품지식 형성의 기능을 수행하는 광고: 배송의 신속함을 강조한 Fedex광고와 치약의 효능을 강조한 Aquafresh광고

이를 토대로 브랜드에 대한 지식이나 믿음을 형성시키는 기능을 수행한다. Fedex는 지속적으로 배송의 신속함을 강조하는 광고 메시지를 전달하고 있으며, 치약 브랜드인 Aquafresh는 청결 및 미백효과를 강조한 메시지를 통해 제품편익에 대해 소구하고 있다. 신제품 출시 후 광고를 통해 제품의 기능을 소비자에게 알리는 것도 제품지식을 형성시키는 광고기능에 해당한다.

3) 호의적 태도 및 선호도 구축

광고는 자사제품을 경쟁사 제품과 차별화하여 소비자들로 하여금 호감을 가지도록 하여 자사제품을 구매해야 하는 근거를 제시하는 기능을 수행한다. 미국 버거킹은 5월 정신건강의 달을 맞아 'Real Meal'을 출시하였는데, 우울할 때 먹는 'Blue Meal', 신날

버거킹
#Feelyourway 캠페인
www.youtube.com/atch?v=PjxRUEA0Tdo

LG전자 x 베지터블 오케스트라
https://www.youtube.com/watch?v=lqTMREBnh6c

호의적 태도 및 브랜드선호도 구축의 기능을 수행하는 광고의 예

때 먹는 'Yaaas Meal', 짜증날 때 먹는 'Pissed Meal' 등 자신의 감정에 따라 선택할 수 있는 다양한 메뉴를 내놓으며 자신의 감정에 솔직하라는 #Feelyourway라는 메시지를 담았다. 이는 경쟁사인 맥도널드의 'Happy Meal'과 대비하여 소비자들에게 위안을 주고 호의적인 태도를 형성하고자 한 것이다.

또한 LG전자는 색다른 실험을 유튜브, 페이스북 등 SNS 광고에 담아 소비자들의 호감을 형성했다. 냉장고에 새롭게 적용된 기술의 우수성을 쉽게 알리기 위해 야채로 악기를 만들어 연주하는 런던 베지터블 오케스트라와 협업하였다. 기존 자사 냉장고에 보관한 경우와 달리 새로운 냉장고는 보관 일주일이 지나도 처음과 같은 상태를 유지하여 아름다운 연주가 가능한 것을 소개하였고, 이는 온라인에서 큰 호응을 얻었다.

4) 제품구매 및 경험 유도

광고는 제품에 대한 구매를 유도하거나 제품에 대한 직접적인 경험을 가능하게 하는

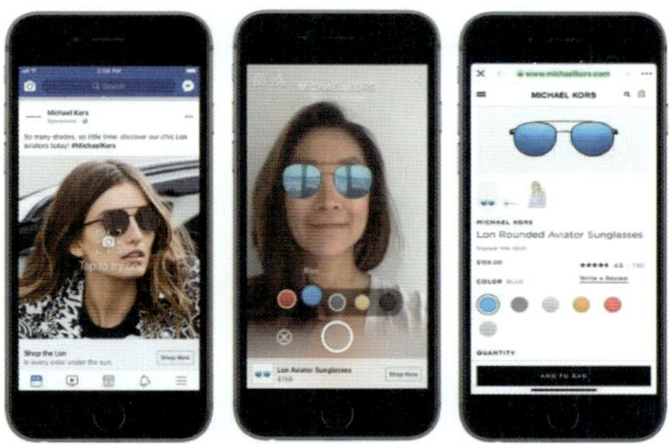

제품구매 및 경험 유도의 기능을 수행하는 광고의 예: 버거킹은 TV광고 속에 움직이는 QR코드를 띄우고 이를 스캔하면 무료 와퍼를 받는 캠페인을 선보였다.(상)

페이스북은 AR기술을 이용해 제품을 경험하고 구매할 수 있는 AR광고 플랫폼을 도입했다.(하)

기능을 수행한다. 즉, 광고는 자사 제품이 최고의 선택임을 강조하거나 할인, 사은품과 같은 프로모션에 대한 정보를 제공하여 소비자들의 구매를 유도한다. 최근에는 5G, 인공지능, 증강현실(AR), 가상현실(VR) 등 진화한 디지털 기술이 광고에 집약됨에 따라 소비자들이 광고 속에서 직접 브랜드를 느끼고 경험할 수 있다. 또한 모바일 기기가 널리 보급되어 특정한 소비자를 타겟팅하는 것이 더욱 적확해진 것을 바탕으로 광고와 커머스가 결합되는 추세다. 즉, 광고를 통해 소비자가 제품 혹은 서비스를 직접 경험하고 구매하는 것이 가능해지고 있다. 버거킹은 TV 광고에 움직이는 QR 코드를 띄워 소비자들이 스마트폰으로 이를 스캔하면 버거킹 앱으로 연결되어 무료 와퍼를 받는 캠페인을 선보였다. 페이스북은 AR 기술을 통해 제품을 경험하고 구매할 수 있는 AR 광고 플랫폼을 선보였는데, 페이스북 뉴스피드 내 광고 이미지를 클릭하면 스마트폰 카메라를 이용하여 이용자가 자신의 얼굴에 시착해보고, 링크를 클릭하여 구매가 가능하다.

(2) 사회문화적 및 경제적 기능

광고는 사회전반에 걸쳐 여러 가지 영향을 미친다. 광고가 사회에 미치는 영향은 거시적인 관점에서 크게 사회문화적 기능과 경제적인 기능으로 구분된다.

첫째, 광고가 사회전반에 미치는 사회문화적 영향은 순기능과 역기능이 있다. 광고는 소비자들의 바람직한 소비를 교육시키고 생활수준 향상 및 대중적인 소비문화를 반영하고 형성하는 기능을 수행한다. 예를 들어, 공익 캠페인(음주운전 예방 캠페인 등)은 소비자들에게 사회적으로 바람직한 소비와 이를 위한 유용한 정보를 제시한다. 광고는 문화적으로도 순기능을 수행하는데 그것은 광고가 창작되는 당시의 시대상과 문화상을 담아내고 때로는 유행을 창조해내기 때문이다. 반대로 광고는 물질주의, 바람직하지 않은

사회문화적 및 경제적 기능을 수행하는 광고의 예: 거리두기를 권고하는 브랜드 로고 소셜미디어 광고

성역할 등 바람직하지 않은 문화를 조장하기도 하며, 과장광고나 허위광고를 통해 소비자의 올바른 제품선택을 방해하는 역기능을 수행한다는 비판이 제기되기도 한다.

둘째, 광고는 경제적으로 순기능과 역기능을 수행한다. 광고는 유효수요를 유발하여 대량생산을 가능하게 하고, 제품의 단가를 낮추어 규모의 경제를 이루는 데 기여하며, 기업 간 경쟁을 유도하여 소비자의 권익을 보호하는 등 긍정적인 기능을 수행한다. 반면, 광고는 최선의 소비자 선택을 방해하고, 제품의 원가와 가격을 높이며, 대기업의 시장점유율을 강화시켜 기업의 독점력을 높이는 요인이 되기도 한다는 비판도 있다.

3 광고의 분류기준

우리가 일상에서 만나는 수많은 종류의 광고는 어떻게 분류할 수 있을까? 본서에서는 크게 광고의 주체, 타겟, 지역범위, 사용매체에 따른 분류를 소개하고자 한다.

(1) 광고의 주체에 따라

광고는 그 주체에 따라 제품광고와 조직광고로 분류될 수 있는데, 이는 광고에서 전

표 1-2 광고의 분류

분류기준	대분류	세부분류
광고주체	제품 조직(기업이나 단체)	제품광고, 서비스광고 기업광고, 이슈광고, 정치광고
타겟청중	소비자, 조직	소비자대상광고 산업광고, 중간상광고, 전문기관광고
지역범위	국제광고 국내광고	다국가광고, 특정국가 내 광고 전국광고, 지역광고
사용매체	ATL 방송매체 ATL 인쇄매체 BTL 장소매체 ATL/BTL 뉴미디어	TV, 라디오 신문, 잡지 등 옥외광고, 교통광고 등 케이블 TV, IPTV, 온라인, SNS, 모바일 등

달하고자 하는 내용이 특정 제품에 관한 것인가 또는 특정 조직(또는 기업)에 관한 것인가에 따른 것이다. 제품광고는 제품이 소비자에게 제공하는 편익을 소구하여 소비자의 구매를 설득하고자 하고, 조직광고는 조직이 갖고 있는 특징을 타겟 청중들에게 전달하여 조직에 대한 호의적인 이미지를 유도하고자 한다. 조직광고는 다시 기업에 대한 호의적 이미지를 구축하기 위한 기업이미지광고, 사회적인 이슈를 이용하여 기업에 대한 관심을 제고시키려는 이슈광고, 특정 정치인이나 정당을 광고하는 정치광고 등으로 구분된다. 조직광고를 자세히 살펴보면 다음과 같다.

첫째, 기업이미지광고는 기업에 대한 호의적인 이미지를 구축하고 소비자와 기업 사이의 우호적인 관계를 형성하기 위한 광고이다. 기업이미지광고는 기업의 사회적 책임, 최고의 품질, 혁신성, 고객지향성, 일류기업 등의 추상적인 메시지를 주로 전달함으로써 소비자들로부터 기업과 관련된 바람직한 연상을 불러일으키고자 한다. 소비자들이 기업에 대하여 호의적인 이미지를 형성하게 되면, 그 기업의 이름으로 판매하는 제품에

SK의 기업광고
https://www.youtube.com/watch?v=jVkU5i596Tc

Apple의 기업광고
https://www.youtube.com/watch?v=aMowWZHk6hY

대한 구매의사도 높아질 수 있다. 소비자들은 같은 조건이라면 좋은 명성을 얻고 있는 성공한 기업의 제품을 선호하는 성향이 있기 때문이다. 따라서 기업이미지광고는 개념적으로 기업에 관한 내용을 전달하지만, 궁극적으로는 제품판매를 간접적으로 후원하는 역할이다. 또한 기업이미지광고는 대외적으로 소비자들과 우호적인 관계를 형성하고, 대내적으로는 종업원들에게 기업이념을 전달하여 종업원의 자긍심 향상과 동기부여를 제공한다. 예를 들어, 1990년대 말 IMF사태 상황에서 집행된 "고객이 OK할 때까지"라는 슬로건의 SK광고는 기업이미지광고의 대내외적인 기능이 적절히 수행된 것으로 평가되고 있다. SK는 이 광고를 통하여 회사의 새로운 CI를 내부 종업원과 소비자들에게 소개하였는데, 종업원에게는 고객을 대하는 자세가 어떠해야 하는지를 전달하였을 뿐만 아니라 고객만족에 대한 약속을 소비자에게 전달하였다. 현재는 사회와 기업이 "함께, 행복도록" 하는 확장된 고객 지향성을 내세우고 있다. 그런가 하면 애플은 기술이 아닌 사용자 경험과 삶의 변화를 이끌어 낸다는 스토리텔링으로 연말 기업광고 캠페인을 펼치고 있다.

둘째, 이슈광고는 대중이 중요하게 생각하는 사회적인 이슈를 거론하면서 기업이나 조직이 추구하는 철학을 전달하고자 한다. 기업이미지광고가 기업에 관한 바람직한 연상의 형성을 통해 소비자와의 호의적인 관계를 유도하고자 하는 데 반하여, 이슈광고는 사회적인 문제를 거론하여 기업에 대한 관심과 호의적인 태도를 유도한다. 기업이 지속가능한 발전과 사회적 가치를 함께 고민하는 것이 중요해지는 실정에서 기업은 사회적 이슈를 더욱 적극적으로 광고에서 다루고 있다. 칸 광고제의 수상부문 또한 환경보호, 인권 신장, 양성평등 이슈를 다루는 공익 부문이 최근 신설된 점이 이를 증명한다. 이슈광고의 가장 대표적인 예는 베네통이다. 에이즈 환자로부터 피붙이 태아, 형형색색의 콘돔, 신부와 수녀가 키스하는 장면, 대기오염에 죽어가는 동물들의 모습과 같이 사회적 문제점을 주요 주제로 다루는 베네통의 광고들은 광고업계의 주목을 받음과 동시에 많은 논란을 불러일으켜 왔다.

셋째, 정치광고는 정당이나 정치인이 광고의 대상이 되는 경우이다. 국내의 정치광고는 1987년 13대 대통령 선거 때부터 광고전문가를 정당에서 활용함으로써 시작되었다고 볼 수 있고, 1990년대 들어 대통령 선거, 지자체 선거, 국회의원 선거 등을 거치면서 광고의 중요한 한 분야로 자리 잡았다. 최근의 정치광고는 홍보물 제작의 수준을 넘어서 선거의 모든 과정이 커뮤니케이션 전문가에 의하여 관리되는 체제이다.

이슈광고의 예: 남북한 정치지도자를 등장시킨 베네통의 'Unhate' 캠페인

(2) 광고의 타겟에 따라

광고는 그 메시지가 전달되는 대상에 따라 소비자를 대상으로 하는 광고와 조직을 대상으로 하는 광고로 나누어진다. 대부분의 광고는 제품을 구매하여 사용하는 소비자를 대상으로 하지만, 조직을 대상으로 하기도 한다. 조직을 대상으로 하는 광고는 대중적인 매체보다는 산업지 등의 전문지를 통하여 집행되는 경우가 많은데, 이는 다시 산업광고, 중간상광고, 전문기관광고로 구분된다.

산업광고는 생산과정에 사용하기 위해 제품을 구매하는 기업체들을 대상으로 하고, 중간상광고는 도매상이나 소매상을 대상으로 한다. 최근 점포의 대형화와 전문화에 따라 중간상의 힘이 커지면서 중간상을 대상으로 한 광고의 필요성이 부각되고 있다. 한편 전문기관광고는 제품과 관련된 전문가(의료기기나 약품의 경우 의사)를 대상으로 한다.

(3) 도달지역의 범위에 따라

광고는 광고가 도달되는 범위에 따라 국제광고와 국내광고로 분류될 수 있다. 국제광고는 여러 국가에 표준화된 광고물을 집행하는 경우와 국가별 소비자 특성의 차이를 반영하는 현지적응 광고로 다시 분류된다. 국내광고도 전국적인 네트워크를 통해 집행되

광고 Highlight

소셜미디어와 정치광고

미국 대선을 앞두고 트위터와 페이스북이 정치광고와 관련해 상반된 행보를 보여 주목된다. 트위터는 향후 모든 정치광고를 금지하기로 했다. 선거에 출마하는 후보자를 포함해 모든 정치이슈에 대한 광고가 중단된다. 잭 도시 트위터 최고경영자(CEO)는 “인터넷 광고는 상업적으로 매우 강력하고 효과적이지만, 그 힘이 선거에 영향을 미쳐 심각한 위험을 초래한다”면서 “정치적 메시지에 대한 접근이 돈으로 이뤄져선 안 된다”고 말했다. 통제되지 않은 허위정보와 가짜뉴스의 폐해가 민주주의를 위협하는 수준까지 이른 상황에서 기업의 사회적 책임을 더는 외면하지 않겠다는 이야기다.

트위터의 이 같은 결정은 정치인의 게시물이 자사의 콘테츠 규정을 위반하더라도 표현의 자유를 중시해 팩트체크를 하지 않겠다는 페이스북의 정책과 대비된다. 마크 저커버그 페이스북 CEO는 “정치광고는 언론이 다루지 않을 수 있는 지역 후보나 전도유망한 도전자, 권리 옹호단체 등에 목소리의 중요한 부분이 될 수 있다”며 “이를 금지하는 것은 기득권과 기성 언론을 선호하는 세력에게 유리하게 작용한다”고 말했다.

정치광고의 사실상 무제한 허용 방침에 대해 페이스북 내부에서도 비판의 목소리가 나온다. 뉴욕타임스는 일부 페이스북 직원들이 저커버그와 임원들에게 쓴 공개서한에서 “정치광고를 팩트체크하지 않기로 한 방침은 정치인들이 우리의 플랫폼을 무기화할 수 있도록 허용하는 것”이라고 지적했다. 이에 페이스북은 선거개입방지 종합대책을 발표하여 러시아, 이란과 연루된 가짜뉴스 계정을 대거 삭제하고, 허위정보를 담은 게시물과 사진, 동영상에 ‘거짓정보’라는 문구를 붙이는 방안 등을 논했다. 더 나아가 사람들이 페이스북과 인스타그램에서 정치광고나 사회적 이슈 관련 광고를 덜 볼 수 있는 통제기능을 추가한다고 밝혔다. 페이스북 제품관리 책임자 롭 레선은 “이 기능은 사람들이 특정 주제와 관련된 광고를 덜 보거나 관심사항을 삭제할 수 있도록 한 기존의 광고설정 기능을 기반으로 한 것”이라고 말했다. 하지만 민주당 진영은 페이스북도 트위터와 같은 과감한 결단을 내릴 것을 촉구하고 있다. 페이스북이 트위터의 뒤를 이을지, 독자적인 행보를 계속할지 지켜볼 일이다.

자료원: 이순녀, 2019.11.01., 서울신문; 2020.01.10., 연합뉴스

현대자동차 x BTS의 글로벌 수소 캠페인

는 전국광고와 특정지역에 국한하여 집행되는 지역광고로 분류된다.

시장이 국제적으로 개방되면서 단위국가를 중심으로 하는 시장개념이 없어지고 전 세계가 하나의 시장권으로 전환되고 있다. 이와 함께 글로벌 경쟁 시대에서의 마케팅 및 촉진활동의 표준화(standardization)와 지역화(localization)에 대한 전략적 선택에 관한 논쟁이 오랫동안 이어져 왔다.

표준화된 마케팅 및 촉진활동은 기업에게 ① 생산과 유통에서 규모의 경제(economy of scale)의 실현과 그에 따른 마케팅비용 절감, ② 전략기획과 통제의 간소화, ③ 국제적으로 일관성 있는 브랜드이미지 또는 기업이미지의 구축, ④ 세계화된 소수의 제품개발에 집중함으로써 제품개발 시간과 비용의 절감, ⑤ 마케팅 및 광고활동의 조정과 통제의 용이성 증대라는 이점을 가져다준다. 반면 표준화된 마케팅이나 광고에 반대하는 사람들은 그 근거로 시장의 차이를 언급한다. 국가 간에 문화, 경제발전수준, 소비자 욕구의 유형, 제품 사용패턴, 법적 규제 등에서 차이가 존재하기 때문에 표준화된 마케팅활동을 수행할 수 있는 제품은 매우 제한되어 있다는 것이다. 이들은 특히 광고활동의 표준화는 불가능하다고 주장한다. 표준화된 광고활동으로 언어, 전통, 가치, 생활양식 등이 다른 소비자를 설득한다는 것은 무리이기 때문이다.

이와 같이 표준화된 마케팅활동과 지역화된 마케팅활동에 대한 논쟁이 계속되면서 양쪽의 장점을 동시에 살리는 접근방식이 제안되고 있다. 즉, 소비자의 기본욕구가 동질화되어 가고 있기 때문에 기본적인 마케팅전략은 표준화를 하되 광고활동은 각 시장의 문화와 여건에 맞추어 조정하자는 것이다(think globally, act locally). 한편 전 세계적으로 표준화된 광고활동이 어느 정도 가능한 상황은, ① 제품광고가 주로 시각적인 표현에 의존하는 경우, ② 이미지 중심의 광고가 수행되는 경우, ③ 나라별로 제품사용에 대한 문화적 차이가 없는 하이테크 제품이나 혁신적인 제품의 경우, ④ 소비자의 기본욕구에 근거하는 제품의 경우 등이다.

(4) 사용매체에 따라

광고는 메시지가 전달되는 매체에 따라서도 구분될 수 있다. 매체에 따른 광고분류는 고정적인 것이 아니라 새로운 매체의 등장에 따라 변화하고 발전한다. 최근 들어 전통적인 4대 매체인 TV, 라디오, 신문, 잡지 이외에도 옥외, 모바일, 인터넷, DMB, 케이블 TV, SNS 등의 매체가 사용된다. 이처럼 다양한 매체 중 어느 매체를 사용하느냐에 따라 방송광고, 인쇄광고, 모바일 광고 등으로 분류하여 나타낼 수 있다. 다만 최근에는 디지털 미디어가 다각화되고 새로운 기술들이 적극적으로 적용됨에 따라 기존의 4대 매체와 디지털 미디어를 아우르며 광고기획을 통합적으로 운용하는 경우가 많다.

새로운 매체기술의 등장에 따라 광고에 대한 새로운 명칭들도 나타나게 되었는데, 대표적인 예가 버추얼 광고이다. 버추얼 광고란 텔레비전 프로그램에서 디지털 기술을 이용해 전자적인 이미지를 삽입하는 것이다. 프로야구 시청 중에 화면 한 켠에 각종 브랜드의 로고 등이 등장하는 것을 본 적이 있을 것이다. 실제로 야구장에 브랜드 로고나 광고 내용이 그려진 것은 아니지만 컴퓨터로 그 같은 효과를 구현해내는 것이다.

새로운 매체기술을 이용한 버추얼 광고의 예

4 광고의 탄생과정

광고전략 수립 및 집행의 첫 번째 단계는 마케팅전략과 IMC전략을 수립하는 것이다. 기업의 마케팅전략은 ① 기업환경 및 자사의 강 · 약점을 분석하고, ② 제품에 대한 시장세분화, 타겟시장의 선정 및 포지셔닝으로 구성되는 전략적 틀을 구상한 다음, ③ 이를 토대로 마케팅믹스 프로그램을 개발하는 과정을 거친다. 한편 마케팅전략의 틀이 구성되면 기업은 다음 단계로 여러 커뮤니케이션 도구들에 대한 통합적인 계획을 수립하는 IMC전략을 개발한다.

두 번째 단계는 광고전략을 수립하는 것이다. 광고전략을 수립하는 과정은 광고목표의 선정, 광고예산의 할당, 광고 크리에이티브 전략의 수립, 매체전략의 수립으로 구성된다.

세 번째 단계는 광고를 실제로 제작하는 것이다. 광고대행사가 수립된 광고전략과 기획방향에 대해 광고주의 승인을 받으면 그 아이디어를 실제로 구현하는 작업으로 들어가게 된다.

마지막 단계는 집행된 광고에 대한 효과를 측정하여 그 결과를 다음 기간의 광고전략에 반영하는 것이다. **그림 1-2** 는 광고캠페인의 수립 및 집행과정의 개요를 요약한 것

그림 1-2 광고캠페인이 수립되는 과정

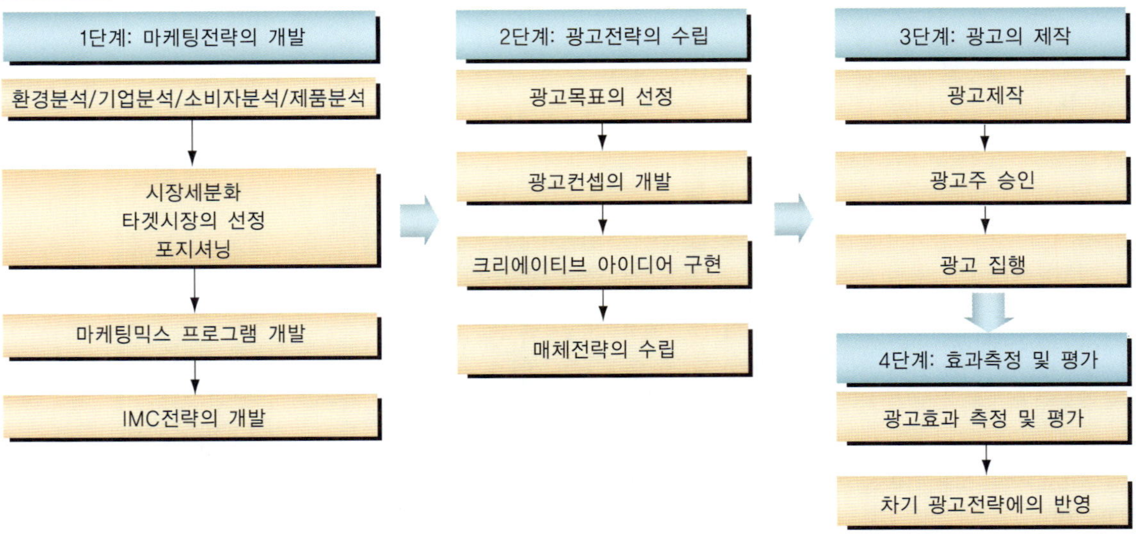

이다. 이하에서는 각 단계에 대하여 간략히 설명하기로 한다.

(1) 1단계: 마케팅전략과 IMC전략의 수립

광고캠페인 수립의 첫 번째 단계는 기업(또는 광고주)이 자사제품에 대한 마케팅전략을 세우고, 이를 토대로 IMC전략을 수립하는 것이다. 마케팅전략 수립은 상황분석, 시장세분화, 타겟시장 선정, 포지셔닝으로 구성되며, 이를 토대로 마케팅믹스 프로그램 개발 및 IMC전략이 수립된다.

1) 마케팅전략의 수립

마케팅전략의 수립은 상황분석, 즉 관련 자료의 수집에서부터 시작된다. 마케팅 및 IMC전략 개발에 관련된 자료의 수집·분석은 크게 환경과 기업에 대한 분석, 제품에 대한 분석, 소비자에 대한 분석, 경쟁상황에 대한 분석 등으로 나누어진다.

첫째, 환경분석에서는 자사제품과 관련된 환경적 요인들이 분석된다. 마케터는 환경의 변화를 검토하고, 그 변화가 제품에 어떠한 기회요인과 위협요인을 제공하는가 그리고 이 변화에 대응함에 있어서 기업은 어떠한 강점과 약점을 가지고 있는가를 분석해야 한다.

둘째, 마케터는 제품분석을 통하여 자사 및 경쟁사 제품의 마케팅 및 광고전략이 어떻게 진행되어 왔는가를 검토하고 자사 및 경쟁사 제품의 강·약점을 분석해야 한다.

셋째, 마케터는 소비자분석을 통하여 현재까지 자사제품의 소비자는 누구였으며 그들은 어떤 특징을 가지고 있는가를 분석한다. 이를 위해 유망한 잠재고객들의 인구통계적, 지리적, 심리학적 자료가 수집되어야 하고, 그들의 라이프스타일, 구매행동에 따른 특징 등도 분석되어야 한다.

넷째, 마케터는 경쟁분석을 통하여 자사제품이 현재까지 누구와 경쟁하여 왔고 지금까지의 경쟁우위는 무엇이었으며 소비자에게 제공하는 핵심개념은 무엇이었는가를 분석해야 한다.

앞에서 설명된 자료들의 수집과 분석이 완료되면, 마케터는 이를 토대로 마케팅전략의 틀을 세운다. 마케팅전략의 틀은 시장세분화, 타겟시장의 선정, 제품포지셔닝으로

표 1-3 마케팅 및 IMC 전략 수립을 위한 관련자료 수집의 체크리스트

자료의 수집 및 분석분야	자료수집의 세부내용	자료의 분석방향
제품과 관련된 환경변화의 파악과 기업의 분석	환경분석 – 경제적 환경 – 사회문화적 환경 – 공공정책적 환경 – 기술적 환경 – 기타 기업분석 – 조직구조(기업문화 기능별 부서) – 자원능력	환경의 변화가 제품에 어떠한 기회요인과 위협요인을 제공하는가? 환경변화에 대응하는데 기업은 어떠한 강점과 약점을 가지고 있는가?
제품과 관련된 자료의 수집	– 제품의 개발배경 및 역사 – 과거 및 현재의 광고예산 및 집행 추이(자사제품 및 경쟁사 제품) – 과거 및 현재의 광고주제 분석(자사제품 및 경쟁사 제품) – 제품개선과정 – 제품의 특징 분석(경쟁사 제품과 비교)	제품의 마케팅 및 광고전략이 어떻게 진행되어 왔는가? (자사제품 및 경쟁사 제품)
소비자와 관련된 자료의 수집 및 분석	– 소비자 프로파일: 인구통계적/지역적/심리묘사적 – 제품에 대한 소비자의 지식 및 태도: 인지도/지식/태도/이미지/구매의사 등 – 소비자행동 패턴: 사용량/사용용도/구매량/구매횟수/브랜드애호도/브랜드전환율 – 제품에 대한 만족도 및 불만족 정도 – 소비자의 라이프스타일 및 개성 – 소비자의 구매동기 – 제품구매에 영향을 미치는 사회문화적 요인	현재까지 타겟소비자가 누구였으며 그들은 어떤 특징을 가지고 있는가?
경쟁분석	– 직접적 경쟁제품의 분석 – 간접적 경쟁제품의 분석 – 자사제품의 경쟁우위 요소 – 시장의 경쟁구조 – 브랜드별 시장점유율의 추세변화 매출액/판매량 등 – 전체시장의 규모 및 구조변화 – 경쟁제품별 지각도	현재까지 누구와 경쟁하여 왔고, 지금까지의 경쟁우위는 무엇이었으며 소비자에게 제공하는 핵심개념은 무엇이었는가?

구성된다. 즉, 마케터는 전체시장을 구성하는 소비자의 특성을 분석하여 동질적인 세분시장으로 나누고, 시장매력도가 가장 높은 세분시장을 타겟시장으로 선정한 다음, 그 시장 내 소비자들에게 소구할 차별화된 브랜드컨셉을 설정해야 한다.

시장세분화, 타겟시장의 선정 및 제품포지셔닝전략과 같은 전략적 틀이 구성되면, 마케터는 이를 토대로 마케팅믹스 프로그램을 개발한다. 마케팅믹스 프로그램은 소비자의 욕구를 충족시켜 줄 수 있는 적절한 제품을 개발하고, 기업에게 적정이윤을 보장하고 소비자가 가치를 느낄 수 있는 가격을 설정하며, 소비자가 편리하게 제품을 구매할 수 있는 유통망을 설계하고, 소비자에게 제품을 효율적으로 알리고 구매를 유도하는 촉진프로그램을 설계하는 활동으로 구성된다.

2) IMC전략의 수립

마케팅전략과 마케팅믹스 프로그램을 개발하면, 자사제품을 타겟고객에게 전달하기 위한 IMC전략을 수립한다. 기업이 소비자와의 커뮤니케이션을 위하여 사용할 수 있는 도구들은 매우 다양하고 이 도구들의 통합적 운영은 브랜드의 가치를 극대화하기 위한 목적으로 사용된다. IMC전략이 수립되는 단계는 크게 마케팅전략의 검토, IMC목표의 설정, IMC도구들의 비교와 검토, 커뮤니케이션 도구들의 전략적 역할의 정립 및 예산의 확보로 나누어진다.

(2) 2단계: 광고전략의 수립

마케팅전략과 IMC전략이 수립되면, 각 커뮤니케이션 도구에 대한 세부전략을 수립해야 하는데, 각 세부전략 중의 하나가 광고전략이다. 기업의 마케터 또는 커뮤니케이션 관리자는 광고전략을 구체적으로 수립하기 전에 이러한 광고활동을 누가 수행할 것인가를 먼저 결정해야 한다. 광고제작 및 집행은 전문성이 요구되기 때문에 광고대행사를 이용하여 광고에 관한 제반활동을 수행하는 것이 일반적이다. 따라서 광고주의 입장에서 보면 광고에 대한 의사결정 중 가장 중요한 것이 광고대행사의 선정이라고 할 수 있다. 마케팅전략 및 IMC전략을 수립하는 것이 광고주가 담당해야 할 영역이라면, 광고전략 및 이하의 단계에서의 활동은 광고주의 통제 하에 광고대행사가 주관하여 담당

그림 1-3 광고전략의 수립과정

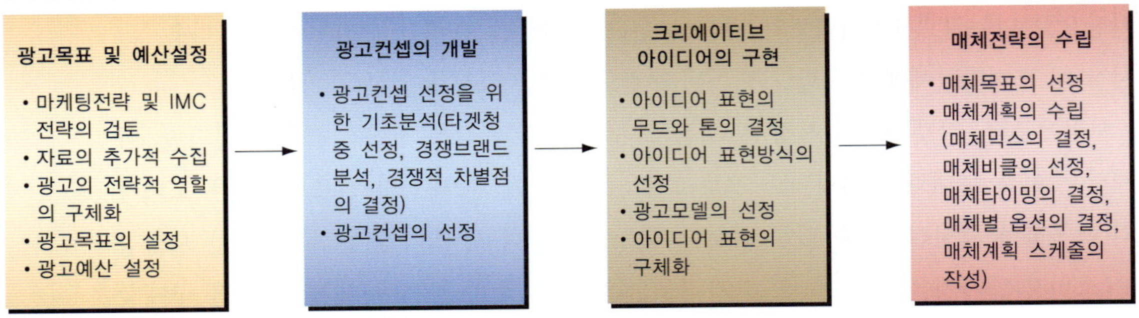

하는 영역이다.

광고주와 광고대행사 간에 광고대행계약이 이루어지면, 광고대행사는 광고주를 전담하여 관리하는 팀을 구성하게 된다. 일반적으로 광고주를 위한 팀은 AE(Account Executive라 하며 광고전략을 수립함)가 중심이 되어 카피라이터(광고카피를 개발하는 전문가), 그래픽 디자이너(광고의 시각적 표현을 담당하는 전문가), 아트 디렉터(크리에이티브 아이디어 개발의 전반을 담당하는 디렉터), CF 감독(TV광고 제작을 담당하는 전문가), 미디어 전문가(매체계획을 수립하는 전문가) 등으로 구성된다. 특히 AE는 광고주의 시장에 대한 시각을 검토하고 광고전략의 기본방향을 수립한 후, 이를 팀 구성원에게 설명한 다음, 그들과 함께 광고 아이디어 개발을 위한 회의를 진행하는 역할을 한다. 또한 AE는 이러한 진행과정을 광고주에게 전달함으로써 광고주와 광고대행사를 연결하는 역할도 수행한다.

광고전략이 수립되는 과정은 크게 광고목표와 예산의 결정, 광고컨셉의 개발, 크리에이티브 아이디어의 구현, 매체전략의 수립으로 나뉜다.

1) 광고목표와 예산의 결정

광고전략의 첫 번째 단계는 광고의 목표를 구체화하는 것이다. 이를 위하여 광고대행사의 AE는 광고주의 마케팅전략 및 IMC전략을 검토하고 광고전략 수립에 필요한 자료를 추가적으로 수집 · 분석한 후 광고의 전략적 역할을 구체화해야 한다. 광고의 전략적 역할이 구체화된 것이 광고목표이고, 이는 광고활동을 통해 달성하고자 하는 소비자 반응으로 설정된다. 소비자의 반응과정은 제품에 대한 인지, 제품에 대한 지식의 형성,

제품에 대한 선호도 및 태도의 형성, 구매의사 및 구매행동 등으로 나누어지는데, 광고 캠페인을 통해 성취하고자 하는 반응단계가 광고목표가 된다. 가령, 신제품인 경우 광고목표는 제품에 대한 인지도 형성 수준으로 설정될 수 있고, 제품에 대한 지식이 이미 구축되어 있는 경우 광고목표는 제품에 대한 호의적인 태도나 구매의사의 수준으로 설정될 수도 있다.

광고목표가 설정되면 광고대행사는 광고목표를 달성하는 데 필요한 예산을 산출하여 이를 광고주에게 제시해 주어야 한다. 광고예산은 일반적으로 광고주에 의하여 일방적으로 책정되고 통보되지만, 때로는 광고주가 광고대행사에게 광고목표를 달성하기 위한 예산을 세워 볼 것을 요구하는 경우도 있다. 어떤 경우이든 광고대행사는 적절한 광고예산에 관한 전문가적 의견을 제시하여 광고주의 합리적인 예산책정을 안내할 필요가 있다.

2) 광고컨셉의 선정

광고전략의 핵심은 광고컨셉의 선정에 있다. 광고컨셉이 광고에서 타겟에게 전달하여야 할 핵심적인 판매 아이디어이고, 이에 대한 소비자 공감을 확보해야 하기 때문이다. 소비자가 공감할 수 있는 컨셉을 선정하기 위하여 메시지를 전달할 타겟을 분석하고 주요 경쟁브랜드를 분석하여 브랜드의 경쟁적 차별점을 찾아내야 한다. 따라서 광고컨셉은 마케팅전략에서 설정한 포지셔닝 전략과 밀접한 관계를 갖게 된다. 즉, 마케팅전략에서 설정된 제품의 포지셔닝이 광고에서 전달하여야 할 핵심컨셉으로 발전되고 광고의 표현 아이디어로 구체화되는 것이다.

3) 크리에이티브 아이디어의 개발

광고컨셉을 개발하고 나면 다음 단계는 그 컨셉을 표현하는 아이디어를 구현하는 것이다. 광고 크리에이티브 아이디어의 개발은 크리에이티브 팀에 의한 아이디에이션(ideation)을 통해 이루어진다. AE는 팀 구성원들(카피라이터, 그래픽 디자이너, 아트 디렉터, CF 제작 전문가 등)에게 제품의 마케팅전략, 광고목표 및 광고컨셉을 설명하고 크리에이티브 아이디어를 개발하기 위한 회의를 진행한다. 아이디에이션에서는 일반적으로 수많은

광고 Highlight

AI로 만드는 모바일 광고

순다 피차이 구글 CEO가 AI 퍼스트를 주창한 후로 AI 기술 경쟁은 치열했고 점점 더 격화되고 있다. 구글, 마이크로소프트, IBM, 아마존 등 글로벌 기업들은 AI를 단순히 하나의 신성장 동력으로 보는 것이 아니라 모든 기술과 영역을 뒷받침할 기반기술로 여기고 있기 때문이다. AI 기술은 5G가 상용화됨에 따라 본격적으로 확대될 전망이다. 5G가 상용화되면 지금보다 데이터 전송속도가 최소 20배 빨라지고 데이터 처리용량은 100배 커지게 된다. 대용량 데이터 전송, 수많은 기기의 연결, 실시간 데이터 전송이 가능해지면 AI가 더 많은 사물에 연동되고 더 많은 일을 처리할 수 있게 된다.

광고분야에서도 그동안 인공지능과 관련된 많은 시도들이 있었다. AI가 TV광고를 기획 제작하기도 하고 광고 최적화에 머신러닝을 활용하기도 했다. 초기에는 다소 이벤트 성격의 프로젝트(인공지능 CD와의 제작물 대결 등)들이 많았지만 지금은 하나의 서비스 또는 업무의 핵심기능으로서 AI를 이용하는 사례들이 많아지고 있다. 그렇다면, 현 시점에서 모바일 광고에 인공지능이 어느 정도 융합되어 있을까?

광고소재 제작

모바일 광고는 광고에 대한 결과가 수치화되어 효율을 빠르게 판단할 수 있기 때문에 소재의 수명이 짧다. 프로모션 상품들이 매번 바뀌는 커머스의 경우 거의 매일 바뀌기도 한다. AI는 이러한 많은 광고소재를 만드는 데 솔루션을 제공한다. 높은 성과를 낸 광고표현을 여러 크리에이티브 요소로 분해하여 분석하고, 어떻게 구성하면 광고목표에 부합하는 효과적인 광고가 산출되는지 판단하여 최적의 광고표현

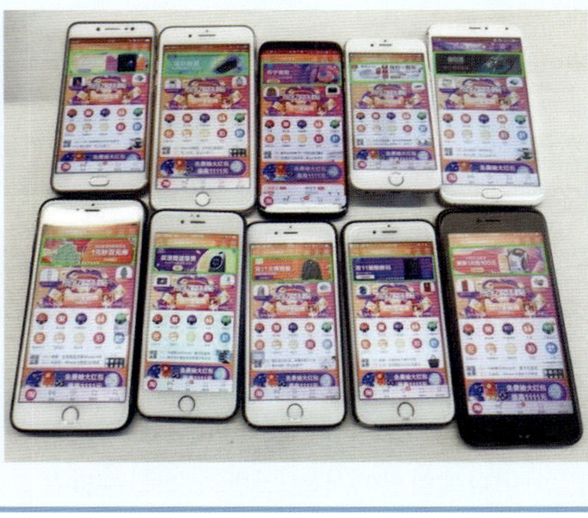

중국 광군제를 위한 배너광고를 만들어 내는 AI 알리바바 루반

을 제작하는 것이다.

알리바바 루반(LuBan): 알리바바 그룹에서 중국의 전설적인 엔지니어의 이름을 따서 지은 AI인데 초당 8,000개의 광고배너를 만들어 낼 수 있다. 좋은 배너인지를 판단하기 위해서 심미적인 기준과 광고 효율이 있는지에 대한 비즈니스 기준 두 가지로 판단한다. 루반은 중국판 블랙프라이데이인 광군제에 4억 개의 특별 배너를 제작하기도 했다. 중국 최대 전자상거래 플랫폼인 타오바오 사이트에는 사람들이 접속할 때 마다 루반이 제작한 다른 디자인의 배너가 걸렸다.

소재 자체를 만들어 주는 것이 아니라 고객반응을 학습해서 각기 다른 소재/형식/내용 등이 바뀌는 일종의 다이내믹 광고(Dynamic Ads)는 구글, 페이스북 등에서 활발히 활용되고 있다. 스마트 알고리즘을 사용하여 광고문구를 작성하는 시스템의 경우 인공지능 처리기술인 자연언어처리(NLP)와 자연언어생성(NLG)을 활용하여 사람이 작성한 카피보다 훨씬 더 나은 결과를 나타내는 광고문구를 단기간에 대규모로 작성한다.

광고 타겟팅

타겟팅은 몇 번의 시도 및 실패, 다시 최적화하는 반복된 과정의 연속이다. 이러한 점에서 머신러닝은 광고에 대한 사용자 행동을 학습하고 특정 광고에 대한 사용자의 반응을 비교하여 도달하고자 하는 소비자 집단을 효과적으로 찾을 수 있게 한다. 소비자의 인구통계적 정보뿐 아니라 과거 브랜드와의 상호작용이 어땠는지, 사용자가 온라인에서 보인 탐색행동이 어떤 양상인지 등을 기반으로 특정 광고가 더 집중해야 할 타겟 그룹을 정할 수 있다. 머신러닝 알고리즘은 방대한 양의 기록 데이터를 분석하여 광고 메시지를 전달할 수 있는 적시를 찾고 광고배치를 효과적으로 할 수 있다.

트레이딩 웍스의 경우 머신러닝으로 게임 장르별 사용자 타겟팅을 진행했다. 국내 최대 규모의 게이머 데이터를 기반으로 24개 장르 및 3단계로 세분화하고 상위 1% 고과금 및 1,000시간 이상 플레이한 게임 유저 타겟팅 등이 가능했다.

마케팅 자동화

고객들과 만나는 접점이 다양해진 만큼 마케터들이 관리해야 하는 채널과 분석해야 하는 데이터의 양은 급격히 늘어났다. 구글, 유튜브, 페이스북, 네이버 등 주요 플랫폼들을 관리해야 하고, 각 플랫폼들마

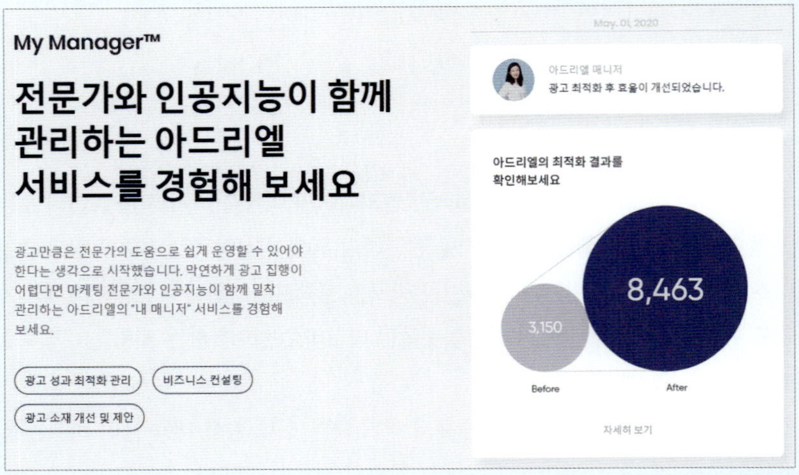

다 일일이 캠페인을 진행하고 운영해야 한다. 또한, 각 플랫폼 마다 고객의 성과 지표도 확인해야 하고, 고객별로 세분화된 푸쉬 메시지 등을 보내야 한다. 이러한 점에서 AI를 기반으로 하는 마케팅 자동화의 필요성이 대두되고 있다.

구글, 페이스북, 네이버 등의 주요 광고 플랫폼들의 API를 바탕으로 광고를 효과적으로 집행하도록 도와주는 주요 솔루션들의 경우, 원하는 고객종류 등을 입력하면 수십, 수백 개의 광고 캠페인이 자동적으로 만들어지며 심지어 일부 솔루션에 대한 최적화도 알아서 진행한다. 이를 통해 반복적인 작업을 쉽고 효율적으로 수행할 수 있게 되었다.

아드리엘은 AI 기술을 활용해 비전문가도 적은 예산으로 다양한 채널에 최적화된 광고를 집행할 수 있는 솔루션을 개발했다. 해당 솔루션은 3, 4가지 질문에 답하면 광고 타겟, 채널 등을 자동으로 최적화해준다. 또한 배너광고 자동생성기술을 활용하면, 메인 이미지와 텍스트만으로도 최적의 배너 디자인을 자동으로 만들 수 있다. 구글, 페이스북 및 인스타그램 등 온라인 플랫폼을 통해 광고를 집행할 때 필요한 모든 단계를 간소화하고 인공지능기술로 광고 기획 및 제작을 지속적으로 최적화함으로써 광고주가 적은 예산으로도 최대의 성과를 낼 수 있도록 하는 데 목표를 두고 있다.

현재 모바일 광고 시장에서 AI의 활용과 광고 및 마케팅 성과에 기여하는 바는 아직 제한적이다. 하지만 5G의 상용화로 대변되는 모바일 상에서 대규모 데이터의 생성, 처리, 전송 등이 가지는 파급력으로 볼 때, AI는 모바일 광고/마케팅 사업과 비즈니스를 진행하는 데 빼놓을 수 없는 필수불가결한 핵심 경쟁력이다.

자료원: 손상만, 광고계동향, 2019.10.23.에서 발췌 및 수정.

아이디어가 제시되지만 일부 아이디어들만이 검증과 보완을 통하여 구체화되는 것이 일반적이다. 이처럼 아이디어를 수없이 제시하고 이들을 검증하고 보완하려는 광고인의 노력과 고통의 결과로 창의적인 아이디어는 개발된다. 아이디에이션은 광고인에게 가장 흥미롭고 매력적인 작업인 동시에 창의성이 요구되는 매우 어려운 작업이다.

4) 매체전략의 수립

광고컨셉이 선정되고 크리에이티브 아이디어가 개발되면, 이를 집행하기 위한 매체전략을 수립한다. 즉, 광고를 구체적으로 어떤 매체를 통하여 어떤 시기에 어떤 타겟 청중들에게 전달할 것인가를 기획하는 것이다. 매체전략은 매체목표의 선정, 매체군별(예: TV, 신문, 모바일, SNS 등) 예산의 배분, 매체군별 매체비클(예: MBC-TV의 뉴스데스크 또는 조선일보의 사회면 등)의 선정 및 매체집행 스케줄의 선정으로 구성된다.

(3) 3단계: 광고제작

광고전략(광고목표, 광고컨셉, 크리에이티브 아이디어 및 매체계획)이 수립되면, 광고대행사는 이를 광고주에게 프레젠테이션하여 광고제작을 승인받는 과정을 거친다. 광고주에게 프레젠테이션하기 위하여 광고대행사는 광고기획서를 작성하는데, 광고기획서에는 광고의 전략적인 방향과 크리에이티브 아이디어가 구체적으로 설명된다. 그리고 개발된 아이디어를 보다 구체적으로 전달하기 위하여 TV-CF의 경우 스토리보드를, 인쇄매체의 경우 전반적인 디자인과 레이아웃을 작성하여 광고주에게 제시한다.

광고주의 광고 및 마케팅 실무자와 광고대행사의 AE 및 광고제작팀이 참석하는 프레젠테이션은 광고대행사에서 개발한 광고전략에 대한 논의가 이루어지는 장소이다. 광고대행사는 이 논의내용을 토대로 광고안을 일부 수정하거나 보완한 후 광고주의 최종 승인을 거쳐 광고제작을 시작하게 된다.

광고주는 프레젠테이션 시 광고의 전략적인 측면에 대한 평가와 요구사항만을 제시하고 크리에이티브 측면은 전문가인 광고대행사에게 맡기는 경우가 많다. 이 경우, 광고주들이 구체적으로 마케팅전략이 수립되어 있는 상태에서 광고제작을 의뢰한다. 광고주의 마케팅전략의 부재는 광고대행사의 광고전략 수립을 어렵게 할 뿐만 아니라 바

광고 Highlight

디지털 시대의 크리에이터 기술을 통한 경험 구현

제일기획, 이노션 등 국내 광고대행사들의 제작현장에는 '크리에이티브 디렉터(CD, Creative Director)'란 이름을 달고 활동하는 이들이 있다. 그러나 '크리에이터(creator)'를 자처하는 이들이 얼마나 '창의적인' 업무에 종사하고 있느냐는 의문은 누구나 한 번쯤 품어봤을 것이다. 광고대행사들이 자체적으로 콘텐츠를 창작하기보다는 광고주들의 숙제를 대신 맡아 해결해주는 곳으로 알려져 있기 때문이다. 광고주의 깐깐한 요구와 눈높이, 기존 미디어의 규격이라는 제약조건 속에서 제한된 창의성을 발휘할 것이라는 인식이 지배적이다.

더욱이 디지털 미디어 환경이 급변하면서 전통적인 의미의 '광고쟁이'가 설 자리는 점점 좁아지고 있다. '힙'한 아이디어로 트렌드를 선도하는 이들이 이제는 하루가 다르게 달라지는 기술, 분화되는 미디어를 좇아가기 바쁜 처지가 된 것이다. 이렇게 광고주로부터 받은 숙제만 해결하고 기술변화에 끌려가서는 크리에이터로서 존재 이유가 사라질지 모른다는 위기의식에서 탄생한 조직이 바로 이노션의 '크리에이티브 알파(α)'팀이다. 이 팀은 테크놀로지와 크리에이티브의 결합을 모색하면서 기술을 무기로 새로운 콘텐츠를 제작하고 있다. 광고주가 찾아오기 전에 시장이 미처 떠올리지 못한 문제를 스스로 규정하고 해결책을 선제안하자는 역발상의 산물이다.

기술이 콘텐츠에 날개를 달아주고 파괴력을 키워줄 것이라는 가능성을 실험 중인 알파팀의 수장 김정아 ECD(Executive Creative Director)는 오늘날 크리에이터에게 요구되는 덕목이 독창성(uniqueness)에서 행동(action)으로 옮겨가고 있다고 말한다. 아울러 '어떻게 보여줄까'보다 '어떻게 경험하게 할까'가 더 중요해졌다고 강조한다. 그러한 믿음을 토대로 2019년 1월 선보인 현대차의 '조용한 택시(The Quiet Taxi)' 미래 신기술 캠페인은 유튜브 누적 조회수 1,560만 회를 기록하고, 프랑스 칸에서 열리는 세계 최고 권위의 크리에이티브 커뮤니케이션 축제인 '칸 광고제(Cannes Lions International Festival of Creativity)'에서 2019년 은사자상을 수상했다. 오직 이 캠페인을 위해 청각장애인도 안전하게 운전할 수 있는 택시 프로토타입이 특수 제작돼 도로를 달리게 됐다. 또한 신촌 세브란스병원과 서울 아산병원에는 어린 환자들을 위한 디지털 인터랙티브 놀이터가 만들어졌다. 팀의 창설부터 지금까지의 여정, 그리고 크리에이터로서의 정체성을 고민하는 이들의 속내에 귀 기울여 봤다.

알파팀이 기술로 세상을 바꿔보자는 취지에서 출범했다고 들었다.

전통 미디어 안에 갇혀 기존 제작방식을 고수하고 시장의 요구에 따라가는 것만으로는 크리에이터로서 한계가 있다고 느꼈다. 조직 안에 나처럼 답답함을 느끼고, 새로운 기술이 콘텐츠에 날개를 달아주고 파괴력을 키워줄 것이라 생각하는 사람들이 많았다. 이들을 한데 모은 게 알파팀이다. 테크놀로지가 창의성과 대척점에 놓여 있다 느낄 수도 있겠지만 사실 오늘날 크리에이터가 가질 수 있는 가장 좋은 무기 중 하나다. 이에 카피라이터, 아트디렉터, 플래너, 프로모션 전문가, UX 개발자 등 다양한 직군에서 비슷한 문제의식을 공유한 6명을 선발했다. 기술이 가진 크리에이티브의 가능성을 함께 실험해보자며 맨땅에서 시작한 것이다.

현대자동차그룹의 '조용한 택시'

이 캠페인은 2017년 현대차그룹 R&D 아이디어 페스티벌에서 대상을 받은 '청각장애인을 위한 차량주행 지원 시스템(ATC: Audio-Tactile Conversion)' 기술을 실제 차량에 적용한 프로젝트다. 서울시 1호 청각장애인 택시기사인 이대호씨가 차량 내 · 외부의 모든 소리정보를 시각 · 촉각으로 변환해 전달하는 현대차그룹 기술 덕분에 안전하게 택시를 운행하는 사연을 영상으로 담았다.

'조용한 택시'가 유튜브에서 높은 조회 수를 기록하고 국내외 광고제에서도 호평을 받은 이유가 무엇일까.

청각장애 운전사들을 배려하는 몇몇 기술은 현대차 외에 유수의 해외기업도 보유하고 있다. 그러나 지금까지 이런 기술이 탑재된 택시가 실제 도로 위를 달린 적은 없었다. 일반인 기사가 이런 택시를 운전한 것도 처음이다. 광고 촬영용 연출이 아니었다. 과거에는 크리에이터들이 가장 중요하게 여긴 덕목이 '독창성(uniqueness)', 즉 세상에 없는 무언가를 생각해내는 데 있었다면 요즘은

YouTube https://youtu.be/0dshwSuoa6s

제 목 세상에서 가장 조용한 택시 (The Quiet Taxi)
검색어 현대차 조용한 택시

달라졌다. 회의실 책상 위에서만 반짝거리는 아이디어보다는 그 아이디어가 실제로 구현돼 세상에 얼마나 영향력을 발휘하는지가 더 중요해진 것이다. '행동(action)'이 진정한 크리에이티브를 위한 덕목이라는 생각이 널리 공감을 얻고 있다.

새로운 것을 만들어내는 작업이라 실행과정에서 난관이 많았을 것 같다.

기술도 기술이지만 청각장애가 있는 택시 운전사가 당시 대한민국에 단 7명밖에 없었기 때문에 '7명을 위한 자동차가 필요한가'라는 근본적인 질문부터 제기됐다. 천만 명이 넘는 일반 운전자를 위한 기술에 매진하는 게 더 타당하지 않느냐고 공격받기도 했다. 다수의 효율을 위해 움직이는 게 늘 옳다고 믿는다면 천만 명의 운전자들을 위한 기술이 객관적으로 더 중요할 수 있다. 그러나 천만 명이 불편을 느끼지 않는다고 해서 7명의 불편이 무시돼서는 안 된다. 단 한 사람이라도 모빌리티가 주는 편리함에서 소외돼서는 안 된다는 것이다. 이 지점에서 캠페인의 목표는 선명했다. 현대차가 대표적인 자동차 브랜드로서 '모두를 위한 모빌리티'라는 가치를 전달하고, 자동차 업계는 물론 기타 유관산업의 종사자들에게 기술이 해결해야 할 새로운 화두를 제시하는 것이었다.

아이디어를 구상할 때 기존 회의방식과 다른 점이 있나.

일반 광고제작회의와 가장 다른 점은 회의실에서 온갖 질문이 쏟아져 나온다는 것이다. 범위가 큰 질문을 던질수록 주제가 커지고 크리에이티브가 움직일 수 있는 영역이 넓어진다. 무엇보다 알파팀의 가장 큰 차별점은 '어떻게 보여줄까'가 아니라 '어떻게 경험하게 할까'를 고민한다는 데 있다. 현대해상 어린이보험 캠페인의 경우도 소아 환우들의 이야기를 스토리로 풀어 영상물을 만드는 대신 어떻게 하면 어린이들에게 실질적으로 도움이 되는 콘텐츠를 만들까에서 출발했다. 그 결과 TV광고가 아니라 소아병동 환자들이 뛰어놀 만한 디지털 인터랙티브 놀이터를 만들게 됐다. 이 프로젝트를 위해 팀원들은 아이들의 움직임에 반응하는 모션센서기술을 공부했고, 직접 유아용 재활체조나 소아 환자들의 키, 눈높이에 맞춘 콘텐츠를 개발했다. 투병효과를 높일 수 있도록 치료순서를 기다릴 때 워밍업을 하는 캐릭터 체조라든지 인지발달을 돕는 쌍방향 콘텐츠 등도 소아과 전문의 등 관련분야 전문가들의 자문을 거쳐 자체 개발했다.

현대해상의 '힐링정글'

이 캠페인은 장기입원 환아와 오랜 기간 동안 통원치료를 해야 하는 아이들의 두려움과 무료함

YouTube https://www.youtube.com/watch?v=gFR6gcorjjs

제 목 치유의 놀이터 힐링정글
검색어 현대해상 힐링정글

을 달래기 위해 병원을 즐거운 공간으로 탈바꿈하는 이색적인 공간형 콘텐츠다. 낮과 밤 컨셉으로 설계된 '힐링정글'은 운동량이 적은 아이들에게 필요한 스트레칭을 유도하는 '동작놀이', 사물 · 색 · 소리 등의 인지를 향상시키는 '인지놀이', 정글의 밤에 별자리를 보거나 소원이 적힌 풍등을 날릴 수 있는 '정서케어' 등 총 3개의 콘텐츠로 구성됐다.

AI가 크리에이터의 역할을 잠식하거나 대체할까.

기존 규격이나 형식 안에서 작품을 찍어내거나 단순 변형하는 정도는 자동화될 것 같다. 예를 들어 미디어의 규격에 맞춘 신문광고나 옥외광고 레이아웃의 단순변형 같은 경우는 AI가 안정적인 결과물들을 만들어낼 수 있으리라고 본다. 30초짜리 광고를 15초, 20초로 줄이는 것과도 같은 단순편집도 AI가 충분히 할 수 있다. 그러나 AI는 콘텐츠 제작 자체보다는 소비자 반응을 추적하거나 타겟 맞춤형 콘텐츠를 제공하는 데 더 활발히 활용되지 않을까 싶다. 이미 최근 몇 년 새 안면인식기술을 활용해 광고를 응시하는 고객들의 감정과 반응을 파악하거나 성별을 구별해 맞춤 메시지를 건네는 식의 콘텐츠가 다수 등장했다.

디지털 시대의 크리에이터는 어떻게 달라져야 할까.

테크놀로지는 크리에이터에게 숙제가 아니라 축복이다. 기술의 진보와 디지털 미디어의 출현으로 오늘날 크리에이터들이 만들어 내는 창작물은 엄청난 파급력으로 사람들에게 쉽고 빠르게 노출될 수 있게 됐다. 이전 세대와는 비교도 안 되는, '미디어'라는 엄청난 초능력을 갖게 된 것이다. 하지만 창작물 옆에 꼬리표처럼 좋아요(like)와 조회 수, 댓글이 따라다니게 된 것 또한 디지털 시대의 크리에이터가 감내해야 할 멍에다. 숫자로 표현되는 효율과 속도에 지나치게 함몰돼 창작물의 완성도, 아이디어가 사회에 가져올 '선한 영향력'을 등한시하는 우를 범해서는 안 된다. 더불어, 브랜드를 다루는 크리에이터에게 지나치게 짧은 호흡이 결국 해당 브랜드의 롱런에 독이 되기도 한다는 점을 잊어서도 안 된다.

자료원: 김윤진, "볼거리 넘치는 세상, 그걸 언제 다 보나? 이젠 '어떻게 경험하게 할까'에 초점을", DBR, 2020년 1월 Issue 289호; 파이낸셜뉴스 2018.12.24.; 헤럴드경제, 2019.09.29. 발췌 및 수정.

람직하지 못한 방향으로 광고안을 평가하게 한다.

광고주가 수정 · 보완된 광고안을 최종적으로 승인하면, 광고대행사는 광고를 제작하는 작업을 시작한다. 광고전략의 수립까지는 AE가 중심이 되어 추진되지만, 광고의 제작은 크리에이티브 팀이 중심이 되어 진행된다. 인쇄광고의 경우 카피라이터가 광고카피를 작성하고, 그래픽 디자이너는 전체적인 구도, 색상, 활자체를 선정하며 필요에 따라 사진을 활용하여 광고물을 제작한다. 방송광고의 경우 프로듀서가 중심이 되어 스토리보드를 확정하고, 그에 따라 필요한 모델을 캐스팅하고 활용할 음향효과를 선택하며 필요한 경우 CM송을 개발하면서 광고물을 제작한다. 광고의 제작이 완료되면 다시 광고주에게 최종제작물을 보여주고 마지막으로 광고집행에 관한 승인을 받는다.

(4) 4단계: 광고효과 측정

각 매체를 통하여 광고를 예정대로 집행하고 나면 그 광고의 효과를 평가하고, 그 결과를 다시 차기의 광고캠페인 전략수립에 반영해야 한다. 예를 들어, 금년도의 광고활동으로 브랜드 인지도는 어느 정도 확보되었지만 호감도가 낮은 경우 내년도의 광고활동의 목표는 호감도를 향상시키는 것으로 설정할 수 있을 것이다. 그리고 그 목표를 달성하기 위한 크리에이티브 아이디어도 보다 구체적으로 개발할 수 있다. 이와 같이 정확한 광고효과의 측정은 전략적 광고활동의 출발점이 된다.

CHAPTER

2

광고산업의 개요

1. 광고산업의 규모
2. 광고산업의 구조
3. 광고회사의 업무와 현황
4. 광고주와 광고회사와의 관계

Abbey Road Reparked (다시 주차된 애비 로드)

〈애비 로드 (이미지 자료원: Nord DDB Website)〉

비틀즈가 1969년 발매한 앨범 'Abbey Road'의 표지는 세상에서 가장 유명한 사진 중 하나입니다. 왼쪽 사진을 보면 비틀즈 멤버들이 횡단보도를 건너는 모습 뒤로 폭스바겐의 'Beetle'이 주차되어 있습니다. 그런데 그 Beetle은 인도의 턱을 넘어 보행자 공간을 침범하고 있네요. 폭스바겐은 이것을 세계에서 가장 유명한 '잘못된 주차' 사례라고 여겼습니다.

그래서 폭스바겐은 Abbey Road 50주년 한정판 앨범을 발매하며 Beetle이 '완벽하게 주차된' 사진을 표지로 사용했습니다.

이 완벽한 주차는 폭스바겐의 최신 기술인 'Parking Assist(일렬주차를 도와주는 주차 보조 시스템)'의 산물입니다. Reparked Edition of Abbey Road 앨범을 통해 폭스바겐의 Parking Assist 기술을 영리하고, 자연스럽게 홍보한 셈입니다. 진보된 기술에 대한 정보를 전달하는 진부한 캠페인 대신, 유명 콘텐츠와의 접점을 찾아낸 브랜디드 콘텐츠 사례라 할 수 있습니다. 더불어 앨범의 판매수익 전액을 스웨덴 아동 권리 보호단체에 기부했다니, 브랜드 이미지를 제고하는 효과도 누릴 수 있었을 것입니다.

자료원: 박진섭, 광고계동향, 2020년 1/2월호에서 발췌 및 수정.

광고산업은 광고를 보고 듣고 반응하는 소비자들 덕분에 존재한다. 따라서 소비자가 변하면 광고산업의 기본구조도 함께 변화한다. 최근 디지털 기술의 발전은 소비자의 삶을 급격히 변화시키고 있고, 동시에 광고산업 역시 역동적인 변화를 맞이하고 있다.

본 장에서는 한국 광고산업의 규모와 변천사, 광고산업 구성원들 간의 관계를 살펴보고, 광고대행사의 업무영역과 현황을 통해 광고산업 전반에 대한 시각을 제공하고자 한다. 더불어 광고주와 광고회사 간 바람직한 관계 또한 짚어보기로 한다.

1 광고산업의 규모

광고산업의 규모는 광고주가 지불하는 광고비용에 의해서 결정된다. 광고주는 광고물의 게재비용을 지불하는 개인이나 기관을 지칭하는 것으로 광고를 집행하는 주체가 된다. 광고주가 지출하는 총 광고비에 근거하여 광고산업의 규모와 변천과정을 살펴보기로 한다.

(1) 국내 광고산업의 규모

우리나라의 광고산업은 1970년대까지의 근현대화기를 거쳐 1980년대 이후 급성장기를 맞았다. 광고산업의 고성장은 기업이 마케팅 개념을 도입하고 광고의 중요성을 인식하게 되면서 비롯되었다. 그러나 1997년도부터 시작한 경기침체와 IMF 파동의 여파로 광고비 규모가 급격히 줄어들었다가 2002년 한일 월드컵을 기점으로 활기를 찾은 후 성장세를 유지하였고, 2014년 광고비 10조 원을 돌파하였다. 그러나 2015년부터 국내 총 광고비 성장세는 둔화되고 있는 추세이다.

표 2-1 우리나라 총 광고비 현황 변화 (단위: 10억 원)

연 도	총광고비
1990	2,000
1995	4,947
2000	5,853
2005	7,054
2010	8,621
2015	11,153
2019	11,975

자료원: 광고연감, 제일기획, 한국방송광고진흥공사.

(2) 광고산업의 변천사

광고주는 광고비를 지출하는 주체라는 측면에서 광고산업의 규모를 이끌어가는 중심축이다. 따라서 광고산업의 변천사는 광고주의 부침과 밀접한 관계를 가지며, 광고주의 부침은 경제발전에 따른 산업구조의 변화에 영향을 받아왔다. 시대별 광고주의 변화상은 다음과 같다.

1960년대까지 우리나라 광고산업은 제약업계가 주도했다. 당시 제약업계는 PR 구락부를 결성하여 광고와 관련된 현안문제에 많은 영향을 끼쳤고, 현재 광고산업의 초석을 마련했다. 1970년대는 화장품업계와 식품업계가 국내의 광고산업을 이끌었다. 이 시기 기업들이 판매개념을 마케팅관리철학으로 받아들이고, 기업활동에 영업의 개념이 도입되면서 광고활동을 적극적으로 전개하기 시작했다. 특히 영업의 개념을 먼저 도입한 업종인 화장품과 식품업계가 광고비 지출의 선도업종으로 부상하였다. 1980년대는 국내의 소득수준 향상으로 기업 간 판매경쟁이 본격화되기 시작한다. 특히 이 시기에 TV의 컬러화가 실현되면서 전자회사 간 시장선점을 위한 경쟁이 본격화되고, 86아시안게임과 88올림픽 개최와 맞물려 광고산업은 비약적인 성장을 했다. 또한 스포츠 및 레저의 비중이 커지고 자동차시장의 국내 내수시장 경쟁도 치열해졌던 시기이다. 1990년대에 들어 통신기술이 급속도로 발전하면서 통신시장의 개척 및 경쟁이 치열하게 전개되고, 그에 따라 전자 및 통신 기업들이 많은 광고비를 지출하면서 한국통신 프리텔, 한솔 및 LG 통신 등이 주요 광고주로 등장하였다.

한편 1990년대 말부터 본격적으로 시작된 인터넷 광고는 광고의 새로운 개념을 도입했고, 2000년대에 들어서면서 SK텔레콤, KTF 등의 이동통신사가 주요 광고주로 부각되었다. 2000년대 후반부터 현재까지 이들 통신사와 더불어 삼성전자와 LG전자가 거대 광고주로 떠올랐다. 삼성전자는 모바일의 약진으로 세계시장에서 선전함으로써 최대 광고주로 부상하여 2017년까지 5대 매체 광고비를 가장 많이 지출한 기업으로 자리잡았으나, 2018년에는 전년 대비 47.6%나 광고비를 늘린 LG전자에 1위 자리를 넘겨주었다.

표 2-2 시대별 10대 광고주의 변화 (단위: 억 원)

	1969	1977	1988	1999	2008	2018
1	동아제약 1.3	태평양화학 38.3	태평양화학 219	삼성전자 1,071	삼성전자 1,206	LG전자 3,725
2	한일약품 0.9	해태제과 24.0	럭키 212	SK텔레콤 830	SK텔레콤 1,114	삼성전자 3,003
3	한독약품 0.8	대한항공 22.5	삼성전자 192	기아자동차 579	LG전자 779	현대자동차 1,176
4	유한양행 0.7	한국화장품 22.0	금성사 136	남양유업 554	케이티프리텔 726	한쇼핑 1,049
5	종근당 0.6	롯데제과 20.7	제일제당 124	현대자동차 546	현대자동차 618	한국코카콜라 932
6	해태제과 0.6	금성사 19.0	롯데제과 107	LG화학 509	기아자동차 479	KT 920
7	영진약품 0.6	동아제약 18.2	대웅제약 103	대우자판 509	하이마트 478	인코미디어넷 862
8	일동제약 0.6	제일제당 17.0	농심 102	태평양 497	AIG손해보험 468	SK텔레콤 761
9	한국화이저 0.6	럭키 16.5	해태제과 97	매일유업 470	KT 447	동서식품 760
	락희화학 0.5	삼성전자 16.0	동서식품 97	현대증권 460	아모레퍼시픽 433	기아자동차 693

자료원: 광고연감, 한국광고협회 광고정보센터.

(3) 매체별 지출현황과 매체사들의 변천사

광고비는 매체를 통하여 집행된다. 본서에서는 광고매체를 크게 ATL(지상파TV, 지상파DMB, 라디오, 신문, 잡지)과 BTL(케이블TV(SO(종합유선), PP(방송채널사용)), IPTV, 위성TV, 옥외, 인터넷, 모바일, 전시, PR, SP 등)로 나누어 살펴보기로 한다. 이들 매체의 변화가 곧 광고시장의 변화임을 염두에 두고, 이들의 역사와 현황을 보면 다음과 같다.

1) ATL 매체와 BTL 매체별 지출현황

국내의 광고비는 주로 ATL 매체를 통하여 집행되어 왔는데, ATL 매체의 광고비 점유율은 1990년 83%에서 1996년 77%로, 그리고 2007년의 경우 58%로 급격하게 감소하

그림 2-1
국내 TOP 3 광고주의 광고

LG전자

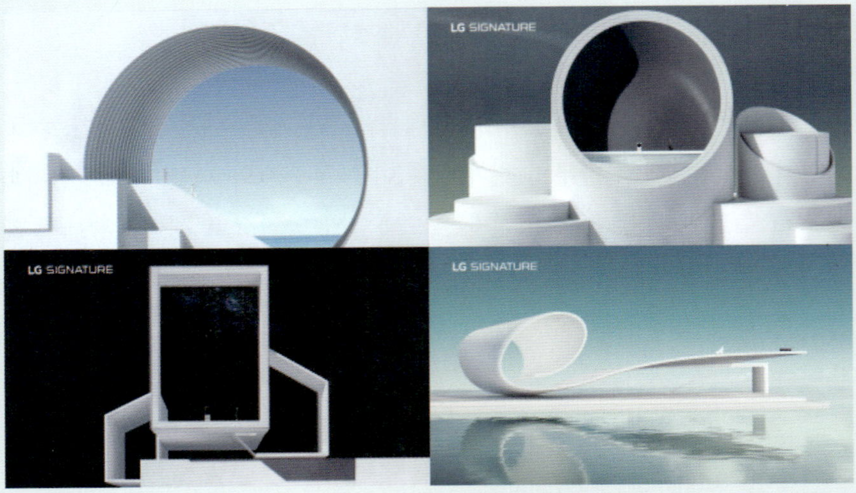

LG Signature 광고
(이미지 자료원: 김동호, 서울경제, '초현실적 비주얼 아트와 시그니처 제품의 조화' LG시그니처 TV 광고 공개, 2020. 05. 13)

SAMSUNG
삼성전자

삼성 비스포크 광고
(이미지 자료원: SAMSUNG, 'BESPOKE')

HYUNDAI

현대자동차 올뉴아반테 광고
(이미지 자료원: 스투시의 Marketing&AD Factory 블로그)

고, 2018년에 이르러서는 31%로 집계되었다. 이는 BTL로 통칭되는 뉴미디어 시장이 급속하게 성장하게 되면서 나타난 현상이다. 2000년 이후 지속적으로 케이블 TV, 인터넷, 모바일 미디어가 대중화되고, 종합편성과 보도채널의 등장, 민영 미디어렙 제도의 도입, 광고총량제와 중간광고제의 도입, 가상광고와 간접광고 실시, 신문구독률저하, IPTV광고 활성화 등 급변하는 미디어 환경 속에서 ATL 광고 비중의 하락과 BTL 광고의 급격한 성장이 현격히 나타나고 있다. 표 2-3 과 그림 2-2 에서 이 같은 추세를 확인해볼 수 있는데, BTL 광고비의 비중이 2012년 총 광고비의 절반을 상회하고 2018년 69%에 육박함을 알 수 있다. 특히, 2012년 대비 모바일 광고비 지출이 급성장하는 추세이다. 여기서 BTL의 범위는 표에서 제시된 주요 매체 이외에도 디지털 위성, 지역종합유선방송사업(SO: system operator)등 기타매체뿐 아니라 PR, SP(판매촉진) 등을 포괄하는 것임을 밝혀 둔다.

표 2-3 매체 유형별 광고비 동향 (단위 : 억 원)

구분	매체	광고비			
		2002년	2007년	2012년	2018년
ATL	지상파TV	24,398	21,076	19,307	14,425
	DMB	–	88	168	30
	라디오	2,811	2,807	2,358	2,503
	신문	20,200	17,801	16,543	14,294
	잡지	5,465	4,841	5,076	3,082
BTL	옥외	5,029	6,793	9,105	10,342
	케이블TV	2,345	8,297	13,218	19,632
	종합편성채널	–	–		
	PC	1,850	10,200	19,540	15,924
	모바일	–	–	2,100	28,011
	IPTV	–	–	235	1,163
총계		68,477	79,897	97,706	117,020

자료원: 광고연감, 한국방송광고진흥공사

그림 2-2
매체별 광고비의 변화와 전체 광고비 중 ATL과 BTL의 비중 변화

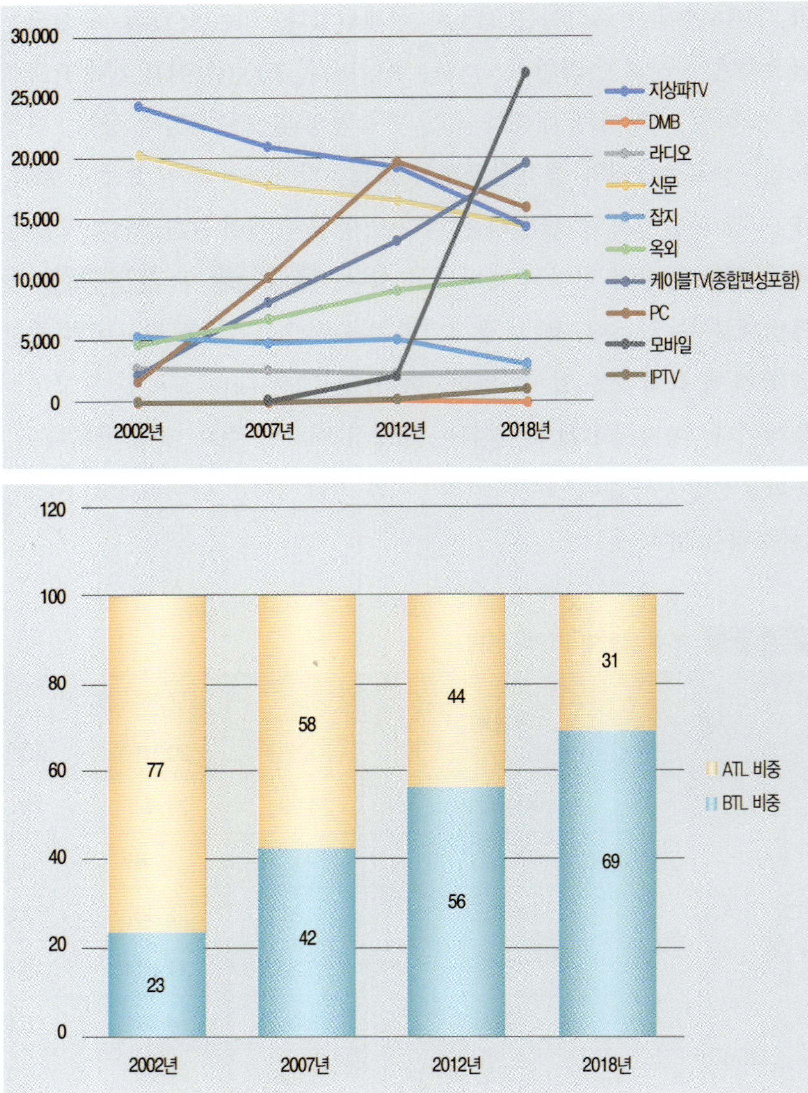

2) 매체사별 동향

① ATL: 인쇄 및 지상파 방송사의 역사와 현황

인쇄매체사 신문은 1990년대까지 여론에 미치는 막강한 영향으로 인하여 광고비점유율 1위를 차지했다. 그러나 2001년 TV에 그 자리를 내어주고, 제2의 매체로 밀려났고, 2000년대 후반 이후 미디어 생태계 지각변동 속에서 지속적인 입지하락으로 위기

를 맞이하고 있는 상황이다. 신문매체의 역사적 흐름은 다음과 같다.

방송매체가 본격 태동하기 전인 1960년대까지 일간지를 중심으로 한 신문매체와 소수의 잡지에 광고비가 집행되었다. 우리나라의 근대적 광고의 효시는 1886년 한성주보에 실린 세창양행의 광고로 알려져 있고, 이후 독립신문, 매일신문, 제국신문, 황성신문, 대한매일신보 등 민간신문이 생겨나기 시작하였다. 그러나 1910년 한일합방으로 대부분의 신문들이 일본인의 소유로 넘어가거나 폐간되었고 매일신보만이 총독부기관지로 남아 있게 되었다. 1945년 해방을 맞이하면서 동아일보와 조선일보가 복간되었고, 1954년에는 한국일보, 1965년에는 중앙일보가 창간되면서 여러 신문사의 창간이 이어졌다. 1980년 제5공화국 출범 후 언론사 통·폐합 조치는 우리나라 매체사의 구조에 큰 변화를 가져다주었는데, 신문사의 경우 11개사(중앙지 1, 경제지 2, 지방지 8)가 통·폐합되었다. 이후 오랜 기간의 통제기간을 거쳐 1987년 제6공화국에 의한 자유화 선언에 따라 인쇄매체의 창간과 복간이 잇따르고, 신문사 간 증면경쟁이 시작되었다. 신문사들의 창간과 증면경쟁에 따라 신문광고비는 1990년대 상반기까지 10~15%의 두 자리 성장률을 기록하였지만, 신문사들 간의 광고물량 확보를 위한 치열한 경쟁으로 지방지들의 창·폐간이 반복되기도 하였다. 그러나 2000년대 이후 뉴미디어의 등장과 함께 신문사의 광고수주가 어려워지고, 신문구독률의 하락 등으로 어려움을 겪게 되었다. 최근 신문사들은 콘텐츠를 디지털화하기 위한 노력을 들이고 있다. 그에 따라, 현재 BTL로 분류되고 있는 PC와 모바일 광고에도 신문의 광고가 포함되어 있다고 볼 수 있다. 디지털 신문사에 대한 광고예산 증가를 인쇄 신문사에서 흡수함으로써 인쇄매체의 광고예산 감소를 보충하는 방안을 모색하고 있다.

잡지의 경우도 1987년 자유화 선언 이후 1990년대 중반까지 잇따른 창간이 이루어졌다. 그러나 1990년 중반 이후 잡지사들이 시장세분화에 따른 전문화를 추구하면서 잡지업계는 질적으로 변화하게 된다. 특히 시사주간지, 경제지, 월간여성지, 전문지, 생활문화레저들을 주 분야로 하는 신생잡지들은 성공적으로 자리를 잡았고, 연령별, 관심영역별, 성별로 포지셔닝된 전문잡지가 등장하게 되었다. 그러나 잡지사들 역시 케이블 TV, 인터넷, 모바일 등 뉴미디어가 대중화됨에 따라 인쇄매체 전반의 위상감소와 맥을 함께하는 상황이다. 이에 따라 잡지도 디지털 매체와 공유하며 브랜드 가치를 제고하고자 노력하고 있다.

지상파 방송사 한국 방송사의 역사는 1959년 부산문화방송과 1961년 KBS-TV가 개국되면서 시작되었다. 이어 1964년 동양 TV와 라디오 서울, 1969년 MBC-TV가 개국되면서 방송매체를 이용한 광고비는 급성장하게 된다. 그러나 1980년의 방송 통·폐합 조치로 방송광고는 구조적 변화를 맞게 되고, 그 결과 방송매체를 이용한 광고물량은 크게 위축된 바 있다. 이후 1981년 3월 KBS-1TV가 중단해왔던 광고방송을 블럭광고의 형식으로 재개하고 1981년 5월부터 아침방송을 부활함으로써 방송광고시간이 다소 늘어났고, 1990년에 들어서면서 종교방송인 평화방송(PBC)과 불교방송(BBS)이 신설되고 SBS-TV가 영업활동을 시작하면서 방송광고의 공급량이 확대되기 시작했다. 그러나 최근 유튜브 등의 동영상 광고, 인스타그램 등을 포함한 SNS 광고의 파급력에 힘입은 유선 및 모바일 인터넷 광고예산의 급격한 상승과 종합편성채널 및 보도전문채널의 시청률 상승으로 인한 범 TV매체의 광고경쟁 심화 등 BTL 매체의 강세에 직면하면서 지상파 TV광고 시장이 감소세를 기록하고 있어서 지상파 방송사들은 돌파구를 모색하고 있다. 일례로, 지상파 TV의 위기에 대응하여 방송 3사가 외부 협업을 통하여 콘텐츠를 제작하고 유통역량을 강화하는 등의 노력을 기울이고 있으며, 지상파 중간광고 시행을 정부에 지속적으로 요구하고 있다.

② BTL: 옥외 및 뉴미디어의 역사와 현황

BTL의 범위는 종합편성채널을 포함한 케이블 TV, 인터넷, 옥외, PR(public relations), SP(Sales Promotion), 이벤트, 전시를 비롯한 제반 IMC 수단들을 포괄하는 개념이다. 최근 광고대행사들은 과거 프로모션 부서를 브랜드 익스피리언스(Brand Experience) 본부로 명칭하여 통합적인 브랜드 체험을 소비자들에게 제공하는 커뮤니케이션 프로그램을 운영하고 있다. 본서에서는 대표적으로 옥외광고와 뉴미디어를 중심으로 살펴보고자 한다.

옥외 우리나라 옥외광고시장은 1990년대 들어 20%를 상회하는 높은 성장률을 보이면서 광고취급고 면에서 신문, TV에 이은 '제3의 매체'로 부상하기 시작했다.

국내 옥외광고물은 구한말 외래문물의 도입과 함께 페인트 도색의 간판개념이 들어오면서 시작되었고, 1960년대 이후 빌보드와 네온사인 광고물이 도심과 노변에 등장하게 되었다. 1973년 오일쇼크로 인해 조명광고가 전면 규제되면서 옥외광고는 침체기에 접어들었으나, 1980년대 들어 정부의 법규제가 단속에서 관리중심으로 전환되어 다시

YouTube https://www.youtube.com/watch?v=EBaL6p89kxA

제 목 삼성 'QLED 8K', 코엑스 디지털 사이니지 광고 현장
검색어 삼성 QLED 8k 코엑스

활성화되었다. 이후 86아시안게임 및 88올림픽 등 잇따른 국제행사가 개최되어 옥외광고물 사용이 증가하면서 다양한 형태의 옥외광고물이 등장하였다. 옥외광고 시장은 프로야구 인기에 따른 경기장 광고, 영화관객 수의 증가에 따른 극장광고, 버스외부광고 등 교통매체 광고판매의 호조와 맞물려 큰 성장을 했다. 현재 옥외광고매체는 옥상, 전광판, 철도, 공항, 버스 외부, 버스 정류장 쉘터, 지하철, 스포츠경기장, 극장, 쇼핑몰, 리테일, 라이프(예: 아파트LCD, 골프존 등)까지 포함하고 있다. 이렇게 다양한 매체로 확장된 결과 2002년 5천억 원대였던 옥외광고비는 2018년 1조 342억 원 규모에 달하고 있다. 과거에는 광고주들이 지역의 랜드마크 효과에 관심을 가지고 옥외매체를 선택하였다면, 최근에는 크리에이티브나 타겟마케팅에 유용한 매체로 옥외매체에 관심을 기울이고 있다. 또한, 옥외광고의 디지털화와 대형화가 계속되고 있다. 옥외광고 산업 활성화를 위한 법률 개정에 따라 서울 코엑스 인근에는 초대형 전광판 매체가 등장하여 한국판 타임스퀘어로 자리매김하고 있으며, 2018년 옥외광고물법 시행령 제3조가 개정되어 기존 분류 외의 광고물도 합법으로 인정받으면서 신기술을 도입한 새로운 형태의 옥외광고매체가 등장하고 있다.

뉴미디어 인터넷, 케이블TV, 모바일 미디어의 강세로 집약되는 뉴미디어의 현황은 다음과 같다.

케이블 TV는 2000년도부터 최근까지 꾸준한 성장세를 보이고 있다. 특히 2011년 출범한 종합편성채널이 JTBC, MBN, tvN, TV조선 등을 필두로 히트 프로그램을 양산하며 시청률 상승과 함께 광고매체로서 지상파 TV를 위협하고 있다. 2018년 IPTV 시장은 가입자 1,539만, SO(종합유선) 시장은 1,386만 시대를 맞이하여 매체 가치를 인정받고 있다.[1)]

1) 광고연감, 2019

인터넷은 광고시장의 활력을 이끄는 중추로 작용하고 있다. 인터넷 총광고비는 2018년 역대 최초 4조 원을 돌파한 4조 3935억원을 기록했다.[2)]특히, 유튜브를 비롯한 온라인 동영상 플랫폼의 성장세가 두드러지고 있으며, 온라인 동영상 콘텐츠의 성장에 따라 연예인만큼 파급력을 가지게 된 인플루언서를 활용한 마케팅이 활발히 이루어지고 있다. 세부적으로 살펴보면, PC를 기반으로 한 유선 인터넷 광고비는 2013년 이후 지속적으로 감소하여 2018년 1조 5,924억 원을 기록했으나, 스마트기기를 기반으로 한 모바일 광고비는 급진적으로 증가하여 2018년 2조 8,011억 원을 기록하면서 전체 광고시장의 성장을 이끌고 있는 형상이다. 이에 따라 포털 등의 다양한 서비스 플랫폼들도 지속적으로 모바일 친화적인 개편을 시도해 왔다.

동영상 서비스의 급진적인 성장을 주도하고 있는 유튜브는 10대부터 50대까지 모든 연령대에서 가장 오래 사용한 앱 1위를 기록했으며, 동영상 전용 플랫폼 후발주자인 '네이버 TV'에 비하여 총 체류시간이 85.9배에 이르는 장악력을 보이고 있다.[3)] 이용자와 이용시간의 증가뿐만 아니라 콘텐츠의 다양화에 따라 광고 인벤토리도 확장되었고 광고비 또한 지속적으로 증가하고 있다. 이러한 유튜브의 독주 속에서 다른 동영상 플랫폼들도 서비스 개선을 통한 성장을 위하여 노력하고 있다.

인스타그램, 페이스북 등의 소셜네트워크 서비스에서도 동영상 공유나 실시간 영상 공유 및 시청을 가능하게 하는 라이브 방송 등을 통하여 앱 내 동영상 콘텐츠를 활성화하고 있다. 이러한 콘텐츠들은 디지털 환경의 장점을 활용하여 참여형 멀티 콘텐츠로서 소비자들의 참여를 이끌어내고 있으며, 스폰서 유치 및 브랜드 마케팅 콜라보 형식의 마케팅이 진행되고 있다.

향후에는 AI 기술과 빅데이터 분석을 기반으로 한 광고 솔루션이 더욱 강화될 것으로 보인다. 소비자들의 검색, 구매, 위치에 기반한 데이터 분석을 통한 타게팅이나 추천을 하는 시스템뿐만 아니라, AI 기술을 기반으로 적은 예산으로 광고주가 원하는 광고 타겟이나 매체를 최적화시켜 주는 솔루션도 개발되고 있다. 이러한 기술의 발전이 장기적으로 전략적인 광고비 예산 집행에 영향을 끼칠 것으로 예상되며, 효율성이 낮은 광고 매체들의 가치 하락은 피하기 힘들 것으로 보인다.

---

2) 광고연감, 2019

3) 광고연감, 2019

YouTube https://www.youtube.com/watch?v=1mqhHoz7hxA

제 목 평생 잊고싶지 않은 사람이 있나요? 눈물주의 구글 슈퍼볼 광고
검색어 구글 슈퍼볼 광고, 구글 AI 광고

광고 Highlight

글로벌 광고 미디어 트렌드

글로벌 광고업체 평가기관인 WARC의 발표에 의하면 2020년 전 세계 광고비는 2019년보다 6% 증가한 6,560억 달러(한화 약 768조 448억 원)로 예상된다. 전 세계적인 경기침체 속에서도 성장을 점치는 이유는 디지털 기반 광고의 꾸준한 상승세 때문이다. 글로벌 조사업체인 Kantar Global은 ①5G 기술의 현실화 ②스트리밍 플랫폼(예: OTT 서비스) 전쟁 ③오디오 채널의 부상 ④콘텐츠와 커머스의 결합이라는 4가지 기술 변화 트렌드에 의해 2020년 미디어 지형이 변화할 것이라 발표했다.

첫째, 5G 기술의 현실화는 미디어 기술과 소비자를 연결하는 기반으로서 언제 어디서나 미디어로 연결된 소비자에게 증강현실을 비롯한 리치포맷 광고 등 다양한 형태의 브랜드 경험을 가능하게 해주고, 다양한 디지털 서비스들의 커버리지를 확대시킨다는 점에서 미디어 산업 성장의 열쇠로 언급되고 있다.

둘째, OTT 서비스(Over The Top; 인터넷을 통하여 볼 수 있는 TV 서비스)의 성장이다. 이러한 트렌드는 글로벌 OTT 사업자인 넷플릭스(Netflix)의 급격한 성장과 디즈니 플러스(Disney+)의 출범, 애플의 '애플TV플러스'와 AT&T의 'HBO MAX'까지 미국의 대형 미디어 기업들이 강공을 쏟고 있는 미디어 시장 흐름에 따른 것이다. 이러한 추세에 따라 다국적 회계컨설팅 기업 PwC는 글로벌 OTT 매출이 2023년까지 13.8%의 연평균 성장률과 728억 달러의 수익을 기록할 것이라 보고 있다. 한편 OTT 서비스 성장과 관련해 광고 기반 주문형 동영상 서비스(AVOD, Ad-Supported Video On Demand)의 부상도 주목받고 있다. 아직까지는 중국과 인도를 중심으로 한 아시아 지역의 수익모델이긴 하나, 추후 게임과 음악 서비스로도 확대될 것이라 보고 있다. 이는 넷플릭스 같은 구독형 동영상 서비스 시장이 가진 콘텐츠 보급과 유료 서비스의 한계를 극복하는 대안으로 꼽힌다.

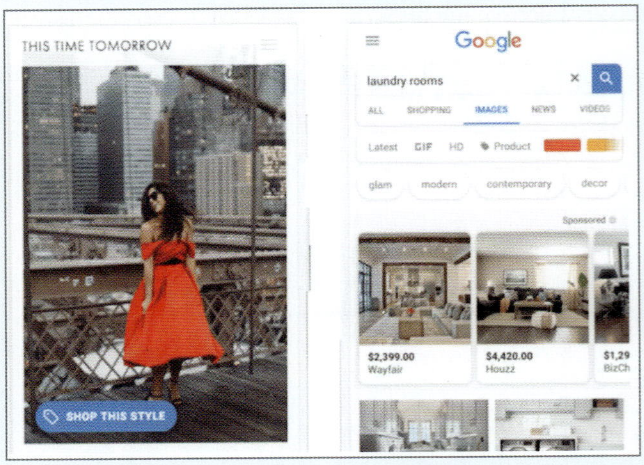

구글의 쇼퍼블 이미지 광고(이미지 자료원: Matt Sout hern, 2018, Google Introduces Shoppable Image Ads, SEJ)

셋째, '쇼퍼블(shoppable)', '숍버타이징(shopvertising)'으로 대표되는 미디어와 커머스의 결합이다. 영상과 이미지를 보면서 즉각적인 구매도 가능한 이 서비스는 다양한 형식으로 제공되는데 특히 인플루언서 마케팅과 결합해 소셜미디어 분야에 접목, 확대될 것으로 보인다. 즉 몇 번의 클릭만으로 인스타그램 피드를 스크롤링하며 콘텐츠 노출과 정보공유, 구매까지 한 번에 가능하다. 이러한 즉각적 구매행위로 쌍방향 구매형 비디오인 쇼퍼블 광고가 유튜브, 핀터레스트, 인스타그램에 자리 잡았다. 나아가 광고를 보면서 쇼핑 가능한 미디어인 숍버타이징은 AR 기술이 접목된 쇼핑가상경험으로 확대됐다. 일례로 가구 브랜드 이케아는 소비자의 집에 가구배치를 시연하고 있으며, 메이크업 회사들도 그들의 제품을 구매 전 소비자에게 가상으로 시연할 수 있는 서비스를 제공하고 있다. PwC에서는 이러한 커머스 서비스가 추후 성장하는 OTT 서비스와 결합할 것이라 내다보고 있다. 소비자가 영화를 보면서 배우가 착용한 의류의 정보를 제공받고 실시간 구매까지 이어질 수 있는 것이다.

넷째, 오디오 콘텐츠의 재발견이다. PwC는 스마트 스피커 사용의 증가, 커넥티드 카의 등장, 음악 스트리밍 플랫폼의 파워, 팟캐스트의 급속한 성장 등을 언급하며 음악과 팟캐스트 콘텐츠를 검색하는 소비자를 대상으로 맞춤형 오디오 콘텐츠를 공급하는 플랫폼이 성장할 것이라 전망했다. 그 예로 영국 공영방송사의 'BBC Sounds'는 음악과 라디오 팟캐스트 콘텐츠를 하나의 서비스로 패키징해 청취자의 습관에 따라 맞춤형 서비스를 제공하고 있다. 이러한 추세에 따라 칸타글로벌은 주요 사업자들의 소비자 맞춤형 오디오 기반 광고가 증가할 것이라 내다보고 있다.

마지막으로, E-스포츠 게임의 부상이다. 넷플릭스는 지난 2019년 1월, 게임회사인 포트나이트(Fortnite)가 HBO나 훌루(Hulu)보다 더 큰 경쟁자라 언급한 바 있는데, 소비자들에게 게임이 '보는' 콘텐츠로도 주목을 받고 있기 때문이다. 이에 따라 PwC와 딜로이트(Deloitte)는 2020년 주목해야 할 콘텐츠로 E-스포츠를 꼽으며 2020년 수익이 연간 10억 달러를 상회할 것이라 예측하고 있다. 특히 5G 기술의 상용화로 인해 실시간 E-스포츠 배틀 시청 및 커뮤니케이션이 활성화될 것으로 보여, E-스포츠의 콘텐츠 제작 및 유통 관련 디지털 서비스가 증가할 것으로 예상된다.

자료원: 이혜미, 미디어 광고 시장과 2020년 트렌드 전망에서 발췌 및 수정.

2 광고산업의 구조

국내의 광고산업은 크게 기본기관, 조성기관, 규제기관으로 나뉜다. 광고의 기본기관은 광고주, 광고회사, 매체기관으로 구성되며, 광고의사결정에 도움을 주는 조사기관이나 광고제작사 등은 광고주 및 광고회사와의 협력을 통하여 조성기관의 역할을 수행한다. 마지막으로 여러 가지 방법으로 광고활동들을 규제하는 기관으로 정부의 광고행정기구, 광고심의기구 등이 있다.

(1) 기본기관

광고산업의 기본기관은 광고를 통하여 메시지를 전달하고자 하는 광고주, 광고제작을 대행하는 광고회사, 제작된 광고물이 집행되는 매체사로 구성되며, 이들 간의 관계에서 한국방송광고진흥공사와 민영미디어렙은 방송광고의 판매를 대행하는 역할을 수행한다.

1) 기본기관들 간의 거래관계에 대한 개요

광고주, 광고회사, 매체사 및 미디어렙은 상호간에 거래관계를 유지하며 그에 따른 수수료가 지급된다. **그림 2-3** 은 각 기관들 간의 거래관계를 정리한 것이다.

그림 2-3 기본기관들 간의 거래관계

가. 인쇄광고의 경우

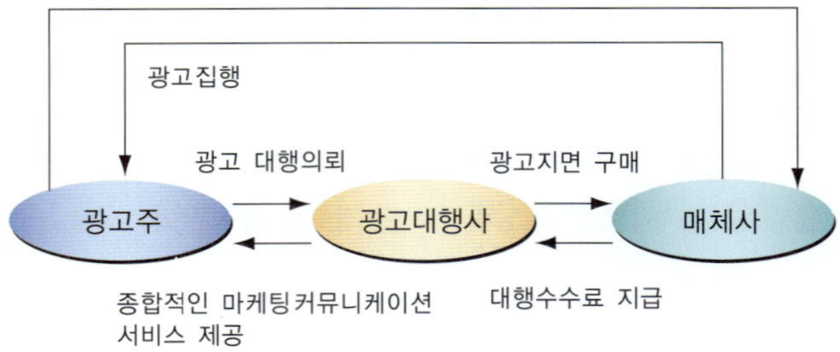

나. 방송광고의 경우

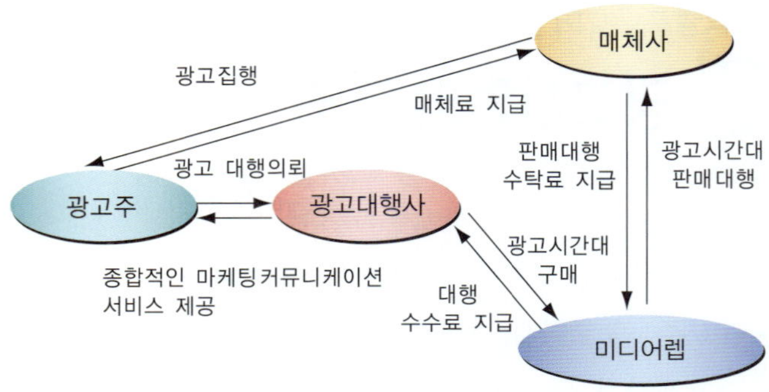

첫째, 광고주는 광고회사에게 광고제작을 비롯한 광고관련 업무의 종합대행을 의뢰하고, 광고회사는 의뢰받은 대행서비스를 제공한다. 그 과정에서 광고주는 광고회사에게 서비스를 수행하는 데 필요한 경비와 기획료를 지불한다. 여기서 기획료란 광고회사의 제작비용에 추가된 일정비율의 서비스 요금이다.

둘째, 광고회사는 광고제작을 완료한 후 매체사에 광고의 집행을 의뢰하며, 매체사는 이를 특정 프로그램이나 지면에 집행한다. 즉, 광고회사는 광고주를 대신하여 매체집행을 대행하는 것이다. 이 과정에서 광고주는 광고회사에게 매체비용을 지불하며, 광고회사는 매체사에게 같은 금액의 매체사용료를 지불하게 된다. 반면 매체사는 매체집행에 관한 서비스를 제공한 광고회사에게 매체료의 일부를 매체수수료로 지불함으로써 각 기관들 간의 거래관계가 종료된다. 이때 매체사가 광고회사에게 지불하는 일반적인 수수료는 총광고비의 15% 정도이다.

셋째, 앞서 언급한 바 있는 광고주, 광고회사 및 매체사와의 거래관계는 인쇄광고의 경우에도 그대로 적용된다. 방송광고의 경우 미디어렙이 개입되기 때문에 이들 간의 거래관계가 조금 더 복잡해진다. 미디어렙이란 미디어(media)와 레프리젠터티브(representative)의 합성어로, 우리말로는 방송광고판매대행사라고 한다. 미디어렙은 방송사를 대신하여 광고시간 등 방송광고를 전문적으로 위탁판매하고 판매대행 수수료를 받는 회사이며, 일부 유럽에서는 판매미디어렙을 미디어판매회사(media sales house)라고 부르기도 한다.[4] 미디어렙의 광고대행체제는 방송사가 일방적으로 광고요금을 올리거나 광고를 얻기 위해 광고주에게 압력을 가하거나, 반대로 자본가인 광고주가 광고를 빌미로 방송사에 영향을 끼치는 것을 일부 막아주는 장점이 있다. 1981년 이후부터 한국방송광고공사(KOBACO)가 각 방송사의 광고영업을 독점적으로 대행해 왔다. 따라서 방송광고의 경우 광고회사는 한국방송광고공사를 통하여 광고 프로그램을 확보하고 매체비용을 매체사에 지불해야 했고, 방송사는 광고영업 대행에 대한 대가로 대행수탁료를 한국방송광고공사에게 지불해야 했었다. 그러나 한국방송광고공사의 시장기능에 위반되는 끼워팔기, 요금책정, 비경쟁적 판매관행으로 인해 비판의 소리가 높아져 갔다. 그 같은 독점에 대한 비판과 함께 방송·광고계에 자유경쟁 체제를 접목시키자는 주장이 제기되고, 2008년 독점대행 헌법 불합치 판결이 내려지면서 민영 미디어렙 설립에 대한 의견수렴이 이루어졌다. 마침내 2012년 2월 민영미디어렙법의 통과로, 30년에 걸친 한국방송광고공사의 지상파 방송광고 판매대행 독점이 막을 내렸다. 같은 해 5월, 공영미디어렙인 한국방송광고진흥공사가 공식출범했고, 8월에는 SBS의 민영 미디어렙인 미디어

표 2-4 민영 미디어렙의 탄생과정

1981년	한국방송광고공사(KOBACO)의 설립. 방송광고 독점대행 실시
1999년	통합방송법에서 한국방송광고공사의 독점대행 폐지와 미디어렙 설치 등이 입안되었으나 신문사, 시민단체 등의 반발로 실행 좌절
2008년	헌법재판소는 한국방송광고공사의 독점적 지상파 방송광고 판매대행에 대해 헌법불합치 판결
2012년	2월, '1공영 다민영 미디어렙'체제를 핵심으로 하는 '방송광고 판매대행 등에 관한 법률안(미디어렙 법안)' 국회 통과 5월, 한국방송광고진흥공사 출범(공영 미디어렙) 8월, 민영 미디어렙 미디어크리에이티브 탄생 방송광고 판매시장 경쟁체제의 돌입

4) 김상훈, 이시훈, 국내 미디어렙 제도에 대한 전문가 의견조사 연구, 한국언론학보, 2003

크리에이트가 방통위로부터 허가를 받아 본격 광고영업에 돌입했다. 법에 따르면 KBS, MBC, EBS는 공영 미디어렙을 통하여 광고판매를 대행할 수 있으며, SBS와 종합편성채널 등은 1사 1대행사의 설립이 가능한 상태이다. 이로 인하여 방송광고판매시장의 경쟁체제가 본격화되었다.

2) 거래관계에서 본 광고회사의 대행서비스

이들 기관들 사이의 거래관계에서 보면 광고회사는 광고산업 구성원들에게 다양한 서비스를 제공하고 있는데, 이를 요약하면 다음과 같다.

첫째, 광고회사는 광고주를 위하여 광고제작을 대행하는 역할을 수행하고, 광고제작에 수반되는 비용과 기획료를 청구한다.

둘째, 광고회사는 광고주를 위해 광고제작을 대행할 뿐만 아니라 매체집행을 대행하는 서비스도 제공하고 있다. 광고회사의 주 수입원은 매체수수료인데, 여기서 주목할 점은 대행수수료(혹은 매체수수료)를 광고주가 아닌 매체사로부터 지불받는다는 사실이다. 광고회사는 광고주를 위하여 광고전반에 관한 종합적인 서비스를 제공하는 반면, 매체사와는 매체집행과 관련된 업무적인 협조관계를 유지하고 있을 뿐인데, 주 수입원이 되는 매체수수료를 광고주가 아닌 매체사가 지불하는 형태를 갖는 것이 다소 생소하게 느껴질 수 있다. 그러나 매체사는 실제로 광고회사로부터 많은 서비스를 제공받고 있다. 광고회사는 여러 광고주를 가지고 있고 여러 광고주들의 매체집행에 관한 업무를 종합하여 매체사와 접촉하게 된다. 매체사의 입장에서는 광고회사가 존재하기 때문에 매체사용 계약을 위하여 각 광고주와 개별적으로 접촉할 필요 없이 광고회사와 매체사용계약을 할 수 있으므로 행정적 · 영업적인 업무가 상당히 줄어든 것이다. 이러한 관계는 여행자, 여행사, 항공사와의 관계와 비슷하다. 즉, 여행사의 수수료를 여행을 떠나는 소비자가 아닌 항공사가 지불하는 것과 같은 원리이다.

셋째, 광고회사는 광고주로부터 광고비용을 지급받고, 같은 금액을 매체사용료로 매체사에 지불한다. 이때 광고회사는 광고주로부터 광고비용을 어음으로 받고 매체사에게는 매체사용료를 현금으로 지불하는 것이 일반적인데, 이런 측면에서 광고회사는 어음이 현금화될 때까지 매체사에게 매체사용료를 먼저 지불하는 서비스를 제공한다.

넷째, 광고회사는 광고주를 위해 광고제작뿐만 아니라 마케팅전략 및 광고전략 전반에 관한 서비스를 제공한다. 이들 중 일부는 발생비용을 광고주로부터 지불받기도 하지만, 대부분은 광고회사가 광고주에게 제공하는 부가적인 서비스이다. 광고회사는 광고주를 확보함으로써 주 수입원인 매체수수료를 보장받을 수 있기 때문이다.

(2) 조성기관

조성기관은 광고주, 광고회사, 매체사 등의 기본기관과 협력관계를 유지하며 광고산업의 한 부분을 차지하고 있는데, 조사기관과 광고제작사, 스튜디오 등이 이들이다. 이하에서는 이들 조성기관과 기본기관 간의 관계와 조성기관의 현황에 대하여 설명하기로 한다.

1) 조성기관과 기본기관 간의 관계

조성기관은 기본기관에 조사 및 광고제작을 대행하는 서비스를 제공함으로써 기본기관이 조직을 보다 효율적으로 운영할 수 있는 여건을 마련해 준다. **그림 2-4** 는 광고산업의 기본기관과 조성기관 간의 관계를 정리한 것이다.

첫째, 조사기관은 마케팅 및 광고전략의 수립과 광고효과의 평가에 필요한 자료를 수집 · 분석함으로써 광고주 또는 광고회사의 마케팅 및 광고 의사결정을 보조한다. 이들 간의 거래는 주로 광고주와 광고회사의 조사대행 의뢰에서 시작되는 것이 일반적이다. 예를 들어, 광고주는 시장에서의 회사별 또는 브랜드별 점유율을 파악하기 위한 조사

그림 2-4 기본기관과 조성기관 간의 관계

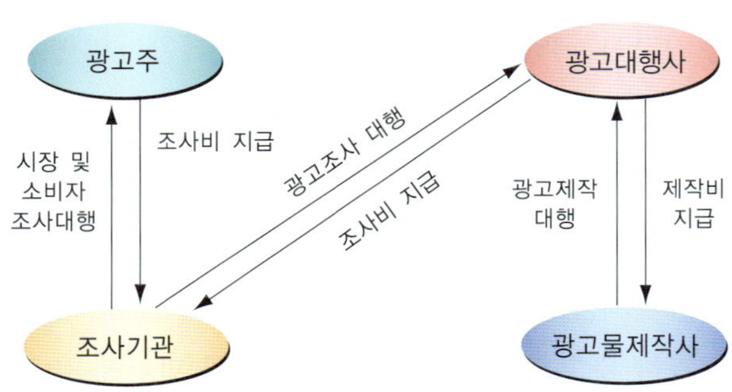

를, 광고회사는 광고집행 후 소비자의 인지수준을 파악하기 위한 조사를 조사기관에 의뢰할 수 있다. 한편 대형 광고회사는 자체 조직에서 조사기관을 확보하여 광고주를 위한 조사를 직접 수행하기도 한다. 예를 들어, 소비자의 라이프스타일은 광고전략을 세우기 위해 필수적인 자료이고 모든 업종에 활용될 수 있기 때문에 광고회사는 이를 자체적으로 또는 다른 대행사와 공동으로 조사하기도 한다. 그러나 광고효과와 같이 광고회사의 성과에 민감한 조사는 조사결과의 객관성을 유지하기 위하여 조사기관에 의뢰하는 것이 바람직할 것이다.

둘째, 광고제작사는 주로 광고회사로부터 특정 광고물의 제작대행을 의뢰받으면서 거래관계가 시작된다. 광고제작사는 특정 영역에 대한 전문적인 지식이나 기술을 소지하여 이에 대한 서비스를 제공한다. CF 제작사, 인쇄광고 제작사, 옥외광고 제작사, 이벤트 회사, SP전문회사, 인터넷 광고제작사 등이다. 광고회사는 이들 광고제작사들을 매우 효과적으로 활용할 수 있다. 광고회사가 많은 제작전문가를 고용해 회사를 운영하기에는 위험부담이 따른다. 제작전문가의 인건비는 매우 높은 편이고, 광고제작에 대한 수요는 경제상황이나 시장여건에 따라 급격하게 변하기 때문이다. 많은 광고인들은 경기변화에 가장 민감한 업종 중의 하나가 광고업계라고 이야기한다. 따라서 광고회사의 입장에서 보면 제작전문가를 적정 수준으로 확보하고 광고주의 수요가 늘어날 경우 광고제작사에게 제작대행을 의뢰하는 것이 보다 효율적일 수 있다. 즉 광고회사는 광고기획을 완료하고 광고주로부터 크리에이티브 아이디어에 대한 승인을 받은 후 제작은 광고제작사에 의뢰할 수 있는 것이다.

2) 조성기관의 현황

조성기관은 기본기관과 협력관계를 유지하면서 높은 성장을 지속하여 왔는데, 이에는 조사기관과 광고제작사가 있다. 이하에서는 이들 기관들의 발전과정을 요약하여 설명하기로 한다.

기업들이 마케팅 컨셉의 중요성을 인식하기 시작하면서 조사기관이 성장하게 되었다. 마케팅 컨셉의 핵심은 소비자 욕구의 정확한 파악에 있다. 따라서 마케터는 마케팅 전략을 수립하고 제품을 생산하기에 앞서 소비자의 욕구를 파악할 필요가 있다. 마찬가지로 광고회사도 적절한 광고전략 수립을 위한 자료의 필요성을 인식하게 되었다. 따라서 조사기관들은 광고주 및 광고회사와 밀접한 관계를 가지면서 성장하게 되었다. 전문적인 조사기관이 많지 않았던 1980년대 초반까지는 종합광고회사 내에 설치된 시장조사부나 조사국이 자료를 수집하다가, 이후 광고회사는 마케팅 컨설팅 부분에 주력하고 자료수집은 조사기관에 의뢰하게 되었다. 시장조사는 고객의 요구에 의하여 수행하는 조사와 조사기관이 독자적으로 자료를 수집해 작성한 보고서를 판매하는 형식의 신디케이트 조사로 분류할 수 있는데, 신디케이트 조사가 상대적으로 시장규모가 크고 경제성이 높아 앞으로 이 분야의 성장이 클 것으로 예상되고 있다.

최근 조사업계는 양적인 성장과 함께 몇 가지 주목할 만한 질적인 변화를 보이고 있다. 첫째, 1980년대는 조사기관의 주업무가 기업에 대한 마케팅조사가 대부분이었지만, 최근에는 정당, 정부기관, 언론사, 공공기관 등을 위한 사회여론조사가 급속히 증가하고 있다. 그동안 수차례에 걸친 선거를 치르면서 사회여론조사가 중요한 조사분야로 부각되기 시작한 것이다. 둘째, 1980년대까지는 기업의 주문에 따른 일회성 조사가 대부분이었던 반면, 1990년대에 접어들면서 고객만족경영의 도입에 따른 고객만족지수조사, 소매점조사(소매점에서의 재고를 정기적으로 파악하여 각 브랜드의 판매량을 파악하는 조사), 피플미터에 의한 과학적 TV 시청률 조사와 같이 변화추세를 분석하는 정기적인 조사가 실시되고 있다. 셋째, 2000년대 해외에서 과학적 조사방법에 관한 지식을 습득한 전문가가 국내에서 활동하기 시작하고, 국내에서 이에 대한 교육이 활성화되었다. 그에 따라 패널조사, POS 자료를 이용한 구매행동분석, 과학적 모형에 근거한 시장세분화 분석 및 수요예측 등 다양한 조사기법이 활용되고 있다. 최근에는 통신사 대리점이나 가전 A/S 센터, 특급 호텔 등에 훈련된 가상고객을 투입하여 고객사의 서비스를 진단하고 개선안을 모색하도록 돕는 미스터리 쇼핑 기법도 사용하고 있으며, 스마트폰의 대중적인 보급에 따라 모바일 조사도 활발히 진행되고 있다. 그러나 최근 광고회사들이 토털 솔루션에 대한 관심이 높아지면서 빅데이터와 소비자 행동 데이터 수집과 분석이 가능한 조직을 회사 내에 다시 배치하는 추세가 나타나고 있어서, 조사회사들의 매출에도 영향을 끼칠 것으로 보인다.

한편 광고제작사는 서울 충무로를 중심으로 발전하여 왔다. 여기에는 CM, 영상, 카피, 그래픽제작, SP, PR, 온라인제작, 광고사진스튜디오, CI회사 등이 속한다. 과거에는 영세한 업체들이 대부분이었으나, 서울 강남을 중심으로 대형스튜디오의 건립이 추진되고, 다양한 형태의 스튜디오가 등장하며, 광고업무 중 특수기능을 전문으로 하는 회사가 계속 등장하고 있다. 옥외광고물의 확보, 제작 및 관련 서비스를 제공하는 옥외광고회사, 이벤트를 전문으로 하는 이벤트 회사, 판매촉진을 전문으로 하는 회사, 그리고 인터넷 광고제작사 등이 그 예들이다. 광고제작사는 광고제작만을 전문으로 한다는 점에서 광고활동과 관련된 종합적 서비스를 제공하는 종합광고회사와 차이가 있다. 최근 들어 광고회사가 마케팅 커뮤니케이션의 종합적인 기획으로 사업개념을 확장하고 있는데, 그에 따라 광고회사가 광고제작을 광고제작사에 의뢰하는 빈도도 늘어날 것이다.

(3) 규제기관

광고는 기업 수준에서 마케팅 기능을 수행하기도 하지만 사회 전반에 걸쳐 여러 가지 영향을 미치고 있음을 1장에서 설명한 바 있다. 특히 광고가 사회에 미치는 영향은 부정적인 측면에서 논의될 수 있다. 광고주는 공공성보다는 영리성을 추구하고 그에 따라 광고가 과장된 정보를 제공하거나 성적 표현을 지나치게 강조하는 등 사회에 부정적인 영향을 미칠 수도 있다. 그렇기 때문에, 광고의 부정적인 기능을 방지하기 위해서 광고 관련 법제 기관들과 자율심의기관들이 존재한다.

광고와 관련된 다양한 법률이 존재한다는 것은 광고의 영향력을 역설적으로 보여주는 것이라 하겠다. 공정거래위원회는 허위 또는 과장 광고에 대하여 조사와 단속을 하고, 거짓 광고로 판명되었을 경우 과징금 등 제재를 가함으로써 소비자의 권익을 보호하는 역할을 한다. 방송통신위원회는 방송과 통신에 관한 규제와 이용자 보호, 방송의 독립성 보장 등을 위한 업무를 관장하는데, 중간광고에 대한 허가 여부 등 방송광고 편성과 평가 정책에 관여한다. 또한, 한국소비자원은 소비자가 광고로 인한 피해를 입었을 때 보상받을 수 있도록 지원하는 규제기관이다. 이와 더불어 특정 품목의 광고 자체 및 특정 내용을 규제하는 기관들이 있다. 예를 들어, 식품의약품안전처는 식품위생법, 건강기능식품에 관한 법률, 의료기기법에 근거하여 광고를 심의하고, 허위 · 과대 · 비방 표시 및 광고를 금지하는 등의 규제를 하고 있다[5]. 이 외에도 각 지자체는 옥외광고물 등을 규제할 수 있는 권한을 가지고 있어서 전국적으로 광범위한 광고 관련 규제기

5) 정보통신정책연구원, 방송통신위원회, 매체별 광고 규제체계 개선방안 연구, 2016.

관들이 존재한다.

표 2-5 광고 관련 법제와 관련 주요기관

기관	관련 법규	광고 관련 주요 내용
공정거래위원회	독점 규제 및 공정거래에 관한 법률, 동 시행령, 경품류 제공에 관한 불공정 거래 행위의 유형 및 기준 지정 고시, 표시 · 광고의 공정화에 대한 법률, 동 시행령, 심사지침	표시, 광고, 경품 등의 활동에 대한 감시 및 시정 조치
방송통신위원회	방송법, 동 시행령	방송 광고의 종류 및 시간을 규정; 사전 심의 대상의 방송 광고 지정
한국소비자원	소비자기본법	분쟁조정위원회 등을 통해 소비자 피해를 구제
특정 품목 규제 기관 (예: 식품의약품안전처)	식품위생법, 건강기능식품에 관한 법률, 의료기기법	광고 심의 및 허위 · 과대 · 비방 표시 및 광고 금지
지자체	옥외광고물 등 관리법, 동 시행령	옥외 광고물의 종류에 따라 크기, 위치 등을 규정하고 허가제 및 신고제 운영

자료원: 김광수, 우성택, 권은아, 광고학, 서울: 한나래아카데미, 2010정보통신정책연구원, 방송통신위원회, 매체별 광고 규제체계 개선방안 연구, 2016에서 발췌 및 수정

3 광고회사의 업무와 현황

광고회사는 광고주에게 보다 좋은 서비스를 제공하기 위하여 치열하게 노력하고 있다. 이하에서는 광고회사가 광고주를 위하여 제공하는 서비스의 종류와 현황을 설명하기로 한다.

(1) 광고회사가 광고주에게 제공하는 서비스

광고회사 매출의 대부분은 광고주의 광고대행 의뢰로 좌우된다. 광고회사는 광고주의 대행의뢰를 확보하기 위하여 광고제작에 관한 서비스뿐만 아니라 마케팅 커뮤니케

이션 전반에 관한 종합적인 서비스를 제공한다. 광고회사의 각 조직별 업무[6]는 다음과 같다.

비즈니스본부(또는 광고본부)는 광고주를 직접 대응하는 역할을 담당하며 영업과 기획을 책임지고 타 본부들과 협업하여 광고주가 의뢰한 문제에 대한 종합적인 솔루션을 제공한다. 전략본부(또는 광고전략본부)는 광고주의 광고 및 사업 전략과 솔루션을 지원한다. 제작본부는 광고의 컨셉에 따른 광고제작을 담당하며, 데이터 애널리틱스 본부(또는 연구소)는 고객 데이터를 기반으로 광고 기획과 전략을 지원한다. 디지털 플랫폼 및 솔루션 본부는 인터렉티브, SNS 등 신규 디지털 미디어 플랫폼을 기획, 개발하는 등 디지털 마케팅을 담당한다. 또한, 브랜드 익스피리언스 본부(또는 프로모션본부)는 이벤트, 엑스포, 컨벤션, SP 등을 통하여 소비자들의 체험을 브랜드와 연결시키는 역할을 담당한다. 미디어본부는 각 매체별 집행전략을 수립하고, 매체전략에 따라 실제 광고집행을 위한 매체를 구매하는 업무를 담당한다. 최근 광고업계의 성장 둔화와 함께 신사업 기회에 대한 관심이 높아지면서 스타트업 회사를 발굴하여 투자하는 등 신사업을 겨냥한 조직을 둔 광고회사도 있다. 또한, 회사의 규모에 따라 해외광고본부를 두고 해외지사를 운영하기도 한다. 제일기획, 이노션, HS 애드, 대홍기획 등이 해외지사를 두고 있다.

광고회사의 업무는 이와 같이 서비스별로 전문화되어 있는데, **그림 2-5** 는 광고회사의 조직도의 예를 보여주고 있다.

광고회사의 조직은 기능별로 전문화되어 있고, 그에 따라 광고회사에는 매우 다양한 광고관련 전문가들이 일하고 있다. 그리고 이들은 한 팀을 이루어 광고주에게 보다 우수한 서비스를 제공하기 위하여 협력한다.

앞서 설명하였듯이 광고회사의 조직은 기능별로 전문화되어 있지만, 광고업무는 광고주 별로 팀을 구성해 진행한다. 따라서 광고회사는 프로젝트에 따라 기능별 전문가들이 모여 함께 일하는 팀 중심의 조직구조를 갖게 된다. 그에 따라 광고회사는 기능별 전문영역이 인정되기는 하지만, 업무상 고유영역은 점점 희석되어 가고 있다. 예를 들어, 아이디에이션에서 AE가 좋은 헤드라인에 대한 방향을 제시하는 경우도 있고, 카피

6) 제일기획 홈페이지

그림 2-5 광고회사의 조직도

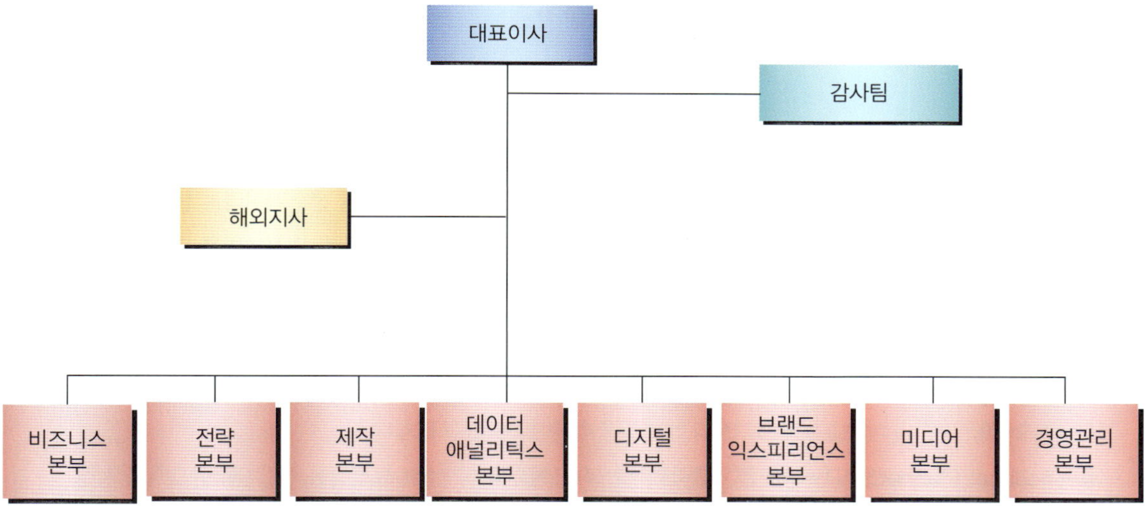

라이터가 새로운 제품개념을 제시할 수도 있다. 아이디에이션에서 전문가들 간 자신들의 능력을 상호 보완하려는 협조적인 분위기는 창의적인 아이디어를 확보하는 선결요소이고, 창의적인 아이디어의 개발은 광고회사의 가장 중요한 경쟁력이다.

광고 Highlight

광고회사에 근무하고 있는 다양한 전문가들

AE(Account Executive): AE는 어카운트를 관리하는 담당자로 광고회사를 대표하여 광고주를 접촉하고 광고주가 직면한 문제를 해결하기 위한 광고 계획을 입안하고 실행에 옮기는 전문가이다. AE는 담당 광고주에 대한 광고 캠페인을 총괄하게 되며, 제작과정에서는 광고주와 제작팀 간 의사소통을 가능케 하는 중개인의 역할을 한다. 따라서 AE는 광고주의 기업 및 그 기업이 속해 있는 산업, 상품 및 서비스에 대하여 정통해야 함은 물론, 마케팅이나 광고 지식도 충분히 갖추고 있어야 한다. AE로서 가장 중요시되는 능력은 전략에 대한 기획력, 타 부서와 협업을 이끄는 소통능력, 광고주에 대한 관리능력이다.

AP(Account Planner): AP는 AE로부터 광고주가 직면한 문제에 대한 브리핑을 받은 후 광고주의 시장 상황, 경쟁업체 상황 등을 종합적으로 분석하여 마케팅 커뮤니케이션의 방향을 제시하고, 커뮤니케이션 전략을 도출하는 역할을 담당한다. 신규 광고주 개발을 위한 경쟁 PT나 기존 광고주의 커뮤니케이션 전략 PT에 사용되는 광고 기획서를 작성하는 중추역할을 담당한다. AP는 마케팅에 대한 풍부한 지식과 시장 상황 등 다양한 데이터를 기반으로 광고주가 앞으로 나아가야 할 방향을 도출해내는 인사이트, 커뮤니케이션 전략에 대한 논리를 설득적인 언어로 전달하는 역량이 중요하다.

데이터 애널리스트(Data Analyst): 데이터 애널리스트는 소비자들의 다양한 니즈와 관련된 데이터를 수집하고 분석하여 인사이트를 도출하는 업무를 담당한다. 기존에는 조사회사와 협력하여 대규모의 정기적 서베이나 AE 요청에 따른 광고주 관련 설문조사를 주로 담당했다. 최근에는 디지털 시대에 맞추어 소비자 행동을 직접 측정하고 실시간 데이터를 수집하고 분석하는 업무를 담당하고 있다. 예를 들어, 제일기획의 DnA 센터에서는 디지털 소비자 패널, 소셜 미디어 분석 시스템을 구축하여 데이터를 수집하고 있으며 월 1억 건의 소비자 버즈 데이터를 분석할 수 있는 시스템을 갖추고 있다.[1] 이를 통하여 캠페인과 크리에이티브 전략 수립을 지원하는 역할을 담당한다.

카피라이터(CW : Copywriter): 카피라이터는 광고에 필요한 문안을 개발하는 역할을 수행하는데, 단순히 광고문안을 만드는 것이 아니라 여러 크리에이터와 함께 광고 컨셉과 아이디어를 제시하고, 이에 대한 표현전략에 대한 가이드라인을 제시하기도 한다. 카피라이터는 광고대행사의 크리에이티브 팀에 속

7) 제일기획 홈페이지

해 있지만 AE, AP 및 디자이너와 긴밀한 관계를 맺으면서 광고 전반에 걸쳐 함께 작업한다. 특히 인쇄매체의 광고 크리에이티브 작업에서는 AE와 디자이너가 한 팀이 되어 광고물을 함께 개발하는 것이 일반적이다.

그래픽디자이너(Graphic Designer) 또는 아트 플래너(Art Planner): 그래픽디자이너는 주로 인쇄광고의 디자인을 담당한다. 예를 들어, 포스터, 신문, 잡지광고, DM, 출판디자인, 포장지, 패키지 디자인의 외장처리 등이 주된 업무이다. 광고주로부터 광고의뢰가 들어오면 제품에 대한 설명회에 참가하고 제작회의를 거쳐 실제 광고와 근접한 시안작업을 시작한다. 그래픽 디자이너와 함께 개발한 시안을 광고주에게 제시하여 승인을 받으면, 그래픽 디자이너는 실제 작업에 들어가 작품을 완성하게 된다. 최근 광고대행사에는 그래픽디자이너의 기능이 서서히 줄어들고 대신 아트 플래너(Art Planner)의 개념이 등장하고 있다. 즉, 두잉(Doing)개념이 강한 그래픽디자이너가 아닌 기획기능이 강한 아트 플래너의 역할이 중요시되고 있는 것이다.

PD(Producer): PD는 광고제작의 총책임자로 광고의 질을 높이고, 광고제작 전반의 책임을 진다. 즉, 기획 및 감독선정과 감독과의 협의 하에 모델, 의상, 세트 등 광고제작에 필요한 스탭이나 제작 스케줄을 결정하고, 제작예산을 수립하는 일까지 담당한다. 광고 PD는 전략을 아이디어로 전환하는 작업부터 참여하여 회의결과를 스토리보드의 형태로 정리하고, 스토리보드가 완성된 후 AE와 함께 프리젠테이션을 위한 보드를 만들며, 이후 프로덕션을 선정해서 미팅을 통해 광고제작의 목적과 광고제작 스케줄을 협의한 후 확정된 안을 가지고 구체적인 제작을 하게 된다.

크리에이티브 디렉터(CD : Creative Director): 크리에이티브 디렉터는 크리에이티브 부문의 최고 책임자 또는 결정권자를 의미한다. 보통 경력 10년 이상의 경험을 가지고 광고제작 전반을 책임지는 전문가이다. 카피라이터, PD 등과 함께 AE와 AP가 기획한 전략에 입각해 최종 광고제작물을 만든다. 우리나라 광고대행사의 조직 내에서는 보통 제작국장을 크리에이티브 디렉터로 호칭하고 있다.

아트디렉터(AD : Art Director): 아트디렉터는 광고 표현을 총괄하는 책임자이다. 광고의 컨셉에 따라 표현을 결정하고 디자이너, 카피라이터, 일러스트레이터, 포토 그래퍼 등의 제작자들을 지휘하면서 제작부문의 책임자 역할을 수행한다. CD는 크리에이티브 차원에서 인쇄매체를 총괄하는 것이 일반적이며, 영상 CM인 경우 아트디렉터가 프로덕션의 그래픽의 질을 통제하기 위해 TV프로듀서와 함께 일하기도 한다.

브랜드 익스피리언스(Brand Experience) 전문가: 브랜드 익스피리언스 전문가는 광고주의 상황에 맞춰서 프로모션 이벤트, 글로벌 전시, 올림픽 등의 대규모 스포츠 행사, 리테일 등을 아우르는 체험 마케팅을 기획하고 실행하는 업무를 수행한다. 최근에는 데이터와 뉴 테크놀로지를 기반으로 소비자들에게 창의적이고 새로운 브랜드 체험 기회를 만들고자 노력하고 있다. 광고주들의 리테일 마케팅 솔루션, 버추얼 스토어, 옥외 광고 캠페인 등을 통한 브랜드 체험을 담당한다.

디지털 마케팅(Digital Marketing) 전문가: 인터랙티브, 소셜네트워크 서비스 등 신규 디지털 미디어 플랫폼을 기획하고 개발하기도 하고, 온라인, 모바일, 소셜, 디지털 옥외광고 등 다양한 디지털 미디어를 총괄하여 통합 디지털 마케팅 솔루션을 제공하는 업무를 담당한다. 따라서 첨단기술에 대한 이해와 이를 바탕으로 효과를 극대화할 수 있는 캠페인을 기획하는 역량이 필요하다.

매체기획자(Media Planner): 매체기획자는 특정 브랜드나 서비스의 예상 구매고객에게 광고를 가장 효율적으로 전달하기 위해 광고예산과 매체 계획을 세우고, 이를 집행한 후 매체효과 분석을 통해 향후 개선안까지 제시하는 일을 수행한다. 즉, 매체기획자는 TV, 라디오, 신문, 잡지, 옥외매체 등 매체의 특성에 대한 사전지식을 토대로 광고주가 제시하는 주요 소비자에게 가장 적합한 매체에 적시에 노출함으로써 광고의 효과를 극대화시켜야 한다. 최근 TV와 신문으로 대표됐던 대중매체가 인터넷 매체, 케이블TV, 잡지 등 다양화되면서 매체기획자의 역할이 더욱 중요해지고 있다.

매체구매자(Media Buyer): 매체구매자는 광고메시지를 집행하기 위하여 매체의 시간이나 지면을 구매하는 담당자로서 매체사와 유대관계, 풍부한 노하우, 미디어볼륨을 기반으로 매체를 구매 · 집행하고 체계적으로 관리하는 역할을 한다.

(2) 광고회사 업무영역의 확장

외국의 경우 광고회사의 사업 다각화 노력은 이미 오래 전부터 진행되어 왔다. 예를 들어, 세계 최대의 광고회사 가운데 하나인 일본의 덴츠사는 이미 1978년 회사명에서 광고라는 단어를 삭제한 바 있다. 오래전부터 자신의 사업을 광고분야에 국한시키지 않고 종합 정보사업 분야로의 진출을 모색하여 온 것이다.

국내 광고회사들도 꾸준히 업무영역 확장에 심혈을 기울여 왔는데, 이들의 노력은 크게 두 가지 방향으로 요약된다. 마케팅 분야에 IMC 개념이 도입되면서 기업의 촉진활

제일기획이 런칭한 온라인 쇼핑몰, 제삼기획(이미지 자료원: 제삼기획)

동은 광고 중심에서 토털 솔루션으로 전환되기 시작했다. 광고, 디지털, 리테일, 데이터 등 광고회사가 지닌 모든 자원을 연결하여 광고주가 직면한 문제를 해결하는 솔루션을 제공하고자 노력하고 있으며, 이러한 움직임에 따라 디지털 마케팅 기업, 쇼퍼 마케팅 기업 등을 인수하거나 빅데이터 관련 시스템을 구축하는 등 통합 솔루션 역량의 강화에 힘쓰고 있다. 브랜드 컨설팅 업무를 담당하는 조직들이 광고회사 내에 생겨나고 있는 흐름 역시 이러한 토털 솔루션 회사로 거듭나기 위한 일환으로 볼 수 있다.

또한 광고회사는 커뮤니케이션 개념이 반영될 수 있는 모든 사업으로 자신의 업무영역을 개척하고 있다. 외국영화 수입, 영상제작사업 및 방송사의 프로그램 제작사업 등 영상사업에 참여하고 있다. 예를 들어, TV 방송사의 프로그램 타이틀은 시청자의 관심을 끌어야 하고 짧은 시간에 프로그램 성격을 전달하여야 한다. 따라서 TV CF 제작에 관한 전문지식이 발휘되기 용이한 것이다. 이와 같이 광고회사의 전문성이 발휘될 수 있는 영상, 음반, 캐릭터 사업으로의 진출은 앞으로도 촉진될 것으로 보인다.

광고회사의 업무와 전혀 다른 영역으로 확장하는 경우도 있다. 예를 들어, 최근 성장세가 둔화된 광고시장 외의 신사업 기회에 관심을 가지는 광고회사가 많아지고 있다. 미래에 성장 가능성이 높은 스타트업 회사들을 발굴하고 투자하여 향후에 스타트업 회사의 수익을 나누는 형태의 신사업 모델을 추진하기도 한다. 또한 스포츠 선수의 매니지먼트 사업에 진출하기도 하고, 기존에 없던 기발하고 재미있는 상품을 판매하는 온라인 쇼핑몰에 진출하기도 한다. 이처럼 광고회사의 신사업 진출은 향후에도 적극적으로 모색될 것으로 예상된다.

광고 Highlight

광고회사의 브랜드 컨설팅은 어떻게 다른가?

TBWA 브랜드솔루션컴퍼니 'Disruption Consulting' (이미지 자료원: TBWA 홈페이지)

TBWA는 회사의 비전을 Brand Solution Company로 설정한 이후 매년 다양한 브랜드의 컨설팅을 수행해오고 있다. TBWA의 클라이언트사뿐 아니라, 경쟁 프레젠테이션을 통해서도 컨설팅을 수주하고 있다. 소비자 커뮤니케이션을 진행하는 기업은 물론이거니와 리테일, B2B, 미디어, 공공서비스, 기업 해외 진출 등 컨설팅의 영역은 그 제한을 두고 있지 않다. 전통적인 컨설팅 회사와 광고회사의 브랜드 컨설팅은 어떻게 다른 것일까? TBWA와 같은 광고회사에 많은 기업들이 브랜드 컨설팅을 맡기는 사례가 늘어나고 있는 이유는 무엇일까?

광고회사의 브랜드 컨설팅이 주목받는 이유는 다음의 4가지로 분석할 수 있다.

첫째, 광고회사의 브랜드 컨설팅은 실용적이다. 광고회사는 태생적으로 브랜드와 소비자를 연결하는 것을 업의 본질로 하고 있다. 소비자가 브랜드와 연결되는 방식은 다양하다. 브랜드 이름으로부터, 슬로건과 광고, 브랜드 개성과 이미지, 제품의 포장과 매장 이미지, 판매원 세일즈톡(Sales talk) 등을 통해서 소비자는 무형의 브랜드를 유형의 것으로 받아들이게 된다. 즉, 기업이 브랜드의 컨셉을 정립하고 내부 구성원이 공유하고 있더라도 그것이 소비자에게 유의미하게 전달되기 위해서는 다양한 언어적, 시각적 장치의 활용이 필요하다. 광고회사의 컨설팅은 이러한 전달과정을 사전에 염두에 두고 진행되기 마련이다. 추상적 개념의 도출에 머물러 현실의 마케팅 커뮤니케이션에서 이를 어떻게 사용할지 막막한 기업의 브랜드 담당자들이 실용적 컨설팅 결과물을 만들어내는 광고회사의 컨설팅에 주목하는 이유는 자명하다.

둘째, 광고회사의 브랜드 컨설팅은 창의적이다. 브랜드 컨셉을 정립하는 이유는 나와 남을 구분짓게 만들고, 우리 브랜드를 보다 매력적으로 보이도록 만들기 위함이다. 그 과정에 반드시 필요한 것이 창의적 사고이다. 같은 가치가 시대에 따라 다르게 평가되기도 한다. 담백한 가치가 약간의 메이크업을 통해서 보다 크게 느껴지기도 하며, 그 반대의 경우도 많다. 때로는 카테고리의 오래된 관습에서 기피되던 가치가 어느 순간 큰 호응을 받기도 한다. 브랜드 컨설팅은 가치와 욕구의 매칭 과정이기도 하다. 어떤 가치를 선택할 것인가? 그 가치의 수용성을 어떻게 키울 것인가? 이는 전적으로 컨설턴트의 창의적 능력에 달려 있다.

셋째, 광고회사의 컨설팅은 유연하다. 전문 컨설턴트 1~2인이 수행하는 전통적인 컨설팅과 달리 광고회사의 컨설팅은 광고제작자, 데이터 분석가, 이벤트 전문가와 같은 광고회사 내부인력 혹은 외부의 전문가 그룹과의 협업에 익숙하다. 브랜드 컨설팅은 브랜드 아이덴티티 시스템(Brand Identity System) 도출이라는 하나의 정형화된 결과물 도출만을 목표로 삼지 않는다. 때론 브랜드 네임을 만드는 것을 목표로 하기도 하고 때론 기업 내, 외부 고객과 공유할 브랜드 영상(Brand Film)을 제작하거나, 고객경험을 채워줄 브랜드 활동(Brand Activity)을 구성하는 것을 최종 목표로 가지고 컨설팅을 시작한다. 이렇게 다양한 컨설팅 목표를 감안할 때 아무리 유능한 컨설턴트일지라도 모든 영역을 커버하는 것은 쉬운 일이 아니다. 내 · 외부의 다양한 전문가(Specialist)와 협력하여 유연한 결과물을 만드는 것이 광고회사 컨설팅의 경쟁력이다.

넷째, 광고회사의 컨설팅은 범위확장이 가능하다. 브랜드 론칭을 앞둔 기업이 브랜드 컨설팅을 하는 이유는 정립된 브랜드 컨셉을 바탕으로 커뮤니케이션을 집행하기 위함이다. 기업의 브랜드 담당자는 전통적 컨설팅 회사에게 브랜드 컨셉 도출을 의뢰한 뒤, 이를 또 다른 광고회사에게 전달하여 광고 등 커뮤니케이션 제작물을 만들어 왔다. 이 과정에서 시간적 지연과 비용적 부담, 그리고 컨셉의 미세한 변화 등을 경험하기도 한다. 광고회사는 컨설팅 범위를 설계함에 있어 이후의 커뮤니케이션 활동까지 미리 확장하여 진행하는 것이 가능하다. 브랜드 컨셉의 정립부터 커뮤니케이션 집행까지 모든 단계에 걸쳐 소위 원스탑(One stop) 서비스가 가능해지며, 이 과정에서 시간과 예산의 절감이 가능해진다.

자료원: 양건우, 광고계동향, 2020년 1/2호에서 발췌 및 수정.

(3) 광고회사의 역사와 현황

한국에서는 1910년 '한성광고사'라는 광고회사가 최초로 설립되고, 1967년 합동통신사에 광고기획실이 설치되고 1969년 만보사가 창립되면서 실질적인 광고대행업이 시작되었다. 이후 1970년대 접어들면서 국내의 대기업들이 광고의 중요성을 인식하면서 계열광고회사(대기업이 계열사의 하나로 설립하여 운영하는 광고회사)를 설립 · 운영하기 시작한다. 삼성그룹의 제일기획(1973년), 두산그룹의 오리콤(1979년), 롯데그룹의 대홍기획(1982년), 태평양그룹의 동방기획(1982년), 현대그룹의 금강기획(1983년), 럭키 금성의 엘지애드(1984) 등이 이 시기에 설립된 대표적인 계열광고회사들이다. 한국의 광고산업은 이때부터 계열광고대행사가 주도해 왔다고 볼 수 있다. 현재도 제일기획(삼성), 이노션월드와이드(현대자동차), HS애드와 엘베스트(LG), 대홍기획(롯데), 한컴(한화) 등 광고업계순위 상위 광고회사는 대부분 대기업의 계열사로 나타나고 있다.

계열광고회사가 한국 광고대행업을 주도하게 된 이유 중의 하나는 1981년 광고회사의 광고대행에 관한 규칙에서 찾아볼 수 있다. 이 규칙은 총 매출액 100억 원 이상, 연간 50억 이상의 방송광고 대행실적, 30개 이상의 광고주 확보를 방송광고 대행사의 인정기준으로 삼고 있었다. 따라서 광고회사의 설립은 큰 광고주를 다수 확보할 수 있는 그룹사에 의해 주도될 수밖에 없었고 그 결과 1987년까지는 11개사만이 대행인정을 받을 수 있었다.

1980년대 초반에 이르기까지는 제일기획과 오리콤이 국내 광고업을 주도하여 왔고, 2018년 기준, 제일기획과 이노션 월드와이드가 취급고 및 전문인력의 규모 면에서 양강 체제를 구축하고 있으며, HS애드, 대홍기획, SM C&C 등이 그 뒤를 이어 경쟁하고 있다.

1989년 대행사에 대한 방송광고 인정조건이 대폭 완화되고 독립광고회사(특정 그룹에 의하여 소유되지 않고 독립적으로 운영되는 광고회사)의 설립이 용이해지면서 국내 광고대행업계는 질적 및 양적 성장기를 맞이하게 된다. 한편 1990년대에 광고시장이 전면 개방되면서 외국광고회사의 국내진출이 시작되어 최근에는 10대 광고회사 반열에도 진입하게 되었다. 반대로 우리 광고회사가 해외에 진출한 경우도 많아서 대행사들의 광고수입액이 증가하였다.

표 2-6 2018년 국내 10대 광고대행사 (단위: 억 원)

순위	대행사명	취급액
1	제일기획	53,681
2	이노션 월드와이드	44,439
3	HS애드	14,808
4	대홍기획	9,644
5	SM C&C	4,846
6	퓨처스트림네트웍스	3,524
7	TBWA코리아	2,703
8	맥켄에릭슨	2,061
9	레오버넷	1,917
10	오리콤	1,893

자료원: 광고계동향, 2019
광고연감, 2019

4 광고주와 광고회사와의 관계

광고주와 광고회사는 서로 다른 독립적인 기관이지만 동반자 역할을 하고 있는 특수한 관계이다. 이하에서는 이들 간의 관계가 형성되는 과정과 바람직한 관계를 유지하기 위한 자세를 살펴보기로 한다.

(1) 광고주는 광고회사를 이용해야 하는가?

광고주는 광고활동의 수행과 관련하여 크게 세 가지 대안을 고려할 수 있다. 첫 번째는 광고주가 광고기획, 광고 아이디어의 개발, 광고제작 및 매체집행 등 광고활동의 전반을 직접 수행하는 것이고, 두 번째는 계열광고회사를 설립하여 운영하는 것이며, 세 번째는 독립광고회사를 선정하여 광고활동에 관한 전반적인 서비스 대행을 의뢰하는 것이다. 이하에서는 각 대안별 특징을 설명하기로 한다.

1) 광고주가 직접 광고를 제작할 경우

광고주가 직접 광고를 제작할 때 얻을 수 있는 가장 큰 이점은 통제의 용이성이다. 그러나 이 경우 광고주는 비용문제를 고려해야 한다. 광고활동을 효율적으로 수행하기 위해서는 전문적인 지식과 경험을 갖춘 여러 분야의 전문가가 필요하며, 이에는 많은 비용이 발생한다. 따라서 광고주의 광고비 지출이 적은 경우 광고회사나 광고제작자에게 대행을 의뢰하는 것이 일반적이다.

2) 광고주가 계열광고회사를 운영할 경우

광고비 지출이 많은 대기업의 경우 외부 광고회사에 대행을 의뢰할 수도 있지만, 광고회사를 계열사의 하나로 설립하는 방안도 검토할 수 있다. 광고주가 계열광고회사를 설립할 것인가 아니면 외부 광고회사에게 광고제작의 대행을 의뢰할 것인가에 대한 의사결정은 광고비 예산과 밀접하게 관련되어 있다. 광고주는 능력 있는 광고전문가를 직접 고용할 때 드는 비용과 광고회사를 운영할 경우 확보할 수 있는 매체수수료를 비교하는 것이다. 국내의 경우 광고비 지출이 많은 대기업들은 계열광고회사를 직접 소유하는 경향이 있다. 이는 계열광고회사의 소유를 통해 확보되는 매체수수료 수입(혹은 광고비용 절감)으로 능력있는 전문인력을 고용하여 대행사를 운영할 수 있기 때문이다.

광고주가 계열광고회사를 이용하여 직접 광고활동을 수행하게 되면 다음과 같은 장점이 있다. 첫째, 광고활동에 대한 통제가 어느 정도 가능하다. 둘째, 마케팅 및 광고전략 등 중요한 의사결정에 대한 정보누출을 방지할 수 있다. 외부 대행사를 이용할 경우 광고주는 광고전략의 개발을 위해 자사의 마케팅정보를 제공해야 하는데, 이러한 정보가 경쟁사에게 누출될 수 있다. 셋째, 광고 및 촉진활동에 대한 비용을 절감할 수 있다. 광고주는 매체수수료뿐만 아니라 광고제작 및 조사활동에 따른 비용을 절감할 수 있을 것이다. 넷째, 시장에 대한 많은 정보와 경험의 축적이 가능해진다. 광고제작을 위해서는 소비자 및 시장 자료의 수집이 필요하고, 광고활동을 직접 수행하는 과정에서 축적된 자료와 경험은 기업의 마케팅 능력을 향상시킨다.

광고비를 많이 지출하고 있는 국내 대기업들은 계열광고회사를 설립하여 운영해 왔고 그 결과로 계열광고회사가 총 광고비에서 차지하는 점유율은 1980년대 20%대의 수준에서 1990년대 이후 70%대 이상의 수준으로 증가하고 있다. 이는 계열광고회사들이 치열한 경쟁 없이 계열사들의 광고를 독점하여 온 결과이다.

그러나 한국광고주협회가 회원사를 대상으로 조사한 바에 따르면 광고주의 60%는 현재 거래하고 있는 계열광고회사에 대하여 만족하지 않는 것으로 응답하고 있으며, 불만족의 원인으로 '철저한 프로정신의 부족,' '안일한 서비스,' '창의력 부족,' '과학적인 고객관리 미흡' 등을 들고 있다.

3) 독립광고회사를 이용할 경우

광고비의 지출규모가 크지 않은 기업은 재원 확보가 불확실하여 계열광고회사의 설립을 고려하기 어렵기 때문에 광고회사에 광고제작 대행을 의뢰할 수밖에 없다. 외부대행사는 계열광고회사에 비하여 다음과 같은 장점을 가질 수 있다. 첫째, 독립광고회사는 마케팅전략 및 광고전략의 수립에서 객관성을 유지할 수 있다. 외부 광고회사가 광고주와 협력관계만을 갖고 있기 때문에 시장상황에 대해 보다 객관적인 자료와 평가를 제공할 수 있다. 둘째, 독립광고회사는 계열광고회사보다 전문적이고 창의적인 능력을 갖춘 전문가들을 확보할 수 있다. 일반적으로 창의적인 능력을 소유하고 있는 광고인들(특히 크리에이티브 담당자들)은 그룹사의 문화에 적응하기 어려워하고, 또한 그룹사의 보상체계에 만족하지 못하기 때문에 프리랜서로 활동하거나 독립대행사 또는 독립광고제작사를 설립하는 경우가 많다. 따라서 광고주는 외부 독립광고회사로부터 보다 창의적인 서비스를 받을 수도 있다. 셋째, 독립광고회사는 계열광고회사보다 다양한 관점을 제공할 수 있다. 독립광고회사는 외부인의 입장에서 일하기 때문에 다양하고 융통성 있는 아이디어나 전략을 개발할 수 있다.

(2) 광고주와 광고회사의 관계유지

사람이 살아가면서 만나게 되는 친구와의 관계를 살펴보면, 처음 만나서 서로를 탐색하게 되고, 서로가 빈번한 접촉을 가지게 되면서 그 관계가 발전되며, 서로의 관심과 노력에 의하여 관계가 유지되거나 또는 갈등과 실망에 의해서 관계가 종료되기도 한다. 광고주와 대행사와의 관계도 마찬가지이다. Wackman과 그의 동료학자들은 광고주와 광고회사 간의 관계가 발전하는 과정을 수명주기모형(agency-client life cycle model)으로 설명한다. 그들의 수명주기모형에 따르면, 광고주와 광고회사와의 관계는 탐색단계(exploratory stage), 발전단계(development stage), 유지단계(maintenance stage) 및 종료단계(termination stage)를 거치게 된다. 이하에서는 단계별로 광고주와 광고회사가 좋은 관계를 유지하기 위한 방안을 점검하여 보기로 한다.

1) 탐색단계

광고주와 광고회사의 관계는 서로를 탐색하는 단계에서 출발한다. 광고주와 광고회사는 동반자 관계를 유지해야 하는데, 이는 서로 간의 관계가 각자의 사업에 도움이 되는 방향으로 발전되어야 한다는 뜻이다. 탐색단계에서 광고회사는 자신의 역량을 발휘하여 도움을 줄 수 있는 광고주를 탐색하게 되고, 광고주는 자신의 사업에 도움이 되는 서비스를 제공해 줄 대행사를 탐색하게 된다.

① 광고회사가 광고주를 유치하는 방법

광고회사가 광고주를 유치하고자 노력하는 것은 회사가 자사 제품의 매출액을 높이기 위하여 노력하는 것과 같다. 광고주를 많이 유치할수록 광고비 빌링(billing)이 높아지고 그에 따라 광고회사의 주 수입원인 매체수수료가 증가되기 때문이다. 광고회사는 관련업체의 추천, 광고회사의 직접적인 접촉, 신규 경쟁 프레젠테이션의 참여, 광고주와의 장기적 관계 형성 등을 통하여 광고주를 유치하게 되는데, 이들을 간략히 소개하면 다음과 같다.

첫째, 광고회사는 기존의 광고주, 매체사, 조사기관과 같이 이미 협력관계를 구축하고 있는 관련업체의 추천을 통해서 신규 광고주를 개척하는 기회를 갖기도 한다. 광고주가 광고회사의 서비스에 만족하고 있는 경우 다른 기관이나 회사에게 자신이 거래하는 광고회사를 추천할 수 있다. 따라서 광고회사는 현재 서비스를 제공하고 있는 기존 광고주를 만족시키기 위해서 최선의 노력을 하여야 한다. 즉, 최선의 방어(기존 광고주의 만족)는 공격(신규 광고주의 개척)할 수 있는 기회를 제공한다.

둘째, 광고회사는 신규 광고주를 유치하기 위해서 경쟁 프레젠테이션에 참여한다. 최근 대부분의 광고주들이 광고회사를 선정하기 위해서 3~4개의 대행사를 선정하여 이들에게 광고전략에 관한 프레젠테이션을 요구하고 있다.

셋째, 광고회사는 유치가능성이 있는 회사를 직접 접촉하기도 한다. 이를 위해 신규 광고주의 개발을 전담하는 팀을 조직하거나 회사 광고물을 제작하여 제안하기도 하고, 회사에 대행사의 홍보책자나 관련 자료를 보내기도 한다.

넷째, 광고회사는 장기적인 관점에서 일반 대중과의 우호적인 관계를 구축하기 위해 노력한다. 예를 들어, 규모가 큰 광고회사들은 광고학회의 정식회원으로 가입하여 여러 가지 형태의 지원을 제공하고 있으며, 마케팅 및 광고관련 전문잡지를 발간하여 이를 관련단체에 발송하고 있다. 또한 광고회사들이 대학생을 대상으로 실시하고 있는 광고 공모전도 공중관계 개선을 위한 활동의 한 예이다.

② 광고주가 광고회사를 선정하는 기준

광고주의 광고회사 선정은 최고경영층과의 인맥관계에 의하여 영향을 받는 경우가 적지 않다. 광고회사의 한 실무자는 광고주와 광고회사와의 관계를 부부관계에 비유하여, 광고주와 광고회사의 잘못된 만남은 정략결혼, 과대혼수에서 비롯된다고 설명한 바 있다. 업무를 수행할 당사자들의 의견과 평가가 반영되지 않고 최고경영층과의 인맥관계에 의하여 또는 광고회사의 물량공세에 의하여 광고회사가 선정되면, 그 결과는 서로 간의 오해와 불신으로 이어지고 대행관계 역시 오래 지속되지 못한다는 것이다.

광고회사가 제공하는 서비스의 질은 광고주의 성과에 커다란 영향을 미친다. 따라서 광고주는 광고회사의 능력을 종합적으로 평가할 수 있는 선정기준을 마련할 필요가 있다. 광고주는 기업의 경영철학과 사업내용에 적합한 평가항목을 선정하고 각 항목에 대한 가중치를 부여함으로써 광고회사의 선정을 객관적으로 진행하여야 한다.

표 2-7 광고회사의 선정 시 검토할 사항들

항 목	내 용
1. 업무 관계	– 정기적이고 신속하게 연락하는 체계가 있는가? – 광고회사 최고경영층과 쉽게 접촉할 수 있는가? – 광고주의 아이디어나 의견을 수용하여 발전시키고자 하는가?
2. 광고회사의 리더십과 업무 주도	– 광고주의 사업에 대하여 충분히 이해하고 있는가? – 마케팅 및 광고전략 개발에 관심을 가지고 있는가? – 독립적이며 객관적으로 시장상황을 진단하고 있는가? – 항상 업무에 최선을 다하고 있는가? – 광고주가 제기하는 문제에 방어적이거나 수동적이지 않은가?
3. 전략 개발	– 고객, 경쟁사 및 시장에 대한 이해는 충분한가? – 광고회사 관련부서들이 유기적으로 연결되어 있는가? – 광고회사의 고위층이 전략 개발에 참여하고 있는가?
4. 크리에이티브	– 크리에이티브 팀이 전략을 이해하고 있는가? – 크리에이티브가 전략과 일치하고 있는가? – 크리에이티브 아이디어가 새롭고 효과적인가? – 크리에이티브의 일관성을 유지하고 있는가? – 크리에이티브가 광고 목표 달성에 효율적이고 효과적인가? – 광고에 대한 소비자 반응을 예측하고 있는가?
5. 제작	– 광고 제작의 수준이 높은가? – 제작비를 잘 관리하고 있는가? – 외주업체를 잘 관리하고 있는가?
6. 매체	– 매체계획이 체계적인가? – 매체전략이 광고 목표와 일관성이 있는가? – 매체 구매력과 매체사에 대한 정보를 충분히 가지고 있는가? – 매체사와 원활한 관계를 유지하고 있는가? – 매체 집행 후 정확하고 신속하게 결과를 분석하고 있는가?
7. 프로모션	– 프로모션 팀이 전략을 이해하고 있는가? – 신선하고 새로운 아이디어를 개발할 능력이 있는가? – 프로모션 경험이 충분한가? – 프로모션과 광고와의 시너지 효과를 고려하고 있는가? – 예상되는 문제에 대한 준비와 조치를 철저하게 하고 있는가? – 효과분석을 정기적으로 실시하고 있는가?
8.기타	– 모든 업무를 약속된 시간 내에 수행하고 그 결과를 신속히 전달하는가? – 견적은 적정하고 신속한가?

광고 Highlight

광고주의 광고회사 선정방법

광고주가 광고회사를 선정하는 방법은 크게 두 가지로 나누어진다. 첫째, 계열대행사(in-house agency)를 가지고 있는 광고주는 계열대행사와 대행계약을 체결할 수 있다. 둘째, 계열대행사를 가지고 있지 않은 광고주는 대부분 경쟁 프레젠테이션을 이용하여 광고회사를 선정하게 된다. 즉, 광고주가 몇 개의 광고회사를 지명하고 프레젠테이션을 요구한 다음 광고회사를 선정하는 방식이다. 이 경우 광고주는 경합하는 광고회사들에게 기본적인 정보를 제공하고, 광고회사는 광고기획안을 작성하여 이를 광고주에게 설명하는 프레젠테이션을 실시한다. 마지막으로 광고주는 각 광고회사들의 광고기획안을 검토하여 가장 창의적인 광고기획안을 제시한 광고회사를 선정하게 된다.

최근에는 계열대행사를 소유한 광고주도 경쟁 프레젠테이션을 활용하고 있다. 이는 광고주의 안정적 확보에 안주해 온 계열광고회사에게 하나의 경각심을 심어주고 또한 우수한 광고제작물을 선택하는 기회를 갖기 위함이다.

이러한 경쟁 프레젠테이션은 앞으로 더욱 심화될 것으로 보인다. 특히, 1995년부터 한 광고주가 2개 광고회사와 거래할 수 있는 품목 범위에 대한 제한이 전면 폐지되고 자유롭게 광고회사와 거래할 수 있게 되었기 때문이다. 이와 같이 경쟁 프레젠테이션이 중요해지면서 대부분의 광고회사들은 경쟁 프레젠테이션 전담인력을 구성하고 있다.

경쟁 프레젠테이션을 통해 광고회사를 선정하는 방식은 장단점을 모두 가지고 있다. 경쟁 프레젠테이션의 가장 큰 장점 중의 하나는 광고회사들 간의 경쟁을 통한 광고 질의 향상이다. 반면, 경쟁 프레젠테이션은 광고회사들의 과열경쟁을 유발하고 광고의 일관성을 유지하기 어렵게 만드는 단점이 있다. 광고는 핵심 브랜드개념을 중심으로 오랜 기간 일관성 있게 집행될 때 광고효과가 극대화될 수 있는데, 경쟁 프레젠테이션에서는 광고의 전략적인 측면보다는 광고 아이디어가 경쟁이 될 가능성이 높다. 또한 경쟁 프레젠테이션의 활성화로 광고회사의 잦은 교체가 예상되는데, 이 경우 오랜 기간 동안 일관성 있는 광고의 집행을 기대하기 어려울 것이다.

2) 발전단계

광고주와 광고회사 간에 대행에 관한 계약이 체결되면, 그들의 관계는 탐색단계에서 발전단계로 접어든다. 광고주는 광고 및 마케팅전략의 대부분을 광고회사가 대행하게 된다는 점에서, 그리고 광고회사에게는 광고주가 자신의 고객이라는 점에서, 관계의 유지는 서로에게 중요하다. 이하에서는 광고주와 광고회사의 관계가 동반자적 관계로 발전하기 위하여 서로가 지켜야 할 자세를 설명하기로 한다.

① 광고주가 광고회사에게 지켜야 할 자세

첫째, 광고주는 광고회사의 의견을 긍정적으로 수용하는 자세가 필요하다. 광고주가 광고회사에게 광고제작을 의뢰하는 이유는 광고회사의 전문성 때문이다. 따라서 광고주는 광고회사가 그들의 전문적인 의견을 적극적으로 제시할 수 있는 분위기를 조성해 주어야 한다. 이를 위해서 광고주는 광고회사를 상하관계가 아닌 수평적 관계의 동반자로 인식해야 하며, 광고회사가 이를 느낄 수 있도록 배려해 주어야 한다.

둘째, 광고주는 광고회사와 전략적이고 논리적인 측면에서 의견을 교환해야 하고, 이를 위해 광고주는 마케팅 및 광고에 대한 전략적인 틀을 갖추어야 한다. 광고주가 마케팅전략의 틀을 수립하고 광고회사는 이러한 틀 속에서 구체적인 광고 아이디어를 개발할 때, 광고주와 광고회사 사이에는 논리적이고 전략적인 토론 분위기가 형성될 수 있다.

셋째, 광고주는 광고회사의 전문영역을 인정할 수 있어야 한다. 광고주는 크리에이티브와 제작에 대해서는 대행사 의견을 가급적 수용하고, 광고의 전략적인 측면을 광고회사와 협의하여야 한다. 대행사의 전문적인 영역에 대한 지나친 간섭은 전문가들의 창의력을 제한하고 업무에 대한 의욕을 감퇴시킬 가능성이 높다.

넷째, 광고주는 광고회사가 우수한 아이디어나 제안을 하는 경우 그 우수성을 인정해 줄 필요가 있다. 예술분야에서 일하는 전문가들은 자신의 작품이 받아들여지고 긍정적으로 평가되는 것만으로도 자부심을 느끼고 더욱 열심히 일하게 되기 때문이다.

다섯째, 광고주는 광고회사의 수익성에 대하여 관심을 가질 필요가 있다. 광고주가 광고회사에게 과다한 서비스를 요구할 경우 그 광고물의 질이 떨어질 가능성이 있다.

마지막으로, 광고주는 광고회사를 정기적으로 평가해야 한다. 이러한 평가의 목적은 광고회사에 대한 감시보다는 광고주가 요구하는 수준을 정확히 알려 줌으로써 광고회사가 광고서비스를 향상시키도록 유도하는 데 있다.

② 광고회사가 광고주에게 지켜야 할 자세

첫째, 광고회사는 광고에 대한 전문적인 능력을 갖추어야 한다. 광고회사의 가장 큰 자산은 광고전략 개발 및 크리에이티브에 대한 전문적인 능력임을 잊지 말아야 한다.

둘째, 광고회사는 광고주의 사업이 곧 나의 사업이라는 자세를 가져야 한다. 광고회사에서 일하는 사람들은 광고주 제품을 하나라도 더 팔기 위해서 그들이 무엇을 할 수 있는가를 항상 생각해야 한다.

셋째, 광고회사는 적극적인 서비스 정신을 가져야 한다. 광고주가 특정 서비스를 요구하기 전에 그들이 원하는 서비스를 파악하여 이를 제공해야 하며, 약속(특히 시간약속이나 매체집행과 관련된 약속 등)한 사항은 반드시 지켜야 한다.

넷째, 광고회사는 광고주의 사업전반에 대하여 이해하려고 노력해야 한다. 특히 AE는 제품에 관한 시장상황뿐만 아니라 최고경영층 및 임원, 기업이념, 기업의 조직 및 조직문화 등을 총체적으로 이해하여야 한다. 이는 광고회사가 광고주의 동반자가 되기 위한 기본자세이다.

3) 유지단계 및 종료단계

광고대행계약을 체결한 광고주와 광고회사는 잦은 접촉을 통해 관계가 발전하게 되는데, 접촉의 결과로 서로에 대해 느끼는 만족이나 불만의 정도에 따라 그 관계가 계속 유지되기도 하고 또는 종료되기도 한다.

광고주가 광고회사를 자주 교체하는 것은 바람직하지 못하다. 광고회사를 자주 교체하면 마케팅전략과 광고전략의 일관성을 유지하기 어렵다. 브랜드 가치가 높게 평가되는 코카콜라, 말보로, 맥도날드, 나이키 등 회사들은 광고회사의 관계에서 공통점이 있다. 수십 년간 한 광고회사와 관계를 이어가는 경향이 있다는 점이다. 예를 들어, 말보로는 Leo Burnett과 50여 년간, 코카콜라는 McCann Erickson과 60년간 관계를 유지한 바 있으며, 나이키는 Wieden + Kennedy와 1988년부터 동반자 관계를 유지하고 있다.

마케팅 및 광고활동의 일관성을 유지하기 위해 광고주는 광고회사와 동반자적 관계를 유지할 필요가 있다. **표 2-8** 은 광고주와 광고회사가 동반자적 관계를 유지하는데 장애가 되는 요인들을 보여준다. 광고주와 광고회사는 이러한 불만사항들에 유의하여 서로 좋은 관계를 유지하기 위해 노력해야 할 것이다.

표 2-8 광고주와 광고회사가 상대방에게 갖는 불만사항들

광고회사에 대한 광고주의 불만	광고주에 대한 광고회사의 불만
– 담당자가 자주 바뀐다 – 내 일처럼 적극적으로 해주지 않는다 – 남의 돈이라고 마구 쓴다 – 마감시간을 못 지킨다 – 방어적인 자세만 취한다 – 무조건 순응한다 – 전문지식이 부족하다	– 전략이 없다 – 최고경영층의 의사타진이 어렵다 – 광고에 대한 이해가 부족하다 – 의사결정과정이 너무 복잡하다 – 충분한 시간을 주지 않는다 – 계획이 갑자기 바뀐다

PART 2

광고전략수립을 위한 전략적 접근

CHAPTER

3

IMC/광고전략의 길라잡이 - 마케팅전략

1. 마케팅전략의 수립과정
2. 타켓 마케팅전략의 수립과정

YouTube BTS 팰리세이드 http://youtu.be/Hzga3Miu8w8

제 목 BTS Family / Palisade / Hyundai

검색어 PalisadewithBTS, HyundaiPalisade

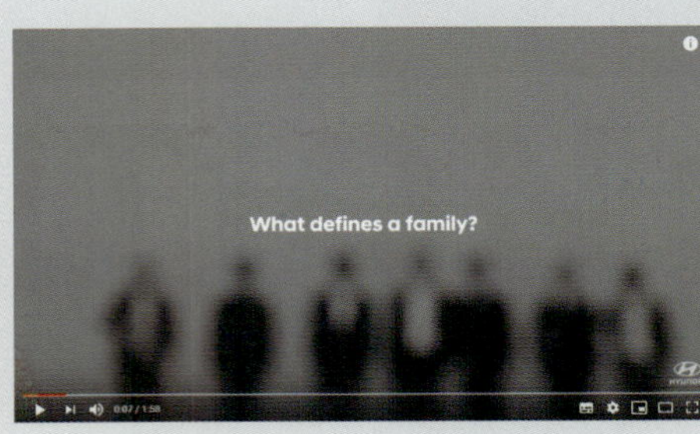

밀레니얼 대디를 겨냥해 다양한 형태의 가족 모두가 즐길 수 있는 패밀리카로 포지션해 SUV시장에서 큰 성공을 거둔 현대자동차의 대형 SUV '팰리세이드'

2019년 현대차 팰리세이드는 SUV 돌풍을 일으켰다. 팰리세이드는 SUV를 군용차에서 패밀리카로 재정의하고 주 타겟층인 밀레니얼 대디들의 개성과 욕구를 충족시켰다. 그리고 가성비를 높임으로써 표적소비자들의 진입장벽을 낮추고, SUV시장의 저변을 확대했다. 나아가 아이돌 그룹 BTS를 활용한 스토리텔링기법을 이용한 광고물을 통해 SUV가 중장년층 혹은 다세대 가족을 위한 차량이라는 편견을 깨고 다양한 형태의 가족 모두가 즐길 수 있는 차량이라는 점을 어필한 것도 성공요인 중 하나이다.

팰리세이드를 광고한 BTS

"가족을 정의하는 것은 무엇입니까(What defines a family)?"

말끔하게 차려입은 7명의 방탄소년단(BTS) 멤버들은 흑백 톤의 홍보영상에서 이 질문에 다음과 같이 답한다. "우리는 서로 매우 다르지만 함께 있을 때 강하다는 것을 느껴요. 그게 바로 가족이죠." 2018년 11월 28일(현지시간) 미국 로스앤젤레스에서 열린 'LA 모터쇼'의 현대자동차 전시관에서 상영된 대형 스포츠유틸리티차량(SUV) 팰리세이드의 첫 홍보영상이다. 방탄소년단은 신차를 보여주는 어떤 이야기도 하지 않는다. 1분 37초 분량의 이 영상에서 신차의 모습이 제대로 나오는 장면은 불과 4초

에 불과하다. 방탄소년단이 영상 말미에 "팰리세이드"라고 한 번 외치지 않았다면 신차의 이름을 알기도 어려웠을 것이다. 방탄소년단의 광고메시지는 팰리세이드의 패밀리카로서의 브랜드포지셔닝을 명확하게 전하는 데 기여했다. 방탄소년단은 2018년 9월 유엔(UN)총회 연설에서 "당신이 누구든, 어디에서 왔든, 피부색이나 성 정체성이 무엇이든, 그냥 나를 말하라."는 연설로 전 세계인을 감동시켰다. 다양성을 존중하자는 외침을 이어왔던 방탄소년단이 이번엔 팰리세이드를 통해 새로운 가족의 정의를 이야기했다.

현대차는 방탄소년단의 입을 빌려 신차를 소개하는 대신에 팰리세이드에 탈 수 있는 가족의 새로운 정의를 제시했다. 가족이 많든 적든 팰리세이드의 넓은 공간을 맘껏 활용해 가고 싶은 곳으로 떠나라는 메시지를 전달한 것이다. 현대차가 방탄소년단과 함께 가족 등을 키워드로 공개한 팰리세이드 영상 9편은 총 320만 건 이상의 조회 수를 기록하며 북미지역에서 큰 화제가 됐다.

현대차가 국내에서 가장 큰 SUV 모델로 선보인 팰리세이드는 2019년 10월 누적 기준 국내시장에서 4만 2,794대가 팔렸다. 한때는 대기물량만 3만 5,000대에 달해 소비자들이 주문한 뒤 10개월가량을 기다려야만 했다. 팰리세이드는 국내시장을 넘어 대형 SUV 차량 경쟁이 가장 치열한 북미지역에서도 폭발적인 인기를 끌었다. 팰리세이드는 2019년 6월 미국 출시 뒤 월평균 4,000대 이상 팔리며 10월까지 1만 7,814대의 판매량을 달성했다.

밀레니얼 대디, 넓은 공간에 반하다

왜 소비자들은 SUV 중에서도 대형모델인 팰리세이드에 열광했을까. 가장 큰 이유로 여유로운 공간을 꼽을 수 있다. 팰리세이드의 차량 길이는 약 5m(전장 4,980㎜)로 최대 8인까지 탈 수 있다. 현대차가 보유한 SUV

중 가장 크다.

팰리세이드 개발팀은 2015년 한국과 미국에서 각각 사전 소비자조사를 진행하면서 공간이 넓은 대형 SUV를 원하는 소비층이 '밀레니얼 대디'라는 점을 발견했다. 밀레니얼 대디는 1980, 1990년대 태어난, 30대부터 40대 초반까지의 젊은 아빠를 지칭한다. 밀레니얼 대디에게 가장 중요한 것은 삶의 질이다. 비싼 집을 못 사는 대신 차에 투자하고, 돈을 모으는 것도 중요하지만 해외여행을 가는 것 또한 가치 있다고 생각한다. 육아에도 적극적이다. 쉬는 날에는 차를 몰고 아이들과 함께 놀러 가는 것이 밀레니얼 대디의 중요한 일과다. 유모차 등 유아용품을 넣거나 골프백, 캠핑 장비 등 여가활동에 필요한 도구를 충분히 넣을 수 있는 대형 SUV는 밀레니얼 대디에게 필수품이다. 팰리세이드는 아이들과 아내를 태우고 나서 각종 여가활동 도구를 넣어도 넉넉할 정도로 넓은 공간을 자랑한다. 현대차 팰리세이드 개발팀은 팰리세이드의 적재용량에 초점을 맞추면서 특히 더 많은 가족이 탈 경우를 대비해 차량을 설계했다. 대형 SUV에서 승차감이 가장 나쁜 자리인 3열 좌석까지도 편안하게 앉을 수 있는 공간으로 바꾸는 작업에 주력한 것이다. 3열까지 좌석 곳곳에 컵 받침대를 16개나 설치하고 스마트 기기를 충전할 수 있는 범용직렬버스(USB) 포트를 6개 둔 것이 대표적인 예다.

매버릭 패밀리를 위한 기술 차별화와 높은 가성비

팰리세이드가 지향한 또 다른 핵심가치는 '럭셔리'다. 팰리세이드에는 각종 첨단 운전자 지원시스템(ADAS)과 정보통신기술(ICT)이 탑재됐다. 고속도로뿐만 아니라 일반도로에서도 차로 중앙으로 주행하도록 도와주는 '차로유지 보조(LFA)'부터 전면주차 차량이 빠져나올 때 후방상황을 감지해 경고하고 제동하는 '후방 교차 충돌 방지 보조(RCCA)'가 대표적이다. SUV의 대중화를 추구하면서도 모랫길, 진흙길, 눈길 등을 달릴 때 선택하는 험로주행기능(터레인 모드) 같은 고급 SUV를 상징하는 기능도 빼놓지 않았다. 현대차 관계자는 "팰리세이드가 가족을 위한 차량이지만 모험심 강한 젊은 아빠의 성향에 맞게 거친 길도 달릴 수 있어야 한다는 요구사항을 반영했다."고 설명했다. 한 가족이지만 구성원 개개인의 개성 또한 중시하는, 이른바 '매버릭(Maverick, 개성이 강한) 패밀리'의 니즈를 적극적으로 반영한 것이다.

차량이 아무리 좋아도 이른바 '가격 대비 성능 비율(가성비)'이 떨어진다면 소비자들은 쉽게 지갑을 열지 않았을 것이다. 팰리세이드의 가격은 3,475~4,408만 원으로 책정됐는데, 경쟁차종으로 언급되는 포드 익스플로러(2018년형) 등에 비해 1,500만 원가량 저렴하다. 현대차는 팰리세이드의 가격을 소비자들의 예상보다 확 낮춰 국내에서 싹트기 시작한 대형 SUV 시장을 선점하고자 했다. 전략적으로 팰리세이드의 가격을 낮게 책정해 소비자들이 쉽게 구매에 나서도록 유도했다는 뜻이다.

패밀리카의 스토리 마케팅

퍼시픽 팰리세이즈(Pacific Palisades)는 미국 캘리포니아주 산타모니카 산맥을 끼고 자리 잡은 고급주택지구이다. 현대차는 바로 '퍼시픽 팰리세이즈'에서 신차의 이름을 따왔다. 현대차는 팰리세이드 개발에 착수

할 때부터 SUV 제품군에서 가장 최상급 모델이 될 새로운 대형 SUV의 이름에 다른 모델보다 더 특별한 스토리를 담고자 했다. SUV를 상징하는 실용성과 대형 차량으로서의 고급스러움, 이 2가지 이점을 함께 잡기 위해 선택한 지역이 바로 퍼시픽 팰리세이즈였다. 1950, 1960년대 미국의 대표적인 건축가 리처드 노이트라 등이 미드 센추리 모던 양식을 반영해 실용적이면서도 고풍스러운 주택들을 퍼시픽 팰리세이즈에 대거 지었다. 이후 대형공원과 자전거 도로, 고급 골프장까지 들어서면서 퍼시픽 팰리세이즈는 복잡한 일상에서 벗어나 휴식을 즐기고 싶은 현대인들의 욕구를 그대로 반영한 지역으로 유명해졌다.

현대차는 퍼시픽 팰리세이즈의 이런 특징에 주목했다. 고급스럽지만 사치스럽지 않고, 실용적이면서 삶의 여유를 느낄 수 있는 차량, 밀레니얼 대디가 가족들과 어디든 편안하게 떠날 수 있는 공간이라는 내용을 신차 이름에 고스란히 녹인 것이다. 이런 형태의 스토리는 출시 전 사전광고(티저)로도 이어진다. 현대차는 팰리세이드의 사전광고 대표문구를 '당신만의 영역을 찾아서'로 내걸고 밀레니얼 대디가 어린 딸을 데리고 로켓 발사 장면을 지켜보러 가는 모습을 보여준다. 집으로 돌아가는 길에 아이는 아빠가 운전하는 팰리세이드 안에서 편안하게 잠든다. 아빠의 어릴 적 꿈과 어린 딸의 꿈이 모두 팰리세이드를 통해 실현된다는 스토리다. 모델이나 차량 분위기보다는 밀레니얼 대디가 가족과 공유하는 감정이 따뜻한 시선으로 전달된다. 현대차가 팰리세이드를 통해 새롭게 정의하려는 패밀리카의 모습을 한 편의 광고에 압축적으로 담았다.

현대차 마케팅전략실장 출신인 최명화 CMO 캠퍼스 대표는 "그동안 차량이 크면 중장년층만 탈 수 있다는 선입견이 있었는데 팰리세이드는 앞으로 대형 SUV가 다양한 생활방식을 가진 소비자들이 자유롭고 편하게 탈 수 있는 차량이라는 것을 새롭게 보여주면서 시장에서 열풍을 일으켰다."고 분석했다.

자료원: DBR, December 2019, No.287.

마케팅은 고객의 욕구충족과 기업의 목적을 함께 달성시켜 주는 교환(exchange)을 창조하거나 이를 증대하기 위한 기업활동이다. 마케터는 성공적으로 마케팅을 수행함으로써 기업목적을 실현하고 고객의 욕구를 충족시킬 수 있다. 그러므로 기업의 마케팅노력은 고객을 이해하는 것에서 시작되어 고객을 만족시키는 것으로 끝이 나는 고객지향적인 것이어야 한다.

기업들은 마케팅컨셉이라는 고객지향적 마케팅관리철학을 토대로 해 마케팅노력을 기울인다. 마케팅컨셉(marketing concept)은 기업이 임의로 생산한 제품이나 서비스를 판매하는 것이 아니라 타겟고객의 욕구를 파악하여 그 욕구를 충족시키는 관리철학을 말한다. 즉, 마케팅컨셉이란 충족되지 않은 고객의 욕구를 파악해 이를 경쟁사보다 더 잘 충족시키기 위하여 마케팅을 중심으로 전사적 노력을 기울이는 것이다.

기업이 고객의 욕구를 충족시키기 위해 마케팅노력을 기울이는 데 있어, 문제는 기업의 제품시장이 많은 소비자들로 구성되어 있고 이들의 욕구가 매우 다양하다는 것이다. 만약 시장 내 모든 소비자들의 욕구가 매우 유사하다면, 기업은 그들의 공통적인 욕구를 파악해 이를 충족시킬 수 있는 제품을 개발하면 될 것이다. 제품시장이 형성된 초기에는 소비자들의 욕구가 비교적 단순하고 동질적이므로 전체 소비자들을 대상으로 한 가지 제품을 생산 · 판매하는 마케팅전략을 도입해 성공을 거둘 수 있는데, 이를 대량마케팅(mass marketing)이라고 한다. 그러나 제품시장이 성숙기에 들어서 소비자욕구가 다양화되고 기업간 경쟁이 보다 치열해짐에 따라 하나의 제품으로 모든 고객의 욕구를 만족시키는 것이 불가능하게 되었다. 그러므로 최근 들어 많은 기업들이 전체시장을 대상으로 마케팅활동을 수행하는 것보다 전체제품시장을 구성하는 여러 고객집단들 중 특정 고객집단들을 타겟으로 삼아 그들의 욕구에 대응하는 제품과 마케팅프로그램을 개발하는 마케팅전략을 도입하게 되었는데, 이를 타겟(표적시장)마케팅(target marketing)이라고 한다.

오늘날 많은 기업들이 대량마케팅전략의 한계를 인식하고 타겟마케팅전략을 경쟁적으로 도입하고 있다. (타겟)마케팅전략은 크게 시장세분화, 타겟시장 선정, 그리고 제품포지셔닝의 3단계로 구성된다.

시장세분화란 하나의 제품시장을 세분화기준들을 사용해 여러 개의 동질적 고객집단(즉, 세분시장)으로 나누는 과정이며, 타겟시장 선정(selection of target market)이란 각 세분시장의 매력도를 평가하여 우리 기업에 가장 적절하다고 판단되는 세분시장(들)을 타겟시장(target market)으로 결정하는 과정이다. 제품포지셔닝은 선정된 타겟시장 내에 가장 바람직한 경쟁적 위치를 정립하는 과정을 말한다.

기업의 IMC 전략과 광고전략은 타겟시장의 고객특성과 기업이 기대하는 경쟁적 포지션을 토대로 해 수립된다. 그러므로 마케팅전략의 수립은 그 이후에 이루어지는 IMC 전략과 광고전략의 수립과 이의 실행에 결정적 영향을 미치게 된다. 1장에서는 광고를 광의의 시각에서 보면서 개략적인 설명을 했다. 이하에서는 마케팅적인 관점에서 광고의 의미와 역할에 대해 살펴보도록 하겠다. 도입부에서 마케팅이 무엇인지에 대해 간략하게 설명했으므로, 이하에서는 마케팅전략 수립과정의 각 단계를 설명하고 마케팅전략과 광고전략 간의 관계를 살펴보기로 한다.

1 마케팅전략의 수립과정

한 기업의 마케팅전략 수립과정은 그림 3-1 과 같이 현 상황에 대한 분석, 세분시장 마케팅전략의 수립, 마케팅믹스 프로그램의 수립과 실행으로 구성된다.

(1) 상황분석

성공적인 마케팅계획을 수립하기 위해 기업이 가장 먼저 해야 할 일은 현 시장상황에 대한 분석이다. 상황분석은 기본적으로 기업의 마케팅성과와 성장에 장기적으로 긍정적 영향을 미칠 기회요인과 부정적 영향을 미칠 위협요인을 파악하고 분석하는 것이라 볼 수 있다. 상황분석에서는 기업의 마케팅성과에 영향을 미치지만 통제 불가능한 요인들에 대한 분석이 주로 이루어지는데, 이에는 거시환경적 요인, 제품시장의 특징, 경쟁자 및 자사의 능력, 소비자 특성 등에 대한 분석이 포함된다. 기업에서는 구체적인 마

그림 3-1 마케팅전략 프로세스

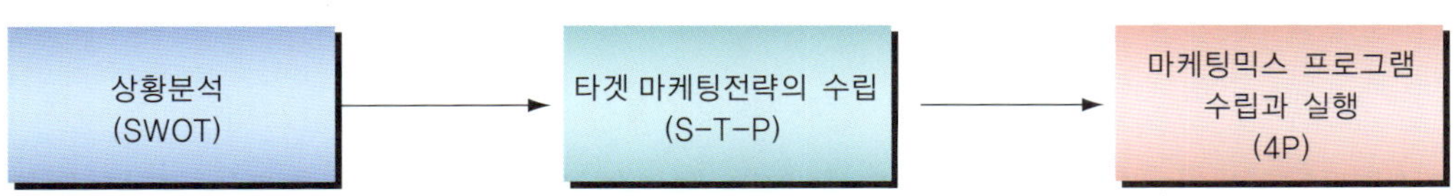

케팅활동 계획의 수립에 앞서 이러한 요인들에 대한 분석이 선행되어야 한다.

거시적 환경요인 분석에는 전체 소비자들의 소득, 연령 등에 따른 분포와 같은 인구통계학적 요인, 기술환경요인, 법률환경요인, 정치환경요인 등의 변화와 추세에 대한 분석이 포함된다.

제품시장분석에서는 제품시장의 크기와 성장률, 제품시장 구조의 매력도가 어느 정도이며 자사에게 얼마나 유리한지를 분석하게 된다.

경쟁 및 자사분석은 자사제품의 현재경쟁자 및 잠재적 경쟁자를 확인하고, 이들의 매출규모, 시장점유율, 상대적 제품품질 등을 파악함으로써 경쟁의 강도 및 경쟁자와 비교된 자사의 능력과 강 · 약점을 검토하는 것이다.

소비자분석은 시장 내 현 구매자들과 잠재구매자들의 인구통계적 특성, 구매동기, 그리고 구매행동을 분석하는 것으로서, 이를 통해 기업은 타겟 소비자들의 구매행동에 미치는 주요 문화적 · 사회적 · 개인적 · 심리적 요인들이 무엇인지를 파악하게 된다.

(2) 타겟 마케팅전략의 수립

시장상황에 대한 분석이 끝나면 어떤 제품시장 혹은 어떤 소비자 계층을 타겟으로 해서 자사의 마케팅활동을 어떻게 차별적으로 전개할 것인지를 결정해야 한다. 그림 3-2 는 타겟 마케팅전략의 수립과정을 보여준다.

시장은 이질적 특성을 가진 소비자들로 구성되어 있으므로 마케터는 주어진 시장을 비교적 동질적인 특성을 가진 세분시장으로 나누어야 한다. 이를 통해 기업은 각 세분시장의 특징을 분석하고, 어떤 세분시장이 자사제품에 적합한가를 평가할 수 있다. 즉, 어떤 세분시장이 자사의 목표와 마케팅역량에 가장 잘 부합되는지를 파악할 수 있는 것이다. 마케터는 각 세분시장의 상대적 매력도를 평가한 다음 가장 매력적이면서 효율적

그림 3-2 타겟 마케팅전략의 수립단계

으로 마케팅활동을 수행할 수 있는 세분시장을 타겟시장으로 선택한다.

하나 또는 그 이상의 타겟시장이 선정되면, 기업은 그 시장 내에 있는 경쟁제품에 대비한 자사제품의 포지셔닝을 모색해야 한다. 왜냐하면 자사가 선택한 타겟시장에는 다른 경쟁기업들도 차별적 마케팅활동을 펼치고 있기 때문이다. 기업은 자사제품의 경쟁우위를 고려해 타겟시장에서의 제품포지션을 결정하게 된다. 제품포지셔닝은 자사의 경쟁상대를 결정하고 이들과 비교해 차별적 우위를 제공하는 영역(가령, 가격, 품질, 유통, 브랜드 개성 등)을 구축하는 과정으로 볼 수 있다.

(3) 마케팅믹스(4P) 프로그램의 수립과 실행

시장세분화, 타겟시장의 선정, 그리고 포지셔닝을 통해 타겟시장에서 차별적 우위를 구축하기 위한 마케팅전략의 윤곽이 잡히면 기업은 그 다음 단계로 타겟시장에서 타사제품과 효율적으로 경쟁하기 위한 구체적 마케팅활동 계획을 수립해야 한다. 이는 타겟시장에서 자사의 마케팅 목표를 달성하기 위해 최적의 마케팅믹스 변수 조합을 결정하는 것으로 볼 수 있다. 마케팅믹스란 기업이 타겟시장에서 마케팅목표의 달성을 위해 사용하는 마케팅 도구를 말하는데, **그림 3-3**과 같이 통상 4P로 일컬어지는 제품(Product), 가격(Price), 유통(Place), 촉진(Promotion)으로 구성되며 이를 효과적으로 조합하는 것이 중요한 마케팅의사결정 과제이다.

마케팅믹스요소 중 제품은 가장 기본적인 마케팅도구로서 기업이 타겟시장에 내놓은 유/무형적 제공물을 의미한다. 가격은 고객이 자사제품을 구매할 때 대가로 지불하는 금액을 말하며, 유통경로는 자사제품이 타겟시장의 고객들에게 쉽게 도달될 수 있도록, 즉 고객이 원하는 제품을 원하는 시간대에 원하는 장소에서 공급받을 수 있도록 하기 위해 수행되는 활동들을 말한다. 또한 촉진은 자사제품의 장점을 알리고 타겟시장의 고객들이 그것을 구입하도록 설득시키는 여러 활동을 말한다. 기업은 마케팅믹스요소들을 각각 개별적으로 고려하지 말고, 상호간의 효율적 조합을 고려해 의사결정을 해야 한다. 그리고 마케팅목표를 달성하는 데 비용이 얼마나 필요한지를 분석해 이를 토대로 마케팅예산을 책정한 다음, 마케팅믹스도구들의 상대적 중요성에 따라 각각의 마케팅믹스 도구에 대해 마케팅 예산을 할당해야 한다.

타겟 마케팅전략은 이의 실행프로그램인 마케팅믹스전략, 마케팅믹스전략의 한 구성요소인 촉진(마케팅커뮤니케이션)전략, 그리고 촉진(마케팅커뮤니케이션)전략의 한 구성요소인 광고전략의 지침이 된다. 따라서 마케팅전략과 촉진(마케팅커뮤니케이션)전략, 광고전략은 일관성을 유지해야 한다. 예컨대, 광고전략을 구성하는 광고주제, 카피, 그래픽, 매체 등의 선정은 광고목표를 달성하는 데 있어 상호보완적이어야 한다. 또한 광고전략은 촉진 마케팅커뮤니케이션목표를 달성하기 위해 촉진전략의 다른 구성요소들인 홍보, 판매촉진, 인적판매 등과 서로 보완적 관계를 가져야 한다. 나아가 광고전략과 촉진전략은 마케팅목표를 달성하기 위해 제품포지셔닝, 그리고 마케팅믹스 프로그램의 다른 구성요소인 제품전략, 유통전략, 가격전략 등의 마케팅활동과 상호보완적이어야 한다.

마케팅믹스 프로그램은 실행과정에서 조정/통제되어야 한다. 기업은 마케팅활동이 마케팅목표를 달성할 수 있도록 제대로 수행되는지를 파악하고, 목표달성에 문제가 있을 경우에 마케팅활동의 흐름을 조정하고 통제할 수 있어야 한다.

기업은 마케팅활동의 성공적인 조정/통제를 위해 두 가지 측면을 고려해야 한다. 첫 번째는 마케팅계획을 잘 수행할 수 있도록 마케팅조직을 설계하는 것이다. 마케팅조직을 설계함에 있어 기업은 마케팅 담당자들의 직무를 편성하는 문제와 마케팅활동의 조정을 위한 재무, 제조, 기술개발, 구매 부서와의 원활한 협조문제 등을 고려해야 한다. 왜냐하면 기업의 모든 경영활동이 구성원들에 의해 이루어지며 마케팅 부서의 노력뿐 아니라 타부서들과의 원활한 협조관계를 얼마나 이끌어 낼 수 있는가의 여부에 의해 마케팅활동의 성패가 결정되기 때문이다. 두번째는 마케팅활동의 수행이 마케팅목표의

그림 3-3 마케팅전략, 마케팅믹스(4P) 프로그램, IMC(촉진)전략과 광고전략 간의 상호관계

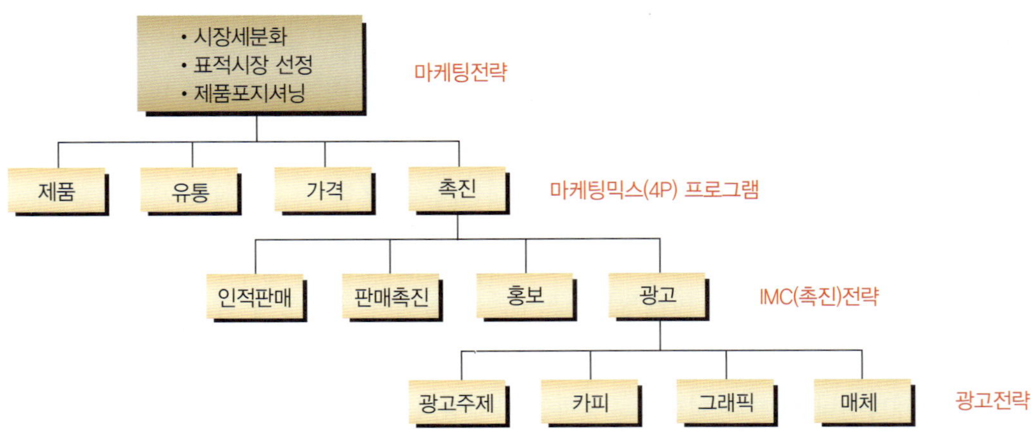

광고 Highlight

기본에 충실한 페브리즈의 브랜드마케팅전략

많은 기업들이 글로벌 브랜드를 만들기 위해 노력하고 있다. 애플, 자라, 나이키, 네슬레, 코카콜라와 같은 글로벌 브랜드는 과연 어떻게 탄생하는 것일까. 글로벌 브랜드들을 수십 개 보유한 P&G의 사례를 통해 글로벌 브랜드를 탄생시키는 마케팅전략을 살펴본다.

P&G는 전 세계 160여 개 국가에서 300개 이상의 브랜드를 활용해 다양한 소비재를 판매하고 있다. P&G의 글로벌 브랜드에 대한 마케팅전략은 'Who-What-How'라는 세 가지 키워드로 표현할 수 있다. P&G의 브랜드 마케팅전략은 공략하고자 하는 목표고객의 정의(Who), 이들에게 소구하기 위한 핵심 브랜드가치의 선정(What), 선정된 가치를 전달하기 위한 실행방안의 개발(How)로 구성된다.

국내시장에서 지배적인 시장 점유율을 유지하고 있는 악취제거용품 브랜드 '페브리즈'를 예를 들어보자. P&G가 페브리즈를 출시하기 위해서 먼저 악취제거용품을 열심히 사용할 표적고객을 규명했다. 어떤 소비자가 악취에 가장 민감하게 반응하며, 악취를 없애기 위해서 P&G가 원하는 가격을 지불할 것인가? P&G는 악취를 만드는 가장 중요한 원인은 세균이기 때문에, 세균을 가장 싫어할 수 있는 고객은 어린 아기가 있는 젊은 주부들임을 찾아냈다. P&G는 이들이 명확한 표적고객인지 여부를 판단하기 위해 다음과 같은 질문들을 체크한다. 우리 회사가 확보할 수 있는 고객인가? 표적고객을 선정하는 기준이 명확하고 구체적인가? 표적고객에게 접근할 수 있으며, 그 크기를 측정할 수 있는가? 표적고객을 줄이거나 확대할 수 있는 명확한 기준이 있는가?

다음 단계로 P&G는 페브리즈 브랜드의 제품포지션을 정의하는데, 이는 표적고객의 마음을 사로잡을 수 있는 경쟁적 차별점이 무엇인지를 찾는 것이다. 제품포지션은 소비자들이 중요하게 느끼는 편익, 소비자의 머릿속에 형성하고 싶은 브랜드이미지 등을 토대로 개발된다. P&G는 페브리즈의 제품포지션을

어린 아기가 있는 젊은 주부를 핵심 타겟으로 삼은 악취제거용품 브랜드 '페브리즈' 광고

악취를 만드는 원인인 세균을 깨끗하게 없애는 것으로 잡았다. 성공적인 제품포지션을 개발하기 위해 P&G는 다음과 같은 점들을 체크한다. 브랜드의 차별적 이미지 혹은 편익을 장시간 지속시킬 수 있을 것인가? 이러한 편익이 고객의 선호도를 좌우할 수 있는가? 해당 제품의 차별적 편익을 어떤 감정적 반응(emotional connection)과 연결시킬 것인가? 간단하고 짧은 문장으로 고객에게 제품포지션을 전달할 수 있는가?

그 다음 단계로 제품포지션을 전달할 마케팅믹스프로그램을 수립한다. 표적고객과 제품포지션의 명확한 규정은 마케팅믹스프로그램 개발의 토대가 된다. 마케팅믹스프로그램을 수립하는 데 있어서 가장 중요한 것은 소비자들이 추구하는 편익을 가장 잘 받아들이는 상황을 포착하고, 표적고객에게 접근할 수 있는 가장 효과적인 마케팅커뮤니케이션채널을 선택하는 것이다. P&G는 아이들이 학교에서 돌아왔을 때 신발에서 나는 악취에 주부들이 민감하다는 것을 발견하고 오후 4~6시 사이에 젊은 주부들이 가장 많이 시청하는 커뮤니케이션채널을 활용해 광고캠페인을 실행하였다. 표적고객들이 페브리즈를 구매하기 시작하자, P&G는 일반주부를 포함한 주변 고객층들에게 소구할 수 있는 다양한 마케팅프로그램들을 병행하면서 고객층을 확대시켰다. 페브리즈가 출시 이후 매년 높은 매출 신장률을 보이는 것은 '가구당 사용량'을 늘리는 마케팅전략이 효과를 거둔 덕분이다. P&G 특유의 '상황설정'식 광고에는 원래 가정주부만 나왔지만 점차 아빠, 아들, 딸 등 온 가족으로 등장인물이 확대되었다. 주로 옷에 밴 땀 냄새를 제거하는 상황을 보여주던 것을 음식냄새, 담배냄새, 애완견 대 · 소변 냄새, 좁은 자취방의 퀴퀴한 냄새 등으로 범위를 넓혀갔다. 섬유탈취제 시장에 성공적으로 진입한 페브리즈는 분사형, 차량용, 에어, 비치형, 화장실용 등 다양한 용도에 맞는 제품들을 계속 개발함으로써 제품시장의 규모를 키우는 데 노력하고 있다.

P&G는 파워브랜드를 만들기 위해서 Who-What-How라는 세 가지 단계를 충실하게 실행하며, 각 단계들 간에 시너지 효과를 창출하고 일관성을 유지하는 데 역점을 둔다. P&G의 브랜드 구축과정이 시사하는 것은 원칙에 충실한 반복적 실행(Back to the Basic)이다.

달성에 얼마나 기여했는지를 평가할 수 있는 통제절차를 개발/도입하는 것이다. 통제과정의 원활한 수행은 기업의 마케팅활동이 보다 효율적으로 이루어질 수 있도록 조정해 주며, 마케팅 성과를 평가하고 이를 피드백시키는 역할을 함으로써 마케팅목표실현과 환경변화에 적합하도록 마케팅믹스계획을 재편성할 수 있게 해준다. 기업의 마케팅환경은 급격히 변화하고 있으므로 적절한 통제메커니즘의 도입을 통해 마케팅 효율성을 주기적으로 재평가해야 한다.

2 타겟 마케팅전략의 수립과정

(1) 시장세분화

1) 시장세분화의 전략적 중요성

한 제품시장은 다양한 욕구를 가진 개별소비자들로 구성된다. 마케팅 컨셉을 실천하기 위해서는 기업은 개별소비자의 욕구를 파악하여 이를 충족시키는 것이 바람직하지만, 비용경제성의 측면에서 현실적으로 불가능한 경우가 많다. 이와 반대로 다양한 소비자욕구를 무시하고 하나의 제품을 가지고 전체시장을 공략하는 전략은 규모의 경제를 실현할 수는 있지만 충족되지 않은 욕구를 가진 많은 고객들을 발생시키게 된다.

이러한 문제를 해결해 줄 수 있는 방법이 시장세분화이다. 시장세분화(market segmentation)란 전체 제품시장을 어떤 기준을 이용해 동질적 세분시장(homogeneous segments)으로 나누는 과정이다. 시장세분화 개념은 전체 제품시장 중에서 자사가 가장 효과적으로 공략할 수 있는 세분시장(들)을 중심으로 마케팅노력을 집중하겠다는 것이다. 마케터가 세분화의 대상이 되는 제품시장을 이미 명확하게 정의했다면, 그림 3-4와 같은 절차를 거쳐 시장세분화가 이루어진다.

마케터는 하나 혹은 그 이상의 시장세분화 변수를 선정해 전체시장을 세분화한 다음 각 세분시장의 특성을 분석하게 된다. 이러한 작업은 자사에게 가장 큰 경쟁우위를 제공할 세분시장을 타겟시장으로 선택하기 위한 사전분석단계가 된다.

2) 시장세분화 변수

그림 3-4 시장세분화의 절차

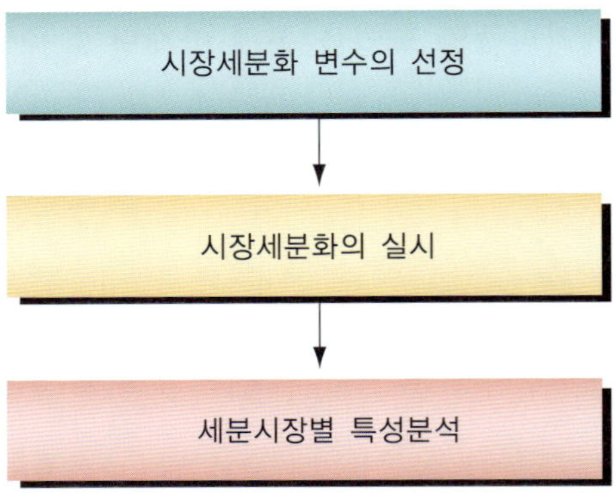

시장세분화에 사용되는 변수는 매우 다양하지만, 제품 구매나 사용과 관련해 세분시장들 간에 유의한 차이를 보여주고 마케팅전략 수립에 유용한 시사점을 제공할 수 있는 변수들을 시장세분화의 기준으로 선정하는 것이 중요하다.

마케팅전략 수립에 유용한 시장세분화 변수는 크게 지리적 변수, 인구통계적 변수, 싸이코그래픽 변수, 그리고 행동적 변수로 구분될 수 있다.

지리적 변수

지리적 변수(geographic variables)를 이용한 시장세분화는 소비자가 거주하는 지역을 중심으로 시장을 나누는 것이다. 예를 들어, 제품시장을 서울특별시, 부산광역시, 광주광역시 등과 같이 행정구역에 따라 나누거나 대도시, 중소도시, 읍, 면 등과 같이 도시의 크기에 따라 나눌 수 있다. 가령, 서울에 거주하는 청소년들이라 하더라도 강남과 강북에 거주하는 청소년들 간에 체형, 선호하는 색상이나 디자인에서 차이가 있다면, 패션제품제조업체는 각 구역별로 시장을 세분화하고 차별화된 머천다이징을 도입하는 것이 바람직할 것이다. 우리나라의 대도시, 중소도시, 농촌지역 간에는 선호하는 색상이나 디자인에서 차이가 있으므로 의류업체들은 지역별로 서로 다른 상품구색의 의류제품들을 출시하는 것이 일반적이다. 고가격의 브랜드나 새로운 유통업태를 시장에 도입하는 기업이 충분한 시장잠재력을 가진 대도시를 먼저 타겟시장으로 선정하여 진출하는 경우도 지리적 변수를 이용한 시장세분화의 예이다.

인구통계적 변수

인구통계적 변수(demographic variables)는 연령, 성별, 직업, 교육수준, 종교 등을 포함하는 가장 자주 사용되는 시장세분화 변수이다. 인구통계적 변수가 시장세분화에 가장 흔히 사용되는 이유는 소비자의 욕구나 구매행동이 인구통계적 변수와 밀접한 관계를 갖는 경우가 많고, 다른 세분화변수들보다 측정하기가(혹은 제품시장을 분류하기가) 비교적 용이하기 때문이다. 시장세분화에 비교적 많이 활용되는 인구통계적 변수에는 연령, 성별, 소득 등이 있다.

① 연령

가장 기본적이면서 시장세분화에 유용한 인구통계적 변수의 하나가 연령이다. 사람들은 연령에 따라 추구하는 편익이나 욕구가 다양하게 나타난다. 예를 들어, 과자나 아이스크림 등은 성인들보다 어린이나 청소년들이 보다 좋아하는 제품이므로 식품회사들은 이들을 타겟시장으로 정하는 경우가 많다. 이와 같이 동일한 제품군 내에서도 다른 연령집단에 속한 소비자들간에 선호하는 제품특성과 브랜드에 차이가 있으므로 특정 연령집단을 타겟시장으로 선정하여 브랜드를 출시할 수 있다. 연령에 따른 시장세분화를 실시할 때 마케터는 각 연령집단의 성장성을 살펴보고 급속한 성장을 보이는 연령집단을 타겟시장으로 선정해야 할 것이다. 또한 타겟시장으로 선정된 연령층의 소비자들이 구매하고 싶은 제품들의 유형, 원하는 제품특성, 이들에게 가장 효과적인 광고소구의 유형 등도 함께 파악해야 할 것이다. 아동용 조립완구 브랜드 레고는 성인 마니아층을 목표 세분시장으로 한 마케팅활동으로 지속적인 성장을 실현하고 있다. 성인층 레고 마니아들은 브릭인사이드와 같은 인터넷 사이트를 통해 제작방법과 브릭(레고 블록)조달에 관한 정보를 주고받으며 작품을 만든다.

'아저씨들의 놀이터'라는 컨셉을 기반으로 개발된 이마트 가전매장 '일렉트로마트'는 가전과 IT 완구를 결합한 체험형 가전매장이다. 일렉트로마트는 2030 성인 남성소비자

연령에 의한 시장세분화의 예: 아동용 조립완구 브랜드 레고는 성인 마니아층을 목표 세분시장으로 한 마케팅활동으로 지속적인 성장을 실현하고 있다.

일렉트로마트는 2030 성인 남성소비자들을 타겟으로 즐거운 놀이공간을 제공함으로써 젊은 남성들에게 큰 호응을 얻었다.

들을 타겟으로 즐거운 놀이공간을 제공함으로써 젊은 남성들에게 큰 호응을 얻었다.

② 성별

마케터가 시장세분화에 흔히 사용하는 또 다른 인구통계적 변수가 성별이며, 의류, 화장품, 담배, 잡지 등에서 흔히 볼 수 있다. 성별을 세분화변수로 사용할 때, 마케터는 연령도 시장세분화 변수로서 함께 고려하는 경우가 많다. 예를 들어, 화장품 시장은 여성화장품 시장과 남성화장품 시장으로 세분화할 수 있는데, 여성화장품 시장은 다시 연령에 따라 고등학생(17~19세), 대학생 및 직장여성(20~24세), 결혼초기(25~30세), 어린이를 둔 주부(31~40세), 중고생을 둔 중년주부(41~50세) 등으로 더 세분화될 수 있다.

이온음료시장에서의 선도브랜드인 포카리스웨트와 게토레이를 비교하면, 포카리스웨트는 여성소비자들을 타겟시장으로 선정한 반면 게토레이는 남성소비자들을 타겟으로

삼성 카메라 모델 한효주

소니 카메라 모델 손예진

여성 세분시장을 타겟으로 한 미러리스 카메라를 출시해 성공을 거둔 삼성전자와 소니

아모레퍼시픽은 젊은 남성 소비자를 겨냥해 '형들의 화장품'을 컨셉으로 한 브로앤팁스를 선보였다.

했다. 이에 따라 포카리스웨트는 젊고 아름다운 여성모델이 광고에 등장하여 감미로운 음악이나 아름다운 자연을 배경으로 감성적 소구를 하는 반면 게토레이는 갈증해소를 위한 음료라는 브랜드개념을 남성소비자층에 심어주기 위해 젊고 남성적인 광고모델의 활동적인 광고장면을 일관적으로 보여주고 있다. 또 다른 예로 미러리스 카메라 제조업체인 삼성카메라, 소니카메라 등은 가벼운 카메라 무게, 간단한 조작법, 높은 휴대성을 토대로 여성고객층의 주요욕구를 충족시킴으로써 여성소비자들을 핵심 고객집단으로 끌어들이는 데 성공했다.

최근 20~30대 젊은 남성 그루밍족(패션과 미용에 투자하는 남성들을 일컫는 신조어)이 늘면서 남성전용 화장품에 대한 관심이 높아졌다. 애경산업은 평소 메이크업에 관심이 있지만 주위 시선에 신경을 쓰는 1824세대 남성들을 타겟으로 '엉큼하다, 몰래하다'는 뜻의 남성 스타일링 브랜드 '스니키(SNEAKY)'를 출시했으며, 아모레퍼시픽은 젊은 남성 소비자들을 겨냥해 '형들의 화장품'을 컨셉으로 한 남성 전용 브랜드 '브로앤팁스'를 출시했다.

③ 소득

소득은 소비자의 욕구나 구매행동에 큰 영향을 미치는 인구통계적 변수의 하나로서 승용차, 의류, 화장품 등의 제품범주에서 흔히 사용되는 시장세분화 기준이다. 의류의 경우 디자이너 패션의류는 고소득층을, 내셔널 브랜드(national brand)는 중류층을, 그리고 재래시장에 판매되는 의류들은 저소득층을 타겟시장으로 할 수 있다.

사회계층에 의한 시장세분화의 예: 피아제(piaget)는 상류층 소비자들을 표적으로 하는 최고급 시계이다.

싸이코그래픽 변수

싸이코그래픽 변수(psychographic variables)는 소비자의 심리적 특성을 반영하는 변수를 말하며, 이에는 사회계층, 라이프 스타일 및 개성이 있다.

① 사회계층(social class)

사회계층은 직업, 소득, 교육수준, 재산 등에 의해 나타나는 사회적 지위를 말하며, 일반적으로 상류층, 중류층, 하류층으로 나누어진다. 동일한 사회계층에 속한 소비자들은 흔히 서로 유사한 구매행동을 보이거나 자신과 같은 사회계층에 속한 다른 소비자들의 구매행동에 의해 영향을 받으므로 가시성이 높은 제품의 경우 사회계층은 유용한 시장세분화 변수가 될 수 있다. 가령, 조르지오 아르마니 같은 고급디자이너 의류나 BMW 같은 최고급 승용차는 상류층을 타겟시장으로 삼는데, 이는 그러한 제품이나 브랜드의 소유가 그 사람의 사회적 지위를 상징하기 때문이다.

② 라이프 스타일(life style)

라이프 스타일이란 사람들이 살아가는 방식을 말하며, 주로 사람들의 활동(activities), 관심(interests) 및 의견(opinion)과 관련된 문항을 사용하여 측정된다. 소비자들이 구매·소비하는 많은 제품들이 그들의 라이프 스타일을 반영하고 있다. 이에 따라 소비자들의 라이프 스타일을 이용하여 제품시장을 세분화하는 기업들의 수가 갈수록 늘어가고 있다. 여성의류제조업체는 여성의류시장을 평범함을 추구하는 보수적 소비자집단(plain

라이프 스타일에 의한 시장세분화의 예: 랄프 로렌 블랙라벨 광고는 우아함을 추구하는 보수적 소비자집단을 겨냥하고 있다.

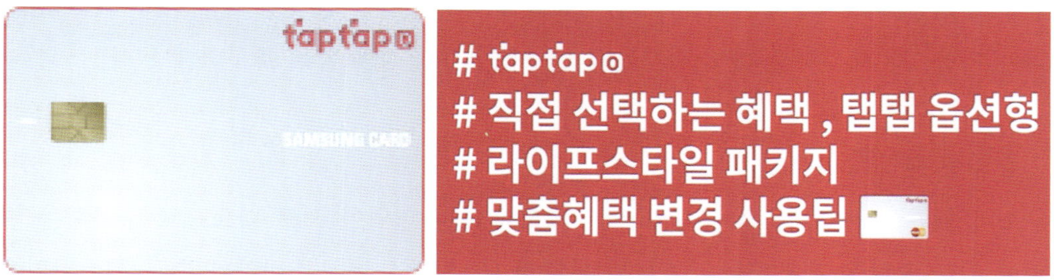

삼성카드 탭탭오는 사용자가 매달 원하는 라이프스타일을 선택할 수 있는 라이프스타일 패키지를 제공한다.

woman), 패션지향적 소비자집단(fashionable woman), 남성적이고 활동지향적 소비자집단(manly woman)으로 나눈 다음, 각 소비자집단의 라이프 스타일에 맞는 의류를 출시할 수 있을 것이다.

삼성카드 탭탭오는 사용자가 매달 원하는 라이프스타일을 선택할 수 있는 라이프스타일 패키지를 제공한다. 가령, 직장인들은 직장인의 생활리듬에 맞추고, 학생들은 학생들의 생활리듬에 맞출 수 있는 서비스를 제공한다. 사용자는 자신이 선택한 라이프스타일에 따라 매달 할인옵션을 변경할 수 있다.

③ 개성(personality)

개성은 자신을 둘러싼 주변환경에 대하여 비교적 일관성 있고 지속적인 반응을 보이도록 하는 개인의 독특한 심리적 특성을 말한다. 기업들은 흔히 개성변수를 사용하여 시장을 세분화하고, 타겟시장으로 선정된 소비자들의 개성에 부합되는 브랜드 이미지를 개발하려는 노력을 한다. 이는 소비자들이 자신의 개성과 부합되는 브랜드 이미지를 가진 제품을 보다 선호하는 경향이 있기 때문이다. 개성변수는 화장품, 담배, 술 등과 같이 브랜드 이미지가 경쟁우위확보에 중요한 제품군들에서 특히 유용한 시장세분화 기준이다.

행동적 변수

행동적 변수에 의한 시장세분화는 제품구매과정 및 소비와 관련된 소비자 특성을 이용하여 제품시장을 세분화하는 것이다. 시장세분화에 많이 이용되는 행동적 변수에는 추구하는 편익, 사용상황, 사용량(usage rate), 브랜드 애호도 등이 있다. 대체로 행동적 변수에 의한 시장세분화는 먼저 제품구매 · 사용과 관련된 변수를 이용하여 제품시장을 나눈 다음, 각 세분시장 내 소비자들의 인구통계적 특성을 함께 조사하게 된다.

① 추구 편익(benefit)

소비자들은 어떤 제품의 구매로부터 얻고자 하는 편익이 서로 다르므로 추구하는 편익에 따라 시장을 세분화할 수 있다. 예를 들어, 치약시장은 소비자가 추구하는 편익에 따라 상큼한 맛과 향을 추구하는 소비자 집단, 하얀 치아를 원하는 소비자 집단, 충치 예방을 추구하는 소비자 집단, 저가격을 중시하는 소비자 집단으로 세분화될 수 있다. 편익세분화(benefit segmentation)로부터 유용한 마케팅 · 광고전략이 도출되기 위해서는,

추구하는 편익에 의한 시장세분화의 예: 46cm치약은 구취제거를 추구하는 세분시장을 표적으로 하며, 잇치는 잇몸치료를 추구하는 세분시장을 표적으로 한다.

편익에 의해 나누어진 각 세분시장의 인구통계적 특성, 싸이코그래픽 특성 및 각 세분시장 내 주요 경쟁브랜드들이 함께 조사되어야 한다. 가령, 치약제조업체는 적절한 마케팅 · 광고전략을 수립하기 위해 치약구매로부터 추구하는 편익에 따라 시장을 세분화한 다음, 자사브랜드가 타겟으로 하는 편익세분시장의 인구통계적 특성과 주요경쟁브랜드들을 파악해야 할 것이다. LG생활건강은 충치예방 추구 세분시장을 겨냥한 페리오 치약과 잇몸건강 추구 세분시장을 겨냥한 죽염치약 등을 도입함으로써 편익에 의한 시장세분화가 치약시장에서 지속적 경쟁우위 확보를 위한 중요한 전략적 도구로 인식되고 있다.

② 사용상황(usage occasions)

소비자가 특정제품으로부터 추구하는 편익은 사용상황에 따라 달라질 수 있다. 그러므로 마케터는 개인소비자가 어떤 상황에서 그 제품을 사용하느냐에 따라 제품시장을 세분화할 수 있다. 운동화시장에서 Nike는 우수한 제품성능을 강조해 스포츠 용도로 적합한 브랜드임을 부각시키는 반면 Converse는 성능보다 스타일을 강조해 캐주얼하게 신을 수 있는 운동화를 선호하는 소비자집단을 타겟으로 한다. 껌시장과 라면시장, 초

발렌타인데이라는 특정 사용상황에 맞추어 진행한 페레로 로쉐 초콜릿 광고캠페인

광고 Highlight

사용상황에 기반한 마시는 '고려은단 비타민 C 1000' 광고캠페인

비타민 음료, 언제 마셔야 할까요?

'마시는 고려은단 비타민C 1000'은 치열한 비타민C 음료시장에서 고려은단만의 가치를 소비자들에게 전달하려 노력하고 있다. 다양한 비타민C 음료 브랜드 속에서도 브랜드 네임 '마시는 고려은단 비타민C 1000'을 부각시킨 광고를 통해 소비자들에게 브랜드 인지도를 구축했다.

브랜드인지도 구축에 성공한 고려은단은 소비자가 언제 고려은단 비타민C 1000을 마셔야 하는지, 즉 사용상황을 전달하는 캠페인을 도입했다. 마시는 고려은단 비타민C는 기존 비타민C 음료광고의 공통된 광고메시지였던 '피로가 쌓인 후'가 아닌 '피로가 쌓이기 전'이라는 차별점을 소비자에게 제시했다. 캠페인은 "피로가 쌓이기 전"이라는 음용시점과 함께 일상에서 누구든지 쉽게 공감할 수 있는 TPO(Time, Place, Occasion)를 담은 광고물을 개발 · 제작함으로써 비타민 음료 선택의 새로운 기준점을 제시했다.

공감대를 자극하는 광고 속 스토리

수십여 개의 TPO를 두고 광고주와 열띤 회의를 진행한 끝에, 많은 사람이 공감하면서도 최신 트렌드와 어울리는 사용상황을 담은 세 가지 광고물을 제작했다. '가족여행편'은 대한민국 가장이라면 겪어 봤을 법한 도로정체와 운전피로, 아이들의 투정으로 인한 피로가 몰려오는 상황을 위트 있게 전달했다. '휴가복귀편'은 꿀맛 같은 휴가가 끝나고 사무실로 복귀하는 현실을 직장인 모두가 공감할 수 있도록 제작했다. 그리고 '일톡편'은 업무 외 시간에 '톡'메신저를 통해 업무 지시를 받는 직장인들의 고충을 표현했다. 각 광고물의 마지막은 마시는 고려은단 비타민C 1000이 피로상황을 해결하는 데 도움을 준다는 메시지와 광고장면을 담고 있다.

"피로가 쌓이기 전에 미리미리 1,000mg 마시는 고려은단 비타민C 한 병이면 충분합니다."

#1. 가족여행편 "피로한 남편을 위해 비타민C 1000mg 챙겨주세요"

가자가자! 놀러가자~ 신나는 여행길에 나선 가족. 하지만 꽉 막힌 도로에 들어서자 여긴 어디? 나는 누구? 본격적인 여행을 시작하기도 전에 피곤이 밀려온다. 피로가 쌓이기 전, 미리미리 1000mg!

#2. 일톡편 "피로한 팀원을 위해 업무시간 외 일톡은 참아주세요"

안 그래도 고단한 아침 출근길. 아직 사무실에 도착하지도 않았는데, 일톡은 이미 아까부터 끊임없이 쏟아지고 있다. 분명 출근하고 있는데, 하…퇴근이 하고 싶다. 피로가 쌓이기 전, 미리미리 1000mg!

#3. 휴가복귀편 "복귀한 팀원에게는 업무 적응기간을 배려해주세요"

꿀맛 같은 휴가를 보내고 돌아와 '이제 일을 해볼까?'사무실 책상에 앉았는데, 나를 반기는 건 그동안 밀려 쌓인 서류 한 무더기. 휴가 다녀오니 피로가 싸~ㅎ이겠죠? 피로가 쌓이기 전, 미리미리 1000mg!

신뢰를 담아내다

국민 MC 유재석은 2014년부터 꾸준히 고려은단의 광고모델로 활동하며, 브랜드와 모델 간의 이미지 적합성을 구축했다. 하지만 이번 캠페인은 고려은단 비타민C 1000 음료를 언제 마셔야 하는지를 알리는 데 목표를 두고 있기 때문에 메시지의 신뢰성을 구축하기 위해 일반인 모델을 활용했다. 일반 모델의 사용은 유재석이 지니고 있던 신뢰도와 이를 토대로 형성된 브랜드신뢰도와 일관성을 유지했다. 마치 일상 속 내 이야기와 같은 '일톡편', '휴가복귀편', '가족편' 등 세 가지 스토리를 일반인 모델들의 연기를 통해 보여줌으로써 소비자들에게 높은 공감대를 이끌었고, 유재석이 브랜드후원자(endorser)로 등장해 브랜드 성능에 대한 확신과 신뢰도를 높였다.

광고성과

이 캠페인에 도움을 받아 고려은단 비타민C 1000은 2018년도 기준 전년 대비 2배 이상의 매출성장을 기록했다. 고려은단 마케팅팀은 신규 캠페인 진행에 맞춰 새로운 유통채널망 확보 및 추가 편의점 입점, 타겟고객층에 맞춘 효율적인 매체 집행 등 통합적 마케팅프로그램을 함께 수행했다.

자료원: 디아이투데이, 2019.02.07

콜릿과 캔디시장 등에서 사용상황(혹은 용도)에 따라 시장을 세분화하고, 각 세분시장에 대응한 새로운 브랜드를 계속 개발하는 것도 같은 예이다.

③ 사용량(usage rate)

마케터는 제품시장을 소비자의 제품사용량에 따라 대량사용자(heavy users), 보통사용자(medium users), 소량사용자(light users)로 세분화할 수 있다. 제품에 따라 적은 수의 소비자가 전체 소비량의 많은 부분을 차지하는 경우가 흔히 있다. 업계에서는 20%의 소비자가 전체소비량의 80%를 차지한다는 20/80룰을 통해 대량소비자의 중요성을 인식하고 있다. 가령, 미국 맥주시장에 대한 한 조사에서 조사대상자의 40% 정도만이 맥주를 마셨는데, 이들 중 절반 정도의 소비자(20%)가 전체 맥주소비량의 80% 이상을 차지하는 것으로 나타났다. 대량사용자들은 인구통계적 특성, 라이프 스타일, 매체습관 등에서 공통적인 특징을 보이므로, 마케터는 이에 관한 자료를 수집하여 이들에게 적절한 마케팅 · 광고전략을 수립해야 할 것이다.

④ 브랜드충성도(brand loyalty)

기업은 소비자의 자사브랜드에 대한 충성도에 따라 시장을 세분화할 수 있는데, 브랜드충성도란 자사브랜드에 대해 호의적인 태도를 가지고 그 브랜드를 반복하여 구매하는 정도를 말한다. 기업은 제품시장을 자사브랜드만을 주로 구매하는 소비자집단, 자사브랜드와 경쟁브랜드를 돌아가면서 구매하는 소비자집단, 경쟁브랜드를 주로 구매하는 소비자집단으로 세분화하고, 각 세분시장에 맞는 마케팅 · 광고전략을 도입할 수 있다.

SKT는 30년 이상 장기고객을 초대하여 호텔에서 초대가수의 공연과 음식을 제공하는 'T아너스 테이블'행사를 열어 장기고객의 충성도를 더욱 강화시켰다.

가령, 자사브랜드에 대하여 높은 충성도를 보이는 세분시장에 대해서는 자사브랜드를 구매하는 데 대한 자긍심을 갖도록 하는 광고전략과 우수한 제품성능을 계속 유지하는 제품전략이 요구된다. 자사브랜드와 경쟁브랜드를 돌아가면서 구매하는 브랜드전환세분시장에 대해서는 다양한 판촉을 지속적으로 제공하거나 이들을 겨냥하여 제품특성을 적절히 변형시킨 여러 브랜드를 도입할 수 있다. 그리고 경쟁브랜드에 대하여 높은 충성도를 보이는 소비자집단을 유인하는 데는 많은 마케팅비용이 소요되므로 보다 장기적인 마케팅전략의 도입이 필요할 것이다.

3) 바람직한 세분시장의 조건

지금까지 살펴본 바와 같이 시장세분화 변수에는 여러 가지가 있는데, 마케터는 최적의 세분화가 이루어질 수 있도록 하기 위해서, 나누어진 세분시장이 다음의 바람직한 조건을 가질 수 있도록 하는 시장세분화 변수를 선정해야 할 것이다.

첫째, 각 세분시장 내 고객들은 가능한 한 동질성을 유지하고 세분시장간에는 이질성을 갖도록 해야 한다(heterogeneous between segments). 즉, 자사가 제공하는 마케팅믹스변수에 대하여 세분시장 내의 고객들은 가능한 한 유사하게 반응하고 다른 세분시장에 속한 소비자들은 다르게 반응하도록 세분화되는 것이 바람직한 시장세분화변수이다. 가령, 핸드폰시장을 세분화하기 위해 소비자의 교육수준을 세분화 기준으로 사용하였다고 하자. 교육수준에 따라 세분화된 각 세분시장의 자사브랜드에 대한 구매가능성에 별 차이가 없다면, 교육수준은 바람직한 세분화변수가 될 수 없는 것이다.

둘째, 각 세분시장의 규모와 구매력, 그리고 고객특성을 측정할 수 있도록 세분화가 이루어져야 한다(measurable). 각 세분시장의 규모나 세분시장 내 고객특성을 측정하기 어렵다면, 이에 적합한 제품개발이나 광고전략을 수립하기 힘들 것이다. 예를 들어, 담배회사나 주류회사가 성별에 의해 제품시장을 세분화하고 여성세분시장이 매력적이라고 판단하더라도, 여성소비자의 시장규모와 이들의 행동특성을 정확히 파악하기가 힘들다면 성별에 의한 시장세분화가 바람직하지 않을 수 있다.

셋째, 각 세분시장이 충분한 매출과 이익을 실현할 수 있는 규모를 갖도록 세분화가 이루어져야 한다(substantial). 만약 마케터가 각각 세분시장의 다양한 욕구를 반영할 목적으로 과도한 시장세분화를 한다면 각 세분시장의 규모가 작아져 투입된 마케팅비용

광고 Highlight

새로운 사용상황을 계속 개발하여 성공한 Arm & Hammer

암 앤 해머는 베이킹 소다 브랜드로서 시장을 독점하다시피 장악하고 있었다. 베이킹 소다는 빵이나 케이크, 과자 등을 만들 때 밀가루를 발효시키는 역할을 한다. 그런데 사회가 부유해짐에 따라 고기와 같은 단백질을 더 많이 소비하고 빵과 같은 탄수화물은 적게 소비하게 되었다. 그 결과 베이킹 소다의 수요는 점차 감소하기 시작했다. 어쩔 수 없이 매출의 하락을 지켜보던 암 앤 해머는 일부 소비자들이 베이킹 소다를 다른 용도로 유용하게 이용하고 있음을 발견하였다. 즉, 냉장고 탈취제로 사용하는 것이었다. 베이킹 소다는 습기를 빨아들이는 특성이 있어 냉장고 속에 놓아두면 탈취작용을 한다. 암 앤 해머는 소비자가 인지한 특성을 이용하여 베이킹 소다를 '천연'의 탈취제로 판매하기 시작했다. 기본적으로 포장은 변경하지 않았다. 먹어도 되는 베이킹 소다를 그래도 이용하게 하여 소비자들이 거부감을 갖지 않도록 유도한 것이다.

광고에서는 베이킹 소다 상자를 화장실, 지하실, 차고 등에도 놓아두는 모습을 보여주었다. 제품을 집안 곳곳에서 다양한 용도로 쓸 수 있음을 보여주려는 것이다. 이러한 새로운 사용용도 덕분에 베이킹 소다의 판매는 20배나 증가되었다. 그러나 여기에서 그치지 않았다. 베이킹 소다가 습기를 흡수한다는 사실은 새로운 아이디어를 샘솟게 하였다.

탈취제의 판매로 활기를 되찾은 암 앤 해머는 소비자들을 더욱 면밀히 관찰하여 이번에는 소다가 세척제로 이용되고 있음을 발견하였다. 소다에는 연마성이 있기 때문이다. 이러한 특성을 이용하여 암 앤 해머는 다양한 제품들을 고안하였다. 베이킹 소다를 오븐세척제, 냄비와 후라이팬을 위한 세척제 등으로 만들었다. 물론 기존의 세척제가 없는 것은 아니지만 암 앤 해머는 먹을 수 있는 만큼 '천연적'이라는 점에서 경쟁상 우위를 점한다.

먹어도 된다는 점과 연마성의 특징을 이용하여 치약도 만들었다. 이 치약은 너무 달지 않고 연마성을 느낄 수 있는 데다 습기가 제거되는 느낌이어서 이를 닦은 후 매우 상쾌한 느낌이 드는 제품인데, Fortune가 선정한 10대 히트상품에 들기도 했다.

으로부터 충분한 수익을 기대하기 어려울 것이다.

넷째, 각 세분시장에 효과적으로 도달될 수 있는 마케팅믹스 프로그램이 도입될 수 있도록 세분화가 이루어져야 한다(accessible). 만약 식품회사가 독신 남성 및 여성 세분시장이 급속하게 성장하고 있음을 발견하더라도, 이들의 거주지 및 식생활, 즐겨 보거나 읽는 TV프로그램이나 잡지, 라이프 스타일 등에 대한 정보수집이 어렵다면, 이들에게 효과적으로 접근할 수 있는 마케팅믹스 프로그램을 수립하기 어려울 것이다.

(2) 타겟시장(Target Market Segments)의 선정

적절한 시장세분화 변수를 선정하여 전체시장을 다수의 세분시장으로 세분화하였다면, 마케터는 각 세분시장의 매력도를 평가하여 이들 중에서 자사에 가장 매력적인 하나 혹은 그 이상의 세분시장(들)을 타겟시장으로 선정하게 된다.

1) 각 세분시장에 대한 매력도 평가

일반적으로 마케터는 타겟시장을 결정하기 위해 세분시장의 크기와 성장성, 구조적 매력도(장기 수익성), 기업의 목표와 자원 등 세 가지 요인들을 고려하여 각 세분시장의 매력도를 평가하게 된다.

세분시장의 크기와 성장성

기업은 먼저 각 세분시장이 기대한 만큼의 매출과 이익을 실현할 수 있을 정도로 충분한 규모를 가지고 있는지를 파악한다. 또한 각 세분시장의 현재의 규모뿐만 아니라 미래의 성장가능성도 함께 검토해야 한다. 일반적으로 대기업은 매출규모가 큰 세분시장을 선호하고, 중소기업은 경쟁이 치열한 규모가 큰 세분시장을 회피하는 경향이 있다.

구조적 매력도

마케터는 각 세분시장의 구조적 매력도(혹은 수익성)도 평가하여야 한다. 적정규모를 갖추고 성장성이 높은 세분시장들 중에서 구조적 매력도가 높은(혹은 수익성이 높은) 세분시장을 선정하는 것이 바람직하다. 각 세분시장의 구조적 매력도 혹은 수익성은 세분시장

내 기존 브랜드들 간의 경쟁정도, 잠재진입자의 시장진출가능성, 원료나 부품을 공급하는 공급업자와 자사 간의 상대적 협상력, 자사제품을 구매하는 구매자와 자사 간의 상대적 협상력, 그리고 자사제품을 대체할 수 있는 대체재의 존재여부 등에 의해 영향을 받는다. 가령, 세분시장 내 기존 브랜드들 간에 치열한 경쟁이 이루어지거나 잠재진입자의 시장진출가능성이 높다면, 높은 이익을 실현하기 어려울 것이므로 구조적으로 매력적인 세분시장으로 보기 어렵다.

기업의 목표와 성장성

세분시장이 충분한 시장규모와 높은 시장성장성을 갖추고, 높은 수익성을 실현할 만큼 구조적으로 매력적이더라도, 기업의 마케팅목표와 자원(능력)에 부합되지 않으면 타겟시장으로 선정되기가 어렵다. 즉, 세분시장이 매력적이라고 하더라도 자사의 장기적 목표와 상치되거나 그 세분시장에서의 성공에 필요한 자원과 기술을 갖추지 못하고 있다면, 타겟시장으로 삼기가 어렵다. 또한 자원과 설비를 구비하고 있더라도 경쟁우위를 획득할 만큼 충분하지 못하다면 타겟시장으로서 적합하지 않을 것이다.

요약하면, 매력적인 세분시장이란 매출규모가 크고, 시장성장률이 높으며, 큰 마진을 기대할 수 있거나, 경쟁이 치열하지 않으며, 세분시장에서 성공을 거두는 데 필요한 사업상의 강점을 제공하는 세분시장을 말한다.

2) 타겟시장 선정전략

각 세분시장의 매력도가 평가되면, 마케터는 이들 중 경쟁우위를 획득할 수 있는 하나 혹은 그 이상의 세분시장을 타겟시장으로 선정하게 된다. 마케터가 고려할 수 있는 타겟시장 선정전략은 매우 다양하지만, 크게 차별적 마케팅전략, 집중적 마케팅전략, 그리고 개별고객 수준의 마케팅전략, 비차별적 마케팅전략으로 나누어진다.

차별적 마케팅전략

차별적 마케팅전략(differentiated marketing strategy)은 둘 이상의 세분시장들을 타겟시장으로 선정하여, 각 세분시장에 적합한 마케팅믹스 프로그램을 제공하는 것이다.

이 전략의 장점은 각 세분시장의 고객욕구에 맞는 마케팅믹스를 제공할 수 있으므로

광고 Highlight

타겟 마케팅으로 성공했던 유명브랜드들

도대체 모든 소비자들의 마음에 들어야 한다는 말이 어디에 적혀 있는가? 타겟시장을 특정세분시장으로 범위를 좁힌다고 해서 매출과 이익이 낮아지는 것은 아니다. 콜라 분야를 예로 들자. 코카콜라가 잠재고객의 기억 속에 맨 먼저 자리잡아 강력한 지위를 구축했다. 1950년대 후반, 코크는 판매량에서 5 대 1 정도의 비율로 펩시를 압도했다. 코크의 막강한 지위를 무너뜨리기 위해 펩시가 할 수 있었던 일은 무엇이었을까? 1960년대 초에 펩시가 집중적 마케팅전략을 개발했다. 펩시는 10대의 젊은이 시장을 제외한 모든 것을 희생했다. 그런 뒤에 펩시는 마이클 잭슨, 라이오널 리치, 단 존슨과 같은 젊은이의 우상들을 후원자로 활용해 이 시장을 집중적으로 공략했고 펩시는 간격을 좁혔다. 그러나 이러한 성공에도 불구하고, 천막을 키우려는 유혹은 반드시 나타나게 되어 있다. 펩시는 이 유혹에 넘어가고 말았다. "이걸 가져야 해요"가 펩시의 새로운 슬로건으로 사용되었다. 광고는 요기 베라(뉴욕 양키스의 전설적인 야구선수)처럼 나이든 사람들도 펩시를 마신다는 것을 보여주고 있다. 즉, 펩시는 타겟마케팅전략에서 대량마케팅전략으로 전략의 방향을 전환한 것이다. 코카콜라는 이 세계에서 가장 강력한 힘을 지닌 브랜드이다. 펩시콜라가 집중적 마케팅전략을 개발하여 선도자의 코앞까지 밀고 들어간 마당에, 그 강력한 전략을 바꾼 이유가 무엇이었까? 반증하는 사례들이 그렇게나 많음에도 불구하고, 더 넓은 그물을 치면 더 많은 고객들을 잡을 수 있다는 종교적 믿음에 넘어간 것이다.

담배광고, 특히 오래된 광고를 살펴보자. 그들은 어김없이 한 남자와 한 여자를 보여준다. 왜 그럴까? 흡연자 대부분이 남성이었을 때 담배 제조업체들은 시장을 넓히고 싶었다. 그런데 필립 모리스(Philip Morris)가 무슨 일을 했던가? 그 회사는 남성들에게만 초점을 맞추었다. 그 뒤에 초점을 더 좁혀 남성 중의 남성인 카우보이에게 맞추었다. 그 브랜드는 말보로(Marlboro)였다. 오늘날 말보로는 세계에서 가장 많이 팔리는 담배이다. 미국 내에서도 말보로는 남성과 여성들에게 가장 많이 팔리는 담배이다.

마케팅 활동의 타겟이 되는 시장은 실제로 제품을 살 사람들과 동일하지 않다. 비록 펩시콜라 광고의 타겟이 10대 청소년이었지만, 실제시장은 모든 사람이다. 자신을 19세라고 생각하고 싶은 40세의 아저씨는 펩시를 마실 것이다. 말보로 광고의 목표는 카우보이이지만, 시장은 남성적이 되고 싶은 모든 사람이다. 오늘날 미국에 몇 명의 카우보이가 남아 있는지 아는가? 아주 적은 수이다.

자료원 : Al Ries and Jack Trout(1993), 〈The 22 Immutable Laws of Marketing〉, pp. 131~134.

포지션을 구축하기 위하여 구체적인 마케팅믹스를 개발해야 한다. 제품포지션은 특정 제품이 경쟁브랜드들과 비교하여 소비자의 마음 속에 차지하고 있는 상대적 위치를 말한다. 제품의 성능이 아무리 우수하다고 하더라도 소비자들이 그렇게 인식하지 않으면 아무 소용이 없다. 가령, 광고를 통해 마티즈의 안전성에 대하여 강조하더라도 타겟소비자들이 그렇게 지각하지 않을 수 있는 것이다. 그러므로 **제품포지셔닝**(product positioning)은 타겟소비자의 마음 속에 기업이 원하는 포지션(제품개념)을 구축하려는 노력이라고 볼 수 있다.

2) 제품포지셔닝의 과정

대체로 제품포지셔닝은 다음과 같은 절차에 따라 수행된다.

첫번째 단계에서는 경쟁브랜드들을 확인한다. 제품포지션은 경쟁브랜드들과 비교된 자사브랜드의 상대적 위치이므로, 먼저 타겟시장 내에서 자사브랜드와 대체관계에 있는 경쟁브랜드들을 파악해야 한다.

두번째 단계에서는 타겟시장 내에서 자사브랜드와 경쟁브랜드들이 차지하는 기존의 제품포지션을 파악한다. 즉, 타겟시장 내 경쟁브랜드들이 확인되면, 마케터는 자사브랜드와 경쟁브랜드들이 타겟고객들에 의해 어떻게 인지되고 있는지를 조사해야 한다. 이를 위해 **제품포지션맵**(product position map) 혹은 **제품지각도**(product perceptual map)가 흔히 작성된다. 제품포지션맵은 타겟소비자들이 중요하게 생각하는 제품속성상에서 경쟁브랜드들이 차지하는 상대적 위치를 2차원상에 그림으로 표시한 것이다. 제품포지션맵을 작성하기 위해 마케터는 타겟소비자들에게 중요한 제품속성상에서 자사 및 경쟁브랜드들을 어떻게 평가하는지를 물어보거나 경쟁브랜드들에 대하여 짝을 지워 두 브랜드 간의 유사성 정도를 돌아가면서 평가하도록 한 자료를 수집해야 한다. 가령, 고급승용차시장에 대한 제품포지션맵을 작성하고자 한다면, 마케터는 두 브랜드 간의 유사성 정도를 물어보는 5점(혹은 7점) 척도(1점: 매우 다르다, 5점: 매우 비슷하다)자료 수집해야 한다.

세번째 단계에서는 포지션맵상에서 기업이 원하는 제품포지션을 결정한다. 두번째 단계에서 제품포지션맵을 통해 자사브랜드와 경쟁브랜드들이 차지하고 있는 현재의 포지션이 파악되었으면, 기업은 자사브랜드의 현 포지션이 자사가 바라는 위치인지(즉, 자사브랜드가 타겟고객들이 중요하게 생각하는 제품속성상에서 경쟁브랜드들보다 우위를 점하고 있는지)를 분석해야 한다. 이와 함께 자사브랜드를 포함한 기존의 경쟁브랜드들이 충족시키지 못하는 세분시장이 존재하는지도 파악한다.

마지막으로 결정된 제품포지션에 적합한 마케팅믹스계획을 수립하고 이를 실행한다. 기존의 제품포지션이 자사가 바라는 위치가 아니면 경쟁우위를 제공할 수 있는 새로운 포지션으로 이동할 수 있도록 하는 마케팅믹스 계획이 수립되어야 한다. 즉, 기업이 원하는 제품포지션에 맞는 제품을 개발해야 하며, 광고를 통해 타겟소비자의 마음 속에 자사브랜드가 정확히 포지션되도록 해야 한다.

소비자 기호가 변하거나 강력한 경쟁브랜드가 진입하여 기존의 제품포지션이 경쟁우위를 상실하였을 때 기업이 원하는 방향으로 제품포지션을 재구축하려는 노력을 할 수 있는데, 이를 재포지셔닝(repositioning)전략이라고 한다. Philip Morris사의 Marlboro담배는 1950년대 중반까지 여성용 담배로 포지션되어 있었으나 담배의 다량사용자인 남성 흡연시장으로 제품포지션을 변경하여 미국 담배시장에서 시장점유율 1위의 브랜드로 부상하였다. 이를 위해 담배의 맛을 보다 풍부하게 하고, 뚜껑이 쉽게 열리고 담배가루가 흐르지 않는 플립 톱 박스(flip top box)와 강렬한 빨간색의 뚜껑을 도입하였으며 강인한 남성적 이미지를 연상시키는 카우보이를 광고모델로 등장시킨 광고를 오랜 기간 동안 계속 유지함으로써 소비자의 마음 속에 강한 브랜드 이미지를 심는 데 성공하였다.

한편 기존의 브랜드들이 충족시키지 못하는 세분시장이 존재한다면, 이들의 욕구를 충족시킬 수 있는 새로운 제품포지션을 설계하고 이에 맞는 마케팅믹스 전략을 계획 · 실행해야 할 것이다.

3) 제품포지셔닝 전략의 유형

기업이 자사제품을 포지션하는 데 이용할 수 있는 제품포지셔닝 전략에는 여러 가지가 있는데, 자주 이용되는 포지셔닝 전략들은 다음과 같다.

제품속성에 의한 포지셔닝

이는 자사 브랜드를 중요한 제품속성이나 소비자 편익과 연계시키는 방법으로, 기업들이 가장 많이 이용하는 포지셔닝 전략이다. 예를 들어, 메디안 치약은 잇몸질환 예방을 강조하며, 페리오닥터는 치석제거를 특히 강조하고 있다. 자동차시장에서도 제품속성에 기초한 포지셔닝이 흔히 이용되는데, 스웨덴의 볼보(Volvo)는 안전핀의 '안전'에서 아이디어를 구해 자동차 모양을 한 안전핀을 내세운 광고로 안전한 자동차로 포지션하였다.

제품속성에 의한 포지셔닝의 예: 볼보는 안정성이 매우 우수한 승용차로 포지션되어 있다.

사용상황에 의한 포지셔닝의 예: 게토레이는 운동 후 갈증해소를 위한 음료로 포지션되어 있다.

사용상황에 의한 포지셔닝

이는 자사제품을 제품이 사용되는 특정상황과 관련시켜 포지션하는 것이다. 가령, 게토레이가 운동 후 갈증해소를 위한 음료로 포지션하거나, 컨디션이 직장인들이 접대 전에 혹은 숙취해소를 위해 마시는 음료로 포지션하여 성공한 경우가 그 예이다.

제품군에 의한 포지셔닝

이는 자사제품을 대체성이 있는 다른 제품군(product class)과 관련하여 포지션함으로써, 다른 제품군들을 사용하는 소비자들의 제품(브랜드)전환을 유도하는 방법이다. 예를 들어, 많은 녹차 브랜드들이 카페인이 함유되어 위에 자극적인 커피나 홍차의 대용품으로 포지션하였다. 세안용 비누인 Dove는 기존의 클렌징 크림 비누제품과는 달리 건성 피부의 여성에 적합한 제품으로 포지션해 성공했다.

제품사용자에 의한 포지셔닝

이는 제품을 특정의 사용자나 사용자계층과 연계시켜 포지션하는 것이다. Johnson & Johnson사의 baby샴푸는 유아용 샴푸로 포지션되었으나 부드러운 샴푸를 원하는 어른들도 사용할 수 있는 것으로 재포지션해, 시장점유율이 3%에서 14%로 신장하는 큰 성공을 거두었다. 화장품, 스포츠용품, 그리고 패션의류 등은 유명인(celebrity)과 연계시켜 제품포지션을 구축하는 경우가 많다. 광고모델로 등장하는 유명인의 이미지가 제품특성과 잘 부합될 경우 이들을 이용한 제품포지셔닝전략은 매우 효과적이다. 골프용품 시장에 후발 브랜드로 진출한 나이키는 불세출의 프로골프선수인 타이거우즈를 후원자로 이용함으로써 세계 최고의 프로골프선수라는 이미지를 자사제품과 연계시키는 포지셔닝 전략을 통해 짧은 시간 내에 시장선도 골프용품 브랜드의 하나로 부상될 수 있었다. 그러나 특정 제품사용자와 강하게 연계되어 포지션이 구축된 브랜드는 다른 세분시장이나 제품시장으로 계속 확장하는 데에는 한계가 있을 수 있다.

경쟁적 포지셔닝

이는 자사브랜드를 경쟁제품과 직접적으로 혹은 암시적으로 연계시킴으로써 제품포지션을 구축하는 전략이다. 경쟁적 포지셔닝의 도입으로 성공을 거둔 대표적인 예가 Avis사의 'We're only number two. We try harder' 광고캠페인과 7-up의 'Un-Cola'캠페인이다. 렌터카 회사인 Avis사는 시장선도브랜드인 Hertz사보다 시장점유율에서 열위임을 인정하면서 Hertz보다 더 열심히 노력하겠다는 메시지를 통해 경쟁사인 Hertz와 관련시키는 포지셔닝 전략을 통해 큰 성공을 거두었다. 현대자동차의 최고급 승용차 제네시스는 벤츠, BMW와 같은 유럽의 고급승용차를 구매하는 소비자를 겨냥해 성능은 이들과 별 차이가 없으면서 가격은 상대적으로 저렴한 것으로 포지션했다. 7-up은 'Un-Cola'캠페인을 통해 7-up을 Coke와 Pepsi의 대체음료로서 시장점유율 제3위의 청량음료로 부상할 수 있었다. 즉, 청량음료로서 미국 소비자들의 마음 속에 이미 강하게 자리잡고 있는 콜라제품과 연계시킴으로써 콜라 이외에 신선하고 갈증을 해소시켜 주는 청량음료를 마시고 싶을 때 7-up을 연상시키도록 하였던 것이다. 버거킹도 경쟁

제품군에 의한 포지셔닝: 세안용 비누인 Dove는 기존의 클렌징 크림 비누제품과는 달리 건성피부의 여성에 적합한 제품으로 포지션해 성공했다.

경쟁적 포지셔닝의 예: 비교광고는 가장 기본적이면서도 강력한 경쟁적 포지셔닝의 수단이다. 맥도날드를 대표하는 캐릭터 '로날드'가 버거킹 매장에 들러 버거킹 와퍼를 주문하는 모습을 보여주는 유머러스한 비교광고

적 포지셔닝에 기반한 광고를 사용했는데, 맥도날드를 상징하는 광대 캐릭터 로날드를 희화화하는 비교광고를 통해 버거킹 햄버거가 맥도날드보다 더 낫다는 메시지를 전달하려고 했다.

광고 Highlight

경쟁적 포지셔닝: 조커 계단 광고에서 맥도날드를 '디스'한 버거킹

버거킹이 영화 '조커' 속에 나오는 브롱크스 계단에서 찍은 광고를 공개해 화제가 되고 있다. 이 광고에서 버거킹은 인기 영화를 패러디하는 동시에 암시적으로 패스트푸드 업계 경쟁사인 맥도날드와의 관계를 연상시키는 내용을 담아 소비자들에게 큰 관심을 모으고 있다. 버거킹은 2020년 1월 자신들의 유튜브 채널을 통해 'King Stairs'라는 제목의 광고를 공개했다. 광고배경은 영화 '조커'의 명장면인 조커가 춤을 추며 내려오는 신이 촬영된 브롱크스 계단이다.

광고는 영화가 흥행한 이후 관광명소가 된 브롱크스 계단에서 많은 사람들이 춤을 추고 사진을 찍는 장면으로 시작된다. 이후 버거킹의 상징인 왕 캐릭터가 계단에 나타나고 "친애하는 브롱크스 주민들에게"라며 "우리는 광대들이 성가실 수 있다는 것을 안다"는 큰 자막이 달린다. 그러면서 "만약 당신이 브롱크스에 살고 있다면, 우버이츠에 코드를 이용해 무료 와퍼(버거킹의 햄버거)를 받으세요"라고 알린다.

사람들은 "우리는 광대들이 성가실 수 있다는 것을 안다"는 광고문구에 주목했다. 버거킹의 경쟁사인 맥도날드의 마스코트가 바로 광대이기 때문이다. 브롱크스 지역 주민들은 해당 계단이 영화 속 광대 분장을 한 주인공이 춤을 추는 장면으로 화제가 되자 주택가가 한순간 관광지로 변해버려 소음 등에 시달

미국 버거킹이 광대를 마스코트로 하는 경쟁사 맥도날드와의 경쟁관계가 연상되는 '조커계단' 광고를 공개해 화제다. 버거킹은 "우리는 광대들이 성가실 수 있다는 것을 안다"는 광고문구를 썼다.

리고 있는 것으로 알려졌다. 버거킹은 이처럼 영화 속 광대로 인해 성가심을 느끼는 브롱크스 주민들의 상황과 광대를 상징으로 한 경쟁사와의 관계를 중의적으로 표현한 것으로 풀이된다.

음식배달업체 우버이츠와 함께하는 브롱크스 주민 햄버거 무료제공 이벤트를 알리기 위해 제작된 이번 버거킹 광고는 국내 온라인 커뮤니티에도 널리 소개되며 관심을 끌었다.

자료원: 매경, 2020.01.09.

YouTube https://youtu.be/DBJC3Tp9_0s

제 목 Burger King : King Stairs
출 처 Ads of Brands

CHAPTER

4 커뮤니케이션 개념과 IMC전략

1. 커뮤니케이션 개념과 커뮤니케이션과정 모형(Communication Process Model)
2. 통합적 마케팅커뮤니케이션(Integrated Marketing Communication: IMC)이란?
3. IMC의 목표: 브랜드자산의 구축
4. IMC전략의 수립과정

YouTube https://www.youtube.com/watch?v=WnRBYVnM0Lk

제 목 공유, 하이트진로, 청정라거, 테라, 광고

IMC 성공사례: 4P와 마케팅커뮤니케이션 도구들의 효과적 결합에 기반한 시너지 창출로 성공한 Terra

2019년 3월에 출시된 하이트 맥주의 테라는 단기간 내에 국내 맥주시장의 판도변화를 선도하는 브랜드로 자리매김하고 있다. 이와 같이 맥주시장에서 신제품이 단기간에 대세로 등장하게 된 것은 1993년 하이트 맥주가 소개된 이래 새로운 사건으로 기록되고 있다. 이러한 테라의 성공요인을 IMC 측면에서 생각해 보자.

맥주시장의 경쟁역사: 맥주시장은 전통적으로 오비와 크라운 맥주의 경쟁이었다. 이러한 양사 경쟁 구도에 큰 변화를 준 것이 90년대 중반 하이트 맥주의 등장이다. 지하 암반수라는 컨셉의 하이트의 등장으로 맥주시장은 기업 브랜드 간 경쟁에서 제품브랜드 경쟁시대로 바뀌게 되었고 하이트는 한때 시장점유율 60%를 넘어서면서 맥주 브랜드의 절대 강자로 부상되었다. 오비 맥주는 진로 쿠어즈를 인수하면서 반격을 시작했고 카스를 대표 브랜드로 운영하면서 2012년 다시 맥주시장 1위 브랜드의 자리를 차지하게 되었다. 이후 하이트

청정라거 이미지에 어울리는 배우 공유를 등장시킨 테라 광고

브랜드를 관리하는 데 시행착오를 겪었던 하이트 진로는 2014년부터 5년 연속으로 적자를 내고 있었고 전체 점유율도 25% 수준으로 하락하게 되었다. 이런 상황에서 하이트 진로는 2019년 3월 '청정라거'라는 제품개념의 테라를 출시해 2019년 매출액(1월에서 10월까지) 측면에서 18.7%의 점유율을 차지하면서 맥주시장에서 지각변동을 예고하고 있다. 이러한 테라의 성공요인은 무엇일까?

테라의 신제품개발 배경: 맥주시장은 카스와 하이트가 양분해 오다가 2014년 클라우드가 소개되면서 시장변화가 일어났지만, 국내 소비자들은 국산맥주에 식상함을 느끼고 있었다. 수백여 종의 수입맥주들이 소비자의 다양한 맛에 대한 욕구를 충족시켜 주면서 점유율을 높여가고 있었는데, 이러한 흐름에 변화를 준 브랜드가 테라이다. 하이트 진로는 테라를 알코올 도수가 4.6도인 정통맥주로 정의하였고 메인시장인 라거시장에서 '청정라거'라는 제품컨셉으로 승부하기로 결정했다. 하이트진로는 청정, 자연, 친환경에 대한 소비자 욕구를 확인하고 이를 충족시켜 주기 위한 신제품을 개발하기로 하고 '지하 암반수'라는 개념으로 선풍적인 인기를 거두었던 하이트의 제품전략을 신제품에 다시 적용하기로 결정한 것이다. 하이트 진로 R&D 팀은 '청정라거'라는 개념을 반영하기 위해 세계 공기질 부문 1위를 차지하고 있는 호주 내 보리재배 지역을 발굴하고 이 지역의 맥아를 100% 사용하기로 했다. 또한 발효 공정에서 자연적으로 발생하는 리얼 탄산(라거 특유의 청량감이 강화됨)만을 100% 담기로 했다. 신제품 개발이 막바지에 이르면서 하이트 진로는 '청정라거'라는 핵심컨셉을 전달하기 위해 다양한 커뮤니케이션 도구들을 결합한 IMC 전략을 수립했다.

개별 브랜드 전략: 하이트 진로는 개별 브랜드 전략을 추구하기로 하고 테라라는 제품브랜드를 개발했다. 주력 브랜드인 하이트의 높은 인지도를 활용하는 브랜드전략을 추구하고 싶은 유혹이 있었지만 이를 과감하게 포기했다. 하향세가 뚜렷한 하이트의 브랜드 이미지를 활용하는 것은 신제품의 시장성공 가능성을 제약할 수 있다고 판단한 것이다. 이는 30년 전 하이트 진로의 전신인 조선맥주가 하이트를 시장에 소개하면서 기업브랜드와 분리된 개별 제품브랜드 전략을 추구한 것과 같은 맥락이었다.

청정을 강조한 패키지: 청정라거라는 개념을 표현하기 위해 그린을 브랜드 컬러로 선정하였고 그린 컬러는 모든 패키지에 적용되었다. 맥주 병에 그린 컬러를 적용한 것은 국내에서 처음으로 시도된 것인데 이를 통해 진열대에서 소비자의 눈길을 끄는 효과도 얻을 수 있었다. 또한 병목에서도 토네이도 모양의 양음각 패턴을 적용해 맛의 청정함뿐만 아니라 시각적 청정함도 전달하고자 했다.

컨셉에 맞는 광고모델의 선정: 청정라거 개념을 전달하기 위해 광고모델의 선정에도 신중을 기했다. 광고모델 선정에 있어 대중적 인기도나 매력도도 중요하지만 청정이라는 개념을 전달하는 데 적합한 이미지를 가진 모델이 우선적으로 고려되었다. 그리고 표적청중이 전 연령대로 설정되었기 때문에 폭넓은 연령층의 팬을 확보하고 있으며 깨끗한 이미지를 가진 배우 공유가 광고모델로 선정되었다.

단순명료한 메세지를 담은 광고: 테라 광고는 "청정라거"라는 개념을 명료하게 표현하는 데 역점을 두었다.

광고에서는 공유라는 광고모델, 청정 보리 재배 지역, 토네이도 장면(탄산을 강조함)을 결합해 청정이미지를 전달하려고 했다. 과거 국내에서 맥주광고는 제품보다는 모델을 중심으로 전개해 왔는데 테라는 핵심개념을 중심으로 광고의 스토리라인을 설정한 후 광고모델이 이를 지원하는 형식을 선택한 것이다.

혼술 트렌드를 겨냥한 소매 채널 공략: 최근 환경변화(청탁금지법 시행, 52시간 근무시간 단축, 개인주의 확산과 워라밸 추세 등)로 소비자들이 혼자 술을 마시는 경향이 높아짐을 감안해 테라는 편의점을 중점적으로 공략하는 유통전략을 전개했다. 이에 따라 편의점에서 가장 많이 판매되는 500미리 캔 상품부터 먼저 출시했으며. 그 결과 편의점에서 판매량 2위를 기록하기도 했다.

테라는 차별적인 제품개념(청정라거)를 설정하고 이를 구현하는 IMC전략을 전개하면서 시장에서 선풍적인 반응을 얻었다. 테라는 출시 39일 만에 100만 상자가 팔리고, 100일 만에 판매량 1억 병을 돌파하고, 160일 만에 670만 상자를 판매하는 등 높은 마케팅성과를 거두고 있다. 테라의 이러한 추세는 계속 유지될까? 2020년도 이후에는 맥주시장의 선도 브랜드가 될 수 있을까? 앞으로 테라의 마케팅 활동을 주목해 보고 그 활동의 적절성을 평가해 보는 것도 흥미로운 과제가 될 것이다.

자료원: 김태성(2019), "새로움을 위해 하이트 꼬리표도 뗐다: 혼술, 홈술족 마음까지 사로잡아,"Dong-A Biusiness Review, December 2019, Issue 2, No. 287, 50-61.

우리는 3장에서 마케팅전략을 수립하는 과정을 살펴보았다. 마케팅관리자가 마케팅전략을 수립하고 나면 보다 구체적인 마케팅커뮤니케이션 전략을 수립해야 한다. 마케팅커뮤니케이션 전략은 마케팅전략에서 촉진전략에 해당되는데, 최근엔 보다 광범위한 개념인 IMC에 대한 관심이 확산되고 있다. 과거에는 마케터들이 자사제품을 소비자들에게 알리기 위해 4대 매체를 통한 광고를 주로 이용하였다. 그러나 최근 들어 많은 기업들이 자사제품에 대한 광고 외에도 다양한 커뮤니케이션 도구들(가령, 판매촉진, 다이렉트 마케팅, 퍼블리시티, 이벤트 후원 등)을 사용하고 있다. 즉, 마케팅관리자는 마케팅전략의 개요를 설정한 후, IMC전략의 개요를 수립하고 커뮤니케이션 도구별 전략을 세워야 한다.

본 장에서는 1) 커뮤니케이션 개념과 기본모형을 소개하고, 2) 통합적 마케팅커뮤니케이션 개념을 소개하고, 3) IMC의 목표인 강력한 브랜드자산의 구축과정을 간략히 설명한 다음, 4) IMC전략의 수립과정을 소개하기로 한다. 도입부에 소개된 하이트 진로의 테라 맥주는 '청정라거'라는 차별적인 제품개념을 설정한 후, 이를 구현하기 위해 브랜드 컬러, 패키지, 유통, 광고모델 및 광고 스토리를 통합적으로 운영하면서 맥주시장에서 큰 성공을 거두었다. 이하에서는 커뮤니케이션과정 모형과 IMC 전략에 대해 알아보자.

1 커뮤니케이션 개념과 커뮤니케이션과정 모형 (Communication Process Model)

커뮤니케이션은 '정보의 전달(교환)'혹은 '발신자와 수신자 간에 사고에 있어서의 공통영역(commonness of thought)을 구축하는 과정' 등으로 정의될 수 있다.[1] 커뮤니케이션에 대한 정의를 살펴보면 커뮤니케이션이 이루어지기 위해서는 커뮤니케이션 당사자인 발신자와 수신자 간에 사고에 있어서 공통영역이 있어야 하며, 한 당사자로부터 다른 당사자에게로 정보가 전달되어야 함을 알 수 있다.

커뮤니케이션과정은 흔히 매우 복잡하다. 커뮤니케이션의 성공여부는 메시지의 성

1) Wilbur Schram, The Process and Effects of Mass Communication (Urbana: University of Illinois Press, 1995).

격, 메시지에 대한 청중의 해석, 메시지에 대한 접촉이 이루어지는 시점에서의 환경(맥락) 등에 의해 영향을 받는다. 또한 메시지 원천에 대해 수신자가 갖는 생각(지각)과 메시지의 전달에 사용되는 매체의 유형이 커뮤니케이션 능력에 영향을 미치기도 한다. 메시지를 구성하는 단어, 그림, 소리, 색상 등은 청중에 따라 그 의미가 달라질 수 있으며, 이에 대한 지각과 해석도 청중에 따라 차이가 있다.

예를 들어, soda에 대한 소비자의 해석은 미국의 지역에 따라 다르다고 한다. 미국의 동부나 서부를 방문한 소비자가 식당에서 soda를 요구하면, Coke나 Pepsi 같은 청량음료가 제공될 것이다. 그러나 미국 중서부나 남부의 일부 지역에서는 청량음료(soft drink)가 pop으로 불리어지므로, soda를 달라고 요청하면 아이스크림이 담겨진 한 잔의 청량음료를 제공받을 수 있다. 그러므로 마케터는 성공적인 커뮤니케이션을 위해 단어와 심벌이 갖는 의미를 잘 이해해야 하며, 소비자가 제품 및 메시지를 해석하는 과정에 단어와 상징이 갖는 의미가 어떻게 영향을 미치는지도 파악해야 한다.

그림 4-1 은 광고가 소비자에게 작용하는 과정을 설명하기 위한 커뮤니케이션과정 모형을 보여준다. 일반적으로 커뮤니케이션 활동은 그림 4-1 에서 볼 수 있는 바와 같이 6단계의 과정을 통해 이루어진다. 발신자가 전달하고자 하는 메시지를 부호화하여 적절한 채널을 통하여 수신자(혹은 표적청중)에게 전달한다. 수신자는 이 메시지를 해독하여 이에 대한 적절한 반응을 보이게 되는데, 이러한 반응은 피드백 과정을 통해 다시 발신자에게 전달된다. 그리고 전달된 반응은 다음의 커뮤니케이션에 반영된다.

일반적으로 커뮤니케이션과정 모형은 9개의 구성요소로 이루어져 있다. 우선 광고메시지를 보내는 발신자(sender 혹은 source)와 이를 받는 수신자(receiver)가 있으며, 이들 간의 커뮤니케이션에 있어서 매개역할을 하는 메시지(message)와 이를 담아 보내는 커뮤니케이션 채널(channel)이 있다. 그리고 발신자와 수신자 간의 커뮤니케이션 활동으로는 발신자의 의도를 상징적인 형태로 표현하는 부호화(encoding), 부호화된 메시지를 자신의 경험에 근거하여 이해하는 해독화(decoding), 해독된 메시지에 대해 수신자가 보이는 반응(response), 수신자의 반응이 발신자에게 전달되는 피드백(feedback)이 있다. 마지막으로 수신자는 흔히 발신자가 의도했던 것과는 다른 광고메시지를 받을 수 있는데, 이와 같이 커뮤니케이션과정상에서 메시지 전달을 방해하는 요인들인 잡음(noise)이 있다.

이하에서는 각 구성요소에 대해 보다 자세히 설명하기로 한다.

그림 4-1 광고커뮤니케이션과정 모형

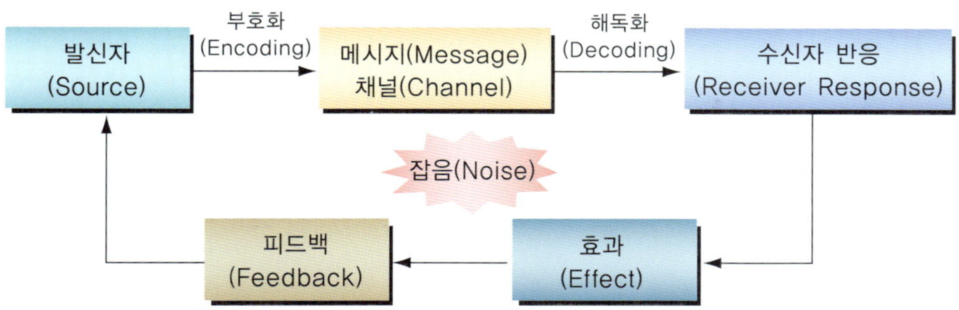

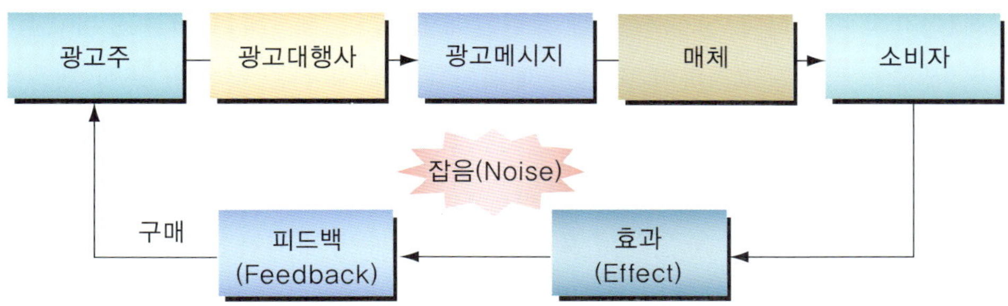

(1) 발신자(Sender)와 부호화(Encoding)

발신자(sender)는 커뮤니케이션과정에서 광고메시지를 보내는 주체로서, 정보(메시지) 원천(source)이라고도 한다. 발신자 혹은 정보원천은 기업이 될 수도 있고, 판매원 혹은 제품광고에 등장하는 광고모델(spokesperson)이 될 수도 있다. 발신자(정보원천 혹은 광고모델)의 특성이 수신자의 해독화와 반응에 영향을 미치므로, 마케터는 전문적인 지식을 갖추고 진실성이 있는 것으로 생각되는 발신자를 광고에 활용해야 한다. 메시지에 대한 소비자 반응에 영향을 미치는 바람직한 발신자 특성에 대해서는 제10장에서 자세히 설명하기로 한다.

커뮤니케이션과정은 부호화부터 시작되는데, 부호화(encoding)란 발신자가 수신자에게 전달하고 싶은 정보를 단어, 상징, 그림 등을 사용하여 상징적인 형태(symbolic form)로 표현하는 것을 말한다. 발신자의 목표는 수신자가 이해할 수 있는 방식으로 메시지를 부호화하는 것이다. 이를 위해 마케터(혹은 발신자)는 표적청중(혹은 수신자)에게 친숙한 단어나 상징을 사용하여 메시지를 작성할 필요가 있다. 예를 들어 맥도날드의 황금색아치, 나이키의 스와쉬 로고, 애플의 깨어먹은 사과 로고 등은 매우 인지도가 높은 상징이어서 전 세계 소비자들에게 그 자체로 메시지 전달효과를 갖는다.

(2) 메시지(Message)

메시지(message)는 발신자가 수신자에게 전달하고 싶은 정보 혹은 의미를 말한다. 결국 부호화(encoding)란 메시지를 제작하는 과정인 것이다. 메시지는 언어적/비언어적, 시각적/청각적 수단이나 상징을 통해 표현된다. 광고를 제작하는 이들은 타겟청중과 사용될 매체의 특성을 고려하여, 적절한 메시지를 제작해야 할 것이다. 또한 제품에 따라서 메시지에 담겨진 실제 내용보다는 광고(커뮤니케이션)로부터 창출된 이미지가 커뮤니케이션 효과에 더 큰 영향을 미칠 수 있음을 인식할 필요가 있다. 예컨대, 향수제품 광고에서는 메시지의 전달을 위해 주로 광고모델, 향수병의 디자인, 향수의 색깔, 브랜드명을 사용하며, 이를 통해 향수제품을 사용하는 소비자가 경험하게 될 매혹적인 느낌을 청중들에게 충분히 효과적으로 전달하게 된다. 향수광고를 본 소비자가 광고된 제품에 대해 부여하는 의미(가령, 섹시함이나 낭만적임)는 그 소비자가 향수광고에 등장하는 상징물(예: 브랜드, 특정의 광고모델 등)을 어떻게 지각하는지에 의해 영향을 받는다. 상징(symbol)은 사회구성원들 간의 합의에 근거한 제품관련 기호를 말한다. 상징의 사용은 기업이 소비자에게 특정의 제품속성을 암시적으로 전달해 줄 수 있는 강력한 수단이 된다. 예를 들어, 고가의 승용차, 다이아몬드(즉, 성공의 상징으로 인식되는 제품들) 제품은 세련됨 혹은 고품격 등의 의미와 연계시키기 위해 상징적인 도구를 광고에 자주 등장시킨다.

광고메시지를 기호학적 관점에서 살펴보면 대상, 기호(또는 상징), 해석의 세 가지 기본요소를 갖는다. 대상(project)은 메시지의 초점이 되는 제품 혹은 브랜드(예를 들어, 말보로 담배)를 말하고, 기호(sign)는 그 대상이 갖는 의미를 전달하기 위해 사용되는 상징물(예를 들어, 말보로 담배의 카우보이)이다. 해석(interpretant)은 상징(또는 기호)으로부터 도출된 의미(가령, 거칠고 남성적임)를 말한다.

많은 경우 소비자들은 메시지 자체보다는 메시지에 담겨진 의미를 토대로 행동하므로, 마케터는 타겟 소비자들이 다양한 상징에 부여하는 의미를 고려해 광고전략을 수립할 필요가 있다. 이러한 측면에서 기호학은 소비자들이 어떻게 기업의 마케팅커뮤니케이션 활

말보로 담배광고에 등장하는 카우보이는 남성적인 의미를 부여한다.

경고 : 건강을 해치는 담배 그래도 피우시겠습니까?

동(광고메시지, 패키징, 브랜드명, 심벌 등)을 해석하는지를 이해하는 데 도움을 줄 것이다.

광고메시지는 소비자에게 제품정보를 전달하거나 소비자를 설득하기 위한 목적으로 제시된다. 그러므로 이러한 목적을 달성하기 위해 타겟고객에게 전달할 브랜드 의미, 즉 메시지 내용을 잘 개발하는 것도 중요하지만 메시지 내용을 효과적으로 구성하는 것(즉, 메시지 구조의 효과적 설계)도 광고커뮤니케이션의 효과를 결정하는 데 매우 중요하다.

마케터가 광고메시지의 구조를 설계함에 있어 고려해야 하는 요인들에는 메시지 내용의 제시순서(order of presentation), 결론도출여부(conclusion drawing), 메시지의 주장측면(message sideness), 반박적 소구의 사용여부(refutation), 언어적/비언어적 메시지 등이 있다.

광고 Highlight

제품의 의미를 창출하는 데 활용되는 유명인 광고모델

Grant McCracken은 유명인 광고모델의 이미지를 이용해 제품의 의미를 창출할 수 있다는 흥미있는 관점을 제안하였다. Grant McCracken은 유명인 광고모델을 문화적 상징물로 간주하고 유명인 광고모델이 갖고 있는 상징적 의미(가령, 마릴린 몬로의 섹시함)가 광고를 통해 광고된 제품에 이전될 수 있다는 의미의 이전(mean transfer) 모형을 제시하였다. McCracken이 제안한 모형에 의하면, 광고모델로서의 유명인의 효과는 광고출연을 통해 광고된 제품에 문화적 의미를 심어줄 수 있을 때 발생된다는 것이다. 각각의 유명인은 자신만의 고유한 의미를 갖게 되는데, 지위, 계층, 성별, 연령, 개성, 라이프스타일 등에 대한 연상을 예로 들 수 있다.

제품이 갖는 의미가 최종적으로 소비자에게 이전되는 과정은 크게 3단계로 나누어진다. 의미이전과정의 첫 번째 단계는 유명인이 영화, TV, 운동경기에서 맡는 역할을 통해 그 역할에 담겨진 의미를 형성하는 것으로, 유명인이 수행하는 역할은 그와 관련된 대상물(가령, 그 역할에 맞는 의상, 헤어스타일, 주택), 인물(가령, 교제하는 사람들), 배경(가령, 대도시의 고급호텔)과의 접촉을 통해 수행된다. 예를 들어, 미국의 유명한 코미디언인 Bill Cosby는 "The Cosby Show"라는 일일 연속극에서 맡은 역할로 인해 모범적인 아버지상이라는 상징적 의미를 획득하였으며, 유명가수인 Madonna는 무대 위와 밖에서 그녀가 보인 파격적인(비규범적인) 행위로부터 자유분방한 여성의 상징이 되었다.

McCracken에 의하면 의미이전과정의 두 번째 단계는 유명인이 광고출연을 통해 자신이 맡은 역할에 의해 형성된 의미를 제품에 이전하는 것이다. 가령, 김혜자가 제일제당 다시다의 광고모델에 오랫동안 출연한 것은 전원일기를 포함한 일련의 TV연속극에 출연하면서 그녀가 맡은 역할을 통해 형성된 의미(자상하면서 가족을 생각하는 전통적인 어머니상)를 다시다 제품에 이전하는 데 기여하였다.

McCracken이 제안한 의미이전모형의 세 번째 단계는 제품에 이전된 유명인의 (상징적) 의미가 소비자에게로 이전되는 과정이다. 예를 들어, 제일제당은 소비자들로 하여금 다시다가 고향의 맛(어머니가 손수 만든 음식의 맛)을 내는 데 도움이 되는 제품으로 느끼게끔 만들고 싶었으며, 김혜자의 광고출연은 이러한 제품이미지를 형성하는 데 크게 기여하였다. McCracken에 의하면 세 번째 단계는 복잡한 과정을 거치며 성공하기에 쉽지 않다고 지적한다. 소비자들이 어떤 과정을 거쳐 유명인의 광고출연을 통해 제품에 이전된 의미를 획득하게 되는지에 대해서는 별로 알려져 있지 않다.

의미이전모형은 기업이 유명인 광고모델을 활용하는 데 있어 시사점을 제공한다. 먼저 마케터는 기업 혹은 자사제품과 관련하여 표적청중이 중요하게 생각할 이미지(혹은 상징적 의미)를 결정해야 한다. 그런 다음 어떤 유명인이 소비자의 마음속에 기업이 바라는 의미(이미지)를 투영하는 데 있어 최적의 후보인지를 검토해야 한다.

다음 단계로 제품 속에 기업이 의도한 의미를 담은 광고캠페인을 설계하여 실제로 소비자의 마음속에 그 의미가 이동되도록 해야 한다.

마케팅(혹은 광고) 관리자는 흔히 직관에 근거하여 유명인 광고를 선정하게 되는데, 경우에 따라 광고물의 사전테스트를 통해 선정된 유명인 모델의 광고출연에 의해 기업이 의도한 제품의 (상징적) 의미가 제품에 적절히 이전되었는지를 평가하기도 한다. 유명인을 광고모델로 이용하였을 경우, 기업은 광고캠페인의 효과에 대해 추적조사를 해야 한다. 즉, 광고에 출연한 유명인이 (기업이 제품 속에 담고 싶은) 적절한 의미를 표적청중에게 전달하는 데 지속적인 효과를 거두는지를 검토해야 하는데, 그 이유는 인기를 잃은 유명인은 더 이상 바람직한 의미를 제품에 이전시킬 수 있는 능력을 상실하기 때문이다.

그림 유명인 광고모델을 통한 의미이전과정

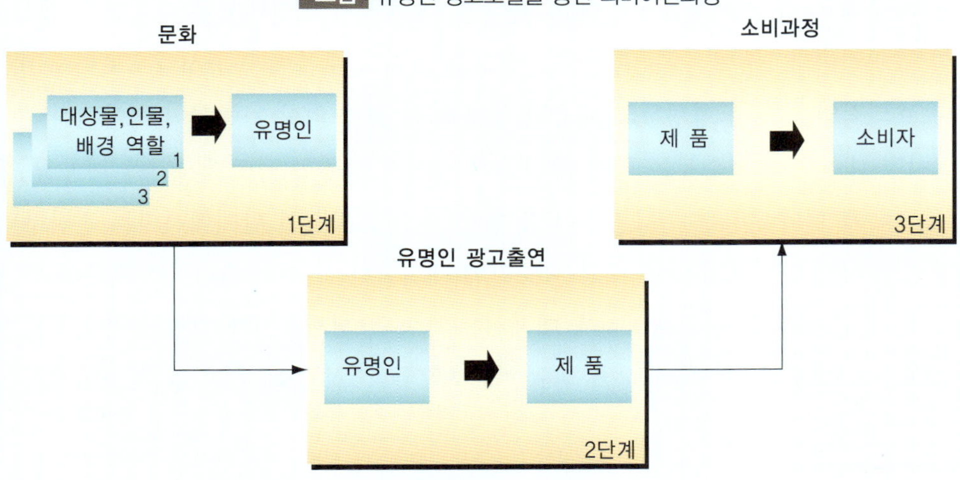

메시지 내용의 제시순서(Order of Presentation)

메시지의 핵심내용을 제시하는 순서는 설득적 메시지의 구조를 설계하는 데 기본적으로 고려되어야 한다. 메시지의 핵심내용(message points)이 처음에 제시되느냐, 중간에 제시되느냐, 아니면 마지막에 제시되느냐에 따라 커뮤니케이션 효과가 달라질 수 있다.

일반적으로 처음이나 마지막에 제시된 내용이 중간에 제시된 내용보다 더 잘 기억된다고 한다.[2)]

광고메시지의 핵심내용이 처음에 위치하는 것은 초기효과(primacy effect) 때문에, 그리고 핵심내용이 마지막에 위치하는 것은 최근효과(recency effect) 때문에 더 효과적이다. 초기효과란 처음에 제시된 정보가 가장 설득력이 있음을 의미하며, 최근효과는 마지막에(나중에) 제시된 정보가 가장 효과적임을 뜻한다.

광고메시지의 핵심내용(strongest selling points)을 처음과 마지막 중 어느 위치에 둘 것인지는 여러 요인들에 의해 영향을 받는다. 만약 표적청중이 광고메시지에서 제시된 주장과 반대입장을 취하고 있다면, 광고메시지의 핵심을 처음에 제시하는 것이 소비자의 반박주장(즉, 광고메시지에 대하여 부정적인 생각을 떠올리는 것)을 줄일 수 있으므로 보다 효과적일 것이다. 또한 표적청중이 광고메시지(주제)에 관심이 없다면 메시지의 핵심내용(strong argument)을 처음에 제시하는 것이 청중의 메시지에 대한 관심을 제고할 수 있으므로 효과적일 수 있다.

한편 표적청중이 제안된 메시지와 관련하여 이미 호의적인 입장을 취하고 있거나 광고된 제품에 대한 관심(관여도)이 매우 높다면, 메시지의 핵심내용을 마지막에 제시하는 것이 효과적이다. 즉 소비자의 관심을 광고의 마지막 부분에 집중시킴으로써 소비자는 보다 호의적인 태도를 형성하고 제공된 정보를 더 잘 기억할 가능성이 높아진다.

메시지 내용의 제시순서는 많은 주장들이 담겨진 장황한 광고메시지가 제공될 때 특히 중요하게 된다. 이 경우 강한 주장을 담은 가장 효과적인 판매메시지는 전반부와 후반부에 제시하고 비교적 약한 주장은 중간에 제시한다. 15초나 30초 TV(혹은 라디오)광고와 같이 짧은 내용의 광고메시지에 대해서는 내용의 제시순서가 그렇게 중요하지 않을 수 있다. 그러나 많은 제품들(가령, 샴푸, 비누, 치약 등의 일상생활용품)의 경우 소비자의 광고

---

2) Herbert E. Krugman, "On Application of Learning Theory to TV Copy Testing," *Public Opinion Quarterly* 26 (1992), pp. 626–639.

메시지 및 광고제품에 대한 관여도와 관심수준이 낮기 때문에, 마케터들은 브랜드명과 중요한 판매제안을 처음과 마지막에 제시함으로써 소비자의 기억을 강화시키려고 한다.

결론도출여부(Conclusion Drawing)

광고메시지 구성에 있어서 또 하나의 중요한 고려점은 표적청중에게 메시지의 결론을 명확하게 제시할 것인지, 아니면 청중이 스스로 결론을 내리도록 할 것인지에 관한 결정이다. 일반적으로는 명확한 결론을 제시하는 메시지가 청중의 이해를 쉽게 하고 호의적 태도형성에 더 효과적이다. 그러나 결론도출의 효과는 표적청중의 특성, 주제의 유형, 그리고 주어진 상황에 따라 달라질 수 있다. 교육수준이 높은 청중은 스스로 결론을 내리는 것을 보다 선호하며, 정보제공자가 명백한 내용에 대해 결론을 제시하는 것에 대해 부정적인 반응을 보일 수 있다. 그러나 교육수준이 낮은 청중에게는 명확한 결론을 제시하여 올바른 판단을 형성할 수 있도록 하는 것이 보다 효과적이다.

또한 마케터는 광고주제에 대한 청중의 관여수준도 고려해야 한다. 청중의 메시지에 대한 관여수준이 높은 경우에는 명확한 결론의 제시보다는 스스로 결론을 내리도록 하는 것이 더 효과적이다. 광고주제와 개인 간의 관련성이 높거나(가령, 오디오 마니아가 새로운 스테레오제품 광고를 보는 경우) 자아이미지와 관련되는 경우(의류나 화장품광고)에는 청중은 스스로 결론을 내리기를 원하며, 정보제공자가 명확한 결론을 제시하는 것에 대해 분노할 수 있다.

한편 주제의 한 유형인 주제의 복잡성도 결론도출의 결정에 영향을 미칠 수 있다. 교육수준이 높은 청중이라고 하더라도 주제가 매우 복잡하고 이에 대한 청중의 지식수준이 낮다면 명확한 결론을 제시하는 것이 효과적일 것이다.

마지막으로 메시지가 어떤 상황에서 제시되는지도 결론도출에 대한 결정에 영향을 미친다. 마케터가 메시지 제시를 통해 즉각적인 행동유발 혹은 보다 장기적 효과 중에서 어느 것을 성취하고자 하는지에 따라 결론도출에 대한 결정이 달라질 수 있다. 즉각적인 행동유발이 메시지의 목표라면, 명확한 결론을 제시하는 것이 효과적이다. 그러나 보다 장기적인 효과의 달성이 목적이며 반복된 메시지 노출을 통해 청중들이 스스로 결론을 도출한 충분한 기회가 제공된다면, 청중 스스로 결론을 내릴 수 있도록 메시지를 구성하는 것이 효과적이다.

메시지의 주장측면(Message Sideness)

메시지의 주장측면도 메시지의 구조를 결정하는 데 중요한 고려요인이다. 메시지의 주장측면은 일면적 메시지와 양면적 메시지로 나누어지는데, 일면적 메시지(onesided message)는 (자사제품의) 긍정적인 측면만을 제시하는 것인 반면 양면적 메시지(two-sided message)는 제품의 장점과 단점을 함께 제시하는 것을 말한다. 우리가 접하는 대부분의 광고메시지 유형은 제품의 긍정적인 측면만을 강조하는 일면적 광고이다.

일면적 메시지는 표적청중의 교육수준이 낮고 자사제품에 대한 기존 태도가 이미 호의적일 때 효과적이다. 그러나 교육수준이 높고 자사제품에 대해 기존 태도가 이미 부정적인 청중에게 장점만을 제시하는 메시지는 쉽게 거부될 수 있지만, 제품의 장점과 단점을 함께 제시하는 양면적 메시지는 보다 효과적으로 수용될 수 있다.

일반적으로 양면적 메시지에 포함되는 부정적인 제품정보는 긍정적 정보에 비해 상대적으로 덜 중요한 경우가 대부분이다.[3] 그러나 부정적인 정보를 포함시키는 경우 정보원천의 신뢰성을 높일 수 있을 뿐 아니라 메시지에 대한 저항을 감소시킬 수 있기 때문에 조건에 따라 효과적인 메시지 전략으로 사용될 수 있다.[4] 예를 들어, 품질은 탁월하지만 경쟁제품들에 비해 값이 비싼 제품의 경우 "값은 좀 비싸지만 좋은 원료를 사용하여 성능이 탁월합니다."라는 식의 광고는 소비자들이 이미 알고 있거나 짐작하고 있는 자사 제품의 단점을 미리 소비자들에게 말해 줌으로써 메시지 정보원천이 보다 객관적이라는 인상을 주고 광고메시지 전체의 신뢰성을 높이려는 노력이라고 하겠다.

한편 양면적 메시지의 특수형태로서 반박소구라는 것이 있다. 반박소구는 경쟁사의 주장(즉, 자사제품의 부정적 측면)을 제시한 후 이에 대해 반박하는 것이다. 예를 들면, 렌트카회사인 AVIS는 시장에서 2위의 위치를 차지하고 있었기 때문에 "우리는 2등입니다. 그래서 더 열심히 노력합니다(We're No. 2, We try harder)."라는 반박소구를 이용한 광고캠페인을 통해 1위의 위치를 차지하고 있는 Hertz보다 더 열심히 노력한다는 것을 설득력 있게 전달할 수 있었다. 반박소구는 경쟁사의 반대주장이나 경쟁사와 비교될 자사제품의 부정적 측면을 광고메시지 속에 포함함으로써 표적청중을 미리 면역시키는 경향이

---

3) 이학식 · 안광호 · 하영원 · 석관호, 소비자행동, 7판 집현재, 2020, pp. 482~483.

4) Ayn E. Crowley and Wane D. Hoyer, "An Integrative Framework for Understanding Two-Sided Persuasion," *Journal of Consumer Research 20* , March 1994, pp. 561-574.

있으므로, 소비자들이 경쟁사의 (반대)주장을 거부하는 데 있어 일면적 메시지보다 효과적이다. 그러므로 반박소구는 자사제품에 대한 경쟁사의 공격으로부터 소비자의 기존 태도를 보호하고 시장지위를 방어하고자 할 때 효과적인 전략이다.

양면적 광고는 그렇게 많이 활용되고 있지 않는데, 이는 광고주가 자발적으로 자신의 단점을 소비자들에게 광고를 통해 알리는 것을 꺼리기 때문이다. 따라서 양면적 광고는 소비자들이 광고주의 상품이 갖는 단점을 대개 다 인지하고 있거나 쉽게 추론할 수 있을 때 사용된다. 광고주들은 자신의 단점을 광고에 포함하기 때문에 얻게 되는 손실과 부정적 정보를 제시함으로써 얻을 수 있는 소비자의 신뢰를 비교하여 이득이 손실보다 더 크다고 판단될 때에만 양면적 광고를 사용하는 것이 바람직하다.

양면적 광고 내에서도 메시지를 구성하는 몇 가지 요소가 변함에 따라 설득효과는 달라질 수 있다. 양면적 광고에 있어 중요한 구조변수들(structure variables)로는 부정적 정보의 양, 부정적 정보의 위치, 반박소구의 유무, 부정적 속성의 유형 등이 있는데 이들을 변화시킴에 따라 설득효과는 달라질 수 있다. 예컨대, 부정적 정보는 초기효과(primacy effect)와 최근효과(recency effect) 때문에 광고메시지의 맨 처음이나 맨 나중에 위치하는 것보다는 중간에 위치하는 것이 보다 더 설득적이며, 부정적 정보의 양은 전체 정보의 40%를 넘지 않는 것이 효과적이다. 또한 반박소구는 비교적 중요한 부정적 정보에 대한 반박일 때에만 효과적이며, 반박의 유무와는 상관없이 포함된 부정적 정보가 매우 중요한 속성(예컨대 자동차의 엔진성능)에 관한 것일 경우 양면적 광고는 비효과적이다.

광고 Highlight

메시지 구조 전략의 변화로 당선된 김대중 전 대통령: 97년 선거전략

김대중 대통령은 대통령 선거에서 3번 낙선했고 4번째 도전에서 당선되었다. 4번째 도전의 성공요인은 여러 가지 측면(예: JP와의 연합)에서 발견될 수 있지만 선거에서의 메시지 구조 변화도 중요한 요인 중의 하나였다. 앞서 낙방한 선거캠페인과 당선된 선거캠페인 간에는 어떤 차이가 있었을까?

1. 커뮤니케이션 전문가의 등용과 시장세분화 그리고 표적고객의 선정

김대중 대통령은 당선된 97년 대선에서 커뮤니케이션 전문가를 선거캠페인 책임자로 등용했다. 과거의 선거전이 후보자를 전면에 내세워 메시지를 전달하는 것이 일반적이었다면, 이 커뮤니케이션 전문가는 마케팅 측면의 전략을 토대로 고객지향적인 메시지를 개발하는 데 주력했다. 먼저 이 전문가는 국민을 호감층, 유동층과 비호감층으로 구분했다. 당시 상황에서 김대중 대통령은 확실한 지지층과 비지지층이 있었지만 아직 투표할 후보를 정하지 못한 부동층이 1/3 정도 있었다. 남은 선거기간 김대중 대통령이 어떤 노력을 해도 지지층과 비지지층은 변화하지 않을 것으로 예측하고, 유동층을 커뮤니케이션 표적고객으로 선정했다. 대통령 당선여부는 이들을 얼마나 흡수하느냐에 달려 있다고 판단한 것이다. 또한 유권자는 김대중 대통령을 잘 알고 있었기 때문에 이 책임자는 선거홍보전단지에 일반인(김대중 대통령의 인물 사진 대신 아이의 손을 잡고 있는 일반 중년 여성)을 등장시켰다. 과거 캠페인들이 항상 후보자의 인물을 전면에 내세워왔음을 감안하면 이는 혁신적인 변화였다.

2. 설명형의 메시지

과거 선거에서 김대중 씨는 국민들에게 자신을 찍어달라고 요청했다. 그가 선택한 메시지 구조의 방식은 결론을 제시하는 것이었다. 즉, 기호 2번 또는 3번 김대중이었다. 97년 도전에서 김대중 씨는 메시지 구조를 설명형으로 바꾸었다. 핵심 메시지는 '준비된 대통령'이었다. 대통령이 되어 국가를 잘 운영할 수 있는 준비를 충실하게 했음을 여러 가지 소재를 이용해 설명하고 결론은 유권자에게 넘기는 방식을 선택한 것이다. 표적고객인 유동층의 교육수준이 높은 편이고 선거와 유권자들의 관련성이 높음을 감안할 때 결론형 유세보다는 설명형 유세가 더 효과적이었을 것임은 자명하다.

3. 양면적 메시지

과거 선거에서 김대중 씨는 일면성 메시지 전략을 선택했다. 자신의 장점(민주화에 대한 헌신 등)을 부각시키는 데 주력했다. 그러나 항상 그에겐 '사상문제'가 아킬레스건이었다. 이 문제가 부각될 때마다 유동층이 등을 돌렸다. 이에 대비해 97년 선거에서 그는 양면성 메시지를 선택했다. 선거 유세 중반에서부터 "저도 알고 보면 부드러운 사람입니다"를 강조했다. 경쟁 후보의 부정적인 메시지 전략에 대한 면역성 메시지를 사전에 전달한 것이다. 이 전략은 선거 종반 다시 '사상문제'가 부각되었을 때 유동층이 등을 돌리는 것을 최소화하는 데 도움이 되었다.

만일 김대중 씨가 97년 선거에서도 과거와 같은 선거전략을 고수했으면 어떻게 되었을까? 최종선거결과는 지지율 1.8%(약 38만 표 차)의 차이였다. 만일 과거와 같은 선거전략을 고수해 유동층 중 19만 명이 투표를 달리 했다면 선거결과는 달라졌을 것이다. 그랬더라면 우리나라의 역사도 달라졌을 것이다.

언어적/비언어적 메시지(Verbal versus Nonverbal Message)

우리는 메시지의 언어적 측면을 중점적으로 설명하였지만, 이에 못지않게 광고의 비언어적(시각적) 요소도 매우 중요하다. 많은 광고들이 제품정보의 제시를 가능한 한 배제하고 시각적 요소에만 주로 의존하기도 한다. 우리는 화장품광고나 패션의류광고에서 제품에 관한 메시지가 생략된 채 환상적인 무드, 성적 매력이나 아름다움을 유발하는 광고장면들이 이어지는 것을 흔히 본다.

광고의 언어적 구성요소와 시각적 구성요소는 소비자가 광고메시지를 처리하는 방식에 영향을 미친다. 소비자는 흔히 광고의 시각적 요소를 토대로 이미지(혹은 인상)를 형성할 수 있다. 가령, 향수의 상징적 속성(예컨대, 유혹)을 표현하는 데 있어 언어적 메시지보다는 시각적 요소가 보다 효과적일 것이다. 그러나 경우에 따라서는 시각적 정보에 대한 정보처리는 언어적 정보에 대한 정보처리보다 처리과정에 대한 통제력이 낮기 때문에 정보의 설득력이 감소될 수 있다.

광고에서 제시되는 사진은 소비자가 언어적 메시지를 처리하는 데 영향을 줄 수 있다. 대체로 소비자에게 언어적 제품정보를 제시할 때 이와 관련된 시각적 정보를 함께 제공하는 것이 정보처리에 보다 효과적이다. 연구결과에 의하면 소비자에게 제공된 언어적 정보(즉 제품메시지)가 시각적 연상을 함께 유발시킬 능력이 낮을 경우, 이와 관련된 사진을 함께 제시하는 것이 소비자의 제품속성(언어적 정보)에 대한 회상(기억)을 증가시키는 것으로 나타났다.[5)]

그러나 광고 속의 언어적 메시지가 이와 관련된 시각적 연상을 쉽게 떠올리게 하는 경우에는, 사진을 함께 제공하는 것이 제품정보에 대한 회상을 향상시키는 데 큰 도움이 되지 않았다.

가끔 광고주들은 의도적으로 시각적 요소와 언어적 메시지가 서로 일치하지 않도록(상반되도록) 광고를 설계하기도 한다. 이러한 전략을 택하는 이유는 소비자가 예상하지 못한 사진이나 시각적 이미지의 이용이 소비자의 주의를 유발하고 정보처리에 더 많은 노력을 기울이게 만들 것이라는 기대 때문이다. 따라서 언어적 메시지(광고내용)와 일치하지 않는 시각적 요소(사진, 그림 등)를 삽입하는 것이 제품정보에 대한 높은 회상과 더

5) H. Rao Unnava and Robert E. Burnkrant, "An Imagery-Processing View of the Role of Pictures in Print Advertisement," *Journal of Marketing Research* 28 (May 1991), pp. 226–231.

광고 Highlight

예상하지 못한 조합(Unexpected Combination)의 구현

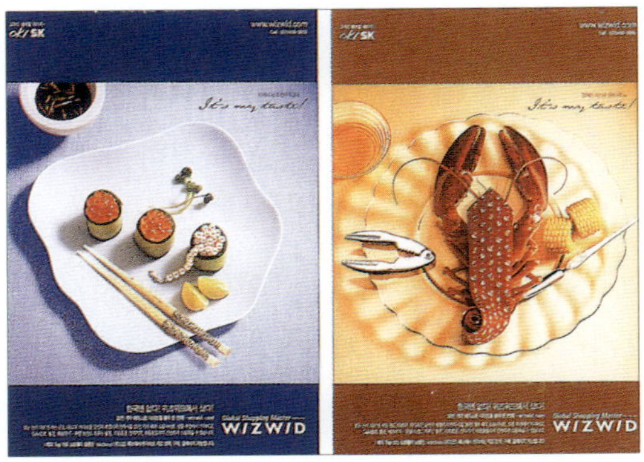

광고사진은 소비자들에게 유익한 정보를 제공함에 있어 시각적으로 소비자들의 흥미와 관심을 끌 수 있어야 한다. 소비자의 시선을 끌 수 있는 방법으로 예상하지 못한 조합(Unexpected Combination)이 있는데, 사진전문가 김영수 교수는 이를 구현하는 방법으로 다음과 같은 과정을 제안한다.

1) 상품의 용도를 보여주는 재미있는 상황을 만들어본다.
2) 사진을 구성하는 시각적인 특징을 찾아내 그 요소가 다른 성격의 물건과 외관상 비슷하면 서로 교체한다.
3) 서로 자리를 바꿀 두 물건의 크기가 비슷하면 한 장의 사진으로 촬영하고 크기가 많이 다르면 합성을 한다. 합성을 할 경우 서로 다른 물건들이 같은 광원으로 촬영한 것 같은 느낌이 들도록 각별히 주의를 기울여야 한다.
4) 완성된 사진에는 소비자들에게 '숨은 그림 찾기'와 같은 즐거움을 주어야 한다. 이때 중요한 것은 소비자들이 숨은 그림을 찾는 데 걸리는 시간이 적당(대체로 5초 내외)해야 한다. 너무 빨리 찾으면 재미없고 너무 오래 걸리면 다른 곳으로 시선을 이동시키기 때문이다.
5) 이를 확인하기 위해 작품이 완성되면 여러 사람들에게 보여주면서 의미를 파악하는 데 걸리는 시간과 표정(웃음 또는 재미있어 하는 모습 등)을 확인하고 보완한다.

사진은 김영수 교수가 찍은 WIZWID 광고이다. 광고에서 숨은 그림을 찾는 데 얼마나 시간이 걸리고 그 숨은 그림을 찾았을 때 제품에 대해 어떤 생각이 드는지 확인해 보자. 이 광고의 기법이 얼마나 효과적이었는지 확인할 수 있을 것이다.

자료원: 김영수(2011). "예상하지 못한 조합(Unexpected Combination)."HS Ad, 7–8월 호, 25–26.

광고모델의 초현실적인 비율을 이용해 소비자의 관심을 끌고 있는 대한항공의 해외광고

깊은 정보처리를 유발할 수 있다. 이와 유사한 기법이 대한항공 해외광고에서 사용된 바 있다. 대한항공은 세계적 수준의 항공사 이미지를 굳히기 위해 글로벌 광고를 집행하고 있는데, 한 글로벌 광고는 표현전략으로 'larger than life'방식을 사용하여 예상하지 못한 사이즈의 조합을 표현하였다. 해외의 유명 로케이션(예: 맨해튼 거리, 에펠탑 등)에 거인 모델을 등장시켜 초현실적인 모습을 연출한 것이다. 이 사진을 보면 소비자들은 세계적으로 유명한 장소에서 마치 내가 주인공이 된 느낌을 갖게 될 것이다. 초현실적인 비율은 고객의 시선을 끌고 있고, 제품의 핵심개념과 표현전략의 절묘한 조화는 메시지의 소구력을 배가시키고 있다.

(3) 커뮤니케이션 채널(Communication Channel)

커뮤니케이션 채널(광고매체)은 발신자가 수신자에게 메시지를 전달하는 데 사용되는 수단을 말하며, 커뮤니케이션 채널은 크게 인적채널(personal channel)과 비인적채널(nonpersonal channel)로 나누어진다.

인적채널은 발신자와 수신자 사이의 직접적인 접촉을 통한 커뮤니케이션 방법으로 영업사원, 친구, 이웃, 가족 등이 그 예이다. 여기서 친구나 이웃을 통해 정보가 전달되는 과정을 구전커뮤니케이션(word-of-mouth communication)이라고 한다.

한편 비인적 커뮤니케이션 채널은 발신자와 수신자 사이의 직접적인 접촉이 없이 메시지가 전달되는 방법을 말하는데, 일반적으로 인쇄매체와 방송매체로 대분되는 대중매체(mass media)를 지칭한다.

마케터들은 광고메시지를 표적청중에게 전달하기 위해 다양한 광고매체를 이용한다.

광고메시지가 마케터가 의도한 대로 표적청중에게 전달되기 위해서는 표적청중들의 특성을 고려해 그에 맞는 매체를 선택해야 하며, 여러 매체들은 도달가능한 청중의 수와 유형, 매체비용, 소비자의 정보처리 노력 등에서 차이가 있으므로 각 매체의 성격을 이해할 필요가 있다.

표적청중에 도달하는 데 있어서 각 매체의 비용과 효율성 등은 제11장과 12장의 매체전략에서 다루기로 하고, 이하에서는 소비자의 정보처리 방식에 있어서의 매체별 차이에 따른 메시지 효과를 중심으로 설명하기로 한다.

먼저 매체유형에 따라 소비자의 정보처리 방식에 차이가 난다. 신문이나 잡지 같은 인쇄매체의 경우는 소비자가 읽는 속도를 조절할 수 있고, 광고메시지 중 관심 있는 부분과 자신과의 관련성을 생각해 볼 여유를 가질 수 있다. 그에 반해 TV나 라디오와 같은 방송매체의 경우에는 소비자들이 정보처리 속도를 마음대로 조절할 수 없으므로, 광고를 통해 전달되는 메시지에 대해 곰곰이 생각해 볼 여유가 없다. 그러므로 인쇄매체는 길고 복잡한 제품정보를 제공하는 데 효과적인 매체유형인 반면 방송매체는 짧은 메시지를 전달하거나 제품과 관련된 정서적 반응을 유발하는 데 효과적인 매체이다. 특히 TV는 인쇄매체나 라디오에 비해 언어적 메시지와 시각적 정보를 동시에 제공하는 장점을 갖는다. 따라서 광고에서 상품의 사용 장면이나 제품성능을 증명하는 장면을 보여줄 필요가 있는 경우 TV는 다른 매체에 비해 강력한 효과를 발휘할 수 있다. 그러나 방송매체는 광고메시지의 길이가 짧고 복잡하지 않아야 한다는 한계점이 있으므로, 마케터는 소비자의 주의를 환기시키기 위해 TV나 라디오 광고를 사용하고 보다 자세한 제품정보를 제시하기 위해서는 인쇄매체를 활용할 수 있다. 가령, 최고급 승용차 제네시스를 출시한 현대자동차는 TV광고를 통해 소비자의 관심을 유발한 다음 신문광고를 통해 보다 자세한 제품특성을 제시할 수 있을 것이다. 어떤 광고주들은 동일한 메시지에 대해 방송매체용과 인쇄매체용으로 따로 제작하며, 이 경우 인쇄매체용 광고는 소비자들이 보다 많은 제품정보를 처리할 수 있도록 해준다.

소비자가 광고메시지에 대해 내리는 해석은 메시지 자체의 내용뿐 아니라 광고가 제시되는 배경(context) 혹은 매체환경에 의해서도 영향을 받는다. 예를 들어, 광고가 전달되는 매체자체도 메시지를 담고 있으므로 광고메시지에 대한 해석에 영향을 미칠 수 있다. 즉 매체는 이를 통해 전달되는 메시지와 상관없이 그 자체의 이미지를 청중에게 전달하는 것이다. 이와 같이 매체가 메시지에 미치는 영향을 정성적 매체효과(qualitative media effect)라 한다. 예를 들어, 고급 남성의류광고는 레저전용잡지보다는 에스콰이어 같은 남성전용잡지에 게재되는 것이 더 효과적이다.

또한 매체환경은 광고가 방영되는 프로그램의 성격에 의해서도 창출되기도 한다. 연구결과에 의하면 소비자들은 슬픈 내용의 TV프로그램보다 행복감을 유발하는 TV프로그램(예를 들어, 올림픽경기나 크리스마스 특별 프로그램)에 방영된 광고에 더 호의적인 반응을 보였다.[6] 이에 따라 광고주들은 부정적인 무드를 불러일으키거나 제품(혹은 기업)에 해가 될 수 있는 프로그램을 회피하는 경향이 있는데, 많은 기업들이 과다한 폭력이나 섹스를 담은 프로그램에 제품광고를 하지 않는 경우가 이에 해당된다. 예를 들어, 코카콜라는 TV의 뉴스프로그램에 제품광고를 하는 것을 금지하고 있는데, 이는 나쁜 뉴스가 Coke의 활기차고 유쾌한 브랜드이미지와 일치하지 않기 때문이다. Aylesworth와 Mackenzie의 연구에 의하면 부정적 무드를 유발하는 프로그램에 삽입된 광고물에 대한 정보처리가 긍정적 무드를 유발하는 프로그램에 삽입된 광고물에 비해 덜 체계적으로 이루어지는 것으로 나타났다.[7] 이러한 연구결과는 좋은 기분을 유발하는 프로그램에 광고물을 방영하는 것이 바람직하다는 기존의 믿음을 뒷받침하는 것으로, 이는 광고에 담긴 언어적 메시지(광고카피)를 토대로 소비자를 설득시키고자 할 경우에 특히 효과적이다. 그러나 주변적 단서(광고모델, 그림, 음악 등)를 토대로 정보처리가 이루어질 경우에는 부정적 무드를 유발하는 프로그램에 삽입된 광고물이 보다 효과적일 수 있는데, 그 이유는 시청자들이 부정적 상태의 무드로 인해 광고물을 자세히 분석하지 않을 가능성이 높기 때문이다.

메시지 효과에 영향을 주는 또 다른 매체환경으로 혼잡상태(clutter)가 있다. 혼잡상태(clutter)는 광고, 정규 프로그램 안내 및 촉진메시지, 공영서비스 고지와 같은 정규프로그램 이외의 모든 프로그램을 말한다. TV에서의 혼잡상태가 갈수록 증가한다는 것은 소비자의 주의를 끌기 위해 너무나 많은 메시지들이 경쟁하고 있음을 의미하므로 광고주들은 이의 증가를 우려하고 있다. 혼잡상태의 증가는 소비자를 짜증스럽게 하고 광고의 효과적인 전달을 어렵게 한다. 이러한 문제는 대중매체의 전체 방영시간 중에서 비정규프로그램의 비중이 갈수록 증가하고 짧은 광고가 과거보다 더 확대됨으로 인해 더욱 가중되고 있다. 30초짜리 광고가 60초짜리 광고를 대체하여 업계의 표준적 관행으

6) Marvin E. Goldberg and Gerald J. Gorn, "Happy and Sad TV Programs: How They Affect Reactions to Commercials," *Journal of Consumer Research* 14, December 1987, pp. 387–403.

7) Andrew B. Aylesworth and Scott B. Mackenzie, "Context Is Key: The Effect of Program-Induced Mood on Thoughts about the Ad," *Journal of Advertising* 27 , Summer 1998, pp.17~32

로 자리 잡게 되고 최근 들어 많은 광고주들이 15초짜리 광고를 빈번히 이용하고 중간 광고가 허용됨에 따라 주요시간대에 방영되는 광고의 수가 갈수록 증가하고 있다. 더욱이 인기 프로그램의 경우에는 삽입된 광고물의 수가 더 많아지므로(더 많은 매체수입을 올릴 수 있기 때문임) 혼잡현상이 더 가중된다. 이에 따라 광고주들은 유머소구, 유명인을 이용한 광고, 그리고 기타 창의적인 광고실행방식과 같은 혼잡상태를 극복하기 위한 다양한 광고실행수단들을 끊임없이 개발하고 있다.

(4) 수신자(Receiver)와 해독화(Decoding)

수신자는 발신자가 제공된 메시지를 통해 자신의 생각과 공유하고 싶은 상대방을 말하는데, 일반적으로 발신자(기업)의 메시지를 읽거나 들어서 이를 해독하는 표적청중(소비자)을 의미한다. 해독화(decoding)는 발신자가 보낸 메시지에 의미를 부여하고 해석하는 과정인데, 이 과정은 수신자의 경험영역(field of experience)에 의해 영향을 받는다. 여기서 수신자의 경험영역이란 커뮤니케이션 상황과 관련하여 그가 가지고 있는 경험, 지각, 태도, 가치 등을 말한다.

효과적인 커뮤니케이션이 이루어지기 위해서는 수신자의 해독화 과정이 발신자의 부호화 과정과 일치해야 한다. 즉 수신자는 발신자가 전달하고자 하는 내용을 이해하고 이를 정확히 해석할 수 있어야 한다는 것이다. 그러므로 발신자의 경험영역과 수신자의 경험영역이 서로 중복되는 공통경험영역(common ground)의 크기가 클수록 보다 효과적인 커뮤니케이션이 이루어질 것이다.

그러나 실제로 광고메시지를 개발하는 마케팅 및 광고관리자의 경험영역과 표적소비자의 경험영역이 서로 다르기 때문에 효과적인 광고커뮤니케이션이 이루어지지 않는 경우가 흔히 있다. 가령, 대학 이상의 학력을 가지며 대도시지역에 거주하는 광고 · 마케팅 관리자가 중소도시에 거주하면서 고등학교 이하의 학력과 블루칼라 직업을 가진 표적청중을 상대로 광고커뮤니케이션을 제작하는 상황이 발생될 수 있는 것이다. 따라서 기업과 광고대행사는 광고메시지를 제공받을 표적청중의 경험영역(즉 생각과 배경)을 이해하는 데 많은 조사비용을 투입한다. 또한 표적청중들이 기업이 의도한 대로 메시지를 이해하고 있는지를 확인하기 위해 메시지 효과에 대한 사전테스트에 많은 시간과 비용을 할애한다.

(5) 잡음(Noise)

커뮤니케이션 전 과정을 통해 발신자는 여러 요인들로 인해 발신자가 의도했던 것과는 다른 메시지를 받게 되는데, 이와 같이 효과적인 커뮤니케이션을 방해하는 요인들을 잡음(noise)이라고 한다. 커뮤니케이션과정을 둘러싸고 있는 환경에는 상당한 양의 잡음이 존재하는데, 이에는 크게 외적 소음(가령, 광고를 보는 동안에 걸려 오는 전화), 내적 소음(수신자가 피로하거나 기분이 좋지 않음), 경쟁적 소음(경쟁광고) 등의 세 가지 유형이 있다.

수신자(소비자)가 기업이 의도한 대로 메시지를 수용하지 못하는 데는 대체로 네 가지 원인이 있다. 첫째, 소비자들은 수많은 상업메시지들 중에서 선택적으로 노출되고 주의를 기울이기 때문에 모든 광고메시지를 수용하는 것이 불가능하다. 둘째, 소비자들은 그들의 생각과 일치되는 메시지만을 듣거나 보고 싶어 하는 경향이 있기 때문에 메시지를 자의적으로 변형하여 수용하는 경우가 흔히 있다. 셋째, 소비자들은 정보처리능력의 한계로 인해 장기기억 속에 그들이 접한 광고메시지들 중 일부만을 저장할 뿐 아니라, 저장된 정보(메시지)들 가운데 일부만이 선택적으로 인출되는 경향으로 인해 노출된 메시지의 일부만을 기억해 낼 수 있을 뿐이다. 넷째, 소비자와 발신자(기업) 사이에 공통경험영역이 없거나 작으면 의도된 대로 메시지가 수용되지 못할 수 있다. 즉, 표적소비자들은 그들에게 익숙하지 않은 상징과 단어로 구성된 광고메시지에 접하면 발신자의 의도와 다르게 메시지를 해석하게 된다.

(6) 반응(Response)과 피드백(Feedback)

해독된 메시지에 대한 수신자의 반응은 크게 세 가지 유형으로 나누어진다. 첫째, 수신자는 광고메시지에 담겨진 정보를 토대로 제품에 관한 인지 또는 지식을 형성할 수 있다(cognition). 둘째, 제품지식을 토대로 제품에 대한 호의적 태도를 형성할 수 있다(affect 혹은 attitude formation). 셋째, 광고메시지를 통해 제품구매의도(intention to buy), 나아가 구매행동을 보일 수 있다. 그러나 광고메시지에 노출된 수신자(소비자)는 위의 세 가지 유형의 반응을 모두 거치는 것은 아니다. 수신자는 제품지식(제품인지)이 별로 없는 상태에서 제품에 대한 호의적 태도를 가질 수 있다. 가령, 자신이 좋아하는 모델이 광고에 등장하면 제품특성을 정확히 이해하지 못하더라도 그 제품에 대해 호의적인 태도를 가질 수 있는 것이다. 수신자는 광고메시지를 통해 형성된 약간의 인지(브랜드명을 듣거나 본 적이 있음)만으로도 호의적 태도를 거치지 않고 바로 구매행동으로 이어질 수 있다. 가령, 슈퍼마켓을 방문한 소비자는 광고를 통해 듣거나 본 적이 있는 샴푸브랜드를 바로 구매할 수 있는 것이다. 한편, 수신자의 반응들 중에서 발신자에게 다시 전달되는 반응을 피드백(feedback)이라고 하는데, 이러한 피드백은 차기의 커뮤니케이션 활동에 반영된다. 기업은 피드백을 얻기 위해 다양한 수단을 이용한다. 커뮤니케이션 활동의 결과는 궁극적으로 매출이라는 피드백을 통해 확인되지만, 기업은 이외에도 점포방문, 고객설문조사, 응답카드의 활용 등의 다양한 피드백 채널을 사용한다. 조사회사를 이용한 피드백에서는 광고에 대한 구독률(readership)과 회상률, 메시지의 이해정도, 태도변화 등의 고객반응이 측정된다. 기업은 피드백 과정을 통해 커뮤니케이션 활동이 의도한 대로 소비자 반응에 영향을 미쳤는지를 평가하고, 만약 그렇지 못하였다면 차기의 커뮤니케이션 활동에 반영한다.

결국 커뮤니케이션 활동이 성공을 거두기 위해서 마케터는 우선 누구에게 메시지를 전달할 것인가와 그들로부터 어떤 반응을 얻기를 원하는가를 확실히 할 필요가 있다. 그런 후에 적절한 정보원천(광고모델)을 결정하고, 수신자가 손쉽게 메시지를 해독할 수 있도록 효과적으로 메시지를 부호화한 후 표적청중에게 효율적으로 도달될 수 있는 경로(매체)를 통해 메시지를 전달해야 한다.

2 통합적 마케팅커뮤니케이션(Integrated Marketing Communication: IMC)이란?

1990년대 이후 중요한 마케팅 흐름의 하나는 통합적 마케팅커뮤니케이션(Integrated Marketing Communication; IMC)에 대한 관심의 확산이다. 과거에는 광고, 판매촉진, 홍보, 이벤트, 구매시점 디스플레이 등과 같은 커뮤니케이션 수단들이 별개의 마케팅활동으로 수행되었으나, 최근 들어 많은 기업들이 일관된 브랜드이미지를 창출 · 유지하기 위해서 이들을 조정 · 통제해야 할 필요성에 대해 공감하고 있다.

본 절에서는 IMC 개념을 소개하기 위하여 기업이 사용할 수 있는 다양한 마케팅커뮤니케이션 도구를 설명하고, IMC가 등장하게 된 배경을 요약한 다음, IMC의 특징을 소개하기로 한다.

(1) 마케팅커뮤니케이션 도구

미국광고대행사협회는 IMC에 활용되는 커뮤니케이션 수단을 촉진믹스로 제한하여 설명하고 있고 기업이 자주 이용하는 주요한 촉진도구에는 광고, 판매촉진, 스폰서십 마케팅, 홍보, 인적판매, 구매시점마케팅 등이 있는데 이하에서는 이들의 개념만 간략히 요약하기로 한다.

첫째, 광고(advertising)는 확인된 스폰서(즉 광고주)가 비용을 지불하고 다양한 청중들을 대상으로 비인적매체를 통해 이루어지는 커뮤니케이션 활동이다. 광고는 신문, 잡지, 라디오, TV 등과 같은 대중매체를 이용하는 대량커뮤니케이션과 기업고객 혹은 최종소비자를 표적으로 하는 다이렉트 커뮤니케이션 모두를 포함한다.

둘째, 판매촉진(sales promotion)은 구매자의 즉각적인 (구매)행동을 자극하기 위해 혹은 단기적인 제품매출을 증대시키기 위해 사용되는 모든 형태의 마케팅커뮤니케이션 활동(예: 쿠폰, 샘플, 경품 및 콘테스트, 가격할인 등)을 말한다.

셋째, 스폰서십 마케팅(sponsorship marketing)은 기업이나 그 기업이 소유한 브랜드를 구체적인 이벤트(가령, 테니스경기, 월드컵축구경기, 프로골프대회 등)나 자선활동(가령, 결식아동돕기 운동이나 UNICEF)과 연계시킴으로써 소비자들로 하여금 기업과 그 기업의 브랜드에 대한 관심을 제고시키기 위한 커뮤니케이션 활동의 하나이다.

넷째, PR 및 퍼블리시티(publicity)는 불특정 다수의 청중(다양한 기업 이해관계자집단)을 대상으로 기업과 소비자 간 우호적인 관계를 형성하기 위하여 수행되는 모든 활동들(예: 기업광고, 기부 활동, 특집기사 등)이다.

다섯째, 구매시점(POP) 커뮤니케이션(point of purchase communication)은 구매시점에서 소비자의 구매의사결정에 영향을 미치기 위해 기업이 사용하는 다양한 유형의 커뮤니케이션 도구들을 포함하는데, 디스플레이, 포스터, 사진 등이 그 대표적인 예이다.

여섯째, 인적판매(personal selling)는 영업사원이 자사제품 혹은 서비스를 구매하도록 유망고객에게 정보를 제공하고 이들을 설득하기 위해 사용하는 대면커뮤니케이션 활동을 말한다.

한편 노스웨스턴 대학의 Schultz와 같은 학자는 IMC에서 활용될 커뮤니케이션 수단을 보다 넓게 정의하고 있다. 그는 촉진믹스뿐만 아니라 기업의 모든 마케팅활동(제품디자인, 패키지, 가격, 점포의 이미지 등)도 소비자와의 커뮤니케이션 기능을 수행하고 있다고 주장한다. 예를 들어, 향수제품을 생각해 보자. 향수병의 모양과 디자인, 패키지는 제품의 상징적인 의미를 표현하는 데 가장 효율적인 커뮤니케이션 수단이며, 패키지에 포함되어 있는 문안들은 바로 광고와 같은 역할을 하고 있다. 또한, 제품이 판매되는 매장은 그 제품의 품격에 대하여, 판매되는 가격은 제품의 품질에 대하여 소비자에게 많은 것을 시사한다. 이와 같이 마케팅활동과 관련된 모든 활동은 커뮤니케이션 요소에 포함될 수 있다.

따라서 마케팅커뮤니케이션의 통합적 관리는 마케팅활동의 통합적 관리라는 개념으로 보다 넓은 의미로 이해할 필요가 있다. 소비자의 욕구충족을 위하여 소비자를 중심으로 마케팅전략을 수립하는 것이 곧 마케팅커뮤니케이션의 통합적 관리라고 하겠다.

광고 Highlight

화장품 회사가 사용하는 다양한 커뮤니케이션 도구들

많은 사람들은 화장품 회사들이 사용하는 가장 중요한 커뮤니케이션 도구가 광고라고 생각한다. 화장품에 관한 제품정보를 가장 흔히 접하는 매체가 광고이기 때문이다. 그러나 화장품회사들은 광고 외에도 매장에서의 카운셀링과 구전효과 등을 중요한 커뮤니케이션 도구로 사용하고 있고, 가격책정 및 판매채널 선정 시에도 커뮤니케이션 메시지의 전달효과를 신중하게 고려한다.

화장품 시장은 매우 독특한 특징을 한 가지 가지고 있는데, 그것은 화장품 시장에 무수히 많은 경쟁브랜드가 있고 각 브랜드마다 제공하는 품목(예: 스킨, 로션, 에센스, 베이스 메이크업, 립스틱 등)도 매우 다양하다는 점이다. 이런 특징은 소비자의 구매의사결정을 어렵게 만든다. 소비자는 모든 브랜드들을 정확히 비교 · 평가한 후 자신에게 가장 적절한 브랜드를 선택하기 어렵고, 따라서 매우 제한된 브랜드들을 선정하여 비교한 후 브랜드를 선택할 수밖에 없다. 그 결과 소비자는 자신이 선택한 브랜드에 대해서도 확실한 믿음(최선의 선택이라는 믿음)을 갖지 못하게 된다.

특히 소비자가 브랜드선택을 위해 고려하는 브랜드 대안들의 집합인 고려브랜드군(consideration set)에 포함될 브랜드들이 선정되는 과정을 보면 매우 흥미로운 점이 발견된다. 소비자들은 화장품을 구매하기 위하여 매장에 갈 때 구매품목(예: 립스틱)만을 정하고 가는 경우가 일반적이다. 이 경우 소비자들은 일단 매장에서 고려 브랜드군을 정하게 되는데, 이때 브랜드의 대중성과 명성은 고려 브랜드군 결정에 중요한 역할을 한다. 소비자는 다른 사람들이 많이 사용하고 있는 대중적인 브랜드나 또는 명성 있는 브랜드를 구매함으로써 새로운 제품을 구매하는 데서 오는 불안감을 해소할 수 있다. 따라서 소비자는 매장에서 대중적이지 않거나 명성이 없는 브랜드를 일단 고려대상에서 제외시킨다. 그리고 매장에서 발견되는 브랜드들 중 본인에게 친숙하게 느껴지는 브랜드, 주위사람들이 추천한 브랜드 또는 매장의 미용사원이 추천하는 브랜드를 우선적으로 고려하게 되고 제품테스트를 통한 경험을 종합하여 마지막으로 브랜드를 결정한다.

이 경우 매장에서 소비자의 브랜드선택에 가장 결정적인 영향을 미치는 것은 매장에 있는 직원의 카운셀링이다. 소비자들은 일반적으로 제품에 대한 확실한 지식을 갖지 못하기 때문에 대부분 미용사원의 설명에 관심을 기울이게 되고 본인도 모르게 그들의 설명과 권유에 의해 영향을 받게 되는 것이다. 소비자가 특정 브랜드를 정하고 판매장소를 가는 경우에도 매장에서 판매사원의 권유에 의하여 구매하는 브랜드가 바뀔 가능성은 높은 편이다. 이 역시 소비자가 자신이 선택했거나 사용하고 있는 브랜드에 대한 확신이 없기 때문에 나오는 현상이다.

소비자들은 일단 브랜드를 선택하여 사용해 본 후 그 사용경험을 통하여 브랜드를 평가하게 된다. 소비자의 시행착오적 브랜드선택은 상당히 오랜 기간 반복된다. 수많은 시행착오를 통하여 형성되는 사용브랜드에 대한 확신은 적어도 40대 이후에나 형성되는 것으로 보인다. 그리고 40대 이후 어느 정도 사용브랜드가 정해진 경우에도 시장에서 신제품이 소개되면 소비자는 이에 대한 관심을 보이고 이를 시험적으로 구매하려는 욕구를 느끼는 경향이 있다. 소비자들은 나이가 들수록 자신의 피부에 대한 관심이 높아지고 더 좋은 브랜드의 선택으로 자신의 피부를 보호하려는 욕구가 높기 때문이다. 그 결과 화장품은 연령대와 상관없이 소비자들의 브랜드전환욕구(다른 브랜드를 시도해보고자 하는 욕구)가 높은 제품군 중의 하나이다. 연령대가 낮은 소비자들은 사용경험이 적기 때문에, 연령대가 높은 소비자들은 자신의 피부에 대한 관심이 높아져 신제품이나 다른 브랜드를 시도해보고 싶은 것이다.

또한 화장품 회사들은 마케팅믹스 전략을 적극적인 커뮤니케이션 도구로 활용하고 있다. 소비자는 화장품 브랜드의 평가 시 피상적인 근거에 의지하려는 경향이 높다. 소비자가 모든 브랜드에 대한 정보를 수집하기 어렵기 때문이다. 예를 들어, 화장품 가격이 높은 경우 대부분 소비자들은 제품이 가격만큼 자신의 피부에 더 좋을 것이란 믿음을 갖게 되고, 화장품이 백화점에서 판매되는 경우 그 제품은 어느 정도 품질이 우수할 것이라고 생각한다. 따라서 화장품 회사들은 가격결정과 판매경로의 선택 시 이를 커뮤니케이션 기능의 관점에서 신중하게 결정하고 있다.

이와 같은 소비자의 화장품 선택과정을 종합할 때, 화장품회사들은 커뮤니케이션 도구들로 광고, 매장에서의 카운셀링 그리고 구전효과, 다른 마케팅믹스요소 등을 통합적으로 활용하여 그 효과를 극대화한다. 화장품 회사는 광고를 통하여 이미지를 전달하고, 화장품이 판매되는 장소와 가격을 통해 제품의 품질을 전달하며, 매장에서 활동하는 직원의 카운셀링으로 소비자들의 구매를 완결하려고 노력한다.

(2) IMC가 등장하게 된 배경

IMC가 등장하게 된 배경은 기업이 제품이나 서비스에 대한 정보를 제공하고 소비자를 설득하는 방식에 있어서의 변화에 있다. 마케팅 실행방식과 전통적인 광고중심의 마케팅커뮤니케이션 프로그램 수립을 변화시킨 몇 가지 주요현상들로는 광고 이외의 촉진활동의 중요성 증대, 매체시장의 세분화 현상, 세분화된 소비자층의 등장, 시장에서의 소매업자 역할의 중요성 증대, 데이터베이스 마케팅의 도입 등이 있다.

첫째, 광고 이외의 촉진활동의 중요성이 증가하고 있다. 과거에 커뮤니케이션 프로그램은 광고가 중심이 되어 기획되어 왔다. 그러나 최근 들어 마케터들은 광고 이외의 다른 커뮤니케이션 방법들을 효과적으로 사용하는 것의 중요성을 인식하기 시작했다. 예를 들어 판매촉진은 가격을 할인해 주는 효과가 있기 때문에 즉각적인 소비자 반응을 기대할 수 있고, 세분화된 표적소비자들에게 개별적인 커뮤니케이션이 가능하므로 커뮤니케이션 비용을 보다 효율적으로 집행할 수 있는 장점이 있다.

둘째, 세분화된 소비자층의 등장과 매체시장의 세분화 현상이다. 우리나라는 단일민족이기 때문에 동질적인 문화와 생활양식을 유지해 왔으나, 최근 들어 국내시장도 다양한 소비자층으로 세분화되고 있다. 국내시장의 세분화 경향을 연구한 결과를 토대로 삼성경제연구소는 국내시장의 장래 유망 소비자층으로 신세대층, 독립생활자층, 취업주부층, 실버세대층 등을 예상하고 있다. 그에 따라 국내시장의 매체들도 세분화되는 경향이 있다. 세분화된 전문잡지의 등장, 케이블TV 및 쌍방향매체(interactive media)의 등장이 대표적인 예들이다. 이와 같이 소비자층이 세분화되고 서로 배타적인 소비욕구를 형성하게 될수록 시청자의 선별성(원하는 특정 소비자층에게만 메시지를 전달할 수 있는 능력)에 있어서 단점을 갖는 대중매체는 그 가치가 감소될 수밖에 없다. 기업은 도달범위가 넓은 장점을 가지고 있는 대중적인 커뮤니케이션 방법과 시청자 선별성이 우수한 커뮤니케이션 방법(예: 판매촉진, 직접판매, 온라인광고 등)을 통합적으로 운영할 필요성을 인식하게 된 것이다.

셋째, 소매업체 역할의 중요성 증대이다. 최근 소매산업은 대형소매상의 등장으로 커다란 변혁기를 맞이하고 있다. 과거에는 대형 제조업체가 경로리더 역할을 맡아 유통경로를 통제하고 관리해 왔으나, 대형소매상의 등장은 유통경로상에 있어서 힘의 역학구조를 바꾸어 놓고 있다. 대형화되고 보다 전문화된 소매상들이 제조업체에게 촉진활동과 관련해 다양한 요구와 통제를 행사하게 됨에 따라 제조업체는 최종 소비자들뿐만 아니라 중간상들에 대한 다양한 촉진활동을 집행할 필요성을 느끼게 되었다.

넷째, 뉴미디어가 등장하면서 커뮤니케이션 개념이 바뀌고 있다. 최근 최근 온라인, 모바일, SNS 등 첨단기술에 기반을 둔 뉴미디어가 등장하여 소비자와의 상호작용이 가능해지면서 커뮤니케이션 개념이 과거의 '푸시 형(제작한 메시지를 대중매체를 통하여 전달하는 방식)'에서 '풀 형(소비자에게 유익하고 즐거운 정보를 제공함으로써 소비자가 메시지를 탐색하게끔 유도하는 방식)'으로 바뀌고 있다. 이런 뉴미디어의 등장은 과거 대중매체 영향력을 감소시키고 있고, 뉴미디어의 영향력이 점점 더 확대되고 있다. 그에 따라 마케팅관리자는 다양한 고객접점을 이용한 커뮤니케이션에 더 많은 관심을 갖게 되었다.

마지막으로 빅 데이터 기반 마케팅의 등장과 활용이다. 과거의 마케팅활동은 불특정 다수에게 제품을 판매(mass marketing)하는 데 주력하여 왔으나, 최근 들어 고객욕구의 다양화와 경쟁격화로 인해 기업들은 고객들에게 개별적으로 접근하여 그들과 개별적인 관계를 구축할 필요성을 느끼게 되었다. 최근 첨단매체의 도입과 마케팅정보시스템의 개발로 기업의 고객정보에 대한 관리가 보다 체계화되고 과학화되면서 기업은 고객에 대한 자료를 확보하게 되었고 이를 토대로 빅 데이터에 기반한 고객맞춤 마케팅활동이 가능하게 된 것이다. 현재 기업이 확보하고 있는 고객데이터는 고객의 이름과 주소의 파악에서부터 시작하여 구매시점, 구매횟수, 구매금액 등과 같은 구매활동에 관련된 자료의 파악으로 발전되었고, 더 나아가 인구통계적 · 지역적 · 심리묘사적(psychograhpic) 자료에 대한 세부사항에 대한 자료의 확보로 보다 구체화되고 있다.

(3) IMC의 개념과 특징

최근 들어 실무에서 통합 마케팅커뮤니케이션을 지향하는 경향이 뚜렷이 나타나고 있다. 사실 이러한 경향은 1990년대에 이룩된 마케팅의 발전 중에서 가장 중요한 부분의 하나다. 과거에는 흔히 커뮤니케이션 요소들을 서로 분리된 활동으로 취급해 왔지만 오늘날의 마케팅 철학은 '통합'이 성공의 절대적 요체임을 분명히 하고 있다.[8)]

1989년 미국광고대행사협회는 IMC를 다음과 같이 정의하고 있다. "IMC는 광고, DM,

8) Don Schultz, and Heidi Schultz, IMC: The Next Generation , Ch. 1, 1993.

판매촉진, PR 등 다양한 커뮤니케이션 수단들의 전략적인 역할을 비교 · 검토하고, 명료성과 정확성 측면에서 최대의 커뮤니케이션 효과를 거둘 수 있도록 이들을 통합하는 총괄적인 계획의 수립과정이다." 이 정의를 바탕으로 IMC의 특징을 살펴보면 다음과 같다.

IMC는 ① 고객의 행동에 영향을 미침 ② 고객 및 유망고객의 관점에서 출발함 ③ 모든 유형의 고객접촉수단(contacts)을 사용함 ④ 시너지 효과를 달성하고자 함 ⑤ 고객과 브랜드 간의 관계를 구축하고자 함의 5가지 주요특성을 가진다.

1) 행동에 영향을 미침

IMC의 목표는 소비자의 행동에 영향을 미치는 것이다. 이는 마케팅커뮤니케이션이 단순히 브랜드인지도에 영향을 주고 브랜드에 대한 소비자들의 태도를 강화하는 것을 넘어서서, 제품구매와 같은 특정한 행동반응을 이끌어 낼 수 있도록 수행되어야 함을 뜻한다.

그러나 우리는 이 주장을 잘못 해석하지 않도록 유의해야 한다. IMC프로그램의 평가는 최종적으로 행동에 영향을 주는지의 여부로 평가해야 함은 분명하다. 그러나 모든 커뮤니케이션 노력이 사람들로 하여금 행동하게끔 할 수 있다고 기대하는 것은 비현실적이다. 소비자는 새로운 브랜드를 구입하기 전에 그 브랜드에 대한 인지도와 호의적인 태도를 먼저 형성하므로 계층적 커뮤니케이션 효과에 기반한 목표설정(인지 · 태도)의 형성도 바람직하다. 그러나 성공적인 IMC프로그램은 높은 브랜드인지도와 브랜드선호도 형성에서 한걸음 더 나아가 구매를 유도하는 데도 기여를 한다. 이런 관점에서 IMC 개념은 마케팅커뮤니케이션 관리자에게 전략 수립 시 행동반응 유발을 포함하는 장기적인 안목을 요구하고 있다.

2) 모든 고객접점의 활용

IMC는 모든 형태의 마케팅커뮤니케이션 도구, 즉 고객접촉수단(contacts)을 메시지 전달경로의 대안으로 활용한다. 여기서 접촉수단이란 표적고객에 도달가능하면서 자사브랜드에 유리하게 활용할 수 있는 모든 유형의 메시지 경로를 의미한다.

IMC신봉자들은 대중매체광고와 같은 단일 커뮤니케이션 수단에만 의존하지 않고 브랜드에 대한 메시지를 잠재고객에게 도달할 수만 있는 다양한 매체나 접촉방법도 동원한다. DM, 스포츠 및 예술행사 후원, 타제품 포장물에 광고, T셔츠 인쇄, 점포 내 전시 및 인터넷 홈페이지가 모두 현재고객 및 가망고객에게 접근가능한 중요한 접점 중 하나가 될 수 있다. 따라서 IMC의 목적은 적절한 접점을 이용하여 표적고객에게 효율적이고 효과적으로 접근하는 것이다.

3) 고객 혹은 유망고객으로부터 출발

IMC의 또 다른 중요한 특징은 가장 효과적인 커뮤니케이션 도구로 구성된 설득적 커뮤니케이션 프로그램의 개발이 고객이나 유망고객(prospect)의 욕구를 파악하는 것에서 시작된다는 점이다. IMC는 고객접촉수단, 즉 커뮤니케이션 도구의 결정에 있어서 기업의 눈으로 고객을 바라보는 내부 지향적(inside-out) 접근법을 추구하는 것이 아니라 고객의 정보추구욕구와 구매동기유발에 가장 부합되는 커뮤니케이션 도구가 선택될 수 있도록 고객욕구의 파악으로부터 출발하는 외부 지향적(outside-in) 접근법을 택한다.

4) 시너지 효과의 달성

다양한 마케팅커뮤니케이션 도구들 간에 시너지(synergy)를 추구해야 한다는 것은 IMC 접근에서의 핵심요소이다. 광고, POP디스플레이, 판촉, 이벤트 등 모든 커뮤니케이션 요소는 하나의 목소리를 내야 한다. 그러므로 강력하고 통일된 브랜드이미지를 구축하고 소비자를 구매행동으로 이끌기 위해서는 각 커뮤니케이션 도구의 역할에 대한 조정(coordination)이 절대적으로 중요하다. 브랜드자산에 기여하도록 모든 커뮤니케이션 요소들을 잘 조정하지 못하면 커뮤니케이션 노력이 중복되거나 혹은 서로 상반된 메시지가 전달되는 결과를 낳을 수도 있다.

예를 들어 야구팀을 생각해 보자. 야구팀은 아홉 명의 선수로 구성되는데, 이 아홉 명의 선수들은 각각 투수, 포수, 내야수, 외야수 등의 역할을 수행하고 있다. 일반적으로 야구팀이 우승하기 위해서 가장 필요한 것은 우수한 선수와 팀웍이라고 말하는 전문가가 많다. 팀웍이라는 것은 각자의 역할을 수행하는 선수들이 개인플레이를 지양하고 팀 전체의 전략 및 전술이 잘 수행될 수 있도록 노력하고자 하는 자세이다. 각 포지션이 아무리 우수한 선수들로 구성되어 있어도 각 선수들이 팀웍에 의한 조화를 이루지 못함으로써 경기에서 지는 모습을 흔히 목격한다. 유능한 감독은 각 선수들의 역량이 최대한 발휘되고, 아홉 명의 선수들이 팀 플레이로 조화를 이루도록 만든다. 30년 넘은 프로야구 역사 속에서 코리안 시리즈에서 챔피언으로 등극했던 야구팀들의 대부분은 감독의 리더십에서 나오는 끈끈한 팀웍을 갖추고 있었다.

과거 기업들은 소비자와 커뮤니케이션을 하기 위해서 광고라는 하나의 목소리에 주로 의존해왔다. IMC의 개념이 도입되면서 이제는 다양한 커뮤니케이션 방법들을 이용하고 있다. 이제 마케팅 관리자는 여러 커뮤니케이션 방법들을 통합적으로 조정하고 통제하여 가장 효율적이고 효과적으로 브랜드 메시지를 표적고객에게 전달해야 한다.

5) 관계구축

IMC의 다섯 번째 특징은 성공적 마케팅커뮤니케이션이 되기 위해서는 고객과의 관계구축이 필요하다는 것이다. 관계구축이란 브랜드와 소비자 간에 정서적 유대감(emotional bonding)의 형성을 통해 반복구매, 나아가 브랜드충성도를 실현하는 것이다.[9] 최근 들어 많은 기업들이 새 고객을 찾아 나서기보다는 기존고객과의 관계를 구축 · 유지하는 것이 높은 시장성과를 유지하는 데 보다 중요하다는 것을 인식함에 따라, '상용고객'우대제도와 같은 다양한 형태의 충성고객 보상프로그램을 경쟁적으로 개발 · 실행하고 있다.

IMC접근방식을 도입하는 기업은 위에서 설명한 IMC의 주요특징을 고려해, 소비자에게 메시지를 제공하고 관계형성을 하는 데 이용될 수 있는 모든 커뮤니케이션 수단을 사용하여 표적청중들의 행동에 영향을 미치고자 한다. 그러므로 IMC를 추구하는 마케터는 설득적이면서 정서적 유대감을 형성하는 메시지를 표적청중에게 전달하기 위해 커뮤니케이션 수단들의 고유한 역할과 시너지효과를 고려한 전반적인 계획을 수립할 필요가 있다. 즉 IMC가 성공을 거두기 위해서는 큰 그림을 그리는 사고가 필요하다.[10] IMC관점을 취하는 마케터는 그림의 부분 부분을 모아서 하나의 그림을 만드는 것이 아니라 전체 그림에 대한 구도를 먼저 잡은 다음 각 부분을 어떻게 그려야 할 것인가를 고민한다. 광고 Highlight에서는 큰 그림을 그리는 능력을 키우는 방법에 대해 살펴본다.

9) Susan Fournier, Consumers and Their Brands: Developing Relationship Theory in Consumer Research, March(1998), pp.343-373.

10) Belch E. George and Michael A. Belch, Introduction to Advertising and Promotion: An Integrated Marketing Communication Perspective , 5th edition, Irwin, Inc., 2006.

광고 Highlight

큰 그림을 그리는 사고(Big Picture Thinking)

큰 그림을 그리는 사고(big picture thinking)는 여러 가지 다양한 용어로 불리어지고 있다. 개념적인 사고(conceptual thinking), 전체적인 사고(global thinking), 헬리콥터 사고(helicopter thinking), 추상적인 사고(abstract thinking) 등은 모두 같은 의미로 사용되는 용어들이다. 이러한 용어들은 부분보다는 전체를 보는 안목과 일상경험의 구체적인 수준에서 추상적인 수준으로 발전시키는 사고능력을 의미한다. 여러분이 출구가 어디에 있는지 찾기 어려운 미로에 빠져 있다고 생각해 보자.

여러분이 미로를 빠져 나올 수 있는 가장 좋은 방법은 무엇일까? 만일 여러분이 현재 위치에서 헬리콥터를 타고 위로 올라가 미로를 구성하고 있는 전체의 구도를 볼 수 있다면, 여러분은 미로를 빠져나올 수 있는 길을 발견하게 될 것이다.

큰 그림을 그리는 사고 또는 개념적인 사고는 가장 중요한 능력의 하나임에도 불구하고 정상적인 교육과정에서 등한시되어 온 분야이기도 하다. 사람이 성장하는 동안 인생의 여러 가지 문제를 처리하면서 개념적인 사고 능력을 개발할 수 있을 것이라는 믿음이 전제되어 왔으나, 실제로 많은 사람들은 개념적 사고에 있어서 매우 제한된 능력을 보이고 있다.

예를 들어, 필자는 광고업무를 관리하는 실무자들에게 특강을 할 기회가 있었는데, 강의를 마친 후 다음과 같은 두 가지 종류의 질문을 한 적이 있다. 하나는 광고의 각 분야에 대한 구체적인 질문들(예를 들어, 시장세분화, 포지셔닝 등)이었고, 다른 하나는 광고의 개요에 대한 질문이었다. 이 두 번째 질문은 매우 추상적이면서도 광고에 대한 전반적인 이해를 묻는 질문인데, 대부분의 실무자들이 두 번째 질문에 대한 답을 작성하는 데 어려움을 느끼고 있었다. 대부분 실무자들이 광고의 부분 부분을 이해하는 데에는 큰 문제가 없었으나, 전체적인 구도에 대한 이해능력에 치명적인 문제점을 보인 것이다.

여러분이 성공적인 광고전문가가 되기 위해서는 개념적인 사고능력을 키워야 한다. 여러분이 추상적이고 개념적인 사고를 할 수 있고 헬리콥터 관점을 가질 수 있을 때 한 조직을 이끌어가는 대표이사의 역할을 할 수 있다.

인간의 두뇌개발(brain building)에 관한 많은 연구를 한 Karl Albrecht가 제시한 두 가지 훈련방안(특히 큰 그림을 그리는 사고를 개발하는 데 유용한 방안)을 소개하면 다음과 같다. 첫째, 여러분이 존경하는 리더가 즐겨 사용하는 용어를 관찰하라. 예를 들어, 마틴 루터 킹이 1963년 워싱턴에서 실시한 '나는 꿈을 갖고 있습니다.'라는 제목의 연설은 수많은 사람의 마음에 감동과 희망을 전해주었다. 그는 꿈, 자유, 정의, 평화 등의 개념적이고 추상적인 용어를 사용하면서 그가 추구하는 운동의 방향을 제시해 주고 있다. 둘째, 신문의 사설을 자세히 읽어보자. 사설은 일반적으로 시사성있는 문제를 전체적인 구도에서 조명해 보고 방향을 제시하는 형식을 갖는다.

복잡한 현실의 문제를 짧은 문장에서 다루는 것은 쉬운 일이 아니다. 논설위원이 갖고 있는 현안에 대한 전체적인 구도를 생각해 보고, 복잡한 현실의 문제를 정리하기 위해 사용하는 개념적 어휘들을 관찰하면서 여러분의 사고능력을 키워보자.

3 IMC의 목표: 브랜드자산의 구축

(1) 브랜드 중심의 마케팅커뮤니케이션

기업은 자사제품 혹은 서비스에 관한 메시지를 개발하여 이를 표적청중에게 전달하기 위해 다양한 커뮤니케이션 도구를 활용하며, 이러한 마케팅커뮤니케이션 노력의 대부분은 브랜드 수준에서 이루어진다. 따라서 본서에서 다루어지고 있는 대부분의 내용은 브랜드 수준에서의 마케팅커뮤니케이션에 초점을 맞추고 있다. Coca-Cola, Levi's, Intel, 구글, IBM, 갤럭시S, 진로소주, 다시다 등은 강력한 유명 브랜드들이다. 잘 알려져 있고 소비자의 사랑을 받는 브랜드는 기업에게 눈에 보이지 않는 엄청난 자산적 가치를 제공한다.[11] 소비자는 유명브랜드가 일관된 제품 성능을 보장할 것이며 특정의 제품구매로부터 소비자가 기대하는 상징적 편익(예를 들어 지위나 권위의 표현)을 충족시켜 줄 것으로 확신하기 때문에 그 브랜드를 구매 · 소유하고 싶어 한다. 그러므로 기업의 마케팅커뮤니케이션 프로그램은 브랜드자산을 구축하고 이를 강화시키는 데 초점을 맞추어야 한다. 브랜드자산(brand equity)이란 개념은 1980년대 들어 업계와 학계에서 가장 주목을 받은 용어로 대두되었으며, 브랜드자산이란 개념의 확산은 기업들에게 마케팅전략에서 브랜드가 차지하는 중요성을 인식시키는 계기가 되었다.

(2) 브랜드자산

브랜드자산은 다양하게 정의될 수 있지만, 특정의 브랜드를 소유함으로써 얻게 되는 바람직한 마케팅효과(높은 시장점유율과 고객충성도 등)라는 점에 대해 대체로 동의한다. 본서에서는 브랜드자산을 소비자의 관점에서 살펴보고자 하는데, 그 이유는 소비자의 욕구를 이해하고 이를 충족시킬 수 있는 마케팅 프로그램을 개발하는 것이 성공적인 마케팅의 핵심이 되기 때문이다. 브랜드와 관련하여 마케터들이 제기하는 두 가지 중요한 질

11) 안광호와 이진용, 브랜드의 힘을 읽는다, 더난출판사, 2008; 안광호 · 한상만 · 전성률, 전략적 브랜드관리 5판, 학현사, 2019.

문으로는 ① 자사브랜드 및 경쟁사 브랜드들이 소비자에게 의미하는 바는 무엇인가? ② 소비자가 갖고 있는 브랜드지식이 (자사 및 경쟁사의) 마케팅활동에 대한 그들의 반응에 어떤 영향을 미치는가? 등을 들 수 있다.

고객의 입장에서 본 브랜드자산(customer-based brand equity)이란 소비자가 기억 속에 형성한 브랜드지식을 토대로 하여 그 브랜드의 마케팅활동에 대해 경쟁브랜드와 차별적으로 반응하는 것을 말한다.[12] 예를 들어, 브랜드가 부착되지 않거나 가상의 브랜드가 부착된 제품에 비해, 특정의 브랜드가 부착된 제품의 마케팅활동에 대해 소비자가 보다 호의적으로 반응한다면, 그 브랜드는 긍정적인 브랜드자산(positive customer-based brand equity)을 갖게 되는 것이다. 특정브랜드에 대한 차별적인 소비자 반응은 그 브랜드에 대해 소비자가 기억 속에 갖고 있는 지식으로부터 영향을 받게 되므로, 결국 브랜드자산은 소비자의 마음(기억)속에 형성되어 있는 브랜드지식에 의해 결정된다. 그러므로 마케터는 소비자의 기억 속에 브랜드지식이 어떤 형태로 저장되어 있는지를 이해해야 한다.

브랜드지식의 구조를 이해하는 데 가장 유용한 기억모형으로 연상적 네트워크 기억모형(associative network memory model)을 들 수 있다. 이 모형에 따르면 기억은 관련된 지식 혹은 정보(node)들이 연결고리(link)에 의해 서로 그물처럼 연결되어 있는 네트워크조직을 갖는다. 연상적 네트워크 기억모형에 의하면 특정 지식(정보)의 회상(인출)은 활성화의 확산(spreading activation)이라는 과정을 통해 이루어진다. 즉 기억 속에 저장되어 있는 하나의 지식이 먼저 활성화(activation)되면 그와 연결된 다른 지식들도 연속적으로 활성화된다는 것이다. 예를 들어, 소비자가 광고에 노출되거나 혹은 특정브랜드에 대해 생각하게 될 때, 기억 속에 저장된 특정의 지식(정보)이 활성화(회상)되면서 이와 관련된 다른 지식들도 연속적으로 연상될 수 있다. 연상적 네트워크 기억모델에 근거하여, 브랜드지식은 브랜드와 관련된 다양한 연상들이 네트워크 형태로 서로 연결된 것으로 볼 수 있다. 특정브랜드의 마케팅커뮤니케이션(가령, 갤럭시S 광고)에 접한 소비자가 기억 속에 저장된 브랜드관련 연상들을 얼마나 쉽게 떠올릴 수 있고, 어떠한 형태의 연상들이 떠오르게 되는(활성화되는)지는 마케팅커뮤니케이션 활동에 대한 소비자 반응(가령, 광고된 브

12) Kevin Lane Keller, "Conceptualizing, Measuring, Managing Customer-Based Equity,"Journal of Marketing , January(1993), pp. 1-23.

랜드에 대한 태도나 구매의도)에 영향을 미치게 되며, 이는 다시 브랜드 자산의 형성과 강화에 영향을 미치게 되는 것이다.

브랜드자산은 소비자의 기억 속에 바람직한 브랜드지식이 저장되어 있을 때 발생된다고 설명하였는데, 브랜드지식은 브랜드인지도(brand awareness)와 브랜드이미지(brand image)로 구성된다. 그러므로 소비자가 브랜드에 대해 친숙하고(즉 브랜드인지도가 높고) 긍정적인 브랜드이미지를 갖게 되면, 그 브랜드는 자산적 가치를 얻게 된다. 긍정적인 브랜드이미지는 소비자의 기억 속에 호의적이고(favorable) 강력하면서(strong) 독특한(unique) 브랜드연상을 저장하고 있을 때 형성된다. 요약하면, 브랜드자산은 높은 브랜드인지도와 호의적이고 강력하고 독특한 브랜드연상으로부터 형성된다. 그림 4-2에 의하면 브랜드자산은 높은 브랜드인지도와 긍정적 브랜드이미지(즉 호의적이고, 강력하고, 독특한 브랜드 연상)에서 비롯된다. 그러므로 기업은 브랜드인지도를 높이는 마케팅커뮤니케이션 작업과 호의적이고 강력하면서 독특한 브랜드연상을 소비자 마음속에 구축하기 위한 마케팅커뮤니케이션 작업을 함께 수행해야 할 것이다. 다음에서는 브랜드지식의 두 차원인 브랜드인지도와 브랜드이미지에 대해서 자세히 설명하기로 한다.

그림 4-2 소비자 관점에서 본 브랜드자산 형성과정

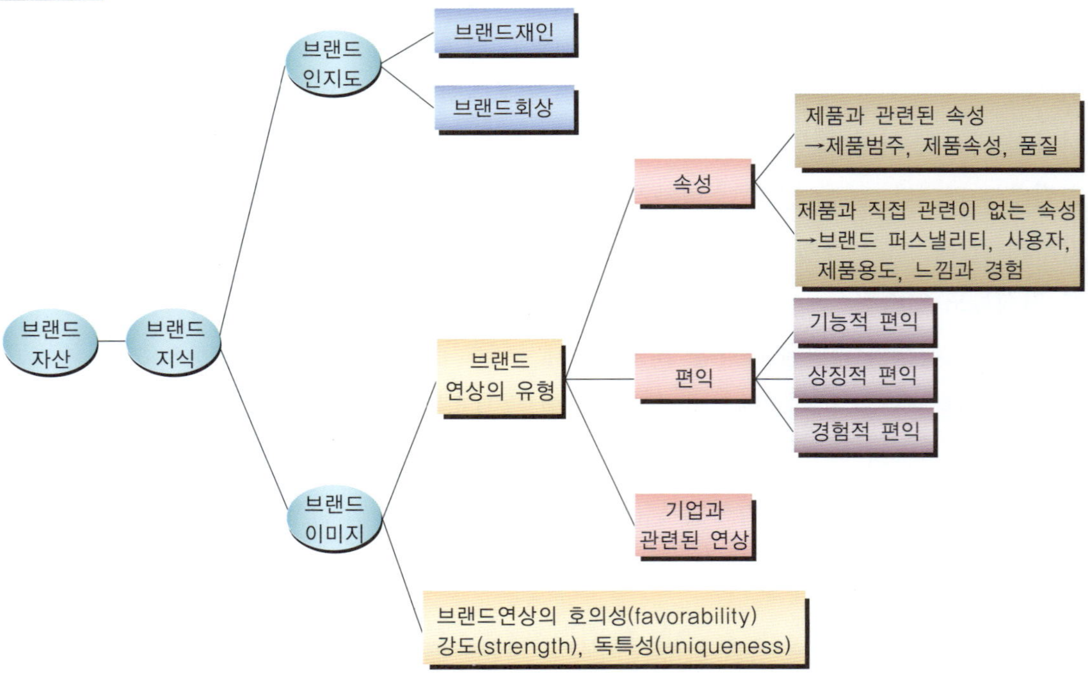

1) 브랜드인지도(Brand Awareness)

일반적으로 소비자들은 한 번도 들어본 적이 없는 브랜드를 구매하지는 않는다. 그러므로 기업은 브랜드자산을 형성하기 위해 우선적으로 고객들에게 자사브랜드를 충분히 인지시키는 노력이 필요한데, 왜냐하면 소비자는 많은 경쟁브랜드들 가운데서 자주 들어보거나 본 적이 있는 친숙한 브랜드를 우선적으로 고려할 것이기 때문이다. 특히 일상 생활용품(식품, 샴푸, 비누, 치약 등)과 같은 저관여제품의 경우에는 단지 특정의 브랜드에 친숙하기 때문에 그 브랜드를 선택하는 경향이 있으므로 브랜드인지도만으로도 호의적인 소비자 반응(즉 강한 브랜드자산)을 발생시킬 수 있다.

브랜드인지도란 소비자가 한 제품범주(가령, 치약제품)에 속한 특정브랜드(가령, 페리오치약)를 알아보거나 그 브랜드명을 쉽게 떠올릴 수 있는 능력을 말한다. 잠시 읽는 것을 멈추고 당신의 마음속에 떠올릴 수 있는 치약브랜드를 모두 생각해 보라. 아마도 페리오치약과 죽염치약이 바로 떠오를 것이다. 왜냐하면 치약에서의 선도브랜드이기 때문이다. 그러나 토탈치약, 부광치약 등은 쉽게 떠오르지 않을 수 있는데, 이는 시장선도브랜드보다 덜 알려져 있거나 자주 구매되지 않기 때문일 것이다. 그러므로 이러한 브랜드들은 페리오치약이나 죽염치약보다 적은 브랜드자산을 갖게 된다.

브랜드인지도는 브랜드재인(brand recognition)과 브랜드회상(brand recall)으로 구성된다. 브랜드재인은 소비자에게 특정의 브랜드를 단서(힌트)로 제시했을 때 과거에 그 브랜드에 노출된 적이 있는지를 확인할 수 있는 능력을 말한다. 즉 브랜드재인은 특정의 브랜드에 접한 소비자가 과거에 그 브랜드를 보거나 들은 적이 있다고 정확히 판별할 수 있을 때 발생된다. 예를 들어, 점포를 방문한 소비자가 선반에 진열된 브랜드를 보고 과거에 광고에서 보거나 들은 적이 있다고 인지하는 경우를 말한다. 브랜드재인에 비해 보다 깊은 수준에서 이루어지는 브랜드인지도인 브랜드회상은 소비자에게 한 제품범주 혹은 특정의 구매상황을 단서로 제시했을 때, 특정의 브랜드를 기억으로부터 끄집어낼(인출할) 수 있는 능력을 말한다. 예를 들어, Kellogg사의 Corn Flakes 시리얼 브랜드에 대한 회상은 점포나 집에서 시리얼 제품범주에 대해 생각하거나 아침식사나 스낵용으로 무엇을 먹어야 할지를 생각할 때 그 브랜드를 기억으로부터 끄집어낼 수 있는 능력에 달려 있다. 효과적이고 일관성 있는 마케팅커뮤니케이션 노력을 기울여 온 일부 유명브랜드에 대해서는 소비자는 별 어려움 없이 그 브랜드를 회상할 수 있다. 예를 들어, 컴퓨터의 Operating System용으로 개발된 소프트웨어 패키지의 브랜드를 말해보도록 요청하면, 대부분의 소비자들이 윈도우즈라는 브랜드를 떠올릴 것이다.

일반적으로 특정의 브랜드를 재인하는(알아보는) 것이 기억으로부터 그 브랜드를 회상하는 경우에 비해 더 쉽다. 브랜드재인과 브랜드회상의 상대적 중요도는 소비자가 브랜드를 보면서 제품구매결정을 내리는지 혹은 브랜드를 직접 볼 수 없는 상황에서 제품구매결정이 이루어지는지에 따라 달라진다. 예를 들어, 점포 내에서 제품구매결정이 이루어진다면 경쟁브랜드들이 선반 위에 실제로 진열되어 있기 때문에 브랜드재인이 보다 중요할 것이다(과거에 자주 본 적이 있는 브랜드를 선택할 것이다). 이에 반해 점포 밖이나 브랜드가 눈앞에 실제로 존재하지 않는 어떤 상황에서 제품구매결정이 이루어지는 경우에는 브랜드회상이 보다 중요할 것이다(기억으로부터 떠오르는 브랜드들을 선택대안으로 고려하게 될 것이다).

브랜드인지도의 창출은 반복노출을 통해 브랜드의 친숙성을 높이고(즉 브랜드재인을 높이거나) 해당 제품범주 또는 적절한 구매상황과 자사브랜드 간의 강력한 연상관계를 형성함으로써(즉, 브랜드회상을 높임으로써) 이루어진다. 일반적으로 소비자는 특정의 브랜드를 자주 보거나, 듣거나, 그 브랜드에 대해 생각하는 등의 브랜드와 관련된 경험들이 축적될수록, 브랜드를 기억 속에 저장시킬 가능성이 높아진다. 그러므로 기업은 광고, 판

기업의 친근감을 배가시킨 광고의 예: 전국노래자랑의 국민오빠 '송해'를 통해 IBK 국민은행이 국민 모두가 거래할 수 있는 은행임을 전달하는 광고

광고 Highlight

브랜드자산가치의 측정

브랜드자산(customer-based brand equity)이란 소비자가 기억 속에 형성한 브랜드지식을 토대로 하여 그 브랜드의 마케팅활동에 대해 경쟁브랜드와 차별적으로 반응하게 되는 경우를 말한다. 최근 브랜드자산가치에 대한 관심이 높아지면서 이에 대한 측정방법이 다양하게 제시되고 있는데, 이를 간략히 소개하면 다음과 같다.

1. 재무적인 접근방식

이 방식은 특정브랜드를 가지고 있을 경우와 가지고 있지 않은 경우의 현금 흐름을 예측하여 두 가지 경우의 현금 흐름 차이를 브랜드의 자산가치로 추정하는 것으로, 인터브랜드 그룹과 싸이먼과 설리번(Sinmon and Sullivan)이 제안하는 방식이 대표적이다.

1) 인터브랜드 그룹의 방식

인터브랜드는 다음과 같은 4단계 절차를 거치는 것으로 알려져 있다. 1) 특정브랜드의 연평균 이익을 계산하고, 2) 해당 기업이 특정브랜드를 갖고 있지 않을 경우 시장에서 거둘 수 있는 연평균 이익을 추정하고, 3) 앞서 구한 추정치의 차이를 계산한 다음, 4) 특정브랜드에 적용할 배수(multiple)를 정한다. 여기서 배수는 7개의 차원(리더십, 브랜드 안정성, 촉진비용, 국제화 정도, 시장 추세, 시장의 안정성, 법적인 보호)에 대한 객관적인 자료나 주관적인 판단에 의해 평가된다. 이 방식은 실무에 적용하기 편리한 장점이 있는 반면, 배수를 정함에 있어 객관적인 자료나 이론적 근거가 부족하다는 지적을 받기도 한다.

2) 싸이먼과 설리번(Sinmon and Sullivan)의 방식

싸이먼과 설리번은 재무영역에서 개발된 효율적인 시장가설을 바탕으로 기업의 총 가치를 다음과 같이 구분한다.

- **기업의 총 가치**

  기업이 발행한 주식의 시가 총액 + 기업의 부채 시가 총액
- **기업의 무형자산 총 가치**

  기업의 총 가치 − 기업의 유형자산의 가치
- **기업의 브랜드자산의 총 가치**

  무형자산의 총 가치 − 브랜드와 무관한 부분의 가치

이 방식은 재무제표 상에 나타나지 않는 브랜드의 자산가치를 제시해 준다는 측면에서 기업의 인수합병 또는 상표권 소송 시 유용하게 사용될 수 있으나, 기업이 보유하고 있는 브랜드의 총 가치(개별 브랜드의 가치는 측정되지 못함)만이 측정되는 한계점이 있다.

2. 마케팅적 접근방식

재무적인 접근방식이 재무 또는 회계 자료를 바탕으로 브랜드자산을 측정하는 반면, 마케팅적 접근방식은 주로 고객들로부터 수집한 데이터를 분석함으로써 브랜드자산가치를 측정한다. 이에는 구성요소별 접근방식(compositional approach)과 비구성요소별 접근방식(decompositional approach)이 있다.

1) 구성요소별 접근방식(compositional approach)

이 방식은 브랜드자산을 구성하는 요소들(예: 인지도, 연상 등)을 개별적으로 측정한 다음 이들을 결합해서 브랜드자산가치를 추정하는 것이다. 국내의 경우 여러 광고회사나 조사회사들이 나름대로의 결합방식을 개발하여 사용하고 있다. 이 방식은 요소별 경쟁회사와의 강약점의 비교가 가능하다는 장점이 있으나, 결합방식이 자의적으로 도출되는 단점도 있다.

2) 비구성요소별 접근방식(decompositional approach)

이 방식은 학계에서 제시하는 것으로, 1) 고객집단이 특정브랜드에 대한 선택확률(또는 선호도)을 측정하고, 2) 그 브랜드가 브랜드 구축활동을 하지 않을 때의 고객의 선택확률(또는 선호도)을 측정하고, 두 단계에서의 선택확률(또는 선호도의 차이)을 계산한 다음, 4) 그 차이를 현금으로 환산한다. 현금으로 환산할 때 주로 시장의 규모 및 한 대당 마진 등이 고려되어 선호도의 차이가 기업의 수익에 미치는 영향을 추정하게 된다.

이와 같이 브랜드의 자산가치의 측정은 기업의 실무자들에게 매우 중요한 시사점들을 제공해 줄 수 있다. 이는 브랜드의 경쟁전략을 세우는 데 도움을 주기도 하고, 기업의 장기적인 현금 추세를 예측하는 데 도움을 주기도 하며, 기업의 인수합병 시 특정브랜드를 구매할 것인가에 대한 의사결정에도 도움을 준다. 이제 거의 모든 관리자들이 브랜드의 자산적 가치를 인정하고 있기 때문에 어쩌면 멀지 않아 브랜드의 자산가치가 기업의 대차대조표에 기재될 가능성도 있다.

자료원: 박찬수(2007), "브랜드자산의 진단과 측정,"제일커뮤니케이션즈, 2007년 여름호 통권 53호, 17-21.

촉, 이벤트마케팅, PR, 옥외광고 등을 통해 브랜드명, 심벌, 로고, 패키지, 슬로건 등과 같은 브랜드 구성요소들을 반복적으로 노출시킴으로써, 브랜드에 대한 친숙성과 인지도를 높여야 할 것이다. 한편 스폰서십, 광고, 판촉 등을 통해 제품범주와 자사브랜드 간의 연관성을 높이는 기업의 노력도 브랜드회상을 증가시키는 데 기여한다. 예를 들어, 제일제당은 '고향의 맛-다시다'라는 광고슬로건의 반복을 통해 다시다 브랜드를 천연조미료라는 제품범주와 강하게 연계시켰는데, 그 결과 소비자의 마음속에 천연조미료라면 다시다를 먼저 떠올리게 하는 데 크게 기여하였다. 다른 예로 기업은행은 전국노래자랑을 통해 친근한 국민오빠로 부상하고 있는 원로 코미디언 '송해'를 TV CF모델로 캐스팅한 광고를 통해 소비자들의 은행에 대한 친근감을 확보하는 데 성공을 거두었다.

2) 브랜드이미지(Brand Image)

높은 브랜드인지도는 브랜드자산의 구축에서 필요한 선행단계이지만, 이것만으로는 충분하지 않다. 보다 강력한 브랜드자산이 구축되기 위해서는 긍정적인 브랜드이미지의 형성도 함께 요구된다. 브랜드이미지는 브랜드에 대한 지각(혹은 전반적 인상)으로 정의되며, 이는 기억 속에 저장되어 있는 다양한 브랜드관련 연상들의 결합으로 형성된다.[13]

강력하고, 호의적이며, 독특한 브랜드연상은, 특히 제품정보를 처리하려는 충분한 동기와 능력이 수반되는 고관여제품에 대한 구매의사결정(가령, 자동차나 TV를 구매하는 경우) 시에, 브랜드자산의 구축에 중요한 역할을 한다.

연상(associations)이란 한 브랜드와 관련하여 소비자가 갖는 생각들을 말한다. 예를 들어, 삼성전자의 나이키 농구화에 대해 생각할 때 마이클 조단이란 선수를 떠올릴 것이다. **그림 4-2** 에 의하면 브랜드연상은 ① 연상의 유형, ② 연상의 호의성, ③ 연상의 강도, ④ 연상의 독특성이라는 4가지 측면에서 살펴볼 수 있다. 소비자의 기억 속에는 매우 다양한 형태의 연상들이 저장되어 있는데, 이들은 속성에 대한 연상, 편익에 대한 연상, 기업과 관련된 연상으로 나누어진다. 속성에 대한 연상은 다시 제품과 관련된 속성(제품범주,

13) C. Whan Park, Bernard Jaworski, and Deborah MacInnis, "Strategic Brand Concept–Image Management," Journal of Marketing , October(1986), pp. 135–146.

제품속성, 품질)과 제품과 직접 관련이 없는 속성(브랜드 퍼스낼리티, 사용자, 용도, 느낌과 경험)에 대한 연상으로 나누어지며, 편익에 대한 연상은 기능적 편익, 경험적 편익, 상징적 편익에 대한 연상으로 분류된다. 이하에서는 이들에 대해 자세히 설명하기로 한다.

① 제품과 관련된 속성에 대한 연상

소비자들은 특정의 브랜드에 노출되었을 때 제품과 관련된 속성들을 연상할 수 있는데, 이는 다시 제품범주에 대한 연상, 제품속성에 대한 연상, 그리고 품질에 대한 연상으로 나눌 수 있다.

첫째, 제품범주에 대한 연상은 제품관련 속성 중 기업이 가장 우선적으로 고려할 수 있는 유형이다. 자사브랜드가 제품범주와 밀접하게 연관되어 있다면, 이는 바람직한 아이덴티티 형성에 긍정적인 영향을 미칠 것이다. 예를 들어, 아이스크림하면 하겐다즈(Haagen Dazs)가, 조미료하면 미원이, 신용카드하면 비자가 가장 먼저 떠오르는데, 이는 브랜드자산 구축에 강력한 기반이 된다.

특정브랜드와 제품범주 간의 연관관계가 강하다는 것은 소비자에게 제품범주가 주어

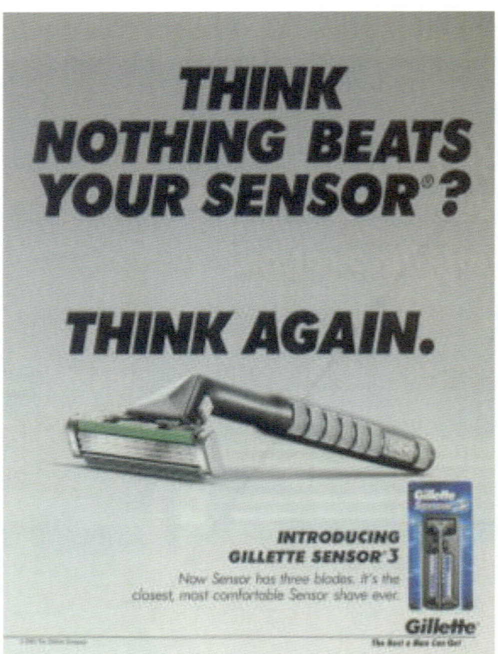

제품범주에 대한 연상의 예: 제품범주가 즉각적으로 연상되는 질레트 면도기 광고

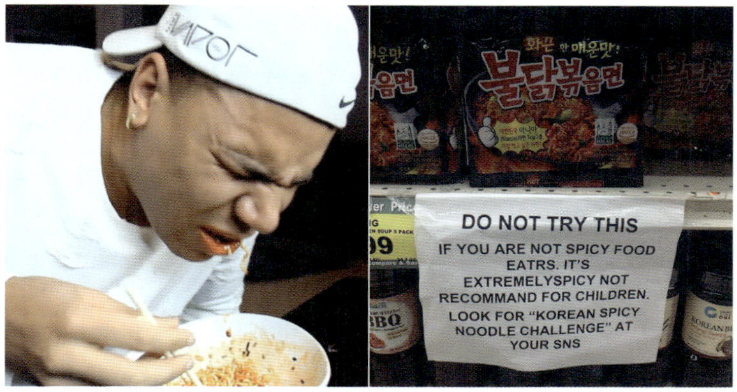

제품속성에 대한 연상의 예: 불닭볶음면은 매운 맛이라는 기능성 속성을 국내외 소비자들에게 소구해 2018년 2억 달러의 수출액을 기록한 바 있다.

질 때 그 브랜드가 즉각적으로 회상됨을 의미한다. 면도기에서 질레트(Gillette), 화장지에서 크리넥스(Kleenex), 1회용 반창고에서 대일밴드, 진통제에서 타이레놀 등과 같은 시장지배력이 강한 브랜드들은 제품범주와 브랜드 간의 연결고리가 워낙 강하여 각 제품범주에서 오로지 그 브랜드만이 회상된다. 일반적으로 제품범주와 특정브랜드가 강하게 연결되어 있다면, 이는 다른 경쟁브랜드들에 대한 기억을 방해할 것이다. 일례로, 조미료와 미원은 그 연관관계가 매우 강하여 다른 브랜드명의 기억을 방해한다.

둘째, 제품속성에 대한 연상은 자사브랜드를 제품속성과 연계시키는 것이다. 제품속성이란 소비자가 바라는 제품기능을 수행하는 데 필요한 제품의 구성요소들이다. 예를 들어, 많은 국내 치약브랜드들이 각기 다른 제품속성과의 연상관계를 강조하는 마케팅 커뮤니케이션 전략을 사용하고 있다. 콜게이트 치약은 고객들에게 치석제거를 강하게 연상시키며, 죽염치약은 잇몸강화에 도움이 되는, 그리고 페리오 46cm 치약은 입 냄새 제거에 좋은 치약으로 소비자의 기억 속에 자리잡고 있다. 한편, 삼양라면의 히트상품인 불닭볶음면은 볶음면이라는 새로운 카테고리를 개척하면서 매운 맛이라는 기능적 속성을 차별점으로 해 브랜드 자산을 구축했다. 2018년 말 삼양식품은 '불닭볶음면' 10억 개 판매를 기념해 한정판으로 '까르보 불닭볶음면'을 출시했는데, 이 제품은 3,600만 개 이상 판매되는 등 큰 성공을 거두면서 매운 맛이라는 제품속성과 불닭볶음면 간의 연상관계를 강화하는 데 기여했다.

셋째, 품질/가격과 관련된 연상이다. 사람들은 하겐다즈를 프리미엄 아이스크림으로 생각하며, 풀무원 생두부를 시장에서 판매되는 일반두부보다 고품질인 것으로 연상하며, 가격도 경쟁브랜드들보다 상대적으로 비싸다. 소비자들이 자사브랜드에 대하여 지각하고 있는 품질은 브랜드연상에 있어서 가장 중요한 차원의 하나이다. 사람들은 신라 호텔의 서비스질이 다른 특급호텔보다 훨씬 낫고, BMW는 최고의 차(ultimate diriving machine)라고 믿는다. 이와 같이 특정브랜드에 대한 지각된 품질은 제품성능, 신뢰성 등의 제품속성에 대한 고객들의 기대를 포함할 뿐 아니라 그 브랜드에 대한 전반적인 감정까지도 포함하고 있다.

② 제품과 직접 관련이 없는 속성에 대한 연상

기업은 브랜드자산의 구축에 있어 제품과 직접적인 관련이 없는 속성에 대한 연상을 표적소비자의 마음속에 심어 주는 마케팅커뮤니케이션 캠페인을 사용하기도 한다. 제품과 직접 관련이 없는 속성에 대한 연상으로는 브랜드 퍼스낼리티에 대한 연상, 사용자에 대한 연상, 용도에 대한 연상, 느낌과 경험에 대한 연상 등을 들 수 있다.

첫째, 브랜드 퍼스낼리티에 대한 연상이다. '할리 데이비드슨(Harley-Davidson) 오토바이'하면 남성적이면서 기존관습을 타파하고 자유를 추구하는 사람의 이미지가 연상되며, 마초(macho)이미지의 Marlboro담배와는 대조적으로 '버지니아 슬림'하면 여성다움이 연상된다. 렉서스는 세련됨(sophistication)을, Porshe는 흥미진진함(excitement)을, CNN은 능력있음(competence)을, 리바이스는 거칠음(ruggedness)을 개성요소로 확보하는 데 성공했다. 브랜드 퍼스낼리티는 브랜드와 고객 간의 인간적 관계, 그리고 브랜드에 대한 느낌과 태도를 깊이 이해할 수 있게 해주고 브랜드를 통해 자신의 개성(또는 자아개념)을

유플러스는 강남스타일로 일약 세계적인 가수로 등장한 싸이를 통해 유플러스 스타일을 만들었다.

27년간 김혜자씨를 모델로 기용한 다시다 광고: 배우이자 탤런트인 김혜자씨는 1975년부터 2003년까지 제일제당 '다시다' 광고에만 출연해 왔다.

표현할 수 있는 유용한 수단이 된다.[14] 2G 및 3G 시장에서 3위 자리에 머무르고 있었던 유플러스는 4세대 LTE시장에서 선도자가 되기 위한 마케팅커뮤니케이션 전략을 준비하고 있었다. LG 유플러스는 그 당시 온라인에서 반전콘텐츠를 담은 강남스타일 동영상으로 글로벌 가수로 부상한 싸이를 광고모델로 이용함으로써 유플러스 스타일이라는 차별적인 브랜드퍼스낼리티를 창출했다.

둘째, 사용자에 관한 연상은 브랜드를 제품사용자와 연계시키는 것이다. 특정 사용자가 갖는 이미지는 브랜드자산의 창출에 상당히 기여할 수 있는데, 그 이미지는 전형적인 사용자(실제로 그 브랜드를 사용하는 사람) 또는 이상적인 사용자(실제로 그 브랜드를 사용하는 사람)에 기반을 둘 수 있다. 예를 들어, '나이키신발' 하면 최고의 프로골프 선수인 타이거 우즈가, 다시다는 김혜자가, 그리고 맥심 카누 커피 하면 배우 공유가 떠오르는 것은 이상적인 사용자이미지에 근거하여 브랜드자산을 형성한 경우이다.

셋째, 제품용도에 관련된 연상이다. 어떤 기업들은 브랜드연상전략의 하나로 브랜드를 제품의 용도와 강하게 연관시킴으로써 강력한 브랜드자산의 구축에 성공하였다. 제일제당의 컨디션은 음주전후에 마시는 음료로, 게토레이는 운동 시 갈증해소를 위한 음료로 포지셔닝하여 시장에서 확고한 기반을 구축하는 데 성공하였다. 고디바 초콜릿은

14) Jenifer L. Aaker, "Dimensions of Brand Personality,"*Journal of Marketing Research* , August(1997), pp. 347–356.

선물용으로 강하게 포지셔함으로써 고급 초콜릿시장에 성공적으로 침투하였다.

마지막으로 느낌과 경험(Feeling and Experiences)에 대한 연상이다. Leo Burnett 광고대행사의 Josh McQueen은 정서적인 보상을 브랜드자산의 가치를 높이는 데 기여하는 한 요인으로 지적하였다. 그에 의하면, 정서(emotion)는 제품성능에 대한 지각에 긍정적인 영향을 미칠 뿐만 아니라, 제품에 의미를 부여하거나 제품사용에 대한 만족도를 높이는 데 도움이 된다고 보았다. 예를 들어 공익기업인 마리몬드는 위안부 할머니를 위해 수익의 절반 이상을 나비기금으로 후원하고 역사관 설립, 생활복지기금, 캠페인 경비 지원 등 다양한 분야에서 위안부 문제를 해결하기 위해 노력하고 있다. 마리몬드는 '인간의 존귀함을 이야기한다'는 기업 모토 아래 위안부 할머니의 삶을 재조명하기 위한 '꽃 프로젝트'를 진행한 바 있다. 이 프로젝트는 할머니에게 적합한 꽃을 선정하고 해당 패턴을 반영한 팔찌, 목걸이, 핸드폰 케이스, 옷, 가방 등의 상품을 개발해 구매자의 자긍심과 공감이라는 정서에 소구함으로써 100억 원의 매출을 실현하고 이 중 17억 원가량을 기부하는 성과를 거두었다.

③ 편익과 관련된 연상

브랜드연상의 또 다른 유형으로 제품편익을 들 수 있다. 편익이란 소비자가 제품(혹은 서비스)속성에 부여하는 가치 혹은 의미를 말한다. 예를 들어, 에어컨의 편익은 쾌적함, 소음이 적음, 어떤 날씨에서도 일관성 있는 성능을 보임 등을 포함한다. 편익은 크게

제품의 정서적 의미를 창출한 캠페인의 예: 마리몬드는 위안부 할머니를 위한 꽃 프로젝트를 진행하면서 소비자 정서의 자극을 통해 긍정적인 마케팅커뮤니케이션 성과를 거두었다.

기능적 편익, 상징적 편익, 경험적 편익의 세 가지 유형으로 나누어진다.

첫째, 기능적 편익(functional benefits)은 제품구매를 통해 당면한 소비문제를 해결하고자 하는 소비자욕구가 충족되는 것을 말한다. 예를 들어, 샴푸의 기능적 편익은 비듬을 제거하거나 머리의 때를 없애주거나 머리칼을 윤기 있게 만드는 것이다. 불가리스는 변비를 해결하는 데 효과적인 요구르트라는 연상을 소비자의 마음속에 심어줌으로써 성공하였다. 기능적 편익을 강하게 연상시키는 대표적인 유명 브랜드들로는 Arm&Hammer, Ivory, Vaseline, Timex 등을 들 수 있다.

둘째, 상징적 편익(symbolic benefits)은 제품구매를 통해 사회적으로 인정을 받으려는 자아를 표현하려는, 그리고 자긍심을 보이고 싶어 하는 욕구를 충족시키는 것을 말한다.

그러므로 소비자는 브랜드의 패션성이나 권위를 자신과 연관시킬 수 있기 때문에 그 브랜드를 가치 있게 생각할 수 있다. 예를 들어, 샴푸의 상징적 편익은 사용자들로 하여금 아름다운 사람들만이 그 제품을 사용하고 있음을 확신시켜 줄 때 발생된다. 소비자들은 흔히 사회적으로 가시성이 높은 제품을 구매할 때 상징적 편익을 추구한다. 상징적 편익을 강하게 연상시키는 유명 브랜드들로는 Calvin Klein, Lenix, Rolex, Gucci, Tiffany, Boss 등을 들 수 있다. 과거 GM은 쉐보레를 한국에 출시하면서 차의 상징성에 소구했다. 쉐보레의 한국 런칭광고는 자동차가 이제 나의 명함이 되고 나를 꾸며주는 옷이 된다고 강조하였다. 쉐보레 프리런칭 '명함'편은 그해 광고전문가가 뽑은 최고의 크리에이티브로 선정되었다.

셋째, 경험적 편익(experiential benefits)은 제품사용과정에서 소비자들이 긍정적인 느낌을 갖게 되는 경우를 말한다. 제품이 제공하는 경험적 편익은 감각적 즐거움, 다양함 추구와 같은 경험적 욕구를 충족시킨다. 예를 들어, 샴푸의 경험적 편익은 샴푸제품을 사용하면서 향에 취하도록 만들거나 아름다움과 청결함의 느낌을 갖도록 하는 것이다. 경험적 편익을 강하게 연상시키는 대표적 브랜드들로는 Disney, Harley Davidson, Mountain Dew, Nike, 에버랜드 등을 들 수 있다.

상징적 편익에 대한 연상의 예: 쉐보레를 타고 다니는 것이 명함역할을 한다고 소구하는 쉐보레 '명함'편

기업관련 브랜드연상 구축의 예: 미래에 대한 꿈을 파는 테슬라

④ 기업과 관련된 연상

대부분의 기업들이 브랜드아이덴티티를 구축할 때 제품과 관련된 연상들에 토대를 두지만, 어떤 기업들은 기업문화, 기업구성원의 특성, 최고경영자의 가치관 등의 기업과 관련된 연상을 기반으로 하여 브랜드아이덴티티를 형성하기도 한다.

기업문화, 경영이념 등의 기업과 관련된 브랜드연상은 제품과 관련된 연상과 비교하여 무형적이고 보다 주관적인 특성을 가진다. 기업과 관련된 브랜드연상은 기업명상표전략(corporate brand strategy)을 채택한 기업들의 브랜드자산구축에 특히 중요한 역할을 한다. 예를 들어, 생산되는 여러 제품범주들에다 기업명을 부착하는 일본의 대기업이나 한국의 재벌기업들은 기업과 관련된 브랜드연상을 브랜드아이덴티티의 주요구성요소로 간주하고 있다. 즉 구체적이고 명확한 이미지보다는 혁신성, 신뢰성이나 최고의 고객서비스와 같이 추상적인 기업이미지를 구축하여, 이를 여러 제품범주들에 공통적으로 적용하고 있는 것이다. 혁신적이고 사회 참여적이며 고객에게 관심을 기울이는 것으로 인식되는 기업들은 제품속성에서 일시적으로 우위를 점하고 있는 경쟁업체에 비해 유리할 수 있는데, 이는 기업관련 연상이 무형적이며 쉽게 모방하기 힘들기 때문이다. 예를 들어 테슬라는 미래에 대한 꿈을 브랜드아이덴티티로 설정하고 전기자동차를 상용화하는 데 성공하면서 주가총액이 현대자동차 그룹을 추월했는데, 최근 이 회사는 우주를 개척하는 사업에 진출할 것을 선언했다. 소비자들은 이 기업을 혁신의 아이콘으로 인정하고 이러한 엘론 머스크(Elon Musk)의 철학을 추종하는 열성적 브랜드 커뮤니티가 전 세계적으로 구성되어 있다.

광고 Highlight

감각적 체험 공간으로 체험의 품격을 전달하는 설화수: 프랑스 파리 갤러리 라파예트 백화점의 설화수 매장

설화수는 1997년 에센셜 라인을 최초로 출시한 후 감각적 디자인(도자기의 질감을 주는 용기, 포장에 향기를 입힘 등)으로 고급스러운 느낌을 주는 데 성공하면서 중국을 비롯한 아시아 소비자들에게 품격 있는 럭셔리 브랜드로 자리매김하는 데 성공했다. 설화수는 지향하는 한국적 미를 담아내기 위해 노력해 왔고 이러한 한국적 미를 감각적 디자인을 통해 구축하고 있는데, 최근 한국 전통문화를 계승하는 예술가들과 협업을 통해 제품에 예술적 가치를 담아내기 위해 노력한 것이 한 예이다. 아모레퍼시픽은 30여 개 브랜드를 운영하고 있는데, 설화수의 매출 비중은 20%로 가장 높다. 설화수는 아모레퍼시픽의 대표 브랜드로서 '한국적 아름다움'이라는 기업아이덴티티를 구축하는 데 선도적 역할을 하고 있다. 아모레퍼시픽은 최근 2018년 프랑스 파리 라파예트 백화점 입점에 성공하면서 설화수를 소개했다.

설화수는 2017년 9월 프랑스의 대표적인 고급 백화점에 한국 브랜드로서는 유일하게 단독 매장을 개설하면서 유럽시장 진출의 포문을 열었다. 설화수는 이 단독매장에서 설화수라는 브랜드에 생소한 프랑스 고객들에게 동양적 미를 체험할 수 있는 감각 체험의 공간을 제공하고 있다. 브랜드 탄생의 근간이 되는 한방, 인삼, 자음단 같은 원료를 쉽게 이해할 수 있도록 한약방의 모습을 재현했고, 별도 체험존을 마련해 대표 상품인 윤조 에센스와 자음생크림을 직접 뷰티 리추얼에 따라 체험할 수 있도록 안내하고 있다.

아모레퍼시픽의 회사 미션은 "우리만이 창조할 수 있는 아름다움으로 새로운 미(美)의 역사를 써 내려가며, 더 아름다운 세상을 향한 원대한 여정을 이어가는 것"으로 한국적인 아름다움을 전 세계인들에게 소개하는 여정을 파리에서 시작했다고 볼 수 있다. 이제 설화수의 한국적 미가 프랑스 소비자들에게 소구될 수 있는지 지켜보자.

자료원: 배미정(2018). "한방의 후각에서 도자기 느낌 촉각까지 한국적 아름다움으로 세계를 사로잡다."Dong-A Business Review, September 2018 Issue 1, No. 256, 66-71.

설화수의 파리진출: 2017년 가을 파리에서 가장 고급스러운 화장품을 판매하는 파리 라파예트 백화점에 입점한 설화수.

한편 브랜드연상은 ①연상의 호의성, ②연상의 강도, ③연상의 독특성이라는 3가지 측면에서 평가될 수 있다. 예를 들어 오리온 초코파이에서 연상되는 정이 얼마나 좋은 이미지인가를 평가해 보자. 소비자가 초코파이에서 '정'이라는 요소를 연상하게 되면 이는 소비자의 브랜드 태도에 호의적으로 영향을 미치게 될 것이다. 아마도 소비자들은 '초코파이'라는 단어를 들으면 '정'을 빠르고 쉽게 연상하게 되는데 이는 연상요소가 강하게 브랜드에 연결되어 있음을 의미한다. 그리고 '정'이라는 연상요소는 다른 브랜드에서는 찾아볼 수 없는 오리온 초코파이의 고유한 이미지이다. 그래서 오리온 초코파이는 강력한 브랜드이다. 소비자들이 초코파이를 살 때 대부분 오리온 초코파이를 찾는 이유는 '정'이라는 연상요소 때문일 것이다.

4 IMC전략의 수립과정

본 절은 IMC전략이 수립되는 과정을 소개한다. IMC전략의 수립과정은 1) 마케팅전략에 대한 검토, 2) IMC목표의 선정, 3) 커뮤니케이션 도구들의 비교검토 및 선정, 4) 커뮤니케이션 도구별 전략적 역할의 정립, 5) 커뮤니케이션 예산의 확보, 6) 커뮤니케이션 도구별 세분전략의 수립으로 나누어지는데, 그림 4-3 은 이를 정리한 것이다.

이하에서는 가상적인 화장품을 예로 들어 IMC전략이 수립되는 단계를 자세히 설명하기로 한다.

(1) IMC전략의 1단계: 마케팅전략의 검토

IMC전략은 마케팅전략의 하위전략이기 때문에 커뮤니케이션 프로그램은 마케팅전략 수립의 토대가 된 마케팅목표를 달성하는 데 도움을 주어야 한다. 따라서 IMC관리자가 IMC전략을 수립하기 위한 첫 번째 단계는 커뮤니케이션 프로그램에 반영하여야 할 마케팅전략을 검토하는 것이다. 마케팅전략은 STP(시장세분화, 표적소비자의 선정 및 제품 포지셔닝의 선정)와 이를 구체화하는 마케팅믹스 프로그램으로 구성됨을 앞 장에서 설명한 바 있다. IMC관리자는 마케팅전략에서 수립된 STP를 토대로 표적청중을 구체화하고

그림 4-3 IMC전략의 수립과정

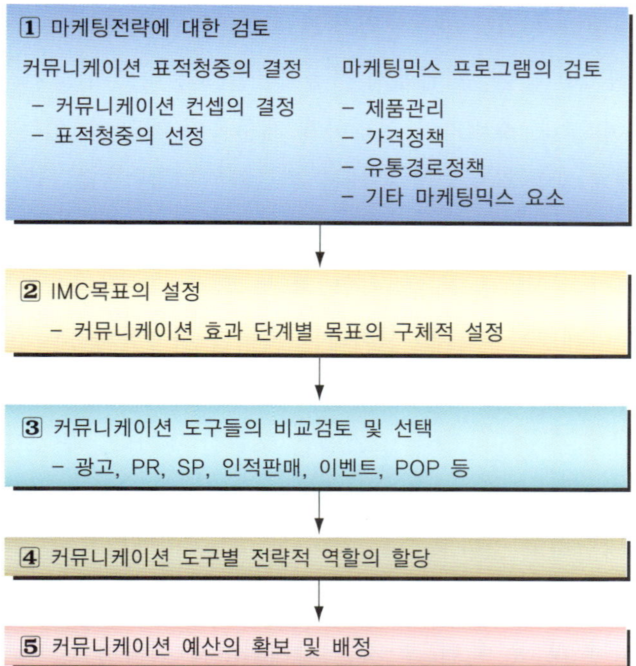

이들에게 전달할 커뮤니케이션 컨셉을 정립해야 하며, 마케팅활동의 일관성을 유지하기 위하여 촉진 이외의 다른 마케팅믹스 요소들도 검토해야 한다.

1) 표적청중과 브랜드컨셉의 설정

마케팅전략을 구성하는 STP와 IMC전략은 서로 밀접한 관계를 갖는다. 마케팅전략을 구성하는 STP는 제품시장을 서로 동질적인 욕구를 가지고 있는 소비자 집단으로 구분한 다음, 이들 중에서 표적소비자를 선정하고, 이들에게 경쟁우위를 제공하는 브랜드 포지셔닝을 결정하는 과정인데, 이러한 결정은 IMC전략에서 표적청중과 브랜드컨셉 결정의 토대가 된다. 마케팅전략에서 선정된 표적소비자는 IMC전략에서 매체를 통해 메시지를 전달하고자 하는 대상인 표적청중(매체상황이 고려되어 조정됨)으로 구체화되고, 마케팅전략에서의 브랜드 포지셔닝(브랜드가 소비자에게 제공하는 차별적 혜택 또는 가치)은 IMC전략에서 소비자에게 전달하고자 하는 브랜드컨셉으로 재정립된다.

2) 마케팅믹스 프로그램의 검토

결정된 STP를 실행하기 위한 마케팅믹스 프로그램은 소비자의 욕구를 충족시켜줄 수 있는 제품을 개발하고(product), 기업에게 적정이윤을 보장하면서 소비자가 수용할 수 있는 가격을 제공하며(price), 소비자가 편리하게 제품을 구매할 수 있는 유통망을 설계하고(place), 소비자에게 제품을 알리고 구매를 유도하는 촉진 프로그램(promotion) 또는 마케팅커뮤니케이션을 설계하는 활동으로 구성된다.

본서는 촉진관리의 핵심적인 기능을 기업과 고객 간의 커뮤니케이션으로 보기 때문에 촉진관리 대신 마케팅커뮤니케이션이라는 용어를 사용한다. 본서에서 언급하는 마케팅커뮤니케이션은 협의로는 촉진믹스를 통칭하여 일컫는 것이고, 보다 광의로는 마케팅믹스 프로그램을 구성하는 모든 요소들을 포괄한 것이다. 즉, 브랜드명, 제품패키지, 가격, 유통경로 등도 소비자에게 자사제품에 대한 메시지를 제공하는 커뮤니케이션 기능을 상당부분 담당하고 있다고 보는 것이다. 이는 "마케팅은 곧 커뮤니케이션이고, 커뮤니케이션은 마케팅이다"라는 Schultz교수의 견해와 일치한다. 같은 관점에서 Duncan & Moriarty(1998)는 브랜드가치를 극대화하기 위하여 1) 마케팅커뮤니케이션 도구들뿐만 아니라 마케팅 프로그램을 구성하는 모든 요소들이 전략적으로 일관성 있게 통합되어야 하고, 2) 소비자뿐만 아니라 브랜드와 관계되는 모든 이해관계자(예: 주주, 협력업체, 종업원, 경쟁사, 매체사, 커뮤니티 등을 포함)들을 고려하여 메시지가 개발되어야 하며, 3) 브랜드와 관련된 커뮤니케이션은 일방적인 것이 아니라 상호작용적(interactive)이어야 함을 강조하고 있다.

따라서 마케팅믹스 프로그램과 IMC전략은 상호 보완적이고 전략의 일관성이 유지될 수 있도록 설계되어야 한다. 이하에서는 커뮤니케이션 수립 시 마케팅믹스별로 검토되어야 할 사항을 살펴보기로 한다.

① 제품전략과 관련하여 검토해야 할 요인

IMC관리자가 커뮤니케이션 프로그램 개발 시 제품관리 측면에서 고려해야 할 요소들은 제품개념, 제품믹스와 브랜드명 전략, 브랜드 계층구조, 패키지전략 등이다.

첫째, IMC관리자는 브랜드의 핵심개념을 반영하는 커뮤니케이션 프로그램을 개발하여야 한다. Kotler교수는 제품을 핵심제품, 유형제품, 그리고 확장제품 등 세 가치 차원으로 구분하면서 마케터에게 이들을 적절히 조합하여 제품개념을 규정할 것을 제안하였다. 그에 따르면, 핵심제품이란 소비자가 그 제품으로부터 원하는 핵심적인 편익을 말하며, 유형제품이란 소비자가 추구하는 핵심적 편익을 패키지, 제품특징(또는 속성), 스타일, 품질 및 브랜드명을 통하여 구체적으로 유형화시킨 것이다. 그리고 확장제품은 유형 제품 외에 소비자에게 부가적으로 제공되는 서비스(예: 배달, 신용제공, 보증, 제품설치, 애프터서비스 등)를 통칭하는 것이다. 핵심제품은 커뮤니케이션 개념으로 연결(마케터가 개발한 제품개념을 보다 소비자 중심의 설득적이고 임팩트 있는 메시지로의 전환을 의미함)될 가능성이 높고, 유형제품과 확장제품에 기반한 제품개념은 커뮤니케이션 개념을 구체화하는 데 활용될 수 있다.

둘째, IMC관리자는 커뮤니케이션 전략을 세울 때 제품믹스 측면, 즉 기존의 제품계열 내에서 신제품을 추가로 출시하는 것인지 또는 기존의 제품계열 외에 새로운 제품계열을 만들어 신제품을 출시할 것인지 등의 문제를 고려하여야 한다. 기존의 제품계열 내에서 신제품을 추가할 경우, 기존제품과의 차별화(예: 표적고객의 차별화 또는 이미지의 차별화)를 달성할 수 있는 커뮤니케이션 프로그램을 준비함으로써 제품잠식현상(product cannibalization: 신제품이 자사의 기존제품 판매를 잠식하는 현상)을 최소화할 필요가 있다. 또한 기업은 브랜드전략과 관련하여 새로운 브랜드명을 사용할 것인지(기존제품의 브랜드명이 아닌 별도의 새 브랜드명을 개발하여 사용하는 경우) 또는 기존의 브랜드명을 가지고 제품계열확장(line extension: 갈아만든 배, 사과 등 기업이 기존 브랜드명을 새로운 맛, 성분, 또는 기능 등을 추가한 신상품에 사용하는 것)을 할 것인지를 고려하여 커뮤니케이션 프로그램을 준비해야 한다. 한편 기업이 새로운 제품계열에 진출하는 경우에는 IMC관리자는 회사 내 각 제품계열들이 서로 연계성을 가지고 소비자에게 소구되어 이들 간에 시너지 효과를 얻을 수 있도록 커뮤니케이션 프로그램을 준비해야 한다. 또한 신제품에 대한 브랜드전략(새로운 브랜드명을 사용할 것인가 혹은 브랜드확장전략을 선택할 것인가)도 함께 고려해야 한다. 예를 들어 브랜드확장(brand extension: LG 디오스 냉장고, 식기 세척기 등 한 제품시장 내에서 성공을 거둔 기존 브랜드를 다른 제품군의 신제품에 부착하는 것)의 경우 마케터는 기존 브랜드(original brand)의 좋은 이미지를 신제품에 전이시키고 지나친 브랜드 확장에 따른 기존 브랜드이미지 희석효과(dilution effects: 브랜드명을 너무 다양한 제품군에 적용함으로써 원 브랜드의 이미지가 희석되는 현상)를 방지하는 커뮤니케이션 방안을 강구해야 한다.

셋째, IMC관리자는 브랜드의 계층구조를 이해해야 한다. 브랜드의 계층구조는 기업명, 개별브랜드명 및 브랜드 수식어들 간의 구조적인 관계를 의미한다. 예를 들어, 현대자동차 NF쏘나타에서 현대자동차는 기업명이고, 쏘나타는 개별브랜드명이며, NF는 쏘나타라는 브랜드에 대한 수식어이다. 한 회사가 다양한 제품군들을 운영하는 경우 관련 제품들을 묶어 공동브랜드(예: (주)대상은 양념제품들에 대해 청정원이라는 공동브랜드를 부착함)를 도입하는 경우도 있는데, 이 경우 브랜드의 계층구조는 더욱 복잡해진다. 브랜드 계층구조 관리의 핵심은 취급제품들을 기업브랜드 중심으로 운영할 것인가 아니면 개별브랜드 중심으로 운영할 것인가에 있는데, 이러한 전략적 선택은 IMC 프로그램에도 지대한 영향을 미치게 된다(표 4-1 참조). 브랜드 계층구조가 기업브랜드 중심으로 운영되는 경우에는(가령 오뚜기 식품) 기업의 아이덴티티를 강화시켜 주는 특징들이, 개별브랜드 중심으로 운영되는 경우에는(가령, 코카콜라 컴퍼니는 코카콜라, 환타, 미닛메이드, 스프라이트 등 개별 브랜드 중심으로 운영함) 경쟁브랜드들과 차별점이 커뮤니케이션 메시지에 반영되어야 한다. 또한 기업은 커뮤니케이션과정에서 기업브랜드만을 표기할 것인지, 개별브랜드만을 사용할 것인지, 기업브랜드와 개별브랜드를 함께 사용할 것인지 또는 브랜드 수식어도 포함시킬 것인지를 신중하게 결정할 필요가 있다. 예를 들어 지펠 냉장고를 출시하면서 삼성전자는 개별브랜드전략을 사용했는데, 소비자와의 모든 커뮤니케이션에서 기업브랜드(삼성전자)를 언급하지 않고 지펠만의 고품질 이미지를 구축하는 데 목적을 두었다(지펠만의 고품질 이미지를 구축하는 데 성공한 삼성전자는 현재 기업브랜드를 지펠 냉장고에 함께 부착하는 혼합브랜드전략으로 전환했다).

표 4-1 브랜드전략에 대한 검토사항

구분	검토사항
기업명 중심의 브랜드전략 시	• 기업아이덴티티를 강화시키는 요소는 무엇인가? • 기업아이덴티티를 희석시키는 요소는 무엇인가?
개별브랜드명 브랜드전략 시	• 경쟁브랜드와 차별화시키는 방안은? • 자사의 기존브랜드와 차별화시키는 방안은?
브랜드확장 시	• 원브랜드(parent brand)에서 전이될 수 있는 긍정적인 연상유형들은 무엇인가? • 원브랜드와 신제품 간에 컨셉의 일관성을 유지하는 것이 필요한가? • 원브랜드와 신제품이 각각 수행해야 할 전략적 역할은 무엇인가?
계열확장 시	• 기존제품과 신제품 간에 시너지 효과는 가능한가? • 기존제품에 대한 제품잠식현상을 최소화하는 방안은 무엇인가? • 표적고객의 차별화가 가능한가? • 가격의 차별화가 필요한가?

넷째, 마케터는 패키지가 제공하는 커뮤니케이션 기능을 고려하여야 한다. 일반적으로 좋은 패키지는 시각적 주의유발, 정보의 제공, 감정적 소구력, 기능수행력(제품보호기능 및 보관용이성, 사용편리성) 등의 기능을 수행하는데, IMC관리자는 각 커뮤니케이션 도구들과 패키지 간의 연계성과 상호보완성을 확보할 수 있도록 노력하여야 한다.

② 가격전략에서 검토해야 할 요인

IMC관리자가 커뮤니케이션 전략을 수립함에 있어 가격전략과 관련하여 고려해야 할 요소들로는 시간경과에 따른 가격전략, 고객별 가격차별화 필요성 여부, 마케팅커뮤니케이션 활동이 준거가격에 미치는 영향 등을 들 수 있다.

첫째, 신제품에 대한 가격전략은 스키밍 가격전략(skimming pricing strategy)과 침투가격전략(penetration pricing strategy)으로 구분된다. 스키밍 가격전략은 신제품에 대해 고가격을 책정한 다음 시간이 경과하면서 점차 가격을 낮추는 정책이다. 이에 반해 침투가격전략은 신제품 출시 시 가격을 매우 낮게 책정함으로써 대량판매에 의한 원가우위를 통해 수익성을 확보하려는 전략(초기에는 낮은 가격으로 적자를 볼 가능성이 있으나 누적 생산량이 증가하면서 원가가 일정비율로 낮아지는 경험곡선 효과에 의해 수익성을 확보하게 됨)이다. 커뮤니케이션 관리자는 가격전략에 따라 커뮤니케이션 프로그램을 조정해야 한다. 스키밍 가격전략이 도입될 경우 표적청중은 조기수용자로 국한될 것이므로 이들의 특성에 맞춘 커뮤니케이션 프로그램이 개발되고, 메시지 내용도 고가를 지불해야 하는 근거를 제시하는 데 주력해야 한다. 그러나 시간이 경과하여 구매고객의 범위가 확대되면 메시지의 표적청중과 내용이 조정되어야 할 것이다. 한편 침투가격전략이 사용되는 경우 신제품에 대한 수요가 조기에 확산될 수 있는 커뮤니케이션 방안을 강구해야 하고 표적청중도 조기수용자보다는 일반대중들에 맞춰져야 한다.

둘째, IMC관리자는 고객별로 가격차별화를 실시해야 할 필요가 있는지를 검토해야 한다. 고객별 가격차별화란 소비자집단(대표적인 예는 가격에 민감한 소비자와 민감하지 않은 소비자)에 따라 서로 다른 가격을 제시하여 이익의 극대화를 추구하는 것이다. 만약 가격차별화전략이 필요한 경우 IMC관리자는 이를 실행에 옮길 수 있는 커뮤니케이션 도구들을 선정해야 한다. 예를 들어, 촉진믹스 중 SP(sales promotion: 판매촉진)는 이러한 가격차별화를 실행에 옮기는 데 사용될 수 있는 도구이다. 소비자들에게 쿠폰(광고된 쿠폰을 오려 구매 시 제시하는 경우 쿠폰에 명기된 금액만큼 가격을 할인해 주는 방법)을 제공하거나 리베이트(제품

구매 후 영수증 및 패키지에 있는 등록상표 등을 메이커에게 보내는 경우 일정금액을 환불해 주는 방법)를 제공하는 것은 가격차별화전략과 관련하여 활용될 수 있는 대표적인 판촉도구의 예들이다. 또한 최근 많은 기업들이 사용하고 있는 마일리지 제도도 반복구매자와 일회성 구매자 간에 가격차별화를 적용하는 방법의 한 예이다.

셋째, IMC관리자는 마케팅커뮤니케이션이 소비자들의 준거가격 형성에 미치는 영향을 잘 이해해야 한다. 준거가격(reference price)이란 소비자가 제품가격의 싸고 비쌈을 판단하는 데 기준으로 삼는 가격을 말하는데, 이는 소비자의 과거 구매경험이나 현재 가지고 있는 가격정보를 토대로 형성되는 경향이 있다. 기업의 커뮤니케이션 활동은 소비자들의 준거가격 형성에 영향을 미칠 수 있기 때문에 커뮤니케이션 관리자는 이를 고려해야 한다. 예를 들어, 백화점의 반복되는 세일과 사은행사는 소비자의 준거가격을 낮추어 장기적으로 매출에 부정적인 영향을 초래할 수 있다. 즉, 세일과 사은행사가 반복되어 준거가격이 낮아졌기 때문에 소비자들은 정상가격에서 제품을 구매하지 않게 될 수 있는 것이다.

③ 유통전략에서 검토하여야 할 요인

IMC관리자가 커뮤니케이션 프로그램을 수립할 때 유통전략과 관련하여 고려해야 할 요소에는 유통경로구성원이 수행하는 커뮤니케이션 기능, 유통 커버리지, 유통경로구성원의 판매역할 등이 있다.

첫째, IMC관리자는 유통경로구성원에 의해 수행될 커뮤니케이션 기능을 고려하여야 한다. 소비자들에게 전달되는 메시지는 대부분 제조업체에 의하여 기획 · 전달되지만, 때에 따라 유통경로구성원에 의하여 전달되기도 한다. 따라서 마케터는 유통경로구성원이 소비자들에게 자사브랜드에 대해 긍정적인 메시지를 전달할 수 있는 여건을 마련하고 유통경로구성원과 협력하여 커뮤니케이션 프로그램을 기획할 필요가 있다. 기업은 유통경로구성원에 의한 커뮤니케이션 기능이 원활하게 수행될 수 있도록 유통경로구성원을 대상으로 한 판매촉진(trade sales promotion)을 실시하게 되는데, 그 목적은 유통 커버리지를 높이고 유통경로구성원의 판매동기를 부여하거나 좋은 진열매대를 확보하는 데 있다. 예를 들어, 대부분의 화장품 메이커들은 화장품 코너 점주의 협조를 확보하기 위하여 판매 수수료 및 인센티브의 제공, 매장에서의 화장품 판매사원(beauty counsellor라고 불리는데 코너점을 순회 근무하면서 화장 시연, 화장품 권유 등 다양한 지원활동을 함)의 지원, 판촉물의 제공 등 다양한 활동을 펼치고 있다. 한편 IMC관리자는 유통경로 구성원들 간의 경쟁 또는 갈등에 의하여 소비자들에게 브랜드에 대한 부정적인 이미지가 전달될 가능성도 고려하여야 한다. 도매상을 경유하는 유통구조를 가진 메이커의 경우 소매점에서의 지나친 판매경쟁으로 인해 가격질서가 문란해질 위험성이 존재하고 있다. 특히 고품질 · 고가격 제품의 IMC관리자는 이러한 위험성의 발생가능성에 대해 유의할 필요가 있다.

둘째, IMC관리자는 커뮤니케이션 프로그램을 기획함에 있어 브랜드의 유통 커버리지를 고려하여야 한다. 유통 커버리지 전략은 집약적 유통(intensive distribution: 특정지역 내에서 가능한 한 많은 중간상들에게 제품을 공급하는 경우), 전속적 유통(exclusive distribution: 한 지역 내에서 한 개의 중간상에게만 제품을 공급하는 경우), 선택적 유통(selective distribution: 집약적 유통과 전속적 유통의 중간 형태) 등이 있다. 예를 들어, 브랜드의 유통 커버리지가 특별 매장으로 제한되는 전속적 유통의 경우 대중매체를 통한 커뮤니케이션보다는 특정의 고객층을 타겟으로 한 DM 활동, 인적판매의 도입이 더 바람직할 것이다.

셋째, 기업은 푸쉬전략(push strategy)과 풀전략(pull strategy)에 따라 차별적인 커뮤니케이션 계획을 수립할 필요가 있다. 푸쉬전략은 유통경로구성원에게 판매동기를 부여하여 제품의 판매를 촉진하는 전략인 반면 풀전략은 최종소비자의 구매욕구를 직접 자극하여 유통경로구성원들이 소비자가 원하는 제품을 취급하도록 만드는 전략이다. 예를 들어, 판매시점에서 유통경로구성원의 판매 카운셀링이 이루어지는 제약이나 화장품의 경우 신규브랜드에 대한 촉진전략을 기획함에 있어 유통경로원의 판매역할과 다른 커뮤니케이션 활동 간의 시너지 효과를 정확히 진단할 필요가 있다.

이하에서 소개되는 5개의 〈광고 Highlight〉는 실제 브랜드 Kate가 국내 런칭 시 IMC 전략을 수립하면서 분석했던 내용을 단계별로 소개한다.

광고 Highlight

화장품 브랜드 KATE 화장품의 IMC전략 수립 1단계: 마케팅전략에 대한 검토

K&K사(금비화장품과 가네보 화장품의 합작투자 회사)는 일본에서 셀프개념(self concept product)의 화장품으로 성공을 거둔 바 있던 가네보의 KATE가 한국시장에서 성공할 가능성이 있다고 판단하고 이를 런칭하기로 결정하였다. 지금까지 국내화장품 시장에서 셀프개념의 제품은 메이블린 및 로레알에 의하여 시도된 바 있지만 좋은 성과를 올리지 못하고 있는 상황이었다. 소비자들은 화장품 구매 시 자신의 브랜드에 대한 평가보다는 판매원의 카운셀링에 의해 영향을 받아 브랜드를 선택하는 경향이 높았고, 메이블린의 판매방식이 카운셀링을 전혀 고려하지 않았기 때문에 점주들이 메이블린의 판매에 소극적인 자세를 견지해 왔기 때문이었다. 그러나 K&K사는 앞으로 국내 소비자들의 구매패턴이 카운셀링 중심에서 셀프 구매 중심(화장품 메이커의 신뢰도를 바탕으로 스스로 브랜드를 선택하는 구매패턴)으로 서서히 바뀔 것으로 예측하였다. 따라서 K&K사는 신제품의 판매방식으로 셀프개념에 부분적으로 카운셀링 개념을 보강하고, 독립심이 강하고 개성이 강한 젊은 층을 표적소비자로 선정하여 소구하면 한국에서 셀프시장의 기반은 구축될 수 있을 것으로 판단하였다.

금비화장품이 IMC전략 수립 시 검토하였던 마케팅전략의 주요항목(key facts)은 다음과 같다.

1. 마케팅전략에 대한 검토사항

시장상황: 화장품시장은 기본적으로 기초화장품과 색조화장품으로 구분되며 가격에 따라 고가, 중고가, 중저가, 저가시장으로 나누어진다.

경쟁상황: 케이트는 중저가 색조화장품인데, 중저가 색조화장품 시장에서는 색조전문메이커(메이블리, 로레알, 도도, 클리오 등)와 종합메이커(라네즈 등)가 치열하게 경쟁하고 있는 상황이다.

제품믹스에 대한 고려사항: K&K사는 국내 시장에서 이미 중고가 및 고가 화장품을 판매하고 있으며 기업명과 개별상표명이 공동으로 운영되는 브랜드전략을 수행하여 왔다. 소비자들은 가네보사의 개별상표에 대한 인지도는 아직까지 매우 낮은 편이나, 메이커에 대한 소비자 인지도는 어느 정도 형성(가네보회사에 대한 인지율은 약 60%에 이름)되어 있고 그 제품을 사용해 본 소비자들은 가네보의 고품질과 기능성을 확실하게 인식하고 있었다. 이런 상황에서 K&K사가 신제품 런칭과 관련하여 가장 우려하는 사항은 중저가의 신제품이 가네보의 명성을 훼손할 가능성이었다. 따라서 K&K사는 런칭 초기에 기업명과 개별상표명을 복합적으로 운영하여 기존제품의 고품질 이미지를 신제품으로 전이시키지만, 최대한 빨리 마케팅커뮤니케이션을 개별상표 중심으로 전환하여 기업명성의 훼손 가능성을 최소화하기로 결정하였다.

가격전략에 대한 고려사항: 케이트는 경쟁회사 제품보다 가격에서 우위를 가지고 있을 뿐만 아니라 품질에서도 확실한 경쟁우위를 가지고 있음이 소비자 조사결과 확인되었다. 신제품의 가격을 경쟁상표보다 낮게 책정할 여력이 있었지만, K&K사는 신제품의 가격을 경쟁상표와 동일한 수준에서 책정하였다. 화장품의 경우 중저가 가격이 오히려 제품에 대한 수요를 감소시킬 가능성(가격을 보고 제품의 품질이 우수하지 못할 것으로 추측하게 될 가능성)이 있고 K&K사의 고품질 명성을 훼손할 가능성이 있음을 감안하였기 때문이다.

이에 따라 케이트의 커뮤니케이션 메시지의 방향도 품질의 우수성과 색조의 전문성으로 설정되었다.

유통전략에 대한 고려사항: 신제품은 셀프개념의 화장품이기 때문에 이 제품에 대한 소비자들의 구매욕구를 자극하는 풀(pull)형 판매전략을 전개하여야 하지만, 지금까지 선별적 유통정책을 유지해 온 K&K사의 유통전략은 풀형 판매전략을 실행하는 데 있어 장애요인으로 부각되었다. 전국에서 약 2만여 개의 화장품 전문 코너점들이 운영되고 있는데, K&K사가 현재 직접 거래하는 전문 코너점은 1,000여 개이다. K&K사는 신제품에 대한 유통 커버리지를 높이기 위해서 도매상의 개척을 고려하였지만, 그 경우 기존 점주와의 갈등, 소비자 가격의 통제 불가능, 기업명성에 대한 훼손 가능성 등을 우려하여 기존 화장품 전문점과의 직거래를 그대로 유지하기로 결정하였다. 다만 유통 커버리지를 확대하기 위하여 K&K사는 젊은이들이 즐겨 찾는 셀프지향 매장들(예: 신촌이나 명동의 토다코사 등), 마트, 인터넷을 통한 판매루트를 새로이 개척하기로 결정하였다.

2. 브랜드컨셉과 표적청중

K&K사는 이러한 마케팅전략을 검토한 후 커뮤니케이션 컨셉과 표적청중을 다음과 같이 정리하였다.

커뮤니케이션 컨셉: 케이트가 가지고 있는 경쟁우위는 품질의 우수성(소비자를 대상으로 한 제품테스트 결과 많은 응답자들이 품질이 우수한 것으로 지각함)과 화장품용기의 휴대편리성(디자인은 고급스럽지는 않지만 깜찍하고 특히 용기가 작아 가지고 다니기 편리한 것으로 평가함)이었다. 따라서 케이트의 핵심개념은 '20대 전후 여성의 개성에 어울리는 실용적 가치'로 설정되었고, 커뮤니케이션 컨셉은 'no more rules'로 설정되었다. 이러한 커뮤니케이션 컨셉은 브랜드의 핵심개념에 신제품이 갖는 셀프개념(카운셀링에 의하여 구매하는 것이 아닌 나만의 개성을 위하여 내가 선택하는 화장품)이 반영된 것이다.

표적소비자(표적청중): 제품 테스트와 FGI(표적집단면접) 조사결과 신제품은 20대를 전후로 하는 여성뿐만 아니라 20대 후반의 여성에게도 판매될 가능성이 있는 것으로 평가되었으나, 브랜드의 핵심개념을 명확히 하기 위하여 신제품에 가장 어울리는 15세에서 25세의 개성적 라이프 스타일을 추구하는 여성을 커뮤니케이션 활동의 1차적 표적청중으로 설정하였고 20대 후반의 실용적 가치를 추구하는 여성을 2차적 표적청중으로 설정하였다.

(2) IMC전략의 2단계: IMC목표의 설정

마케팅전략에 대한 충분한 검토를 통하여 표적청중과 브랜드컨셉이 정립되면, IMC 관리자는 다음 단계로 IMC목표를 구체화하여야 한다. IMC목표는 기업이 IMC활동의 수행을 통해 성취하고자 하는 것이다. 따라서 IMC목표는 다음과 같은 측면에서 IMC 계획수립과정의 전 단계에 영향을 미치게 된다. 첫째, IMC목표는 기업이 확보하여야 할 IMC예산규모의 지침이 된다. 둘째, IMC목표는 각 커뮤니케이션 도구들의 세부전략의 토대가 된다. 셋째, IMC목표는 IMC성과(IMC캠페인의 성공 혹은 실패)를 평가하는 데 있어 기준이 된다.

IMC전략은 마케팅전략을 토대로 수립되기 때문에 IMC목표도 마케팅목표를 토대로 설정되어야 하나 마케팅목표가 IMC목표와 동일하지 않을 수 있다. 마케팅계획 수립과정에서 결정된 마케팅목표는 일반적으로 판매량, 시장점유율, 이익, 투자수익률 등과 같은 측정가능한 구체적 변수를 사용하여 표시되며, 계량화가 가능하고, 공략할 표적시장과 목표달성기간이 포함되는 것이 바람직하다. 그러나 판매량, 이익, 시장점유율로 표시된 마케팅목표는 기업의 전반적 마케팅 프로그램이 성취해야 할 목표이므로 통합적 마케팅커뮤니케이션 활동의 목표로는 적절하지 않을 수 있다. 즉, 마케팅목표는 마케팅커뮤니케이션 요소(도구)를 포함한 모든 마케팅믹스요소(IMC, 제품계획, 가격, 유통)를 적절히 실행하고 이들을 조정한 결과로 얻어지는 것이다. 따라서 IMC담당자는 IMC목표를 적절히 설정하기 위하여 마케팅커뮤니케이션 활동이 소비자의 구매의사결정과정에 영향을 미치는 과정을 이해할 필요가 있는데 이에 대해서는 6장의 광고목표에서 자세히 설명하였으므로 이를 참고하기 바란다.

(3) IMC전략의 3단계: 마케팅커뮤니케이션 도구들의 비교 · 검토

IMC목표가 선정되면 IMC관리자는 다음 단계로 이를 달성하는 데 효과적인 커뮤니케이션 도구를 선정하여야 한다. 즉, 표적소비자에게 브랜드의 핵심개념을 전달하는 데 사용될 커뮤니케이션 도구들을 비교 · 검토하여 IMC목표의 실현에 가장 효과적인 도구를 선정하는 것이다.

커뮤니케이션 도구들은 광고, 인적판매, PR 및 퍼블리시티, SP 등의 대표적인 촉진

광고 Highlight

KATE 화장품의 IMC전략 수립 2단계: IMC목표의 결정

K&K사는 런칭 전 케이트에 대한 소비자 반응에 대하여 심층적인 조사를 실시하였다. 심층적인 조사는 20명의 잠재고객들을 대상으로 세 단계로 나누어 진행되었는데, 1) 응답자들로부터 제품의 견본을 보여준 후 느낌과 구매의사를 파악하였고, 2) 제품을 1주일간 사용해 본 후의 제품에 대한 평가와 구매의사를 조사하였으며, 3) 판매가격을 제시한 후의 반응과 재구매의사를 확인하였다.

조사대상자들은 처음 제품을 접한 후 제품의 품질이 우수할 것으로 기대하지 않았고 그에 따라 구매의사가 높지 않았으나, 일단 사용해 본 후 품질의 우수성을 확실하게 느낄 수 있어 구매의사가 훨씬 높아지며, 판매예정 가격에 비해 제품의 가치는 훨씬 높은 것으로 평가된다고 응답하였다. 이러한 조사결과를 바탕으로 K&K사는 커뮤니케이션 캠페인 성공의 핵심은 제품에 대한 인지율 확보와 시험적 구매(trial)의 유도에 달려 있다고 판단하였다. K&K사는 신제품 마케팅커뮤니케이션에 대한 소비자 반응 과정을 [그림]과 같이 가정하였다.

신제품의 마케팅커뮤니케이션 활동에 대해 소비자가 보이는 반응은 1) 상표에 대한 인지도를 형성하는 단계, 2) 상표의 경쟁우위(고품질 및 실용적 가치)에 대한 믿음을 형성하는 단계, 3) 제품을 시험적으로 구매하는 단계, 4) 제품에 대하여 재구매하는 단계로 구분되었다. 이에 따라 커뮤니케이션 목표는 상표에 대한 인지도를 형성하는 것과 시험적 구매를 유도하는 것에 초점을 맞추었다.

첫 번째 커뮤니케이션 목표는 표적소비자들로부터 신제품에 대한 인지율을 확보하는 것이었다. 신제품은 셀프개념의 화장품이기 때문에 매장에서의 카운셀링 활동에 의하여 판매가 유도되는 기존제품과는 달리 매장을 방문하는 소비자들이 스스로 제품을 선택할 수 있는 여건을 제공해 주어야 한다. 따라서 인지율 확보는 신제품의 시장기반구축을 위한 선결과제였다. 한편 신제품에 대한 인지율은 매출목표를 달성하기에 필요한 수준으로 연도별로 설정되었는데, 이에 대해서는 예산 확보를 다루는 절에서 자세히 설명하기로 한다.

두 번째 커뮤니케이션 목표는 소비자들의 신제품에 대한 시험적 구매를 유도하는 것이었다. K&K사는 소비자들에게 제품의 강점(품질의 우수성과 휴대 편리성)을 가장 확실하게 전달하는 방법은 그들에게 제품을 사용할 기회를 제공하는 것이라고 판단하였고, 신제품을 인지하고 있는 소비자들 중 10%를 시험적 구매로 유도하는 것을 구체적 목표로 선정하였다.

그림

신제품 마케팅커뮤니케이션에 대한 소비자 반응과정

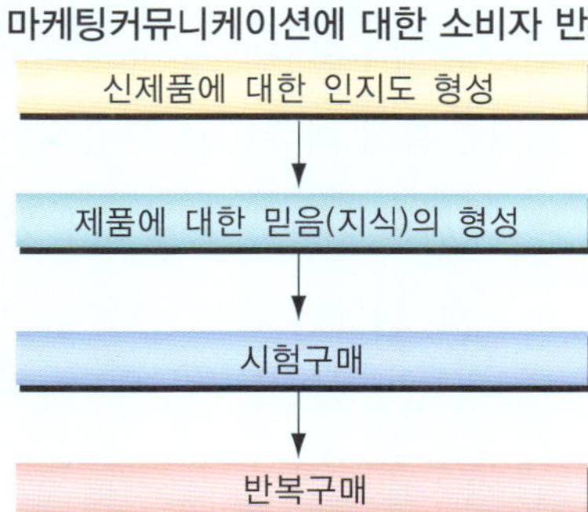

믹스 외에도 이벤트, DM(다이렉트 메일: 표적소비자에게 직접 우편물을 전달하는 활동), POP(point of purchase: 구매시점 판촉물), 인터넷광고 등 매우 다양한데, 이하에서는 대표적인 촉진믹스를 중심으로 소비자 반응과정(구매의사결정과정)의 단계별로 그 효율성을 비교 · 검토하였다.

첫째, 광고는 소비자 반응과정의 모든 단계에서 효율적으로 사용될 수 있다. 특히 광고는 TV, 라디오, 신문, 잡지 등과 같은 매스미디어를 통하여 전달되기 때문에 조기에 많은 소비자들에게 신제품을 알리는 데 매우 적합하다. 또한 TV 매체는 시청각을 통하여 소비자들에게 메시지가 전달되기 때문에 브랜드이미지 형성에 매우 효과적인 매체로 평가된다. 이에 반해 신문이나 잡지는 메시지의 가독성이 높기(소비자가 원할 경우 메시지를 다시 읽어볼 수 있음) 때문에 자세한 제품정보를 전달하거나 기술적 특징을 설명하는 데 적절한 매체이다.

둘째, 인적판매는 대면적인 접촉(일대일 커뮤니케이션)을 통하여 메시지가 전달되기 때문에 고객에게 브랜드의 우수성을 설득시키고 구매를 유도하는 데 적절한 도구이다.

특히 영업사원은 소비자와의 대면적 상호작용을 통해 소비자들의 추가적인 질문이나 불만에 융통성 있게 대처할 수 있기 때문에 대중매체가 갖는 한계점(일방적 커뮤니케이션)을 보완할 수 있는 장점을 갖는다.

셋째, PR과 퍼블리시티(publicity)는 청중들의 메시지 원천(즉, 기사를 제공하는 언론매체)에 대한 높은 신뢰성으로 인해 소비자들이 제품속성에 대한 믿음을 형성하는 데 상당한 기여를 할 수 있다. 예를 들어, 과거 괌 정부 관광청은 인기 드라마 '당신이 그리워질 때'라는 드라마의 장소협찬을 제공하여 긍정적 효과를 얻은 바 있다. 괌 정부 관광청은 드라마의 신혼여행장면에 대한 현지촬영의 장소협찬을 제공함으로써 괌의 절경이 매일 10분씩 1주일간 드라마에서 방영되었다. 이때 괌 관광청이 지출한 비용은 5만 불이었지만, 괌의 아름다운 모습에 매료된 시청자들의 촬영장소에 대한 전화문의가 폭발적으로 증가하였고 괌을 찾는 관광객수는 배로 증가하였다고 한다.

넷째, SP(sales promotion)는 소비자들의 시험적 구매(trial) 및 재구매를 유도하는 데 적합한 커뮤니케이션 도구이다. 예를 들어, 무료샘플은 신제품의 시험구매를 유도하는 데 적합하고, 경품이나 콘테스트, 리베이트 등은 단기적인 제품구매의 증대를 유도하는 데 적절한 방법이다.

이와 같이 각각의 커뮤니케이션 도구들은 소비자 반응과정의 단계에 따라 서로 다른

광고 Highlight

KATE 화장품의 IMC전략 수립 3단계: 커뮤니케이션 도구의 선정

K&K사는 인지도 확보와 시험적 구매의 유도라는 커뮤니케이션 목표를 달성하기 위하여 다음과 같은 커뮤니케이션 도구를 선정하였다.

첫째, 케이트에 대한 인지도를 확보하기 위한 커뮤니케이션 도구로 광고, 이벤트 및 퍼블리시티가 선정되었다. 매스 커뮤니케이션이 가능한 TV와 잡지광고가 인지율 확보를 위한 주요 수단으로 선정되었고, 신제품의 핵심컨셉(브랜드컨셉: '실용적 가치', 커뮤니케이션 컨셉: 'no more rules')을 주제로 한 런칭 이벤트와 퍼블리시티는 표적청중들에게 화제성을 제공하는 보조적인 수단으로 선정되었다.

둘째, K&K사는 소비자의 시험구매를 유도하기 위하여 런칭 초기 대대적인 SP(소비자들 대상으로 한 판매촉진)와 이와 연계된 이벤트를 개최하기로 결정하였다. 특히 런칭을 전후로 한 이벤트는 SP, 퍼블리시티 및 광고활동과 연계되어 최대의 화제유발 효과를 거둘 수 있도록 추진되었다. 한편, 신제품의 유통 커버리지는 제한적일 수밖에 없는 여건이었기 때문에 이를 극복하기 위하여 인터넷을 통한 PR과 판매도 함께 추진하기로 결정하였다.

장단점을 가지고 있다. 따라서 IMC관리자는 커뮤니케이션 효과 창출목표의 각 단계를 효율적으로 달성하는 데 적합한 커뮤니케이션 도구들을 선정하여야 한다.

한편 IMC관리자가 커뮤니케이션 도구를 비교검토할 때 중요한 점은 소비자가 제품에 관한 메시지를 접할 수 있는 모든 가능성을 점검하여야 한다는 것이다. 예를 들어, 나이키의 경우를 생각해 보자. 소비자가 나이키에 관한 메시지를 접할 수 있는 기회는 광고, 소매점에 진열되어 있는 신발, 한일전 축구경기장에서의 광고, 나이키 후원 국가간 A매치 공고 안내, 유명 스포츠 스타들의 신발이나 운동복에 부착되어 있는 나이키 마크, 올림픽 경기 공식 후원사에 대한 공고 등 수없이 다양하지만, 중요한 점은 이 모든 도구들이 나이키 커뮤니케이션 관리자의 면밀한 분석에 의해 선정되고 체계적으로 집행되고 있다는 것이다.

(4) IMC전략의 4단계: 커뮤니케이션 도구(Communication Mix)들의 전략적 역할의 정립

커뮤니케이션 도구들이 선정되면, IMC관리자는 최종적으로 각 도구별로 전략적 역할을 할당하여야 한다. 여기서 전략적 역할이란 의미는 야구팀에 비유하여 설명될 수 있다. 야구팀 감독(IMC관리자)의 가장 중요한 역할은 경기할 선수를 선발(IMC도구의 선택)하고 각 선수별 역할(커뮤니케이션 도구의 역할)을 할당하는 것이다. 예를 들어, 1번타자에게는 진루를 자주 하여야 하는 역할을, 3, 4, 5번 타자에게는 진루한 선수를 홈으로 불러들여 점수를 내는 역할을, 마무리 투수에게는 이기고 있는 게임을 마무리하는 역할을 부여한다. 마찬가지로 IMC관리자도 각 커뮤니케이션 도구별로 커뮤니케이션 효과창출의 각 단계별로 전략적 역할을 정립하여야 한다.

한편 전략적 역할을 할당함에 있어서 중요한 점은 각 도구들이 시너지 효과를 낼 수 있도록 조합이 이루어져야 한다는 것이다. 예를 들어 야구팀의 경우 야구감독은 가능하다면 3, 4, 5번의 구성에서 좌우타자가 번갈아 나설 수 있도록 타순을 조정하여 중심타자의 힘을 배가시키려고 노력한다. 마찬가지로 IMC관리자도 광고와 SP, 또는 PR과 SP 등을 적절히 조합함으로써 커뮤니케이션 효과를 극대화시켜야 할 것이다.

(5) IMC전략의 5단계: 커뮤니케이션 예산의 확보

커뮤니케이션의 목표와 이의 달성을 위한 커뮤니케이션 도구들이 결정되면, IMC관리자는 이의 실행에 필요한 예산을 확보하여야 한다. IMC관리자는 목표를 달성하는 데 적정한 커뮤니케이션 예산이 얼마이며 현실적으로 이를 확보할 수 있는가를 진단하여야 한다. 커뮤니케이션 예산을 너무 낮게 책정하면 기대한 만큼의 커뮤니케이션 목표를 달성할 수 없게 될 것이고, 너무 과다하게 커뮤니케이션 예산을 책정하면 불필요한 비용을 지출하는 결과를 초래하게 된다. 커뮤니케이션 예산 결정의 중요성에도 불구하고, 최적의 커뮤니케이션 예산을 책정하기 위한 체계적이고 과학적인 모델들은 그리 많이 제시되어 있지 않다. 체계적인 커뮤니케이션 비용책정을 위한 모델이 개발되기 위해서는 커뮤니케이션 비용지출에 따라 소비자들의 반응이 정확히 파악되어야 하는데, 이에 대한 파악이 쉽지 않기 때문이다. IMC관리자의 커뮤니케이션 예산 결정을 어렵게 하는

광고 Highlight

KATE 화장품의 IMC전략 수립 4단계: 커뮤니케이션 도구별 전략적 역할

K&K사는 케이트를 위한 커뮤니케이션 도구로 광고, SP, 이벤트, 퍼블리시티 및 인터넷을 선정한 다음, 각 도구별 전략적 역할을 다음과 같이 할당하였다([그림] 참조).

첫째, 광고의 전략적 역할은 신제품에 대한 인지율 제고와 신제품의 실용적 가치를 설득하는 것이다. 이를 위하여 신제품광고도 런칭 전후의 2단계로 설계되었다. 런칭 전의 광고는 고품질 화장품의 K&K사가 20대를 위한 셀프개념의 제품을 판매하기 시작함을 알리는 고지성 광고로, 이를 통하여 K&K사의 고품질 이미지를 신제품에 전이시키고 20대를 위한 제품임을 알리고자 하였다. 한편, 런칭 후의 광고의 역할은 신제품의 핵심 커뮤니케이션 개념인 'no more rules'를 표현하여 신제품이 가지고 있는 실용적 가치를 설득하는 것이었다. 이 시기부터 신제품의 커뮤니케이션은 메이커의 이름을 최대한 배제하고 개별상표에 대한 메시지를 중심으로 운영하기로 결정하였다.

둘째, SP는 소비자를 대상으로 하는 활동과 소매점주를 대상으로 하는 활동으로 구분되었다. 소비자를 대상으로 하는 SP의 역할은 매장에서 소비자들의 제품 테스트와 구매를 유도할 수 있는 인센티브를 제공하는 것이고, 소매점주를 대상으로 하는 SP의 역할은 매장에서 신제품에 대한 좋은 진열공간을 확보하는 것이었다.

셋째, 이벤트의 역할은 런칭 시 제품에 대한 화제성을 유발하는 것으로, 제품의 핵심적인 개념이 반영되는 주제를 선정하여 표적고객들의 참여를 유도한 후 참가자들에게 제품을 테스트할 수 있는 기회를 제공하는 데 있다. 한편, 이벤트에 참가한 사람들에게는 무료샘플을 받을 수 있는 쿠폰을 발급하여 매장에서 샘플을 수령하도록 설계하였는데, 이는 제한된 신제품에 대한 판매장소를 소비자에게 알려주면서 신제품을 판매하는 점주를 지원하기 위한 것이었다.

그림 커뮤니케이션 도구별 전략적 역할(1차년도)

커뮤니케이션 수단	전략적 역할	주요테마
광고	① 인지율 제고 ② 신제품의 기능성(실용적 가치) 고지	1단계 광고(런칭 전): 20세를 위한 케이트 (K&K사의 고품질이미지를 신제품으로 이전) 1단계 광고(런칭 후): 신제품의 기능성
EVENT	① 신제품 런칭의 Boom-up 조성	"Issue 요소의 발견 필요"
SP(소매상 대상)	① 신제품 대한 소매상 관심의 유도	판매 편리성 제공 → 선별적 유통전략을 감안
SP(소비자 대상)	① 신제품에 대한 시험구매 유도	실용적 가치의 제공
PR	① 새로운 개념의 화장품임을 알림	Self 개념 중저가 + 고품질

광고 Highlight

KATE 화장품의 IMC전략 수립 5단계: 커뮤니케이션 예산의 확보

K&K사는 신제품의 커뮤니케이션 예산을 배정하기 위하여 처음에는 가용자금법을 사용하였으나, 이 방식으로 산출된 예산규모가 매출목표를 달성하기에 부족함을 발견하고 목표과업법을 토대로 새로운 예산을 확정하였다.

그 과정에 대한 설명은 다음과 같다.

1. 가용자금법에 의한 예산의 배정

K&K사는 신제품 런칭 후 3년 동안의 매출목표를 유통 커버리지를 토대로 설정하였다. K&K사는 기존 제품의 판매경험을 토대로 화장품 전문점당 월 판매목표를 700백만 원으로 설정하였고, 연도별 전문점 커버리지는 1차년도 600점, 2차년도 1,000점, 3차년도 2,000점으로 계획되었다. 이에 따라 연도별 신제품의 매출목표는 42억, 70억, 140억 원으로 결정되었다. K&K사는 이 매출목표가 달성될 경우 신제품은 3차년도에 손익분기점에 도달할 것으로 예측하였다. 한편 K&K사는 가용자금법을 이용하여 신제품을 위한 커뮤니케이션 예산을 3년간 30억 원으로 설정하였다. 즉, K&K사가 손익분기점이 이루어지는 기간 동안 동원할 수 있는 자금에서 3년간 지출되어야 할 예산(주로 판매활동에 따른 비용)을 제외한 가용자금이 30억 원 정도로 계산된 것이다.

2. IMC관리자의 판매목표 달성 가능성에 대한 진단

K&K사의 IMC관리자는 배정된 예산을 가지고 판매목표를 달성하기 어려울 것으로 판단하였다. 그는 이러한 판단근거를 체계적으로 제시하기 위하여 커뮤니케이션목표에 따른 예상매출액을 점검하여 보았는데, 그 과정은 다음과 같다.

첫 번째 단계로 그는 신제품에 대한 구매가능 고객수를 계산하였다. 소비자 자료를 분석한 결과 신제품의 1차 표적소비자 수는 400만 명, 2차 표적소비자 수는 200만 명으로 추정되었다.

두 번째 단계로 그는 신제품에 대한 인지율을 세 가지 대안별로 가정한 후, 신제품에 대한 인지자 수를 추정하였는데, 표 1 은 1차년도의 경우만 정리한 것이다.

세 번째 단계로 그는 추정된 인지자들 중 10% 정도가 신제품을 시험적으로 구매(trial)할 것으로 가정하였다. 신제품에 대한 소비자 심층조사결과, 조사 참가자의 20% 정도가 제품을 본 후 구매의사가 있다고 응답하였는데, 조사에서 얻어진 구매의사에 대한 응답은 과대평가되었을 가능성이 높음을 감안하였다. 따라서 1차년도의 시험구매자는 대안 1의 경우 7만, 대안 2의 경우 10만, 대안 3의 경우 13만 명으로 추정되었다.

네 번째 단계로 시험구매자 중 평균 30%가 제품을 재구매할 것으로 가정하였다. 이 수치도 역시 소비자 심층조사결과를 반영하였다. 따라서 대안별 재구매자 수는 2.1만, 3만, 3.9만 명으로 추정되었다.

마지막으로 소비자들의 구매주기를 3개월로 추정하였고, 구매자들은 신제품에 대하여 평균 2가지 품목(립스틱, 마스카라, 파우더, 매니큐어 등 여러 품목들 중에서 2개 품목을 구입할 것으로 가정하였고, 이 가정도 심층 조사결과를 바탕으로 하였음)을 구매할 것으로 가정하였다. 신제품 가격은 품목별로 차이가 나지만 평균가격은 1만 2천 5백 원 수준으로 계산되었다.

이를 토대로 1차년도의 매출액을 대안별로 예측하여 본 결과는 **표 2** 에 요약되어 있다.

표 1 연도별 달성 인지율에 대한 세 가지 대안

대안별	표적소비자별 목표 인지율	신제품에 대한 인지자 수(표적고객 수＊목표 인지율)
대안 1	1차 표적소비자 15% 2차 표적소비자 5%	60만 10만
대안 2	1차 표적소비자 20% 2차 표적소비자 10%	80만 20만
대안 3	1차 표적소비자 25% 2차 표적소비자 15%	100만 30만

표 2 1차 연도의 예상매출액과 산출 근거

대안별	산출 근거	예상 매출액
대안 1	2.1만 명×4회구매×2개 품목×평균 1만 2천 5백원	21억
대안 2	3.0만 명×4회구매×2개 품목×평균 1만 2천 5백원	30억
대안 3	3.9만 명×4회구매×2개 품목×평균 1만 2천 5백원	39억

IMC관리자는 같은 과정으로 2차년도와 3차년도의 매출액을 예측하였는데, 대안 3에 따른 예측결과만을 설명하면 다음과 같다. 2차년도의 경우 커뮤니케이션 활동의 누적적 효과를 감안하여 신제품에 대한 인지율은 30%(1차 표적소비자의 경우)와 20%(2차 표적소비자의 경우)로 각각 5%씩 상승될 것으로 예상하였고(이 경우 인지자 수는 160만 명이 됨), 시험적 구매가능성은 15%(이 경우 신제품을 시도하게 되는 소비자 수는 24만 명이 됨)로, 재구매 가능성은 35%(이 경우 재구매자 수 8.4만 명이 됨)로 조정되었다. 이에 따른 2차년도의 예상매출액은 84억으로 예측되었다. 3차년도의 경우도 신제품에 대한 인지율이 35%(1차 표적소비자의 경우)와 25%(2차 표적소비자의 경우)로 다시 5%씩 상승될 것으로 예상하였고(이 경우 인지자 수는 190만 명이 됨), 시험적 구매가능성은 20%(이 경우 신제품을 시험적으로 구매하게 되는 소비자 수는 38만 명이 됨)로, 재구매 가능성은 40%(이 경우 재구매자 수는 14.2만 명이 됨)로 상승되는 것으로 조정하였다. 이에 따른 3차년도의 예상매출액은 142억으로 예측되었다.

IMC관리자는 이와 같은 자료를 근거로 1차년도의 판매목표를 달성하기 위해서는 1차 표적소비자들로부터 25%의 인지율과 2차 표적소비자들로부터 15%의 인지율이 확보되어야 하고, 2차년도와 3차년도의 매출목표를 달성하기 위해서는 해당 년도의 인지율이 각각 5%씩 상승되어야 한다는 결론을 내렸다. 따

라서 가용자금계산법에 의해 확보된 3년간 30억 원의 커뮤니케이션 예산으로는 런칭 후 3년간의 매출목표를 달성하는 데 필요한 인지율 수준을 확보하기 어렵다고 판단하였다. 그래서 그는 과거의 커뮤니케이션 예산과 인지율 수준에 대한 자료를 토대로 3년간의 매출목표를 달성하는 데 필요한 최소한의 예산을 60억으로 추정하고 이를 K&K사의 책임자에게 요청하였다. 최종적으로 신제품에 대한 3년간의 커뮤니케이션 예산은 60억으로 확정되었다.

또 다른 요인은 적절한 커뮤니케이션 비용이 진단되었더라도 여러 관련 부서들 간의 협의과정에서 해당 부서가 원하는 만큼의 커뮤니케이션 비용을 확보하기 쉽지 않다는 데 있다.

기업에서 자주 사용되고 있는 커뮤니케이션 예산결정방법들과 이들의 장 · 단점은 7장의 광고예산에서 자세히 설명하였으므로 이를 참고하기 바란다.

(6) 커뮤니케이션 도구별 세부전략의 수립

IMC 활동을 위한 예산이 확보되면, IMC관리자는 각 커뮤니케이션 도구별 세부전략을 수립해야 한다. 각 커뮤니케이션 도구별 전략(예를 들어, 광고전략, SP전략, PR전략 등)은 다시 크게 커뮤니케이션 도구별 목표설정, 핵심컨셉 또는 주요 테마의 설정, 구체적인 실행 아이디어의 개발로 나뉘는데, 광고전략의 수립과정은 3부에서 자세히 설명된다.

CHAPTER

5

촉진믹스 - IMC를 위한 광고 이외의 커뮤니케이션 도구들

1. PR
2. 판매촉진
3. 인적판매
4. Direct Marketing

YouTube https://www.youtube.com/watch?v=IWE4f1LhVWc

제 목 코즈마케팅 사례 _ TOMS 슈즈

사회적 가치가 강력한 촉진수단이 되다: 진화하는 대의명분 마케팅

첨단기술에 기반한 4차 산업혁명 시대가 도래하면서 상생과 협력이 산업의 키워드로 잡아가고 있다. 상생의 시대에 소비자들은 친환경 및 사회친화에 관심이 높고 다양한 사회이슈에 대해 의견을 표명하고 올바르게 소비하기 원하게 되면서 소셜슈머(SOCIAL + conSUMER)라는 새로운 소비자 유형이 등장했다. 이들은 개인의 만족뿐만 아니라 제품 및 서비스에 담겨진 사회적 가치를 판단하여 구매하는 소비자들인데, 이러한 소셜슈머의 확산은 기업이 경제적 가치와 사회적 가치를 동시에 추구하는 계기를 제공해 준다. 소셜슈머와 같이 '착한 소비'를 추구하는 윤리적 소비자들의 약 68%는 '윤리적 경영을 실천하는 기업의 제품가격이 조금 비싸더라도 구매할 의향이 있다'는 의사를 보였는데 이러한 유형의 소비자들에게 소구할 수 있는 전략으로서 대의명분 마케팅(cause-related marketing)이 더욱 주목을 받고 있다. 기업으로서는 브랜드에 적절한 사회적 가치를 담아 소비자들(특히 소셜슈머들)을 설득해 구매를 유도하게 되면 사회적 책임에 능동적으로 참여하면서도 매출액 증가라는 성과를 동시에 구현할 수 있다. 대의명분 마케팅 활동은 공유가치창출(Creating Shared Value)의 구체적인 방법이 되고 있다.

이와 같은 대의명분 마케팅은 이미 오래전부터 시도되어 왔다. 이를 처음 시도한 회사는 미국의 카드사 아메리칸 익스프레스이다. Amex는 1984년 미국의 트레이드마크와도 같은 자유의 여신상 복원을 위한 캠페인을 진행하면서 기존고객이 카드를 사용할 때마다 1센트, 신규고객 가입 시 1달러가 자동으로 기부되도록 했다. 그 결과 신규고객이 45% 증가 및 카드 사용률이 27% 증가하는 등 총 170만 달러의 기금을 모아 자유의 여신상을 복원하는 성과를 거두었다. 궁극적으로 사회적 이슈 해결과 동시에 기업의 이윤창출이라는 두 가지 목표를 동시에 해결한 것이다. 이러한 방식의 가시적인 성과가 확인되면서 대의명분 마케팅 방식은 다양한 형태로 진화되어 왔다. 아래에서는 대의명분 마케팅의 유형을 구분하고 각 유형의 대표적인 사례를 소개하기로 한다.

구매 연계형 기부: 구매 연계형 기부는 기업이 특정 제품의 판매량에 비례하는 금액을 사회적 의제를 위해 기부하는 것으로 가장 일반적인 방식이다. 이 유형엔 앞서 설명한 바 있는 아메리칸 익스프레스의 '자유의 여신상 캠페인'이 있고 고객들이 신발 한 켤레를 구매할 경우 다른 한 켤레가 기부되는 탐스슈즈의 '원포원(One for One) 마케팅', 코카콜라의 북극곰 살리기 캠페인, Avon의 유방암 퇴치를 위한 핑크리본 캠페인 등이 대표적인 사례이다.

CJ _ 미네워터 바코드롭 캠페인

착한 기업이라는 연상을 유도하는 광고의 예: 바코드라는 기발한 아이디어를 이용해 아프리카 어린이들에게 물을 제공하자는 캠페인을 벌인 Minewater 광고의 예

소비자 선택형 기부: 구매 연계형 기부방식에서는 고객은 본인의 기부참여의사와 관계없이 구매와 함께 기부가 진행된다. 이러한 방식을 보완하는 새로운 유형이 CJ제일제당에 의해 시도되어 주목을 끌었는데, CJ 제일제당의 미네워터는 국내외 최초의 고객 선택형 대의명분 마케팅인 '바코드롭(barcodrop)'을 선보였다. 바코드롭은 고객들이 제품을 구입하고자 할 경우 두 가지의 바코드를 제시하고, 그들에게 두 바코드 중 하나를 선택하게 하는 방식의 대의명분 마케팅이다. 이때, 하나의 바코드는 단순히 제품구매를 위한 바코드인 반면, 다른 하나의 바코드는 기부를 위한 바코드이다. 만약 고객들이 기부의사를 밝히고 해당 바코드를 선택할 경우 고객과 기업, 유통업체에 의해 각각 100원씩이 기부된다. 즉, 고객 선택형은 고객이 자신의 의지를 바탕으로 기부를 스스로 선택할 수 있게 해 주는 방식이다. CJ 제일제당은 2012년부터 약 5년간 이 캠페인을 진행하였으며, 이 캠페인을 통해 제품 판매량을 증가시킴과 동시에 충성적인 고객층을 확보하게 되었다. 최근 이종식과 유창조(2020)는 기부를 스스로 선택한 소비자들은 그 브랜드에 더 충성적인 고객이 되어 다시 구매할 가능성이 높아짐을 실증적인 자료로 확인한 바 있다.

고객 참여형: 구매연계형과 소비자 선택형 기부방식에서 소비자는 구매를 통해 기부하게 된다. 기업들은 이에 더 나아가 고객들을 사회활동에 직접 참여시키는 방안을 개발했다. 소셜슈머들은 사회적 가치에 능동적으로 참여할 의지가 있기 때문에 이들을 직접 참여시키는 방향으로도 진화된 것이다. 고객 참여형은 기업이 고객의 의견을 바탕으로 사회적 활동을 기획, 실행하거나 고객이 직접 사회공헌활동에 참여하는 보다 적극적인 방식이다. 펩시는 슈퍼볼 광고를 내보내는 데 필요한 2,000만 달러를 사회적 이슈를 위해 사용하기

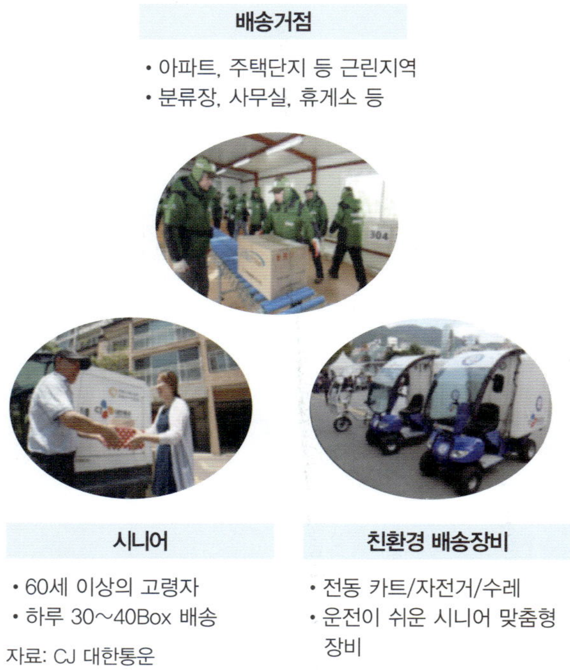

경영효율성 향상형 대의명분 마케팅의 예:
CJ 대한통운의 실버택배 사업모델

로 결정한 후 'Refresh Project'를 진행했는데, 고객이 기부 아이디어를 제공하고 선정된 아이디어를 광고로 반영하는 방식이다. GM은 고객들 중에서 체중감량 희망자를 모집하는 'Pound for Pound' 프로젝트를 진행하고, 디즈니는 종업원이 사회봉사를 나가는 것에 머무르지 않고 'Give a Day and Get a Disney Day' 프로젝트를 통해 고객이 직접 봉사하면 디즈니랜드 무료이용권을 제공하여 고객의 참여동기를 부여했다. 국내에서도 KB국민은행은 '고객과 함께하는 KB나눔제빵소' 캠페인을 진행하면서 고객들이 소외된 이웃들에게 따뜻한 빵을 전달하는 기회를 제공하면서 고객과 함께 사회적 가치를 창출한 바 있다. 이와 같이 브랜드가 제공하는 사회봉사기회에 자발적으로 참여한 고객들은 브랜드에 대한 주인의식(brand ownership)을 느끼면서 브랜드의 전도사가 되었음에 틀림없다.

경영효율성 향상형: 브랜드의 대의명분 제시가 당상 매출에 연계되지 않더라도 사회적 가치가 소구되고 기업의 경영효율성 또는 미래 사업기회 발견에 도움이 된다면 시도될 수 있다. 기업은 소외된 계층에게 새로운 일거리를 제안하면서 회사의 경영효율성을 높이고 미래 매출액 기반을 확보할 수도 있다. 이와 관련된 좋은 예로 CJ대한통운의 실버택배와 유한킴벌리의 '시니어가 자원이다' 캠페인이 있다. CJ 대한통운은 택배기사로 노인들을 채용하여 노인 일자리 창출에 기여하고 있는데, 채용된 실버 기사들은 아파트 등의 거점에서 배송 커버리지를 높이는 데 기여하고 있다. 또한, 유한킴벌리는 고령화에 따른 사회적 문제가 대두되고 시점에서 시니어 사업이 미래의 성장사업으로 성장할 수 있음을 예견하고 시니어 용품을 개발하면서 이러한 용품을 판매하는 시니어 비즈니스 협의체를 발족시켜 노인의 고용창출에 기여한 바 있다.

이와 같이 사회적 가치와 관련된 대의명분 마케팅은 브랜드 매출에 직접적으로 기여할 수도 있고 고객관리의 수단으로 활용될 수도 있으며 미래 시장기회를 확보하는 비즈니스 모델로도 활용될 수 있다. 특히 첨단기술이 발전되면서 기업과 소비자의 상호작용이 활성화되고 고객이 기업활동에 능동적으로 참여하는 경향이 높아지면서 기업이 사회적 가치라는 대의명분을 촉진수단으로 활용하는 방식은 앞으로도 다양하게 진화되어 나갈 것이다. 그 진화의 중심 키워드는 고객의 자발적인 참여이다.

자료원: 유창조 외(2019), 한국광고학회 대의명분마케팅 연구회 보고서.

기업은 표적세분시장 내에 경쟁우위를 제공하는 제품포지션을 결정한 다음 이러한 마케팅전략을 실행하기 위한 구체적인 마케팅믹스 프로그램을 설계해야 한다고 설명하였다. 즉 기업은 표적소비자집단의 욕구를 충족시키는 제품을 개발하고, 이들이 원하는 수준에서 가격을 결정하며, 표적고객들이 손쉽게 구입할 수 있도록 해야 할 것이다. 그러나 이것만으로는 시장에서의 성공이 보장되지 않는다. 마케터는 표적고객들에게 자사제품의 장점을 알리고 설득하기 위한 커뮤니케이션 활동을 전개해야 하는데, 앞서 4장에서 이를 위한 통합적 마케팅커뮤니케이션 개념과 전략수립절차를 설명했고, 본 장에선 IMC 전략을 실행에 옮기기 위한 커뮤니케이션 도구들을 소개한다.

기업이 다양한 커뮤니케이션 방법을 통해 자사제품에 대한 정보를 제공하고 자사제품을 구매하도록 설득하려는 활동을 촉진(promotion) 혹은 마케팅커뮤니케이션(marketing communication)이라고 한다. 마케팅커뮤니케이션을 위해 사용되는 도구(수단)들을 흔히 촉진믹스(promotional mix)라고 부르는데, 크게 광고, 판매촉진, 인적판매, PR(혹은 홍보)의 네 가지로 나누어진다. 이 외에도 최근 인터넷, IPTV 등 뉴미디어가 등장하면서 매우 다양한 커뮤니케이션 도구들이 사용되고 있다. 이러한 촉진믹스 프로그램 중 광고전략을 수립하는 절차는 3부에서 상세히 설명하기로 하고, 본 장에선 촉진믹스의 다른 구성요소들인 PR, 판매촉진, 인적판매 및 직접마케팅에 대해 간략하게 설명하기로 한다.

1 PR

(1) PR의 의미와 수립과정

PR(Public Relations)은 기업과 다양한 이해관계자(publics) 간에 호의(goodwill)를 구축하는데 이용되는 마케팅커뮤니케이션 도구를 말한다. PR노력은 소비자, 종업원, 공급자, 주주, 정부, 일반 공중, 그리고 민간운동단체 등 다양한 이해관계자를 대상으로 이루어진다.

PR이 다른 촉진믹스 요소인 광고, 판매촉진, 인적판매와 효과적으로 통합되면, 호의 구축이라는 기본목표 이외에 브랜드인지도의 증가, 기업과 그 기업의 제품에 대한 호의적 태도형성, 그리고 구매행동의 촉진 등의 긍정적인 효과를 거둘 수가 있다.[1] PR과 관련된 용어로 퍼블리시티(홍보: publicity)가 있는데, 퍼블리시티는 마케터가 비용을 지불하지 않고 방송매체나 인쇄매체를 통해 기업이나 제품에 관한 정보를 전달하는 것을 말한다.

많은 마케터들이 PR과 퍼블리시티를 동일한 개념으로 함께 사용하고 있는데, 사실 퍼블리시티는 기업의 PR노력의 한 부분으로 볼 수 있다. 일반적으로 퍼블리시티는 PR부서에 의해 통제되고 외부에 전달된다. PR의 한 부분으로 사용되는 퍼블리시티는 소비자에게 높은 신뢰성을 제공하고, 신속한 구전효과를 가지는 이점이 있는 반면 발표시기나 전달되는 정보의 정확성 등을 통제하기 어렵다는 단점이 있다. 특히 부정적인 내용의 기사는 확산속도가 빨라 기업에 치명적인 타격을 줄 수 있으므로 이에 대한 적극적 대응이 매우 중요하다.

전통적으로 PR활동은 특정제품을 촉진시키거나 구매행동에 직접적인 영향을 미치기보다는 기업에 대한 태도를 변화시킬 목적으로 실시되었다. 그러므로 기업에 대한 PR활동은 조직 내 PR담당부서에서, 그리고 제품에 대한 마케팅활동은 마케팅부서에서 각각 독립적으로 수행되어 왔다.

그러나 최근 들어 촉진믹스 요소들을 통합적으로 관리하는 추세에 따라 마케팅지향적 기업들은 보다 넓은 관점에서 PR활동을 관리하게 되었다. 즉, 기업과 제품에 대한 전반적 이미지를 높이기 위해 PR담당부서와 마케팅부서는 긴밀한 협조를 구축하고 있다. PR부서는 전통적인 기능의 수행뿐만 아니라 통합적 마케팅 프로그램(integrated marketing program)의 한 구성요소로서, 그리고 광고와 마케팅 노력을 지원하거나 이들을 대신하는 도구로서 자신의 영역을 확대하고 있다.[2]

Thomas L. Harris는 마케팅목표를 지원하기 위해 설계된 기업의 PR활동들을 마케팅 PR(marketing public relations; MPR)이라고 불렀는데, PR활동을 통해 성취될 수 있는 마케팅 목표에는 브랜드인지도의 제고, 소비자에 대한 정보제공 및 교육, 기업 및 제품에 대한 이해의 증진, 신뢰의 구축, 소비자에 대한 구매이유의 제공, 소비자의 시험적 구매를

1) Clarke Caywood, The Handbook of Strategic Publications and Integrated Communications .1997.

2) David Scott, The New Rules of Marketing and PR , John Willey and Sons, 2007.

유도하기 위한 동기부여 등이 있을 수 있다.[3)]

마케팅PR(MPR)은 다시 능동적(proactive) MPR과 대응적(reactive) MPR로 나누어진다. 능동적 MPR은 PR을 기업의 마케팅목표를 달성하기 위한 한 수단으로 간주하여 제품의 촉진을 위해 PR을 적극적으로 활용하는 경우를 말한다. 능동적 MPR의 도구들로는 신제품 출시를 알리거나 제품특성에 관한 정보를 제공하는 제품발표(product releases), 다양한 공중들에게 이들과 관련된 뉴스를 전달하는 경영층 성명(executive–statement releases), PR부서에서 작성된 제품이나 기타 뉴스거리에 관한 기사인 홍보자료(feature articles) 등이 있다. 이에 반해 대응적 MPR은 외부환경의 변화에 대처하기 위해 PR을 활용하는 경우를 말한다. 대응적 MPR은 경쟁사의 위협, 소비자 태도의 변화, 그리고 정부정책 등의 변화 등에 의해 야기된 외부적 위협에 대응하여 수행된다. 따라서 대응적 MPR은 기업에 부정적인 영향을 미치는 외부요인에 효율적으로 대처함으로써 기업의 명성을 유지하고, 시장잠식을 방지하거나 상실된 매출을 회복하는 목적을 갖는다.

PR에 대한 계획수립과 실행과정은 **그림 5-1** 과 같이 4단계를 거친다.

첫 번째 단계는 기업과 제품에 대한 공중의 태도를 파악하는 것이다.

두 번째 단계에서는 PR계획이 수립된다. 커뮤니케이션 분야에 일하는 100명의 최고경영자와 중간관리자를 대상으로 실시된 한 조사에 의하면, 그들이 수행하는 PR프로그램은 언론보도(press releases)나 신제품 발표(announcement) 정도에 국한된다고 응답한 비율이 60%를 넘었다. 그리고 이러한 도구들은 공식적인 PR프로그램에 포함된 것이 아니라 필요에 따라 즉흥적으로 사용되고 있었다. 그러나 앞서 언급한 바와 같이 PR계획은 전반적인 마케팅커뮤니케이션 프로그램 속에 통합될 필요가 있는데, **표 5-1** 은

그림 5-1 PR 계획수립과 실행과정

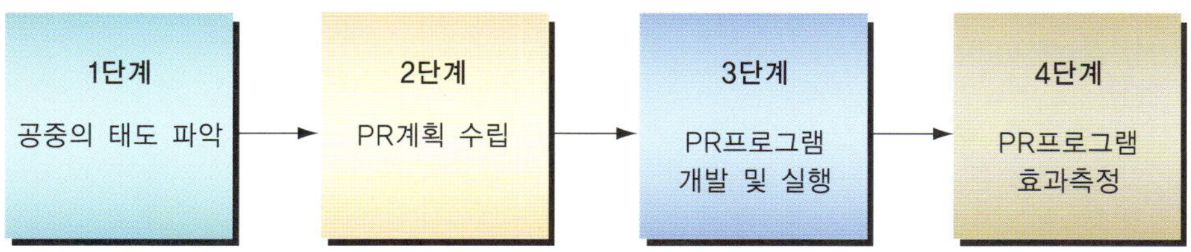

3) Thomas Harris, The Marketing Guide to Public Relations , New York, John Willey and Sons, 1993.

표 5-1 PR계획의 평가에 사용될 10개의 질문항목

1. 기업의 사업상황을 충분히 이해하고 이를 반영하는가?
2. 조사결과 및 관련 정보원들을 충분히 활용했는가?
3. 최근의 보도자료 및 논설의 내용에 대한 충분한 분석을 담고 있는가?
4. PR담당자들이 제품의 강 · 약점을 충분히 이해하는가?
5. 조사로부터 얻어진 설득력이 있고 적절한 결론을 포함하는가?
6. PR 프로그램의 목표가 구체적이고 측정가능한가?
7. 어떠한 PR활동이 수행되고 이러한 활동이 기업에 주는 혜택이 무엇인지를 명확하게 서술하였는가?
8. PR 프로그램의 실행결과를 측정하는 방법이 서술되었는가?
9. 조사결과, PR의 목표, 연계활동, 그리고 이에 대한 평가 등이 서로 연계되어 있는가?
10. 프로그램의 개발과정에서 PR부서와 마케팅부서 간에 커뮤니케이션이 이루어졌는가?

PR계획의 수립 시 고려되어야 할 10개의 질문항목들을 요약하였다.

세 번째 단계는 PR프로그램을 개발하고 이를 실행하는 것이다. PR프로그램의 개발과정에는 표적청중의 결정과 이들을 겨냥한 커뮤니케이션 목표의 설정, 메시지 작성, 그리고 매체선정이 포함된다. 그리고 PR프로그램의 주요 실행방법에는 언론보도(press release), 회견(press conferences), 특정매체에의 독점보도(exclusives), 인터뷰 등이 있다.

마지막으로 PR프로그램의 효과를 측정한다. PR프로그램의 효과는 계획된 PR활동의 실제 수행 정도에 대한 측정, 표적청중의 메시지에 대한 수용도와 이해 정도에 대한 측정, 그리고 PR에 의한 청중인식의 변화와 행동변화에 대한 측정의 세 가지 수준에서 측정이 이루어질 수 있다. **표 5-2** 는 PR프로그램의 효과를 측정하는 데 사용될 수 있는 여러 기준들을 보여준다.

표 5-2 PR의 효과를 측정하는 기준들

- 시간의 경과에 따라 발생된 인상(impressidons)의 총 수
- 타겟청중으로부터 발생된 인상의 총 수
- 특정 타겟청중으로부터 얻어진 인상의 총 수
- 시간의 경과에 따른 긍정적 기사의 점유율
- 시간의 경과에 따른 부정적 기사의 점유율
- 긍정적 기사와 부정적 기사 간의 비율
- 주제별 긍정적 기사/부정적 기사의 비율
- 매체별(혹은 기자별) 긍정적 기사/부정적 기사의 비율
- 티겟청중별 긍정적 기사/부정적 기사의 비율

(2) 위기관리를 위한 PR

위기관리(crisis management)는 PR의 가장 중요한 기능의 하나이다. 오늘날 급변하는 국내외 마케팅환경 속에서 선도적 시장지위를 유지해 온 기업이 위기상황에 제대로 대처하지 못해 후발경쟁업체에게 선두자리를 내어주고 사양의 길을 걷게 되는 경우가 적지 않다.

위기발생의 사전대응을 위해서 기업은 이슈관리를 효과적으로 수행해야 한다. 이슈관리(issue management)란 기업과 관련된 쟁점(issue)을 기업에게 유리한 방향으로 이끌어 공공정책으로 연결시키기 위한 커뮤니케이션 활동이다.[4] 여론형성과정에서 공중은 모든 쟁점에 동일하게 중요성을 부여하지는 않는다. 그래서 일반 공중이 쟁점에 대하여 부여하는 중요성의 정도가 그 쟁점의 위상을 결정하게 된다. 이슈관리는 기업과 관련된 쟁점을 예견하고, 그것이 핵심문제로 발전하여 위기상황에 이르기 전에 예방하는 기능을 하게 된다. 현재는 쟁점으로 부각되고 있지 않지만 중 · 장기적으로 쟁점이 될 수 있는 사안들을 관리하는 것은 미래에 발생할 수 있는 위기들을 완화(mitigation)하는 데 도움이 된다. 우리나라의 주요 대기업들은 정부의 주요 부처, 국회 등을 출입하는 베테랑 기자들을 통해 주요 쟁점을 점검하고 있다. 그러나 위기에 사전적으로 보다 적절히 대응할 수 있기 위해서는 언론인 이외에도 사회 각 부문의 전문가들을 통해 쟁점을 취합하여 쟁점관리 전략을 수립하여야 할 것이다.

효과적인 쟁점관리가 이루어진다고 하더라도 모든 기업은 예상치 않은 위기의 발생가능성에 직면하고 있다. 기업은 위기의 발생가능성을 숨기기보다는 언론이나 공중, 정부 관련자들에게 사전에 언급해주고 그 가능성에 대해 어떤 대비를 하고 있는지를 자주 설명해 주는 것이 바람직하다. 흔히 위기관리라고 하면 위기가 발생한 후의 수습방안이라고 생각하게 되나 실제 가장 중요한 위기관리는 사전대응(proactive)이다.

기업과 관련하여 발생할 수 있는 위기의 유형은 예측가능한 위기상황과 예측불가능한 위기상황으로 나누어진다. 예측불가능한 위기상황에 대해서는 사전대비가 거의 불가능하지만 예측가능한 위기상황에 대해서는 체계적인 준비가 가능하다. 예측가능한

4) Ali Farazmand, Handbook of Crisis and Emergency Management , Marel Dekker, Inc., 2001.

위기상황은 위기진단(crisis audit)을 통해 미리 점검할 수 있다. 위기진단은 회사 내부에서 직접 하는 것과 회사 밖의 전문기관에 의뢰하여 좀 더 객관적인 잠재위기에 대한 자료를 얻는 방법이 있는데, 위기관리자는 이런 과정을 통하여 취합한 여러 가지 잠재위기를 큰 범주로 분리하고, 5~10가지 정도의 위기를 상정하여 각 위기별 관리전략을 수립할 수 있다.

〈광고 Highlight〉에선 위기관리 성공의 대표적인 사례로 기록되고 있는 존슨앤존슨과 삼성전자 노트7의 위기관리과정을 소개하면서 이들 사례가 제시하는 시사점들을 정리하였다.

(3) PR의 커뮤니케이션 도구

지금까지 PR의 의미와 수립과정에 대해서 설명하였다. 이하에서는 최근 기업 또는 브랜드의 PR활동을 위한 커뮤니케이션 도구로 자주 사용되고 있는 퍼블리시티(Publicity), 기업광고, 이벤트, 스포츠마케팅, 협찬과 제품삽입을 설명하기로 한다.

1) 퍼블리시티(Publicity)

퍼블리시티는 기업이나 브랜드와 관련된 정보가 매체를 통하여 기사화되는 것을 의미한다. 때때로 퍼블리시티와 PR은 같은 의미로 사용되기도 하지만, 본서는 퍼블리시티를 PR을 위한 커뮤니케이션 도구의 하나로 정의한다. 퍼블리시티는 다른 PR활동에 비하여 다음과 같은 특징을 갖는다.

첫째, 퍼블리시티는 비교적 단기적인 목표를 갖는다. 퍼블리시티 활동의 목적은 회사의 제품이나 브랜드에 대한 긍정적 기사의 게재를 유도하고, 부정적 기사의 게재를 예방하거나 그 영향을 축소하는 것이기 때문에 단기적인 관점에서 기획·실행되는 경향이 있다. 둘째, 퍼블리시티에 의한 기사의 게재 여부는 기업의 통제영역에 있지 않다. 기업은 다른 PR활동에 대해서는 주도적으로 기획·실행에 옮길 수 있지만, 퍼블리시티의 실현여부는 기본적으로 매체사의 결정에 달려 있다. 따라서 퍼블리시티를 기획하는 관리자는 기사가 게재되는 시기와 기사의 내용을 통제하지 못하며 단지 매체사의 호의적인 의사결정을 유도하기 위한 활동을 할 수 있을 뿐이다.

광고 Highlight

위기를 기회로 바꾼 기업들: 타이레놀 사망사건과 갤럭시 노트7 발화사건

1. 존슨앤존슨의 타이레놀 사망사건

존슨앤존슨은 위기를 기회로 이끈 위기관리의 고전적인 사례이다. 1982년 가을 미국 시카고에 있는 한 약국에서 타이레놀을 사서 복용한 일곱 명의 시민들이 사망하는 사고가 발생했다. 타이레놀을 제조한 맥네일(McNeil)의 모기업인 존슨앤존슨은 그 동안 신뢰받던 제품이 어떻게 사람들을 죽게 했는지에 대해 전 세계를 상대로 해명해야 하는 위기를 겪게 됐다.

위기에 직면한 존슨앤존슨이 수행한 대응책은 다음과 같다. 우선 위기상황을 회장의 관리 하에 두었다. 임원 중 한 사람에게 모든 업무를 중단하고 사건의 진상을 확인한 후 위기관리팀을 구성하게 했다. 둘째, 위기관리자에게 PR전문가를 대동케 하여 함께 그 사고현장에 가도록 했다. 그리고 현장에서 정보를 수집하도록 지시했다. 셋째, 사건에 관한 모든 정보를 회장에게 보고하도록 지시했다.

존슨앤존슨의 위기대응과정을 좀 더 구체적으로 살펴보자. 존슨앤존슨은 특별전화선을 가설하고 50명의 PR실무자들이 신문과 방송기자들의 문의에 답하도록 했다. 존슨앤존슨은 이러한 신속한 조치를 통해 기자들로 하여금 존슨앤존슨과 접촉하여 필요한 정보를 입수할 수 있도록 하였다. 이렇게 존슨앤존슨은 사건의 원인과 관계없이 제품과 관련된 사고 결과에 대해 해당 기업이 책임을 져야 한다는 경영철학에 입각하여 이 사건에 관련된 정보를 신속하게 제공하고 교환하는 등 모든 것을 개방했다.

한편 위기를 처리하는 과정 중 첫 번째 조치는 사고원인이 밝혀질 때까지 생산을 중단하는 것이었다. 사고의 원인이 제조과정에 있을 수 있기 때문이었다. 일주일 후 사고의 원인이 정신질환자가 타이레놀에 독극물을 투여하고 유통시킨 것으로 나타났다. 이때 회사는 소매점으로부터 타이레놀을 회수하는 결정을 내렸다. 현재 유통되고 있는 타이레놀에 독극물이 투여되었을 가능성이 있다고 판단(정신질환자의 독극물을 투여한 개수에 관한 진술을 신뢰할 수 없었기 때문)하여 소비자 안전을 위해 엄청난 비용을 들여가며 추가사고를 원천적으로 봉쇄한 것이다. 타이레놀의 회수과정에서 이미 타이레놀을 구입한 소비자에게는 쿠폰을 나눠주고 새로 제조한 타이레놀과 교환할 수 있도록 했다. 이러한 사실은 2.5달러짜리 쿠폰을 요청할 수 있는 무료 전화번호가 들어간 전면광고와 기사를 통해 대대적으로 알렸다. 또 고객들에게 타이레놀의 안전에 관한 정보를 제공해 주는 무료전화를 사용하도록 권했다.

회수작업 과정에서 존슨앤존슨은 여론조사를 실시했다. 이에 따르면 위기사건에 대하여 90%에 이르는 사람들이 사망사고는 제조과정의 실수가 아니기 때문에 존슨앤존슨이 비난받아야 할 이유가 없다는 데 공감하는 것으로 나타났다. 존슨앤존슨은 사고에 대한 책임을 져야 한다는 비난으로부터는 벗어났지만 타이레놀의 매출은 심각하게 타격을 입어 시장점유율이 37%에서 6%로 떨어졌다. 당시 마케팅 전문가들은 존슨앤존슨이 타이레놀을 다시 판매하려면 상표명을 바꾸고 이미지를 개선해야 한다고 제안하기도 했다.

존슨앤존슨은 타이레놀의 이미지 회복 캠페인에 전사적 노력을 기울이기로 했다. 우선 똑같은 사건의 재발을 막기 위해 존슨앤존슨은 타이레놀에 시안화칼륨과 같은 이물질을 넣지 못하도록 용기를 새로 제조했다. 독약 투여행위를 중형으로 다스리고 조작방지 포장을 의무화하는 법률제정을 위해 국회의원 160명을 방문하며 로비활동을 전개했다. 이러한 회사의 진정성 있는 조치들은 소비자들에게 확고한 신뢰감을 심어줄 수 있는 기회가 되었다. 그 해의 점유율은 6%로 떨어졌지만 다음해엔 점유율이 40%를 넘어 사건 전의 점유율보다 높았다. 신속하고 진정성 있는 조치를 하고 보니 이 사건은 위기가 아니라 소비자들의 신뢰를 쌓는 기회였던 것이다.

2. 삼성전자 갤럭시 노트7 배터리 사건

삼성전자는 2016년 8월 초 야심찬 목표를 가지고 갤럭시 노트7을 공개했다. 그러나 8월 24일 기기충전 중 폭발사고가 나왔다. 이에 대해 삼성전자는 제품을 수거해 원인을 분석하고 그 결과를 공표하겠다고 밝혔다. 그러나 이후 9월 1일까지 7차례의 추가 폭발사고가 나왔고 마지막 사고는 충전하지 않은 상태에서 발화되었다는 점에서 심각했다. 이때까지 기기의 발화원인은 중국산 배터리 문제라는 설이 제기된 바 있지만 정확한 원인은 밝혀지지 않은 상태였다.

이런 상황에서 삼성전자는 9월 7일 무선 사업부 고동진 사장이 직접 나서 배터리상의 문제점을 설명하고 사과한 후 문제된 제품에 대한 수리가 아닌 리콜을 발표했다. 이러한 리콜로 인한 손실은 2조 원이 넘는 것으로 추산되고 있었지만, 회사는 소비자들에게 안전한 제품을 제공하는 것의 중요성을 인식하고 발빠르게 대처한 것이었다. 이러한 조치에서 눈여겨볼 점은 사장이 직접 사과하고 해명하는 모습이었다. 국내 대기업의 경우 사고가 났을 때 바로 최고경영자가 나와 해명하거나 사과하는 것은 이때까지는 거의 볼 수 없었다.

그러나 이러한 조치 후에도 배터리가 폭발하는 사건이 이어지고 비행기 내에서 충전이 금지되자 회사는 9월 10일 기기 소지자들에게 제품 사용 중지를 공식적으로 권고하고 삼성전자 공식 뉴스 룸을 통해 현황을 공개했다. 이러한 조치는 브랜드 신뢰도에 치명적으로 부정적 영향을 미칠 수 있지만 제품사용으로 야기될 수 있는 안전문제를 차단하기 위한 조치였다. 이후 발화사건이 여러 나라에서 이어지면서 삼성전자는 10월 11일 단종을 발표하고 다른 기종으로의 교환 또는 환불을 발표했고 이후 소비자들의 불편을 해소하기 위해 교환 및 환불과정을 상세히 안내했다. 이러한 단종 및 환불결정으로 인한 손실은 4조 원이 넘을 것으로 추산되었고 제품판매에 따른 기회비용까지 고려하면 7조 원이 넘을 것으로 추산되었다. 그럼에도 불구하고 조기에 단종이라는 극단적인 조치를 내린 이유는 품질에 대한 삼성의 집념을 보여주는 조치로 해석되었다. 이는 고동진 사장의 발표에서도 읽을 수가 있는데 사고의 원인을 철저하게 분석하고 이를 통해 완성도 높은 신제품을 통해 자존심을 회복하겠다는 의지를 표명한 바 있다. 이와 같이 제품사용 중지, 단종 및 환불조치과정에서도 눈여겨볼 점이 있는데 조치와 관련된 투명한 정보공개로 소비자들로부터 진정성을 인정받은 것이었다.

단종을 발표한 이후 삼성전자의 후속조치는 이어졌다. 삼성전자는 노트7의 발화원인을 찾기 위해 20만대 이상의 스마트폰, 5만개 이상의 배터리를 테스트했고 객관성을 확보하기 위해 제3기관에게도 조사를 맡겼으며 조사과정과 결과를 시장에 투명하게 공개했다. 2017년 2월에는 최고위험관리 책임자를 신설해 세계 각국에서 벌어진 리콜 사태와 대응과정 등을 분석하고 대형 리스크를 효과적으로 관리하기 위한 원칙도 세웠다. 이런 과정과 함께 소비자의 신뢰도 회복을 위한 다음 제품개발에 박차를 가했고 2017년 4월 S8을 공식적으로 선보였다.

이러한 배터리 발화사건은 갤럭시 브랜드 파워에 어떤 영향을 미쳤을까? 글로벌 브랜드 컨설팅 업체가 2017년 9월에 발표한 글로벌 100대 브랜드에서 삼성전자는 6위를 차지했는데 이는 사건이 발생하기 전보다 한 단계 높아진 결과이다. 그리고 2017년 4월 런칭한 S8의 경우 열흘간 진행된 예약 판매에서 국내 스마트폰 사상 첫 100만대를 돌파하는 신기록을 세웠다. 이는 갤럭시 노트7의 발화사건이 갤럭시의 브랜드 신뢰도를 하락시키지 않았고 그러한 사건에 대한 신속하고 진정성 있는 조치가 갤럭시는 더 믿을 수 있는 제품을 만들어 낼 것이라는 기대감을 준 것이 아니었을까?

갤럭시 노트7의 단종에 이어 기업이미지를 회복하기 위한 S8의 런칭광고: 국내 스마트폰 사상 첫 100만 대를 돌파하는 신기록을 세웠다.

3. 시사점

이 두 사건이 주는 시사점은 다음과 같다. 첫째, 사건에 대한 신속한 대처이다. 특히 소비자가 정보를 스스로 확보할 수 있는 능력을 갖고 있는 첨단 기술시대에 사건에 대한 소비자 반응을 보고 대처하는 것은 사건을 키우는 것이다. 최대한 빨리 실시간으로 고객 관점에서 대처방안을 세우고 발표해 논란이 증폭되는 것을 막아야 한다. 4차 산업혁명 시대에서는 실시간 사전 모니터링 시스템을 갖추는 것은 기본이 되고 있다. 둘째, 정보를 숨기지 말고 공개하는 것이다. 공유의 시대에서 정보를 숨기는 것은 회사의 진정성에 의구심을 불러일으켜 사태를 악화시킨다. 회사의 잘못을 시인할 수 있는 용기, 불리한 정보를 공유하려는 의지가 있을 때 소비자들은 회사 조치에 대한 진성성을 느끼게 된다. 셋째, 이슈가 클수록 최고경영자가 직접 나서야 한다. 두 사건 모두 조기에 최고경영자가 사건을 지휘하면서 적절한 발표를 통해 소비자들에게 신뢰감을 주었다. 과거 국내 기업들은 사고가 터지면 대체로 실무자들이 전면에 나서고 여러 논란이 증폭되고 나서야 최고경영자가 사과하는 수순을 밟았다. 이때엔 이미 손실이 치명적인 수준에 도달해 있을 것이다. 넷째, 대처하는 데 드는 그 비용을 소비자 신뢰를 쌓은 투자로 간주하자. 이때 위기는 소비자로부터 신뢰를 얻을 수 있는 절호의 기회가 된다.

2) 기업광고

광고는 크게 소비자에게 제품에 관한 정보를 제공하고 구매를 설득하는 형태의 제품광고와 기업에 대한 소비자의 호의적 의견과 태도를 유도하는 형태의 기업광고로 구분된다. 기업광고의 목적은 기업에 대한 호의적 이미지를 형성하고 사회적 · 환경적 이슈에 대한 기업의 비전이나 철학을 전달하는 데 있는데, 이러한 목적 때문에 기업광고는 PR활동의 하나로 구분되기도 한다.

3) 이벤트

이벤트는 공공기관이나 기업이 뚜렷한 목적을 가지고 특정기간 및 특정장소에서 특정 집단을 대상으로 메시지를 직접 전달하기 위해 실시하는 행사로 정의된다. 이벤트에 대한 이러한 정의는 다음과 같은 특징을 갖는다.

- 현장성: 이벤트는 메시지의 발신자와 수신자가 직접 현장에서 만나 상호작용하고 반응하는 커뮤니케이션 매체이다. 이러한 점에서 이벤트는 대중매체를 통하여 전달되는 다른 커뮤니케이션 도구들(광고, SP, 퍼블리시티 등)과 구별된다.
- 공감성: 이벤트는 메시지가 오감(시각, 청각, 촉각, 미각, 후각)을 통해 현장감 있게 전달되므로 발신자와 수신자가 메시지의 의미를 공감할 수 있는 기회를 제공해 준다.
- 문화성: 이벤트는 메시지에 문화와 예술을 담아 이를 전달하는 도구이다. 따라서 당시 사회의 문화를 반영한 이벤트는 강한 설득력을 갖는다.
- 제한성: 이벤트는 특정 장소에서 특정 기간 동안 개최되기 때문에 참여자(수신자)의 수가 제한되는 특징을 갖는다. 따라서 이벤트는 메시지의 표적청중이 특정의 소비자집단으로 국한되는 경우 효율적인 커뮤니케이션 도구로 사용될 수 있다.

이벤트는 장소에서 오는 참여자 수가 제한되는 한계점이 있지만 잘 기획되면 참여자들과 상호작용하면서 강력한 설득효과를 낼 수 있다. 롯데 스카이힐은 이승훈 대표 시절 골프장을 차별화하기 위한 방법으로 골프장에서 다양한 행사를 진행한 바 있다. 아이디어는 예술품을 전시하는 이벤트 장소로 골프장을 활용하는 것이었다. 예술품이 갖고 있는 품격과 고급스러움을 골프장에 전이시키기 위한 아트 마케팅을 전개한 바 있는데, 유망 작가의 조각품과 미술작품 전시회, 중요무형문화재의 고가구 전시회, 국전심사위원들의 작품 전시회, 세계적 예술가인 윈저 조 이니스(Windsor Joe Innis)의 그림 전시회가 열렸다. 내장객들은 운동과 함께 예술품을 감상할 수 있는 기회를 갖게 된다. 해당 예술작품에 대한 소비자의 긍정적인 반응과 연상이 골프장으로 이전되었을 것이다. 〈광고 Highlight〉는 특별한 매장을 만들어 고객들에게 특별한 체험을 경험할 수 있게 해 준 맥심 모카골드 팝업카페 사례를 소개한다.

4) 스포츠마케팅

스포츠는 남녀노소 모두가 즐기며 국가와 국가, 기업과 기업, 그리고 기업과 소비자를 묶어 주는 교류의 장이 되고 있다. 스포츠가 경기장 밖에서의 소비자행동에까지 영향을 미치고 있음은 주지의 사실이다. 그래서 기업은 '스포츠 스폰서십'이라는 커뮤니케이션 도구를 제품과 서비스 판매의 확대에 활용하고 있다. 기업들은 대중에게 인기

광고 Highlight

고객이 주인공이 되는 공간을 마련한 맥심 모카골드 팝업카페: 오랜 전통에 현대적인 감각("Oldies but Goodies")을 입히다

YouTube https://www.youtube.com/watch?v=1SBSwkIOChM

제 목 [맥심모카다방 3Days] 천만배우 황정민의 모카다방 둘째 날

동서식품 모카골드는 30년간 시장에서 1위의 자리를 지키고 있다. 이런 브랜드는 오랜 전통이라는 강력한 무기를 갖고 있지만, 한 가지 걱정거리가 있다. 오랜 전통이 젊은 세대들에게 자칫 시대 흐름에 뒤처진다는 인상을 줄 수 있기 때문이다. 이때 브랜드는 오랜 전통이라는 강력한 무기에 현대적인 감각을 입혀야 한다. 오래 되었는데 세련되었다는 느낌을 주는 것은 가능할까? 제일기획이 기획한 모카골드 체험캠페인은 그것이 가능함을 보여주고 있다.

2015년 11월 동서식품은 새로운 캠페인을 시작했다. 모카골드는 국민커피로 자리 잡고 있었지만, 젊은 세대는 모카골드를 내 커피로 받아들이지 않고 있었다. 그래서 공간을 활용한 체험마케팅이 기획되었고 지금도 진행 중이다. 동서식품은 젊은이들이 많이 모이는 장소를 만들어 모카골드를 직접 체험할 수 있는 기회를 제공하기로 했다. 그에 따라 모카다방, 책방, 사진관, 우체국, 라디오라는 팝업카페가 순차적으로 오픈되어 모든 세대의 소비자들에게 추억을 만들고 쉬는 공간을 제공해 주었다. 모카골드가 갖는 전통에 현대적인 감각을 입히는 창의적인 캠페인을 소개하면 다음과 같다.

모카다방: 2015년 제주도 서귀포의 한 바닷가에 노란 카페 모카다방이 열렸다. 경험 캠페인의 시작이다. 다방은 중년에게는 과거의 향수를, 다방을 모르는 청년 세대에게는 호기심을 불러일으키는 공간("Oldies but Goodies")으로 선택되었다. 서귀포 바닷가는 사람들이 하늘, 바람, 바다를 편안하게 느끼며 쉴 수 있는 공간으로 여유로운 만남과 시간(옛날 다방의 개념)을 경험할 수 있는 최적의 장소이다. 동서식품은 모카다방을 아늑하지만 깔끔하게 꾸몄다. 현대적인 느낌의 완전히 새로운 공간보다는 자연스럽게 모카골드 커피를 마시면서 편안하게 쉬어갈 수 있는 공간이 만들어졌다. 모카골드를 상징하는 노란색도 적절한 수준으로 담았다. 이 다방을 방문한 사람들은 특정한 세대로 한정짓기 어려울 정도로 다양했다. 원래 목표로 했던 젊은 세대들도 많이 방문했고 원두커피에 익숙했던 방문객들도 모카골드(여기에선 모카골드 진한 맛, 보통 맛, 연한 맛 세 가지만 제공됨)를 마시면서 맛있다는 반응을 보였고 특별한 공간이 주는 추

모카골드가 오픈한 팝업스토어: 모카골드는 모카다방, 모카책방, 모카사진관, 모카우체국을 팝업카페로 오픈해 소비자를 무대의 주인공으로 초대하고 있다.

억을 담아갔다.

모카책방: 모카다방이 좋은 성과를 내자 2016년 모카책방이 오픈되었다. 책을 읽으면서 커피 한 잔 마시는 것이 일상인 점이 감안된 것이다. 매장을 오픈하는 장소로 번화가가 아니 성수동이 선택되었다. 번화가보다는 작은 카페와 아티스트 작업실이 생겨나기 시작한 성수동이 모카골드가 추구하는 가치에 더 적합하다고 판단한 것이다. 성수동은 변화의 기로에 있었고 동서식품은 이런 공간에서 새로운 트렌드와 오래된 것의 미학을 함께 담아내었다. 모카책방 1층은 커피바와 현대적이고 세련된 책 진열장으로 구성되었고 2~3층은 혼자 책을 읽거나 독서토론을 할 수 있는 편안하고 따뜻한 느낌으로 연출되었다. 모카책방 건물 뒤편의 노란 벽화는 성수동 일대의 유명한 포토 존이 되어 지금까지 남아 있다.

모카사진관: 사람들 일상에서 조금씩 사라져가는 사진관에서 새로운 경험을 선사하기 위해 사진관이 세 번째 매장으로 선정되었다. 2017년 모카사진관은 부산 청사포 해변에 문을 열었다. 이번에도 장소를 선택할 때 번화한 곳이 아닌 사진을 찍으면서 추억을 담고 여유를 느낄 수 있는 곳이 우선적으로 고려되었

다. 청사포엔 화려한 건물이 없어서 모카사진관이 멀리서도 눈에 띌 수 있었고 이곳에서 어느 방향으로 사진을 찍어도 여유로운 부산 바다를 담을 수 있다. 이 매장의 1층은 커피를 제공받는 곳으로, 2~3층은 커피를 마시며 사진을 배우고 즐기는 공간으로, 루프 탑은 사진을 찍거나 휴식을 취하는 공간으로 꾸몄다. 많은 사람들이 이곳에서 언제든 꺼내볼 수 있는 추억 한 장을 담아갔다.

모카우체국: 2018년 동서식품이 선정한 네 번째 매장은 전주의 한옥마을 옆 우체국이었다. 전주의 한옥마을은 전통과 현대적인 감각이 공존하는 "Oldies but Goodies"라는 개념을 느끼기 가장 적합한 장소 중의 하나였다. 맥심은 이곳에서 방문객들에게 직접 손으로 쓴 편지에 담긴 정성과 진심을 보내는 공간을 제공했다. 아트 팀은 바티칸에 있는 주물로 만든 대형 우체통에 영감을 받아 모카우체국만의 오브제를 표현한 우체통을 제작해 입구와 출구에 설치했다. 1층은 커피를 주문하고 편지를 쓸 수 있는 공간으로 우체국을 방문한 것 같은 느낌을 주는 우체국 메인 부스와 편지를 쓸 수 있는 의자, 탁자 및 필기구가 배치되었다. 2층엔 누군가에서 영상편지를 촬영 부스가 마련되었고, 3층엔 나만의 모카씰을 만들 수 있는 부스가 마련되었다. 이 매장에서 1,328명이 영상편지를 남겼고 SNS엔 2만여 건의 게시물이 올려졌다.

모카라디오: 서울 합정동 인근에 오픈한 '모카라디오'는 모카골드의 다섯 번째 팝업카페다. 라디오를 통해 사연을 전하고 듣는 추억을 표현한 공간이다. 팝업카페도 과거와 현재가 공존하는 공간으로 꾸며졌다. 커피를 주문하는 공간, 사연을 적으면 DJ가 직접 읽어주는 서비스, 과거의 현재의 라디오가 다양하게 전시된 부스, 포토 부스 등 다양하게 구성되었다. 이 매장이 오픈되고 약 2개월의 운영 기간 동안 하루 평균 1,755명, 총 11만 557명이 방문해 추억을 담아갔다.

이 팝업카페를 운영하면서 "Oldies but Goodies"라는 주제와 조화를 이루는 다양한 이벤트들이 준비되었음은 물론이다. 이 매장들을 방문한 젊은 세대들은 모카골드를 옛날 브랜드가 아닌 세련되고 멋진 감각을 갖고 있는 브랜드라고 느낄 것이다. 쉽지 않는 과제를 풀어낸 창의적인 공간 이벤트의 힘이다.

있는 스포츠 경기를 이용하여 시리얼, 음료수, 자동차, 신발, 의류 등 많은 상품을 성공적으로 판매하고 있다.

기업이 스포츠를 소비자와 커뮤니케이션하는 장소 또는 도구로 적극적으로 활용하면서 스포츠 마케팅은 나름대로 독자적인 영역을 구축하고 있다. 스포츠 마케팅은 기업이 스포츠를 이용하여 전개하는 모든 마케팅 또는 PR 활동이라고 볼 수 있는데, 표 5-3 은 스포츠를 이용한 다양한 사업을 요약하였다.[5)]

스포츠 마케팅의 목적은 다음의 세 가지를 들 수 있다. 첫째, 기업이나 브랜드에 대한 친숙도를 높이거나 유지하는 것이고, 둘째는 기업이나 브랜드에 대한 이미지를 개선하거나 공고히 하는 것이며, 셋째는 기업의 사회적 책임을 표현함으로써 일반 대중에게 기업에 대한 신뢰와 이해를 획득하는 것이다.

표 5-3 스포츠 마케팅의 종류

구분	종류	내용
직접사업	방송후원	특정후원사가 시즌경기 전체와 특정경기의 모든 광고 혹은 일부분을 독점 지불하는 형태
	행사후원	후원사가 행사의 비용전체 또는 일정액을 후원하는 형태(예: 대회 명칭후원, 공식후원, 공식상품권화 후원 등)
	스포츠단체, 팀 선수후원	후원사가 특정팀이나 선수의 후원업체임을 명시하는 대가로 일정 비용을 후원하는 형태
간접사업	광고 Endorsement	기업이 특정 선수나 팀을 자사제품의 광고에 등장시키는 형태
	제품 Endorsement	운동선수, 팀 및 스포츠 단체들의 이름, 사인, 로고, 심벌 등의 기업이 판매하는 제품에 부착시키는 형태

5) 협찬과 제품삽입(Product Placement: PPL)광고를 통한 PR

최근 기업은 협찬(혹은 후원)과 제품삽입광고에 대해서도 관심을 높이고 있는데, 이는 협찬이나 제품삽입광고가 소비자의 브랜드에 대한 친숙도를 높이는 데 효과적으로 사

5) 김용만, 스포츠마케팅커뮤니케이션, 학현사, 2002.

광고 Highlight

스포츠 마케팅의 진화: 스포츠와 테크놀로지와의 만남

스포츠 마케팅은 표 5-3 에서 제시하는 직간접 사업들이 주류를 이루지만 첨단기술이 적용되는 4차 산업혁명 시대에 스포츠 마케팅 활동도 진화하고 있다. 구단들은 빅 데이터 분석기법을 활용하기 시작했고 선수들의 움직임을 분석하는 트래킹 솔루션을 활용하기 시작했으며 스마트 기술을 이용해 구장을 새로운 공간으로 탄생시키고 있다. 아래에서 이러한 최근 동향을 소개하기로 한다.

IT 회사들의 빅데이터 분석기법을 활용하는 구단들: 선수 및 팬들의 데이터를 축적하고 정량화하는 것이 가능해지면서 데이터 전문업체들이 구단의 파트너로 선정되고 있다. 데이터 업체 SAP은 독일 국가대표팀에 빅데이터 기술을 지원하고 있고, 국제크리켓월드컵의 파트너로도 선정되었다. SAP은 매 경기의 정보를 실시간으로 분석해 각 팀의 전적, 선수들의 강점과 약점 등을 다양한 방식으로 시각화해 제공하고 있다. 또 다른 빅데이터 기업 SAS는 MLB 구단 뉴욕 메츠에 데이터 분석 솔루션을 공급하는 계약을 체결했다. 팬들의 행태, 성향, 선호도 등을 파악하는 데 SAS의 솔루션이 쓰이게 된다. 소셜네트워크 등으로부터 수집된 데이터를 분석해 '잠재 고객'을 위한 사이트를 개설하거나 차별화된 오프라인 캠페인을 전개하는 등 맞춤형 마케팅(Customized Marketing)이 진행될 수 있다. 레알마드리드도 MS와 파트너십을 맺으면서, 구단이 디지털 클럽으로 변신할 필요성을 밝힌 바 있다. 레알마드리드는 MS의 데이터 기술력과 클라우드 서비스를 활용함으로써 전 세계 약 4억 5,000만 명에 이르는 팬들의 데이터를 수집할 계획이다. 개별 팬마다 차별화된 메시지(Personalized Message)를 송출하거나 특정한 상품을 광고하는 등 개개인에게 가장 관련성이 높은 콘텐츠를 제공해 팬들의 소속감을 높일 수 있기를 기대한다.

레알마드리드와 MS의 파트너십 체결 ©realmadrid.com

스포츠 분야에서 활용되는 트래킹 솔루션: 경기 영상을 촬영, 분석하는 '스포츠 트래킹'역량도 스포츠 마케팅 분야에 적용되고 있다. NBA는 데이터 회사 STATS의 'SportsVU'솔루션을 활용해, 선수들이 특정 상황에 어떻게 대처할지 예측하고 있다. 게임에 참여하는 모든 플레이어들의 움직임을 촬영해 추적하고, 그를 한눈에 알아볼 수 있도록 정량적으로 가공한 후에 최종 결과를 공유한다. 선수들은 '고스트 경기(Ghost Game)'를 리플레이하면서 자신의 움직임을 관찰하고, 팬들은 NBA.com이나 NBA TV 등을 통해 선수들의 특징을 파악할 수 있게 된다. 스포츠 트래킹에 대해 NBA 팬들이 열렬히 호응하자, UEFA(Union of European Football Associations) 리그와 NHL에서도 비슷한 솔루션을 도입했다. NHL은 액션 카메라 전문 업체 고프로(GoPro)와 계약을 맺고, 선수들의 헬멧에 카메라를 장착해 여태껏 관객들이 볼 수 없었던 새로운 시야의 경기 장면을 제공 중이다. 팬들은 텔레비전이나 경기장 좌석, 심지어 벤치에서도 볼 수 없었던 각도에서 경기를 볼 수 있으며, 자신이 좋아하는 플레이어를 선택한 후 그의 시각에 따른 경기를 감상할 수도 있다. 이전보다 경기에 대한 몰입 수준이 높아지므로 구단 및 선수에게 훨씬 더 적극적으로 호응하게 된다.

'스마트 아레나(Smart Arena)'– 새로운 경기장의 설계: 경기장을 어떻게 설계하고 활용할 것인지도 스포츠 마케팅의 주요한 과제이다. 모바일에서 특정 팬들을 타깃팅하는 것이 가능해졌듯이, 경기장에서도 특정 관중(Specific Audience)과 일대일로 소통해 특별한 스포츠 경험(Sports UX)을 줄 수 있도록 하는 것이 경기장 설계의 최대 이슈가 되고 있다. 많은 구단들은 경기장에 N ①와이파이 네트워크를 구축하고 ②고객 편의용 모바일 앱을 서비스하는 것은 이제 기본이다. 리바이스 센터는 700개 이상의 와이파이 AP를 설치했으며 바클레이즈 센터, 샌프란시스코 49ers, 덴버 브롱크스 등은 스트리밍 비디오뿐만 아니라 다양한 O2O 서비스를 제공하는 앱을 만들었다. 그리고 ③수익원을 확대하기 위해 경기장에서 현금 없이 자유롭게 물건을 구매할 수 있게 하는 모바일 POS, ④관중의 위치를 기반으로 타깃 마케팅 집행이 가능한 비콘 및 LBS 솔루션도 제공된다. 이 외에도 ⑤고속 촬영 장비를 설치해 팬들 개개인의 움직임을 촬영하거나 ⑥VR 콘텐츠를 제공하는 경우도 있다. 미네소타 바이킹 팀은 오는 7월 새로 개장한 '뱅크 스타디움'에서 다양한 스토리를 VR로 제공하며, 팬들이 직접 가상 풋볼 경기를 즐길 수 있는 서비스를 제공하고 있다.

자료원: 배가브리엘 프로 Beyond 전략팀(2016), "스포츠 마케팅의 진화,"제일기획 사보, 2016년 9월호.

용될 수 있기 때문이다.

기업은 매체의 특정 프로그램, 공공기관이나 사회집단의 행사 등과 같이 다양한 프로그램의 후원을 통해 행사가 이루어지는 장소나 프로그램에 회사 또는 브랜드를 삽입하거나 협찬사실을 공표함으로써 소비자의 브랜드(혹은 기업)인지도를 높일 수 있다. 최근 기업의 협찬방법도 이벤트 후원, 장소제공, 해외여행 경비제공, 의상협찬, 상품협찬 등 다양해지고 있으며, 잘 기획된 협찬활동은 광고 못지않은 효과를 거둘 수 있다. 한편 기업은 TV의 프로그램, 연극, 영화 또는 다양한 행사에 자사제품을 등장시켜 브랜드인지도와 구매의도를 높이려고 하는데, 협찬과 함께 이루어지는 경우가 많다. 영화나 TV 대본에 의도적으로 특정 제품을 끼워 넣는 것이나 브랜드명을 사용하는 것을 제품삽입(product placement)이라고 한다. 영화나 TV연속극에서 실제 브랜드명이 그대로 노출되고, 배우들이 브랜드명에 대해 언급하는 장면을 흔히 볼 수 있다. 대부분의 경우 이러한 행위는 특정 의도를 가지고 있다. 예를 들어 '부시맨' 영화의 첫 장면에 등장하는 코카콜라 병은 제품삽입의 대표적인 예이다.

최근 들어 여러 나라들은 드라마나 영화의 장소협찬을 유치하기 위해 매우 적극적으로 활동하고 있는데, 장소협찬에 성공하는 경우 그 지역 관광지가 일반 시청자들에게 자연스럽게 홍보되는 효과를 기대할 수 있다. 최근의 경우 '꽃보다 할배'의 촬영지였던 대만, '꽃보다 누나'의 촬영지였던 크로아티아는 국내 소비자가 가장 선호하는 관광지로 부상된 바 있는데, 이는 PPL의 힘을 보여주는 대표적인 사례이다.

한편 최근 뮤직 비디오에서도 제품삽입이 시도되어 화제가 되었다. 싸이는 '젠틀맨'을 발표한 바 있는데, 그의 뮤직비디오에 제일모직 '10 꼬르소 꼬모'라는 매장의 독특한 의상과 인테리어가 나오고 복사용지 브랜드인 더블 에이(AA)가 나온다. 그의 뮤직비디오는 최단기간 1,000만 뷰를 돌파했고 하루 최다 조회기록을 돌파하는 등 다양한 기록행진을 하고 있다. 뮤직비디오에 나온 매장과 제품은 전 세계의 수많은 사람들에게 반복적으로 노출되었을 것이다.

광고 Highlight

PPL로 소비자들에게 친근감을 전달하는 데 성공한 카페베네

제품삽입이 소비자들에게 자사제품을 자연스럽게 노출시킬 수 있는 수단이 되면서 마케팅관리자들은 최근 제품삽입을 위한 활동에 적극적이다. 뉴미디어 시대에서 광고의 개념은 '푸시(Push)형'에서 '풀(Pull)형'으로 바뀌고 있다. 소비자들이 자유롭게 채널을 선택할 수 있는 다채널 시대에서 과거와 같은 광고를 소비자들에게 밀어내는 매체전략의 효과는 감소될 수밖에 없고, 광고에 정보 및 오락 요소를 가미하여 소비자들이 자연스럽게 광고에 노출될 수 있도록 만들어야 한다. 이와 같이 광고에 오락적 요소를 가미하여 브랜드를 오락의 일부분으로 만드는 것을 "Branded Entertainment"라고 하는데, 이를 위해 가장 많이 사용되는 형태가 제품삽입(product placement)이다.

제품삽입을 통해 높은 촉진효과를 거둔 브랜드 중의 하나가 카페베네이다. 시청자가 흥미를 갖고 시청하는 콘텐츠 속에 삽입되는 PPL은 브랜드 메시지의 회피에서 벗어날 수 있고, 브랜드 메시지 전달효과 및 설득효과가 높아질 수 있다. 카페베네는 시장에 처음 진입하면서 업계에서는 최초로 TV광고를 시도했고 이와 함께 여러 드라마들을 통한 PPL 활동을 활발하게 전개했다. 커피전문점 최초로 TV-CF 집행과 함께 '지붕 뚫고 하이킥'PPL을 통해 브랜드인지도를 높인 카페베네는 이후 '커피하우스', '아테네', '시크릿 가든', '싸인', '마이 프린세스' 등에 PPL을 집행했다.

PPL 효과를 결정하는 요인으로 프로그램 유형과 그로 인해 촉발되는 무드, 제품삽입의 현저성, 노출시간, 브랜드와의 친숙성, 프로그램에 대해 느끼는 제품과의 관련성 등이 있다. 이런 관점에서 커피점문점은 PPL로 가시적인 성과를 얻을 수 있는 업종이다. 커피전문점은 감성적인 성격이 강한 제품군으로 드라마와 잘 어울린다. 적지 않은 드라마에 남녀 주인공들이 카페에서 분위기 있게 커피를 마시거나 대화하는 장면들이 나오게 되는데, 카페베네가 촬영장소로 사용되었다. 드라마를 시청한 소비자들은 자신도 모르게 카페베네에 친숙함을 느꼈을 것이다. 그리고 드라마의 우아한 분위기는 브랜드로 자연스럽게 전이되었을 것이다. 카페베네는 늦게 시장에 진입했지만 그 당시 매출액과 매장수 면에서 국내 1위의 자리를 차지했었다.

이러한 성과의 배경엔 PPL이 있었다.

자료원: 유창조 · 한상필, 최민욱(2011), "커피를 통해 보여진 광고와 마케팅의 힘,"광고학연구, 22(2), 177-192.

2 판매촉진

판매촉진(sales promotion)은 즉각적인(단기적인) 매출증대를 위해 중간상, 소비자, 판매원들을 대상으로 다양한 인센티브(incentives)를 제공하는 것을 말한다. 즉 판매촉진은 중간상과 최종소비자들이 자사제품을 구매하도록 유인하기 위해, 그리고 영업사원들이 자사제품을 적극적으로 판매하도록 동기부여를 할 목적으로 제공되는 다양한 인센티브를 총칭하는 것이다. 광고의 주목적이 브랜드인지도의 창출과 호의적 브랜드태도 형성에 있다면, 판매촉진의 주목적은 중간상과 소비자들의 즉각적인 구매행동을 유발하는 것이라 할 수 있다.[6)]

판매촉진은 그림 5-2 와 같이 크게 소비자 판매촉진(consumer sales promotion)과 중간

그림 5-2 판매촉진의 유형

6) Robert C. Blattberg and Scott Nieslin, Sales Promotion: Concepts, Methods, and Strategies, Prentice-Hall Inc., 1990.

상 판매촉진(trade sales promotion)으로 나누어진다.

소비자 판매촉진은 소비자의 자사제품 구매를 조장하기 위해 다양한 판매촉진 도구들을 사용하는 것으로, 이에는 무료샘플(sampling), 쿠폰제공(coupon), 프리미엄과 리베이트(rebate)의 활용, 콘테스트, 경품(sweepstakes), 보너스 팩(bonus pack), 가격할인(price-offs), 이벤트 후원(event sponsorship) 등이 포함된다.

중간상 판매촉진은 도 · 소매상들이 자사제품을 취급하도록 동기부여를 제공할 목적으로 판매촉진 도구들을 활용하는 경우를 말하는데, 중간상 할인(trade allowances), 중간상 콘테스트와 인센티브 제공, 구매시점 디스플레이, 판매원 훈련프로그램, 협동광고, trade shows 등이 중간상을 대상으로 한 판매촉진에 활용되는 도구들이다. 이하에서는 소비자 판매촉진을 소개하기로 한다.

(1) 소비자 판매촉진

1) 소비자 판매촉진의 목표

기업은 소비자 판촉을 도입할 때 이를 통해 성취하고자 하는 목표를 결정하고 광고, 직접 마케팅, 인적판매 등의 다른 촉진활동과의 상호작용을 고려해야 한다. 모든 판촉 도구들이 동일한 목적을 달성하기 위해 사용되는 것은 아니므로, 마케터는 상황분석 결과를 토대로 구체적 역할을 결정해야 할 것이다. 대부분의 소비자 판매촉진(consumer sales promotion) 프로그램의 기본 목적이 자사브랜드에 대한 구매를 유도하는 것이지만, 마케터는 다음과 같은 여러 가지 구체적 목적의 실현을 위해 신규브랜드와 기존브랜드에 대한 소비자 판촉을 도입하게 된다.

- 신제품에 대한 시용(trial)과 반복구매 유도: 매년 시장에 도입되는 많은 신제품들의 90% 이상이 도입 첫해에 시장에서 사라진다. 시장에 소개되는 많은 신규브랜드들이 기존제품을 약간 개선한 것이 대부분이기 때문에 광고만으로는 소비자의 시용을 유발하기 어렵다. 그러므로 무료샘플, 쿠폰제공 등과 같은 소비자 판촉도구들은 소비자의 신제품에 대한 시용을 촉진하는 데 효과적이다. 신제품은 시용의 유발뿐만 아니라 시용을 한 소비자들의 상당부분을 반복구매로 유도할 수 있어야만 시장

에서 성공을 거둘 수 있다. 기업들은 시용 후 반복구매가 이루어질 수 있도록 소비자들에게 나누어 준 무료샘플 속에 쿠폰 등과 같은 촉진인센티브를 연속적으로 기획하기도 한다. 예를 들어, 미국의 소비용품 회사인 Lever Brothers는 Lever 2000이라는 비누를 도입할 때, 소비자들에게 배포한 수백만 개의 무료샘플 속에 75센트짜리 쿠폰을 동봉함으로써 시용과(쿠폰을 사용한) 반복구매를 동시에 유도하였다.

- 기존브랜드에 대한 소비 증가: 성숙시장에서 소비자들은 기존브랜드에 대한 인지도가 높고 대부분의 소비자들이 제품사용경험을 가지고 있다. 이러한 상황에서 판매촉진은 매출을 늘리거나 기존의 시장점유율을 유지하는 데 있어 효과적이다. 먼저 기존브랜드의 소비를 증가시키는 방법의 하나로는 새로운 용도를 개발하는 것이다. 가령, 다양한 사용방법을 보여주는 사용법 안내책자(recipe books)나 캘린더 등과 같은 판촉도구는 이러한 목적을 달성하는 데 효과적으로 사용될 수 있다.
  기존브랜드의 소비를 증가시키는 또 다른 방법은 제품범주의 비사용자나 경쟁브랜드 사용자를 유인하기 위해 판매촉진을 활용하는 것이다. 제품범주의 비사용자를 유인하는 것은 쉽지 않지만, 판매촉진을 통한 충분한 인센티브의 제공은 비사용자의 시용가능성을 높일 수 있다. 기존브랜드의 매출을 증대시키는 데 있어 보다 빈번히 사용되는 전략은 경쟁브랜드 사용자의 브랜드전환을 유도하는 것이다. 이러한 전략은 그들에게 쿠폰, 프리미엄 제공, 보너스 팩, 가격할인 등의 인센티브를 제공함으로써 효과적으로 달성될 수 있다.
  경쟁브랜드 사용자를 유인하는 데 있어 가장 성공적이었던 촉진전략의 한 예가 펩시챌린지(Pepsi Challenge)이다. Pepsi는 눈을 가리고 맛을 보는 테스트(blind taste test)에서 소비자들이 시장선도상표인 Coca-Cola와 맛을 비교하는 펩시챌린지 캠페인을 도입하였다. 펩시챌린지 촉진캠페인은 통합된 촉진프로그램의 일환으로 전국 및 지역 광고, 쿠폰배포, 다양한 중간상 지원 등을 함께 사용하였다. 캠페인은 수년간 지속되었으며 Pepsi가 미국 내 슈퍼마켓 판매에서 Coke를 추월하여 시장선도 브랜드가 되는 데 결정적 역할을 하였다.

- 기존고객 유지: 수많은 신규브랜드들이 시장에 유입되고 경쟁사들이 적극적인 광고와 판매촉진 노력을 통해 자사고객을 유인하려는 시장상황에서, 판매촉진 기법들

은 기존고객들을 계속 유지하는 데 효과적으로 활용될 수 있다. 가령, 가격할인, 쿠폰, 보너스 팩 등의 제공은 소비자 등의 대량구매를 유도하여 경쟁브랜드들의 촉진에 의한 브랜드전환 가능성을 줄일 수 있을 것이다.

• 광고 및 마케팅 지원: 소비자 판촉은 광고 및 마케팅 노력을 지원하는 데 활용될 수 있다. 가령, 콘테스트나 경품(sweepstakes) 등과 같은 판매촉진 도구들은 흔히 광고에 대한 주의를 기울이게 하거나 광고메시지와 제품에 대한 소비자 관여도를 높이는 데 사용된다. 또한 판매촉진프로그램은 촉진기간 동안 소매업체들로 하여금 자사브랜드를 진열 · 촉진하도록 조장할 수 있다.

2) 소비자 판매촉진 도구

이하에서는 마케터들이 판매촉진 목표를 달성하기 위해 사용하는 다양한 소비자 판매촉진 도구(consumer sales promotion techniques)들을 제시하고, 이들의 장 · 단점을 설명하기로 한다.

① 샘플링

샘플링(sampling)은 소비자에게 샘플을 제공하여 사용하게 하는 판촉도구로서 판촉도구들 중 가장 많은 비용을 필요로 하지만 시용을 유발하는 데 가장 효과적인 방법이다.

그러므로 샘플링은 신제품의 도입 시 주로 활용된다. 식품, 건강용품, 화장품, 화장실용품 등과 같은 패키지용품의 제조업체들이 가장 빈번하게 샘플링을 사용한다. 샘플링은 다음과 같은 조건들을 충족시키는 제품들에게 보다 효과적이다.

• 단위당 제품가격이 저렴하여 샘플제작 원가가 낮은 제품.
• 소량의 샘플만으로도 브랜드의 특성과 편익을 소비자에게 충분히 증명시킬 수 있는 제품.
• 제품사용기간이 짧아 소비자의 즉각적인 구매가 이루어지거나 다음 구매시점까지 상표를 기억할 수 있을 만큼 제품의 구매주기가 짧은 제품.

샘플링의 장점은 가망고객들로 하여금 시용을 유도하는 데 가장 효과적이라는 점이다. 샘플을 제공받은 가구의 75% 정도가 실제로 그것을 시용한다고 한다. 샘플링의 또 다른 장점은 소비자들에게 제품사용경험을 통해 제품편익을 직접 평가할 수 있게 한다는 것이다. 광고를 통해 제품의 특성과 편익을 전달하기 어려울 때, 사용경험은 반복구매를 결정하는 데 매우 중요하다. 가령, 식품, 청량음료, 화장품 등은 제품특성의 미묘한 차이를 정확히 전달하기 어려운 제품들이므로 무료샘플의 제공을 통해 직접적인 사용경험기회를 제공하는 것이 효과적이다. 그러나 자사브랜드가 경쟁상표들보다 우수하거나 독특한 제품편익을 갖지 못하면, 무료샘플을 제공받은 소비자가 그 브랜드를 반복구매할 가능성이 낮다는 한계가 있다. 또한 제품편익의 효과가 발생되는 데 상당한 기간이 소요되는 제품의 경우에는 많은 용량의 제품을 샘플로 제공해야 하는 단점이 있다. 가령, 고가격의 주름방지용 미용크림제품은 그 제품의 효과를 확인하는 데 상당한 사용기간이 소요될 것이다.

샘플링은 다양한 방법으로 시행될 수 있는데, 구체적으로 직접 가정에 배달하는 방법(door-to-door sampling), 우편을 통한 방법(sampling through the mail), 점포에서 나누어 주는 방법(in-store sampling), 그리고 제품패키지에 부착하는 방법(on-package sampling) 등으로 나누어진다. 직접 가정으로 배달하는 방법은 샘플이 배포되어야 할 지역을 통제하는 것이 판촉효과를 높이는 데 매우 중요할 때 사용되지만, 높은 인건비로 인해 이의 사용빈도가 줄어들고 있다. 우편을 통한 배포방법은 크기가 작고 가벼운 제품들에 대해 흔히 사용되며, 샘플의 배포지역과 시기를 통제하고 특정세분시장을 표적으로 하여 배포할 수 있다는 장점을 가진다. 점포에서 나누어 주는 방법은 특히 식료품에 많이 사용되는데, 마케터는 점포 내에 임시부스를 설치하고 점포방문객들에게 샘플을 제공하게 된다. 제품패키지에 부착하는 방법은 제품의 샘플을 이와 관련된 다른 제품의 패키지에 부착하는 것으로, 관련된 여러 제품들을 생산하는 기업(가령, 면도기, 면도날, 면도크림을 함께 생산하는 기업)들이 신제품의 샘플을 기존브랜드제품의 패키지에 부착한다면 비용절감의 효과를 얻을 수 있다. 이 외에도 거리에서 샘플을 나누어 주는 로드 샘플링(road sampling) 방식이 있는데, 케라시스는 출시과정에서 로드 샘플링과 매장 도우미를 통한 1 대 1샘플링을 진행한 바 있다. 홍보이벤트를 통한 로드 샘플링은 서울 도심 주요거점에서 진행되었고, 이는 또 하나의 중요한 브랜드 커뮤니케이션 도구이자 시용(trial)을 유도할 수 있는 강력한 마케팅 도구였다.

② 쿠폰

미국 등지에서 쿠폰(coupon)은 가장 역사가 오래되고 가장 많이 사용되면서 매우 효과적인 판매촉진 도구이지만, 우리나라에서는 아직 쿠폰의 사용이 활성화되지 않고 있다. 쿠폰이란 표시된 금액만큼 구매시점에 인하된 가격으로 구매할 수 있음을 보장하는 일종의 증서를 말한다. 최근 들어 스마트폰을 포함한 모바일 기기의 급속한 확산으로 전통적인 종이쿠폰 대신 모바일(디지털) 쿠폰을 도입하는 기업들이 늘어나고 있다.

쿠폰은 몇 가지 장점을 갖는다. 첫째, 최근 들어 소비자의 브랜드충성도가 감소하고 가격 민감도가 증가함에 따라 쿠폰을 통한 가격할인은 소비자의 시용과 반복구매를 촉진시킨다. 둘째, 쿠폰은 소매업자의 협조 없이도 제품가격을 인하하는 효과를 거둘 수 있으므로 가격할인의 혜택이 소비자에게 직접 전달되는 장점을 가진다.

그러나 쿠폰은 다음과 같은 문제점을 가진다. 첫째, 얼마나 많은 소비자들이 언제 쿠폰을 사용하는지를 추정하기 어렵다. 쿠폰에 대한 소비자의 반응은 즉각적으로 발생되지 않으며, 쿠폰이 회수(redeem)되는 데 평균 2개월에서 6개월 정도가 소요된다고 한다. 둘째, 이미 자사상표를 애용하는 기존 소비자들이 쿠폰을 사용하는 것을 방지하기 어렵다. 예를 들어, 쿠폰이 기존고객들에 의해 주로 사용된다는 것을 발견한 General Food사는 Maxwell House커피에 대한 쿠폰사용을 줄이기로 결정하였다. 쿠폰이 신규사용자를 유인하기보다는 쿠폰 없이도 자사브랜드를 구매할 현 사용자들에 의해 이용된다면, 쿠폰의 활용은 기업의 이익감소로 나타날 것이다. 셋째, 쿠폰프로그램 비용은 상환된(즉, 회수된) 쿠폰의 액면가(face value)에 쿠폰의 생산 · 유통 · 처리비용을 합한 것이어서 쿠폰발행에 많은 비용이 발생된다. 넷째, 허위쿠폰상환에 의한 손실이 높을 수 있다. 허위쿠폰상환(misredemption)은 실제로 제품구매 없이 회수된 쿠폰에 대해 현금지불이 이루어짐으로 인해 발생되는 손실을 말한다. 실제로 미국의 일부 소매상들은 일요판 신문 등에서 쿠폰을 수거하여 실제로 소비자들이 그 가게에서 쿠폰을 사용한 것처럼 허위보고를 함으로써 할인된 가격과 취급비용을 제조업자들로부터 지급받는 사례가 흔히 발생된다.

쿠폰은 다양한 방법으로 배포될 수 있는데, 크게 신문삽입방식(free-standing insert), 신문이나 잡지에 인쇄하는 방법, 우편으로 전달하는 방법(direct mail couponing), 포장에 인쇄하거나 포장 안에 집어넣는 방법(in/on package coupon), 인터넷을 통해 전달하는 방법 등으로 나누어진다. 가장 흔히 사용되는 방법 중의 하나는 신문삽입방식으로, 영어로는

Free-Standing Insert(FSI)라고 한다. 보통 미국에서는 일요판 신문이 100여 페이지나 되는데 매주 일정한 곳에 8.5인치×11인치 크기의 소책자가 끼워져 있는데 그 소책자는 상표안내광고와 그 상표에 관한 쿠폰으로 구성되어 있다. 대부분의 쿠폰이 이 방법으로 배포되고 있고 보통 비경쟁사끼리 합동으로 제작 · 배포하고 있다. 질이 비교적 좋은 종이에 컬러로 제작되므로 주목을 끌기 쉽고 매주 같은 장소에 끼워져 있기에 소비자가 쉽게 이용할 수 있으며 신문에 끼워 배포되는 것이기에 원하는 장소에 차별적으로 배포할 수 있는 장점이 있다.

비용도 비교적 저렴한 편이다.

두 번째 방법은 신문이나 잡지에 인쇄하는 것으로, 미국에서는 ROP(Run-of-Press)라고 불린다. 신문쿠폰(newspaper coupon)은 제작기간이 짧기에 원하는 시간에 배포할 수 있고 도난의 위험이 거의 없어서 확실히 소비자에게 전달이 된다는 장점이 있다. 단점으로는 신문에 인쇄가 되기 때문에 신문이 배달되는 모든 곳에 뿌려져 지역을 차별하는 것이 불가능하다는 한계가 있고, 질이 조잡하여 다양한 컬러나 구성을 하기가 어렵고 눈에 잘 띄지 않는 단점이 있다. 잡지쿠폰(magazine coupon)은 잡지에 인쇄되어 광고형태로 제공되는 쿠폰을 말하는데, 신문쿠폰에 비해 선명한 컬러, 표적청중의 선택, 쿠폰노출기간의 장기성 등과 같은 장점을 갖는다. 그러나 잡지쿠폰은 지역적 차별화가 어렵고 비용도 많이 드는 편이다.

세 번째는 직접우편쿠폰인데, 이는 비싸기는 하지만 원하는 고객을 정확히 가려서 배포할 수 있는 방법으로서, 다양한 쿠폰이 든 봉투의 형태로 개인에게 우편으로 보내어진다. 고객의 지역적 분포, 개인적 특성 등을 꾸준히 모니터하고 그 분석결과에 따라 소비의 패턴을 예측하여 표적고객에게 가장 적합한 쿠폰을 보내게 된다. 따라서 표적고객들에게 도달되는 데 가장 효과적인 방법으로서 상환율도 매우 높은 것으로 나타난다. 이 방법은 거의 전국적인 규모로 시행할 수도 있으므로 신문에 삽입하거나 인쇄하는 방법보다 넓은 지역에 배포가 가능하다는 장점도 있다. 직접우편쿠폰의 단점은 사전에 소비자들의 주소를 확보하고 이를 데이터베이스화하여 유지 · 관리하는 데 상당한 비용이 소요된다는 점이다.

또 다른 방법은 포장에 인쇄하거나(onpack coupon) 포장 안에 집어넣는(inpack coupon) 패키지형 쿠폰이다. 포장 안에 집어넣는 방법은 쿠폰이 내용물과 접촉하고 있어 규제가 심한 편이며, 특히 식품류의 경우에 그러하다. 패키지형 쿠폰은 물건을 구매한 사람에게만 혜택을 준다는 의미도 있다. 패키지에 쿠폰을 부착할 경우 해당제품이 아닌 다른 제품의 쿠폰을 부착하는 경우도 있는데, 이를 크로스 쿠폰(cross coupon)이라고 한다. 즉, 기업은 고객이 구매한 제품으로 미루어 미래에 구매가능한 관련 제품을 예측할 수 있으므로 그 제품에 대한 쿠폰을 제공할 수도 있는 것이다. 예를 들면, 시리얼 상자에 시리얼과 같이 먹는 자사제조 우유에 대한 쿠폰을 집어넣어 구매를 유도할 수 있다. 이 방법은 상환율이 상대적으로 높고 반복구매 유도, 낮은 배포비용 등의 장점을 갖지만 기존의 구매고객만 싼 가격으로 구매하고 새로운 고객을 유치할 가능성이 적다는 단점이 있다.

기타의 방법은 전자식 쿠폰발행기와 온라인/모바일 쿠폰프로그램을 사용하는 것이다. 전자식 쿠폰 발행기 가운데 하나는 계산대에서 계산을 할 때 구매제품에 따라 미리 프로그래밍을 해놓은 대로 적절한 쿠폰이 인쇄되어 나오는 것이다. 예를 들면, 유아용 분유의 패키지에 인쇄된 바코드를 스캐너가 읽으면 자동으로 기저귀용 쿠폰이 나와서 배포되는 방법이다. 유아용 분유를 구매한 고객은 젖먹이 아이가 있을 확률이 매우 높고 따라서 기저귀를 구매할 가능성이 높기 때문이다. 이 방법은 정확한 표적소비자집단이 이용할 가능성이 높으므로 상환율도 매우 높은 것으로 알려져 있다. 모바일쿠폰은 위치기반 서비스, 소셜네트워크 서비스 등과 결합함으로써 더욱 진화하고 있다. 국내통신사들이 2006년 처음 도입한 모바일 쿠폰은 초기에는 크게 각광받지 못했지만 SNS, 검색서비스 등 다양한 플랫폼과 연계되면서 모바일 쿠폰의 사용빈도가 빠르게 늘어나고 있다.

판촉에 있어서 가장 중요한 것은 얼마만큼 실제로 소비자가 이용하느냐이다. 특히, 쿠폰의 경우 대량으로 배포되기 때문에 배포된 매수에 비해 실제로 사용되는 비율(상환율)이 매우 중요하다. 앞에서 소개한 배포방법에 따른 상환은 제품의 종류에 따라 조금씩 차이가 나지만, 포장에 인쇄하거나 삽입하는 방법과 전자식 발행법, 우편에 의한 방법 등이 높은 것으로 알려져 있다. 식료품의 경우 포장에 인쇄하거나 삽입하는 방법은 상환율이 9%, 전자식 발행법은 11%, 우편에 의한 방법은 4% 정도이며, 다른 방법에 의한 쿠폰 배포의 상환율은 2% 내외로 조사되고 있다.

쿠폰은 상환이 잘못되는 경우가 종종 있어 주의를 요하는데, 소매상의 부주의로 인해 쿠폰상환이 잘못 이루어지는 경우가 상당수 있다. 일일이 확인하지 않아 쿠폰에 명시된 제품이 아닌데 할인해 주는 경우, 만료일이 지났는데도 할인해 주는 경우 등이 그 예이다. 이러한 잘못된 상환을 방지하기 위해서 쿠폰에 만기일, 대상제품을 뚜렷이 명시해야 한다. 그리고 복사나 가짜를 방지하기 위해 다양한 컬러를 사용하거나 특수종이를 사용하는 방법을 사용하고 쿠폰의 가치를 지나치게 높게 정하지 않도록 해야 한다.

제조업체 쿠폰의 경우 제조업체가 매우 많은 수의 회수된 쿠폰을 처리하는 데 드는 노력을 절감하기 위해 쿠폰을 중간에서 처리해 주는 대행업체가 많이 있다. 이들은 소매상이 보내오는 쿠폰을 정리 · 계산하여 소매상에게 제조업체를 대신하여 비용을 지불해 주고, 그들은 제조업체로부터 처리비용을 받는다. 따라서 제조업체가 쿠폰을 통한 판촉을 시행하는 과정에서 배포비용(인쇄비용+우편비용), 상환비용(할인비용+취급비용), 그리고 쿠폰처리업체에 지불하는 처리비용 등이 소요된다.

③ 프리미엄

프리미엄(premiums)은 자사제품을 구매한 고객에게 제공되는 추가적인 인센티브이다. 프리미엄은 자사제품을 구매한 고객에게 무료로 혹은 매우 저렴한 가격으로 추가적으로 제공되는 특정제품을 말하는데, 무엇인가 가치있는 제품을 소비자에게 추가적으로 제공하기 때문에 지나친 가격인하 경쟁을 피하는 데 효과적이다. 프리미엄은 무료우편형 프리미엄(free mail-in premium), 소비자부담 프리미엄(self-liquidating premium), 패키지형 프리미엄, 소개식 프리미엄 등의 다양한 형태로 나누어진다. 무료프리미엄은 상품패키지에 삽입되거나 구매 영수증을 보내면 우편으로 우송되는 소형의 선물이다. 패키지에 포함된 무료프리미엄은 충동구매를 유발한 만큼의 가치를 제공하므로 제품구매를 위한 추가적 인센티브의 역할을 한다. 우편으로 제공되는 무료프리미엄은 구매 증빙자료를 보내야 하고 구매자에게 즉각적인 보상이 이루어지지 않으므로 이의 이용률이 매우 낮다. 무료프리미엄의 경우 적절한 비용으로 소비자의 관심을 끌 수 있는 품목을 선정하기가 쉽지 않을 수 있으며, 법적 제약이 있다는 문제점이 있다.

소비자부담 프리미엄은 자사제품을 구매한 소비자들이 구매증빙자료와 일정액(즉 프리미엄의 가격+처리 및 우편비용)을 보내면 소매가격보다 저렴한 가격의 특정제품을 우편으로 보내는 방식의 촉진도구이다. 소비자부담 프리미엄은 소비자들의 자사브랜드에 대한 관심의 제고와 상표이미지 강화에 도움을 주는 이점이 있다. 또한 광고캠페인과 직접적으로 연계된 소비자부담 프리미엄은 자사상표에 대한 소비자프랜차이즈 구축에 기여할 수 있다. 가령, Marlboro 담배는 Marlboro Country카탈로그를 통해 Western의류나 야

외용 품목을 취급함으로써 브랜드이미지 혹은 제품포지션(즉 카우보이 이미지)을 강화하고 있다. 소비자부담 프리미엄은 우편으로 제공되는 무료프리미엄과 마찬가지로 프리미엄 소유과정의 불편함으로 인해 이의 이용률이 매우 낮다는 단점을 가진다.

패키지형 프리미엄은 제품의 생산과정에서 프리미엄을 패키지 형태로 함께 포함시키는 것인데, 다시 본제품의 내부에 프리미엄 제품을 포장하는 내장형 프리미엄(in-pack premium; 예를 들어, 커피와 함께 포장된 커피크림), 본제품 외부에 프리미엄 제품을 붙여 포장하는 외장형 프리미엄(on-pack premium; 예를 들어, 커피제품에 붙어 있는 커피잔), 그리고 본제품과 분리되어 제공되는 분리형 프리미엄(near-pack premium; 예를 들어, 잡지구매 시에 제공되는 여성화장품) 등으로 분류된다.

연속형 프리미엄(continuity premium)은 여러 개의 제품을 구매해야만 완전한 세트의 프리미엄 제품이 갖추어지도록 여러 개로 나누어 제공되는 프리미엄 제품을 말하는데, 접시를 프리미엄으로 제공하는 경우 완전한 접시세트를 형성하기 위해 본제품을 연속적으로 구매해야 하는 경우가 이에 해당된다.

소개식 프리미엄(referral premium)은 새로운 소비자를 소개시켜 주는 고객에게 제공되는 프리미엄 제품을 말하는데, 예를 들어 새로운 이동통신 가입자를 소개시켜 주는 소비자에게 일정의 사용시간이나 휴대폰 배터리 등을 무료로 제공하는 것이 이에 해당된다.

④ 콘테스트와 추첨

콘테스트(contests)는 제품을 구매한 소비자들에게만 상금이나 상품을 획득할 기회를 제공하며, 이의 획득을 위해 상당한 지식이나 기술(skill)이 요구되는 소비자 판촉도구의 하나이다. 가령, 자사제품을 구매한 소비자가 코리안시리즈 우승팀이나 우승팀의 점수를 맞추면 소정의 상금이나 상품을 제공하는 것은 콘테스트의 한 예이다. 추첨 또는 현상경품(sweepstakes)이란 상품이나 상금이 제공될 당첨자가 순전히 운에 의해 결정되며, 제품의 구입과 상관없이 누구나 참여할 수 있는 형태의 소비자 판촉도구이다. 가령, 대부분의 단순 퀴즈프로그램은 현상경품의 예이다. 또한 scratch-off카드(카드를 동전이나 손톱으로 긁어내어 당첨자를 즉각적으로 결정하는 방식)도 현상경품에 흔히 이용되는 방법의 하나이다. 최근 들어 콘테스트의 사용이 일종의 추첨형식으로 변화되고 있다. 즉, 매체광고를 통해 형식적인 문제해결(비어 놓은 광고문구를 채우거나 광고 속에서 이미 설명된 제품특성을 다시 묻는 것 등)을 제시함으로써 가능한 한 많은 소비자들이 콘테스트에 참여하도록 유도하고

현상경품의 예: 키스틱과 관련된 사진을 올리면 추첨을 통해 경품을 받을 수 있음을 고지하는 광고

이들 중 일부에게 추첨에 의해 상을 주는 형태로 변모하고 있는 것이다.

콘테스트나 현상경품은 양자 모두 사전에 정해진 어떤 기준을 만족하면 상품이나 상금이 지급되는 일종의 게임이라는 공통점을 갖지만, 콘테스트는 상품의 취득을 위해 어느 정도의 지식이나 기술이 요구되는 반면 현상경품은 순전히 운에 의해 결정된 당첨자에게 제공된다는 차이가 있다. 콘테스트는 일반적으로 제품구매가 요구되지만 반드시 제품구매를 필요로 하는 것은 아니다.

콘테스트나 현상경품은 브랜드에 대한 소비자관여도를 높이는 데 기여하는 장점이 있다. 가령, 콘테스트는 소비자에게 새로운 제품의 브랜드명을 개발하도록 요구하거나 상표의 사용방법(recipes)을 제출하도록 요구함으로써 소비자의 관여도를 높일 수 있다. 또 어떤 콘테스트는 소비자들로 하여금 정답을 맞추기 위해 광고나 제품의 패키지를 읽거나 점포를 방문하여 점포디스플레이를 관찰하도록 요구하기도 한다. 또 다른 장점은 참여소비자들의 흥분(excitement)을 유발하여 촉진된 제품에 대한 호의적 감정을 갖게 할 수 있다는 것이다.

그러나 콘테스트나 현상경품은 다음과 같은 문제점을 갖는다. 첫째, 소비자들이 콘테스트나 현상경품 자체에만 관심을 기울이기 때문에, 콘테스트나 현상경품은 제품에 대한 소비자프랜차이즈의 구축에 별로 기여하지 못한다. 둘째, 콘테스트와 현상경품은 많은 법적 제약을 받는다. 예를 들어, 상품이나 상금제공의 총한도액은 판촉행사기간 동안의 예상매출액의 1% 이내이며, 허용기간은 연간 2회 이내이며 1회당 20일 이내로 한정된다. 셋째, 전문현상경품꾼(professoinals or hobbyists)의 존재로 인해 판촉의 순효과가 반감되고 소비자의 당첨기회가 줄어들 수 있다는 것이다. 전문현상경품꾼은 전문적으로 현상경품들만을 탐색하여 여러 번 이에 응모하는 사람들로 제품에 대한 구매의도가 전혀 없다. 현상경품의 경우에는 제품의 구매가 반드시 요구되지 않으므로 소비자들이 여러 번 참여하더라도 이를 규제할 수 없다.

⑤ 리베이트 혹은 상환

리베이트(rebates)는 소비자가 제품을 구매했다는 증빙서류를 보내면 구매가격의 일정액을 돌려주는 형태의 판촉을 말한다. 리베이트의 액수가 커질수록 소비자의 반응률이 높아진다. 리베이트는 패키지용품에서 내구재 및 자동차에 이르기까지 모든 유형의 제품범주에 사용된다. 일반적으로 마진이 높고 고가격의 제품(약품, 건강미용제품, 내구재 등)에서 보다 많이 활용된다.

리베이트는 새로운 사용자를 창출하거나 경쟁상표를 구매하는 소비자의 상표전환을 촉진하는 데 효과적이며, 일시적인 가격할인의 한 수단으로 활용될 수 있다. 리베이트 이용에서의 문제점은 구매가격의 일부를 상환(refunds)받기까지 감수해야 할 번잡함과 시간상의 지체로 인해 이의 사용을 꺼린다는 것이다. 즉 소비자들은 리베이트 신청용지를 작성하고 구매영수증이나 구매증빙서류를 함께 우편으로 보내는 과정을 부담스럽게 생각한다. 그러므로 리베이트의 액수가 크지 않을 경우에는, 쿠폰이나 보너스 팩과 같은 촉진인센티브가 보다 효과적이다. 또한 소비자들은 리베이트가 제공될 때까지 구매를 지체하거나 리베이트를 제공하는 브랜드만을 구매할 수 있다. 빈번한 리베이트의 사용은 소비자들로 하여금 제품의 실제가격(혹은 가치)을 의심하게 할 수도 있다.

⑥ 보너스 팩

보너스 팩(bonus packs)은 보다 큰 용기에 제품을 담거나 덤으로 더 많은 갯수를 패키지 속에 포함시킴으로써 정상가격으로 더 많은 양의 제품을 제공하는 것을 말한다. 예를 들어, 통상 70mm짜리 식용유로 판매되는 것을 100mm짜리로 만들어 70mm짜리 식용유가격으로 판매하거나 통상 두개들이로 판매되는 세수비누를 세 개로 묶어 두 개들이의 제품가격으로 판매하는 경우가 이에 해당된다.

보너스 팩은 다음과 같은 이점을 가진다. 첫째, 보너스 팩은 쿠폰이나 리베이트를 사용하는 데 있어서의 번잡함 없이 소비자들에게 즉각적으로 제품단위당 가격(원가)인하를 통해 추가적인 가치(extra value)를 제공한다. 보너스 팩은 소비자에게 추가적 제품가치를 명확히 인지시킬 수 있으므로 구매시점 시 소비자의 구매의사결정에 강한 영향을 미칠 수 있다. 둘째, 보너스 팩은 경쟁사의 촉진이나 신상표 도입에 대처하는 데 효과적인 수단이다. 보너스 팩은 기존 사용자에게 많은 용량의 제품을 구매하도록 함으로써 경쟁사의 판촉노력에 반응할 가능성을 사전에 차단시킬 수 있다.

보너스 팩은 소매업자로부터 보다 많은 양의 주문과 유리한 진열공간 확보 등을 기대할 수 있으므로 소매업자와의 관계가 우호적일 때 특히 효과적일 수 있다. 그러나 보너스 팩은 소매업자로 하여금 추가적인 마진 없이 더 많은 진열공간을 제공해야 하므로, 소매상과의 관계가 우호적이지 못한 제조업자는 기대한 만큼의 효과를 기대하기 어렵다. 보너스 팩의 또 다른 문제점은 정상가격에서도 구매할 기존 사용자들이나 자사브랜드에 대한 충성도가 없는 촉진지향적 소비자들이 주로 보너스 팩을 이용할 수 있다는 것이다.

⑦ 가격할인

가격할인(price-off deals)은 소매가격을 직접적으로 인하시키는 형태의 촉진으로서, 통상적으로 패키지 위에 할인율이 표시된다. 일반적으로 가격할인(price-off)은 정상가격의 10~25% 사이에서 이루어진다. 가격할인은 소매업자의 마진은 그대로 유지하면서 제조업자의 마진폭을 희생시켜 얻어지므로, 소매업자의 지원과 협조를 기대할 수 있다.

가격할인은 다음과 같은 이점을 가진다. 첫째, 제조업자가 가격할인을 직접 통제하므로 촉진기간 동안 제공된 가격할인이 중간상을 거치지 않고 소비자들에게 직접 전달될 수 있다. 보너스 팩과 마찬가지로 가격할인은 소비자에게 구매로부터 얻어질 가치를 명백하게 인지시킬 수 있으므로, 브랜드 간 가격비교가 이루어지는 구매시점에 강한 영향을 미칠 수 있다. 둘째, 가격할인은 소비자들의 대량구매를 촉진시킬 수 있으므로, 경쟁사의 촉진을 통제하고 중간사의 지원을 확보하는 데 효과적이다.

그러나 소매상들은 가격할인에 대해 호의적이지 않을 수 있다. 대부분의 중간상들은 패키지 위에 할인된 가격이 구체적으로 표시되는 것을 수용하지 않는 경향이 있으므로, 통상 정상가격보다 '○○% 인하한다'는 형태로 패키지에 표시된다. 또한 보너스 팩과 마찬가지로 가격할인 판촉은 비사용자를 유인하기보다는 정규사용자들에 의해 주로 이용될 수 있는 문제점이 있다.

판매촉진은 기본적으로 고객들에게 제품 이외의 추가적인 인센티브를 제공하기 때문에 신제품에 대한 시용, 기존 고객 유지, 경쟁사 제품 사용자들로부터의 브랜드전환 유도 등과 같은 단기적인 목표를 달성하는 데 도움을 줄 수 있다. 그러나 판매촉진을 너무 과도하게 사용하거나 잘못 설계하면 오히려 역효과를 가져다 줄 수 있다. 따라서 관리자는 판매촉진의 부정적 효과를 이해하고 이를 최소화하기 위한 방안을 강구해야 한다.

첫째, 판매촉진이 과도하게 사용되면 브랜드 이미지에 부정적 효과를 줄 수 있다. 판매촉진은 대체로 추가적인 인센티브를 제공해 고객의 구매를 유도하기 때문에 이를 과도하게 자주 사용하면 소비자들은 브랜드를 가치 때문에 구매하는 것이 아니라 인센티브 때문에 구매하게 만든다. 그래서 소비자는 판매촉진에 자주 접하게 되면 그 브랜드의 가치에 의구심을 가지게 된다. 명성 있는 브랜드들은 판매촉진 활동을 자주 하지 않는 것을 기억하자. 프리미엄 브랜드들도 판매촉진행사를 기획하기도 하는데 그 때엔 행사의 명분(브랜드의 가치를 전달)을 확실하게 확보한다. 예를 들어 판매 10주년 기념 특별 사은행사, 판매 1억 병 돌파 기념 등이 예들이다.

둘째, 판매촉진은 경쟁사의 출혈경쟁을 유도할 가능성이 높다. 자사 브랜드가 판매촉진으로 고객의 구매를 유도하게 되면 경쟁사의 고객관리에 부정적 영향을 미치게 되어 경쟁사는 그에 상응하는 행사를 계획하게 된다. 즉 업계에서 판매촉진 경쟁이라는 악순환을 가져다줄 수도 있다. 관리자는 판매촉진 행사에서 창의성을 확보해 경쟁사가 쉽게 따라올 수 없게 해야 한다.

셋째, 유통업체의 부정적인 행위 가능성도 고려되어야 한다. 판매촉진 행사는 통상 유통업체의 도움이 뒷받침되어야 한다. 예를 들어 구매고객에서 선물을 주는 행사를 진행할 때 선물을 제공하는 방식도 다양하게 검토해 유통업체에게 선물을 제공하는 우를 범하지 않아야 한다.

마지막으로 판매촉진 행사가 자주 사용되면 고객들의 가격민감도를 유발할 수 있다. 예를 들어 화장품 회사가 구매고객에서 샘플을 주는 행사를 기획할 수 있는데 이 행사를 자주 사용하면 고객은 샘플을 받지 못하면 구매를 지연할 수 있다. 다음에 샘플을 줄 때 구매하는 것이다. 따라서 판매촉진행사도 장기적인 관점에서 브랜드의 핵심개념이나 주제를 강화시켜 줄 수 있는 방향으로 기획되어야 한다.

3 인적판매

(1) 인적판매의 기능

인적판매(personal selling)는 판매원이 예상구매자의 구매를 설득하기 위해 수행하는 대면 커뮤니케이션의 한 형태이다. 인적판매에서 판매자와 구매자 간의 직접적인 상호작용은 많은 청중들을 대상으로 하는 다른 마케팅커뮤니케이션 도구(가령, 광고, 판매촉진, PR 등)들과 차별화되는 특징이다. 이미 앞에서 설명하였듯이 모든 마케팅커뮤니케이션 도구들은 기업의 마케팅목표를 달성하기 위해 서로 통합되어야 한다. 즉 인적판매는 다른 마케팅커뮤니케이션 도구들과 조화를 이루어야 한다.[7] 예를 들어, 영업사원이 신제품에 대한 판매망을 확보하지 못하거나 기존브랜드에 대한 판매망을 계속 유지하지 못한다면, 중간상과 최종소비자를 대상으로 하는 광고는 아무런 의미가 없는 것이다. 마찬가지로 영업사원이 구매시점 디스플레이를 실행하는 데 있어 소매상의 협조를 얻지 못한다면, 구매시점 디스플레이에 대한 창의적 발상도 아무런 효과를 거둘 수 없다. 또한 영업사원은 중간상 판촉이 기대한 성과를 거두고 소비자 판촉의 지원을 위한 충분한 제품공급이 이루어지도록 하는 데 있어 결정적 역할을 한다.

인적판매의 주요목적은 고객에 대한 교육, 제품사용방법과 마케팅지원의 제공, 고객에 대한 판매 후 서비스의 제공 등이 포함된다. 인적판매는 대면상호작용을 통해 이러한 역할을 충실히 수행할 수 있다는 것이 다른 촉진수단들과 차이가 있다. 인적판매는 다음과 같은 장점을 가진다.

- 대면상황에서 잠재구매자가 판매원의 메시지를 피하기는 어려울 것이므로, 인적판매는 높은 수준의 주의를 유발할 수 있다.
- 판매원은 고객의 특정 제품특성에 대한 관심과 욕구에 맞도록 메시지를 개별화하여 전달할 수 있다.

7) Timothy Smith, Srinath Gopalakrishna, and Rabika Chatterjee, "A Three Stage Model of Integrated Marketing Communications at the Marketing–Sales Interface," Journal of Marketing Research, November(2006), pp. 564–79.

- 인적판매는 쌍방커뮤니케이션이 이루어지므로 즉각적인 피드백을 얻을 수 있다. 이에 따라 판매원은 자신의 판매제안이 효과를 거두고 있는지를 파악할 수 있다.
- 인적판매는 다른 촉진수단들과 비교하여 기술적이고 복잡한 정보를 충분히 전달할 수 있다.
- 제품의 기능작동(functioning)과 성능을 증명해 보이는 데 효과적인 수단이다.
- 고객과의 빈번한 상호작용은 장기적인 신뢰관계를 구축하고 공동이해의 달성을 위한 상호협력을 가능하게 한다.

광고 Highlight

영업사원들의 효과성을 높여주는 솔루션 소프트웨어의 판매를 통해 빠르게 성장한 Salesforce

고객관리 소프트웨어를 판매하는 클라우드 기반 비즈니스솔루션 제공업체 Salesforce는 고객관계관리 솔루션시장에서 최전선에 있다. Salesforce 로고는 뭉게구름 이미지를 설정하고 Salesforce의 매우 성공적인 클라우드 기반의 컴퓨팅 모델(설치하거나 소유하는 소프트웨어가 아님)을 강조한다. 클라우드 시스템은 오늘날 일반적으로 사용되지만, Salesforce가 15년 전 이 개념을 개척했을 땐 최첨단이었다. 이때부터 이 회사는 자신을 선도하는 혁신가로 매김하고 고객 회사들이 고객들과 연결하고 최근 온라인, 모바일, 소셜 및 클라우드 기술을 이용해 영업사원의 효과성을 높이는 것을 도와주는 새로운 방법들을 끊임없이 개발해 왔다.

Salesforce는 기업들이 매출을 증대하는 것을 도와준다. 이 회사는 "Customer Success Platform"이라고 불리는 클라우드 기반의 영업사원 자동화와 고객관계관리 도구들을 제공하는데, 이를 통해 회사들의 고객, 판매, 개별적인 판매대리인과 영업사원의 전반적인 성과에 관한 심층적인 자료를 모으고 조직화하고 분석하여 전달될 수 있다. Salesforce는 이런 모든 자료들과 분석들이 어떤 온라인 접속 도구들(데스크톱, 랩톱, 태블릿 또는 스마트 폰)을 이용하더라도 언제 어디서나 확보될 수 있게 해 준다. Salesforce는 또한 주요 소셜 미디어를 결합하고 있는데, Salesfor Chatter 플랫폼에서 소셜 미디어 모니터링, 실시간 고객 관여 및 협력(일종의 기업 내의 Facebook 같은 역할)을 가능하게 해 준다.

Salesforce의 혁신적인 제품들은 기업고객들을 빠르게 성장하는 CRM 플랫폼에서 세계 최고로 만들어주고 있고 이 회사는 Microsoft, Oracle, SAP 및 IBM과 같은 첨단 경쟁기업들보다도 앞서고 있다. Salesforce는 Forbes에 의해 모든 산업을 망라해 지난 4년간 세계에서 가장 혁신적인 기업으로 인정되었다.

혁신적인 제품들과 플랫폼들은 Saleforce의 놀라운 성공에 중요한 역할을 해 왔다. 그러나 가장 우수한 제품들도 그 자체로 판매를 보장하지 못한다. Salesforce는 회사를 판매하기 위한 영업사원을 필요로 하고 이 회사는 효과적인 인적판매 방법을 전파함에 있어 이를 실천하는 데 앞서고 있다. Salesforce는 경험이 풍부하고 잘 훈련되고 높은 동기부여를 갖고 있는 판매원 군단을 갖고 있는데, 이들은 회사의 제품을 고객과 연결시켜 준다. Salesforce의 판매원들은 판매하는 제품이나 서비스를 위한 모델 역할을 여러 가지 각도에서 수행하고 있다. 그들은 단지 Salesforce 클라우드를 사용하는 것이 아니라 회사가 고객들에게 약속하는 증대된 영업실적을 달성할 수 있도록 도와준다.

Salesforce에서 우수한 영업사원을 개발하는 일은 가장 우수한 영업사원을 채용하는 것에서 시작한다. Salesforce의 공격적이면서도 매우 선별적인 선발 프로그램은 세계적으로 판매원 후보자 풀을 검토한다. Salesforce는 작년 10만 명이 넘는 후보자들 중에서 4.5%만을 고용했는데, 경험이 중시된다. Salsesforce는 최소 2년에서 20년에 이르는 판매원 경험을 기대한다. Salesforce는 성공적인 영업사원들은 Salses-force 풀에 끌어들이기 위해 활기찬 문화와 강력한 보상 패키지를 준비해 경쟁회사의 영업사원을 공략하기도 한다.

일단 채용되면 영업사원들은 가장 최근의 첨단 판매도구들에 접속할 수 있다. 실제로 새로 채용된 직원들의 첫 번째 임무는 Salseforce가 보유한 기술들을 상세히 가르치는 비디오를 20시간 학습하는 것인데, 여기서 그들은 단지 판매하는 방법뿐만 아니라 사용하는 방법도 배운다. 회사의 클라우드 기술들은 고객 접촉과 판매과정을 최적화하는 데 도움을 줌에도 불구하고 이것은 우수한 인적판매 기술을 대신하지 않는다. 그래서 영업사원을 훈련하고 정밀하게 조정함에 있어 회사는 성능이 검증된 판매원칙(회사만의 현대적인 각도에서 설정된)을 설파하는 것에서 시작한다.

Saleforce에서 판매의 첫 번째 원칙은 고객의 얘기를 경청하고 배우는 것이다. 한 주가 소요되는 Salesforce의 판매캠프를 통해 신규 채용된 직원들은 질문하고 이에 대해 고객이 말하게 하고 고객의 상황과 욕구에 관해서 모든 것을 이해하여 고객관계를 구축하는 것에서 시작해야 함을 배운다. Salesforce의 판매담당 임원은 “영업사원들의 85%는 고객들의 사업을 진정으로 이해하기 위한 노력을 게을리 하지 않는다.”고 말한다.

고객을 이해하는 노력은 두 번째 판매원칙인 공감(판매원이 그들의 이슈를 이해하고 고통을 느끼고 있다는 것을 고객이 알게 하는 것)으로 연결된다. 공감은 친밀한 관계와 신뢰를 구축해 주는데, 이는 판매를 종결하고 장기적인 고객관계를 구축하는 중요한 과정이다. 경청, 학습 및 공감은 중요한 과정이지만 이것만으로 충분하지 않다. Salesforce 판매담당 임원은 “여러분 모두가 반응하고 도움을 주고 있다면, 여러분 모두는 행정적인 보조원이다.”고 말한다.

판매과정에서 다음으로 중요한 단계는 해결책을 제안하는 것으로, Salesforce의 클라우드 기반 해결책이 어떻게 고객들을 도와 고객들의 영업사원이 고객과 연결하고 판매함에 있어 보다 효과적이고 생산적일 수 있는가를 보여주는 것이다. Salesforce는 해결책을 제안하는 가장 좋은 방법이 다른 고객들의 제품과 관련된 성공을 부각시키는 이야기를 전해주는 것임을 확신한다. Salesforce의 임원은 “생생한 이야기는 매우 중요하다. 그것은 회사의 강점을 보여주고 기존고객과 가망고객들과 상호작용하는 데 기초가 된다. 이의제기("나는 우리 자료를 이 클라우드에 넣는 것을 신뢰하지 않아요.", "우리 회사의 현재 시스템은 지금 잘 작동하고 있어요." 또는 "비용이 너무 많이 드네요." 등)를 처리해야 할 때가 되면 Salesforce는 생생한 이야기가 가장 강력한 무기가 된다고 영업사원들에게 말해준다. Salesforce 마케팅 관리자는 "이의가 제기되면 우리는 항상 이를 고객의 이야기로 전환한다."고 말한다. 다른 관리자는 "우리는 고객들의 이야기에서 주인공이 아니다. 고객들의 성공스토리는 우리가 그들을 어떻게 구하는가에 관한 것이 아니라 고객이 어떻게 성공했는가에 관한 것이다."고 말한다.

경쟁사와의 판매경쟁에서 Salesforce의 판매원들은 공격적이 된다. 그러나 이들은 경쟁사의 약점이 아니라 Salesforce의 강점을 판매하는 방법을 택하도록 훈련받는다. Salesforce 마케팅 관리자는 "내부적으로 우리는 Microsoft를 부숴버리자, Oracle을 없애 버리자는 포스터를 가지고 있다. 그렇지만 고객에게 가서는 설령 우리가 원하더라도 Microsoft를 짓밟지 말라고 조언한다."고 말한다.

따라서 효과적이고 전문적인 판매는 한편으로 악수하고 칭찬하고 다른 한편으로 첨단 CRM 도구들과 자료 분석을 이용하는 것 그 이상을 요구한다. Salesforce는 가장 우수한 판매능력과 고객연결을 토대로 사업을 한다. 영업사원은 회사의 빅 데이터와 수많은 신식 기술들을 지원받지만 구식의 판매기술 원칙을 고수하고 있다. Salesforce는 좋은 판매는 고객에 관여하고 경청하고, 그들의 문제들을 이해하고 공감하고 상호이익을 위한 의미있는 해결책을 제시함으로써 관계를 구축한다는 원칙에서 시작된다고 믿는다. 이것이 놀랄 만한 성공적인 영업사원과 회사를 만드는 방법이다.

참고자료: 안광호, 유창조, 전승우(옮김) 마케팅입문 13장 도입사례

인적판매의 문제점은 일반적으로 판매원이 한 번에 한 명의 고객과 접촉을 해야 하므로 다른 촉진도구들보다 많은 비용이 든다는 것이다. 인적판매 노력으로 얻어지는 성과만을 고려한다면, 인적판매는 일반적으로 다른 촉진도구들보다 더 효과적이다. 그러나 투입된 비용과 산출의 비율을 고려한다면, 인적판매는 다른 촉진도구들보다는 효율성(efficiency)이 낮다. 그러므로 마케팅관리자는 인적판매와 다른 촉진도구들에 대한 촉진 예산을 전략적으로 할당함으로써 효과성과 효율성 간에 균형을 유지해야 한다.

(2) 인적판매의 과정

인적판매의 과정은 그림 5-3 과 같이 7단계로 구성된다.

1) 예상잠재고객의 확인·규명

인적판매는 예상잠재고객을 확인 · 규명(prospecting)하는 것으로 시작한다. 고객이 없으면 판매가 이루어지지 않으므로, 판매원은 당사의 제품을 구입하는 데 관심을 가질 수 있는 개인이나 기업을 파악해야 한다.

판매원은 여러 원천으로부터 예상잠재고객을 획득할 수 있는데, 일반적으로 사용될 수 있는 것으로는 우편명부, 데이터베이스, 업계전시회, 기존고객, 공급업자 및 개인적인 접촉 등이 있다. 이들 중 기존고객들로부터의 추천이 가장 가치있는 예상잠재고객의 원천이 될 수 있는데, 판매원은 기존고객에게 물어서 예상잠재고객을 파악할 수 있다. 또한 판매원은 간단하게 고객의 이름이 적힌 명부(가령, 지역별 주소록이나 전화번호부)를 획득함으로써 예상잠재고객을 확인할 수 있다(cold canvassing 또는 cold calling). 또한 판매원은 파악된 예상잠재고객이 그 제품을 구입할 여력이나 권한을 갖고 있는지를 분석함으로써 좀 더 효율적으로 예상잠재고객을 관리할 수 있다.

2) 접촉준비

용의주도한 판대원은 예상잠재고객에게 판매를 시도하기 전 충분한 사전준비를 해야 한다. 즉, 판매원은 자격을 갖춘 예상잠재고객의 욕구에 대해 더 많은 것을 파악해서

그림 5-3 인적판매과정 단계

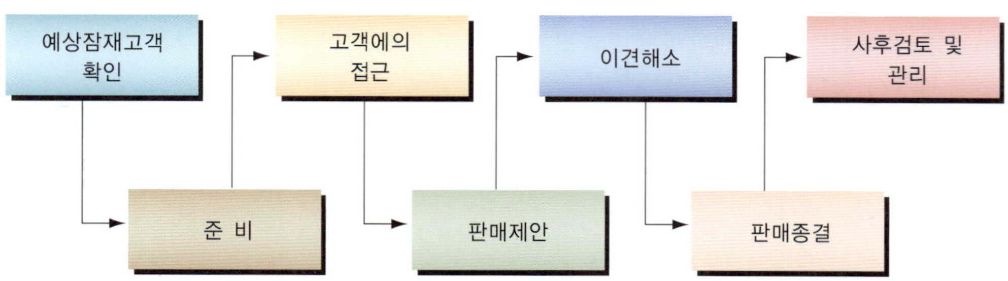

그들을 효과적으로 설득할 수 있는 전략을 개발해야 한다. 판매원은 외부원천뿐 아니라 예상잠재고객으로부터 직접 그들의 욕구에 대한 정보를 수집할 수 있고, 이러한 정보수집은 판매과정을 통해서 계속된다. 그리고 판매원은 예상잠재고객과 접촉하는 최상의 시간을 파악해야 한다.

3) 고객과의 접촉

접촉준비를 완료하면, 판매원은 고객의 주의를 끌고 관심을 유발하려는 목표를 가지고 자격을 갖춘 예상잠재고객에게 실제로 접촉(approach)하게 된다. 예상잠재고객의 주의와 관심을 끌 수 있는 가장 간단명료한 방법은 진솔하게 고객의 욕구에 관심을 갖는 것이다. 대부분의 구매자들은 판매원들이 자신의 문제에 진심으로 관심을 갖고 있는지를 주시하게 된다.

4) 판매제안

판매제안(presentation)은 잠재고객으로 하여금 제품에 대해 더욱 더 관심을 유발 · 자극하려는 목표를 가지고 고객에게 판매메시지를 전달하는 것이다. 판매제시 동안 판매원은 제품에 대해 설명하고 그 제품의 차별적 속성을 제시한다. 유능한 판매원은 매우 설득적으로 판매제안을 하지만, 판매제안 시 고객을 관찰하고 경청하는 것을 게을리 해선 안 된다. 판매원은 고객과의 접촉을 통하여 고객의 숨겨진 욕구를 발견할 수 있고, 그에 따라 다음 접촉 시 보다 효과적인 판매제안을 할 수 있기 때문이다.

5) 이견해소

판매상황에서 이견(objection)이란 예상잠재고객이 구매를 주저하는 것이다. 이견은 제품의 특성 및 가격이 기대에 미치지 못한다고 생각하거나 그 시점에 그 제품을 필요로 하지 않거나 원치 않기 때문에 발생된다.

능숙한 판매원은 자사제품이 예상잠재고객에게 어떻게 혜택을 제공하는지를 제시함으로써 잠재고객의 이견을 자사제품의 장점을 더욱 더 자세하게 설명할 수 있는 기회로 인식한다. 예컨대, 예상잠재고객이 자사제품을 경쟁제품에 비해 비우호적으로 평가하는 경우, 판매원은 자사제품이 예상잠재고객의 욕구를 더 잘 충족시킬 수 있음을 보여줄 수 있다. 또한 판매원은 예상잠재고객이 생각하는 자사제품의 약점에 대해 그보다 많은 장점들을 가지고 있음을 설명할 수 있다. 예상잠재고객이 가격에 대해서 관심을 표명하는 경우, 판매원은 자사제품이 경쟁사에 비해 적절하게 가격이 책정되었거나 경쟁제품보다 고품질의 자재로 만들어졌음을 제시할 수 있다.

6) 판매종결

예상잠재고객이 제품의 구매를 결정하려는 시점을 판매종결(closing)이라고 한다. 대개의 경우 판매원은 구매의사결정이 이루어지도록 판매과정을 주도해야 한다.

판매종결을 이끌어내기 위한 몇 가지 대안적 기법이 있다. 첫째, 판매원은 시도적 종결을 구사할 수 있는데, 이는 판매원이 예상잠재고객에게 자동차의 색상이나 냉장고의 모델에 대한 선택과 같이 구매와 관련된 측면에 대해 잠재고객이 의사결정을 내리도록 요청하는 것이다. 둘째, 가상적인 종결을 사용할 수 있다. 판매원은 예상잠재고객이 구매하려고 한다고 가정하여 금융이나 배달과 같은 구체적인 거래조건을 상의하는 것이다.

셋째, 재촉에 의해 구매결정을 강요하는 종결기법을 사용할 수 있는데, 예를 들어 이자율이 높아질 것이므로, 수송비가 인상될 것이므로, 또는 그 품목이 인기가 있어 곧 재고가 바닥이 날 것이기 때문에 즉시 결정을 해야 한다고 예상잠재고객에게 압력을 가하는 것이 이에 해당된다. 그러나 고품질의 판매방법을 구사하는 판매원은 상황에 적절한 경우에만 상기의 종결기법을 사용한다. 예를 들어, 가전제품 판매원은 막 결혼한 주부가 세탁기와 건조기를 원하고 있다는 것이 분명한 경우에 가상적인 종결방법을 이용한다. 그렇지 않을 경우, 이러한 기법들은 강매로 인식되어 역효과를 낼 수도 있다.

광고 Highlight

판매실현이 아니라 고객 비즈니스를 키우는 데 도움을 주는 것을 목표로 영업활동을 수행하는 P&G

지난 수십 년간 Procter & Gamble은 거의 모든 전문가들로부터 탁월한 마케팅기업으로 인정받아 왔다. 전문가들은 P&G의 핵심 경쟁력으로 시장 선도적 지위를 유지하고 있는 소비재 브랜드들 혹은 세계에서 가장 광고를 많이 하는 기업 등을 지적하며, 소비자들도 이에 대해 동의하는 것 같다. 그러나 P&G의 또 다른 핵심경쟁력은 최고의, 그리고 고객지향적인 영업사원을 보유하고 있는 것이다.

P&G의 영업력은 오랜기간 동안 미국에서 최고로 간주되어 왔다. 영업사원의 선발, 훈련, 관리에 관한 한 P&G는 업계표준이다. 이 회사는 전 세계에 걸쳐 5,000명 이상의 막강한 영업사원을 갖고 있다. 그러나 P&G는 영업활동을 판매실현(sales)이 아니라 고객 비즈니스개발(Customer Business Development; CBD)이라고 부른다. 그리고 P&G 영업 관리자는 판매사원(salespeople)이 아니라 'CBD 관리자'혹은 'CBD 어카운트(거래고객) 책임자(account executives)'이다.

P&G는 고객이 잘 되지 않으면 자사도 잘 될 수 없음을 이해하고 있다. 따라서 자사의 사업을 키우기 위해 P&G는 먼저 자사브랜드를 최종소비자들에게 판매하는 소매업체의 사업을 키워야 한다. 그리고 P&G에서 고객의 성장을 돕는 책임을 지는 주요부서는 영업부서이다.

단순히 도소매 고객들에게 자사제품을 판매하는 것이 아니라 CBD관리자는 고객들과 전략적인 파트너관계를 형성해 P&G의 여러 제품범주에 걸쳐 그들의 사업을 개발하는 데 도움을 준다. 한 CBD관리자는 다음과 같이 말한다. '그들이 우리에게 의존하듯이 우리도 그들에게 의존한다.'서로 파트너관계를 형성함으로써 P&G와 고객기업들은 동반성장하는 데 도움을 주는 윈-윈 관계를 만든다.

P&G는 대형 거래처(customer account) 각각에 대해 전담 CBD팀을 배정한다. 각 CBD팀은 영업사원뿐 아니라 소매수준에서 P&G의 소비용품 브랜드를 판매하는 것과 관련된 모든 사항들을 지원하는 전문가들로 구성된다. CBD팀은 거래고객에 따라 그 규모가 달라진다. 가령, P&G의 가장 큰 고객인 Walmart(P&G매출의 20%를 차지함)에 대해서는 350명의 인력을 CBD팀에 할당한다. 이에 반해 Dollar General을 전담하는 CBD팀의 인력은 30명 정도이다. 그 규모에 상관없이 모든 CBD팀은 완벽하고 다기능적인 고객서비스 단위로 이루어진다. 각 팀은 CBD매니저와 몇 명의 CBD 어카운트 담당자(각 담당자는 특정 P&G제품범주를 책임짐), 그리고 마케팅전략, 제품개발, 운영, 정보시스템, 로지스틱스, 재무, 인적자원 등을 지원하는 전문가들을 포함한다. 대형 고객과의 거래를 효과적으로 수행하기 위해 P&G 영업사원들은 스마트하고, 잘 훈련되어 있고, 전략에 토대를 두어야 한다.

영업사원들은 상위수준의 지위를 가진 거래소매업체 바이어들을 일상적으로 다루어야 하는데, 그들은 연간 수억 달러 정도의 P&G 및 경쟁사 브랜드를 구매하는 책임을 맡고 있다. 영업사원은 바이어들과 거래관계를 형성하기 위해 친절한 미소를 짓고 자주 접촉하는 것 이상의 많은 노력을 기울여야 한다. 그러나 개별 P&G영업사원들은 모든 것을 잘 알 수 없으며, CBD 영업구조 덕분에 그럴 필요도 없다. 그 대신 전담 CBD팀의 한 구성원으로서 P&G영업사원은 때에 따라 매우 도전적인 고객문제를 해결하는 데 필요한 모든 자원들을 이용한다.

CBD는 쇼핑객의 가치와 만족을 창출하고 점포수준에서 수익성있는 매출을 실현할 전략들을 함께 찾아내기 위해 고객들과 파트너관계를 구축한다. Tide, Pampers, Gillette, 혹은 다른 P&G 브랜드들을 소비자들이 구매하도록 만들면서 이익을 내는 방법에 관한 한, P&G매니저와 팀 구성원들은 종종 자신들이 자문을 해주는 소매바이어보다 더 많은 것을 안다. 사실 P&G의 소매파트너들은 종종 진열대에 진열된 P&G브랜드뿐 아니라 경쟁브랜드를 포함한 전체 제품범주들을 관리하는 데 도움을 받기 위해 CBD팀에 의존한다. P&G는 소매업체에게 최선의 상황을 만들어 내는 것이 더 많은 고객방문을 이끌어내고, 이는 다시 동일 제품범주 내의 다른 P&G 제품들에 대한 매출을 증가시킨다는 것을 알고 있다. 대부분의 P&G 브랜드들이 시장점유율에서 선도자이기 때문에 P&G는 경쟁사에 비해 늘어난 고객방문으로부터 더 많은 혜택을 받는다. 즉 소매업체고객에게 최선의 것이 P&G에게도 최선이며, 이는 윈-윈 상황이다. 또한 정직하고 솔직한 거래는 장기적 고객관계를 구축하는 데 도움을 준다. P&G영업사원은 소매업체 파트너들에게 신뢰할 수 있는 자문 담당자이며, 그들은 이러한 지위를 유지하기 위해 열심히 일한다.

P&G에 따르면 'CBD는 판매 그 이상의 것이다. 이는 거래고객과의 전략적 파트너로서 일하고 서로에게 도움이 되는 비즈니스를 구축할 기회에 초점을 맞춤으로써 우리의 사업을 키워나가는, P&G고유의 접근방식이다.

모든 고객사들이 자신들의 사업을 향상시키길 원하며, 그들이 가장 큰 기회를 찾는 데 도움을 주는 것이 우리의 역할이다.'

자료원: 코틀러의 마케팅원리, 14판(2012년), 16장 도입사례.

7) 사후검토 및 관리

판매종결이 판매의 끝이 아니다. 고품질의 판매를 지향하는 판매원은 고객이 제품과 서비스에 만족하는지를 파악하는 사후검토 및 관리(follow up)를 실시한다. 사후검토 및 관리는 고객과의 우호적인 관계를 유지하기 위해 매우 중요하다. 특히 고가제품구매와 같이 구매의사결정 후에 약간의 심리적 갈등을 겪게 되는 경우에 중요하다. 판매자들은 기존고객들로부터 반복구매를 유도하기 위한 사후검토 및 관리활동에 드는 비용이 새로운 고객의 구매를 유인하는 데 소요되는 비용보다 거의 절반 정도밖에 소요되지 않음을 인식해야 한다.

4 Direct Marketing

(1) Direct Marketing이란?

대부분의 기업들이 인터미디어리를 통해 자신들의 제품과 서비스를 알리기 위해 주로 다른 촉진수단에 의존하는 반면, 몇몇 기업들은 소비자에게 직접적으로 다가가고 있다.

이러한 기업들은 광고, 판촉, 그리고 인적판매 등과 같은 전통적인 촉진수단이 브랜드 이미지 구축, 정보제공, 그리고 브랜드인지도를 생성하는 데는 효과적이지만 이러한 도구들을 가지고 직접 접근한다면 즉각적인 행동반응을 유도할 수 있다고 믿는다. Direct Marketing은 그 추구하는 목적이 조금 다르지만 IMC에 있어서 가치 있는 도구 중 하나이다. Direct Marketing은 비용규모에서 가장 빠르게 성장하는 촉진형태이며, 그들과 많은 마케터에게 고객에게 접근하는 주요 매체가 되고 있다.

Direct Marketing은 조직이 타겟 고객들의 반응이나 구매를 유도하기 위해 직접적으로 의사소통하기 위한 계획을 수립/실행하는 과정을 말한다. 그 반응에는 요구, 구매, 또는 투표의 형태도 포함된다. Peter Bennett은 그의 저서 〈Dictionary of Marketing Term〉에서 Direct Marketing을 다음과 같이 정의했다.

> 구매자와 제품과 서비스를 교환하는 데 영향을 끼치는 데 있어 판매자가 표적청중에게 하나 혹은 그 이상의 매체(Direct Selling, Direct Mail, Telemarketing, Direct Action Advertising, Catalogue Selling, Cable TV selling 등)를 사용하여 가망고객으로부터 전화, 메일, 방문 등을 통해 반응을 얻어내기 위해 직접적으로 노력을 기울이는 모든 행위

Direct Marketing은 직접반응매체(Direct Response Media)를 사용해 실행되는데, 여기에는 Direct Mail, 텔레마케팅, 쌍방향 TV, 인쇄매체, 인터넷 등이 포함된다.

이러한 마케팅 방식을 채택하는 기업들은 주요 소매업체부터 출판업체나 컴퓨터 업

체, 금융 서비스에 이르기까지 그 범위가 넓다. 특히 산업재 관련 마케터들은 Direct Marketing의 비중을 더욱 높이고 있다.

(2) Direct Marketing의 종류

Direct Marketing은 사용되는 커뮤니케이션 수단에 따라 통신(우편)판매(direct mail), 텔레마케팅(telemarketing), 텔레비전마케팅(television marketing), 온라인마케팅(on-line marketing), 방문판매 등으로 나누어진다.

1) 통신(우편)판매(direct mail)

통신판매란 공급업자가 광고매체(주로 우편으로 보내진 카탈로그)를 통하여 판매하고자 하는 상품 또는 서비스에 대한 광고를 하고 고객으로부터 통신수단(전화, 팩스, 편지 등)을 통해 주문을 받은 상품을 직접 또는 우편으로 배달하는 판매방식이다. 통신판매에서 성공의 관건은 목표고객의 선정과 리스트 수집 그리고 적절한 상품의 선정을 들 수 있다. 통신판매에서 취급하는 상품은 변질 가능성이 있는 식료품 이외의 모든 제품이 가능하나 일반적으로 표준화 · 규격화된 제품이 주류를 이루고 있다.

통신판매는 19세기 후반 미국에서 최초로 등장하였고 대표적인 통신판매업체로는 1872년에 설립된 Montgomery Ward와 1886년 시계의 통신판매로 성장한 Sears를 들 수 있다. 국내에서는 1976년 신세계백화점이 카드고객을 대상으로 주문엽서에 의한 통신판매를 한 것이 최초의 통신판매이다. 1980년대 후반에 들어서면서 본격적으로 유명백화점과 우체국이 자체적으로 실시하거나, 개별기업들이 신용카드회사들과 연계하여 통신판매를 하고 있다. 요즘에는 카탈로그를 이용해 판매를 하는 통신판매전문회사들이 등장하고 있는데, 다수의 통신판매전문회사들이 국내에서 자체회원을 확보하고 우편이나 온라인으로 보내진 카탈로그를 통해 다양한 상품을 판매하고 있다.

특히 우편통신판매는 제조업체, 농산물생산단체 및 점포형 도 · 소매상들이 기존의 판매방식을 보완하는 수단으로 많이 활용되고 있다. 유통시장의 개방에 따라 세계적인 카탈로그 판매업체인 영국의 프리맨스(Freeman's), 프랑스의 라르드뜨(La Redoute), 그리고 미국의 새퍼이미지(The Sharper Image)사 등이 국내에 진출하여 영업을 하고 있다.

2) 텔레마케팅(Telemarketing)

텔레마케팅은 전화로 표적소비자층에 제품정보를 제공한 후 제품판매를 유도하거나, 고객이 TV · 라디오 광고나 우편광고를 보고 수신자부담 전화번호를 이용하여 주문을 하는 소매 유형이다. 소비자는 전문교환수가 제공하는 제품정보를 듣고 바로 주문을 하거나 또는 자동화된 텔레마케팅시스템을 통해 주문을 한다. 자동화된 텔레마케팅시스템이란 텔레마케팅 전문업체들이 자동다이얼장치에 의해 자동으로 특정고객의 전화번호를 돌린 후 제품정보를 들려주고 그 제품에 관심이 있는 고객으로 하여금 주문을 할 수 있도록 하는 장치이다.

텔레마케팅은 크게 수신텔레마케팅(inbound telemarketing)과 발신텔레마케팅(outbound telemarketing)으로 나누어진다. 수신텔레마케팅은 신문이나 잡지에 광고를 내고 무료전화인 080서비스를 이용하도록 유도한 다음 전화를 걸어온 고객들을 실구매자로 연결시키는 방법이다. 발신텔레마케팅은 기업이 구매가능성이 높은 잠재고객에게 먼저 전화를 걸어 고객의 구매를 유도하는 보다 적극적인 방식을 말한다. 텔레마케터는 데이터베이스에 축적된 잠재고객명단 중에서 구매가능성이 높은 유망고객들을 추출하여 정교한 전화대본을 토대로 상품의 구매를 권유하게 된다.

3) 텔레비전마케팅(television marketing)

텔레비전마케팅은 TV광고를 통해 제품구매를 유도하는 소매방식으로, 크게 직접반응 광고(direct response advertising)를 이용한 주문방식과 홈쇼핑채널을 이용한 주문방식으로 나누어진다. 직접반응광고를 이용한 주문방식은 30초에서 1분 정도의 짧은 TV광고를 통해 간략한 제품소개와 주문전화번호가 제공되면 이를 시청한 소비자가 무료전화를 이용하여 제품을 주문하는 방식으로 Informercial 혹은 Short-form 등으로 불리고 있다.

인포머셜은 정보(information)와 광고(commercial)의 합성어로서 제품정보의 제공과 주문을 목적으로 하는 광고를 의미한다. 직접반응광고의 목적은 주문의 촉진과 자사제품에 관심을 가질 잠재고객의 발견(lead generation)에 있다. 즉 광고에서 제공된 전화번호를 통해 주문을 촉진하거나 혹은 상품에 대한 문의를 유발하여 잠재고객의 명단을 확보하고 추가적인 접촉(우편, 전화, 판매원 방문 등)을 통해 이들을 실구매자로 전환시킬 목적으로 수행된다. 미국의 경우 광고비용이 공중파 방송에 비해 매우 저렴한 케이블 TV의 등장으로 직접반응광고가 활성화되었다. 케이블 TV가 직접반응광고의 주요 매체수단으로 이용되는 이유는 네트워크 TV의 매체비용이 너무 비싸서 비용대비 효과를 충분히 거두기가 어려울 뿐 아니라 광고시간이 너무 짧아 인포머셜로서의 직접반응광고의 특성을 살릴 수 없기 때문이다. 이에 따라 미국의 경우 30분, 1시간, 심지어는 2시간 이상의 프로그램 형태로 제작된 인포머셜이 CATV를 통해 방영되고 있다. 한편 홈쇼핑 채널을 이용한 주문방식은 홈쇼핑 전문방송국이 케이블 TV를 통해 상품들을 소개 · 설명하면 TV시청자들이 전화로 주문을 하는 첨단 무점포판매방식이다. 우리나라에는 GS홈쇼핑과 CJ쇼핑이 홈쇼핑 시장에서 과점체제를 형성하였으나 농수산홈쇼핑, 롯데홈쇼핑(과거 우리홈쇼핑), 현대홈쇼핑의 시장진입으로 치열한 경쟁이 이루어지고 있다.

한국의 홈쇼핑이 미국 등 해외 홈쇼핑과 가장 차별되는 것은 오락적 요소를 가진 버라이어티 쇼 같다는 점이다. 업계에서는 이를 쇼핑과 엔터테인먼트를 결합해 '쇼퍼테인먼트'라고 부르고 있다. 미국의 대표 홈쇼핑 채널인 QVC가 24시간 내내 상품설명서를 반복해서 읽어주는 것과 달리 한국 홈쇼핑에서는 직접 제품을 사용하는 모습을 보여주는 것이 특징이다. 뿐만 아니라 직접 음식을 만들고, 쇼호스트가 시청자들과 문자로 상품에 대해 이야기하는 등 다양한 형태로 프로그램이 진행된다.

4) 온라인마케팅(On-line Marketing)

고객과의 쌍방향 커뮤니케이션이 가능한 인터넷의 웹을 이용한 마케팅과 광고는 기존의 전통적인 마케팅 매체와는 달리 고객들에게 자세하고 다양한 상품정보를 제공하고 그들과 상호관계를 유지할 수 있게 해 주는 장점이 있다. 웹은 광고, 홍보, 판매촉진, Direct Marketing 등에 이용할 수 있는 쌍방향 멀티미디어로서 종래의 인쇄 및 방송매체를 이용한 촉진보다 매우 낮은 비용으로 대량의 정보를 세계 전역으로 보낼 수 있다.

인터넷의 확산과 소비자들의 온라인 구매의 활성화로 인해 온라인 쇼핑몰이 본격적인 성장기에 진입하면서 국내 온라인 쇼핑몰 시장주도권을 확보하기 위한 선도그룹 간의 경쟁이 치열해지고 있다. 신세계 몰, 롯데닷컴, 현대H몰 등 기존오프라인 백화점의 온라인 쇼핑몰, GS샵, CJ오쇼핑 같은 TV홈쇼핑기업, 네이버, 다음커뮤니케이션 등 포

광고 Highlight

급성장하고 있는 '모바일판 홈쇼핑' 라이브커머스

"이사배님, 향수 한번 뿌려봐 주세요." (방송 시청자)

"그럼요. 보이세요? 분사력이 정말 좋은데요." (메이크업 아티스트 이사배)

유튜브나 아프리카TV 동영상이 아니다. 네이버 앱에서 방송된 자라의 향수 판매 방송의 한 장면이다. 메이크업 아티스트 이사배씨와 모델 주우재씨가 영업시간이 끝난 자라 강남점에서 1시간 동안 생중계한 이 방송은 3만 2000여 명이 봤고, '좋아요' 12만 개를 받았다.

코로나 사태로 언택트(비대면) 문화가 확산하면서 라이브커머스가 새로운 유통채널로 급성장하고 있다. 라이브커머스는 모바일 앱이나 인터넷을 통해 실시간으로 중계하며 TV 홈쇼핑처럼 물건을 파는 방송이다. 애초 라이브커머스는 동영상 친화적이고, 모바일 쇼핑이 익숙한 밀레니얼 세대를 중심으로 주목받았다. 여기에 코로나 사태로 비대면 소비문화가 부상하면서 폭발적인 성장의 계기를 맞았다. 오프라인 매장의 장기침체로 고민하던 대형 유통업체는 라이브커머스를 차세대 성장동력으로 내세우고 있다. 구매자 입장에서는 기존 온라인 쇼핑과 달리 오프라인 매장을 방문한 것처럼 판매자와 실시간 소통을 함으로써 제품에 대한 신뢰도를 높일 수 있는 장점이 있다.

네이버는 2020년 3월부터 네이버쇼핑에 입점한 스마트스토어 판매자들에게 라이브커머스 기능을 지원하기 시작했다. 방송을 보는 시청자는 채팅창 하단에 뜨는 구매링크로 바로 물건을 살 수 있다. 오프라인 시장의 대형 유통업체도 라이브커머스 시장에 뛰어들고 있다. 롯데백화점은 2019년 12월부터 하루에 두 번씩 백화점 매장에서 쇼 호스트와 인플루언서가 실시간으로 제품을 소개하고 판매하는 라이브 방송을 하고 있다. 현대백화점은 2020년 3월부터 네이버 라이브를 통해 백화점 상품을 실시간 영상으로 판매하는데, 남성복 브랜드 '지이크' 첫 방송 때 1시간 만에 한 달 매출의 30%에 달하는 1000만 원어치를 팔았다.

라이브커머스(live commerce): 판매자가 모바일 앱이나 인터넷을 통해 시청자와 실시간으로 소통하며 TV 홈쇼핑처럼 물건을 파는 방송. 판매자와 구매자가 실시간 쌍방향 소통을 할 수 있는 게 가장 큰 특징이다. 스마트폰만 있으면 별다른 장비가 없어도 누구나 방송할 수 있다. 유튜브처럼 영상이 계속 남아 방송시간과 상관없이 쇼핑이 가능하다.

자료원: 조선일보, 2020. 5. 18

방송인 현영이 쇼 호스트로 출연한 롯데백화점 라이브커머스 '100 라이브'

털 서비스 업체, 그리고 G마켓, 옥션, 인터파크 등의 오픈마켓이 상이한 사업상의 강점을 기반으로 온라인 쇼핑몰 시장에서 경쟁하고 있다.

5) 방문판매

영업사원을 이용한 방문판매로는 유제품의 한국 야쿠르트, 학습지의 판매와 교육을 동시에 하고 있는 웅진, 대교 등의 출판업계와 1980년대 중반까지 화장품 업체들의 주된 판매방식이 그 예이다.

미국의 경우 대표적인 방문판매 제품으로 Tupperware와 Avon이 있다. Tupperware는 집주인을 섭외하고 그들을 통해 사람들을 모아 Tupperware 파티를 개최하여 자사의 제품을 전시 · 판매하고 집주인에게는 할인을 해주는 방식을 취하였다. Avon사는 지역별 책임판매원을 채용하고, 책임판매원이 여성 영업사원을 고용하고 여성 영업사원은 자신의 거주지를 중심으로 독점판매권을 부여받고 판매에 따른 수수료를 받는 방식으로 화장품 업계에서 성공을 거두었다. 그러나 방문판매는 인건비의 증가, 높은 마진율, 취업주부의 증가, 교통체증으로 인한 여행시간의 증가 등의 요인으로 인해 상당히 위협받고 있는 실정이다.

최근 방문판매의 유형 중 크게 각광을 받는 것이 네트워크 판매방식이다. 다단계 판매는 판매원 겸 소비자인 디스트리뷰터(distributor)가 회사로부터 구입한 제품을 소비자들에게 재판매하는 방문판매유형이다. 다단계 판매방식에서는 소비자에게 상품이 인도되기까지 회사 및 디스트리뷰터 이외는 다른 경로가 개입되지 않는다. 즉 어느 단계의 디스트리뷰터를 통해 구매하더라도 유통과정은 회사-판매원-소비자의 경로를 갖는다. 또한 소비자는 반드시 판매원으로 등록하지 않더라도 판매원으로부터 다단계판매 회사에서 취급하는 상품을 구입할 수 있다. 그래서 디스트리뷰터는 판매원이자 소비자가 되는 것이다.

이러한 네트워크 판매방식을 사용하는 회사들은 자사의 제품을 전적으로 디스트리뷰터를 통한 판매로 국한시키는 경우가 대부분이다. 이 네트워크는 다단계로 구성되어 있어 다단계 마케팅이라고도 불린다. 이런 방식으로 한국에서 성공적으로 비즈니스 모델을 정착시킨 회사가 한국암웨이이다. 한국암웨이는 다단계 판매조직의 강점과 IBO의 정보능력을 결합하는 CRM을 구축해 성장해 왔다. 이와 같이 직접판매 방식만을 고수하는 한국암웨이가 2006년부터 뉴트리라이트라는 브랜드에 대한 광고를 시작했다. 한국암웨이는 일반 매장에서 제품을 판매하지 않고 IBO를 통한 판매에 의존하고 있음을 감안하면 브랜드 광고는 의외의 결정이었다. 왜냐하면 소비자가 광고를 접한 후 구매동기가 형성되어도 일반 매장에서 제품을 구매할 수 없는 환경이었기 때문이다. 이와 같이 영업사원을 통해서만 소비자에게 제품을 직접 판매하는 브랜드의 광고 캠페인은 어떤 효과를 가져다 줄 수 있을까? 〈광고 Highlight〉에서는 이러한 브랜드 광고가 가져다 줄 수 있는 효과를 분석한 연구결과를 요약하였다.

광고 Highlight

일반 매장에서 판매하지 않는 제품을 광고할 필요가 있을까?: 뉴트리라이트 브랜드 광고효과

YouTube https://www.youtube.com/watch?v=ArXGpFBn5pE

제 목 From Seed To Product, 아세로라C 비타민 스토리 | 뉴트리라이트

암웨이 직접 판매방식: 암웨이는 IBO를 통한 직접 판매라는 독특한 판매방식을 사용하고 있는데, 이는 다단계 마케팅(multi level marketing) 또는 네트워크 마케팅이라고도 불린다. 이 방식은 상점에서 물건을 파는 일반적인 제품 유통방식과는 다른 직접 판매의 일종으로 본부 회사가 독립된 가입자(판매원)를 확보하여 이들이 제품을 소비하거나 판매하는 방식이다. 이와 같은 직접 판매방식은 1980년대 국내에 소개되면서 고속성장을 견지해왔는데, 2000년대 초반부터 매출액이 감소하고 성장이 둔화되기 시작했다. 직접 판매회사가 양적으로 팽창되어 경쟁이 치열해졌을 뿐만 아니라 타 산업으로부터 다양한 견제와 도전을 받았던 것이다.

직접 판매방식에서 브랜드관리의 필요성: 직접 판매방식을 이용하는 암웨이가 브랜드 관리를 위한 커뮤니케이션 활동을 적극적으로 전개하기로 결정한 배경은 환경변화에 있었다. 국내 시장의 경우 최근 웰빙

과 건강에 대한 관심이 높아지면서 건강기능식품 시장은 매년 높은 성장률을 보였고 그에 따라 제약업체, 식품제조업체뿐만 아니라 화장품업체까지도 이 시장의 경쟁에 참여하고 있었다. 이와 같이 여러 회사들이 건강기능식품 시장에서 경쟁하게 되면서 암웨이의 매출액은 정체되고 있는 상황이었고 정관장과의 경쟁에서 뒤처지고 있었다. 또한 이 시장의 유통경로별 구성비가 변하면서 암웨이에게 새로운 위협요소가 되었다. 과거 건강기능식품은 주로 다단계와 방문판매를 통해 판매되었지만, 최근 특판점, 백화점 및 홈쇼핑의 판매비중이 높아졌기 때문이다.

광고캠페인의 개발: 건강기능식품 시장이 고성장하고 있지만, 소비자들의 가장 중요한 제품선택 기준은 신뢰성으로 이동하고 있었다. 그러나 암웨이는 IBO의 판매네트워크에 의존하고 있기 때문에 암웨이 및 뉴트리라이트의 인지도는 매우 낮은 수준에 머무르고 있었고, 브랜드에 대한 이미지도 호의적이지 않았다. 당시 브랜드명성을 확보하고 있는 기업이 건강기능식품 시장에 참여하고 있는 상황에서 암웨이는 뉴트리라이트를 주력 브랜드로 키울 필요성을 인식하게 된 것이다. 뉴트리라이트는 당시 국내외에서 건강기능식품 시장을 선도하면서 건강기능식품 세계 1위 브랜드로 자리잡고 있었다. 따라서 암웨이는 이를 소비자들에게 명확하게 전달함으로써 제품에 대한 신뢰도를 높일 수 있다고 판단하고 뉴트리라이트 브랜드 캠페인을 전개하기로 결정했다. 그리고 2009년도부터 연간 일정 금액 이상(2009년: 53억원, 2010년: 64억원, 2011년: 70억원 예상)의 광고비가 책정되었다. 뉴트리라이트 캠페인은 2009년 런칭부터 지금까지 시리즈로 전개되고 있는데, 모든 광고는 뉴트리라이트의 안전 중심의 생산철학을 소개하여 제품에 대한 신뢰도를 높였다. 뉴트리라이트 광고들은 "Heritage", "Best of Nature", "Best of Science"를 통해 제품의 우수성과 함께 뉴트리라이트가 건강기능식품의 세계 1위 브랜드임을 스토리텔링 형식으로 전했다. 2009년 런칭 광고 "Heritage"편은 뉴트리라이트 창시자 칼렌보그의 건강중심 기업철학을 표현했고 "from seed to product"편은 뉴트리라이트가 좋은 씨앗을 직접 재배하여 이들에 있는 영양소를 과학적 제조과정을 통해 제품에 담는 토털 제조시스템을 갖고 있다고 강조했다.

〈사진〉 뉴트리라이트 런칭광고: "Heritage"편과 "from seed to product"편

광고 캠페인의 성과: 이 광고캠페인은 브랜드 인지도와 이미지에 긍정적인 효과를 가져다주었고 IBO의 영업활동에도 도움을 준 것으로 나타났다. 암웨이가 광고캠페인을 전개한 후 조사한 결과를 요약하면 다음과 같다. 첫째, 캠페인이 전개된 후 뉴트리라이트 브랜드에 대한 최초 상기율은 0%의 수준에서 4~5% 수준으로 상승했고, 비보조인지율도 초기 3% 수준에서 11~13% 수준으로 증가했고, 보조인지율은 초기 55%에서 83%로 상승했으며, 브랜드 이미지도 긍정적으로 개선되었다. 이러한 결과는 뉴트리라이트의 인지도 수준이 정관장(그간 오랫동안 대중적인 광고캠페인을 전개해 왔음)에 비해선 아직 낮은 수준이나 센트룸과는 비슷한 수준에 도달하고 있었다. 더 중요한 효과는 이 광고가 IBO의 영업활동을 지원해 준다는 것이었다. 암웨이는 광고캠페인이 IBO의 판매활동을 어느 정도 지원해 주고 있는가를 평가하기 위해 IBO를 대상으로 인터넷 설문조사(표본수 200명)를 실시한 바 있다. 그 결과 광고캠페인은 IBO에 의해 매우 긍정적으로 평가되고 있음이 확인되었다. IBO는 광고캠페인으로 소비자들 접촉하기 용이해졌고, 제품 설명시 설득가능성이 높아지고 제품설명에 필요한 시간이 단축되고 있다고 평가하고 있었으며, 자신들의 매출액 상승에서 광고캠페인이 기여한 비율이 38%나 차지한다고 응답하고 있었다. 또한, IBO들은 자신들의 판매활동시 광고캠페인을 적극적으로 활용하고 있었다.

한국암웨이가 뉴트리라이트 광고캠페인을 전개한 후 나타난 실제 성과는 IBO 신규가입자 수와 IBO 일인당 매출액에서 확인되었다. 캠페인 전개 후 IBO 신규가입자 수가 높아졌고 일인당 매출액도 15% 상승한 것이다. 이러한 결과를 바탕으로 한국암웨이는 뉴트리라이트 캠페인을 지금까지 꾸준하게 전개하고 있다. 이 사례는 광고가 영업사원의 활동을 지원함으로써 매출액 상승효과를 가져다줄 수 있음을 보여주는 흔치 않는 사례이다.

자료원: 유창조, 배수정 (2011), "직접 판매방식을 사용하는 기업의 커뮤니케이션 전략에 관한 사례, 한국심리학회지 소비자 광고,"12(4), 869-890.

PART 3

광고전략의 수립과 실행

CHAPTER

6

광고목표

도입
사례

럭셔리 궁중 화장품 브랜드로 브랜드아이덴티티를 재정의하고 이에 맞춘 광고캠페인과 체험마케팅을 통해 선도브랜드로 부상한 '후'

2014년 7월 시진핑 중국 국가주석과 부인 펑리위안 여사가 방한했다. 이 직후 LG생활건강의 럭셔리 화장품 브랜드 후는 판매량이 갑자기 폭증하기 시작했다. 펑 여사가 한국 면세점에서 후 제품을 샀다는 소문이 돌았고, 중화권에선 '퍼스트레이디도 애용하는 제품'이라는 브랜드이미지가 생겼기 때문이다. 후는 이후 터진 사드(THAAD · 고고도 미사일 방어체계) 경제보복 사태 속에서도 고속성장을 이어갔다. 2013년 2,037억 원이던 매출은 2017년 7배인 1조 4,200억 원으로 늘었고, 2018년 연 매출 2조 원을 달성했다.

후는 LG생활건강이 2003년 출시한 럭셔리 한방 화장품 브랜드이다. 먼저 한방 화장품으로 럭셔리 브랜드 이미지를 구축한 아모레퍼시픽 설화수의 후발주자였다. 후는 고급 브랜드이미지를 구축하기 위해 에스티로더, SK-II 등 해외 브랜드보다도 더 높은 가격을 유지했지만 초반엔 '그 가격에 살 특별한 이유가 없다'는 고객평가를 받았다.

전환점은 2005년 대표이사로 부임한 차석용 현 LG생활건강 부회장의 제언이었다. 차 부회장은 "한방 브랜드로 포지션해 승부하지 말고 궁중 브랜드로 브랜드아이덴티티를 차별화하자"고 했다. LG생활건강은 이후 왕후의 옷을 입은 연예인 모델을 기용하는 등 궁중관련 브랜드연상을 구축하기 위한 마케팅커뮤니케이션 활동을 벌이기 시작했다. 궁정관련 연상을 강화하기 위해 샘플증정 행사도 최고급 호텔을 선별해 진행하고, 여성지도자 콘퍼런스, 국내 정상급 디자이너 패션쇼 등 왕후의 현대적 이미지와 부합하는 행사만 골라서 후원했다. 제품 디자인에도 백제 금동대향로의 봉황 등으로 장식해 궁중관련 브랜드이미지를 표현했다.

후는 2004년 출시 이후 줄곧 배우 이영애를 광고모델로 기용했는데, 이는 일관성 있는 브랜드이미지를 유지하는 데 도움을 주었다. 한방화장품이라는 제품포지션을 궁중화장품으로 바꾸어 다른 한방화장품브랜드들

LG생활건강의 럭셔리 화장품 브랜드 후와 후원모델인 배우 이영애. 배우 이영애는 2006년부터 LG생활건강의 전속모델로 활동 중이다.

과 차별화하면서 더욱 고급스러운 이미지를 구축했다. 또한 2019년 8월 중국 상하이에서 '후 궁중 연향'행사를 역대 최대 규모로 개최하면서 마케팅커뮤니케이션 활동을 강화했는데, 왕후의 연회가 컨셉인 이 행사는 오랫동안 모델로 활동안 배우 이영애가 참석해 '후'의 특별한정판을 직접 소개했다. 왕후가 사용하는 화장품이라는 브랜드이미지는 중국 소비자의 마음을 사로잡아 매출확대에 크게 기여했다.

후는 지난 2016년 연 매출 1조 원을 달성했는데, 2015년 설화수가 단일 브랜드로 처음 연 매출 1조 원 시대를 연 지 딱 1년 만이었다. 1조 원 달성에 걸린 시간은 후가 가장 짧았고, 성장세도 후가 가장 가파르다. 2019년 LG생활건강의 럭셔리 브랜드 '후'가 선전하며 사상 최대 실적을 기록했다. 브랜드 출시 후 줄곧 아모레퍼시픽의 설화수에 밀렸던 후는 매출 1위로 올라섰다. 국내는 물론 중국에서 선전하고 있는 후는 2018년 국내 화장품업계에서 최초로 단일브랜드로 연 매출 2조 원을 달성했으며 2019년에도 후의 상승세는 이어졌다. LG생활건강 한 임원은 "회사 주력사업인 화장품 부문에서는 후처럼 글로벌 명품 이미지를 구축한 브랜드를 더 많이 만드는 것이 회사의 기본적인 브랜드마케팅전략이다"고 말한다.

자료원: 여성조선, 2020.1.1; 조선경제, 2018.11.1.

광고전략 수립의 첫번째 단계는 IMC 목표 및 전략과 일관성을 유지할 수 있도록 광고의 역할 및 목표를 구체화하는 것이다. 이를 위해 광고대행사에서 광고기획을 담당하고 있는 AE는 먼저 광고주의 마케팅전략 및 IMC전략을 검토해야 한다. 만일 광고주의 마케팅전략과 IMC전략이 구체화되어 있지 않은 경우, AE는 소비자 및 경쟁 자료의 수집 · 분석, 환경분석, 제품분석 등의 작업을 시작해야 한다. 광고주가 마케팅전략 및 IMC전략을 이미 세워 놓은 경우에도 AE는 추가적인 자료수집의 필요성을 검토하여야 하고, 기존에 수집된 자료와 추가적으로 수집된 자료의 종합적 분석을 통해 마케팅전략 및 IMC전략과 일관성을 유지하는 광고가 개발될 수 있도록 노력해야 한다. 광고의 전략적 역할과 목표의 구체화는 시장상황 중 주요사항(key facts)을 정리하고 이를 바탕으로 광고가 해결해야 할 과제를 명확히 하는 것이다.

광고목표는 기업이 광고를 통해 성취하고자 하는 것이다. 광고계획수립과정의 전 단계에 영향을 미치는 광고목표는 광고캠페인성공에 있어서 결정적 역할을 한다. 적절한 광고목표의 설정이 광고의 성공에 특히 중요한 데는 대체로 세 가지 원인이 있다. 첫째, 광고목표는 광고캠페인에 참여한 사람들을 조정할 수 있게 한다. 광고목표는 광고대행사 및 광고주의 마케팅 · 광고담당자들이 수행하는 활동의 방향을 제시한다. 둘째, 광고목표는 광고예산규모의 결정, 크리에이티브 개발, 매체선정의 토대가 된다. 셋째, 광고목표는 광고성과(광고캠페인의 성공 혹은 실패)를 평가하는 데 있어 기준이 된다. 광고목표의 중요성에도 불구하고 현실적으로 많은 기업들이 광고를 통해 성취되어야 할 구체적인 마케팅커뮤니케이션 목표를 설정하는 데 실패하거나, 광고계획수립과 효과측정의 지침이 될 수 있는 광고목표를 수립하지 못하고 있다. 대다수의 마케터들에게는 마케팅목표 및 마케팅전략을 달성하는 데 있어 광고가 수행해야 할 구체적 과업보다는 광고를 통해 얼마의 매출을 증대시킬 수 있는지가 주관심사인 것이다. 그러나 광고는 매출발생에 영향을 미치는 많은 마케팅변수의 하나일 뿐이며 매출을 토대로 광고효과를 측정하는 것이 항상 가능한 것도 아니다. 가령, 오랫동안 "우리 강산 푸르게 푸르게"라는 환경보호메시지를 담은 이미지광고를 실행해 온 유한킴벌리의 광고목표를 단기적인 매출증대로 보기는 어려울 것이다.

광고목표는 마케팅목표를 토대로 개발되지만 기업은 마케팅목표가 광고목표와 동일하지 않음을 인식할 필요가 있다. 마케팅계획 수립과정에서 결정된 마케팅목표는 일반적으로 판매량, 시장점유율, 이익, 투자수익률 등과 같은 측정가능한 구체적 변수를 사

유한킴벌리는 단기적인 매출증대보다는 기업이미지의 제고를 광고목표로 삼는다.

용하여 표시되며, 계량화가 가능하고, 공략할 표적시장과 목표달성기간이 포함되는 것이 바람직하다. 예컨대, PC제조업체가 1년 이내에 표적세분시장으로 선정된 소규모 자영업체시장에서 매출액을 10% 증대시키는 것을 마케팅목표로 설정하는 것이 그 예이다. 그러나 판매량, 이익, 시장점유율로 표시된 마케팅목표는 기업의 전반적 마케팅프로그램이 성취해야 할 목표이므로 광고목표로는 적절하지 않다. 즉, 마케팅목표는 모든 마케팅믹스요소(광고, 제품계획, 가격, 유통)를 적절히 실행하고 이들을 조정한 결과로 얻어지는 것이다. 그러므로 광고관리자는 기업의 마케팅목표와 구체적 마케팅프로그램을 충분히 이해한 다음, 이를 토대로 광고가 담당해야 할 목표를 결정해야 한다.

광고목표는 크게 매출목표와 커뮤니케이션목표로 나누어진다. 오랫동안 매출증대를 광고목표로 보는 관점과 커뮤니케이션효과의 창출을 광고목표로 보는 관점이 서로 대립되어 왔다. 그러나 촉진믹스요소(광고, 판매촉진, 인적판매, 홍보 등)의 하나에 불과한 광고가 매출증대에 결정적 역할을 하는 데 한계가 있음을 인정함에 따라 광고목표를 커뮤니케이션효과의 창출로 보는 관점이 보다 지지되고 있는 경향이다.

이하에서는 매출목표와 커뮤니케이션목표에 대해 보다 자세히 살펴보기로 한다.

1 매출목표(Sales Objectives)

많은 마케팅실무자들은 광고캠페인을 수행하는 궁극적 목적이 판매증대에 있다고 본다. 즉, 광고비에의 투자가 매출량(혹은 매출액)의 증가나 시장점유율의 확대와 같은 측정 가능한 결과로 나타나야 한다는 것이다. 이러한 매출목표는 세 가지 측면에서 문제가 있다. 첫째, 광고는 매출액에 영향을 미치는 여러 마케팅믹스 변수(제품의 질, 패키징, 유통, 가격, 광고, 판매촉진 등)들 중의 하나일 뿐이다(그림 6-1 참조). 그러므로 광고가 매출증대에 미치는 순수한 효과를 분리시키는 것이 매우 어렵다. 물론 광고 이외의 다른 마케팅믹스 변수들을 일정하게 유지하여, 광고의 매출증가(혹은 감소)에 미치는 효과를 추정할 수도 있지만 이는 현실적으로 가능하지 않다.

둘째, 광고가 매출에 미치는 효과는 상당한 기간이 지나서 발생한다는 것이다. 일정기간 동안의 광고캠페인이 소비자의 브랜드인지도와 호의적 태도형성에 성공하더라도 실제구매는 상당한 기간이 지난 후에야 이루어질 수 있다. 매출액에 미치는 광고의 장기적 효과(carryover effect; 이월효과)가 지속되는 기간을 연구한 결과에 의하면, 성숙기에 들어선 일상생활용품의 경우 광고가 매출에 미치는 효과가 광고가 중지된 후 9개월까지 지속되는 것으로 나타났다. 이와 같이 매출액에 미치는 광고의 장기적 효과로 인해

그림 6-1 매출에 영향을 미치는 요인들

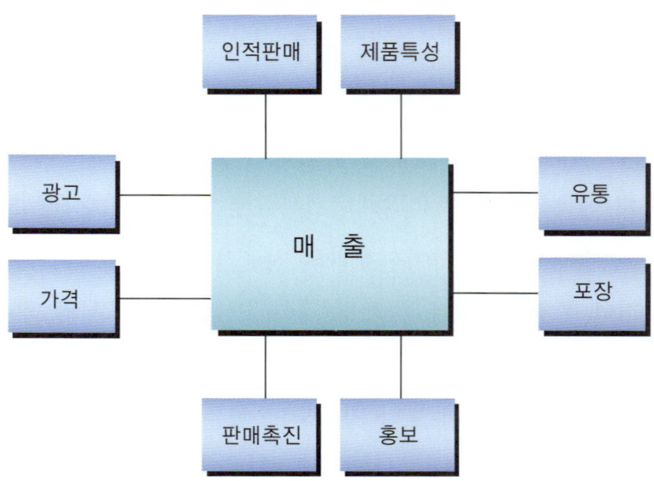

일반적으로 판매촉진광고는 판매증대를 광고목표로 설정한다.

특정기간에 실시된 광고캠페인이 매출증대에 어느 정도 기여했는지를 파악하기란 쉽지 않다.

셋째, 매출목표는 광고캠페인 계획수립에 유용한 지침을 제공하지 못한다. 매출목표는 광고노력의 결과만은 측정하므로 제품구매에 도달하기까지 광고가 소비자의 인지반응에 미친 효과를 알 수 없다. 그러므로 매출목표는 광고메시지작성, 표적청중의 결정, 광고캠페인으로부터 기대되는 구체적 고객반응의 결정에 유용한 지침을 제시하지 못하게 된다.

일반적으로 매출목표를 광고캠페인의 목표로 삼는 것이 많은 문제를 야기하지만, 다음과 같은 상황에서는 매출목표가 적절한 광고목표가 될 수 있다.

첫째, 소매점에서 실시하는 소매광고(retail advertising)는 신상품 혹은 세일상품에 대한 판촉을 통해 즉각적인 상품구매를 유발하는 것이 주목적이므로 판매증가가 적절한 광고목표일 수 있다.

둘째, 일반적으로 직접반응광고(direct-response advertising)도 판매목표를 광고목표로 삼을 수 있다. 직접반응광고에서는 소비자들이 우편이나 대중매체(TV, 신문, 잡지)를 이용하여 광고된 상품을 우편주문이나 수신자부담전화를 통해 구매하게 된다. 그러므로 직접반응광고를 실시하는 회사는 대체로 광고로부터 유발된 매출증가를 광고목표로 설정한다. 가령, TV를 이용한 직접반응광고에서는 TV광고 후에 접수된 주문량을 광고목표로 삼을 수 있다.

셋째, 판매촉진광고(sales-promotion advertising)에서는 매출목표가 보다 적절한 광고목표이다. 성숙기에 들어선 많은 생활용품 제조업체들은 신문과 잡지광고를 통해 쿠폰, 콘테스트, 프레미엄(경품) 등의 판매촉진수단을 제공한다. 이러한 유형의 광고는 흔히 신속한 구매자행동(가령, 회수된 쿠폰의 수, 콘테스트에 참가한 사람의 수)을 유발할 의도로 실시되므로 판매증대를 광고목표로 설정하는 것이 합리적이다.

넷째, 산업재광고(business-to-business marketing)의 경우에는 매출목표를 광고목표로 삼는 것이 적절하다. 최종소비자가 아닌 기업들을 대상으로 상품을 판매하는 산업재제조업체는 흔히 영업사원이 공략해야 할 유망고객을 창출하려는 목적으로 광고를 한다. 그러므로 광고의 효과는 광고에 노출된 유망고객들로부터 접수된 문의(주문)전화수 혹은 회송된 설문엽서 등의 고객의 즉각적 행동을 토대로 평가될 수 있다.

다섯째, 기업의 마케팅프로그램에서 다른 마케팅믹스요인들은 비교적 안정되어 있고 광고가 주도적 역할을 담당하는 상황에서는 매출목표가 흔히 이용된다. 가령, 성숙기에 들어선 많은 패키지용품의 경우 유통경로가 이미 구축되어 있고, 경쟁사중심의 가격과 촉진예산이 형성되며, 경쟁브랜드 간에 품질이 유사하다. 이러한 상황에서는 광고와 판매촉진이 브랜드매출(혹은 시장점유율)에 결정적인 영향을 미칠 수 있다.

여섯째, 실제매출이 기대에 미치지 못할 때 매출목표를 광고의 목표로 선정하는 경향이 있다. 광고가 매출증대에 직접적인 영향을 미친다는 주장의 문제점을 인정하더라도 단기적으로 매출증대를 실현해야 하는 많은 마케팅(혹은 브랜드)관리자는 흔히 매출(혹은 점유율)감소의 해결책을 광고에서 찾고자 한다. 이에 따라 매출추이를 면밀히 관찰해 온 관리자들은 매출이 저조할 때 광고캠페인을 바로 변경하는 경향이 있으며, 많은 기업들이 광고대행사들에게 판매성과와 연계된 인센티브 중심의 보상체계를 요구한다.

광고 Highlight

광고목표에 대한 전통적 견해와 이단적(최근) 견해

많은 광고주들은 전년도보다 자사브랜드 X의 매출액을 10% 증대시킨다는 직접적 광고목표를 광고의 목표로 삼는다. 그러나 1960년대 초반 이후 광고업계와 학자들은 매출을 광고목표로 설정하는 업계의 관행에 대해 부정적인 견해를 보여왔다. 한편 일부의 광고전문가들에 의해 매출 혹은 시장점유율의 증대가 항상 광고목표가 되어야 한다는 주장이 최근에 다시 제기되고 있다. 즉, 전통적 견해(traditional view)와 이단적 견해(heretical view)가 팽팽하게 대립하고 있는 것이다.

전통적 견해에 의하면 매출이나 시장점유율을 광고목표로 삼는 것은 두 가지 이유에서 적절하지 않다고 본다. 첫째, 특정시점의 판매량은 광고를 포함한 많은 요인들 – 경기, 경쟁사의 마케팅노력, 자사브랜드의 가격수준, 제품품질, 유통효율성 등 – 에 의해 영향을 받기 때문에 광고가 매출에 미치는 순수한 효과를 분리해 내기가 어렵다. 둘째, 광고가 매출에 미치는 효과는 일정한 기간이 경과한 후에 발생되기 때문에 특정기간 동안에 발생된 매출을 그 기간에 수행된 광고노력의 목표로 삼는 것은 적절하지 않다.

그러나 일부 광고전문가들은 광고목표는 항상 판매량이나 시장점유율의 증대로 표시되어야 한다고 주장한다. 이러한 비전통적 견해의 논지는 광고의 목표는 인지도 창출, 호의적 태도형성, 혹은 구매의도 형성이 아니라 매출의 실현에 있어야 한다는 것이다. 그러므로 이단적 견해를 지지하는 광고전문가들은 광고가 매출증대에 어느 정도 기여했는지를 애매하기는 하지만(즉 부정확하지만) 항상 측정할 수 있다고 본다. 즉, 매출목표를 광고목표로 삼는 것은 애매하지만 올바른(vaguely right) 사고(thinking)임에 반해 브랜드인지도의 증가와 같은 간접적 광고목표는 정확하지만 잘못된(precisely wrong) 사고라고 주장한다. 이단적 견해의 이러한 논리를 보다 자세히 설명하기로 한다.

첫째, 올바름(right)과 잘못됨(wrong)의 문제는 광고목표와 관련된 것이다. 이단적 견해를 지지하는 광고전문가들은 매출이 언제나 올바른 광고목표이며, 그 이외의 목표는 잘못된 것이라고 본다. 둘째, 정확함(precise)과 애매함(vague)의 문제는 광고가 목표를 어느 정도 달성했는지를 측정한 것과 관련된다. 가령, 브랜드인지도의 증가와 같은 커뮤니케이션목표를 광고목표로 삼을 경우, 광고캠페인 도입 전후의 브랜드인지도 변화를 비교함으로써 광고가 브랜드인지도 증가에 미치는 효과를 비교적 정확하게(relatively precisely) 측정할 수 있다. 그러나 매출증대를 광고목표로 삼을 경우에는 많은 변수들이 매출증대에 영향을 미치므로 광고가 매출증대에 미치는 효과는 애매하게(즉 부정확하게) 측정될 수밖에 없다는 것이다. 유명한 광고전문가인 Lodish는 광고가 매출이나 시장점유율의 증대에 기여하지 못한다면 자신의 역할을 올바르게 수행한 것으로 볼 수 없다고 주장한다. 즉, 광고가 브랜드인지도의 제고와 호의적 브랜드이미지 형성에 기여하더라도 매출이나 점유율을 증가시키지 못한다면 그 광고는 효과적이지 않다고 보는 것이다.

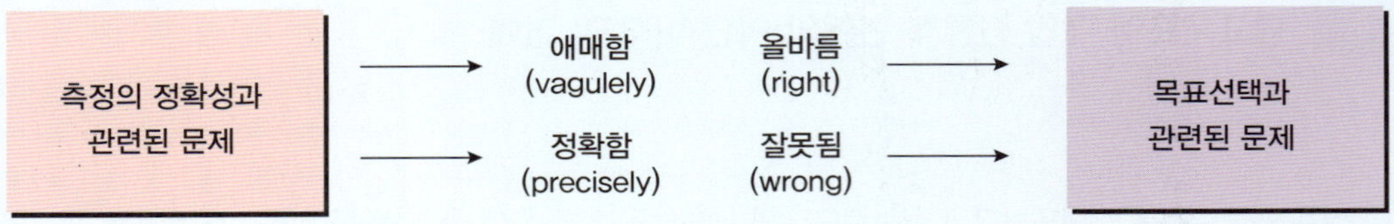

전통적 견해와 이단적 견해 중 어느 것이 옳은지에 대한 정답은 없지만, 한 가지 사실만은 분명한 것 같다. 최근 들어 보다 많은 기업들이 광고의 재무적 지표에 대한 공헌도를 강조하고 있다. 광고주들은 광고대행사에게 매출, 시장점유율, 그리고 투자수익률의 증대를 실현하는 광고캠페인을 개발하도록 압력을 가하고 있다. 그러므로 광고가 판매량에 미치는 효과를 정확하게 측정하기는 어렵지만, 광고주와 광고대행사들은 광고가 판매량, 시장점유율, 수익성의 증대에 얼마나 기여했는지를 측정하려는 노력을 보다 가속화하고 있다.

2 커뮤니케이션 목표

(1) 계층적 효과모형에 기반한 광고목표

마케터들은 매출목표가 많은 문제점을 가지며, 광고의 주역할은 타겟고객과의 커뮤니케이션에 있으므로 광고기획도 커뮤니케이션목표를 토대로 이루어져야 함을 인식한다. 즉, 광고목표는 즉각적인 구매행동의 유발보다는 브랜드인지도(브랜드 지식과 관심)의 증가와 호의적 태도형성, 그리고 구매의도 등과 같은 커뮤니케이션효과를 창출하는 데 두어야 한다는 것이다.

광고 Highlight

매출증대가 아니라 장기적인 브랜드자산 구축을 커뮤니케이션 목표로 설정하고 광고캠페인에 지속적으로 투자하는 현대카드

브랜드를 구축한다는 것은 미래를 내다보는 일이다. 적어도 10년은 바라보고 계획해야 한다. 광고를 하면 바로 매출이 올라간다는 생각으로는 브랜드를 구축할 수 없다. 이에 대해 현대카드 관계자는 "마케팅에 관련된 수많은 활동들은 그 하나하나로는 빛을 발하지 못한다"고 말한다. 영업에 조금 도움이 될 수는 있겠지만, 회사를 바꾸는 임팩트는 주지 못한다는 것이다. 그러나 굉장히 많은 것들이 쌓이고 쌓이면 비로소 마케팅이 힘을 발휘한다고 말한다.

공중파 TV의 9시 뉴스 직전에 나가는 15초 광고의 단가가 회당 3,000만 원 정도이다. 3,000만 원을 광고에 쓰느냐 아니면 영업사원 100명에게 30만 원씩 수당으로 나눠줄 거냐, 이건 경영자의 선택이다. 현대카드는 전자를 택한다. 그리고 광고를 연간 250억~300억 원씩 집행한다. 이는 브랜드라는 보이지 않는 자산을 위한 장기투자다. 각종 이벤트를 개최하는 데 거액을 쏟아붓는 것도 같은 이유에서다. 마케팅의 힘을 믿는 것이다. 광고 하나하나만 봐서는 쉽게 기억에 남지 않을 것이다. 하지만 장기간 일관성을 가지고 전략적으로 메시지를 발신했을 때, 광고는 엄청난 파워를 발휘할 수 있다.

한국에서 대형 브랜드가 좀처럼 나오지 않는 이유는 장기적인 관점에서 브랜드 관리를 강화하기보다 단기적인 매출을 우선시하기 때문이다. 단기간에 경영성과를 입증해야 하는 전문경영인으로서는 어쩔 수 없는 구조적인 문제이기도 하다. 그러나 현대카드는 그 악순환의 고리에서 벗어나 대형 브랜드가 될 가능성을 보여주고 있다. 물론 이는 정태영 사장이 오너경영인이기 때문에 가능한 일이기도 하다. "현대카드는 오너가 받쳐주니까 연간 몇 백억 원씩 마케팅커뮤니케이션활동에 투자할 수 있다"고 현대카드의 한 임원은 설명한다. "은행처럼 월급쟁이 CEO라면 누가 위험을 감수하고 장기적인 투자를 할 수 있겠습니까? 단기실적 내기 바쁜데 누가 하겠어요. 그리고 1~2년에 한 번씩 사장이 바뀌는데 10년 동안 일관된 브랜드 정책을 유지하는 게 가능하겠습니까? 이게 가능하다는 게 현대카드만이 갖고 있는 엄청난 장점이죠." 금융회사 중에는 브랜드자산의 가치를 이해하지 못하는 경우가 매우 많다. 대부분 금융회사 임직원들은 평생 숫자로 따지면서 일한 사람들이다. 예컨대 마진이 얼마이고 우리회사 수익률이 얼마고, 이런 것들만 아는 사람들이다. 광고에 대해서도 오직 "이것 하면 회원이 얼마나 더 들어오나?"만 묻는다. 그러나 마케팅커뮤니케이션은 이런 관점에서 봐서는 안 되는 영역이다. 마케팅이 이익을 만들어내는 건 오랜 투자 끝에 오는 궁극의 결과이기 때문이다.

현대카드는 수익의 20~25%를 마케팅비용으로 책정하고 광고나 이벤트 등 마케팅커뮤니케이션활동에 투자한다. 다른 카드사는 대체로 10%를 넘지 않는다. 광고대행사들은 현대카드를 가리켜 마케팅 커뮤니케이션 활동이 브랜드 가치에 미치는 영향을 가장 잘 이해하는 클라이언트 중 하나라고 이야기한다. 마케팅커뮤니케이션 활동은 당장 마케팅 효과를 입증하기보다는 상당한 시차를 두고 누적적으로 효과를 발휘하는데, 현대카드는 그것을 이해하고 차분히 갈 길을 간다는 것이다. 당장 매출에 도움이 되지 않더라도 자신만의 메시지를 전달하는 데 주력하는 것이 일견 비효율적으로 보일 수 있지만, 장기적으로는 그만큼 효율적인 활동도 없다는 것을 인식하고 있는 것이다.

현대카드는 장기간에 걸친 마케팅투자를 통해 브랜드구축에 성공한 대표적 예이다. 현대카드의 높은 최초상기율(신용카드하면 가장 먼저 생각나는 회사, Top of mind)은 마케팅커뮤니케이션활동에 지속적인 투자를 한 덕분이다.

현대카드는 광고 등 전통적인 마케팅커뮤니케이션 활동이 지닌 한계를 뛰어넘고 브랜드자산을 더욱 강화하기 위해 2019년 제24회 부산국제영화제에서 판타지 영화 특유의 표현기법과 스토리텔링에 기반을 둔 차별적 마케팅커뮤니케이션 캠페인을 기획했다. 현대카드는 자사 프리미엄 카드의 브랜드 컬러가 지향하는 가치를 담은 단편영화를 직접 제작했다. 현대카드는 프리미엄 상품라인인 그린, 레드, 퍼플, 블랙 컬러를 모티브로 옴니버스식으로 구성한 단편 판타지 영화 '내 꿈은 컬러꿈'을 제24회 부산국제영화제에서 상영했다. '더 그린 문'(the Green Moon)은 속칭 잘나가는 무리의 일원이 되고 싶은 한 소년이 판타지 속 녹색 달을 만나 겪게 되는 성장 이야기를 담았고, '더 레드 도어'(the Red Door)는 빨간색에 대한 트라우마를 지닌 한 소녀가 우연히 빨간 문을 통해 새로운 세계를 만나게 되면서 보여주는 변화를 다루고 있다. '더 퍼플 레인'(the Purple Rain)은 자신감이 없던 요리사가 기묘한 손님들을 통해 자신만의 레시피를 찾는 내용이고, '더 블랙 진'(the Black Jean)은 비겁한 방식으로 생존해 온 카우보이가 어느날 자신의 본모습을 마주하면서 생기는 변화를 그리고 있다. 이는 자사 상품이나 서비스를 전혀 노출하지 않고 현대카드 브랜드가 추구하는 가치나 지향점을 영화로 그려낸 언브랜디드 필름(unbranded film) 기법이라고 현대카드는 설명했다. 현대카드는 고객들이 문화콘텐츠 애플리케이션 '현대카드 DIVE'에서 사전예약을 통해 부산국제영화제 기간 동안 관람할 수 있도록 했고, 온라인 동영상 서비스 플랫폼인 '왓차플레이'에서도 감상할 수 있도록 했다.

자료원: 연합뉴스, 2019.9.26; 이지훈, 현대카드 이야기, 쌤엔 파커스, 2012.

커뮤니케이션목표를 광고목표로 보는 시각은 계층적 효과모형(hierarchy of effects)에 토대를 두고 있다. 계층적 효과모형은 사람들이 사다리의 계단을 하나하나 밟아 마지막 계단까지 오르듯이 광고가 성공을 거두기 위해서는 광고를 통해 소비자들을 기업이 원하는 하나의 목표에서 다음 단계의 목표로 단계적으로 움직이도록 하여 최종적인 목표가 달성되도록 만들어야 함을 시사한다. 즉, 소비자는 한 번의 광고노출로 바로 구매를 하지는 않으며, 구매행동이 실현되기 위해 인지적(cognitive), 감정적(affective), 행동의도적(conative) 단계를 거쳐야 한다고 보는 것이다. **표 6-1**은 소비자가 구매에 도달할 때까지의 인지적 과정과 각 인지반응 단계별 광고활동의 예를 보여준다. 따라서 커뮤니케이션목표에서는 각 단계별로 언제, 누구에 대해서(타겟청중), 어느 정도의 수준이 창출되어야 하는지를 결정하는 것이 광고목표라고 말할 수 있다.

표 6-1 계층적 소비자반응과 단계별 광고활동 유형

계층적 반응과정	구매과정	단계별 광고활동의 유형
행동의도적(conative) : 광고를 통해 구매의도 혹은 구매를 자극	구매(purchase)	구매시점광고, 소매점광고 판매촉진광고
	⬆	
	확신(conviction)	증언형광고
	⬆	
감정적(affective) : 광고를 통해 호의적 태도 및 느낌의 형성	선호(preference)	경쟁(비교)광고, 이미지광고
	⬆	
	애호(liking)	지위에 소구하는 광고 감정유발형 광고
	⬆	
인지적(cognitive) : 광고를 통해 상품 정보를 제공	지식(kowledge)	서술적인 광고카피, 슬로건, 징글
	⬆	
	인지(awareness)	주의유발형 광고 (가령, teaser광고)

광고 Highlight

한국 맥주시장에서 프랑스 감성을 담은 달콤한 향과 맛을 가진 맥주로 브랜드 이미지를 변화시킨 광고캠페인을 통해 여성 소비자들을 충성고객으로 끌어들인 크로넨버그1664 블랑

프랑스의 밀맥주 '크로넨버그1664 블랑'의 한국 내 누적판매량이 1억 병을 돌파했다. 크로넨버그1664 블랑은 프랑스의 알자스~로렌 지역의 도시 스트라스부르에서 양조되는 밀맥주다. 덴마크의 맥주회사 칼스버그 그룹에서 판매하고 있는 브랜드 중 하나지만 하이네켄이나 기네스처럼 세계적인 인지도가 있는 맥주는 아니다. 국내 주류회사인 하이트진로가 2013년부터 수입해 판매했는데 2017년부터 국내 판매량이 세계 1위로 올라섰다. 2018년 1년 동안 한국시장에서 판매된 물량만 6000만 병(세계 물량의 19%)에 달한다. 전년보다 54% 급증했다. 본국 프랑스는 물론 세계에서 인구가 가장 많은 중국에서의 판매량도 한국을 따라오지 못한다. 국내 소비자들의 수입맥주 판매량조사에서도 크로넨버그1664 블랑의 인기는 확인된다. 2016년 10위에서 지난해 4위(1위 아사히 · 2위 칭따오 · 3위 하이네켄)로 치고 올라왔다. 국내에서 밀맥주 돌풍을 일으키고 있는 크로넨버그1664 블랑의 성공비결을 알아봤다.

1) 맥주는 쓴맛?…달콤한 맛으로 흥행

하이트진로의 분석결과에 따르면 국내에서 크로넨버그1664 블랑의 인기를 견인하고 있는 주 소비층은 20~30대 젊은 여성들이다. 주요 인터넷 포털과 소셜네트워크서비스(SNS)에 이 맥주를 검색하면 '여자들이 좋아하는 맥주'라는 내용을 담고 있는 콘텐츠들이 많이 검색되는 것도 젊은 여성들을 중심으로 크로넨버그1664 블랑이 소비되고 있기 때문이다. 이렇게 크로넨버그1664 블랑이 젊은 여성들이 즐기는 맥주가 될 수 있었던 요인 중 하나는 '맥주는 쓴맛'이라는 고정관념을 깨고 여성들의 취향에 맞는 달콤한 맛과 향을 담고 있기 때문이다.

술집에서 한 고객이 크로넨버그1664 블랑을 술잔에 따르고 있다.

밀맥주는 보리로 만든 맥주와 달리 쓴맛이 거의 없다. 이런 특징을 활용해 캐러멜향 합성착향료(화학합성향료), 오렌지껍질, 고수(미나리과의 채소), 감귤류(시트러스) 등 다양한 과일 향을 첨가했다. 쓴맛을 그대로 간직한 채 과일 향을 추가하면 맛과 향이 뒤섞이지만 밀맥주처럼 쓴맛이 제거된 상태에 과일 향을 추가하면 달콤하고 상쾌한 향과 맛만 남는다. 직장인 김수정(31) 씨는 "회식할 때 맥주를 소주에 타서 먹거나 취해서 맛을 잘 알지 못할 정도인 상태에서 2차로 맥주를 마시는 경우가 많다. 맥주 맛을 잘 몰랐는데 크로넨버그1664 블랑을 마셔보니 달콤하면서도 청량감이 있어 맥주가 생각날 때마다 마시게 된다"고 했다.

2) 프랑스 감성을 담아 소확행을 파는 맥주

한국 소비자들 사이에서 빠르게 확산되고 있는 소확행(작지만 확실한 행복) 문화도 크로넨버그1664 블랑의 인기에 한몫했다. 크로넨버그1664 블랑이 소확행을 주는 맥주가 된 이유는 달콤한 맥주 맛 이외에도 감각적인 디자인을 꼽을 수 있다. 맥주병은 프랑스 국기를 떠올리게 하는 푸른색 바탕에 흰색과 빨간색의 대형 리본으로 장식돼 있다. 직장인 한모 씨는 "프랑스 여행을 갔을 때 열차 안에서 팔던 맥주인데 디자인이 참 예뻤던 것으로 기억한다. 이마트에서 다시 봤을 때 프랑스 여행의 추억이 기억나 기분 좋게 장바구니에 담게 됐다"고 했다. 감귤류가 포함됐기 때문에 밝은 오렌지빛이 나는 맥주의 색깔도 소확행을 느끼게 해주는 요소다. 다른 맥주들은 이보다 좀 더 어두운 갈색빛이 대부분이다. 한 여성은 인스타그램에 크로넨버그1664 블랑을 유리잔에 담아놓은 사진을 게시한 후 "이렇게 예쁜 맥주도 있다"며 감탄했다. 인스타그램에 크로넨버그1664 블랑과 관련된 게시물은 5,000여 건에 달한다. 홍대순 글로벌 전략정책연구원 원장은 "프랑스산 밀맥주가 국내에서 이렇게 인기가 있다는 것은 소비자들이 단순히 맥주를 맛으로 구입하는 것이 아니라 그 안에 담겨 있는 문화와 전통, 감성 등을 좋아하고 즐긴다는 증거이다. 크로넨버그1664 블랑이 한국 젊은 소비자들이 열광하는 심미적, 감성적 요소를 자극하고 있는 것이다"고 했다.

3) 한국시장에 맞춘 현지화 마케팅전략을 추구한 칼스버그

국내 소비자들을 위한 맞춤형 마케팅도 크로넨버그1664 블랑의 성공요인으로 꼽힌다. 주류업계에 따르면, 2018년부터 전 세계에 방송된 크로넨버그1664 블랑의 TV광고는 제품명과 로고가 나오지 않고 아무런 내레이션도 없이 끝난다. 샤넬 등 명품 의류브랜드가 종종 이런 방식의 광고를 내보낸다. 하지만 국내에서는 이런 광고가 통하지 않는다고 판단한 하이트진로가 크로넨버그1664 블랑의 제조사인 칼스버그 그룹에 요청해 제품명과 로고를 넣었고 마지막에는 "프랑스의 향을 맛보세요(Taste the french way of life)"라는 내레이션도 추가했다. 불명확한 영상보다는 명료한 메시지를 원하는 한국 소비자들을 위해 칼스버그 그룹이 한국에만 유일하게 다른 광고를 내보낸 것이다.

크로넨버그1664 블랑의 수입 · 유통을 담당하는 하이트진로 브랜드매니저는 "크로넨버그1664 블랑 1억 병이 팔릴 수 있었던 것은 한 잔을 마셔도 프리미엄급 맥주를 즐기고 싶어 하는 사람들이 점점 더 늘어나고 있다는 것을 잘 보여준다"고 했다. 크로넨버그1664 블랑의 한국판매량은 2017년에 세계 1위에 올랐고 2018년에 6,000만 병을 팔아 2년 연속 세계 1위 자리를 유지했다. 한국시장에서 세계물량의 19%가 팔린 것이다. 2018년 판매량 2위 국가는 인구가 가장 많은 중국(18%)이고, 그 다음이 본국 프랑스(14%)였다.

젊은 여성 소비자들의 취향을 제대로 맞춘 게 인기를 끈 비결이다. 젊은 여성들은 쓴맛보다 달콤한 향과 맛을 좋아하는데 크로넨버그1664 블랑이 여성의 취향에 딱 맞는 맥주였다. 여성들에게 호감도가 높은 국가인 프랑스에서 온 맥주라는 점, 화려한 색깔로 디자인된 병이나 캔도 인기를 얻은 또다른 이유이다. 크로넨버그1664 블랑은 한국에만 리뉴얼되지 않은 디자인의 캔 맥주를 판매하고 TV광고도 내레이션을 붙였다. 칼스버그 그룹은 한국의 맥주 판매량을 고려해 한국 소비자들이 좋아하는 광고스타일, 캔 디자인을 반영한 현지화 마케팅커뮤니케이션 프로그램을 도입한 것이다. 재밌는 예는 TV광고 로열티다. 다른 국가의 유통회사들은 모두 칼스버그 그룹에 로열티를 내고 광고를 받아서 방송하지만, 한국에는 칼스버그 그룹이 무료로 광고를 제공한다. 한국에서 TV광고를 하지 않으면 크로넨버그1664 블랑의 세계매출이 줄어들기 때문에 특혜를 주는 것이다. 한국에 수출하는 물량을 맞추기 위해 칼스버그 그룹은 공장을 새로 짓기도 했다.

자료원: 이코노미조선, 292호, 2019.03.25.

커뮤니케이션효과를 창출하기 위해 수행되어야 할 커뮤니케이션과업(광고활동)은 피라미드를 쌓는 것과 유사하다. 소비자들은 구매행동에 도달하기 위해서 먼저 브랜드인지도의 형성이라는 초보적인 단계에서 시작하여 호의적 태도 및 구매의도 형성의 상위단계에 이르는 일련의 인지과정을 거쳐야 하며, 피라미드구조상의 하위단계에 위치하는 커뮤니케이션목표가 상위단계의 목표보다 상대적으로 달성하기가 용이하다. 따라서 피

호의적 태도를 창출하기 위한 광고: 제네시스는 광고를 통해 차별적 제품특성을 제공함으로써 브랜드에 대한 호의적 태도를 형성하려고 한다.

가수 윤종신씨를 모델로 한 우루사의 광고캠페인 '팩트를 보면 우루사'편

라미드구조의 상위단계로 올라갈수록 그 목표를 달성할 수 있는 예상(가망)고객의 비율이 낮아지는데, 이는 상부단계의 커뮤니케이션효과(커뮤니케이션목표)를 달성하는 것이 하부단계보다 상대적으로 어려움을 시사한다.

대웅제약은 가수 윤종신씨를 모델로 한 우루사의 광고캠페인 '팩트를 보면 우루사'편을 지상파, 종합편성채널, 케이블 TV를 비롯해 유튜브, 네이버 TV 캐스트 등의 온라인 채널을 통해 방영했다. 이 광고는 58년 전통의 국내 판매 1위 간기능 개선제로서 우루사의 브랜드 가치와 임상시험을 통해 입증된 제품의 효능 및 효과를 소비자들에게 전달함으로써 브랜드 신뢰성과 긍정적 브랜드태도를 강화하는 데 그 목표를 두었다.

이하에서는 **그림 6-2** 피라미드구조하의 계층적 커뮤니케이션효과를 이용하여 비듬

그림 6-2 피라미드구조하의 계층적 커뮤니케이션효과

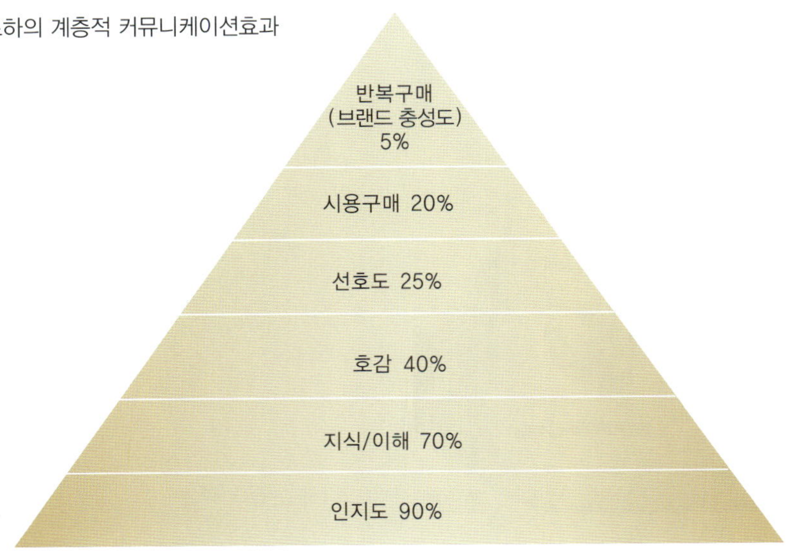

과 가려움으로 고생하거나 두피의 건강을 생각하는 고객들을 타겟시장으로 하여 도입된 P&G의 헤드앤숄더 샴푸의 광고목표를 설정하는 과정을 설명하기로 한다.

먼저 신제품 광고캠페인의 첫 번째 커뮤니케이션과업(광고목표)은 타겟청중들에 대한 폭넓은 인지도를 창출하는 것이다. 이러한 목표는 폭넓은 샴푸사용 고객층에 쉽게 도달될 수 있는 잡지, TV, 라디오프로그램을 통해 반복광고를 실시함으로써 달성될 수 있다. 그러므로 구체적인 광고목표는 다음과 같이 설정될 수 있을 것이다.

"초기 6주 동안의 광고캠페인을 통해 타겟으로 한 고객층으로부터 헤드앤숄더 샴푸에 대한 90%의 브랜드 인지도를 창출함"

피라미드구조상의 다음 단계는 일정수준의 타겟청중들에게 신제품에 대한 인지도를 창출하는 것은 물론 신제품의 특성과 편익을 이해시키기 위해 제품정보를 제공하는 것이다. 가령, 모발에 영양을 공급해 주는 기존의 프리미엄 샴푸와 달리 비듬을 제거해 주고 두피의 모공을 관리해 줌으로써 탈모방지에도 효과적인 샴푸제품으로 포지셔닝하려고 한다고 가정한다면, 이 단계에서의 구체적인 커뮤니케이션목표(광고목표)는 다음과 같다.

"70%의 타겟청중들에게 브랜드지식과 관심을 형성시킬 목적으로 비듬을 제거해 주고 두피를 관리해 주어 탈모방지에도 효과적인 제품편익을 커뮤니케이션함"

P&G의 헤드앤숄더 광고

세 번째 단계는 광고캠페인을 통해 헤드앤숄더 브랜드에 대한 호의적 태도를 창출하는 것이다. 이미 헤드앤숄더라는 브랜드에 대해 알고 있는 소비자들 가운데 일부를 감정적 단계(즉, 애호도와 선호도의 형성)로 끌어올려야 할 것이다.

"40%의 타겟청중에 대해 헤드앤숄더 샴푸에 대한 호의적 태도를 창출하고 25%의 타겟청중들로부터 자사브랜드에 대한 선호도(즉, 다른 경쟁브랜드들보다 헤드앤숄더 샴푸를 더 좋아함)를 구축함"

앞에서 설명된 단계가 성취되었다고 판단되면, 광고관리자는 구매단계에 도달하기 위한 보다 적극적인 촉진노력이 필요하다. 이 단계에서의 커뮤니케이션목표는 다음과 같다.

"광고캠페인이 실시되는 처음 3개월 동안에 남녀 샴푸사용 고객층들 가운데 20% 정도로부터 헤드앤숄더에 대한 시용구매를 유도하기 위해 광고, 무료샘플 및 할인쿠폰의 제공 등을 함께 실시함"

광고캠페인의 궁극적 목표는 소비자의 브랜드충성도 구축을 통해 자사브랜드를 반복구매하도록 만드는 것이다. 헤드앤숄더 샴푸에 대한 반복구매여부는 그 제품을 구매한 소비자들의 평가에 달려 있다. 마케팅관리자는 헤드앤숄더 샴푸를 시용구매해 본 소비자들을 유지하고 피라미드구조의 하부에 위치한 고객들을 시용구매단계로 끌어올리기 위해 지속적인 광고와 주기적인 판매촉진을 실시해야 할 것이다. 샴푸시장은 매우 경쟁이 치열하여 소수의 브랜드만이 10% 이상의 점유율을 차지한다. 광고를 통한 매출실현의 한계점을 인지하고, 다음과 같은 최종목표를 설정할 수 있을 것이다.

"샴푸 사용고객 가운데 5% 정도를 헤드앤숄더 샴푸의 정규고객으로 확보함"

표 6-1 에서 제시된 계층적 효과모형은 다음과 같은 문제를 제기한다:

① 태도형성과 구매행동 중 어느 것이 먼저 발생되는가?

② 광고에서 제공된 제품정보와 소비자의 사용경험중 어느 것이 소비자에게 더 영향을 미치는가?

③ 브랜드충성도는 보장된 결과인가?

④ 이 모형이 광고목표설정에 시사하는 바는?

광고 Highlight

커뮤니케이션 효과와 광고목표

광고활동의 궁극적인 목적은 매출증대에 있다고 할 수 있다. 그러나 광고의 매출효과측정이 여러 가지 문제들로 인해 현실적으로 그리 만족할 만한 결과를 얻지 못하고 있다. 이는 광고가 지체효과(lag effects)와 지속효과(carryover effects)를 갖기 때문에 정확한 효과를 도출하기 어렵고 또 매출에 영향을 미치는 요인으로 광고 이외에도 제품력, 가격, 유통 등 수많은 요인이 존재하기 때문에 광고만의 효과를 추출하기 힘들다. 따라서 이러한 모든 요소들을 고려한 정확한 광고-매출 모형을 개발하는 것은 현실적으로 매우 어려운 문제이다.

광고의 매출효과 측정의 어려움으로 인해 광고실무자들은 광고의 주된 임무를 정보전달, 고객의 인지, 태도 변화와 같은 커뮤니케이션 측면으로 한정해야 한다는 견해를 보이고 있다. 이는 광고효과가 발생하는 경로가 도달효과 시점, 커뮤니케이션 효과 시점, 판매효과 시점을 거치게 되는데 커뮤니케이션 시점의 효과는 기존의 연구결과들을 바탕으로 어느 정도는 정확한 측정이 가능하기 때문이라 할 수 있다.

광고효과의 발생과정을 커뮤니케이션 관점에서 설명하는 연구들은 그 효과가 몇 가지 단계를 거쳐서 발생한다는 가정하에 다양한 계층모형(hierarchical model)들이 제안되었다. 커뮤니케이션 계층효과 모형의 대표적인 것들을 살펴보면 **그림 1** 과 같이 AIDA모형, AIDMA모형, DAGMAR모형, L&S(Lavidgy & Steiner)모형, 혁신-수용(Innovation-Adoption) 모형 등을 들 수 있다.

최근 인터넷과 모바일 기기의 보편화에 따른 미디어 환경의 변화로 인해 계층적 커뮤니케이션 효과의 단계에서 검색(Search)과 공유(Share) 단계가 추가된 계층적 커뮤니케이션 효과 모형인 AISAS 모형이 제안되었다. AISAS는 주의(Attention) → 관심(Interest) → 검색(Search) → 구매행동(Action) → 공유(Share) 단계로 구성된다. 이 모형은 소비자들이 광고에 노출된 후 관심을 갖게 되면 온라인 검색을 통해 정보를 수집하고 이를 토대로 구매행동을 한 후 자신의 제품경험을 눈 등을 통해 다른 소비자들과 공유하는 과정을 보여준다.

커뮤니케이션 효과 모형들을 종합하면 소비자가 광고에 노출된 후 매우 다양한 커뮤니케이션 반응을 거친 후 행동이 유발된다고 할 수 있다. 소비자 광고반응 과정을 특히 정보처리 관점에서 설명한 것이 광고 정보처리 모형(Advertising Information Processing Model)인데 이를 단순화하면 **그림 2** 와 같다. 이 모형에 따르면 광고에 노출된 후 광고물 자체에 대한 인지(cognition) 또는 지각(perception)을 하고 광고에 대한 호감도 등의 광고태도(attitude toward advertising: A_{ad})가 생기면, 광고인지와 광고태도는 상표의 속성/특징에 대한 인지(cognition of brand : C_b)와 함께 상표에 대한 태도(attitude toward brand : A_b)를 형성시키고 궁극적으로 구매행동과 같은 행동반응으로 연결된다.

광고의 커뮤니케이션 효과 모형과 정보처리 모형을 바탕으로 하여 광고에 노출된 이후부터 구매에 이르기까지 나타나는 모든 소비자 반응을 광고활동의 목표로 설정할 수 있다.

그림 1 계층적 커뮤니케이션 효과 모형

AIDA 모형 (1925년)	AIDMA 모형 (1950년)	DAGMAR 모형 (1961년)	Lavidge & Steiner 모형 (1961년)	혁신 수용 모형 (1962년)
주의 (Attention)	주의 (Attention)	인식 (Awareness)	인식 (Awareness)	인식 (Awareness)
↓ 관심 (Interest)	↓ 관심 (Interest)	↓ 이해 (Comprehension)	↓ 지식 (Knowledge)	↓ 관심 (Interest)
↓ 욕망 (Desire)	↓ 욕망 (Desire)	↓ 이미지 (Image)	↓ 좋아함 (Liking)	↓ 평가 (Evaluation)
	↓ 기억 (Memory)	↓ 태도 (Attitude)	↓ 선호 (Preference)	↓ 시도 (Trial)
			↓ 확신 (Conviction)	
↓ 행위 (Action)	↓ 행위 (Action)	↓ 행동 (Action)	↓ 구매 (Purchase)	↓ 수용 (Adoption)

그림 2 광고정보처리 모형

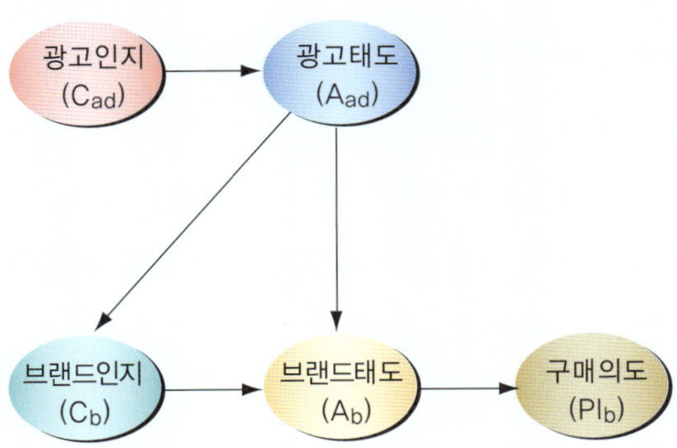

이하에서는 각 주제에 대하여 보다 자세히 설명하기로 한다.

1) 태도와 구매행동 중 어느 것이 선행하는가?

전통적인 소비자정보처리관점에 의하면 소비자는 표 6-1 과 같이 광고된 브랜드에 대한 태도를 먼저 형성하고, 이를 토대로 브랜드를 선택 · 구매한다(즉 가장 호의적인 태도를 가진 브랜드를 구매한다)고 본다. 그러나 브랜드태도가 구매행동보다 앞선다는 전제는 자동차 구매와 같은 값비싼 제품의 구매에는 적절하지만, 대부분의 일상적인 제품구매의 경우에는 소비자들은 제품성과(속성)에 대한 최소한의 기대정도만을 가지고 브랜드태도를 형성하지 않는 상태에서 시용구매를 하는 것이 일반적이다. 즉 구매행동이 먼저 이루어진 다음 구체적인 속성신념과 브랜드태도가 형성되는 경우가 보다 흔하다. 그러므로 비누, 샴푸 등의 저관여제품의 경우에는 브랜드의 존재에 대한 인지도가 어느 정도 형성된 소비자를 표적으로 한 광고목표는 브랜드에 대한 호의적 태도의 형성보다는 시용구매를 촉진하는 것이 되어야 할 것이다. 소비자는 사용경험을 통해 광고된 브랜드를 평가한다. 만약 사용경험을 통해 광고된 브랜드의 성능이 경쟁브랜드들보다 확실하게 우수한 것으로 판단된다면, 소비자는 호의적인 브랜드태도를 형성하고 그 브랜드를 반복구매할 것이다. 그러나 소비자가 제품성과를 객관적으로 판단하기 어렵다면, 광고는 소비자의 판단에 큰 영향을 미치게 된다. 특히, 제품사용경험을 통해 제품품질을 객관적으로 판단하기 어려울 때(사용경험이 애매모호(ambiguous)할 때), 과거에 노출되었던 광고가 이에 대한 판단에 영향을 미치는 것으로 나타났다. 예를 들어, 소비자는 광고된 진통제가 경쟁브랜드들보다 진통해소의 속도가 진정으로 더 빠른지를 객관적으로 확인하기 어려울 때(즉 사용결과(사용경험)가 애매모호할 때), 신뢰성 있는 모델이 등장하는 광고에의 반복노출은 광고된 브랜드의 진통해소 속도가 경쟁브랜드들보다 더 빠를 것으로 지각하게끔 소비자판단에 영향을 미친다는 것이다.

2) 광고정보와 개인적 경험 중 어느 것이 더 중요한가?

고관여제품의 경우에는 소비자는 각 브랜드대안에 대한 제품정보를 충분히 수집한 다음 가장 바람직한 제품속성을 가진 브랜드대안을 선택하게 될 것이다. 그러므로 광고를 통해 자사제품의 차별적 우위에 대한 정보를 제공하는 것이 매우 중요하다. 그러나 치약, 샴푸 등의 저관여제품의 경우에는 소비자는 광고에서 제시된 제품정보를 적극적으로 처리하지 않으며, 진정한 브랜드태도는 직접적인 제품사용경험이 이루어진 다음에 형성될 가능성이 높다. 일반적으로 직접적인 제품사용경험(음식을 실제로 먹어보거나 음료를 마시는 것)은 보다 확실한 제품평가를 가능하게 하므로 광고로부터 학습된 제품정보보다 훨씬 설득력이 강하다. 그러므로 저관여제품의 경우에는 자사제품에 대한 시용구매를 유도하는 전략이 효과적이다.

3) 브랜드충성도는 보장된 결과인가?

브랜드충성도의 구축은 매우 어렵다. 그러나 경우에 따라 강한 브랜드충성도가 형성될 수도 있다. 예를 들어, 어떤 소비자는 항상 동일한 콜라브랜드, 담배브랜드 또는 치약이나 샴푸브랜드를 구매한다. 그러나 많은 경우 소비자들은 특정한 브랜드에 대해서만 강한 선호도를 형성하는 것은 아니다. 즉 소비자는 특정 브랜드에 집착(commitment)하기보다는 이 브랜드에서 저 브랜드로 브랜드전환을 하면서 끊임없이 시험구매를 한다. 소비자의 브랜드충성도를 확보하기 위해 기업은 ①소비자의 욕구를 충족시키는 브랜드

제품성과를 객관적으로 판단하기 어려울 때, 광고는 소비자 판단에 영향을 미친다.

를 개발하고 ②소비자의 브랜드관련 신념과 태도를 강화하기 위해 자사브랜드의 장점을 끊임없이 광고하여야 한다. 마케터들은 표적시장의 일부만이 브랜드충성도를 가지더라도 더 많은 충성고객의 창출을 위해 모든 마케팅노력을 기울여야 할 것이다.

4) 계층적 광고효과모형이 광고목표 설정에 주는 시사점

광고목표는 광고주의 브랜드와 경쟁브랜드가 처한 마케팅상황을 고려하여 결정되어야 한다. 표 6-1 에서 보듯이, 광고는 ①새로운 브랜드에 대한 소비자 인지도를 창출하거나 ②제품편익에 대한 기대(브랜드지식의 형성)에 영향을 미치거나 ③구매를 조장하기 위한 목적으로 수행된다.

브랜드인지도 형성이라는 첫번째 광고목표는 새로운 브랜드나 기존 브랜드 모두에게 중요하다. 즉 자사브랜드에 대한 선택가능성을 높이기 위해서 먼저 높은 수준의 브랜드 인지도가 형성되어야 한다. 만약 소비자가 브랜드의 존재에 대해 알지 못한다면, 그 브랜드는 소비자의 고려상표군(consideration set)에 포함되지 못할 것이므로 처음부터 고려대상에서 제외될 것이다. 마케터는 반복광고를 통해 브랜드인지도를 창출하여 자사브랜드가 소비자의 고려상표군에 포함되도록 함으로써 자사브랜드에 대한 선택확률을 높여야 할 것이다.[1] 또한 광고는 브랜드성능에 대한 소비자기대(브랜드지식)의 형성에 영향을 미쳐야 한다. 잘 만들어진 광고는 소비자의 마음속에 광고된 브랜드가 강한 제품성능을 가질 것이라는 혹은 자아이미지를 강화시킬 것이라는 기대를 형성하도록 만든다. 커피믹스 시장에서 후발브랜드였던 남양유업 프렌치카페는 효과적인 마케팅커뮤니케이션활동으로 단기간에 브랜드인지도와 브랜드지식 구축이라는 커뮤니케이션목표를 달성하는 데 성공했다. 국내 커피믹스 시장은 오랜기간 동안 동서식품의 맥심이 지배해 왔는데, 후발 커피믹스 브랜드인 프렌치카페는 프림 원액에 무지방 생우유를 넣어 부드러운 맛을 극대화함으로써 프림의 차별화를 추구했다. 남양유업은 '맥심 등 기존의 커피믹스 브랜드들의 프림에 사용돼 온 카제인나트륨은 우유에서 추출한 단백질인 카제인과 나트륨으로

1) Prakash Nedungadi, "Recall and Consumer Consideration Sets: InfluencingChoice Without Altering Brand Evaluations," *Journal of Consumer Research 17*, December 1990, pp. 263–276.

만든 화학적 합성품임을 부각시키고 프렌치카페는 화학적 합성품 카제인나트륨 대신 무지방 우유를 넣었다'는 간접 비교광고를 선보임으로써 소비자들에게 자사제품이 경쟁제품인 동서식품 맥심보다 몸에 더 좋다는 인식을 심어주는 데 성공했다. 후발주자인 프렌치카페가 짧은 시간 안에 높은 브랜드인지도와 시장점유율을 구축하는 데 있어서 스타 마케팅의 힘도 컸다. 배우 김태희와 강동원을 제품포장과 제품광고에 활용한 것은 젊은층을 중심으로 브랜드에 대한 인지도와 호감도를 높이는 긍정적 영향을 미쳤다.

'카제인나트륨 안정성'에 대한 소비자들의 의심이 커짐에 따라 동서식품은 카제인나트륨 성분을 천연카제인으로 대체했다. 당시 동서식품은 "우유단백질인 카제인나트륨은 하루 섭취량의 한도가 정해져 있지 않은 안정성이 입증된 성분이다. 요구르트에서부터 치즈, 영양보충식, 수프에 이르기까지 각종 식품들에 쓰이고 있다. 남양유업 또한 자사제품에 카제인나트륨을 사용하고 있다"며 남양유업의 비교광고를 비판했다. 남양유업의 공세에 대응해 동서식품은 배우 공유를 광고모델로 내세운 프리미엄 분말커피 '카누'를 내놓았다. 이와 함께 카제인나트륨을 빼고 무지방 우유를 넣은 커피믹스 '맥심 화이트 골드'를 출시하면서 광고모델로 피겨여왕 김연아를 광고모델로 내세웠다.

한편 많은 광고가 소비자의 구매를 조장하고 나아가 브랜드전환을 유도하도록 설계된다. 즉 광고물 속에 무료샘플교환권이나 쿠폰이 부착되거나 제품사용 후 불만족한 소비자에게 상품대금을 반환해 준다는 정보 등을 제공함으로써 소비자의 시용구매를 촉진한다.

맥심 화이트골드 광고모델 김연아 프렌치카페 광고모델 김태희

광고 Highlight

브랜드인지도 제고와 브랜드친숙성에 기반한 긍정적 브랜드태도 형성에 성공한 닥터포헤어 광고캠페인

두피 및 탈모관리 전문브랜드인 닥터포헤어는 성능이 뛰어난 두피샴푸, 탈모완화샴푸, 천연샴푸, 두피 스케일러 등 두피·탈모와 관련한 제품들을 갖고 있다. 유통채널에서 상위권의 매출을 유지해왔지만, 비교적 늦은 시장진입으로 인해 경쟁제품에 비해 브랜드인지도가 상대적으로 낮았다.

이에 따라 닥터포헤어는 브랜드인지도를 높이는 것을 광고목표로 하고 탈모샴푸 시장에서 TV광고캠페인를 진행했다. 닥터포헤어는 광고목표를 달성하기 위해 빅 모델을 이용해 닥터포헤어 브랜드의 장점을 강렬하고 임팩트 있게 전달하고자 했다.

TV광고는 시리즈물로 제작되었다. 도입 광고물에서는 인기배우인 현빈을 광고모델로 활용해 핵심메시지를 임팩트 있게 전달하고자 했다. 전문적이고 신뢰감 있는 이미지를 가진 현빈을 광고모델로 기용함으로써 브랜드이미지를 강화시켰다. 그리고 임팩트 있는 타이포와 감각적인 비주얼을 사용해 소비자의 주의를 유발시켰다. 2차 광고물에서는 브랜드에 대한 친숙성과 긍정적 태도를 형성시키기 위해 일반인 모델을 출연시키고 폴리젠 샴푸의 효능을 강조했다.

단순한 광고메시지, 그리고 브랜드이미지와 조화되는 빅 모델을 이용해 브랜드의 뛰어난 제품력을 효과적으로 전달한 닥터포헤어 광고캠페인은 브랜드인지도를 상승시키고 표적 소비자들로 하여금 신뢰감 있는 브랜드로 인식하게 만드는 긍정적 광고효과를 거두었다.

닥터포헤어 광고캠페인의 설계와 실행

DR. FORHAIR	
광고목표	브랜드 인지도 강화 : 기존 탈모샴푸 시장에서 'Dr.FORHAIR와 기타 브랜드들'로 각인시킬 수 있는 브랜드인지도 강화 캠페인의 실행

빅 모델 현빈, 심플한 타이포, 감각적인 비주얼을 사용한 2019 닥터포헤어 1차 캠페인

일반인 모델을 기용해 브랜드 친숙성과 긍정적 브랜드태도를 형성한 2차 캠페인

기대 광고효과	1. 브랜드명 각인 2. 패키지와 패키지의 핵심색상 인식 3. 핵심 광고메시지가 기억에 남는 CF 
표적시장	표적청중 : 매스티지 탈모샴푸와 홈쇼핑 탈모샴푸를 구매하려는 고객, 탈모방지 니즈가 높은 35~39세, 40대와 50대 남녀 
슬로건 (메인테마)	 Dr.FORHAIR

박카스는 광고컨셉은 동일하지만 광고실행방식을 달리한 광고물들을 제작함으로써 브랜드인지도를 높이고 반복광고에 대한 소비자 싫증을 방지하려고 한다.

마지막으로, 성숙기에 들어선 브랜드에 대한 광고목표는 제품편익에 대한 소비자기대를 강화하여 반복구매를 유지하는 것이다. 이러한 목표는 제품광고를 통해 소비자에게 한 약속을 실제로 이행하고 이러한 약속을 반복광고를 통해 계속 상기시킴으로써 달성된다. 특히 저관여제품의 경우 반복광고는 소비자의 브랜드인지도를 강화하고 나아가 상표선호도와 시장점유율을 높이는 데 기여한다. 그러나 반복광고에 대한 소비자 싫증을 방지하기 위해 광고주제는 동일하게 유지하되 정기적으로 과거와 다른 광고실행방법을 도입할 필요가 있다.

많은 마케팅관리자들은 구체적인 커뮤니케이션목표의 설정이 매출목표보다 광고캠페인의 기획과 실행에 보다 유용한 실무적 지침을 제공함을 인정하고 있다. 커뮤니케이션목표를 광고목표로 설정하는 데 있어 가장 큰 영향을 미쳤던 접근방법이 바로 DAGMAR 모형이다.

이하에서는 DAGMAR 모형에 관해 보다 자세히 설명하기로 한다.

광고 Highlight

좋은 광고목표가 갖추어야 할 조건

광고목표는 특정광고가 성취해야 할 내용을 서술한 것이다. 광고목표의 구체적인 내용은 브랜드에 따라 달라질 수 있으므로, 이하에서는 좋은 광고목표가 충족시켜야할 일반적인 요건들을 다루기로 한다.

첫째, 광고목표는 누가(표적청중), 무엇을(청중의 구체적 반응), 언제까지에 대해 정확하게 서술해야 한다. 광고목표는 최소한도 표적청중을 설정하고, 성취되어야 할 구체적 목적(가령, 소비자인지도 확보)이 제시되며, 이러한 목표를 달성하는 데 소요되는 기간 등이 표시되어야 한다. 예를 들어, 가그린레귤러, 가그린스트롱, 가그린메디칼, 가그린 어린이용으로 구성된 새로운 가그린 구강청정제품에 대한 광고캠페인은 "①캠페인 시작 후 6개월 내에 구강청정제를 사용하는 소비자들 중에서 70%가 뉴 가그린제품에 대한 충분한 인지도를 가져야 한다. ②광고캠페인 개시 후 6개월 내에 최소한도 표적청중의 50%가 기존브랜드와 차별화된 특성인 충치예방력을 뉴 가그린제품이 갖고 있음을 인지시켜야 한다. 광고목표는 광고담당자와 마케팅관리자 간의 의사소통에 필요한 중요한 수단이며 실제성과와 비교하는데 기준지표가 되므로 정확히 서술되어야 한다.

둘째, 광고목표는 계량적이고 측정가능하도록 서술되어야 한다. 가령, 광고가 소비자의 제품특성에 대한 지식을 증가시켜야 한다는 광고목표는 계량적으로 서술되어 있지 않으므로 바람직한 광고목표로 볼 수 없다.

셋째, 광고목표는 광고를 통해 달성하고자 하는 변화의 정도를 구체적으로 서술하여야 한다. 예를 들어, "7월 31일까지 표적청중의 브랜드X에 대한 인지도를 60%에서 80%로 증가시킨다"라는 광고목표는 바람직한 광고목표이다. 왜냐하면 20% 이하의 인지도 증가는 만족스럽지 않은 광고성과임을 구체적으로 밝히고 있기 때문이다.

넷째, 광고목표는 실현가능해야 한다(realistic). 주어진 광고예산에 의해 성취될 수 있는 현실적인 광고목표가 설정되어야 할 것이다. 예를 들어 시장도입 첫해에 15% 정도의 소비자인지도를 확보한 브랜드가 작은 광고예산으로 내년도에 65%의 인지수준으로 증가시키고자 하는 것은 현실적으로 달성하기 어려운 광고목표일 것이다.

다섯째, 광고목표는 내부적으로 일관성이 있어야 한다. 광고목표는 촉진믹스의 다른 구성요소들의 목표와 일관성을 유지해야 한다. 가령, 패키지용품 제조회사가 영업사원의 규모를 25% 줄이면서 소매수준에서의 브랜드 유통을 20% 증가시키는 것을 광고목표로 설정한다면, 촉진믹스 요소들 간의 일관성이 결여된 것이다.

여섯째, 광고목표는 이해관계자들이 분명하게 이해되도록 서술되고 문서화되어야 한다. 광고에 관여한 사람들 간에 정확한 의사소통이 이루어지고 광고목표 달성에 대한 책임소재가 분명하도록 광고목표는 명확하게 서술되고 문서로 작성되어야 한다.

(2) DAGMAR 접근방법에 기반한 광고목표설정

1) DAGMAR란?

1961년 Russell H. Colley(콜리)는 미국 전국광고주협회(The Association of National Advertisers)의 후원하에 Defining Advertising Goals for Measured Advertising Results(DAGMAR; 광고효과측정을 위한 광고목표의 정의)라는 제목의 보고서를 작성하였다. 이 보고서에서 Colley는 광고목표를 설정하고 광고캠페인의 결과를 측정하는 데 이용될 모형을 개발하였다. DAGMAR 모형의 핵심은 커뮤니케이션효과의 창출이 광고목표 설정의 토대가 되어야 하며, 이를 중심으로 광고의 성공과 실패가 측정되어야 한다는 것이다. Colley는 매출은 광고 이외의 수많은 마케팅 믹스요인들에 의해 영향을 받으므로 매출이나 시장점유율을 광고목표로 설정하는 것은 바람직하지 않다고 주장했다. 현실적이고 측정가능한 광고목표가 설정되기 위해서는 광고만이 수행할 수 있는 과업을 광고목표로 부여해야 한다고 주장했다. 즉, 광고는 하나의 커뮤니케이션 수단이므로 커뮤니케이션 과업을 광고목표로 부여하는 것이 보다 적절하다는 것이다. 예를 들어, 호주산 Foster's맥주는 미국 맥주시장에 성공적으로 진출한 후 현저한 매출감소를 경험하게 되었다. 매출감소 추세를 역전시키기 위해 Foster's맥주는 다음과 같은 목표(커뮤니케이션 과업)를 가진 새로운 포지셔닝 캠페인을 도입했다.

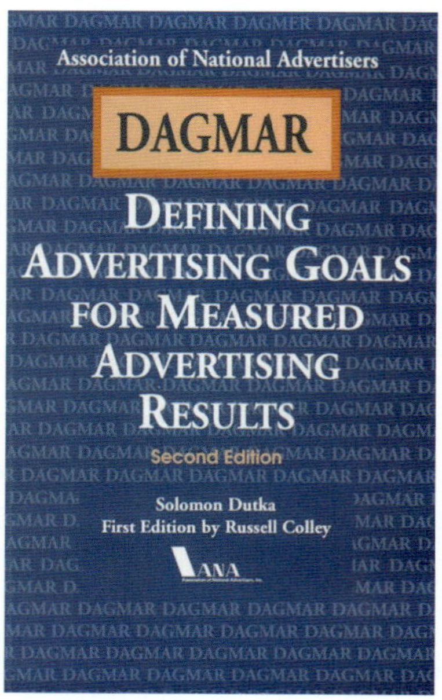

- 브랜드이미지의 강화
- 브랜드 존재(인지도)의 극대화
- 전통적인 수입맥주 음용자를 넘어선 고객기반의 확대
- 매출증대

Colley에 의하면 광고의 성공여부는 잘 정의된 표적청중에게 적절한 시기에 적절한 비용으로 기업이 원하는 제품정보의 제공과 호의적 태도수준의 형성을 위해 얼마나 잘 커뮤니케이션했느냐에 달려 있다고 보았다.

DAGMAR 모형에서는 광고목표를 명확하게 정의된 표적청중으로부터 일정 기간 동안에 성취되어야 할 구체적인 커뮤니케이션 과업(communication task)으로 정의한다. 광고기획에 있어서 DAGMAR 모형의 주요 공헌점은 앞에서 설명한 계층적 커뮤니케이션 효과모형을 토대로 구체적이고 측정가능한 커뮤니케이션 과업을 광고목표로 설정할 수 있음을 제안한 것이다.

Colley는 소비자들이 구매행동에 도달하기 위해 **그림 6-3** 과 같이 4단계의 커뮤니케이션(반응)과정을 거친다고 보았고, 한 단계에서 다음 단계로 이동시키기 위한 커뮤니케이션 과업을 광고목표로 설정했다.

그림 6-3 구매행동에 도달하기까지의 4단계 커뮤니케이션 과정

인지(awareness): 예상고객들에게 우선 브랜드나 회사의 존재를 알게 한다.

↓

이해(comprehension): 제품의 특성은 무엇이며 예상고객들에게 어떻게 유용한지를 이해시킨다.

↓

확신(conviction): 그 제품을 구매하겠다는 의향에 도달하게 한다.

↓

행동(action): 구매행동이 실제로 이루어지도록 한다.

Colley에 의하면 하나의 광고가 제품에 대해 전혀 모르는 잠재고객을 바로 구매행동에 이르게 할 만큼 강력한 경우는 별로 없으며, 제품을 구매하도록 점진적으로 소비자의 심리상태에 변화를 가져다주는 것을 광고의 목적으로 보았다. 따라서 광고에 있어서의 커뮤니케이션 과업은 광고를 통해 소비자들을 한 단계의 커뮤니케이션 반응수준에서 다른 단계의 수준으로 이동시키는 것이며, 이러한 커뮤니케이션과업이 광고목표가 되어야 한다. 가령, 대부분의 표적청중이 현재 인지상태에 머물러 있다면, 이들을 인지단계에서 이해단계로 끌어올리는 것이 광고목표가 되는 것이다.

광고기획과정에 있어 DAGMAR의 공헌은 좋은 광고목표가 되기 위한 몇 가지 기준들을 제시했다는 것이다.

첫째, 광고목표는 광고에서 합리적으로 기대할 수 있는 결과를 서술한 것이어야 한다(모든 마케팅믹스요소들이 함께 작용하여 나타나는 결과여서는 안 된다). 즉, 광고목표는 구체적인 커뮤니케이션 과업으로 표시되어야 한다.

둘째, 광고목표는 측정가능한 용어를 사용하여 문서화되어야 한다. 즉, 광고목표에는 잘 정의된 표적청중(target audience)과 일정한 광고실행기간(time period)이 명시되어야 한다.

셋째, 광고목표는 커뮤니케이션활동의 성과를 측정하기 위한 최초 기준지표(bench-mark)를 갖고 있어야 한다. "우리가 지금 어디에 있고, 어디로 가려고 하는지를 알고 있다면, 무엇을 어떻게 해야 할 것인가를 보다 잘 판단할 수 있을 것이다."라는 Lincoln 대통령의 명언은 광고에도 적용된다. 기준지표는 광고메시지를 전달하고자 하는 표적청중들의 마음속에서 자사브랜드의 위치가 현재 어디에 있는지를 알려준다. 기준지표는 표적청중들에게 어떤 광고메시지를 제공할 것인지에 대한 결정과 광고효과의 측정을 위해 필요하다. 가령, 대부분의 표적청중들이 제품이나 회사명에 대해 전혀 들어보지 못한 상황이라면(즉, 기준지표는 커뮤니케이션 반응과정상에서 무인지(unawareness)가 됨), 브랜드나 회사명을 인지하거나 상기할 수 있도록 광고메시지를 제공하는 것이 커뮤니케이션 과업(혹은 광고목표)이 될 것이다.

한편 Colley는 판매라는 궁극적 목적을 달성하기 위해 광고가 수행할 수 있는 수많은 커뮤니케이션 과업들을 조사하여, 52개의 항목으로 구성된 광고과업체크리스트를 개발하였다(표 6-2 참조). Colley가 개발한 52개 항목의 광고과업체크리스트는 기업들이 광고공헌도를 잘 이해하고, 광고목표를 설정하는 데 있어 시발점(starting point)으로 활용할 수 있도록 하기 위해 마련되었다. 우리가 여기서 쉽게 알 수 있는 것은 광고의 다양한 용도이다. 즉, 광고는 제품과 브랜드의 인지도만을 높이는 수단일 뿐만 아니라 이를 통해 여러 가지의 구체적 효과를 추구할 수 있다는 것이다.

표 6-2 DAGMAR의 체크리스트

광고는 판매를 완결(close)시키는 데 어느 정도 역점을 두는가?
1. 판매기능을 수행한다. 2. 과거 광고로 인해 잠재고객이 된 사람들이 구매하도록 유도한다(close). 3. "당장" 구매를 하게끔 특별한 동기를 제공한다(가격할인 등). 4. 구매를 하도록 상기시킨다. 5. 구매를 자극하기 위한 판촉과 연결시킨다. 6. 충동구매를 자극한다.
광고는 잠재고객의 각 반응단계를 촉진하는 데 역점을 두는가?
7. 상품 혹은 브랜드의 존재를 인식시킨다. 8. 브랜드에 대한 "브랜드이미지"나 긍정적 정서를 형성한다. 9. 브랜드의 우수한 특성과 편익에 대한 정보를 제공하고 긍정적 태도를 갖게 한다. 10. 경쟁사의 광고메시지를 견제 또는 대응한다. 11. 편견과 오도 등과 같은 판매의 장애요인을 수정한다. 12. 포장과 브랜드마크에 대해 친근감을 부여하며 재인을 높인다.
광고는 '장기적인 소비자 충성도'를 향상시키는 데 역점을 두는가?
13. 장기적으로 이익이 될 수 있는, 기업과 브랜드에 대한 신뢰도를 증대시킨다. 14. 유통업체에 대한 교섭력을 강화할 수 있도록 최종수요에 대한 힘을 구축한다. 15. 광고주로 하여금 선호하는 대리점과 소매상을 선택할 수 있게 한다. 16. 대규모 유통망을 확보한다. 17. 신제품을 런칭할 수 있도록 '브랜드명성(reputation platform)'을 구축한다. 18. 신규시장을 개척할 수 있도록 브랜드의 재인수준과 수용도를 구축한다.
광고는 구체적으로 판매를 증가시키는 데 어떻게 기여할 수 있는가?
19. 타사의 위협으로부터 기존고객을 방어한다. 20. 타사브랜드의 사용자를 자사브랜드로 전환시킨다. 21. 경쟁제품보다는 광고주의 브랜드를 고수하도록 만든다. 22. 제품과 브랜드의 비구매자를 구매자로 전환시킨다. 23. 비정기적인 구매자를 지속적인 구매자로 전환시킨다. 24. 제품의 새로운 용도를 광고한다. 25. 사용자들이 더 큰 포장 혹은 더 많은 수의 자사제품을 구매하도록 유도한다. 26. 사용자로 하여금 자사제품을 구매하도록 상기시킨다. 27. 구매빈도와 구매량을 증가시키도록 유도한다.
광고는 구매까지 연결되도록 어떤 구체적인 방법을 추구하는가?
28. 잠재고객이 제품브로슈어, 할인권, 경연참가 등을 이용하도록 설득한다. 29. 잠재고객이 전시장(showroom)을 방문하거나 또는 실연(demonstration)을 하도록 유도한다. 30. 잠재고객이 제품을 사용하도록 유도한다.

판매원을 위한 지원광고의 역할은 얼마만큼 중요한가?
31. 신규거래를 개설하는 데 판매원을 지원한다. 32. 도매상과 소매상이 주문을 증가하도록 판매원을 지원한다. 33. 좋은 진열위치를 확보할 수 있도록 판매원을 지원한다. 34. 판매원이 점포와 신규거래할 수 있도록 지원한다. 35. 판매원의 사기를 높인다. 36. 유통경로에서 자사제품의 위상을 높인다.
고객만족과 구매를 실현하는 데 있어 광고의 역할은 정보전달인가?
37. "어디서 구매할 것인가"에 대한 광고 38. "어떻게 사용할 것인가"에 대한 광고 39. 신규모델, 특성, 포장 등에 대한 정보제공 40. 신규가격에 대한 정보제공 41. 특별조건, 무료교환 등에 대한 정보제공 42. 신규정책(보증 등)에 대한 정보제공
광고는 기업에 대한 신뢰도와 호감을 조성하는 데 어느 정도 역점을 두는가?
43. 고객과 잠재고객의 자사에 대한 신뢰도 44. 유통경로구성원의 자사에 대한 신뢰도 45. 종업원의 자사에 대한 신뢰도 46. 금융업계 종사자의 자사에 대한 신뢰도 47. 일반대중의 자사에 대한 신뢰도
기업은 광고를 통해 구체적으로 어떠한 이미지를 추구하는가?
48. 높은 제품품질, 신뢰성 49. 탁월한 서비스 50. 다각화된 제품의 고객욕구 연계성 51. 기업 시민의식 52. 성장, 진취성, 기술적 선도력

2) DAGMAR의 한계점

DAGMAR모형을 이용한 광고목표 설정은 오랫동안 광고기획과정에 큰 영향을 미쳤다. 많은 광고기획자들이 광고목표를 설정하고 광고효과를 평가하는 데 있어 DAGMAR방식을 토대로 하였다. 그러나 DAGMAR의 광고기획과정에 대한 큰 공헌에도 불구하고 다음과 같은 비판이 제기되었다.

첫째, DAGMAR방식은 계층적 효과모형(hierarchy-of-effect model)에 이론적 토대를 두고 있으나, 모든 소비자들이 항상 DAGMAR에서 제시된 커뮤니케이션 반응과정(즉, 인지→이해→확신→행동)을 거치는 것은 아니다. 가령, 일상생활용품(치약, 비누, 샴푸 등)과 같은 저관여제품을 구매하는 소비자는 제품속성에 대한 약간의 인지만으로 바로 구매를 할 수 있다. 그러므로 광고관리자는 광고될 제품에 적합한 소비자반응과정을 먼저 파악한 다음 소비자를 한 단계에서 다음 단계로 이동시키는 데 있어 광고가 수행해야 할 역할을 결정해야 한다.

둘째, 매출액 측정이 궁극적인 광고목표이어야 한다고 주장하는 사람들은 DAGMAR가 광고에 의한 매출변화 정도를 광고목표에 충분히 반영하지 못한다고 비판한다. 즉, 광고에 의한 브랜드인지도 증가 혹은 호의적 태도의 증가와 같은 커뮤니케이션목표의 달성이 판매증가로 연결되지 않는다면 효과적인 광고캠페인이라고 볼 수 없다고 주장한다. 광고효과를 측정하는 데 있어 매출목표의 중요성을 강조하는 연구자 및 실무자들은 브랜드인지도의 증가가 매출에 영향을 주지 않는다면 그것을 측정할 이유가 없으며, 이들 간에 높은 상관관계가 있다면 직접 매출액을 측정하는 것이 보다 효과적이라고 주장한다. 또한 최근 들어 지역별로 서로 다른 광고를 집행한 후 이의 매출효과를 스캐너 패널데이터를 이용해 측정하는 방법, 즉 통제실험을 통해 패키지소비용품에 있어서 광고가 단기적 매출에 미치는 효과를 정확히 측정할 수 있게 된 것도 DAGMAR(혹은 커뮤니케이션 목표)에 대한 비판의 한 요인이 되었다.

셋째, DAGMAR에 대한 또 다른 비판은 이를 실무에 적용하는 것(practicality)이 어렵다는 점이다. DAGMAR방식을 이용하기 위해서는 소비자조사를 통해 계량적인 기준지표(benchmark)를 결정해야 하며(즉, 소비자의 현재의 인지반응수준을 파악해야 하며), 광고캠페인의 결과, 즉 기준지표의 변화를 측정해야 한다. 그러므로 충분한 광고예산과 조사수행능력을 보유한 대기업만이 DAGMAR방식을 이용할 수 있다는 비판이 제기되었다. 또한 DAGMAR는 광고목표를 설정하는 데 참고가 될 수 있는 52개 항목의 광고과업 체크리스트를 제시하였으나, 각 항목을 실행하는 데 필요한 충분한 세부사항을 제공하지 못하였다.

넷째, DAGMAR는 광고개발을 담당하는 실무자들에게 계획된 지침을 강요하므로 광고의 창의성(creativity)을 저해한다는 비판이 제기되었다. 크리에이티브 담당자들은 DAGMAR방식이 브랜드인지도, 브랜드명 회상 등의 계량적인 광고목표를 너무 강조함에 따라 효과적인 광고캠페인을 개발하는 데 필요한 혁신적인 크리에이티브 아이디어를 찾는 데 방해가 된다고 느끼는 것이다.

지금까지 광고목표를 보는 두 가지 관점인 매출목표와 커뮤니케이션목표에 대해 살펴보았다. 매출목표와 커뮤니케이션목표는 서로 대립되지 않는다고 볼 수 있다. 왜냐하면 이는 곧 커뮤니케이션효과의 최종단계가 매출증대임을 의미하기 때문이다. 다만 커뮤니케이션목표를 광고목표로 보는 관점은 매출목표를 광고목표로 보는 관점보다 광고목표를 보다 광범위한 시각에서 보는 한편 매출목표는 광고가 수행해야 할 역할을 좀더 제한적으로 보고 있다는 차이가 있다. 광고관리자는 광고기획과정에 유용한 지침이 되고 광고성과를 평가하는 데 기준이 될 수 있도록 구체적이고 측정가능한 광고목표를 설정해야 한다. 또한 광고가 수행해야 할 커뮤니케이션 과업(역할) 속에 구매행동(매출)측면뿐만 아니라 인지적, 태도적, 행동의도적 반응측면도 포함시킴으로써 일정한 광고캠페인 기간 동안 타겟청중들에게 전달해야 할 광고메시지의 개발에 도움을 줄 수 있어야 할 것이다.

CHAPTER

7 광고예산

1. 광고예산결정의 이론적 접근
2. 실무에서 사용되는 광고예산결정방법
3. 광고예산규모 결정에 영향을 미치는 요인들

지속적으로 광고비를 줄이고 있는 글로벌 1위 광고주 P&G

글로벌 시장에서 마케팅 비용을 가장 많이 써 온 브랜드 P&G가 3년째 광고비를 대폭 삭감하고 있다. P&G는 광범위한 미디어에 쏟았던 매스마케팅 비용을 낭비(Waste)라고 표현하며 퍼포먼스 마케팅으로 눈을 돌리고 있다. P&G의 2018-2019 회계 연간 보고서에 따르면 광고비는 3년 연속 감소한 67억 5,000만 달러(한화 약 8조 1,594억 원)를 기록했다. P&G는 "올웨이즈(Always), 질레트(Gillette), 팸퍼스(Pampers), 팬틴(Pantene) 등 뷰티, 그루밍, 헬스, 홈케어, 아기용품 및 여성용품 등 5개 핵심 사업부문의 마케팅비를 모두 삭감했다"고 밝혔다. P&G 광고비는 2016년 이후 3년 동안 약 5억 달러(한화 약 6,045억 원) 감소했다.

P&G는 "2년 전부터 매출 약세와 DTC(Direct To Consumer) 사업의 증가로 광고대행사에 지불하는 마케팅비가 줄어들었다"고 설명했다. DTC는 제조업체가 자체 온라인몰(자사몰)을 운영해 소비자에게 직접 제품을 판매하는 방식이다. 소비자와 직접 소통할 수 있기 때문에 브랜드이미지 구축 및 브랜드마케팅에서도 유리하다. 소셜미디어와 온라인 타겟광고 기술의 발달로 DTC를 강조하는 기업들이 많아지고 있다.

P&G 관계자는 "미디어 낭비가 없어졌기 때문에 광고비 지출이 전년 대비 감소했다. 매스마케팅에서 기술과 데이터를 기반으로 한 1대 1 브랜드 만들기(brand building)를 지향할 것"이라고 강조했다. 데이비드 테일러(David Taylor) P&G CEO는 "P&G는 보다 정확한 타겟고객에 집중하기 위해 퍼포먼스 마케팅에 투자하고 있다. 최근 P&G는 수십억 명의 소비자 ID가 등록된 대형 자체 데이터베이스를 구축했다. 이를 활용한 퍼포먼스 마케팅이 성과를 낼 것으로 기대하고 있다"고 설명했다.

P&G는 페이스북 타겟광고 비용도 줄이기로 했다. 소셜네트워크서비스(SNS) 타겟광고가 크게 효과적이지 않다는 이유에서다. 타겟광고란 특정 소비자만 골라서 광고를 노출하는 홍보방식이다. 가령, 같은 P&G 제품 중에서도 20대 여성 사용자에게는 팬틴샴푸 영상을 추천하고 50대 남성 사용자에게는 질레트 면도기 영상을 보여주는 식이다. 페이스북은 그동안 빅데이터를 활용한 정확한 타게팅을 차별점으로 강조해왔다. 그러나 P&G 관계자는 "그동안 페이스북의 광고타겟 차별화 전략을 지나치게 심각하게 받아들였다. 그동안 타겟을 지나치게 세분화했다. 소비자에게 가장 가까이 다가가면서도 효과적인 방법이 무엇인지 고민하고 있다"고 말했다. P&G는 2014년 공기 정화제인 페브리즈 제품을 홍보하면서 페이스북에서 애완동물 주인과 대가족 주부를 대상으로 제품을 광고했는데, 매출은 별로 늘지 않았다. 그런데 해당 광고영상에 노출되는 대상을 단순히 18세 이상 소비자로 확대하자 다시 매출이 올랐다. 광고타겟을 세분화할수록 광고비도 증가했다. P&G는 광고타겟을 지나치게 세분화하는 페이스북의 전략이 비용 대비 효과적이지 않다는 결론을 냈다.

P&G의 대표 글로벌 브랜드들

P&G뿐만 아니라 유니레버, 켈로그 등 글로벌 소비재 브랜드는 대행사 광고비 삭감과 자체 콘텐츠 및 데이터 활용으로 전체 마케팅비를 줄이고 있는 추세다. 유니레버의 브랜드 및 마케팅 투자 총액은 2017년에 75억 유로(한화 10조 원)에서 71억 유로(한화 약 9조 6,000억 원)로 감소했다. P&G는 오래전부터 세계 최대 광고주 자리를 차지했다. 그러나 2018년 마케팅 비용을 30% 늘린 82억 달러(한화 약 9조 9,285억 원)를 지출한 아마존 등 새로운 대형 광고주가 등장하면서 전통적인 광고시장에 변화가 오기 시작했다. 광고대행사들은 FMCG(Fast Moving Consumer Goods: 패키지 생활용품) 부문 전반의 광고비 절감에 타격을 입고 있다. 글로벌 광고대행사 퍼블리시스 그룹(Publicis Groupe)은 매출에 0.75%의 손실을 입었다고 밝혔다.

자료원: 뉴데일리, 2019.8.9; 한경, 2016.8.10.

태블릿 분야의 강자인 애플 아이패드에 도전하기 위해 TV 광고비를 늘린 마이크로소프트 태블릿 서피스

마이크로소프트 태블릿 서피스(Surface)는 2019년 약 50~60억 달러의 매출을 기록하면서 지속적인 성장세를 이어갔다. 마이크로소프트의 클라우드 부문이 급성장하면서 IT 명가의 명성을 되찾고 있는 가운데, 서피스는 클라우드 고객과의 연동을 위한 플랫폼 전략의 수단으로서 급부상했다. 마이크로소프트는 태블릿 분야의 강자인 애플에게 도전장을 내밀었다. 이에 따라 애플보다 월등한 수준의 TV광고비용을 투자하고 있다.

조사기업 아이스팟(iSpot.tv)은 마이크로소프트 서피스와 애플 아이패드의 미국 내 TV광고 지출내역을 조사해 발표했다. 애플 아이패드는 2019년 미국 내 TV광고 비중이 가장 높았다. 조사결과 애플 아이패드는 2019년 1월 약 2,640만 달러, 11월 이후 2,240만 달러를 TV광고비용으로 지출했다. 반면 마이크로소프트는 2019년 총 2억 1,910만 달러를 서피스의 TV광고에 투자했다. 이 금액은 2018년보다 18.76%의 높아진 것이다.

양사는 스포츠 중계시간에 광고를 집중적으로 편성했다. 스포츠 생중계를 시청할 때 시청자들은 광고를 넘기지 않고 보는 경우가 많아 광고효과가 높았다. 다만 애플이 연말과 연초의 성수기에 광고를 집중적으로 집행한 것과 달리 마이크로소프트는 매월 비슷한 수준으로 광고비를 지출했다.

애플 태블릿의 2019년 매출은 약 210억 달러, 마이크로소프트 서피스의 매출은 전년보다 23% 늘어난 50~60억 달러 정도였다. 서피스의 높은 광고비를 감안하면 이익률은 아이패드보다 낮을 것이다. 다만 마이크로소프트는 높은 광고비 지출에 기반한 서피스의 점유율 향상을 통해서 플랫폼 구축전략을 실현하는 데 한 걸음 더 다가섰다는 평가를 받고 있다.

자료원: 베타뉴스, 2020. 01. 13

마이크로소프트 서피스 프로 7

마케팅조사회사인 Information Resource, Inc.에 따르면, 가격인하 후 6개월 사이에 시리얼브랜드 포스트(Post)의 판매량도 2.1% 감소한 것으로 나타났다. 그러나 크래프트(Kraft)사(포스트 소유기업)의 시리얼 담당 관리자는 자사의 광고 · 판촉전략은 성공적이었으며 이 전략의 성공여부를 판단하는 데 있어 다른 무형적 자산의 증대가 충분히 고려되지 않았다고 지적하면서 이러한 추정결과에 대해 반박하였다.

광고예산의 규모는 산업에 따라, 그리고 동일산업 내 기업들 간에도 매우 다양하다. 예를 들어 식 · 음료, 약품, 의류, 화장품 등은 다른 업종들보다 광고비지출이 높으며, 약품 중에서 우루사, 아로나민골드 등과 같이 수십억 원 이상의 광고비를 지출하는 브랜드가 있는가 하면 수천만 원 정도의 광고비만을 지출하는 소규모 제약회사들도 있다. 또한 기업들은 시장상황과 기업 내 여건에 따라 매년 광고비지출을 달리하고 있다.

광고예산의 결정은 가장 중요한 광고의사결정 영역의 하나이다. 광고예산을 너무 낮게 책정하면 기대한 만큼의 매출과 이익을 실현할 수 없으며, 너무 과다한 광고비지출은 이익을 감소시킬 것이다. 연구결과에 의하면 평균적인 광고탄력성(광고비지출이 1% 증가할 때 예상되는 매출변화율)은 대략 0.22%에 불과하다고 한다. 이러한 결과를 모든 제품과 브랜드에 적용하는 것은 무리가 있지만 적어도 일부 브랜드들은 과다하게 광고비를 지출하고 있음을 시사한다.

광고의사결정의 이러한 중요성에도 불구하고, 기업들은 최적의 광고예산을 결정하기가 쉽지 않다. 워너메이커(Wanamaker) 백화점의 창업자인 존 워너메이커(John Wanamaker)는 "나는 광고에 지출한 돈의 절반이 낭비되었음을 알고 있지만, 어느 쪽의 절반인지를 알 수 없다"라고 말하였다. 적정광고비 결정의 어려움을 시사하는 말일 것이다. 미국의 광고대행사 오길비와 마더(Ogilvy & Mather)는 기업의 광고예산 산정에 도움을 줄 수 있는 지침을 제시하고 있으나(표 7-1 참조), 이러한 지침도 광고예산 책정을 위한 사고의 기본적 틀을 제시할 뿐 구체적인 산정방법을 제시하지는 못하고 있다.

광고예산결정의 어려움은 광고비지출이 미래의 매출에 얼마나 효과적으로 영향을 줄 것인지를 정확히 결정하기 쉽지 않음에 그 원인이 있다. 현실적으로 매출의 변화는 광고비 이외의 많은 요인들(광고실행의 질, 경쟁사 광고비지출의 강도, 고객기호 등)로부터 영향을 받으므로, 광고비지출에 따른 매출증가의 정확한 규모를 파악하기가 어렵다. 광고예산결정을 어렵게 하는 또 다른 요인은 흔히 광고예산의 크기가 관련 부서들 간의 정치적 협상과정에 의해 결정된다는 것이다. 광고예산의 규모는 마케팅부서의 정치적 파워와 正

표 7-1 Ogilvy & Mather가 제안한 광고예산 책정시의 고려요인

- 자사브랜드가 경쟁하게 될 제품시장에 대한 정의
  - 새로운 시장의 진출 · 확대로 기존 시장의 점유율 확대보다 더 많은 광고예산이 요구된다.
  - 경쟁하게 될 제품시장을 보다 좁게 정의할수록 광고예산을 줄일 수 있다.
  - 타겟고객이 보다 좁게 정의될수록 광고예산의 규모도 줄어든다.
- 광고예산은 현재의 브랜드포지션에 의해 많은 영향을 받는다.
- 점유율이 낮은 기업일수록 현상유지를 하는 데 있어 상대적으로 더 많은 광고예산을 필요로 한다. 즉, 점유율이 높은 시장선도기업에 도전하기 위해서는 상대방보다 더 많은 광고예산을 투입해야 한다.
- 지역별로 광고예산을 적절히 배분해야 한다. 광고예산을 배분하는 데 있어 기업은 지역별 시장점유율이 그렇게 나타난 이유, 판매변화에서 광고가 갖는 중요성, 광고가 미치는 영향의 정도 등을 고려해야 한다.

(+)의 관계가 있는 것으로 나타났다.

불행하게도 많은 기업들이 광고의 가치를 인식하지 못하고 있는 듯하다. 이들은 광고예산을 투자보다 비용으로 보고 있다. 즉, 광고예산의 지출이 매출과 시장점유율 증가에 기여한다는 시각보다는 광고예산을 이익간의 관계에서 보고자 하는 시각이 지배적인 것이다. 이에 따라 불황에 들어서면 많은 기업들은 광고비를 우선적으로 삭감한다.

이하에서는 광고예산의 이론적 배경을 설명하고 실제적인 광고예산결정방법들과 이들의 장 · 단점을 살펴본 다음, 촉진예산 중에서 광고예산이 차지하는 비중에 영향을 미치는 요인들(budget allocation decision)에 대해 다루기로 한다.

1 광고예산결정의 이론적 접근

(1) 한계분석

최적광고예산은 이론적으로 미시경제학의 한계분석(marginal analysis)을 토대로 하여 결정될 수 있다. 한계분석에 따르면 추가적인 광고비지출에 의해 얻어지는 한계수익(marginal revenue)이 추가적인 광고비지출, 즉 한계비용(marginal cost)을 초과하는 한, 기업은 광고예산을 지속적으로 증가시킬 수 있으며, 최적광고예산(즉, 가장 높은 이익을 얻을 수 있는 광고예산규모)은 한계비용과 한계수익이 일치하는 점에서 결정된다(그림 7-1 참조).

그림 7-1 한계분석에 의한 광고예산결정

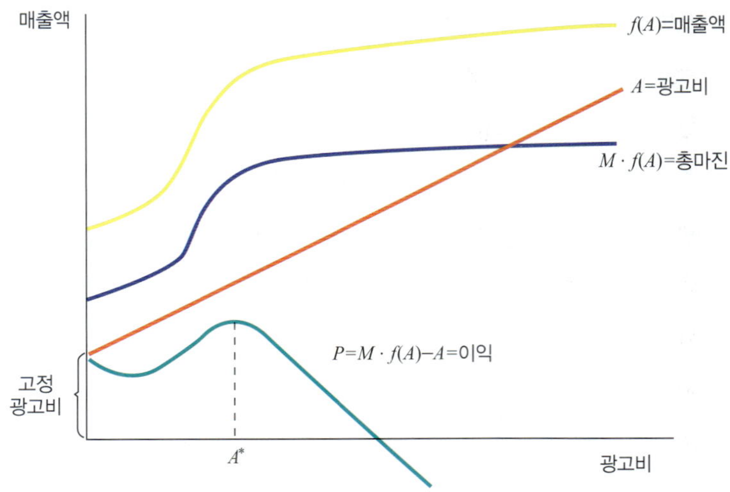

그림 7-1 에서 보면, 광고비가 증가할수록, 매출과 총마진도 계속 증가하다가 어느 단계를 지나면 증가속도가 감소한다. 이익은 총마진에서 광고비를 뺀 값이다. 기업이 한계분석이론을 토대로 광고예산을 책정한다면, 추가적인 광고비지출에 의해 발생된 한계수익(marginal revenue)이 추가적으로 지출된 광고비(incremental advertising cost)를 초과하는 한 기업은 지속적으로 광고비를 증가시킬 것이다. 그림 7-1 에서 보듯이, 최적광고비용은 한계비용(marginal cost)과 이로부터 얻어지는 한계수익(marginal revenue)이 동일한 점 A*에서 실현되며, 점 A*의 광고비지출수준은 기업의 이익을 극대화한다. 만약 총광고비용이 이로 인해 발생된 수익보다 크다면, 이는 광고예산이 과다하게 책정되었음을 의미하므로 광고비를 줄이는 것이 바람직하다. 마찬가지로 광고비지출에 의해 실현된 수익이 지출된 총광고비용보다 크다면, 기업은 더 많은 광고예산을 책정해야 할 것이다.

한계분석에 의한 광고예산결정은 논리적으로 타당성이 있어 보이지만, 실무에 적용하는 데 있어서는 어려움이 있다. 한계분석의 이러한 한계점은 ① 매출은 광고비용의 함수로서, 광고가 매출에 미치는 효과를 반응함수를 이용해 정확히 측정할 수 있다는 가정과 ② 매출은 광고에 의해서만 결정된다는 가정 때문에 발생된다.

첫째, 광고에 의해 즉각적인 매출이 실현된다는 가정은 많은 경우 충족되지 않는다. 광고비가 매출에 미치는 효과를 측정하기 위해서는 광고와 매출간의 관계를 나타내는 판매반응함수(sales response function)를 추정해야 하는데, 반응함수의 정확한 형태를 결정하는 것이 현실적으로 쉽지 않다. 또한 매출증대가 광고활동의 유일한 목표가 아닐 수 있다. 기업은 흔히 광고를 통해 매출증대 이외에 브랜드인지도 창출, 관심의 제고, 태도변화 등과 같은 커뮤니케이션 목표를 추구하기도 한다. 우리는 제6장에서 마케팅목표를 달성하는 데 있어서 광고에 의해 공헌할 수 있는 커뮤니케이션목표를 광고목표로 설정하는 것이 바람직함을 설명하였다.

둘째, 매출이 광고에 의해서 전적으로 결정된다는 가정은 현실적이지 않다. 매출은 광고뿐 아니라 가격, 제품특성, 유통 등의 다른 마케팅믹스요인에 의해서도 영향을 받는다. 또한 매출은 광고비지출뿐 아니라, 광고캠페인의 실행적 특성, 광고메시지와 매체선정의 적절성 등으로부터도 영향을 받는다. 한 연구결과에 의하면 매출의 변화는 광고비지출의 증감보다는 타겟시장선정과 매체선정의 적절성, 효과적인 메시지전략의 채택 등에 의해 더 큰 영향을 받는 것으로 나타났다.

다음에서는 한계분석에 의한 광고예산결정을 가상적인 예를 들어 설명하기로 한다. 이익극대화를 실현시켜주는 광고예산을 결정하기 위해서는 광고관리자는 해당 브랜드에 대한 광고-판매 반응함수를 알아야 한다. 광고-판매 반응함수는 투자된 광고비와 이에 대한 반응, 즉 매출 간의 관계를 말한다. **표 7-1** 은 광고비 지출수준에 따른 매출을 보여주는 가상적인 광고-판매 반응함수로서, 광고비 지출수준에 따른 매출반응을 보여준다. 광고관리자가 자사브랜드의 광고비용을 10억 원에서 50억 원 사이에서 책정할 것을 고려하고 있다고 하자. **표 7-2** 에서 A열은 10억 원에서 출발하여 5억 원씩 증가시켜 50억 원까지에 이르는 광고비 지출범위를 보여준다. B열은 광고비 지출수준별 매출액을 보여주고 있다. 편의상, 얼마의 광고비를 투자하면 얼마의 매출이 발생하는지를 광고관리자가 알고 있다고 가정한다. A열과 B열의 관계를 살펴보면 광고비 지출이 20억 원까지는 매출이 천천히 증가하지만, 30억 원부터 급격하게 매출 및 한계수익이 오르는 것을 볼 수 있다. 그러나 그 이후로는 다시 광고지출에 따른 매출반응수준 및 한계수익이 낮아진다. 한계이익(marginal profit)은 한계수익(marginal revenue)에서 광고비 수준에 따른 한계비용(marginal cost)을 뺀 것인데, 40억 원의 광고비를 지출할 때 한계수익과 한계비용이 5억 원으로 같아져서 이익극대화가 달성된다. 40억 원 이하 수준에서는 광고비 추가지출에 대해서 한계이익이 발생하지만, 그 이상 수준에서는 한계손실이 발생한다.

표 7-2 광고–판매 반응함수(단위: 원)

광고비지출	매출반응	한계비용	한계수익	한계이익
1,000,000,000	5,000,000,000	NA	NA	NA
1,500,000,000	5,750,000,000	500,000,000	750,000,000	250,000,000
2,000,000,000	6,500,000,000	500,000,000	750,000,000	250,000,000
2,500,000,000	7,500,000,000	500,000,000	1,000,000,000	500,000,000
3,000,000,000	10,000,000,000	500,000,000	2,500,000,000	2,000,000,000
3,500,000,000	10,600,000,000	500,000,000	600,000,000	100,000,000
4,000,000,000	11,100,000,000	500,000,000	500,000,000	0
4,500,000,000	11,500,000,000	500,000,000	400,000,000	–100,000,000
5,000,000,000	11,800,000,000	500,000,000	300,000,000	–200,000,000

사실 광고관리자가 표 7-2 에서와 같이 광고–판매 반응함수를 정확히 예측할 수 있다면, 이익을 극대화하도록 광고예산을 책정하는 것이 별로 어렵지 않을 것이다. 그러나 광고–매출 반응함수는 광고물의 크리에이티브, 경쟁브랜드의 광고활동, 마케팅믹스의 질, 광고가 집행되는 시점의 경제적 상황 등 많은 요인에 의해서 영향을 받기 때문에 광고비 지출이 매출발생에 어느 정도 기여를 했는지 정확히 알기 어렵다. 다시 말해 정확한 광고–판매 반응함수를 추정하는 것이 매우 어렵다. 즉, 이익을 극대화시켜주는 광고예산을 책정하는 것이 이론적으로는 이상적이지만 현실적으로는 적용이 어렵다.

광고 Highlight

불황기에는 마케팅/광고 예산을 줄여야 하는가?

2009년 미국 금융기관의 유동성 문제로 시작된 세계경기침체가 갈수록 심화되고 거대 금융기관들이 잇달아 도산하면서 세계 주요 주식시장이 큰 타격을 입었다.

불황이 오면 소비자들의 소비는 위축되지만 완전히 사라지지는 않는다. 일반적으로 소비자의 구매행동은 제품군 별로 다르게 나타난다. 경제가 위축된다고 해서 소비활동이 모두 위축되는 것은 아니다. 2차 대전 이후 최악의 불황을 겪었던 1970년대의 경우 세계 23개국의 50개 제품군에서는 소비자의 브랜드 매출이 15% 가까이 상승했다. 아무리 경기침체라 해도 소비자는 일상품을 계속 구매할 수밖에 없기 때문이다. 또한 자동차, 해외여행, 대형 TV 등 비일상적인 제품의 구매도 줄어들기는 하지만 어느 정도는 꾸준하게 구매가 이루어진다. 결국 불황기에도 소비자들의 소비활동은 지속적으로 이어지며 이들을 끌어들이기 위한 광고는 지속적으로 이루어져야 함을 알 수 있다. 1974년부터 1975년까지 미국경기가 침체해 있을 때 Ford자동차는 광고비를 14% 삭감한 반면 GM자동차의 시보레는 광고비를 확대했다. 그 결과 시보레의 시장점유율은 2% 상승한 반면 Ford자동차는 하락했으며, Ford는 그 후로 상당 기간 막대한 광고비를 투입하고 나서야 겨우 원래의 점유율을 회복할 수 있었다. ROI를 조금 희생하는 대신 광고비를 과감히 투입해 장기적인 수익률을 보장하는 시장점유율을 높이는 것이 바람직한 마케팅전략이라는 얘기다.

다음은 불황기에 경쟁력을 강화하기 위한 마케팅커뮤니케이션전략들이다.

첫째, 마케팅/광고에 대한 투자를 늘린다. 불황기는 약한 경쟁업체들을 시장에서 퇴출시킬 좋은 기회이다. 경쟁사가 여력이 없어 마케팅 비용에 투자하지 못할 경우, 이 업체의 시장점유율은 바닥으로 추락하고 경기가 회복되어도 경쟁력을 상실할 것이다. 따라서 경쟁업체의 어느 브랜드가 취약한지 살펴보고 이 업체들이 시장에서 퇴출될 경우 얼마나 더 시장점유율을 확보할 수 있을지 파악해야 한다. 그리고 투자를 통해 더 큰 이익을 얻을 수 있다면 지금 당장 마케팅투자를 늘려야 한다. 불황 때 마케팅/광고 비용을 늘린 기업은 시장 점유율을 높일 수 있다. 평상시에는 다른 기업들도 똑같이 광고비를 늘리기 때문에 광고비를 확대해도 불황 때만큼 대폭적인 시장점유율 확보를 기대할 수 없다. 다시 말해 불황이야말로 평상시보다 더 높은 시장점유율 상승을 실현할 수 있는 기회다. 불황기에 마케팅 비용을 늘린 기업은 정상적인 경제상황으로 돌아왔을 때, 경쟁기업들보다 더 빠르게 회복할 수 있다. 반대로 불황에 마케팅 비용을 감축한 기업은 불황 이전의 점유율을 회복하기까지 더 오랜 시간이 걸린다.

둘째, 수익성 개선을 위해 지각된 고객가치를 변화시킨다. 가치에 더욱 민감해진 불황기에 소비자들은 브랜드가 제공하는 가치에 더욱 탄력적으로 반응하며, 결국 브랜드가 제공하는 가치는 투자 수익률과 매출 대비 이익률과 같은 기업의 이익을 결정하게 된다. 따라서 가격을 유지하는 상태에서 기업이 브랜드의 가치를 올리기 위해서는 소비자가 인식하는 품질을 높여야 한다. 그런데 광고점유율을 높일 경우, 소비자의 지각된 품질을 함께 높일 수 있으므로 제품가치와 이익 모두가 개선되는 효과를 거둘 수 있다.

셋째, 보다 창의적인 마케팅활동을 한다. 불황기야말로 사람들에게 꿈이 필요한 시기라는 점을 광고에 활용해야 한다. 이런 시기에는 소비자들을 이성적으로 설득하는 데 한계가 있다. 이성적인 접근이나 메시지보다 감성적으로 이야기하는 것이 소비자를 움직이는 데 더 효과적이라는 사실이 과거의 사례분석을 통해 증명되었다. 강력한 브랜드는 감성에 기초해 완성되었다는 점을 잊지 말고, 광고도 소비자의 감성에 호소하도록 해야 한다.

넷째, 수요창출을 위한 광고활동과 단기 매출증대를 위한 판촉활동 간에 균형을 유지한다. 불황기에 마케팅 예산이 부족할 때 단기매출 유지를 위해서는 가격 프로모션(한시적 세일행사나 프리미엄 쿠폰 발송, 보너스 상품 제공 등)을 도입하려는 유혹이 크지만 이러한 프로모션활동은 장기적으로 수익성 악화를 초래할 수 있다. 따라서 각 기업의 상황에 맞게 수요창출을 위한 광고활동과 가격 프로모션 사이에 균형을 맞추는 것이 중요하다.

불황기 들어 마케팅 예산을 반드시 삭감해야 할 만큼 절박한 상황이라면, 마케팅 예산 중 무엇부터 감축할 것인가? 우선적으로 기업이익의 상당부분을 차지하는 big 브랜드보다는 향후 많은 투자가 필요한 small 브랜드를 선택하여 비수기에 마케팅투자를 줄여야 한다. 다음으로 정체된 브랜드를 파악하고 제품라인 가지치기를 통해 이러한 브랜드에 대한 지원을 중단해야 한다. 그러나 가장 바람직한 마케팅전략은 마케팅 투자와 이익 간의 관계를 측정할 수 있는 지수를 개발하고 이에 맞추어 마케팅투자를 결정하는 것이다.

자료원: 이주형, 광고정보, 2009년 3월호.

(2) 판매반응함수

한계분석방법을 이용하여 광고예산을 결정하기 위해서, 기업은 먼저 광고비와 매출 간의 관계를 보여주는 판매반응함수(혹은 판매반응곡선)를 추정해야 한다. 가장 많이 사용되는 판매반응함수(판매반응곡선)(sales response function)의 모양은 오목증가(concave)형의 반응함수와 S형의 반응함수이다(**그림 7-2** 참조).

1) 오목증가형의 반응함수

광고가 매출에 미치는 효과에 관한 기존 연구들을 검토한 후, Julian Simon and John

그림 7-2 대표적인 판매반응함수의 형태

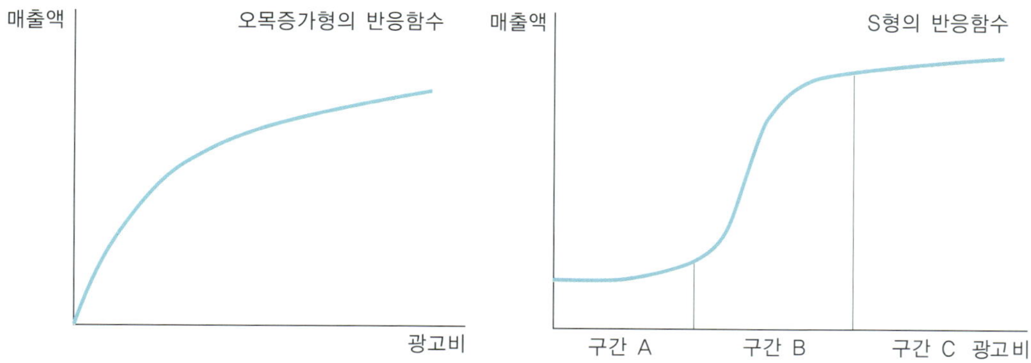

Arnt는 광고비효과는 수확체감의 법칙(law of diminishing returns)을 따른다는 결론을 내렸다. 오목증가형에서는 광고비 지출이 증가할수록, 매출은 체감률로 증가한다. 즉, 광고비증가에 따라 매출액(전체광고효과)도 계속 증가하지만 광고비증가에 따른 매출액의 순증가효과는 점차 감소한다는 것이다. 오목증가형의 반응함수가 시사하는 바는 구매가능성이 매우 높은 소비자들이 광고에 먼저 노출되어 이에 대한 즉각적인 반응을 보이는 반면 구매가능성이 낮은 소비자들은 광고노출에도 불구하고 큰 변화를 보이지 않는다는 것이다. 또한 초기에 이루어진 몇 번의 광고노출이 잠재구매자들에게 이미 영향을 미쳤다면 계속되는 추가적 광고노출이 이들에게 미치는 영향력(정보제공능력)이 점차 감소된다는 것이다.

오목증가형의 판매반응곡선은 처음부터 광고효과가 현저하게 나타나므로 초기의 적절한 광고비용으로 충분한 매출증대를 실현할 수 있음을 시사한다.

2) S형의 판매반응곡선

많은 광고관리자들은 S형의 판매반응곡선을 가정한다. S형의 판매반응곡선에 의하면 광고비지출이 적을 때에는 매출에 대한 영향이 아주 미미하다가 광고비지출이 점차 증가하여 일정수준(threshold)을 넘어서면 매출이 급속히 증가하기 시작한다. 그러나 어느 수준 이상의 과다한 광고비지출은 매출증가에 거의 영향을 미치지 않게 된다. S형의 판매곡선이 시사하는 바는 너무 낮게 책정된 광고예산은 매출에 거의 영향을 미치지 못하는 반면, 광고예산이 일정수준을 넘어서 너무 과다하게 지출되면 추가적인 광고비증가

광고 Highlight

시장실험방법(Market Experimentation)을 이용한 광고예산결정

매출액과 광고비 지출간의 함수관계를 파악하기 위한 방법의 하나가 시장실험이다. 시장실험설계는 시험시장별로 광고비를 다르게 할당한 후 이에 따른 매출액반응을 조사하는 방법이다. 이러한 실험설계에서는 소득, 가격, 경쟁자의 행위 등과 같은 다른 변수들의 영향을 통제하기 위하여 광고비를 시험시장에 무작위적으로 할당한다.

광고비 및 가격 수준을 달리하여 새로운 편의용품에 대한 시장반응을 측정하는 한 시장실험을 예로 들어보자. 시험시장으로 4개의 도시를 선택한 후 각 도시에서 30개의 점포를 표본으로 선정한다. 2개의 도시에 대해서는 나머지 2개의 도시보다 광고비를 2배로 책정하였으며, 각 도시 내의 30개의 점포는 10개씩 3개의 그룹으로 나눈 후 각 점포집단에 대해 100달러, 110달러, 120달러의 제품가격을 무작위적으로 할당한다. 실험기간 동안 매월 점포별 매출량이 측정되었다.

그림 1 은 실험결과를 보여주는데, 기본가격(100달러)과 높은 광고비가 책정된 점포가 가장 매출이 높으며, 고가격으로 판매되는 점포는 광고비 지출이 늘어나더라도 매출이 별로 증가하지 않았다. 이 실험에서 광고비가 매출에 미치는 효과는 제품가격 수준에 영향을 받고 있음을 알 수 있다. 만약 가격변수가 실험에 고려되지 않았다면 광고비지출에 대한 의사결정이 잘못될 가능성이 높았을 것이다.

광고예산결정을 위해 시장실험방법을 이용한 실제 예들 중 널리 알려진 것이 버드와이저(Budweiser) 맥주 사례이다. 버드와이저 맥주회사는 광고예산에 대한 일련의 실험을 몇 년간 지속적으로 수행하였다. 이 실험에서는 광고예산, 광고지출의 유형[파동형 광고(pulsing) vs. 지속형 광고(continuous), 매체(TV vs. 옥외광고 vs. 라디오)]에 관련된 의사결정 등 다양한 광고의사결정영역이 다루어졌다. 이 실험은 여러 측면에서 주의할 만하다.

첫째, 실험의 결과는 광고예산결정에 큰 영향을 미쳤다. 실험결과를 토대로 광고비 지출을 삭감하

그림 1

실 험 설 계

상대적 광고비수준	낮 음						높 음					
	시험시장 1			시험시장 2			시험시장 3			시험시장 4		
가격:100 (기본가격:$)	100	110	120	100	110	120	100	110	120	100	110	120
점포수(N)=(10)	(10)	(10)	(10)	(10)	(10)	(10)	(10)	(10)	(10)	(10)	(10)	(10)
실험기간(달)												
1												
2												
3												
4												
5												
6												

■총관찰값의 수 = 720
■측정값 = 월별/점포별 매출

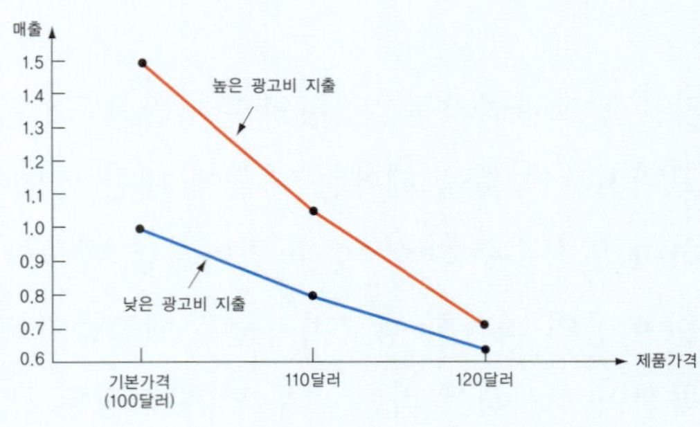

였으나, 매출액 및 시장점유율은 오히려 증가되었다. 즉, 1962년부터 1968년 사이에 배럴당 광고비가 1.9달러에서 0.8달러로 감소되었으나, 매출량은 750만 배럴에서 1,450만 배럴로 증가하였으며, 시장점유율은 8.1%에서 13%로 상승하였다. 이 실험의 또 다른 특징은 실험을 1년 이상 지속함으로써 광고예산 증감의 장기적 효과를 조사할 수 있었다는 것이다.

둘째, 실험결과 **그림 2**와 같은 M형의 매출반응곡선이 발견되었다. 12개월간에 걸친 실험에서 7개의 실험지역별로 광고비 지출을 다르게 책정하였다. 즉, 광고비 지출의 중지, 광고비의 50% 삭감, 현 광고비의 유지, 광고비의 50% 증액, 100% 증액, 150% 증액, 200% 증액 등으로 광고비를 차별화하여 7개의 실험지역에 할당한 결과, 광고비 지출을 중단한 지역의 매출액과 광고비를 그대로 유지한 지역의 매출액간에 큰 차이가 없었으며, 광고비를 50% 삭감한 지역의 매출액이 오히려 증가하였다.

그림 2

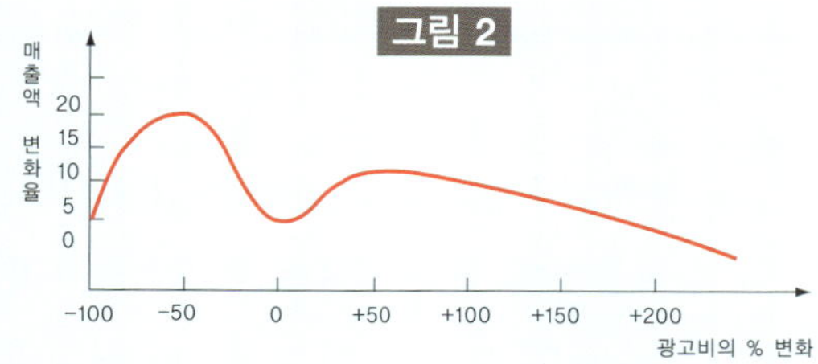

즉, **그림 3**에서 볼 수 있듯이 광고비 지출에 대한 매출반응이 다른 2개의 세분시장이 존재한다는 것이 발견되었다.

시장실험을 이용한 광고예산결정은 많은 비용을 수반하며, 실험과 관련된 정보가 노출되어 경쟁사들이 이에 적극적으로 대처할 가능성이 있다는 한계가 있다.

그림 3

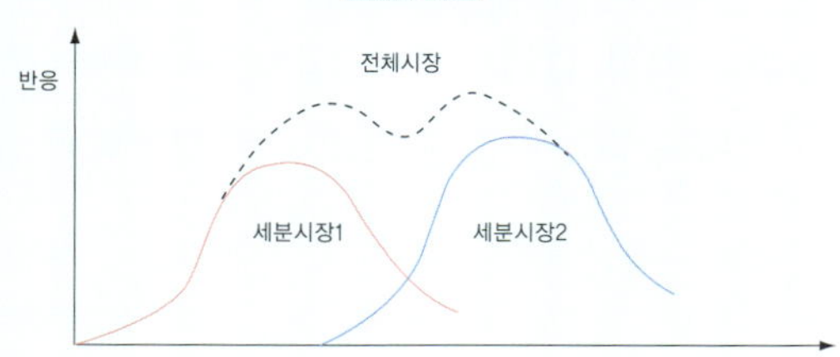

광고에 대한 시장실험을 토대로 바람직한 광고의사결정이 이루어지기 위해서 광고관리자는 다음과 같은 지침에 따를 필요가 있다.

- 광고가 매출에 미치는 효과를 다른 변수들이 매출에 미치는 효과와 분리할 수 있도록 무작위적으로 선택된 통제지역이나 점포를 실험에 사용한다. 가능하다면, 시장규모나 시장점유율 등에서 통제집단은 실험집단과 비슷해야 한다. 예를 들어, 광고될 브랜드의 시장점유율이 서로 비슷한 도시들간에 광고비수준을 비교하는 것이 바람직하다.
- 실험 전과 실험 후의 매출을 측정·비교한다. 실험 후의 매출을 전년도 매출 혹은 지난달의 매출과 비교할 수 있다면, 보다 의미 있는 실험결과를 도출할 수 있을 것이다.

- 가능하면 시험시장별 광고비지출의 변화를 크게 하여 이들 간의 효과를 비교한다. 가령, 광고비를 10% 혹은 20% 정도 변화시키기보다는 50% 혹은 100% 이상으로 변화시켜 이들간의 광고효과를 비교하는 것이 보다 바람직하다.
- 광고비 증가는 물론 감소도 실험에 포함시킨다.
- 결과의 해석에 영향을 미칠 수 있는 다른 마케팅변수들을 통제하거나 이들의 동향을 감시한다. 예를 들어, 제품가격을 실험에 포함시키거나, 대형점포와 소형점포에 대하여 실험을 반복하거나, 혹은 통제 불가능요인(가령, 경쟁사의 행동)의 동향을 주시해야 한다.
- 충분한 기간 동안 실험이 실시되어야 한다. 성숙브랜드(mature brand)의 경우에는 흔히 1년 정도의 실험기간이 요구된다.

가 매출증가에 미치는 효과가 감소한다는 것이다.

오목증가형 반응곡선과 S형의 반응곡선의 공통점은 계속하여 지나치게 많은 광고비가 지출되면 오히려 적정수준의 광고비를 지출할 때보다 순매출효과가 감소한다는 것이다. 우리는 이를 광고효과의 감퇴(advertising wearout)라고 부른다. 즉, 소비자가 동일한 제품광고에 너무 지나치게 노출되면 짜증을 느끼고 제품정보에 대해 부정적인 시각을 갖게 된다. 흔히 브랜드 인지도가 매우 높은 시장선도브랜드들의 경우 계속하여 높은 광고비를 지출하더라도 이로 인한 순매출효과는 미미할 수 있다. 그러므로 기업은 구간 B 내에서 한계수익(추가적 광고비지출에 따른 매출증가)과 한계비용(추가적 광고비지출)이 동일한 점에서 적정수준의 광고비를 책정해야 할 것이다.

(3) 광고예산결정 시 고려해야 할 요인들

광고예산결정은 여러 가지 상황적 변수들에 의해 영향을 받으므로 광고관리자는 광고예산을 책정할 때 이론적 근거 이외에 여러 상황적 요인들을 함께 고려해야 한다.

표 7-3 은 광고비결정에 영향을 미치는 24개 상황적 변수들을 제품관련요인, 시장

표 7-3 광고예산책정에 영향을 미치는 변수들

(상황)변수	광고비/매출에 미치는 효과	변수	광고비/매출에 미치는 효과
– 제품관련요인		– 고객요인	
• 차별화 가능성	+	• 산업재구매자	–
• 비가시적 제품품질	+	• 구매자의 집중화정도	+
• 정서적 구매동기	+	– 전략요인	
• 내구성	–	• 지역시장	–
• 고가격	–	• 브랜드수명주기의 초기단계	+
• 구매빈도	비선형관계	• 경로구성원에 대한 높은 마진	–
– 시장요인		• 긴 유통경로	+
• 제품수명주기단계		• 고가격	+
도입기	+	• 고품질	+
성장기	+	– 비용요인	
성숙기	–	• 높은 이익마진	+
쇠퇴기	–	• 비탄력적 수요	–
• 시장점유율	–		
• 경쟁			
치열한 경쟁	+		
과점상태에서의 경쟁	+		
• 시장선도브랜드	–		

* +관계는 주어진 변수하에서 광고비가 증가할수록 매출이 증가함을 의미하며, –는 주어진 변수 하에서 광고비의 증가가 매출에 별(혹은 전혀) 영향을 미치지 않음을 뜻한다.

요인, 고객요인, 전략요인, 원가요인으로 나누어 분류하고, 각 변수가 광고비결정에 어떠한 영향을 미치는지를 보여준다. 가령, 표 7-3 을 보면 제품차별화 가능성이 높고, 눈으로 확인하기 어려운 감춰진 제품품질을 갖거나, 정서적 구매동기가 강한 제품에 대해서는 광고비가 증가할수록 매출도 커질 것이다. 한편 가격이 비싸거나 성숙기 혹은 쇠퇴기에 들어선 제품에 대해서는 높은 광고비 책정이 매출증대에 별 영향을 미치지 않음을 보여준다.

세계적으로 유명한 마케팅광고관련 전문지인 Advertising Age의 편집위원회는 미국 내 200대 대형광고주에서 선출된 경영자, 200대 광고대행사들로부터 선정된 경영자 및 광고컨설턴트로 구성된다. 표 7-4 는 이들에게 광고예산을 결정할 때 고려하는 중요한(혹은 중요성이 낮은) 요인들이 무엇인지를 평가하도록 한 다음 그 결과를 요약한 것이다.

정서적 구매동기가 강한 제품은 광고비가 증가할수록 매출도 커진다.

표 7-4 광고예산책정시에 고려되는 주요요인들

광고주 입장	
중요한 고려요인	
• 광고전략 혹은 크리에이티브 접근방법의 변경	51%
• 경쟁사의 광고활동 및 광고비수준	47%
• 이익공헌 목표(혹은 기타 재무적 목표)	43%
중요도가 낮은 요인	
• 지난해 광고비 지출	17%
• 상위관리자에 의한 광고비 할당(광고비한도 설정)	11%
• 예상매출점유율	8%

광고대행사 입장	
중요한 고려요인	
• 이익공헌 목표(혹은 기타 재무적 목표)	56%
• 경쟁사의 광고활동 및 광고비수준	43%
• 광고전략 혹은 크리에이티브 접근방법의 변경	37%
중요도가 낮은 요인	
• 예상매체비용 증가율	25%
• 전년도 광고비 지출	24%
• 매체전략 혹은 매체구매기법의 변경	17%

표 7-4 는 광고예산을 결정할 때 고려되는 중요한 요인들이 광고주와 크리에이티브(광고대행사) 사이에 차이가 있음을 보여준다. 광고주들은 광고전략의 변경 혹은 크리에이티브 접근방법의 변경을 광고예산을 책정할 때 고려하는 중요요인으로 보는 반면 광고대행사는 광고주가 결정한 이익공헌목표(혹은 기타 재무적 목표)를 광고예산결정에 영향을 미치는 중요요인으로 생각하는 경향이 있다.

2 실무에서 사용되는 광고예산결정방법

기업들은 이론적인 광고예산결정방식보다 실무적 경험을 통해 개발된 방법들을 주로 이용하고 있다. 기업들이 실제로 사용하는 여러 광고예산결정방법(budgeting methods)은 크게 하향식 접근방식과 상향식 접근방식으로 나누어진다(그림 7-3 참조). 하향식 접근방식(top-down approach)은 최고경영자가 광고예산의 한도를 결정하고 이에 맞추어 여러 광고활동에 예산을 배분하는 방법으로 가용자금법(affordable method), 임의할당법(arbitrary allocation), 매출비율법(percentage of sales), 경쟁사기준법(competitive parity), 투자수익률법(return on investment) 등이 있다. 상향식 접근방식(bottom-up approach)은 광고목표를 먼저 결정하고, 이러한 목표를 달성하기 위해 수행되어야 할 여러 광고활동에 필요한 비용을 각각 추정한 다음 이를 토대로 광고예산규모를 결정하는 방식으로, 목표과업법(objective and task method), 현금흐름계획법(payout plan), MS-SOV(market share-share of voice) 등이 있다.

(1) 하향식 접근방식

1) 가용자금법

그림 7-3 하향식 광고예산결정방식과 상향식 광고예산결정방식

가용자금법(affordable method 혹은 all-you-can-afford method)은 기업의 다른 필수적 경영활동(생산, 판매 등)에 우선적으로 자금을 책정한 후 여유자금이 허락하는 범위 내에서 광고예산을 수립하는 방법이다. 재정적으로 기업에 부담을 주지 않는 방법이지만, 광고가 달성해야 하는 목표를 전혀 고려하지 않은 상태에서 광고예산이 결정되므로 사용된 광고예산의 효과를 측정할 기준이 없다는 문제점이 있다. 그러므로 광고에 드는 비용이 너무 과다하게 책정되거나 혹은 너무 적게 사용될 가능성이 높다. 소규모기업들이 이러한 방법을 흔히 사용하지만 마케팅 지향적이지 않거나 광고의 역할을 충분히 이해하지 못하는 대기업들에 의해서도 사용되기도 한다. 가령, 많은 하이테크 기업들은 신제품개발과 엔지니어링에 자금을 중점적으로 투자하므로 광고에 이용될 여유자금이 별로 없다.

가용자금법을 이용하는 기업들은 판매에 영향을 미치기에는 너무 적은 광고예산을 책정하거나(즉, S형의 판매반응곡선상에서 일정수준(threshold) 이하의 광고비, 즉 구간 A에 해당하는 광고비를 지출하거나) 필요 이상으로 많이 책정하는 경우가 흔히 있다(S형의 판매반응곡선상에서 구간 C에 해당하는 광고비를 지출함). 또한 광고비를 더 많이 지출해야 할 불황기나 매출(혹은 이익)이 감소할 때, 기업은 여유자금이 없으므로 광고예산을 삭감할 가능성이 높다.

흔히 하이테크 기업들은 R&D에 자금을 중점투자하고 광고에 너무 적은 비용을 지출하는 경향이 있다.

2) 임의할당법

임의할당법(arbitrary allocation method)은 순전히 경영자의 느낌으로 광고예산이 책정되는 방식으로, 가용자금법보다 더 취약한 광고예산결정방법이다. 임의할당법은 이론적 근거가 없으며 광고목표를 무시한 광고예산 수립방식으로 다른 방법들과 비교할 때 전혀 이점을 갖지 못한다.

3) 매출비율법

매출비율법(percentage of sales)은 매출에 비례해서 광고예산을 책정하는 방법으로 기업에서 광고예산을 수립할 때 가장 널리 사용된다. 매출비율법에서의 광고예산규모는 ① 과거에 사용되어 온 광고비의 매출액점유비율(즉, 매출액에 대한 광고비용의 비율)에 지난해 매출액(혹은 예상매출액)을 곱하여 결정되거나, ② 단위당 생산비의 일정비율을 광고비로 책정한 후, 이를 예상(혹은 전년도) 판매량에 곱하여 결정된다(표 7-5 참조).

표 7-5 매출비율법을 이용한 엘라스틴 샴푸에 대한 광고예산결정

방법1: 매출액에서 광고비가 차지하는 비율 (straight percentage of sales)을 이용	
2020년 총매출액	1,000,000,000 원
10%의 매출액비율	100,000,000 원
2021년 광고예산	100,000,000 원

방법2: 단위당 생산비용에서 광고비가 차지하는 비율 (percentage of unit cost)을이용	
2020년 단위당 생산비용	4,000 원
생산비에서의 광고비 비율(25%)	1,000 원
2021년 예상판매량	100,000개
2021년 광고예산 (100,000 ×1,000)	1,00,000,000원

표 7-5 의 방법 1은 전년도 매출액을 이용하여 광고예산을 책정하였으나 방법 2와 마찬가지로 내년도에 대한 예상매출액을 토대로 광고예산을 책정할 수도 있다. 그리고 매출액비율의 값으로는 산업평균치(industry advertising-to-sales ratio)가 흔히 이용된다. 전년도 매출액보다 내년도 예상매출액을 토대로 하여 광고예산을 결정하는 방법의 이점은 앞으로 예상되는 시장변화를 광고계획에 반영한다는 것이다.

우리나라와 미국의 업종별 매출 대비 광고비율을 살펴보면, 우리나라의 경우 출판, 제약, 유통, 가정용품, 화장품, 식음료 등의 업종에서 광고비율이 높은 반면 미국은 출판, 가정용품, 화장품, 식음료, 의류/섬유 등에서 광고비율이 높다. 이와 같은 업종별 광고비율의 차이는 업종별 경쟁 정도 및 광고효과의 차이에서 기인된 것이다. PIMS 연

구의 경험적 통계치에 따르면 다음과 같은 시장상황에서 기업의 매출 대비 광고비율이 높아지는 경향이 있는 것으로 나타났다. ① 제품이 표준화된 경우(최종소비자의 수가 많은 경우), ② 일반적으로 제품의 구매단위가 작은 경우, ③ 제품구매에 있어 부수적 서비스가 중요한 경우, ④ 중간상을 통해 판매되는 경우, ⑤ 고가격 · 고품질의 제품일 경우, ⑥ 제조업체의 마진이 높은 경우, ⑦ 시장점유율은 낮으나 생산능력이 큰 경우, ⑧ 신제품이 에 따의 상당부분을 차지하는 경우.

매출비율법은 다음과 같은 장점을 갖는다. 첫째, 매출액이 증가하면 광고예산이 늘어나고 매출액이 감소하면 광고예산이 줄게 되므로, 기업의 자금운용이 쉬워진다(광고예산에 필요한 충분한 자금을 확보할 수 있다). 둘째, 이 방법은 단순하여 실행하기가 쉽다. 셋째, 기업은 비교적 안정적으로 광고예산을 운영할 수 있게 된다. 매출액의 변화가 너무 급격히 일어나지 않는 한, 기업은 광고비 지출의 규모를 정확히 파악한 상태에서 광고예산을 수립할 수 있다.

그러나 매출비율법은 다음과 같은 단점을 가지고 있다.

첫째, 매출비율법의 문제점은 광고비가 매출액에 영향을 미치는 것이 아니라 매출액이 광고비결정에 영향을 미친다고 가정함으로써 원인(광고비)과 결과(매출액)가 서로 바뀌는 비논리적 가정에 있다. 즉, 광고비와 매출액간의 올바른 인과관계는 매출액 = f(광고비)이지만, 매출비율법은 광고비=f(매출액)라는 논리적으로 잘못된 가정을 하고 있는 것이다. 매출비율법이 갖는 이러한 논리적 모순으로 인해 브랜드의 매출이 감소될 것으로 예상될 때, 기업은 광고예산을 삭감하는 잘못된 광고예산결정을 하게 된다. 예를 들어, 많은 기업들이 매출이 하락하는 불황기에 매출액비율법에 따라 광고비를 줄이지만, 매출을 유지하기 위해 오히려 광고예산을 증가시키는 것이 보다 현명한 의사결정일 것이다. 매출액에 의해 광고비가 결정된다는 매출비율법의 가정은 또 다른 잘못된 의사결정을 초래할 가능성이 있다. 이 방법을 사용하면 이미 시장에서 기반을 확고히 구축한 유명브랜드의 경우 광고비가 필요 이상으로 너무 과다하게 지출되거나, 광고를 줄이더라도 계속 구매할 가능성이 높은 충성고객들이 주고객층인 쇠퇴기의 브랜드들도 필요 이상으로 광고비를 과다지출하는 성향이 있다. 그리고 현재는 매출이 낮으나 성장가능성이 높은 브랜드(문제아 브랜드)에 대한 광고예산은 너무 낮게 책정될 수 있다.

둘째, 매출비율법은 시장상황의 여건과 마케팅전략이 변화함에 따라 이에 대처하여 탄력성 있게 광고예산을 조정하기가 어렵다. 광고예산결정에 이용되는 각 기업의 매출비율(즉, 광고비/매출액)이 비슷하면, 기업들간에 불필요한 광고경쟁은 피할 수 있을 것이다. 그러나 경쟁기업이 업계의 표준적(평균적)인 매출비율값을 따르지 않거나 자사의 마케팅전략에 변화가 있을 때, 매출비율법은 이에 대처한 광고예산의 결정을 어렵게 한다. 그러므로 다음과 같은 시장상황하에서는 매출비율법의 사용을 재고하는 것이 바람직하다.

- 자사브랜드의 재포지션을 추구하거나 경쟁사의 적극적 광고에 대응할 필요가 있을 때는 매출비율법의 채택이 바람직하지 않다. 가령, 필립 모리스(Philip Morris)가 Miller 맥주를 인수하여 여성용 고급맥주에서 다량사용자층인 블루칼라가 마시는 대중적 맥주로 재포지션하여 시장점유율을 확대하고자 했을 때, 광고비를 급격히 증가시켰다.
- 이미 시장에서 기반을 구축한 선도브랜드는 매출비율법을 따를 필요가 별로 없다. 시장에서 포지션을 확보한 선도브랜드는 이미 높은 브랜드인지도와 브랜드이미지를 구축하고 있으므로 과다한 광고비를 지출할 필요가 없다. 그러므로 매출액에서 차지하는 광고비의 비율을 낮추어도 큰 지장이 없다. 그러나 시장점유율이 낮은 브랜드가 광고를 통해 브랜드인지도를 높이고자 한다면, 전체 매출액에서 차지하는 광고비의 비율을 상당히 높여야 할 것이다.
- 새로운 브랜드를 출시한 기업은 높은 브랜드인지도와 유통경로로부터의 지지를 확보하기 위해 브랜드 도입초기에 매출액과 비교하여 상당히 높은 비율의 광고비를 투입해야 할 것이다.

이미 시장에서 기반을 구축한 선도브랜드는 과다한 광고비를 지출할 필요가 없다.

4) 경쟁사 기준법

경쟁사 기준법(competitive parity method)은 경쟁사의 매출비율과 동일한 수준에서 광고예산을 책정하는 방법이다. 가령, 주요경쟁사가 매출액 중에서 10%를 광고비로 책정한다면, 자사브랜드도 동일한 비율에서 광고비를 결정하는 것이다.

만약 당신이 마케팅관리자에게 경쟁사를 기준으로 광고예산을 수립하는지에 대해 질문하면, 그렇지 않다고 대답할 것이다. 그러나 각 기업의 실제광고지출을 살펴보면, 한 산업 내 여러 경쟁기업들간에 (매출에서 차지하는) 광고비지출비율에서 거의 차이가 없음을 알게 된다. 즉, 실제로 많은 기업들이 주요경쟁사의 광고비수준을 고려하여 광고예산을 책정하고 있다.

경쟁자들이 광고비 지출을 어느 정도 하는지에 대해 주의를 기울이는 것은 광고예산 책정에서 매우 중요하다. 이를 위해 광고관리자는 시장점유율(Share of Market: SOM)과 광고점유율(Share of Voice: SOV) 간의 관계를 이해할 필요가 있다. 시장점유율은 일정기간 동안 제품군 전체매출에서 특정 브랜드의 매출이 차지하는 비율이며, 광고점유율은 제품군 전체의 광고비에서 특정 브랜드의 광고비가 차지하는 비율이다. 광고점유율과 시장점유율은 일반적으로 상호연관성이 높은데, 광고점유율이 높을수록 시장점유율도 높아지는 경향이 있으며, 대체로 더 큰 시장점유율을 가진 브랜드가 더 큰 광고점유율을 가진다.

높은 시장점유율을 가진 브랜드가 너무 낮은 수준으로 광고점유율을 줄인다면, 공격적인 경쟁자에게 시장점유율을 빼앗길 가능성이 있다. 그리고 상대적으로 낮은 시장점유율을 가진 브랜드가 공격적으로 광고비 지출을 늘리면, 시장선도 브랜드들은 경쟁브랜드의 도전에 맞서기 위해 광고비 지출을 늘리게 된다.

그림 7-4 는 자사의 시장점유율과 경쟁자의 광고점유율을 토대로 광고비 지출을 늘릴 것인지 줄일 것인지를 결정하기 위한 틀을 보여준다. 광고관리자는 자사의 시장점유율과 경쟁자의 광고점유율을 토대로 광고비 지출규모를 얼마로 할 것인지에 대한 유용한 지침을 얻을 수 있다.

그림 7-4 자사의 시장점유율과 경쟁자의 광고점유율에 기반한 광고비 지출전략

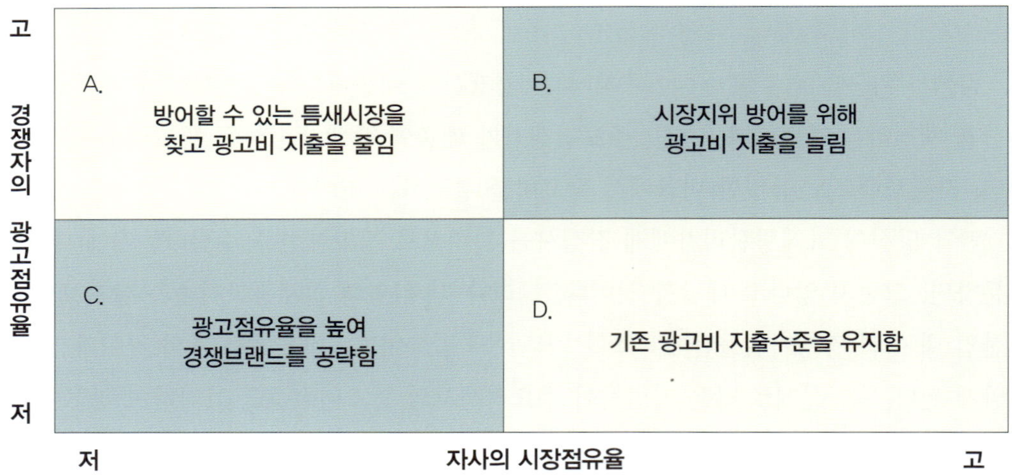

- A는 자사브랜드의 시장점유율은 상대적으로 낮고, 경쟁자의 광고점유율이 상대적으로 높은 상황인데, 광고비 지출을 줄이고 브랜드를 방어할 수 있는 틈새시장을 찾는 것이 바람직하다.
- B는 자사 시장점유율은 상대적으로 높지만 경쟁브랜드가 높은 광고점유율을 가지고 있는 상황인데, 광고관리자는 현재의 시장점유율을 방어하기 위해 광고비 지출을 늘려야 할 것이다.
- C는 자사 시장점유율도 낮고 경쟁자의 광고점유율도 낮은 상황인데, 이 경우 경쟁자보다 광고점유율을 더욱 높여 낮은 광고점유율의 경쟁브랜드를 공격하는 것이 바람직하다.
- D는 자사브랜드가 높은 시장점유율을 차지하고 경쟁자들은 낮은 광고점유율을 보이고 있는 상황인데, 이 경우 현재의 광고비 지출을 유지함으로써 높은 시장점유율을 유지하는 방안을 고려할 수 있다.

경쟁사기준법을 사용하는 주요이유 중 하나는 경쟁사와 비슷한 수준에서 광고비를 책정하면 지나친 광고전쟁을 피할 수 있으므로 시장안정을 가져올 수 있다는 믿음 때문이다. 즉, 경쟁사기준법은 산업 내 여러 경쟁기업들의 보편적인 의견(혹은 衆智, collective wisdom)을 반영한 것으로 최적의 광고예산에 어느 정도 근접한 것으로 보는 것이다.

그러나 경쟁사기준법은 다음과 같은 문제점을 가지고 있다. 첫째, 경쟁사기준법은 각

기업의 고유한 시장상황과 마케팅목표에 따라 차별화된 광고예산이 책정되어야 한다는 사실을 무시하고 있다. 가령 새롭게 진출한 후발브랜드나 중소기업들이 기존의 선도기업과 동일한 수준의 광고예산을 책정한다면 충분한 매출효과를 기대하기 어려울 것이다. 둘째, 경쟁사기준법은 경쟁기업들이 비슷한 수준의 광고비를 지출하더라도 광고캠페인 실행 혹은 매체사용의 효과성에서 기업들간에 차이가 있을 수 있음을 무시한다. 셋째, 경쟁사들이 계속적으로 동일한 광고전략과 광고예산을 유지한다는 보장이 없으며 성숙기에 들어선 많은 제품시장에서 광고전쟁은 피할 수 없는 현실이다.

그러므로 경쟁사기준법을 사용하는 기업이라 하더라도 매출액비율법 등의 다른 광고예산결정방법도 함께 고려하는 것이 보다 일반적이다.

광고 Highlight

CJ사례로 본 합리적 광고예산 책정법

광고비는 단순한 비용(cost)일까? 아니면 미래를 위한 투자(investment)일까? 만일 광고비가 단순한 비용이라면 줄이면 그만이다. 말 그대로 비용을 줄이면 그만큼이 고스란히 이익으로 남는다. 그러나 마케팅을 제대로 하는 회사라면 이렇게 하진 않는다.

그렇다면 투자일까? 무엇을 위한 투자일까? 미래를 위한 투자? 이처럼 막연한 얘기도 없다.

결론부터 말하자면 광고비는 기업의 마케팅 활동에 있어 비용이 될 수도 있고 미래를 위한 투자가 될 수도 있다. 단 그것이 얼마나 효율적이고 과학적으로 집행되느냐에 따라 달라진다.

최근 들어 매스마케팅방식에서 벗어나 대인마케팅 혹은 타겟마케팅이 등장하고 있다. 무엇보다도 브랜드 자산(brand equity)의 힘과 중요성이 인식되기 시작하고, 이것들을 효과적으로 수행하고 구축하기 위한 가장 중요한 수단으로 광고를 활용하기 시작하면서부터 광고비를 투자개념으로 인식하고 있다.

CJ주식회사는 적정 광고비 제안시스템을 도입하고 있는데, 이하에서는 이에 대해 설명하기로 한다.

'연간 적정 광고비의 과학적 제안'이라 함은 한 브랜드가 차기년도의 마케팅 및 광고목표, 또는 경쟁 관계를 고려했을 때 이 정도의 금액을 광고비로 집행하는 것이 적절할 것임을 광고회사의 입을 통해 각 브랜드 담당자들에게 제안하는 방식을 말한다. 여기에는 광고비 산출을 위한 각종 모델이 필요에 따라 적용되며, 숫자의 오류를 피하기 위해 각 브랜드의 마케팅 상황을 고려한 정성적 요소들이 포함된다. 다음에서는 제안 프로세스에 대해 간략히 설명하기로 한다.

• **단계 1 : 브랜드별 시장상황 및 마케팅 목표 파악**

CJ 주식회사에는 수많은 브랜드가 있다. 다시다, 햇반, 다담, 햄스빌, 비트, 백설식용유, 식물나라, 컨디션 등… 광고를 하는 브랜드만 수십 개에 달한다. 각각의 브랜드들은 각기 다른 마케팅 상황과 타겟고객층을 지니고 있고 마케팅 목표는 상이할 수밖에 없다. 따라서 광고회사 매체팀, CJ의 광고팀은 각 브랜드 매니저(BM)들과 차기년도의 마케팅 목표나 시장상황에 대해 아주 심층적인 인터뷰를 가진다(한 브랜드당 거의 꼬박 하루가 걸린다). 이러한 인터뷰를 통해 광고회사 매체팀은 해당 브랜드에 대한 정성적인 배경(back-ground)를 습득하게 된다.

• **단계 2 : 브랜드별 유효도달률(effective frequency) 및 유효빈도(effective reach) 도출**

일반적으로 광고 메시지가 타겟층에게 유효하게 전달되기 위한 빈도(frequency)는 최소 3번 이상, 도달(reach)은 50% 이상으로 관례화되어 있고 모든 매체 집행 플랜이 이러한 관행하에 책정되는 것이 일반적이다. 하지만 이 관례의 맹점은 카테고리별, 제품 단계별 고려가 전혀 반영되어 있지 않다는 것이다. CJ는 이러한 한계를 극복하기 위해 마케팅 및 광고변수 각 5가지 속성으로 각 브랜드별로 상이한 유효빈도를 뽑아낸다. 즉, 이미 잘 알려진 브랜드냐 신규 브랜드냐, 구매주기의 정도, 광고의 탄력성 등 여러 요소가 결합되어 각 브랜드별로 상이한 유효빈도가 도출된다. 또한 유효도달률도 그냥 50%로 고정시키는 것이 아니고 해당 카테고리의 3년간 월별 reach pattern 분석을 통해 해당 카테고리에 가장 가깝게 맞춤화된 유효도달률을 산출하게 된다.

• **단계 3 : 브랜드별 상대적 가중치 부여**

위에서 언급한 것처럼 CJ에는 수많은 브랜드가 있고 한 해 동안에도 수백 개의 신제품이 쏟아져 나온다. 각 해당 브랜드 매니저들에게 본인의 제품은 무엇과도 바꿀 수 없는 소중한 것들이다. 그러나 한 발짝 벗어나 CJ 전체의 브랜드 포트폴리오(brand portfolio) 관점에서 보면 당연히 브랜드별 상대적 시급성이나 시장 매력도는 판이하게 다르다. 이것은 브랜드 간 잠재력이나 우열의 차이라기보다는 전략적 포인트가 다르다는 것을 의미한다(물론 당장 시장에서 철수시켜야 할 브랜드도 있다). 이러한 관점에서 3단계 작업으로 브랜드 매력도(brand attractiveness)와 광고 매력도(advertising attractiveness)를 두 축으로 CJ 전체 브랜드의 상대적인 전략적 중요도를 도출한다. 이를 통해 공격적으로 광고비를 지출할 것인지, 광고비를 현재 수준으로 유지할 것인지, 광고비 지출을 줄일 것인지를 전체적인 브랜드 포트폴리오 관점에서 접근한다.

이렇게 하여 완성된 각 브랜드의 연간 적정 광고비는 각 브랜드 매니저가 모두 참석한 자리에서 발표된다. 시기적으로는 익년의 경영계획이 완료되기 이전에 제시되어야 하기 때문에 전해 약 9월 중순쯤 제시된다. 즉, CJ의 익년 마케팅 플랜은 전년 10월 정도면 거의 완성되었다는 얘기다. 발표는 거의 하루종일 이루어지며 이 자리에서는 광고비 도출 로직(logic) 및 적정 광고비 여부를 놓고 열띤 토론이 벌어져 대부분의 브랜드에 있어 합의가 이루어진다.

• **단계 4 : 실제 광고비 제안 단계**

이렇게 제안된 적정 광고비는 각 브랜드 담당자별 내부 협의를 거쳐 대부분 경영계획상의 광고비 계획에 반영되고 익년 6개월이 지난 시점에 제안된 대로 제대로 운영이 되고 있는지에 대한 피드백(feedback)이 다시 이루어진다. 많은 이론과 인력이 동원되어 이루어지는 이러한 연간 적정광고비 제안이 나름대로 지니고 있는 한계점도 있다. 2차 연구자료 및 분석모델의 미비로 인한 TV광고비 이외의 광고비는 적절히 제공되지 못하는 점, 광고비 집행과 밀접한 관계를 지니고 있는 판촉비와의 통합 제안이 필요한 점 등은 향후 해결하고 도전해야 할 숙제이다.

그럼에도 불구하고 CJ 주식회사는 매체대행사와의 협업으로 이런 프로젝트를 매년 진행함으로써 그 동안 단순한 비용으로 인식되어 왔고, 그래서 비용감축하면 제1순위로 떠오르는 광고비 삭감이라는 부정적 관행을 개선하고 있다.

(2) 상향식 접근방식

하향식 접근방법의 단점은 관리자의 판단에 의존하여 광고예산이 결정되므로 광고가 지향하는 목표 및 전략과 연계되지 않는 경우가 흔히 발생한다는 것이다. 그러므로 기업의 커뮤니케이션 목표를 먼저 고려하여 이를 달성하는 데 필요한 비용을 광고예산으로 책정하는 상향식 접근방법이 보다 효과적인 광고예산수립전략이다.

이하에서는 상향식 접근방법인 목표과업법, 현금흐름계획법, MS-SOV(Market Share-Share of Voice) 관계분석법에 대해 설명하기로 한다.

1) 목표과업법

기업은 명확한 마케팅 · 광고목표 없이 최적광고예산을 결정하기 어려울 것이며, 마찬가지로 이용가능한 광고예산의 규모를 전혀 고려하지 않고 광고목표를 수립하는 것도 의미가 없을 것이다. 가령, 기업이 20%의 타겟시장 고객들에게 브랜드인지도를 창출하는 것을 광고목표로 삼는다면 큰 부담 없이 적정의 광고예산을 수립할 수 있다.

목표과업법(objective and task method)은 광고목표를 확실히 정하고 그 목표를 달성하기 위해 수행해야 할 과업을 결정한 후, 각 과업을 수행하는 데 필요한 광고비용을 합한 것을 광고예산으로 결정하는 방법이다(그림 7-5 참조). 목표과업법은 가장 합리적인 광고예산 결정방법으로서 소비재 및 산업재 기업들이 흔히 이용한다. 한 조사에 의하면 소비재 기업들 중 60%가, 그리고 산업재 기업들 중의 70%가 이 방법을 이용하고 있는 것

그림 7-5 목표과업법

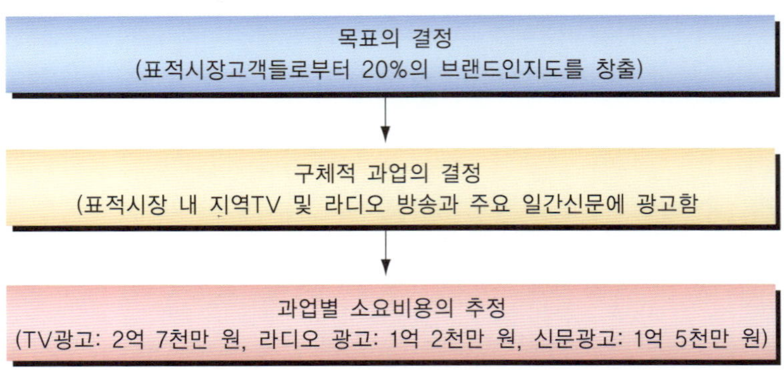

으로 나타났다.

목표과업법에서는 다음과 같은 과정을 거쳐 광고예산이 수립된다.

① 기업은 먼저 마케팅목표와 이를 달성하기 위한 구체적인 광고(혹은 커뮤니케이션)목표를 정한다. 마케팅목표는 기업이 성취하고자 하는 판매량, 시장점유율, 공헌이익 등을 결정하는 것이다. 가령, 기아자동차는 SOUL 모델에 대해 2만 대의 매출목표를 설정하고, 이를 달성하기 위해 광고캠페인을 통해 70%의 브랜드인지도를 창출하고 소비자조사에서 SOUL을 매우 우수한 품질의 제품으로 응답한 소비자들의 비율이 40%가 될 수 있도록 함을 광고목표로 설정할 수 있다. 이와 같이 마케팅목표와 광고(커뮤니케이션)목표는 구체적이고, 계량적이면서 측정 가능해야 한다.

② 마케팅목표와 광고목표를 달성하기 위한 구체적인 과업들을 결정한다. 이러한 과업들은 다양한 매체에서의 광고, 타겟고객들에 대한 평균 노출횟수, 판매촉진 등에 대한 결정을 포함한다.

③ 각 과업별로 필요한 비용을 추정하여 이들을 합한다.

예를 들어, 코카콜라가 레포츠 애호가를 타겟으로 새로운 천연 에너지음료 브랜드인 Sunburst를 도입하려고 한다고 가정하고, 목표과업법에 기반해 광고예산을 책정하는 과정을 설명하기로 한다.

1. 시장점유율 목표의 결정: 코카콜라는 500만 명의 잠재사용자가 있을 것으로 추정하고, 그 시장의 8%, 즉 40만 명의 가망소비자를 고객으로 유인하는 것을 목표로 설정한다.
2. 광고를 통해 도달해야 할 시장의 비율 결정: 코카콜라는 광고메시지가 잠재사용자 가운데 80%(400만 명)에 도달되기를 원한다.
3. 브랜드를 인지한 가망소비자 중에서 브랜드를 시용구매해 보도록 설득시켜야 할 비율의 결정: 코카콜라는 신규브랜드를 인지한 잠재소비자(400만 명) 중에서 25%(100만 명)가 Sunburst를 시용구매해 주기를 기대한다.
4. 1%의 사용구매율을 확보하는 데 드는 광고노출(advertising impressions)빈도를 결정함: 코카콜라는 타겟 모집단을 구성하는 잠재구매자 1%당 40회의 광고노출(impressions 혹은 exposures)이 25%의 시용구매율을 유발시킬 것으로 추정한다.

5. 구입해야 할 GRPs(gross rating points)의 결정: 1GRP는 표적모집단(표적시장을 구성하는 총 잠재구매자)의 1%에 대해 1회 노출시키는 것이다. 코카콜라는 모집단 잠재구매자의 80%에 대해 40회의 노출을 성취하고자 하므로 3,200GRPs를 구매해야 한다.
6. 1GRP를 구매하는 데 드는 평균비용을 토대로 필요한 광고예산을 책정함: 표적 모집단의 1%에 1회 노출시키는 데 드는 평균비용이 3,277,000원이다. 따라서 신제품 도입년도에 3,200GRPs를 구매하는 데 드는 광고비용은 100억 4,864만 원(=3,277,000×3,200)이다.

목표과업법의 장점은 마케터로 하여금 촉진비용, 표적청중에 대한 노출수준, 시용구매율, 그리고 정규구매 간의 관계를 어떻게 가정하고 있는지를 명확히 제시하기를 요구한다는 것이다.

2) 현금흐름계획법

신제품이 도입되는 초기 수개월 동안에는 보다 높은 브랜드인지도의 구축과 시용구매의 유발이 요구되므로 일반적으로 정상적인 광고비 이상의 광고예산이 필요하다. 40년 이상의 닐슨(Nielsen) 자료를 분석한 한 연구에 의하면 성공적인 신제품도입에 필요한 광고비점유율과 시장점유율 간의 평균비율은 대략 1.5에서 2.0 정도인 것으로 나타났다. 이는 새로운 브랜드의 광고비 점유율이 그 제품에서 기대되는 시장점유율의 2배가 되도록 광고예산을 수립해야 함을 의미한다. 기업이 새로운 브랜드로부터 기대하는 매출과 이익을 실현하기 위해 초기에 적극적인 광고비투자가 이루어져야 한다는 것이다.

현금흐름계획법(payout planning method)은 광고비의 투자가치를 고려하여 광고예산의 규모를 설정하는 방법이다. 현금흐름계획법에서는 2~3년 동안에 제품으로부터 발생될 수익과 지출되어야 할 비용을 추정하여 기대수익률을 구한 다음, 이를 토대로 광고예산 규모를 결정한다. 표 7-6 은 3년 동안의 현금흐름계획을 보여준다.

표 7-6 에서 3년간의 현금흐름계획을 보면 첫해에는 적자를, 둘째 해에는 거의 손익분기를 맞추었다가 세번째 해에 상당한 이익을 실현하고 있다. 광고비를 보면 첫째에 가장 많은 광고예산이 책정되고 둘째 해와 셋째 해에는 광고비가 점차 감소함을 알 수 있는데 첫해에 높은 광고예산이 책정된 것은 가능한 신속한 시장반응을 자극하기 위해서이다.

표 7-6 3년간의 현금흐름계획에 대한 예

(단위: 억원)

항목 \ 년수	1년째	2년째	3년째
매 출 액	15.0	35.50	60.75
공 헌 이 익	7.5	17.75	30.38
광 고 비	15.0	10.50	8.50
이익(혹은 손실)	(7.5)	7.25	21.88
누적이익(혹은 손실)	(7.5)	(0.25)	21.63

현금흐름계획법은 기업이 이익을 실현할 목표연도를 제시하므로 광고비지출계획에 대한 유용한 지침을 제공하는 이점이 있다. 그러므로 현금흐름계획법과 목표과업법을 함께 사용하면, 기업은 하향식 접근방법보다 더 합리적으로 광고예산을 수립할 수 있을 것이다.

3) MS-SOV 관계분석법

MS-SOV(market share-share of voice) 관계분석법의 기본개념은 시장점유율과 광고점유율 간에 일정한 관계가 존재하는 경우, 이를 분석해 목표 시장점유율 달성을 위해 필요한 광고점유율과 광고예산의 규모를 산출하는 것이다. 이를 도식화하면 그림 7-6과 같이 정리할 수 있다.

첫 번째 단계는 시장점유율 목표를 결정하는 것인데, 이는 마케팅계획을 수립할 때 필수적인 결정요소이다.

두 번째 단계는 시장점유율과 광고점유율 간의 관계분석으로서, 이 방법의 가장 핵심적인 작업이라 할 수 있다. 시장점유율과 광고점유율 간의 관계분석을 실시할 경우, 연도별 자료를 이용하는 것이 좋으며, 적어도 5년치 이상의 자사 및 경쟁사 자료를 활용하는 것이 결과에 대한 신뢰성을 높일 수 있다. 또한 관계식의 추정에 있어 가장 단순한 선형모형만을 적용하는 것보다는 로그모형, S형 모형 등 다양한 관계식을 추정해 보는 것이 이론적으로나 실무적으로 타당한 결론을 도출할 수 있다.

그림 7-6 MS-SOV 관계분석법의 절차

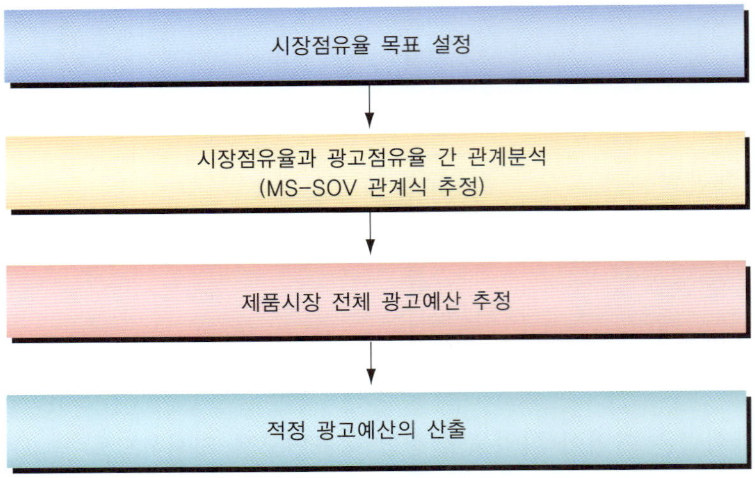

세 번째 단계는 제품시장 전체의 광고예산을 예측하는 작업이다. MS-SOV 관계분석법은 제품시장 전체의 광고예산규모가 어느 정도인가에 따라 산출되는 광고예산규모가 크게 영향을 받기 때문에 이를 정확히 예측하는 것이 중요하다. 이를 위해 다양한 시계열 예측방법을 적용하는 것이 필요하다. 하지만 이러한 시계열적 방법들은 기존의 시장상황이 지속된다고 가정할 때 예측력이 우수하므로, 2008년 미국 금융위기에 따른 글로벌 경제침체와 같은 특수상황이 발생하면 시계열적 자료를 기본으로 하되 경쟁제품의 기업정보를 통해 이를 보완 · 수정하는 것이 바람직하다.

마지막 단계에서는 자사 제품의 적정 광고예산을 산출하게 되는데, 예측된 전체 광고예산규모에 목표시장점유율 대비 도출된 광고점유율을 적용하면 쉽게 구할 수 있다.

MS-SOV 관계분석법의 적용 예를 삼성전자의 노트북에 대한 광고예산을 가상하여 설명해 보기로 한다.

삼성전자 노트북의 2013~2020년 시장점유율 및 광고점유율이 표 7-7 과 같다고 하자. 삼성전자 이외에 노트북 시장에서 경쟁하고 있는 2개의 경쟁제품을 모두 고려한 시장점유율과 광고점유율은 그림 7-7 과 같으며, 두 점유율간에 의미 있는 정(positive)의 관계가 존재함을 쉽게 알 수 있다. 이를 통계적 절차를 통해 관계식을 추정한 결과 S형 모형의 설명력이 가장 높게 도출되었다. 노트북 시장의 시장점유율과 광고점유율 간의

삼성전자 노트북

관계는 식 7-1 과 같다.

표 7-7 삼성전자 노트북의 연도별 시장점유율과 광고점유율

변수	2013	2014	2015	2016	2017	2018	2019	2020
시장점유율	17%	12%	13%	22%	24%	30%	35%	40%
광고비(억원)	16	28	41	98	150	157	143	147
광고점유율	11%	19%	17%	21%	19%	19%	21%	33%

식 7-1 노트북 시장의 시장점유율과 광고점유율 간 관계식

관계식	설명력
ln((100−MS)/MS)=2.41−0.0599×(SOV)	R=83.0%

마지막으로 삼성전자 노트북의 2021년도 시장점유율 목표가 42%라고 가정하면, 식 7-1 의 관계식에 의해 광고점유율은 34.9%가 도출된다. 한편 노트북 시장의 전체 광고예산규모는 7개년치 자료의 시계열적 분석에 의해 450억 원으로 예측되었다. 전체 광고예산규모에 도출된 광고점유율을 적용하면 삼성전자 노트북의 경우 157.2억 원이 적정 광고예산으로 산출된다.

그림 7-7 노트북시장의 시장점유율과 광고점유율

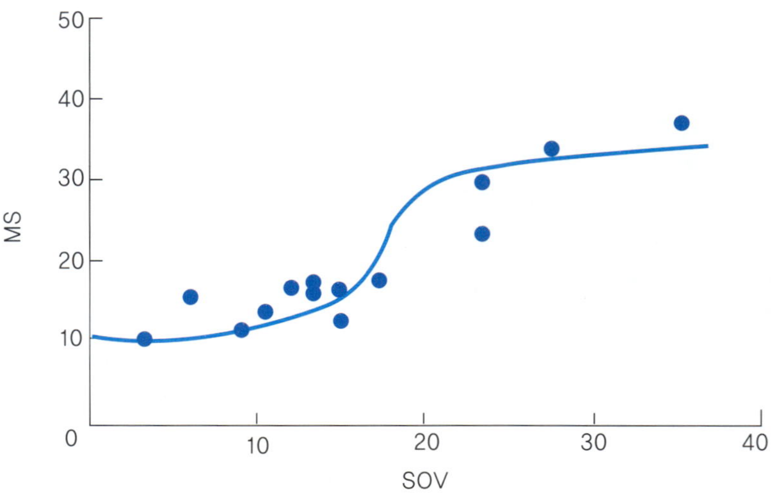

지금까지 하향식과 상향식 접근방법의 여러 유형과 각 유형별 장 · 단점을 살펴보았다. 표 7-8 은 각 광고예산 결정방법의 산출기준과 특징을 비교한 것이다.

표 7-8 광고예산결정방법들

구분	방법	산출기준	특징
주관적 판단에 근거	가용 자금법	자금운영에 관련된 사항을 고려하여 광고비로 사용가능한 금액을 책정하는 방법	– 예산도출이 용이 – 적정 예산산출의 논리성, 합리성 결여
↑	매출액 비율법	매출액의 일정비율을 광고비로 책정하는 방법	– 최고경영층 설득이 용이 – 광고비율 산출기준 모호
	수익률 비율법	수익률의 일정비율을 광고비로 책정하는 방법	– 예산도출이 용이 – 이익률이 광고비를 결정
	경쟁사 기준법	동일산업 내 경쟁사가 투입하는 광고비를 기준으로 책정하는 방법	– 예산의 논리적 근거 부족 – 경쟁을 유발할 가능성
↓	목표 과업법	광고목표를 수립하고 이를 달성하기 위한 과제를 도출하여 과제달성에 필요한 예산을 산정	– 논리적 타당성이 높음 – 광고예산과 목표치 간의 관계규명이 어려움
자료에 근거	계량적 모형법	매출, 광고 및 기타 마케팅 변인과의 관계분석을 통해 광고의 판매효과를 도출한 후 이를 토대로 광고비를 책정하는 방법	– 논리적 타당성이 높고, 판매예측이 가능 – 광고 · 판매 간 관계도출이 용이하지 않음

자료원: 김익태, "광고예산 산출방법의 총론과 매출액비율법," Cheil Communication, 1998. 11, p.5.

하향식 접근방식의 단점에도 불구하고 대체로 많은 기업들이 매출비율법을 이용하고 있다. 이는 그동안의 업계관행이나 최고경영자의 광고예산에 대한 강한 통제욕구에서 비롯된다. 그러나 가용자금법과 임의할당법과 같은 하향식 접근방식의 사용빈도가 하락하고 상향식 접근방식인 목표과업법의 활용이 증가하는 추세를 보인다.

3 광고예산규모 결정에 영향을 미치는 요인들

촉진예산 중에서 차지하는 광고예산의 규모와 광고과업별 광고비규모는 다음과 같은 여러 요인들로부터 영향을 받는다.

1) 광고목표(마케팅목표)

광고예산의 규모에 가장 큰 영향을 미치는 요인은 광고를 통해 달성하고자 하는 목표이다. 가령, 시장점유율의 증가와 같이 보다 공격적인 광고목표는 브랜드명에 대한 소비자인지도의 창출이 광고목표인 경우보다 더 많은 광고예산을 필요로 할 것이다.

2) 광고와 판매촉진의 상대적 중요도

오랫동안 전체촉진예산 중에서 광고비의 비중이 상대적으로 높았으나, 최근 들어 경쟁이 치열한 제품성숙기에 들어선 많은 제품영역에서 소비자 및 중간상 판매촉진비와 직접마케팅 비용의 비중이 광고비보다 더욱 커지고 있다.

3) 광고주/광고대행사의 정책

광고주 혹은 광고대행사의 성향도 광고예산규모에 영향을 미친다. 광고예산의 규모는 많은 경우 어느 정도의 광고비가 지출되어야 하는지에 대한 광고주의 판단에 의존한다. 최고경영자는 흔히 비용의 시각에서 보며 광고예산이 불필요하게 과다 책정된 것으로 비판적인 시각을 갖는다. 전통적으로 광고대행사는 판매촉진보다는 광고비지출을 보다 선호하는 경향이 있는데, 많은 경우 판매촉진에 대한 낮은 커미션이 광고비 지출을 보다 선호하는 주요 원인의 하나이다. 또한 어떤 광고활동에 더 많은 광고예산이 할당되어야 할 것인가에 대한 결정은 대행사 내 경영자의 전문영역에 의해서도 영향을 받는다. 가령, 크리에이티브 출신의 경영자는 크리에이티브 영역에 더 많은 광고예산을 할당하고자 하는 성향이 있는 반면 특정매체에 대한 더 많은 광고예산이 할당되어야 한다고 생각하는 경영자도 있을 것이다. 가령, 케이블TV광고에 경쟁우위를 갖고 있는 미국의 대형 광고대행사인 BBDO Worldwide는 케이블TV의 활용에 더 많은 광고예산을 할당한다.

4) 시장규모 및 시장잠재력

시장규모 및 시장잠재력도 광고예산 규모에 영향을 미친다. 소규모의 타겟시장에 대해서는 적은 광고비용으로 용이하게 침투할 수 있으나, 많은 수의 소비자가 분산되어 있는 대규모 시장에 대해서는 많은 광고비가 책정되어야 할 것이다. 전주보다 서울지역에 대한 매체구입비에 당연히 더 많은 광고예산이 할당되어야 할 것이다. 한편 시장규모가 큰 제품시장에 많은 광고예산이 할당되어야 하지만, 비록 현재의 매출규모가 낮더라도 성장가능성이 높은 제품시장의 경우에도 보다 많은 광고예산의 할당을 고려해야 할 것이다.

5) 시장점유율

브랜드의 기존 시장점유율 혹은 시장점유율 목표도 광고비 규모에 영향을 미치는 요인의 하나이다. 일반적으로 브랜드의 시장점유율이 증가할수록 절대적인 광고예산의 규모도 증가한다. 그러나 시장점유율의 증가에 비례하여 광고점유율이 반드시 증가하는 것은 아니다. 브랜드의 시장점유율과 광고점유율(share of advertising voice) 간의 관계에 대한 연구들에 의하면 시장점유율이 낮은 브랜드의 광고비점유율은 시장점유율보다 높은 반면, 시장점유율이 증가할수록 이에 비례하여 광고(비)점유율이 감소한다. 미국의 광고대행사 JWT(J. Walter Thompson)의 글로벌 네트워크를 통해 23개국 1,096개 브랜드에 대한 설문조사를 실시하여 수집된 자료를 분석한 결과는 다음과 같다. 첫째, 조사된 브랜드들 중 낮은 시장점유율을 가진 브랜드(대부분 신제품 또는 도입기의 브랜드)는 일반적으로 광고점유율이 시장점유율을 훨씬 초과한다. 둘째, 많은 경우 성숙기시장에서 시장점유율이 높은 브랜드는 이익을 창출하는 브랜드였으며, 광고 · 판촉 비용을 줄여서 이익률을 높이고 있었다. 특히 시장이 안정화되고 성장률이 낮은 경우에는 광고비에 많은 투자를 하지 않으려는 경향이 강하게 나타났다. 셋째, 시장점유율이 높은 브랜드들은 시장점유율 이하의 광고비를 투입하더라도 시장점유율이 유지되거나 경우에 따라 증가하는 경향을 보였다. 이러한 연구결과는 시장점유율이 높은 브랜드는 과거보다 광고비 지출을 줄이더라도 시장점유율을 계속 유지할 수 있으나, 시장점유율이 낮은 브랜드는 높은 광고점유율(large share of voice)을 계속 유지해야 함을 시사한다.

시장점유율이 높은 브랜드의 광고점유율이 흔히 낮은 이유는 다음과 같은 요인에 의해 설명될 수 있다. 첫째, 성숙기에 들어선 시장선도 브랜드는 이미 높은 브랜드 인지도와 선호도를 확보하고 있어 추가적인 광고비지출이 매출(혹은 시장점유율)에 미치는 순효과가 그렇게 크지 않을 것이다. 둘째, 시장점유율이 높은 선도브랜드는 광고활동에서 규모의 경제(economy of scale)를 실현할 수 있으므로 상대적으로 낮은 광고비(광고점유율)로도 기존의 시장지위를 유지할 수 있다. 즉, 시장점유율이 높은 브랜드는 저점유율의 브랜드보다 높은 브랜드인지도, 낮은 평균생산비, 보다 유리한 광고시간 및 공간의 확보, 중간상으로부터의 지원, 보다 호의적인 홍보 등의 경쟁우위를 가지므로 저점유율의 브랜드보다 적은 광고비(혹은 자신의 시장점유율보다 낮은 광고점유율)로도 보다 나은 수익(효과)을 거둘 수 있다는 것이다.

6) 경쟁사의 광고활동

경쟁이 치열한 시장상황에서 마케터는 항상 경쟁사의 광고활동(competitive advertising activity)을 염두에 두고 광고예산을 책정해야 한다. 기업들은 고객의 기억을 선점하기 위해 경쟁적으로 광고활동을 하므로 이러한 고려는 기존의 시장지위를 유지하거나 강화하는 데 있어 매우 중요하다.

경쟁이 치열할수록 더 많은 광고예산이 책정되어야 하지만, 광고예산규모를 단순히 확대하는 것만이 브랜드의 매출증가에 절대적인 영향을 미치는 것은 아님을 인식할 필요가 있다. 가령, 새로운 브랜드는 높은 광고비를 지출하더라도 소비자에게 이미 친숙한 시장선도브랜드에 의한 방해 때문에 소비자의 기억에 자리잡는 것이 상대적으로 어렵다. 이에 반해 친숙한 브랜드(familiar brand)는 경쟁브랜드의 광고로부터 방해를 덜 받는다. 그러므로 광고경쟁이 치열한 시장상황에서 친숙도가 낮은 신규브랜드가 광고를 통해 독특한 제품편익을 전달하는 데 있어서 친숙한 브랜드보다 상대적으로 불리하다. 이로 인해 소비자에게 이미 친숙한 시장선도브랜드는 낮은 광고점유율(상대적으로 적은 광고예산)로도 경쟁브랜드들보다 더 높은 시장점유율을 유지하는 성향이 있다. 새로운 브랜드는 경쟁광고의 방해(competitive interference)를 피하기 위해 전통적인 광고매체 이외의 다양한 매체대안을 활용할 필요가 있다.

결국 경쟁광고로부터의 방해를 극복하는 일은 단지 광고비를 경쟁브랜드들보다 더 많이 사용하는 문제보다는 광고비를 효과적으로(현명하게) 사용할 수 있는 능력의 문제로 귀결된다. 광고주들이 광고비를 효과적으로 사용하여야 함의 중요성(효과)을 설명하는 유용한 심리이론으로 부호화다양성 가설이 있다. 부호화다양성 가설(encoding variability hypothesis)이란 사람들에게 다양한 방식을 이용하여 기억시켜야 할 대상(가령, 브랜드)과 이와 관련된 정보들 간의 연결고리를 구축하면, 제공된 정보에 대한 기억력이 증가하게 되는 현상을 말한다. 부호화다양성 가설에 따라 기업은 다양한 커뮤니케이션통로(multiple pathways)를 통하여 광고를 제공하여 광고에 대한 노출가능성을 높임으로써 소비자의 제품정보에 대한 기억을 향상시킬 수 있을 것이다. 예를 들어, 기업은 광고실행의 두 가지 중요한 요소—광고메시지와 광고매체—를 다양하게 활용함으로써 소비자의 기억을 증대시킬 수 있다. 즉, 기업은 메시지를 변형시키거나 다양한 매체를 통해 광고를 함으로써 경쟁광고로부터의 방해효과를 최소화하고 소비자의 자사브랜드(정보)에 대한 기억을 향상시킬 수 있는 것이다.

CHAPTER

8

광고전략의 수립 Ⅰ _광고컨셉의 설정

1. 광고의 전략적 역할 및 목표의 재정립
2. 광고컨셉의 개발
3. 광고기획서 개발을 위한 가이드

삼성전자 QLED 8K의 위대한 경험 캠페인: 최고의 기술로 위대한 경험을 선사하다

YouTube https://www.youtube.com/watch?v=UWGF35P70e4

제 목 [QLED 8K] TVC 위대한 경험 편

화질이 좋으면 실제 눈으로 보는 것처럼 생생한 화면을 구현해 콘텐츠에 더욱 몰입하게 해 준다. 그럼 화질이 지금보다 16배나 좋아진다면 어떻게 될까? TV 속 한 장면, 한 장면은 단지 화면의 의미를 넘어 당신에게 위대한 경험이 될 것이다. 마치 그 장소에 있는 것처럼, 마치 그 현장을 느끼는 것처럼 말이다. 'QLED 8K'는 바로 그런 TV다. 도입사례에서는 제일기획이 개발한 'QLED 8K' 위대한 경험 캠페인이 만들어진 과정(시장 상황 및 브랜드 강점 분석, 커뮤니케이션 과제 및 목표 선정, 광고컨셉의 선정, 표현 아이디어의 개발, 전달 매체의 선정)을 소개한다.

시장상황 및 QLED 8K의 특징: 모바일, 태블릿 등 개인화된 소형 디바이스가 등장하면서 TV시장은 정체되었지만, 새로운 기술에 기반한 고화질과 큰 사이즈를 무기로 한 초대형 · 초고질 TV는 가파른 상승세를 보이고 있었다. 삼성전자를 포함한 주요 TV사들은 초대형 8K 본격 판매 등을 통한 시장 성장세 유지를 위해 치열한 경쟁을 하고 있다. 삼성전자 QLED 8K는 삼성 고유의 화질 기술인 퀀텀닷에 8K(7860×4320) 해상도를 접목한 초고해상도 TV다. 소비자들이 이전에 보는 방송표준인 풀HD(1920×1080) TV대비 16배, UHD(3840×2180) TV대비 4배 더 많은 3,300만 개 이상의 화소가 배열되어 있어 큰 화면에서도 선명한 화질을 구현해 준다. 압도적인 8K 화질뿐만 아니라 컬러 볼륨 100, 최대 5,000니트 밝기, 최대 98인치 크기로 현장감과 깊이감을 극대화해 기존 TV와는 차원이 다른 현실감과 몰입감을 제공한다.

커뮤니케이션 과제와 목표: 제일기획은 QLED 8K TV를 위해 "위대한 경험" 캠페인을 개발했다. 경쟁이 치열해 지는 시장에서 삼성전자의 혁신적 기술 리더십을 공고히 하고 브랜드 선호도를 강화하는 것을 커뮤니케이션 과제로 선정하고, 목표는 밀레니얼 세대를 대상으로 선호도와 구매의향을 높이는 것이었다. 2018년부터 소개한 캠페인을 통해 어느 정도 브랜드인지도가 확보되었다고 판단해 커뮤니케이션 효과의 다음 단계인 선호도와 구매의사에 초점을 맞춘 것이다.

캠페인의 핵심주제: 제일기획은 이런 목표를 달성하기 위해 이전의 TV에서 느낄 수 없는 새로운 경험을 전달하는 데 초점을 맞추었고 이에 맞추어 "위대한 경험"을 핵심주제로 선정했다. 새로운 기술이 갖고 있는 강점을 기능에 관한 설명을 통해 전달하기보다는 소비자들이 화면을 통해 경험하게 될 감정에 초점을 맞추기로 했다. 그래서 제품의 등장은 최소화하고 새로운 기술이 소비자에게 제공할 경험 자체에 집중했다. 이를 한마디로 정리하면 "위대한 경험"이 된다.

소비자가 느낄 수 있는 위대한 경험을 표현하는 TV광고 장면: 삼성전자 QLED 8K TV 광고는 최고 화질을 제공하는 기술을 이용해 자연경관과 마주하는 소비자의 모습을 위대한 경험으로 표현하고 있다.

크리에이티브 아이디어의 구현: 제일기획은 소비자들이 광고화면을 보면서 QLED 8K의 놀라운 화질에 압도적인 전율을 느낄 수 있도록 해 주고 싶었다. 캠페인 주제 "위대한 경험"에 맞춰 일상에서 느낄 수 없는 경험을 선사하기 위한 아이디에이션이 진행되었다. 그 결과 소비자들이 평소에 접하기 어려운 동물을 상징적 기호로 선정하고 이들을 다소 과장되게 표현하기로 했다. 깃털의 질감이 살아 있는 거대한 올빼미가 사람을 향해 날아오기도 하고 경이로운 흑표범이 사람에게 다가오기도 한다. 중요한 표현요소는 이러한 동물들을 접하는 사람의 감정을 광고화면 속에 표현하는 것이었다. 이를 위해 동물과 사람의 비율조절(동물을 매우 크게, 그리고 이를 바라보는 사람의 크기를 매우 작게 함)을 통해 이러한 놀라운 경험을 표현하는 기법을 사용했다. 등장 배경에도 심혈을 기울였다. 푸른 바다, 하얀 사막, 초록의 산 정상 등을 표현함에 있어 다양한 색감을 사용함으로써 컬러감이 풍부한 화질을 만들어 냈다. 동물과 인물의 움직임마다 적절한 사운드를 입히고 증폭시켜 생생한 느낌을 전달했다. 촬영장소도 남아프리카공화국 케이프타운이 선정되었다. 즉, 모든 크리에이티브 요소들은 사람이 평소 접하지 못한 위대한 경험을 표현하는 데 초점을 맞춘 것이다.

매체전략: 이와 같은 과정을 통해 제작된 캠페인은 표적청중이 많이 노출될 수 있는 접점을 통해 전달되었다. 공중파, 케이블, IPTV, 극장, 디지털, 인쇄 등 온오프라인 접점 매체들이 종합적으로 활용되었다. 디지털 광고에선 밀레니얼 세대들의 관심사(다큐멘터리, 스포츠, 신기술, 비즈니스 등)와 생애주기(결혼, 이사 등)가 고려되어 매체가 선정됨으로써 광고메시지의 노출 가능성을 높였다. 또한, 캠페인 기간 동안 전국 삼성전자 디지털 프라자 매장 내에서 캠페인 광고가 상영되었다.

캠페인성과: 캠페인이 전개된 후 밀레니얼 최선호도, 구매의사, 혁신성 및 품질 측면에서도 유의한 수준에서 높아진 것으로 조사되었다. 국내의 광고 분야를 대표하는 한국광고학회는 2021년 이 캠페인의 우수성을 인정해 인쇄부문 대상을 수여했다.

자료원: 이서경(2019), "최고의 기술이 최상의 감성과 만나다 삼성전자 QLED 8K 〈위대한 경험〉 캠페인," 제일기획 사보, Vol. 522 July 2019.

1 광고의 전략적 역할 및 목표의 재정립

광고전략 수립의 첫 번째 단계는 IMC 목표 및 전략과 일관성을 유지할 수 있도록 광고의 역할 및 목표를 구체화하는 것이다. 이를 위해 광고대행사에서 광고기획을 담당하고 있는 AE는 먼저 광고주의 마케팅전략 및 IMC전략을 검토하여야 한다. 만일 광고주의 마케팅전략과 IMC전략이 구체화되어 있지 않은 경우, AE는 소비자 및 경쟁자료의 수집 · 분석, 환경분석, 제품분석 등의 작업을 시작해야 한다. 광고주가 마케팅전략 및 IMC전략을 이미 세워 놓은 경우에도 AE는 추가적인 자료수집의 필요성을 검토하여야 하고, 기존에 수집된 자료와 추가적으로 수집된 자료의 종합적 분석을 통해 마케팅전략 및 IMC전략과 일관성을 유지하는 광고가 개발될 수 있도록 노력해야 한다. 광고의 전략적 역할과 목표의 구체화는 시장상황 중 주요사항(key facts)을 정리하고 이를 바탕으로 광고가 해결해야 할 과제를 명확히 하는 것이다.

2 광고컨셉의 개발

광고의 전략적 과제와 목표가 세워지면 이를 달성하기 위한 광고 아이디어의 개발이 시작된다. 광고 아이디어의 개발은 광고컨셉의 선정에서 시작되는데, 이는 광고에서 "무엇을 이야기할 것인가"(what to say)를 정하는 것이다. 광고의 방향을 설정하는 광고컨셉의 중요성은 아무리 강조하여도 부족함이 없다. 이하에서는 광고컨셉의 중요성, 광고컨셉을 도출하는 과정, 광고컨셉을 도출하기 위한 준비 및 광고컨셉을 도출하는 스타일을 살펴보기로 한다.

광고전략의 핵심은 광고컨셉의 선정에 있다. 광고컨셉은 광고의 핵심적인 주제로서 제품을 판매할 수 있는 아이디어를 표현한 것이다. 제롬 쥬엘러(Jerome Jeweler)라는 광고인은 「크리에이티브 전략(Creative Strategy in Advertising)」이라는 책에서 광고컨셉에 대하여 다음과 같이 기술하고 있다: "광고컨셉은 당신이 표적청중에게 이야기하는 가장 중요한 소구점이 된다. 광고컨셉은 모든 광고에서 중심 이슈가 되고 구체적인 크리에이티브

소구유형 및 실행스타일을 발견하는 토대가 된다." 즉, 광고컨셉이란 광고에서 이야기하고자 하는 것을 하나의 단어나 어구로 표현한 것이라고 할 수 있다.

브랜드파워(brand power) 또는 브랜드 자산가치(brand equity)가 높은 대부분의 브랜드들은 확실한 광고컨셉을 정립하고 광고캠페인을 통해 이러한 컨셉을 장기적으로 일관성 있게 표현하고 있는데, 이는 브랜드아이덴티티를 표적소비자의 마음속에 심는 데 있어 광고컨셉이 갖는 중요성을 잘 보여 주는 것이다. 예를 들어 다시다의 "고향의 맛", 썬키스트의 "순수한 맛", 에이스 침대의 "침대는 가구가 아닙니다.", 게토레이의 "갈증해소", 박카스의 "피로회복", 펩시의 "choice of new generation", 말보로의 "Marlboro Country" 등의 광고캠페인들은 브랜드이미지 또는 브랜드아이덴티티 형성의 토대가 되었다. 아래에서는 광고컨셉이 갖추어야 할 필수적인 조건을 설명하기로 한다.

(1) 광고컨셉이 갖추어야 할 조건

① 가장 중요한 한 가지를 찾아내라

광고컨셉은 제품특성들 가운데 가장 중요한 한 가지(single concept)를 표현하여야 한다. 광고주는 막대한 광고비용을 지불하기 때문에 한 광고에서 자사제품의 바람직한 특성들 모두를 이야기하고 싶은 유혹을 갖게 되지만, 광고에서는 가장 중요한 한 가지 특성만을 강조하여야 한다. 기억에 관한 연구결과에 의하면, 인간의 단기기억에서 처리될 수 있는 정보단위는 5~9개 정도라고 한다. TV의 경우 한 프로그램이 끝나고 나면 약 15~20개의 광고가 연속적으로 방영되고 신문 · 잡지의 경우도 수십 편 이상의 광고가 함께 게재된다. 이와 같이 적어도 10개 이상의 광고를 동시에 접하게 되는 광고혼잡 상황에서, 각 광고가 한 가지 제품정보만을 제시하여도 소비자가 특정광고의 메시지를 기억하게 될 가능성은 매우 낮다. 이는 제공된 광고정보의 양이 소비자의 기억이 처리할 수 있는 용량보다 훨씬 많기 때문이다. 그러므로 한 광고에서 여러 제품특성들을 함께 이야기하는 것은 마치 광고비를 휴지통에 버리는 것과 같다고 할 수 있다.

② 소비자가 단번에 이해할 수 있을 정도로 단순하고 명료한가를 확인하라

한 가지 가장 중요한 컨셉을 찾아내면 이를 명료하게 전달해야 한다. 소비자가 광고를 쉽게 이해할 수 있어야 하고 그래서 광고컨셉은 단순해야 한다. 포지셔닝이나 제품

광고 Highlight

Single 컨셉과 관련된 일화

광고대행사가 광고주에게 자신들이 준비한 광고 아이디어를 제시하는 자리에서 광고주와 광고대행사의 의견대립은 흔히 목격된다. 가장 대표적인 의견대립의 하나가 광고의 핵심컨셉에 관한 것이다. 예를 들어, 제시된 자동차 광고안은 'A 제품은 승차감이 좋다'는 점을 컨셉으로 선정하여 아이디어를 표현하였는데, 광고주가 우리 제품은 새로운 엔진을 부착하였기 때문에 엔진 성능이 우수하다는 점도 함께 표현하여 달라고 요구할 수 있다. 광고대행사는 당연히 광고에서는 한 가지의 주요 컨셉만을 전달하여야 함을 강조하여 광고주를 설득하고 있는데, 만일 광고주가 끝까지 엔진성능에 관한 내용을 추가시켜 달라고 요구하면 어떻게 하여야 할까?

이런 상황에서 광고주의 설득에 성공한 제일보젤 L 대표의 유명한 일화가 있다. 그는 자신이 준비한 광고안을 프레젠테이션하는 동안 광고주가 광고에서 여러 제품특성을 함께 표현하여 주기를 요구할 것에 대비하여 테니스공 3개를 준비하여 갔다고 한다. 예상했던 대로 광고주가 여러 제품특성을 함께 표현하여 달라고 요구하여 오자 광고주에게 준비한 테니스공 한 개를 던져주며 그 공을 받아보라고 제안하였다. 당연히 광고주는 테니스공 한 개를 잘 받았는데, 다음에 그는 광고주에게 테니스공 3개를 동시에 던져주며 다시 공을 받아보라고 요구하였다. 그 결과는 광고주가 한 개도 받지 못하였다는 것이다. 즉, 그는 소비자에게 제품의 중요한 점 한 가지를 보여주면 소비자는 그 한 가지를 기억할 수 있지만, 여러 가지를 보여주면 한 가지도 기억하지 못하게 될 수 있음을 테니스공에 비유한 것이다.

광고에서는 한 가지만을 이야기하여야 한다. 그리고 그 한 가지를 반복적으로 일관성 있게 지속적으로 제공하여야 한다. 그래야만 소비자가 그 한 가지를 확실하게 기억할 수 있다. 광고에서 소비자에게 여러 가지를 또는 한 가지를 해마다 바꾸면서 강조하게 되면, 일정 시간이 경과한 후 소비자가 그 브랜드에 대하여 아무것도 기억하지 못하게 된다. 여러분이 알고 있는 여러 브랜드들의 연상되는 이미지를 생각해 보라. 만일 여러분이 그 브랜드에 대하여 확실하게 연상되는 요소(제품의 중요한 속성, 소비자의 핵심적인 편익 또는 가치 등)가 있다면, 그 제품은 오랜 기간 동안 광고활동을 하면서 한 가지 중요한 요소를 지속적이고 일관성 있게 표현하여 왔음에 틀림없다. 만일 여러분이 그 브랜드에 대하여 확실하게 연상되는 요소가 없다면, 그 제품은 과거의 광고활동에서 한 가지 컨셉을 지속적으로 전달하지 못하였을 것이다. 확실한 연상요소를 갖고 있지 못한 브랜드들은 의외로 많다.

의 핵심개념은 마케터가 표현하고 싶은 것을 회사의 관점에서 정리한 것이라면 광고 컨셉은 이를 소비자의 관점으로 전환시킨 것이다. 공간과 시간이 제한되어 있는 광고 환경에서 그리고 광고에 집중하지 않는 상황(소비자가 그냥 스쳐 지나가듯 광고를 접하는 저관여 상황)에서도 적어도 핵심 메시지는 이해할 수 있어야 한다. 소비자가 광고를 여러 차례 보았어도 그 광고가 이야기하는 핵심주제를 잘 이해하지 못한다면 그 광고는 실패한 것이다. 광고제작자는 당연히 자신이 표현한 광고 아이디어의 의미를 잘 알고 있다. 그러나 소비자는 처음 접하는 메시지일 것이다, 그래서 광고관리자는 표적소비자들이 광고를 쉽게 이해할 수 있는지를 항상 점검해야 한다. 광고컨셉은 소비자의 관점에서 설정하는 것임을 잊지 말자.

③ 오래 지속할 수 있는지 그리고 경쟁사가 따라올 수 없는 개념인가를 확인하라

광고관리자가 광고개념을 설정할 때 마지막으로 점검해야 할 포인트는 오래 지속될 수 있는지 그리고 경쟁사가 쉽게 따라 할 수 있는가이다. 광고의 진정한 힘은 그 컨셉을 오래 지속하면서 소비자의 머릿속에 확실하게 새겨주는 것인데, 이는 누적적 효과에서 나온다. 그래서 광고컨셉은 브랜드 아이덴티티 또는 브랜드 정신(또는 DNA)에 바탕을 두는 것이 바람직하다. 광고컨셉을 장기간 지속하기 위해서는 그 컨셉에 대한 다양한 표현이 가능한가도 확인해야 한다. 광고주는 광고회사에게 내년의 광고 아이디어가 아닌 향후 5년간 유지될 광고 아이디어를 제시해 달라고 요구해야 한다. 광고전략은 장기적인 안목에서 수립되고 집행되어야 누적적 효과를 기대할 수 있기 때문이다. 마지막으로 관리자는 광고컨셉을 정할 때 경쟁사(특히 선도 브랜드)가 따라할 수 없는가를 확인해야 한다. 좋은 컨셉을 개발해 일시적으로 큰 히트 상품을 냈지만 오래 지속하지 못했던 여러 가지 사례들이 있다. 매실음료를 처음 개척한 초록매실, 맑은 국물의 꼬꼬면, 달콤한 맛을 처음으로 소개한 허니버터칩 등이 좋은 예이다. 이들 브랜드들은 새로운 개념을 시장에 소개해 소비자들로부터 엄청난 반응을 얻어내는 데 성공했지만, 경쟁사들(특히 시장 선도자들)이 유사제품을 출시하면서 그 인기를 독점적으로 유지하는 데 실패했다. 이들은 런칭 당시 광고개념을 기능적인 속성에 초점을 맞춰 소개한 후 이를 브랜드 DNA로 확장시키기 못했기 때문이다. 반면 오리온 초코파이는 '정'이라는 광고컨셉을 브랜드의 아이덴티티로 승화시켜 장기적으로 관리함으로써 유사제품들이 시장에 소개되었음에도 불구하고 아직까지도 압도적인 No. 1 브랜드의 지위를 유지하고 있다. 좋

은 광고컨셉을 브랜드의 DNA로 발전시킬 수 있는 로드맵이 미리 준비되어 있어야 경쟁사의 물타기 전략을 뿌리칠 수 있다.

(2) 광고컨셉 도출을 위한 준비

광고효과에 상당한 영향을 미칠 수 있는 광고컨셉은 어떻게 찾아낼 수 있을까? 광고컨셉의 도출과정은 모든 광고인들에게 초미의 관심사이다. 아래에서는 좋은 광고컨셉을 찾는 데 도움이 될 수 있는 지침들을 설명하기로 한다.

① 광고주로부터의 오리엔테이션

한국광고학회가 주관한 '한국광고의 창의성 향상에 관한 연구'의 조사결과에서 흥미로운 사실이 발견되었다. 이 연구에서는 국내 광고인들 중 가장 창의적이라고 평가되는 전문가를 분야별로 직접 면접하여 그들이 일하는 방식을 분석하였는데, 창의적인 광고인들은 공통적으로 분야에 관계없이 광고주 오리엔테이션의 중요성을 강조하고 있었다.

즉, 광고주가 제품이 개발된 배경, 제품이 가지고 있는 특징, 시장 및 경쟁상황 등을 정확히 설명해 줄 때, 광고전략의 방향이 분명해져 광고제작 작업의 효율성이 높아지고 광고의 완성도도 높아진다는 것이다. 따라서 광고대행사의 AE는 크리에이티브 팀이 광고주로부터 제품에 관한 상세한 오리엔테이션을 받고 질문할 수 있는 기회를 제공할 수 있도록 광고주와 협의하여야 한다. 마찬가지로 광고주도 간단한 시장자료만을 제공하고 우수한 아이디어의 개발을 요구하기보다는 좋은 광고를 제작하는 데 도움이 되는 모든 정보를 제공하고 수시로 그들과 의견을 교환하는 자세를 가질 필요가 있다. Salz는 「How to get the best advertising from your agency」라는 책에서 광고주가 광고대행사를 대하는 데 있어 대화하는 자세, 분명하고 일관성 있게 요구하는 자세, 좋은 자료를 제공하는 노력, 솔직하게 대화하는 노력, 상대방의 전문성을 인정하는 자세, 대행사를 파트너로 인정하는 자세 등을 강조하고 있다.

② 소비자와의 만남

유능한 광고인들은 광고주로부터 충분한 정보제공을 받았더라도 소비자를 직접 만나서 그들을 관찰하고 대화하고자 노력한다. 그들은 소비자가 공감할 수 있는 제품본질을 찾아가는 과정을 광고컨셉이라고 이야기한다. 따라서 이들은 광고의 컨셉을 찾기 위한 방법으로 소비자와의 개별적인 만남을 적극 활용한다. 즉 소비자를 만나 그들이 왜 제품을 구매하였고, 어떻게 사용하고 있으며, 사용과정에서 어떤 경험을 하고 있는가를 파악하여 제품이 소비자에게 제공하는 본질(제품이 소비자에게 제공하는 근본적 혜택)을 파악하고자 노력하는 것이다. 좋은 광고컨셉은 시장자료보다는 개별 소비자의 경험에서 발견되는 경우가 많다.

③ 탐색적 조사방법의 활용

적지 않은 광고인들이 광고 아이디어를 찾기 위한 방법으로 표적집단면접(focus group interview) 및 심층면접과 같은 탐색적 조사를 활용하고 있다. 탐색적 조사는 광고 아이디어를 이끌어 낼 영역이 분명하지 않을 때 이를 찾기 위해 실시된다. 예를 들어, 표적집단면접에서 크리에이티브 팀은 사회자와 여러 명의 소비자들이 토의하는 장면을 직접 관찰하면서 아이디어를 탐색한다. 이때 토의 참석자들에게 주로 제시되는 질문들은 제품을 사용하는 동기, 상표선택과정, 제품사용경험 등인데, 가능하면 비정형화된 질문을 통해 참석자들이 자신들의 경험을 자유롭게 이야기할 수 있는 여건을 마련해 주는 것이 바람직하다. 광고인은 탐색적 조사를 통해 수집된 심층적인 자료를 분석함으로써 소비자들이 제품구매로부터 얻고자 하는 가치들 간의 연결구조(value chain)를 파악하고 이로부터 광고컨셉을 찾을 수 있다. 광고인들은 자신이 개발한 광고컨셉이 소비자에게 얼마나 설득적인지 조사를 통하여 검증하기도 한다. 즉, 그들은 자신의 개인적 경험과 통찰력을 통하여 얻어낸 여러 컨셉들을 직접 소비자를 통하여 검증하는 것이다.

최근 들어 netnography와 AI가 결합하면서 소비자의 감성을 정확히 파악한 후 맞춤 서비스를 제공하는 사례가 늘어나고 있는데, 이에 관해서는 〈광고 Highlight〉에서 소개하였다.

④ 크리에이티브 팀 아이디에이션의 활용

광고대행사가 광고주를 영입하면 광고제작을 위해 크리에이티브 팀을 구성하게 된다. 크리에이티브 팀의 구성원들이 모여 브레인스토밍(brainstorming)을 하는 것도 좋은 광고컨셉을 찾아내는 방법 중의 하나이다. 크리에이티브 팀 구성원들은 아이디에이션을 통하여 광고컨셉에 대한 대안들과 다양한 표현방향을 개발하게 되고 개발된 안들의

광고 Highlight

인간의 언어에서 감성을 읽어내다: AI와 Netnography의 만남

2016년 11월 19일 전 세계는 미국 대통령 선거에 주목하고 있었다. 당시 대부분의 언론사와 여론조사 기관들은 대부분 힐러리의 당선을 예측하고 있었다. 그러나 트럼프가 당선되자 이들 기관들은 당혹감을 감추지 못했다. 그런데 이때 트럼프의 당선을 예측한 기관이 있었는데, 데이터 벤처기업 제닉 AI와 구글이 그들이다. 이들은 모두 검색엔진과 SNS 상에서 대량의 데이터를 지속적으로 수집하고 이들을 머신러닝 기법으로 분석했고 그 결과 트럼프의 당선을 예측했다. 이들은 빅 데이터를 지속적으로 추적해 분석함으로써 소비자의 마음과 감성을 읽어낸 것이다. 여론조사가 단순히 소비자의 투표의견을 조사하는 것이기 때문에 이를 토대로 선거결과를 예측하는 것은 다양한 오류들로 인해 정확하지 않을 수 있다. 가령 진실된 응답을 꺼리는 응답자들이 있고, 샘플링(표본추출)상의 오류도 있을 수 있으며, 최종 투표 시 마음이 바뀔 수도 있다. 그러나 제닉 AI와 구글은 2~3개월간 인터넷 상에 올라온 데이터를 시계열적으로 분석함으로써 유권자들의 마음을 읽을 수 있었고, 이를 통해 트럼트의 승리를 정확하게 예측할 수 있었던 것이다.

소비자의 마음과 감성을 읽는 방법으로 ethnography가 주목을 받고 있다. 이제 국내외 기업들은 소비자의 마음을 읽기 위해 설문조사 방식에만 의존하지 않는다. 시간이 걸려도 소비가 일어나는 현장에서 오랜 기간 반복적으로 자료를 수집하는 ethnography 방식을 활용하는 것은 이제 필수가 되었다. 그리고 온라인 상에 있는 자료를 분석하는 Netnography도 활용범위가 넓어지고 있다. 왜냐하면 오프라인에서 자료를 수집하는 것보다는 온라인상에서 자료를 수집할 때 더 많은 데이터를 발견하고 축적할 수 있고 초기 비용은 크지만 일단 시스템이 정착되면 신속하게 저렴한 비용으로 소비자에 대한 인사이트를 실시간으로 파악할 수 있기 때문이다. 예를 들어 온라인상의 고객리뷰, 서비스 평가, 마케팅 개선 요구사항, 소셜 미디어 모니터링 등을 지속적으로 수집하고 분석해 소비자의 마음과 감성을 진단한 후 고객의 입맛에 맞는 맞춤경영을 전개할 수 있다. 아마존과 구글의 온라인상에서 자사상품검색 분석을 통한 제안, 동영상 스트리밍 서비스 기업의 '플렉스 파일', 온라인 음악 서비스 업체들의 온라인 의견을 통한 선곡 등이 대표적인 예들이다. 아래에서는 이와 같이 소비자의 정서를 보다 정확하게 읽게 해 주는 ethnography(netnography도 함께 적용됨)의 주요원리를 소개하였다.

1. Ethnopraphy의 특징

Ethnography는 문화인류학에서 주로 사용되고 있는 조사방법론으로 최근 기업들의 주목을 받고 있는데, 이의 특징을 요약하면 다음과 같다.

첫째, ethnography는 현장에서의 자료수집을 권장(natural setting)하고 있는데, 이는 실제소비가 일어나는 현장(또는 자연스런 상황)에서 소비자들에 대한 자료가 수집되는 것을 의미한다. 이와 같이 자료수집 시 현장성이 반영되면 조사자는 현상을 언어적으로 이해하는 것이 아니라 경험을 통해 느끼게 되고 그에 따라 현상에 대한 이해수준이 높아진다.

둘째, ethnography는 자료를 수집하고 해석함에 있어서 '내부인(insider)의 관점'을 갖는데, 이러한 방법으로 수집된 조사결과는 마케터가 고객지향적인 관점을 확보하는 데 도움을 줄 수 있다. 왜냐하면 ethnography에선 정보제공자 관점의 자료가 수집되고 수집된 자료를 외부인이 아닌 내부인의 관점에서 해석하기 때문이다.

셋째, ethnography는 '지속적인 관여와 반복적인 관찰(prolonged engagement and persistent observation)'을 통해 연구자의 주관성이 반영되는 단점을 극복하고자 한다. 정량적인 조사방식(예외: 패널 자료)은 대체로 조사대상자와의 제한된 접촉을 통해 자료를 수집하기 때문에 조사대상자의 개인적인 문제, 응답하기 곤란한 민감한 문제, 잠재되어 있는 욕구 등을 파악하기 쉽지 않다. 정보제공자와의 지속적인 관여를 통해 수집된 자료들을 종합적으로 분석할 때 이러한 문제들에 대한 단서가 발견될 수 있다.

마지막으로, ethnography는 '다원적 자료수집방식(multi-method)'을 통해 조사결과의 신뢰성(trustworthiness)을 확보한다. 마케팅조사의 경우에는 일반적으로 제한된 표본을 대상으로 일회성의 프로젝트들이 동시에 진행되지만, ethnography는 충분한 시간을 가지고 조사자가 관심을 갖는 대상에 대해 필요한 경우 다양한 방식으로 자료를 수집해 종합적으로 해석한다.

2. 마케팅 문제 해결에서 Ethnography 원리의 활용가치

앞서 언급한 바 있는 ethnography는 소비자행동과 관련해 소비자 관점의 자료를 심층적으로 제공해 줄 수 있기 때문에 마케팅조사 분야에서 ethnography의 활용가치는 매우 높은데, 이를 소개하면 다음과 같다.

첫째, ethnography 원리는 신제품 아이디어의 발견을 위해 유용하게 활용될 수 있다. 마케팅 관리자는 신제품 아이디어를 발견하기 위해 시장조사 결과보다는 마케터의 직관, 전문가의 의견 또는 영업사원의 제안에 의존해 왔다. 그러나 현장에서의 소비자의 소비체험 또는 경험과 관련한 자료는 신제품 아이디어를 위한 단서를 제공할 수 있다.

둘째, ethnography는 신제품에 대한 소비자의 수용가능성을 테스트하는 데 유용하게 활용될 수 있다. 일반적으로 신제품에 대한 수요예측은 마케터에게 중요한 과제이고 신제품에 대한 다양한 수요예측모형이 개발되어 왔다. 이러한 모델들은 대체로 제품이 사용되는 현장이 반영되지 않은 상황에서 구매가능성을 예측하고 있기 때문에 예측의 부정확성이 문제점으로 지적되어 왔다. 그러나 이러한 조사에 '현장성' 또는 'multi-method'와 같은 ethnography 원리가 적용됨으로써 예측의 정확성이 높아질 수 있다.

셋째, ethnography의 원리들은 제품에 담겨 있는 소비가치 혜택 또는 숨겨진 욕구를 발견하는 데 효과적으로 활용될 수 있다. 마케팅에서 강조하는 고객욕구는 실제적 욕구와 잠재적 욕구로 구분될 수 있다. 실제적 욕구는 기존의 정량적인 조사방식(예: 설문조사)에 의해서 확인될 수 있지만, 잠재적 욕구는 정량적인 조사방식에 의해 발견되기 어렵다. 왜냐하면 소비자들은 자신들이 갖고 있는 욕구를 의식하지 못하기 때문이다.

자료원: 김범진(2018). "트럼프의 당선 예측했던 분석 인간의 언어에서 감성을 읽어내."Dong-A Business Review, November 2018 Issue 2 No. 261, p. 46-50. 제일기획 사보 편집실. "빅 데이터, 소비자의 마음을 꿰뚫다."제일기획 사보, 2016 July, p. 1-4. 유창조(2010). "마케팅조사 현장에서 ethnography 원리의 적용방안에 관한 연구."조사연구, 11(3), 115-137.

검증과 보완을 통하여 최종안이 개발될 수 있다. 크리에이티브 팀은 다양한 분야의 전문가들로 구성되기 때문에 각 구성원이 독립적이면서도 팀으로 조화롭게 일할 수 있는 분위기를 조성하는 것이 매우 중요하다. 팀 구성원들은 서로를 존중하고 상대방의 이야기에 힌트를 얻어 자신의 아이디어를 구체화하고 발전시킬 수 있다.

훌륭한 광고컨셉은 어느 날 갑자기 발견되는 것이 아니다. 좋은 컨셉을 개발하기 위해 표적청중, 주요 경쟁브랜드들, 그리고 경쟁적 차별점에 대한 분석과 이해가 이루어져야 한다. 마케팅전략의 틀인 S-T-P(시장세분화, 표적시장 선정, 브랜드포지션의 결정)와 광고컨셉의 도출과정은 서로 긴밀한 관계를 갖는다. 마케팅전략은 시장을 세분화하여 표적시장을 선정한 다음 표적소비자의 마음속에 주요 경쟁브랜드들에 비해 차별화된 위치(포지션)를 정립하는 과정이다. 따라서 마케팅전략에 포함된 브랜드포지션은 광고컨셉으로 그대로 연결된다. 즉, 마케팅전략에서 결정된 브랜드포지션이 기업이 추구하는 브랜드의 경쟁적 위치라면, 이를 표적청중에게 전달하기 위해 구체적으로 표현한 것이 광고의 핵심컨셉인 것이다.

(3) 광고컨셉을 도출하는 다양한 방법

광고컨셉의 도출은 광고전략수립에서 가장 중요한 영역이기 때문에, 많은 광고인들이 광고컨셉을 어떻게 도출하는 것이 가장 바람직한가에 대하여 수없이 고민하여 왔다. **표 8-1** 은 세계적인 광고인들이 광고컨셉을 도출하기 위하여 사용하였던 접근방식들

표 8-1 광고컨셉을 찾는 스타일

광고인	광고컨셉을 찾는 스타일	사례
Roger Reeves	고유한 판매제안의 발견(USP)	에비앙의 '물이 다르다' 편
David Ogilvy	상표이미지의 창조	말보로 담배의 남성적 이미지
Leo Burrett	내재된 드라마(Inherent Drama)의 발견	오리온 초코파이의 '정'
Trout and Ries	포지셔닝의 선정	LG 유플러스의 '불편한 진실' 편
Dusenberry	경험적 요소(오락과 정감)의 발견	롯데 삼강의 돼지바 '임채무' 편

을 정리한 것이다.

① 고유한 판매제안(Unique Selling Proposition: USP)의 발견

고유한 판매제안의 발견을 통하여 광고컨셉을 찾는 방식은 광고대행사 테드 베이츠(Ted Bates)의 대표이사였던 로저 리브스(Roger Reeves)라는 유명한 광고인에 의하여 개발되었다. Roger Reeves는 고유한 판매제안을 찾기 위하여 다음의 세 가지를 고려하여야 한다고 이야기한다. 첫째, 광고는 항상 소비자에게 무엇인가를 제안할 수 있어야 한다. 즉 이 제품을 사면 소비자는 어떤 혜택을 받을 것이라는 제안이 이루어져야 하는 것이다. 둘째, 그 제안은 경쟁사 제품이 제공할 수 없는 고유한 것이어야 한다. 그 제안은

에비앙의 '물이 다르다'편: 이 광고는 좋은 물이 젊음이나 아름다움과 얼마나 깊은 상관관계를 가지고 있는지 보여주고 있다. 알프스 만년설이 녹아 퇴석층을 거쳐 15년간 여과된 물이 여러분을 아름답게 만들어준다고 강조하고 있다.

소비자가 유형적으로 감지할 수 있는 것이든 또는 무형적이지만 상상이나 느낌으로 감지할 수 있는 것이든 고유한 그 무엇이 있어야 한다. 셋째, 수많은 소비자를 움직일 수 있는 강력한 것이어야 한다. 고유한 판매제안을 통하여 성공적인 런칭을 한 대표적인 제품이 하이트 맥주이다. 여러분은 아마도 하이트의 런칭광고를 기억할 것이다. 하이트 광고는 지하 150미터의 암반수로 만들어 깨끗한 맛을 가지고 있다고 소비자에게 제안하였다. 암반수로 만든 맥주라는 점은 다른 경쟁사에서 찾아볼 수 없는 하이트만의 고유한 특징이었고, 암반수로 만들었기 때문에 깨끗한 맛을 즐길 수 있다는 점은 소비자에게 중요한 혜택(편익)이 되었다. 특히 하이트가 런칭될 당시 발생된 두산의 페놀사건으로 인해 맥주의 깨끗한 맛은 많은 소비자를 움직일 수 있을 만큼 강력한 것이었다. 한편, 에비앙의 '물이 다르다'편도 고유한 판매제안을 컨셉으로 활용하고 있다. 에비앙 광고는 아름다움을 지켜주는 것은 휴식, 운동, 사랑, 상냥함, 그리고 물이라고 강조한다. 에비앙은 15년이라는 긴 세월을 통하여 알프스 VinZier 고원에 있는 만년설이 녹아 10m 두께 퇴적층을 거쳐 여과된 물을 사용하고 있기에 소비자를 아름답게 지켜준다고 약속한다.

② 브랜드이미지(Brand Image)의 창조

브랜드이미지의 창조는 전설적인 광고인 데이비드 오길비(David Ogilvy)에 의하여 자주 사용되던 방법이다. David Ogilvy는 「광고인의 고백(Confessions of an Advertising Man)」이라는 유명한 책에서 광고컨셉을 브랜드이미지에서 발견할 것을 제안하고 있다.

그는 모든 광고는 브랜드의 상징적 의미(symbolic meaning)를 담은 브랜드이미지를 구축하는 데 기여해야 한다고 주장한다. 그는 브랜드이미지의 중요성을 다음과 같이 이야기하고 있다.

"브랜드들이 서로 유사할 때 브랜드이미지 또는 브랜드개성(brand personality)은 특히 중요하다. 브랜드들이 유사하면 할수록 구매에 있어서 소비자의 이성적 판단의 역할은 줄어든다. 위스키, 담배, 맥주 등은 브랜드들 사이에 유형적 측면에서 특별한 차이가 발견되지 않는다. 케이크 믹스, 세제, 마가린 등도 마찬가지다. 매우 정교하게 다듬어진 브랜드개성을 구축하기 위한 광고에 노력을 집중시킨 회사가 가장 높은 시장점유율과 수익률을 차지할 수 있을 뿐이다."

브랜드이미지는 다양한 형태로 표현되는데, 이는 크게 제품속성과 관련된 것과 제품

속성과 관련이 없는 것으로 구분된다. 4장에서 이미 설명하였듯이 제품속성과 관련된 이미지는 다시 제품범주에 대한 연상(예: 프린터하면 휴렛팩커드가 연상됨), 제품속성에 대한 연상(예: 설화수의 한방성분 등), 품질 및 가격과 관련된 연상(예: 최고의 성능을 강조하는 BMW의 슬로건의 the ultimate driving machine, 제주항공의 저렴한 가격 등)으로 나뉘고, 제품속성과 관련이 없는 이미지는 다시 브랜드 퍼스낼리티에 대한 연상(예: 말보로 담배의 남성적 이미지, 아이보리 비누의 순수함 등), 사용자와 관련된 연상(예: 나이키 농구화의 마이클 조던, 경동보일러의 시골에 계신 부모님 등), 제품용도와 관련된 연상(게토레이의 갈증해소, 컨디션의 음주 전 드링크 등)으로 구분된다. 이와 같이 광고는 다양한 형태의 브랜드이미지 구축을 통해 소비자 인식상의 경쟁우위를 확보하는 데 기여할 수 있다.

③ 내재된 드라마(Inherent Drama)의 발견

광고의 주요 판매아이디어를 찾아내는 데 유용한 또 다른 접근방식은 리오 버넷(Leo Burnett)대행사의 사장이었던 리오 버넷(Leo Burnett)의 광고철학인 내재된 드라마의 발견이다. 그에 따르면 내재된 드라마란 제조업체로 하여금 제품을 만들게 하고 소비자가 그 제품을 구매하게 하는 숨겨져 있는 비밀이다. 따라서 그의 광고전략은 제품이 가지고 있는 고유한 비밀 또는 드라마를 찾아내어 그것을 진실되게 보여주는 것이다. 그는 고유한 비밀이 일단 발견되면, 그 비밀 자체가 청중의 주의를 끌 수 있다고 믿었다. Leo Burnett의 광고 접근방식은 고유한 드라마를 온화하고 현실적인 방법으로 제시하는 것이다. 그는 '따분한 사실의 나열', '수사적 기교', '호언장담의 화려한 미사여구' 등을 용납하지 않았다. 그가 광고문안의 선택 시 가장 중요하게 고려한 것은 '온화함(warm)'과 '신뢰성(believable)'이었다. 그는 카피라이터의 능력에 대해 다음과 같이 이야기한다.

"최고의 카피라이터는 이미 알려진 사물들을 새로운 관계로 재구성하여 표현할 수 있는 능력을 가지고 있어야 한다. 바로 이것이 제품 속에 숨어 있는 내재된 드라마를 발견하는 길이다. 그리고 카피라이터는 그 발견을 기탄없이 솔직하게 표현해야 한다. 그러기 위해서 카피라이터는 지나치게 감성적이지 않고 온화해야 한다."

그에 따르면 내재된 드라마는 항상 어딘가에 존재하며, 일단 발견되면 소비자에게는 가장 흥미롭고 믿을 만한 것으로 느껴진다고 주장한다. 내재된 드라마를 발견하는 방법 중의 하나는 소비자가 제품을 사용함으로써 얻을 수 있는 핵심적인 혜택(편익)을 찾아보는 것이다. Leo Burnett은 그 핵심적인 혜택을 드라마틱하게 표현해야 한다고 말한다.

Happiness Machine 시리즈 광고의 예: 라틴 아메리카 7개국을 대상으로 Friend Day에 전개된 캠페인으로 친구와 협력해 높은 곳에 있는 버튼을 누르면 한 번에 두 개의 코크를 마시는 행복을 주는 자판기를 선보임

여기서 드라마틱한 표현은 특이하게 보여주는 것이 아니라 있는 그대로를 평범하게 보여주는 것을 의미한다. 이런 의미에서 리오 버넷의 광고철학은 '평범한 터치(common touch)'라고 불린다.

오리온 초코파이는 제품 속에 숨겨진 비밀을 발견하여 이를 장기 캠페인으로 활용함으로써 제품군의 대표브랜드로 자리 잡았다. 오리온 초코파이는 한국인의 보편적인 정서인 '정'이라는 컨셉을 통하여 제품의 정체성을 오랜기간 동안 전달하고 있다. 1989년 '선생님과 학생'편을 시작으로 현재까지 수십 편의 정 시리즈를 소개해 왔는데, 모든 광고들이 우리의 일상생활에서 나눌 수 있는 '정'을 소재로 하고 있다. 즉, 제품 속에 숨겨진 비밀을 드라마 형식으로 장기간에 걸쳐 전개함으로써 경쟁브랜드가 침범할 수 없는 확고한 경쟁우위를 확보한 대표적인 예라고 하겠다. 여러분이 잘 아는 코카콜라도 내재된 드라마를 광고캠페인에 활용한 좋은 예이다. 코카콜라는 오랜 전통의 탄산음료임을 연상시키는 데 머물지 않고 콜라에 숨겨져 있는 비밀로 '즐겁고 행복한 순간'을 설정하고 이를 전달하기 위해 "Happiness Machine"시리즈를 발전시켜 왔다. 여러분에게도 익숙한 Happiness Factory와 Hug machine은 소비자들에게 콜라를 마시는 순간의 즐거움과 행복을 전달하는 수단이고 최근에 개설된 온라인 플랫폼 코카콜라 Journey도 코카콜라의 행복을 소통하는 통로다. 기업의 일방적인 전달방식을 지양하고 다양한 소비자들로 하여금 코카콜라를 마시는 즐거움과 관련된 다양한 형태의 콘텐츠를 생산해 이 플랫폼에 올리도록 함으로써 코카콜라 사용경험을 토대로 한 자신만의 드라마를 다른 소비자들과 소통하도록 했다.

④ 제품포지션의 개발

제품포지션은 특정 브랜드가 경쟁브랜드들과 비교하여 소비자의 마음속에 차지하고 있는 상대적인 위치를 말한다. Trout and Ries는 1970년대 초에 포지셔닝의 개념을 광고전략에 이용하는 방안을 소개하였는데, 그 이후 광고크리에이티브에서 거의 항상 포지셔닝의 개념이 등장하고 있다. 마케팅전략에서 설명한 바와 같이 제품포지션은 제품속성, 사용상황, 제품군, 제품사용자, 경쟁제품 등 다양한 차원을 토대로 세워질 수 있다.

제품포지션은 크리에이티브전략의 근간이 되는 광고컨셉으로 발전되어 표적소비자의 마음속에 확고하게 자리를 잡을 수 있다.

에이스 침대는 포지셔닝전략으로부터 광고컨셉을 개발했다. 에이스 침대의 표적청중

명품 햄버거로 포지션을 해 성공한 쉐이크쉑: SPC 쉐이크쉑 매장이 강남에 오픈되자 명품 햄버거를 경험하기 위해 몇 시간씩 줄을 서서 즐겁게 기다리는 소비자들의 모습

은 미혼 및 젊은 부부(20대에서 30대)였고 에이스 침대의 주요 경쟁자는 1990년대 들어 침대시장에 진입하기 시작한 가구업체 브랜드들이었다. 가구업체 브랜드들은 침대를 가구세트에 포함시켜 침대시장을 공략하는 전략을 사용하고 있었고 이로 인하여 높은 인지율과 선호도에도 불구하고 에이스 침대의 구입률은 상대적으로 낮았다. 이에 따라 에이스 침대는 소비자들에게 침대를 가구시장이 아닌 전문 침대시장으로 인식시키는 포지셔닝전략을 추구하게 되는데, '침대는 가구가 아닙니다. 과학입니다'라는 광고컨셉은 이러한 포지셔닝전략에서 개발되었다. 이 광고 헤드라인은 우리나라 광고 역사에서 가장 우수한 카피 중 하나로 남아 있다.

미국 뉴욕의 수제 햄버거 체인인 쉐이크쉑(Shake Shack-일명 쉑쉑 버거)은 대니 마이어(Danny Meyer)가 2001년 美 뉴욕의 매디슨 스퀘어 공원에서 푸드트럭으로 시작한 버거 브랜드이다. 이 브랜드는 뉴욕의 유명한 레스토랑 〈유니언스퀘어 카페〉와 같은 파인 캐주얼 다이닝을 추구하면서 2004년 뉴욕에서 첫 점포를 열었고 이제는 글로벌 시장에 진출해 전 세계 소비자들의 인기를 끌고 있다. 쉐이크쉑의 대표 메뉴인 '쉑버거'는 항생제와 호르몬제를 쓰지 않은 소고기로 패티를 만드는 등 건강한 식재료를 사용한 프리미엄 수제 버거로 세계적으로 햄버거 매니아들 사이에 정평이 나 있다. 이 버거는 처음부터 명품 버거(일반 버거에 비해 2~3배의 가격임)로 자리매김해 성공을 거두었다. 2016년 SPC 그룹은 쉐이크쉑 서울 강남점을 오픈했다. 한국에 1호점이 오픈되었을 때 대소동이 일어났다. 소비자들은 이 명품 버거를 구매하기 위해 몇 시간 동안 기다리는 것을 주저하

하겐다즈의 AR 콘텐츠 캠페인: 증강현실을 이용해 소비자가 아이스크림을 먹는 경험을 더 풍부하게 만들어 주는 캠페인의 예

지 않았다. 이러한 인기에 힘입어 SPC는 2020년 현재 국내에서 12개 점을 운영하고 있고 싱가포르의 영업권을 획득해 2개 점을 오픈했다. 명품 햄버거 브랜드로 포지션한 쉐이크쉑은 가성비 중심의 포지션과 캠페인을 추구하는 경쟁 햄버거브랜드들과 확실하게 차별화된 포지셔닝 전략으로 성공을 거둔 예이다.

⑤ 경험적 요소(오락과 정감)의 발견

유명한 광고인 중의 한 사람인 듀젠베리(Dusenberry)는 훌륭한 크리에이티브 전략의 기본원리로 '표현의 유연성'과 '컨셉의 새로움'을 주장하였다. 그는 광고컨셉을 도출하기 위하여 제품보다는 제품이 제공하는 편익이나 즐거움 또는 제품을 사용하는 사람에게 초점을 맞춘다. 그의 크리에이티브 스타일은 제품보다는 사람에 비중을 두고 활기가 넘치고 마음을 끄는 상황을 이용하는 것이라고 할 수 있다. 그의 주장에 따르면 광고컨셉이 제품에 중심을 두게 되면 경쟁사 제품과 비슷하게 되고, 그 결과로 광고는 소비자들의 주의를 별로 끌지 못하게 된다는 것이다. 그래서 그는 브랜드에 대한 소비자의 경험에 충실하려고 노력한다. 광고컨셉을 도출할 때 그는 유쾌하고, 인간적이고, 온화하고, 정서적이어야 하는 소비자 경험이 판매전략에 적합해야 한다는 점에도 세심한 주의를 기울인다.

다양한 기술들은 경험적 요소들을 생생하게 만들어 주는 데 기여한다. 브라질 의류브랜드 까미사리아 콜롬보는 드론을 활용해 고객이 브랜드와 만나는 순간을 재미있는 경

광고 Highlight

경험적 요소를 활용한 싸이의 강남스타일

2012년 전 세계는 싸이 열풍에 휩싸였다. 싸이가 유튜브를 통해 '강남스타일' 뮤직비디오를 처음 소개한 건 7월 15일이었고, 그 후 채 두 달도 지나지 않아 유튜브 조회 건수가 역대 최단기간에 1억 건을 돌파했으며 9월 20일 기준으로 2억 건도 넘어섰고 빌보드 '핫 100(HOT 100)'차트 2위에까지 올랐다. 미국 등 18개국 아이튠즈(iTunes) 차트에서 1위에 오르면서 아이튠즈 월드와이드 차트 1위까지 오르는 기염을 토한 싸이의 성공요인은 어디에 있었을까? 박기완 교수는 그의 성공요인을 반전을 통한 오락적 경험을 제공하는 콘텐츠와 소셜 미디어의 선택으로 분석하고 있다. 싸이는 강남스타일을 만들면서 내용과 형식 면에서 모두 과거의 관행을 과감하게 버리고 새로운 시도를 감행했다. 이 과정에서 그는 특히 역설과 반전이 강력하게 드러나는 스토리를 만들었고 이를 통해 재미와 흥미를 유발하는 보편적 코드를 사용했다. 강남스타일의 성공엔 콘텐츠 외에도 뉴미디어의 힘이 숨어 있다. 싸이가 강남스타일로 글로벌 가수로 등극하게 된 배경엔 소셜 미디어의 속성을 정확하게 활용해 그의 오락적 콘텐츠를 유통시킨 데 있다. 아래에서 소셜미디어의 특징이 오락적 요소와 어떻게 결합되었는지 알아보자.

소셜 미디어와 저작권 포기: 최근 유튜브나 페이스북과 같은 소셜 미디어들이 저비용 커뮤니케이션 수단으로 각광받고 있다. 그러나 소셜 미디어는 근본적으로 전통매체와 성격이 다르며 이를 성공적으로 활용하기 위해서는 참여, 소통, 개방이라는 소셜 미디어 고유의 특성을 잘 살려야 한다. 하지만 실상 현실에서 소셜 미디어를 활용하는 양상을 보면 전통적인 매체를 운영하는 것과 별로 차이가 없어 보인다. 마케터의 일방적인 전달이 아닌 고객과의 상호작용을 통한 브랜드 공동창조(brand cocreation), 소비자 간 공유(sharing)와 이를 통한 사회적 연대감(social affiliation)의 고취, 디지털을 활용한 자기표현(digital self-expression) 같은 소셜미디어 마케팅의 주요목표를 살리지 못하면 소셜 미디어도 전통매체와 별반 다를 바 없으며 소기의 효과를 기대하기는 어려워진다. 싸이의 강남스타일은 뉴미디어의 핵심을 정확하게 짚어내고 활용했다. 싸이의 말춤과 노랫말, 그리고 뮤직비디오는 누구나 쉽게 모방할 수 있는 그런 것이었다. '~스타일'에 새로운 말만 앞에 붙이면 자기만의 독특하고 독창적인 패러디를 만들어 낼 수 있다. 실제로 유튜브 공간에는 '대구스타일'을 시작으로 '홍대스타일', '평양스타일', '경찰스타일', '런던스타일' 등 이루 헤아릴 수 없을 정도로 많은 패러디와 리액션 영상물들이 등장했다. 이 과정에서 마케터는 저작권이라는 콘텐츠에 대한 통제권(control)을 스스로 포기해 사람들이 자유롭게 새로운 콘텐츠를 만들어 내는 결과를 유도했다. 최근 뮤직비디오에 대한 사전 등급심의 논의에 공개적으로 반대의견을 표명한 싸이가 견지하는 자세와 일맥상통하는 결정이었으며, 2010년 5살 꼬마가 손담비 음악을 부르는 장면을 UCC에 담았다는 이유로 소송에 휘말린 사건과는 사뭇 대조적이다. 심의나 저작권에 대해서는 찬반논란이 있을 수 있지만 소셜 미디어상에서 바이럴(viral) 현상을 만들기 위해서는 저작권 등으로 지나치게 접근성을 제한하기보다는 일정 부분 기득권을 버리는 자세가 필요하다. 이렇게 소비자들이 자발적으로 생산한 고유한 콘텐츠들은 강남스타일 뮤직비디오의 의미와 가치를 훼손하기는커녕 오히려 더욱 풍부하게 만들어주는 역할을 했다. 또한 소비자들은 패러디들을 통해 자신만의 정체성(identity)을 표현할 수 있었고 소셜 미디어를 통해 주변인들뿐만 아니라 전 세계인들과 공유함으로써 강남스타일을 중심으로 한 일종의 공동체(community) 의식을 느낄 수 있었다.

예상하지 못한 의견선도자의 참여: 유튜브에 올린 그의 영상이 처음부터 큰 인기를 끈 건 아니다. 7월 15일 처음 공개된 후 잠시 반짝하던 인기도가 주춤할 무렵 강남스타일은 새로운 전기를 맞게 된다. 7월 31일 저스틴 비버의 매니저인 스쿠터 브라운(팔로어 100만)이 트위터에 올린 메시지, "How did I not sign this guy?(어떻게 내가 이 친구와 계약을 안 했지?)"가 촉매가 돼 이후 폭발적인 조회가 이뤄졌다. 또한 그래미상 최우수 보컬상을 수상한 싱어송라이터 가수 넬리 퍼타도(Nelly Furtado)는 마닐라의 한 공연장에서 싸이의 강남스타일을 영어로 개사해 노래를 부르고 말춤까지 춰 화제가 됐다. 톰 크루즈는 자신의 트위터에 싸이의 팬이라고 소개해 사람들의 관심을 끌었으며 '스타 크래프트 II'의 게임 디렉터인 션 플롯(Sean Plott)과 한류 소개 서비스 @올케이팝(@allkpop)이 트위터를 통해 강남스타일을 소개하면서 인기몰이에 힘을 실어 주기도 했다. 특히 CNN, NBC 등 세계 유수의 매체가 싸이를 집중적으로 조명하며 전 세계적인 싸이열풍을 이끌어 내는 데 결정적인 역할을 했다. 이번 사례를 통해 소셜 미디어 시대의 커뮤니케이션에서도 의견선도자(opinion leaders)의 영향력이 바이럴 현상을 주도함에 있어 하나의 티핑포인트(tipping point)로 작용하는 것이 여전히, 아니 과거보다 훨씬 더 중요해지고 있음을 알 수 있다. 싸이의 강남스타일 성공사례도 의견선도자의 영향력이 (적어도 겉으로 보기에) 미리 계획된 게 아니라 우연발생적으로 이뤄졌다는 점에서 사람들의 공감과 반응을 이끌어내는 데 보다 폭발력이 높았다. 이러한 유명인사의 참여도 소셜미디어에서 유통되었기에 가능했다.

크라우드소싱의 힘: 소셜 미디어를 통한 참여는 아니지만 강남스타일의 이면에는 또 다른 형태의 참여도 한몫을 차지했다. 크라우드소싱(crowdsourcing)이 바로 그것이다. 싸이는 말춤을 개발하기 위해 소수의 안무가들에게 의존하지 않고 전국의 유명한 안무가들에게 상금을 걸고 노래에 어울릴 만한 춤 동작에 대한 의견을 구하는 등 이른바 집단지성(collective intelligence)을 활용했다.

여기서 특이한 부분은 크라우드소싱을 실시한 대상이다. 많은 기업들이 공모전, 콘테스트 등의 형태로 일반 소비자들에게 의견을 구하는 것과는 달리 싸이의 경우 소위 '전문가'집단에게 새로운 춤에 대한 의견을 구했다는 점이다. 일반 소비자들을 대상으로 한 조사나 의견수렴이 유용한 경우도 있지만 시장을 뒤엎을 수 있는 통찰력 깊은 아이디어를 얻기에는 한계가 있을 수 있다. 춤에 관한 한 통찰력과 직관력을 가지고 있는 안무가들을 대상으로 했기 때문에 보다 효과적으로 시장을 주도할 수 있는 아이디어를 구할 수 있었다. 스티브 잡스(Steve Jobs)가 "애플은 (소비자를 대상으로 한 일반적인 정량적) 시장조사를 하지 않는다"라고 말한 것도 이런 맥락이다.

싸이의 강남스타일은 시대가 요구하는 문화를 담았고 이를 뉴미디어를 통해 유통시켰다. 특히 싸이는 그 유통과정에서 새로운 미디어의 숨겨져 있는 코드를 정확하게 파악하고 활용했다. 양현석 YG 대표는 언론과 인터뷰에서 "기존 엔터테인먼트 산업은 방송매체에 너무 집중해왔다. 세상은 이제 인터넷으로 연결되어 있다. 좋은 콘텐츠만 있으면 얼마든지 아시아를 넘어 세계로 뻗을 수 있다는 걸 싸이가 보여주었다. 중요한 것은 국경이 아니라 문화권이고, 유튜브와 SNS가 이를 관통하는 역할을 한다."고 말한다. 싸이가 세계적인 가수가 되는 데 오랜 시간이 걸리지 않았다. 유튜브가 없었더라면 지금의 싸이도 없었을 것이다.

자료원: 박기완(2012), "반전스토리+보편코드+열린마음 강남스타일엔 공감마케팅이 있다," 동아비즈니스리뷰, 10월호 2호, 30-34.

험으로 바꾸었다. 이 회사는 할인판매 의류를 입힌 마네킹을 드론에 매단 채 빌딩가로 보내 고객들에게 놀라움과 즐거움을 제공했다. 그리고 하겐다즈의 콘체르토 타이머 캠페인은 증강현실을 이용해 고객들에게 즐거움을 제공한 예이다. 고객이 냉동실에 하겐다즈를 꺼낸 후 녹을 때까지 기다리는 시간 동안 아이스크림 통 뚜껑의 코드를 비추면 뚜껑 위에 연주자들의 모습이 떠오르고 음악이 흘러나온다. 고객이 하겐다즈 아이스크림을 먹는 경험은 한층 더 풍부해질 것이다.

롯데삼강의 '돼지바-임채무'편은 2002년 한일 월드컵 이탈리아 전을 패러디(주심이 독특한 제스처로(한국팀에 유리한 판정을 내리고 이탈리아 선수와 감독이 강하게 이에 반발했던 상황을 광고에 활용함)하여 방영 4일 만에 인기검색어 1위에 오르면서 소비자들의 폭발적인 관심을 끈 바 있는데, 이는 바로 스포츠가 전달하는 오락적 요소를 창의적으로 활용하여 제품의 컨셉을 전달하는 대표적인 유형이라고 하겠다. 이와 비슷한 광고로 롯데리아 광고 '맛의 전설(양미라가 등장하는 새우버거 광고)'편도 양미라의 코믹한 모습의 연출을 통하여 표적청중들에게 신제품을 적절하게 인지시키는 데 성공하였는데, 이는 오락과 정감요소를 근거로 광고컨셉을 발견한 경우라고 할 수 있다.

지금까지 광고의 빅 아이디어(big idea)를 찾기 위하여 대행사에서 자주 사용되는 다섯 가지 접근방식(고유한 판매제안의 발견, 브랜드이미지의 창조, 내재된 드라마의 발견, 제품포지션의 개발,

광고 Highlight

세계를 열광시킨 BTS의 힘은 그들이 음악을 통해 제시한 그들의 세계관(BTS Universe)에서 시작되었다: Love Yourself! Speak Your Voice!

YouTube https://www.youtube.com/watch?v=sTav3JaHU2I

제 목 180924 방탄소년단 UN 유엔 연설

방탄소년단 BTS는 2018년 빌보드 앨범 차트에서 두 차례 1위를 차지했는데 이런 대기록은 비틀즈, 엘비스 프레슬리, 프랭크 시나트라 등 소수에 그친다. 그리고 BTS의 글로벌 행진은 지금도 진행형이다. 글로벌 대중음악 시장에서 BTS의 성공은 대한민국 K-Pop이 세계의 주류가 될 수 있음을 보여주고 있고 이는 비틀즈의 'British Invasion'에 비유해 Korea Invasion'이라고 불려진다. 과거 싸이가 강남스타일로 빌보드 차트 2위까지 오른 바 있는데 BTS는 이를 훨씬 뛰어넘고 있다. 이러한 BTS의 파워는 어디에서 나올까? 이러한 성공요인을 광고전략 측면에서 분석해 보자. 소비자의 마음을 사로잡는 광고가 나오기 위해서는 소비자가 공감할 수 있는 핵심주제가 있어야 하고 이 주제가 창의적으로 표현되어야 하는데, BTS의 열풍을 지속해 주는 힘은 BTS의 세계관(이를 BTS Universe, 즉 BU라 칭함)과 표현능력의 완벽한 조화에 있다.

방탄 세계관의 주요 내용은 세 가지 이야기로 전개되어 왔다. 첫째는 화양연화 시리즈 앨범에서 표현되는 고통이다. 이 앨범은 자신이 통제할 수 없는 주어진 환경 속의 트라우마와 고통을 담고 있다. 이는 상실, 좌절, 외로움, 이별 등 있는 그대로의 현실을 담아내면서 전 세계 젊은이들의 마음을 어루만졌다. 두 번째 Wings 앨범에서는 자신의 세계를 찾아가는 과정을 담고 있다. 안전한 유년기를 깨고 나와 험한 세상에서 자신만의 세상을 만들어가는 과정을 보여준다. 마지막이 정점을 찍은 'Love Yourself'다. 상실과 좌절을 딛고 어두웠던 과거의 나도 사랑해야 하고 그런 과정에서 나만의 세상을 만들어가자고 제안한다. 그러면서 자신의 목소리를 내라고 독려한다(Speak Yourself). 즉 미래는 내가 개척한다는 것이다. 이런 스토리라인은 변화의 물결 속에서 위축된 세계 젊은이의 마음을 울렸고, BTS가 젊은이들에게 미치는 영향력을 인정해 UN은 2018년 BTS를 초청해 청소년들에게 메시지를 전달할 기회를 주었다. 이때 팀 리더인 RM(본명 김남준)은 이러한 그들의 세계관을 설명했다.

BTS의 성공엔 방시혁 대표의 리더십과 팀원들의 눈물나는 훈련이 있었다. 이들은 독보적인 칼 군무를 완성할 때 무려 16시간을 춤 연습에 할애하기도 했다. 이런 훈련과정을 통해 그들을 그들만의 고유한 표현방식을 정립할 수 있었다. 여기에 방시혁 대표가 강조하는 자율성이 중요한 역할을 한다. 연예기획사는 인재 발탁 시 주로 신체적 요소(힘, 근력, 외모 등)와 기량을 주로 고려한다. 방시혁 대표는 이보다는 도덕성, 끈기, 열정, 배려심, 협동심으로 대변되는 인성을 강조했다. 인성을 갖춘 멤버들은 인내와 배려를 통해 고

난도 퍼포먼스를 완성해 왔고 이제 날로 성장하고 있다. 방대표는 이를 자율 경영의 성과라고 표현한다.

음악을 통해 전달하고자 하는 핵심주제와 이를 표현하는 능력이 조화를 이루면서 BTS는 전 세계 젊은이의 마음을 사로잡고 있고 이러한 행보는 계속될 것으로 예측된다. 왜냐하면 그들의 음악에는 젊은이들이 열광하는 세계관이 있고 이 세계관을 중심으로 계속 새로운 앨범들이 다양하게 나오면서 그들이 전하는 스토리는 진화될 것이다. 오히려 팬들은 BTS가 전할 다음 메시지를 기다리고 있을 것이다.

유엔에서 한국인 가수로서는 처음 연설하는 BTS: “Love Yourself”, “Speak Yourself”

오락과 정감의 발견 등)을 소개하였다. 그러나 이러한 방법들은 서로 배타적인 것은 아니다. 고유한 판매제안은 제품포지션 또는 브랜드이미지로 형상화될 수 있다. 브랜드이미지는 제품 속에 내재된 드라마를 통하여 표현되는 경우도 흔히 볼 수 있다. 예를 들어, 에비앙의 '물이 다르다'편은 고유한 판매제안이 될 수도 있고 경쟁적 포지셔닝으로 이해될 수도 있다는 것이다. 말보로의 카우보이 이미지나 말보로 나라(Marlboro Country)는 고유한 브랜드이미지로 또는 카우보이의 내재된 드라마로 이해될 수 있다.

3 광고기획서 개발을 위한 가이드

광고표현은 소비자가 직접적으로 만나는 부분이다. 마케팅기획에서부터 크리에이티브 전략까지의 전 과정의 고뇌가 녹아 있는 부분이 광고표현 영역이다. 그러나 제작된 광고표현이 과연 소비자에게 제대로 다가갈 수 있는가에 대한 의문은 늘 존재한다.

이 부족한 부분을 채우기 위해 다양한 컨셉의 개발과 소비자와 제품을 강력하게 연결시킬 수 있는 방법에 대한 연구가 활발히 진행되어 왔다. 그 결과 광고를 기획하는 데 참고할 수 있는 체계적인 지침들이 도출되었다. 이하에서는 광고캠페인을 기획하는 데 점검해야 할 항목들을 단계적으로 살펴보기로 한다.

(1) 마케팅목표

① 마케팅목표는?

광고기획은 광고대행사가 수행해야 할 임무가 무엇인가를 파악하는 데서부터 출발한다. 이를 위해서는 우선 광고주가 이 브랜드에서 성취하고자 하는 마케팅목표를 정확히 이해해야 한다.

광고란 마케팅믹스의 한 부분이다. 광고 외에도 다이렉트 마케팅, 세일즈 프로모션, 유통, 패키지, 가격정책, 제품 등 여러 형태의 마케팅 수단들이 있다. 판매가 광고만의 결과일 경우는 거의 없다는 점을 광고주는 잘 알고 있다. 마케팅 환경이 판매에 영향을 미치고 최선의 광고계획마저도 경쟁사의 대응에 따라 뒤집어질 수도 있다는 점을 광고주는 잘 알고 있다. 그럼에도 불구하고 광고주는 광고가 판매에 영향을 미칠 것을 기대하고 있다. 따라서 광고전략이 광고주의 요구에 부합하기 위해서는 광고주와 대행사는 마케팅목표가 무엇인가 그리고 그런 마케팅목표 달성을 위해 광고가 수행해야 할 역할이 무엇인가에 대해 이해를 공유해야 한다.

② 광고목표는?

광고는 마케팅믹스의 한 부분이기 때문에 광고목표란 마케팅믹스 내에서 광고가 담당해야 할 역할을 떼어내서 드러내 보이는 것이라고 할 수 있다. 이를 통해 광고가 마케팅목표 달성에 어떤 기여를 할 수 있는가를 규명하고 나면, 그 밖의 임무는 광고가 아닌 다른 커뮤니케이션 도구에 맡겨야 한다. 광고의 역할은 구매선도자를 만들어 내는 것일 수도 있고 전시장 방문객을 늘이는 것일 수도 있으며, 브랜드에 대한 태도나 잘못된 인식을 바꾸는 것일 수도 있다.

(2) 타겟 오디언스

광고주가 기대하는 바가 무엇인지를 확정했다면, 이제 광고캠페인의 타겟 오디언스를 결정해 그들이 누구인지를 기술하여야 한다.

① 소비자들 중의 어떤 집단이 우리 브랜드를 살 것인가?

타겟의 결정은 먼저 광범위한 소비자 집단을 잡아서 점점 소집단으로 좁혀가는 방법으로 하는 것이 최선이다. 브랜드가 제시하는 약속에 가장 잘 반응할 하부집단으로 초점을 좁혀가는 것이다. 광범위한 타겟을 제품카테고리 사용행동이나, 관심이나 활동, 당면한 문제, 혹은 인구통계학적 기준 등으로 구분해 볼 수 있다.

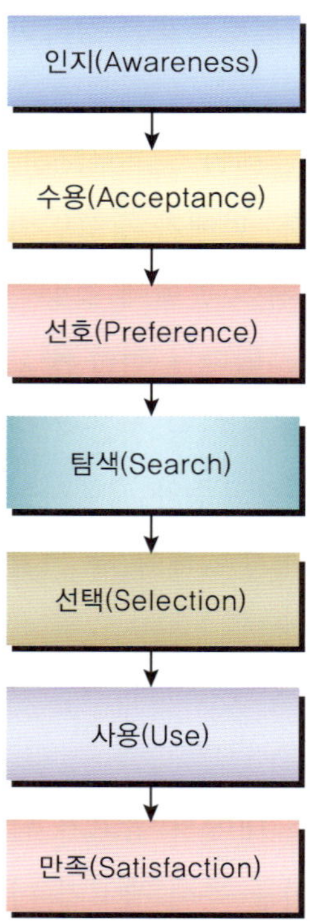

타겟을 좁혀가는 과정에서 광고주의 마케팅목표를 고려할 필요가 있다. 예를 들어 광고주가 금년에 수백만 개를 팔 생각이라면, 광범위한 잠재구매자를 타겟으로 잡아야 할 것이다. 반면에 광고주의 마케팅목표가 이백 명 또는 이천 명의 신규고객 창출이라면, 좁은 타겟 설정이 적합할 것이다.

② 구매의사결정과정 중의 어느 단계를 고려해 광고해야 높은 효과를 얻을 수 있는가?

타겟에 관한 두 번째 사항은 소비자의 구매의사결정과정에 초점을 맞춘 것으로, 어느 단계에 광고가 바람직한 효과를 얻어 낼 수 있는가를 탐색하는 것이다. 이 문항에 대한 답을 얻기 위해 광고기획자는 소비자의 구매의사결정과정을 고찰해 보아야 한다.

③ 누구에게 광고를 전달해야 하는가?

잠재고객들의 구매과정 중 광고로 영향을 미쳐야 할 핵심적인 단계를 확인하였다면, 타겟청중에 대해 보다 구체적인 용어로 묘사할 수 있게 될 것이다. 광고관리자는 마케팅 전략에 포함된 표적소비자층과 광고캠페인이 겨냥하는 타겟청중이 반드시 일치하지 않을 수 있음을 이해해야 한다. 가령, 브랜드의 표적소비자층은 20~30대 연령층의 소비자이지만, 캠페인은 20대 소비자들을 타겟청중으로 삼아 전개될 수 있다.

④ 선정된 타겟청중을 한 개인으로 표현한다면? 특히, 그는 우리 브랜드에 대해 어떤 느낌과 태도와 신념을 갖고 있는가?

이 질문에 대해 통찰력 있는 해답을 얻게 되면, 캠페인이 갖추어야 할 요건인 제품과의 관련성(relevant), 독창성(original), 임팩트(impactful)에 결정적으로 기여하게 된다.

카피라이터나 아트 디렉터 그리고 프로듀서는 타겟청중의 모습을 시각적으로 떠올릴 필요가 있기 때문에, 브랜드 선택에 영향을 주는 타겟의 신념과 태도를 묘사해 주어야 한다. 만약 광고가 타겟의 신념과 태도를 바꾸어야 할 필요가 있다면, 바꾸어야 할 신념과 태도들을 명확하게 밝혀야 한다. 가령, 칠성사이다가 페트병 패키지의 색상을 초록(소비자들은 사이다 제품의 패키지는 초록이 어울린다는 신념을 갖고 있음)에서 무색(투명색)으로 바꿀 경우 광고에서 무색 페트병으로 바꾼 이유를 언급할 필요가 있다.

이 질문에 대한 답변의 대부분은 직접 시행한 조사나 혹은 광고주가 제공한 조사자료로부터 얻게 된다. 또한 개인적인 관찰에 바탕을 둔 통찰력도 도움이 된다. 생생한 타겟의 프로파일을 구성하기 위해서는 조사에서 밝혀진 타겟의 일반적인 특징을 가상적인 한 개인의 묘사로 나타내는 방법이 있다.

⑤ 타겟의 개인매체망은 어떠한가?

타겟이 어떻게 느끼고 무엇을 원하는지를 파악하는 일은 대단히 중요하지만, 그것만으로는 충분하지 않다. 오늘날처럼 바쁘게 돌아가고 매체환경이 복잡한 세상에서는 타겟이 시간을 어떻게 보내고 있는지를 정확하게 파악하는 것이 대단히 중요하다. 즉 개인매체망(Personal Media Network: PMN)을 이해할 필요가 있다.

• 그 타겟은 어떤 매체비클(media vehicle)을 선택하고, 언제 그것을 이용하고 있는가?

- 다른 일상의 활동은 무엇인가?
- 이 활동을 하는 동안 접하게 되는 전통적 혹은 비전통적 광고매체는 어떤 것들이 있는가?

이런 질문에 답하기 위해서는 메시지 노출기회를 제공해 주는 전통적 매체와 비전통적 매체에 대한 소비행태, 그리고 라이프스타일과 관련된 활동 등을 점검해 보아야 한다.

타겟의 일상생활 패턴뿐만 아니라 간혹 참여하는 활동 등에 이르기까지 얻을 수 있는 정보를 모두 포함시켜야 한다. 매체조사자료나 대행사와 광고주가 시행한 별도 조사자료들을 면밀히 검토해야 함은 물론이다.

(3) 타겟 오디언스로부터 바라는 행동

① 타겟이 어떤 행동을 해주기를 바라는가?

광고캠페인에서 광고는 원인이고 행위는 결과이다. 오디언스로부터 얻고자 하는 목표 행동을 구체적으로 명시함으로써 보다 효과적인 전략을 수립할 수 있다. 이런 초점이 있어야 '이미지 개선', '태도변화', 혹은 '점유율 증대' 등과 같이 바람직하긴 하지만 막연한 광고목표를 기준으로 만드는 광고보다 훨씬 적합하고 임팩트 있는 광고를 만들 수 있다.

이 질문에 대한 해답은 다음 두 가지 요소를 포함하고 있어야 한다.

- 행위를 포함한다: 타겟이 실제로 행할 행위를 표현해야 한다. 예를 들어 '특정 요구르트 브랜드를 산다', '새 맥주 브랜드를 한 번 먹어본다', '딜러를 방문하거나 특정 승용차를 시험운전해 본다' 등이 있다.
- 정밀해야 한다: 만약 고객이 보다 많은 정보를 요청하도록 설득하는 광고라면, '딜러를 방문한다' 또는 '전화로 신청한다'라는 식의 보다 구체적인 용어가 기술되어야 한다. '구매한다'라는 일반적인 말보다는 이런 구체적이고 정확한 표현이 기술되어야 한다.

목표로 하는 행동을 결정하고 기술함에 있어, 타겟의 인구통계학적 특성이나 라이프스타일을 완벽히 이해하고 브랜드에 대한 신념이나 태도, 그리고 구매장애요인을 검토해야 한다.

② 타겟이 하고 있는 행동을 대신할 수 있는 다른 행동은?

타겟으로 하여금 특정행동을 하도록 설득하는 것은 사실상 어떤 행동 대신에 특정행동을 하도록 요청하는 것이다. 타겟에 기대하는 행동을 서술할 때에는 고객이 할 수 있는 대체행동을 명시하여야 한다. 예를 들어 비사용자들이 우리 브랜드 대신에 무엇을 사용하고 있는지는 조사자료가 밝혀 주는 경우도 있지만 때로는 비공식적인 관찰을 통해서 혹은 개인적인 경험이나 상식으로 알 수 있다. 2019년 전동킥보드 시장에 진출한 팅크웨어가 자사제품을 출퇴근용 교통수단으로 포지션할 수 있다. 이 경우 타겟소비자들이 사용하고 있는 기존의 교통수단에 대한 대체품으로 자사 전동킥보드를 이용하는 것이 왜 바람직한지를 광고에서 언급할 필요가 있다.

(4) 보상과 뒷받침

이제 광고전략이라는 수수께끼 중에서 가장 풀기 어렵고 중요한 부분에 들어갈 차례이다. 타겟이 특정행동을 하게 하려면, 광고가 어떤 보상(reward)을 제시해야 하는가? 이 질문에 대한 해답을 얻는 가장 좋은 출발점은 제품 그 자체이다.

① 타겟에게 어필할 수 있는 경쟁우위를 지니고 있는가?

우리 브랜드가 명백히 우월한 점이 있다면 두말할 것 없이 그 점에서 출발하면 된다.

오늘날 같은 경쟁시대에서 명백한 경쟁우위는 귀중한 자산이 아닐 수 없다. 브랜드의 물리적 특성, 지금까지의 광고나 구전에 의해서 형성된 브랜드자산(가령, 오리온 초코파이의 정 캠페인) 등은 경쟁우위의 주요원천이다. 나아가 경쟁우위는 브랜드 퍼스낼리티에서도 찾아 볼 수 있다. 게토레이 이온음료가 독특한 것은 남성적이라고 여겨지기 때문이다.

우리 브랜드와 경쟁브랜드가 물리적 속성에서 차이가 없다고 지각될 수 있는데, 그런 경우에라도 여전히 경쟁우위 요인은 존재한다. 비록 사소해 보이더라도 경쟁자보다 나은 점을 찾을 수 있다. 예를 들어 패키지 디자인에서 강점을 발견할 수도 있고, 유통망, 기업신뢰도, 기업명성, 사용 편리성 등에서 강점을 찾을 수 있다.

그 어떤 것이든지 잠재적으로 경쟁우위가 될 수 있음을 간과해서는 안 될 것이다.

② 타겟을 설득하려면, 어떤 보상을 약속해야 하는가?

보상(reward)이란 타겟이 우리 브랜드를 사거나 사용한 결과로 누리게 될 경험을 말한다. 따라서 보상은 단순히 제품의 물리적 속성에서 비롯되는 것이 아니라 타겟의 인식에 존재하는 것이다. 광고에서 보상은 소비자가 '갖게 될 것'을 묘사해야 하며 광고주의 언어가 아닌 소비자의 언어로 묘사해야 한다.

보상을 탐색할 때는 다음과 같은 간단한 문장을 활용하는 것이 도움이 된다. "만약 내가 ______을 하는 대신에 ______을 하게 되면, 나는 _____하게 될 것이다." 이 문장의 "나"는 타겟이다. 처음 빈칸과 두 번째 빈칸은 타겟의 행동이다. 세 번째 빈칸은 광고주가 원하는 행동을 타겟이 했을 경우 얻게 될 보상이다. 이것이 바로 광고의 기본원리이다. 광고란 우리 브랜드를 사용한 고객에 대해 보상을 약속하는 것이다.

③ 그 보상을 어떻게 뒷받침할 것인가?

임팩트 있는 광고는 광고주 브랜드를 구매하거나 사용하는 사람들에게 보상을 약속할 뿐만 아니라 어떤 형태로든 그 보상을 뒷받침해 주는 광고이다. 뒷받침(support)은 제품 자체의 우위 또는 꾸준한 광고로 인해 선점한 인식상의 우위일 수도 있다. 혹은 과거에는 관련이 없던 연상들을 광고에서 도입하여 브랜드에 적합하게 만든 연상일 수도 있다. 가령, 타이틀리스트(Titleist) 골프공 브랜드는 광고에서 No.1 골프브랜드인 타이틀리스트 공을 사용하면 골프스코어가 좋아질 것(보상)이라고 주장하면서 프로골프선수들이 가장 많이 사용하는 골프공이라고 언급한다(뒷받침).

뒷받침을 찾을 때는 "만약 내가 ——을 하는 대신에 ——을 하게 되면, 나는 ——하게 될 것이다."라는 구절 다음에 "왜냐하면"이란 말을 추가해 보는 것이 좋다. "만약 내가 ——을 하는 대신에 ——을 하게 되면, 나는 ——하게 될 것이다. 왜냐하면 ——". 다시 말하지만 두 번째 빈칸은 광고가 목표로 하는 특정행동이다. 세 번째 빈칸은 그 행동으로 얻게 될 보상이며, "왜냐하면" 이하의 빈칸은 그 행동으로 그 보상을 얻게 되는 이유나 근거이다. 즉 효과적인 광고는 소비자에게 믿어야 할 이유(RTB: reason to believe)를 제공해야 한다.

(5) 개성

① 현재 브랜드개성은 무엇인가?

브랜드개성(brand personality)은 그 브랜드가 무엇을 해줄지 예상할 수 있게 해준다. 마치 우리가 잘 아는 사람의 개성을 토대로 그 사람의 행위를 예상할 수 있듯이, 우리는 친숙한 브랜드가 갖고 있는 개성적 특성을 토대로 그 브랜드가 무엇을 해줄 수 있는지를 예상할 수 있다. 가령, 세련되고 우아한 이미지를 표현하고 싶은 소비자는 루이뷔통이 갖고 있는 브랜드 개성이 이러한 자아이미지를 보여주는 데 도움을 줄 것으로 예상할 수 있다. 그리고 이 예측가능성은 브랜드 충성도를 형성하는 주요요인이 된다.

브랜드개성은 소비자가 브랜드를 경험한 결과로 얻게 되는 산물이다. 이런 경험들은 여러 가지가 있을 수 있는데, 먼저 브랜드 그 자체로부터 즉각적으로 얻을 수 있는 일차적 경험을 들 수 있다. 브랜드의 물리적 특성, 브랜드편익, 패키지, 가격 및 전시방식 등이 일차적 경험의 예이다. 이차적 경험 역시 브랜드개성 형성의 주요요인이다. 구전, PR 캠페인 등이 이차적 경험의 예이며 광고가 전달하는 이미지 역시 포함된다. 사람의 개성과 같이 브랜드개성 역시 브랜드 소비과정과 마케팅커뮤니케이션 활동에서 경험한 인상들의 결정체라고 말할 수 있다. 소비자의 마음속에 존재하는 브랜드에 대한 인상들이 그 브랜드로부터 무엇을 기대할 것인지를 결정한다.

② 브랜드개성을 어떻게 바꿔야 하는가?

일단 브랜드의 현재 개성을 파악하고 난 후 브랜드개성을 바꾸어야 할지 여부를 판단하기 위해서는 많은 요인들을 평가해 보아야 한다. 가령, 마케터는 진지함이라는 기존의 개성적 이미지를 활기참이라는 개성적 이미지로 바꾸고 싶어 할 수 있다.

첫째, 브랜드개성은 타겟에 매력적이며 적합한 것이어야 한다. 이 문제를 검토함에 있어 브랜드가 진짜 사람이라는 생각을 갖고 타겟 소비자와 브랜드의 관계를 생각해 보는 것이 좋다. 예를 들면, 도움 주는 전문가, 자애로운 할머니, 활기차고 용감한 친구, 선생, 조언자, 파트너, 실의에 빠졌을 때의 확실한 조력자, 웃기는 엔터테이너, 소원을 풀어주는 도깨비 등으로 브랜드를 생각해 볼 수 있다.

둘째, 브랜드개성은 브랜드가 제시하는 보상 및 뒷받침과 조화를 이루어야 한다. 이들 간에 모순이나 불일치가 있어서는 안 된다. 가령, 상류지향적이고 고급스러움이라는 브랜드개성은 자긍심 제고와 타인의 부러움이라는 보상을 수반해야 한다.

셋째, 브랜드개성은 독특해야 한다. 두드러진 개성이 무리들 속에 그 사람을 돋보이게 해주듯이 독특한 브랜드개성은 그 브랜드를 경쟁자와 확실히 구분지어 준다. 따라서 우리 브랜드의 바람직한 개성이 무엇인지를 규명하려면, 경쟁브랜드들의 개성을 분석해 보아야 한다.

③ 그렇다면, 우리 브랜드의 개성은 어떠해야 하는가? 다섯 개 이내의 형용사로 묘사해보라.

브랜드개성과 타겟소비자의 자아이미지 간의 적합성, 보상과의 조화, 그리고 독특성이라는 요인들로 평가해 본 후에는 브랜드개성에 대한 이 마지막 질문에 대답해야 한다.

당신이 몇 자 이내로 브랜드개성을 묘사할 수 없다면, 소비자는 아마도 이를 기억할 수 없을 것이다.

(6) 매체

① 타겟이 광고주가 제공하려는 보상과 뒷받침을 듣기 위해 마음을 열 수 있고, 또 그 보상을 얻고 싶은 욕구가 가장 잘 일어날 수 있는 시점과 장소와 상황은 어떤 것인가?

식품광고 메시지에 대해 수용도가 가장 높은 시점은 배가 고프거나 식사계획을 하고 있을 때이다. 보험에 대한 광고메시지를 받아들일 마음이 열려 있을 시점은 새로운 책임이 생겼거나 새로운 위험부담이 생겼다는 사실을 깨달았을 때이다. 이 같은 순간을 '열린 틈(Apertures)'이라고 부른다.

모든 제품과 서비스에는 고객에게 특별하게 잘 수용될 수 있는 어떤 시점, 장소 및 상황(TPO: time, place, occasion)이 있다. 다시 말해서 제나름의 절호의 기회 또는 '열린 틈'이 있는 것이다. 잠재고객이 적절한 심리상태에 있을 때에는, 자신의 필요를 충족시켜 주는 메시지를 즉시 지각하고, 귀 기울이고, 적극적으로 행동한다.

이 질문에서 '시점'이란 말에는 평일 중의 시간만이 아니고 토요일과 일요일 중의 시간도 포함하고 있다. 또한 주중의 어느 날, 월중의 어느 주('봉급날 직후' 등), 연중의 어느 달, 그리고 어느 시즌 등의 개념도 포함한 의미이다. '장소'라는 말은 잠재고객이 그 보상을 생각하거나 요구할 가능성이 있는 장소들을 포함한다. '상황'은 잠재고객이 우호적인 태도로 우리 메시지에 마음을 열 수 있는 환경이 조성되어 있는 모든 상황들을 포함한다.

② 타겟의 개인매체망 중에서 어느 매체비클을 이용하는 것이 효과적인가?

잠재고객의 개인매체망을 자세히 파악하고 또 그 고객이 참여할 가능성이 높은 여러 활동들을 수집하고 나서는 '열린 틈'이 가장 큰 TPO를 찾아내서, 그 TPO에서 고객과 접촉될 가능성이 높은 매체비클을 찾아내야 한다.

메시지 노출의 기회를 탐색하는 과정에서 간과하지 말아야 할 것은 비전통적 매체에 대한 고려이다. 예를 들어 특정 스포츠와 제휴를 하게 되면 그 스포츠에 적극 참여하거나 그 스포츠를 즐기는 타겟들에게 적합한 커뮤니케이션 기회를 얻을 수 있다. 게임 속 광고는 게임을 즐기는 타겟에게 도달할 가능성이 매우 크다. 지하철이나 버스 포스터는 통근자들에게 도달한 좋은 기회를 주는 것이다. 물론 이런 기회들은 그 제품과 관련된 행동을 유도하는 데 적합한 것인지, 그리고 광고메시지를 수용하는 '열린 틈'에 맞는지를 기준으로 평가되어야 한다.

③ 마케팅목표와 캠페인 예산에 가장 적합한 비클은 어떤 것인가?

매체선택을 검토할 때에는 광고주의 예산과 마케팅목표를 고려해 보아야 한다. 매체마다 비용이 다르기 때문에 리스트에 오른 매체비클들 전부가 예산범위 안에 들어올 수는 없을 것이며, 또한 모든 비클들이 목표달성에 효과적인 것은 아니다. 온라인 정보검색 매체에 광고를 게재하려고 하는 경우 구글, 네이버 등 여러 매체비클 중 어느것을 선택하느냐에 따라 예산과 효과에서 다를 수 있다. 적은 예산으로 소규모 세분시장을 공략하려는 마케팅목표를 가진 광고주에게는 광범위하게 도달하는 매체가 최선의 선택이 아닐 수도 있다. 반대로 마케팅목표가 전체시장에서 매출을 증대시키는 것이라면, 광범위하게 도달되는 매체들을 선택하는 매체계획이 필요할 것이다.

④ 경쟁브랜드의 매체조합과 우리 브랜드의 상대적인 예산규모를 감안할 때, 특별히 포함하거나 배제해야 할 매체가 있는가?

가장 임팩트가 높은 매체를 선택할 때까지 매체옵션을 좁혀가야 하는데, 이 경우에도 경쟁자를 고려해야 한다. 경쟁자의 마케팅커뮤니케이션 자원 규모와 자원배분방식을 알게 되면, 당신이 이용할 매체비클과 피해야 할 매체비클을 판단할 수 있다.

만약 경쟁자가 특정매체나 특정비클에서 우리 브랜드보다 훨씬 많은 돈을 쏟아 붓고 있다면, 그 매체에서는 당신의 브랜드가 경쟁자에 비해 왜소하게 비칠 것이다. 이 경우 예상 밖의 비클들을 조합하여 성공하는 브랜드들도 많다. 반대로 작은 브랜드가 자신의 위상을 올리기 위하여 대중매체에 브랜드를 광고해야 할 경우도 있다. 적은 광고예산으로 이런 길을 택한다면 탁월한 크리에이티브에 의한 돌파만이 성공의 절대적인 관건이다.

(7) 핵심적 통찰

캠페인이 강조해야 할 한 가지 핵심적 통찰(Key Insight)은 무엇인가?

광고전략을 구성하는 모든 요소들을 모두 동등하게 전달할 수 없으며 또한 그 중요도가 똑같을 수도 없다. 크리에이티브 팀은 최우선으로 고려해야 할 측면을 결정해 두어야 한다.

흔히 보상에 초점을 두는 경우가 많다. 그러나 항상 그런 것은 아니다. 때로는 뒷받침이 더 중요할 때도 있다. 브랜드가 실증 가능한 물리적 특성에서 강점을 가지고 있을 경우나 광고를 통해 차별적 브랜드 가치가 형성되어 있을 경우에는 특히 그러하다. 때로는 브랜드 개성을 강조하는 것이 중요할 수 있는데, 이미지 상품이나 브랜드 간에 제품성능에서 차이가 없는 경우가 특히 그러하다.

광고전략은 타겟청중에게 전달되어야 할 것에 대한 전체적인 윤곽을 그려내는 것이다. 그러나 '핵심적 통찰'은 경쟁자의 광고전략에 비해 우리의 전략을 독특하게 그리고 우월하게 만들어 줄 수 있는 한 가지의 아이디어를 간결하게 진술하는 것이다. 이렇게 함으로써 전략의 어떤 부분이 가장 우선시되어야 하는가에 대한 혼선을 없애려는 것이다. '핵심적 통찰'은 크리에이티브 팀이 무엇보다 우선해서 극적인 판매 아이디어로 표현해야 할 중심적인 요소이다.

(8) 크리에이티브 브리프

마지막으로 지금까지의 모든 결과를 크리에이티브 브리프(creative brief)로 요약해야 한다. 크리에이티브 브리프는 문자 그대로 크리에이티브 팀에게 아이디어를 얻는 지침을 주기 위해 간략하게 전략을 요약한 전략기획서이다. 크리에이티브 브리프는 광고주와 광고기획, 광고 크리에이티브 팀을 포함한 모든 구성원들의 합의서이다.

광고 Highlight

제일기획의 광고회사 미래에 대한 통찰: 플랫폼 회사로의 진화

광고회사는 어떤 일을 하고 있고 앞으로 어떤 일을 해야 치열한 경쟁에서 살아남을 수 있을까? 이하에서는 국내에서 광고회사로서 선도적인 역할을 해 온 제일기획이 걸어 온 발자취를 요약하고 광고회사의 미래를 예상해 본다.

광고제작 대행사: 국내에서 광고회사는 1970년대 광고주를 위해 광고제작을 대행하는 회사로 시작해 발전해 왔다. 이 시기 기업들은 제품이나 서비스를 생산하고 이를 촉진하는 방법으로 광고를 주로 사용해 왔고, 광고제작에 관한 전문성과 인력이 부족했기 때문에 광고대행사를 선정해 효과적인 촉진활동을 전개해 왔다. 제일기획은 이때 삼성의 계열광고회사로 시작해 우수한 광고를 제작하는 능력을 바탕으로 광고업계를 선도하기 시작했다.

커뮤니케이션 대행사: 1990년대 IMC 개념이 업계에 소개되면서 제일기획은 자신의 업무영역을 광고분야에 국한시키지 않고 다양한 커뮤니케이션 도구들(PR, 이벤트, 판매촉진 등)의 활동을 종합적으로 기획해 제공하기 시작했다. 또한 뉴미디어의 등장에 따라 ATL과 BTL의 통합적 운영을 선도하고, 커뮤니케이션 개념이 적용될 수 있는 모든 사업(오디오 소프트 사업, 홈 비디오 사업, 영상제작 사업, 방송사의 프로그램 제작 사업)에 참여하기 시작했다.

솔루션 컴퍼니: 한국의 광고산업을 이끌어온 제일기획은 2013년 창사 40주년을 맞이해 "솔루션 컴퍼니"라는 새로운 미션을 선포했다. 광고주에게 다양한 커뮤니케이션 활동을 종합적으로 기획하는 서비스를 제공하는 것에 국한하지 않고 광고주에게 비즈니스 솔루션을 제공하기로 한 것이다. 제일기획은 광고주에게 최적의 솔루션을 제공하기 위해 다섯 가지 역량(strategic solution, creative solution, experiential solution, digital solution, media solution)을 키워 왔다.

플랫폼 회사로의 진화: 첨단기술을 바탕으로 4차 산업혁명이 진행되면서 기업과 소비자의 관계가 근본적으로 변화하고 있음을 직시하고 제일기획은 이제 새로운 사업비전을 제시하고 있다. 과거 기업과 소비자의 관계에서 기업이 주도권을 갖고 있었다면 SNS 등과 같은 첨단 미디어가 등장하면서 소비자는 확장된 네트워크를 바탕으로 시장에서 주도적인 역할을 수행하고 있고 기업들 간 비즈니스의 경계는 무너지고 있다. 이제 광고회사는 다른 광고회사뿐만 아니라 디지털 기술 기반 회사, 데이터 회사, 엔터테인먼트 회사, 컨설팅 회사와 경쟁해야 하고 이러한 새로운 진입자들 대비 경쟁우위를 확보해야 한다. 4차 산업혁명

의 키워드는 참여, 공유, 협력으로 요약될 수 있는데, 그에 따라 기업의 마케팅 활동 패러다임도 바뀌고 있다. 제일기획은 이러한 디지털 트랜스포메이션이 가져다주는 엄청난 변화를 미리 예측해 새로운 핵심역량을 준비하고 있다. 제일기획 웹사이트에서 CEO 메시지를 보면 이러한 생각이 잘 담겨 있다: "제일기획은 광고와 리테일, 온라인과 오프라인, 데이터와 이벤트, 소비자와 메이커 등 다양한 연결들을 통해 지금껏 상상하지 못한 혁신적이고 새로운 가치를 만들어 냅니다. 우리는 이것을 "CONNEC+"라고 부릅니다. 제일기획은 클라이언트의 비즈니스에 깊숙이 연결돼 클라이언트의 가치를 높이고, 비즈니스를 성장시키는 Business-Connected Agency입니다. 제일기획은 CONNEC+를 통해 새로운 가치를 만들고, 새로운 비즈니스를 창출하며, 새로운 유행과 문화를 선도해 세상을 진보시켜 나가겠습니다."

제일기획은 이제 플랫폼에 기반한 사업을 준비하고 있다. 플랫폼은 공급자와 수요자 등 복수그룹이 참여해 각 그룹이 얻고자 하는 가치를 공정한 거래를 통해 교환할 수 있도록 구축된 환경으로, 플랫폼 참여자들은 연결과 상호작용을 통해 진화하면서 모두에게 새로운 가치와 혜택을 제공해 준다. 바로 이런 관점에서 제일기획은 기업과 소비자가 공존하고 함께 만들어가는 플랫폼 안에서 적극적이고 활발한 상호작용을 통해 생산, 유통, 판매가 동시에 진행될 수 있는 비즈니스를 제시(광고주 마케팅 인력지원, 리테일 비즈니스 관리, 광고주 플랫폼 운영, 이커머스 판매대행 등)하고 있다.

앞으로 10년 후 광고회사는 어떤 모습을 하고 있을까? 아마도 광고제작 대행사도 커뮤니케이션 대행사도 아닐 것이다. 기업과 소비자가 모여 있는 플랫폼에서 새로운 비즈니스 모델을 개발하고 제안하는 회사가 될 것 같다. 제일기획이 앞으로 구축할 플랫폼은 어떤 모습을 할지 기대된다.

CHAPTER

9

광고전략의 수립 Ⅱ_크리에이티브 아이디어의 개발

1. 광고컨셉 표현방향(mood & tone)의 결정
2. 소구유형의 결정: 구매동기에 따른 크리에이티브 전략
3. 광고모델의 선정
4. 광고 아이디어 표현의 구체화

도입
사례

YouTube https://www.youtube.com/watch?v=AHQYF-kvJXc

제 목 미美장長세勢_앱솔루트 보드카에 담긴 미학美學

Absolut 광고의 크리에이티브 감상 - 결코 변하지 않으면서 늘 변하는 광고 -

앱솔루트 캠페인은 가장 창의적인 광고 중의 하나로 평가되고 있다. 앱솔루트 광고는 캠페인의 진수를 보여준다. 본 장에서 설명하는 광고전략의 수립과정은 적절한 제품컨셉을 한 가지 선정하고 그 컨셉을 표현하는 아이디어를 개발하는 과정이다. 그리고 적절하게 선정된 컨셉은 후속광고들에서 다양하게 표현됨으로써 오랜 기간 동안 일관성이 유지되어 집행될 수 있고 그에 따른 성과를 기대할 수 있다. 앱솔루트 광고는 미국에 보드카를 판매하기 시작한 후 30여 년간 '앱솔루트의 절대성'이라는 한 가지 컨셉을 강조하여 왔다. 그리고 이러한 컨셉은 다양한 소재와 기법으로 표현되어 왔다. 즉, 컨셉의 일관성과 표현의 다양성이 동시에 추구되어 온 것이다. 그래서 광고전문가들은 앱솔루트의 광고를 결코 변하지 않으면서 늘 변하는 광고라고 이야기한다. 이하에서는 앱솔루트의 미국시장 런칭에서부터 현재에 이르기까지의 광고 크리에이티브를 감상해 보기로 한다.

1. Absolut의 런칭

1978년 앱솔루트 보드카 제조회사인 스웨덴의 빈 앤 스프리트(Vin & Sprit)사는 내수만으로 매출증대를 기대하기 어려움을 인식하고 미국에서 앱솔루트 보드카를 판매하기로 결정하였다. 그리고 미국에서 판매를 대행할 회사로 Carillon Importers를 선정하고 TBWA와 광고대행 계약을 체결하였다.

앱솔루트 광고를 담당하게 된 TBWA가 난감하게 생각하였던 것은 미국인들의 스웨덴제 보드카에 대한 인식이었다. 앱솔루트 보드카가 스웨덴 제품이었고 따라서 미국 소비자들에게 스웨덴 보드카=No.1 보드카를 설득하기가 어려웠던 것이다. 그래서 TBWA는 일단 제품을 제대로 보여주면서 소비자들의 친밀감을 확보하기로 결정하면서 앱솔루트라는 제품을 중심으로 광고를 전개하기로 결정하였다. 즉, 광고의 목표는 앱솔루트의 고급이미지를 심어주는 것이었고 선정된 컨셉은 이름 그대로 '앱솔루트의 절대성'이었다. 그리고 이 컨셉을 표현함에 있어 두 가지 원칙이 정해졌다. 첫 번째는 앱솔루트의 병이 광고의 주인공이 된다는 것과 둘째는 'Absolut …'형태의 두 단어로 구성된 카피를 사용하는 것이었다. 그리고 앱솔루트의 광고가 시작되었다.

2. Absolut의 크리에이티브

앱솔루트는 이 두 가지 원칙을 지키면서 20년간 약 150여 개의 광고를 집행하였다. TBWA의 크리에이티터들은 이 두 가지 원칙을 지키면서도 다양한 표현방법을 개발해 왔다. 앱솔루트 광고들의 크리에이티브는 크게 여섯 차례 소재와 표현방법을 바꾸어 왔는데, 중요한 시리즈를 소개하면 다음과 같다.

(1) Absolut Product 시리즈

초기의 광고는 앱솔루트를 있는 그대로 보여주는 철저한 제품 중심의 광고였다. 이 광고들은 남아프리카 공화국출신의 아트 디렉터 Geoff Jayes와 카피라이터 Graham Turner의 작품들이다. 이들 중 두 개의 작품을 소개하면 오른쪽과 같다.

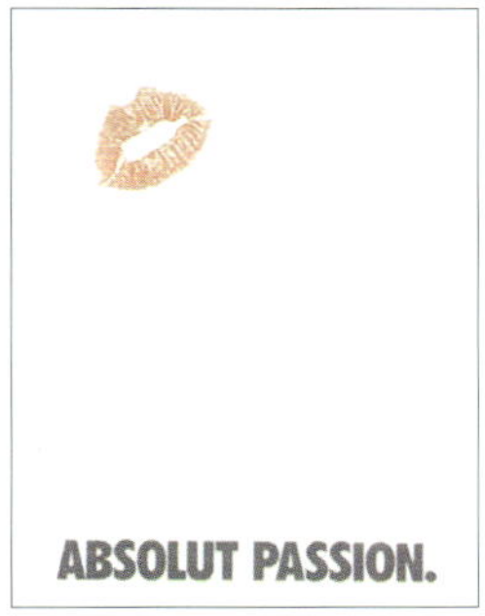

(2) Absolut Cities 시리즈

앱솔루트의 담당 AE는 크리에이터에게 다음과 같은 말을 하였다. '앱솔루트 보드카가 캘리포니아에서 불티나게 팔리고 있는데 로스앤젤레스를 위한 광고를 하나 만들어야 되지 않을까?' 앱솔루트의 시티 시리즈는 이렇게 시작되었고, 각 도시의 시민들은 자기 도시를 소재로 한 앱솔루트 광고를 기다렸다고 한다. 이 시리즈는 아트디렉터 Tom MacMaus와 카피라이터 David Warren이 담당하였다.

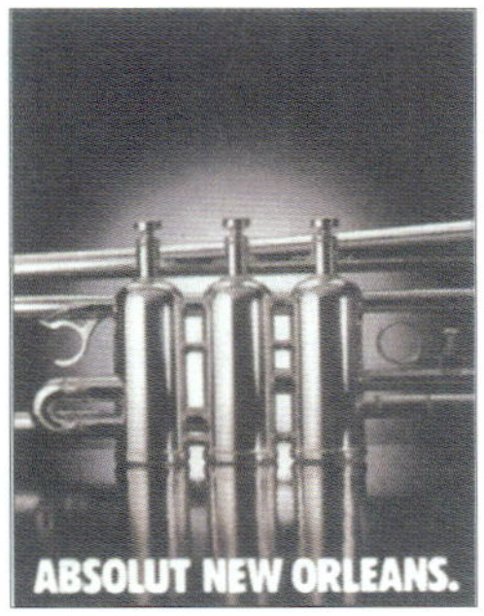

(3) Absolut Art 시리즈

예술가들의 작품으로 앱솔루트 보드카를 표현하는 마케팅 전략은 캐릴런(앱솔루트 보드카의 미국 판매회사)의 사장인 Michel Roux와 팝아트의 선구자 Andy Warhol의 만남에서 시작되었다. Michel Roux는 앱솔루트 보드카의 패션 감각을 보여주길 원했고, 이 시기 앱솔루트 보드카는 보드카 시장에서 독보적인 위치를 점하고 있었기 때문에 광고에서 다양한 표현을 시도하여도 문제가 되지 않을 것이라고 판단했다. 각 분야에서 독보적인 위치를 점하고 있는 아티스트들이 참여하여 앱솔루트의 절대적인 이미지를 창조하였다.

(4) Absolut Fashion 시리즈

여성잡지 마드모아젤의 광고영업 담당자가 당시 TBWA의 AE에게 패션 디자이너들이 앱솔루트 드레스를 만들어 보는 것이 어떻겠느냐는 제안으로 'Absolut Fashion'시리즈는 시작되었다. 당시 유명한 패션 디자이너가 이 작업에 참여했음은 물론이다. 그리고 이 광고들은 Vogue, Elle, Vanity Fair 등 패션잡지에만 집행되었다.

8장에서 광고의 전략적인 역할과 광고컨셉이 개발되는 과정이 소개되었다. 광고전략의 핵심이라고 할 수 있는 광고컨셉이 선정되면, 광고담당자는 이 컨셉을 창의적으로 표현하기 위한 작업을 시작한다. 크리에이티브 아이디어를 구현하는 작업은 1) 아이디어 표현의 무드와 톤(mood & tone)의 결정, 2) 소구유형의 결정, 3) 광고모델의 선정으로 진행되는데, 본 장에서는 이에 대해 자세히 설명한다. 그리고 마지막으로 광고에서의 창의성 개념과 창의적인 아이디어가 개발되는 과정을 소개한다. 도입사례에서 소개한 앱솔루트 광고가 창의적인 것으로 평가되고 있는 이유는 광고목표에 적합한 광고컨셉의 설정, 표현 아이디어의 우수성, 기본컨셉의 일관성과 표현 아이디어의 다양함에 있다. 여러분은 창의적인 아이디어는 적절한 컨셉에 근거해야 함을 잊어서는 안 된다. 이하에서는 각 단계에 대해 자세히 설명하기로 한다.

1 광고컨셉 표현방향(mood & tone)의 결정

광고대행사 크리에이티브 팀이 광고에 관한 아이디에이션을 진행함에 있어 먼저 AE는 크리에이티브 브리프(creative brief)를 작성하여 팀 구성원에게 제시한다. 크리에이티브 브리프는 광고가 해결하여야 할 과제, 광고목표, 표적소비자, 주요 경쟁자, 광고컨셉 등을 기술한 것이다. 광고컨셉은 소비자들에게 제시할 핵심적 혜택 또는 가치, 그 혜택과 가치에 대한 근거의 제시, 광고의 톤과 매너를 포함한다.

광고의 톤과 매너란 광고에서 표현되는 전반적인 분위기를 말하는 것으로 시장상황에 따라 수시로 바뀔 수 있다. 광고캠페인을 전개하는 동안 광고담당자는 광고의 핵심컨셉을 일관성 있게 유지하여야 하지만, 이를 표현하는 톤과 매너를 다양하게 전개함으로써 소비자들의 광고에 대한 흥미를 계속 유지시켜야 한다.

2 소구유형의 결정: 구매동기에 따른 크리에이티브 전략

광고의 핵심컨셉 및 광고의 톤과 매너가 결정되면, 크리에이티브 팀은 구체적인 표현방식을 결정하여야 한다. 크리에이티브 표현방식은 광고컨셉을 표현하는 데 있어 사용될 소구유형(appeal type)이나 실행스타일(execution style)을 결정하는 것이다. 크리에이티

표 9-1 크리에이티브 표현방식의 유형

구분	표현방식의 유형	사례
이성적 소구방식	직접적 표현방식	대한항공 '몽골'편, 랑콤의 마스카라 광고
	비교를 이용한 표현	헤지스 광고, 삼성 스마트 TV 광고
	증언형 표현	도브의 'real beauty' 캠페인
	설명형의 표현방식	핀란디어 치즈광고
	암시적 표현	LG의 사막광고
	생활단편형 표현	KT의 광대역 LTE 광고
감성적 소구방식	온정적 감정을 이용한 광고	경동보일러 광고, 시디즈의 '기대요' 광고
	향수소구형 표현	다시다의 '고향의 맛'
	유머를 이용한 표현	KFT의 Show 광고
	공포를 이용한 표현	금연광고 캠페인
기타 소구방식	상징적 표현	말보로의 '카우보이'편
	성적 소구	녹 에어 광고
	비일상적 표현	코드블루진의 '브래지어'편
	패러디를 이용한 표현	LG전자의 '명화' 편
	키치적 표현	유플러스의 싸이 춤 안내광고
	엽기적 표현	LG 텔레콤의 '오즈 상사'편
	잠재의식을 이용한 표현	진광고의 앱솔루트의 '지문'편

브 표현방식은 크리에이터의 상상력에 따라 다양하게 전개될 수 있는데, 광고에서 자주 사용되는 소구유형은 크게 이성적인 표현방식, 감성적인 표현방식, 기타 표현방식으로 구분된다.

이성에 소구하는 광고는 정보광고(informational ad)라고도 부르는데, 광고에 대한 소비자의 반응단계를 '인지 → 감정 → 행동'으로 보고 인지형성(가령, 자사 SUV의 연비가 경쟁자들보다는 뛰어나다는 신념형성)에 영향을 미치는 메시지를 통해 태도(감정)와 행동에서의 변화를 주고자 하는 것이다.

이성적 소구는 제품의 특성에서 타 제품과의 차별화가 용이한 경우나 소비자의 높은 관여도로 많은 정보를 필요로 하는 제품의 경우에 효과적이다. 감성에 소구하는 광고는 감정전이형광고(transformational ad)라고도 부르는데, 광고를 통해 온정, 즐거움 등의 감정을 유발하며 그러한 호의적인 광고태도를 브랜드에 대한 태도로 연결시킨다. 감성소구는 식품, 음료 같은 저관여제품, 화장품이나 보석류, 패션상품같이 이미지나 상징적인 것이 중요한 제품, 그리고 제품의 수명주기상 성숙기나 쇠퇴기에 접어든 제품으로 소비자들이 이미 상품에 대해 잘 알고 있는 경우 등에 효과적이다. 대체로 효과적인 광고가 되기 위해서는 제품구매의 실용적인 이유와 감정적 측면이 적절히 조화를 이루어야 한다. 표 9-1 은 광고에서 자주 사용되는 크리에이티브 표현방식을 소구유형에 따라 구분하고 각 표현방식에 있어 대표적인 예를 제시했다.

(1) 이성소구(rational appeal)

① 비교광고(comparative advertising)

"배라고 다 똑같은 줄 아니?"(갈아 만든 배)
"새 비행기를 타시겠습니까? 헌 비행기를 타시겠습니까?"(아시아나 항공)
"지는 IBM이 있으면 뜨는 컴팩이 있다."(컴팩 컴퓨터)
"콜라를 마시겠습니까?
무색소, 무카페인, 무로열티의 사이다를 마시겠습니까?"
(칠성사이다)

비교광고의 예:
헤지스 광고는 폴로의 로고에는 말이, 빈폴에는 자전거가 들어 있다는 점을 활용하고 있으며, 카피의 '폴'은 빈폴과 폴로의 '폴'에서 따온 것이다.

비교광고(comparative advertising)는 경쟁브랜드들을 직접적으로 혹은 간접적으로 거명하여 몇 개의 제품속성에 대하여 자사브랜드와 경쟁브랜드들을 비교하는 광고를 말한다. 비교광고는 직접비교광고와 간접비교광고로 나누어지는데, 직접비교광고는 한 브랜드를 광고 속에 직접 거명된 다른 경쟁브랜드(들)와 구체적으로 비교하는 것이다. 후발브랜드인 헤지스는 캐주얼 의류 시장에서 선도적 지위를 구축한 폴로와 빈폴을 광고에서 직접적으로 공격함으로써 자사제품의 경쟁적 포지션을 강화하려고 했는데, 이는 직접비교광고의 한 예이다. 간접비교광고는 비교되는 브랜드의 이름이 구체적으로 거명되지 않는 경우인데, 삼성 스마트 TV '애볼루션 키트' 편 광고는 경쟁사를 직접 거론하지는 않지만 자사의 TV만이 진화하고 있음을 설득하고 있다.

미국에서는 1972년 연방거래위원회(Federal Trade Commission)에 의해 비교광고가 허용된 이래 그 활용 정도가 점증해 왔다. FTC는 브랜드들 간의 직접적인 비교가 더 많은 제품정보를 제공함으로써 소비자들이 보다 합리적인 구매의사결정을 내릴 수 있을 것이라고 판단하였다. 우리나라에서는 공정거래위원회의 공정거래지침과 방송위원회의 방송심의에 관한 규정에 의해 비교광고가 금지되어 오다가 1995년부터 비교광고가 제도상으로 허용되기 시작했으나 그 활용사례는 거의 없는 형편이었다. 그러나 2001년 9월부터 공정거래위원회가 비교광고 허용의 구체적 지침을 마련함에 따라 비교광고의 활용빈도가 늘어나고 있다.

그동안 어떤 상황에서 비교광고가 효과적일 수 있는지에 대한 많은 연구가 진행되었는데, 연구결과에 의하면 비교광고는 전문가 소비자를 대상으로 후발 브랜드가 이미 잘 알려진 경쟁브랜드와 비교할 때 보다 효과적이다. 그리고 비교광고의 효과는 메시지의 단면성(브랜드에 대한 긍정적인 메시지만을 제공하는 것)과 양면성(브랜드에 대한 긍정적인 메시지와 부정적인 메시지가 같이 제공되는 것)에 따라 달라진다. 비교광고에서 단면적인 메시지(자사브랜드가 경쟁브랜드에 비해 모든 점에서 우수하다는 주장)만이 제공될 경우 상대적으로 소비자의 마음속에 반박적 주장(광고된 제품에 대한 부정적 생각)이 더 많이 발생되어 메시지에 대한 신뢰성이 낮아지는 경향이 있는 반면, 양면적 주장(어떤 속성에서는 경쟁제품보다 못하지만 중요한 제품속성에서 경쟁제품보다 우수함)을 담은 비교광고는 메시지에 대한 신뢰성을 높여 광고의 핵심적 내용에 대한 소비자 수용도를 증가시킨다. 또한 시장선도브랜드는 비교광고가 바람직하지 않지만, 선도브랜드를 추격하는 후발 브랜드는 선도브랜드와의 비교를 통해 이득을 얻을 수 있다.

그러나 비교광고를 전개함에 있어 광고관리자는 광고를 통한 출혈경쟁을 각오해야 한다. 2006년부터 2009년까지의 Apple과 마이크로소프트의 광고전쟁이 한 예이다. Apple은 대표 브랜드 Mac의 판매를 신장하기 위해 "Get a Mac"캠페인을 시작했다. 마이크로소프트로 대변되는 PC와 직접적으로 비교한 것이다. 이 광고에서 Mac 사용자는 신세대적 감각을 갖고 있고 PC 사용자는 진부해 보인다. 이 캠페인이 전개되자 마이크로소프트가 "I am PC"라는 캠페인으로 반격한다. 이 광고에서 빌 게이츠가 직접 등장하기도 하는데 PC 사용자들은 스마트한 사람으로 묘사된다. 두 회사는 이러한 캠페인에 막대한 비용을 투자했는데 누구도 승자가 되지 못했다.

이와 유사한 광고전쟁이 국내에서도 전개된 바 있다. LG전자는 OLED TV를 소개하면서 백라이트가 있는 LED TV와 비교 불가한 LG OLED TV만의 강점을 부각시켰는데, 삼성전자의 OLED TV를 직접 겨냥한 것이다. 삼성전자는 이날 공식 입장문을 통해 "삼성전자는 퀀텀닷 기술을 사용한 QLED TV를 2017년 선보였고 소비자로부터 최

광고전쟁 2라운드: 인피니티 스크린을 적용한 삼성전자의 2020년형 QLED 8K TV(왼쪽)와 갤러리 디자인을 적용한 LG전자의 2020년형 신제품 OLED TV(오른쪽)

고의 제품으로 인정받아 전 세계 TV시장에서 13년째 1위를 하고 있다"며 근거 없는 주장에 대해 단호히 대응할 것이라고 반박했다. 삼성전자와 LG전자의 광고전쟁은 국내뿐만 아니라 국제적으로도 격화되고 있는데, 프리미엄 8K TV 주도권을 잡기 위한 광고전쟁 2라운드가 그 예이다. 삼성전자는 '인피니티 스크린'을 적용한 QLED(퀀텀닷 발광다이오드) 8K TV를 출시하였고 LG전자도 2020년형 TV 신제품 'LG OLED AI ThinQ'를 출시했다. 이러한 출혈경쟁의 경우 모두가 패자가 되는 경우가 많다. 이러한 사례들은 경쟁사 브랜드를 직접 거론하면서 비교광고를 할 때 경쟁사가 어떻게 대응할 것인가도 미래 예측해 결정해야 함을 보여준다.

한편 시장에서 먼저 지위를 구축한 기업은 경쟁사가 비교광고를 시작하기 전에 자사 브랜드의 가치를 확대시키는 제품정보의 제공을 통해 소비자들로 하여금 경쟁사들의 설득적 메시지에 저항할 수 있는 능력을 키우는 광고를 도입할 수 있는데, 이를 면역형 광고(inoculative advertising)라고 한다. 예를 들어, 과거 AT&T는 광고캠페인에서 "다른 장거리 전화회사가 당신에게 전화할지 모릅니다. 그들은 당신이 AT&T에 비하여 전화비용을 크게 절약할 수 있는 방법을 알려 줄 것입니다. … 그러나 여기에는 당신에게 말하지 않은 많은 것들이 있습니다. 그들이 언급하는 주장에만 관심을 기울이지 말고 현재의 얻을 수 있는 혜택에 주의를 기울이십시요."라는 메시지를 제시하였다. 그 결과 AT&T와의 직접적인 비교광고를 실시했던 MCI의 적극적 광고활동에도 불구하고 AT&T는 자신의 시장점유율을 유지할 수 있었다. 비교광고가 많이 활용되는 외국의 경우, 비교광고는 대부분이 일면적(one-sided) 광고이다. 즉 비교광고가 광고의 대상이 되는 제품의 강점과 경쟁제품의 약점을 동시에 제시함으로써 소비자들에게 자사제품의 강점을 부각시키려고 노력한다. 예를 들면, 미국의 펩시콜라의 광고는 시음대회에서 시음자가 Blind Test(눈을 가린 상태에서 경쟁브랜드들을 제공함)를 통해 맛이 좋은 브랜드를 선택하는 장면을 보여줌으로써 펩시의 맛이 경쟁브랜드인 코카콜라보다 낫다고 주장하였다.

② **증언광고(testimonial advertising)**

제품과 서비스에 대한 인지, 구매율을 높이는 한편 재구매 · 계속구매를 촉진시키는 방법으로 가장 영향력이 있는 것은 구전(words of mouth)이다. 다시 말하면 소비자는 제조업체가 주장하는 자사제품에 대한 자찬에는 신뢰를 하지 못하지만, 그 제품을 이용한 다른 사람들의 의견에는 쉽게 수긍을 하며 설득된다는 것이다.

이 같은 소비자의 구전효과에 대한 긍정적 태도를 광고에 응용한 것이 증언광고로서, 소비자가 광고에 출연하여 제품의 특징을 강조한다. 또 증언식 광고에는 전문가나 사회적 인사가 모델로 나오기도 하는데, 이는 제품의 신뢰성과 호소력, 메시지에 대한 집중력, 친밀감 등을 높이려는 의도이다.

증언식 광고에서는 증언자의 선정이 무엇보다 중요한데, 제품과 광고모델과의 연관성, 소비자의 모델에 대한 선호도 등이 사전에 고려되어야 함은 두말할 나위가 없다. 이와 함께 모델의 숫자도 정해져 있는 것은 아니어서 요즘의 광고에서 보듯 여러 명의

증언형 광고의 예: 도브는 일반소비자를 모델로 선정해 몽타주를 그려봄으로써 당신은 당신이 생각하는 것보다 더 아름답다는 메시지를 전하고 있다.

소비자 혹은 수 명의 연예인이 동시에 출연하기도 한다. 여기서 짚고 넘어가야 할 것은 증언식 광고의 모델은 통상적인 광고모델전략과는 차이가 있다는 점이다. 유명인을 사용하는 일반적인 광고모델전략은 유명인의 이미지를 사는 것이지만, 증언식 광고는 광고모델의 신뢰도를 중요시한다. 즉, 증언식 광고에서 모델은 제품에 대한 자신의 의견이나 주장을 피력하는 이성적 소구인 것에 반해, 일반적인 모델전략은 제품에 대한 주장을 하는 대신 대개 제품 이미지를 제고하는 데 중점을 두고 있어 감성적 소구방법에 속한다.

유한킴벌리의 화이트 광고는 20대의 젊은 대학생을 모델로 등장시켜 생리대 사용에 있어 자신의 깨끗한 경험을 이야기하도록 함으로써 제품에 대한 친근감을 높이고 점유율을 제고시키는 데 기여하였다. SM5 광고는 교통사고를 직접 경험한 소비자가 등장하여 자신의 교통사고 상황을 증언형식으로 이야기하면서 SM5의 안전성을 강조하며, 나이키 광고는 나이키 제품을 착용한 유명 스포츠 스타의 경기장면을 통해 제품의 우수성을 보여준다. 한편 도브 비누는 증언형 광고에 스토리를 담아 강력한 메시지를 전달하고 있다. 도브는 여성들에게 진정한 아름다움의 의미를 전달하기 위한 캠페인을 시작했다. 도브는 캠페인에서 일반 소비자를 광고모델로 선정했는데, 몽타주 스케치 전문가는 그 모델의 설명에 따라 그리고 그녀를 본 사람의 설명에 따라 두 개의 초상화를 그린다. 다른 사람의 설명에 따라 그린 그림이 더 아름다움을 보여주면서 “당신은 당신이 생각하는 것보다 아름답다(you are more beautiful than you think.)”는 메시지를 전달한다. 증언형 광고와 유사한 것으로 과학적 증거를 제시하는 표현방식의 광고도 있다. 이는 공인된 기관에서 입증된 자료를 바탕으로 제품의 우수성을 표현하는 광고로, 예를 들어 KT는 'life is wonderful'이라는 캠페인에서 KT가 무궁화 위성 5호를 쏘아 올렸다는 사건을 전하면서 KT의 우수한 기술을 설득하려고 했다.

③ 직접적 표현광고

직접적 표현방식은 제품이 가지고 있는 강점을 직설적으로 표현하는 것으로, 광고에서 전달하여야 할 메시지가 명확한 경우 또는 다른 제품과 비교해서 뚜렷한 장점이나 차별점이 있는 경우 효과적이다. 직접적인 표현방식의 성공여부는 제품의 장점을 얼마나 독특하고 설득력있게 표현하는가에 달려 있다. 직접적 표현방식이 사용될 경우, 제공되는 정보의 양을 가능한 한 줄이고 간결한 단어나 이미지로 전달하는 것이 효과적이

직접적 표현방식의 예–대한항공의 '몽골'편: 이 광고는 몽골의 실제모습을 아름다운 영상미로 표현함으로써 대한항공의 '특별한 비행'이라는 주제를 효과적으로 표현하고 있다.

다. 여러 장점들을 장황하게 표현하면 오히려 진부해 보이고 의미전달이 모호해질 수 있다. 이러한 표현방식은 연속적인 동작의 표현이 가능한 TV에서 보다 효과적으로 사용될 수 있는데, 대한항공의 '몽골'편 TV광고는 몽골의 실제모습을 보여줌으로써 '특별한 비행'이라는 주제를 효과적으로 잘 표현한 바 있다. 이 광고는 느리게 흘러가는 구름과 끝없이 펼쳐진 초원, 바람에 펄럭이는 오색의 천과 항공을 나는 독수리의 모습을 통하여 몽골의 아름다운 모습을 재발견시켜주고 있다. 이 광고는 영상미의 우수성을 인정받아 2007년 대한민국 방송광고 페스티벌에서 대상을 수상하였다.

제품의 핵심편익이나 강점을 실제상황에서 실연(demonstration)을 통해 보여주는 광고도 직접적 표현방식의 한 형태로 볼 수 있다. 예를 들어, 맹렬히 달려드는 전동드릴이나 황소도 콘돔을 뚫지 못한다는 것을 비주얼로 보여주면서 강한 콘돔이라는 메시지를 전달하고 있는 콘돔광고, 무게가 많이 나가는 물건(예: 볼링 공)을 떨어뜨려도 침대 위에

실연을 통한 광고의 예: 랑콤 마스카라 광고는 새소리와 바람소리로 시작되는데 강한 바람을 맞는 모델의 속눈썹은 흐트러지지 않고 모델은 휘파람을 불고 있는 모습이 표현된다.

있는 핀들이 넘어지지 않은 모습을 보여주면서 침대 쿠션의 우수성을 표현하는 시몬즈 침대 등이 실연광고의 좋은 예들이다. 랑콤 얼루어뷰티 필림 마스카라도 이러한 기법을 이용해 제품의 강점을 표현했다.

④ 암시적 표현광고

암시적인 표현방식은 전달하고자 하는 핵심주제를 연상요소 등을 사용하여 간접적으로 전달하는 것이다. 이 표현방식은 주제를 직접적으로 설명하기 어려울 때, 주제 자체가 추상적일 때, 또는 주제가 막연하거나 범위가 넓어 어느 한 부분에 집중하기가 어려울 때 적합하다. 예를 들어, 크리에이터는 쓸쓸함이라는 광고주제를 낙엽을 통해 표현할 수 있다. 암시적 표현방식을 사용함에 있어 크리에이터는 광고주제와 자연스럽게 연결(연관)될 수 있는 상징물을 찾을 수 있어야 한다. 크리에이터가 언어, 영상 또는 소리를 이용하여 주제를 암시하는 표현을 사용할 때는 표적소비자들의 상상력 또는 지적 능력을 고려해야 한다. 즉 표적소비자들이 노출된 메시지(상징물)를 이해하여 광고의 핵심컨셉을 자연스럽

암시적인 표현방식의 예: 사막에서의 LG 빌보드 광고가 지나가는 사람들에게 그늘이 되어주는 모습을 담아 LG의 고객에 대한 세심한 배려를 전하고 있다.

게 연상할 수 있게 만들어야 한다. 예를 들어, 스카치 위스키 그랜츠 잡지광고는 병뚜껑과 새들의 발자국을 연계시켜 새가 위스키 맛을 본 뒤 취해서 갈지자형으로 걸어가는 모습을 담아 그랜츠의 맛과 향을 암시적으로 표현하고 있다. 타부 잡지광고는 누드모델인 남자가 젊은 여류작가의 매력에 이끌려 열정적인 키스신을 펼치고 있는데, 이를 '타부의 탓입니다'라는 카피로 설명하면서 타부의 유혹적인 향기를 암시하고 있다. 한편 LG의 '사랑해요 LG'캠페인 중의 하나인 '사막'편은 LG의 빌보드 광고가 사막길을 가는 사람들에게 그늘이 되어 주는 장면을 담았다. 이 비주얼은 'LG의 비즈니스는 사랑입니다'라는 메시지를 암시적으로 잘 표현해 주고 있다.

⑤ 설명형의 표현방식

설명을 통한 표현방식은 광고의 핵심주제를 상세하게 설명하듯이 표현하는 것이다. 크리에이터는 설명적인 표현방식을 사용할 때 우선 전체내용을 정확히 파악하고 설명할 순서를 정한 다음 창의적인 설명방법을 고안하여야 한다. 이 표현방식이 잘못 사용되면 광고가 너무 평범해져 지루해지기 쉽다. 그러나 설명에 스토리를 담으면 스토리텔링 마케팅이 된다. 핀란디아 치즈 광고는 'cheese hearted man'이라는 캐릭터를 만들어 치즈왕궁으로 치즈이야기를 만들어 냈다. 설명형에 스토리를 담아 읽을거리를 소비자들에게 제시한 것이다.

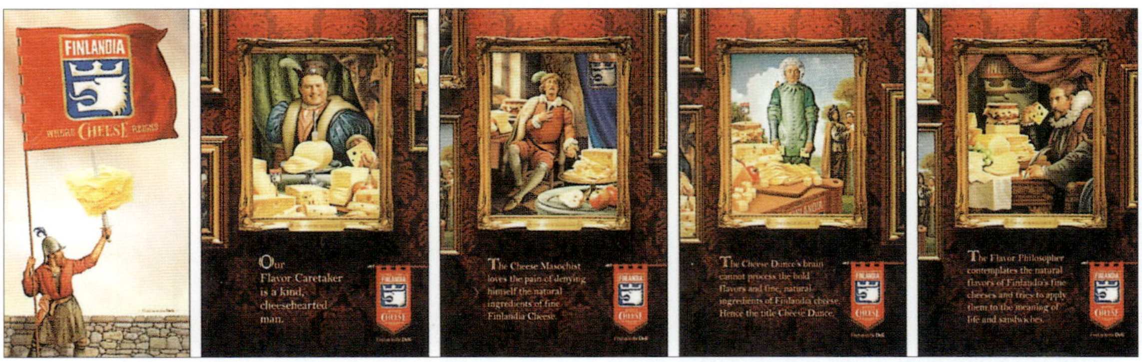

설명형 광고의 예: 핀란디아 치즈 광고는 왕실과 'cheesehearted man'이라는 캐릭터를 이용해 치즈에 관한 다양한 이야기를 재미있게 구성하였다.

생활의 단편형 광고의 예: 여름 더위의 짜증을 캐리비안 베이에서 털어버릴 수 있음을 보여주는 광고

⑥ **생활단편형 표현방식**

생활단편형(slice of life) 표현방식은 소비자들이 일상생활 속에서 경험할 수 있는 문제점을 제시한 다음, 광고하는 제품이 이를 해결하는 장면을 보여주는 것이다. 이는 의약품 광고에서 흔히 찾아 볼 수 있는데, 감기약 광고에서 감기에 걸려 힘들어하는 소비자의 모습을 보여준 후 약을 복용한 후 감기가 해결되는 장면을 보여주는 광고가 이에 해당된다. 놀이공원 캐리비안 베이 "여름엔 캐비지"광고는 생활의 단편형 표현방식을 사용해 왜 소비자들이 여름에 이 놀이공원을 와야 하는가를 설득한다. 이 광고는 더운 여름의 짜증나는 모습과 함께 캐리비안 베이에서 더위를 잊으며 시원하게 즐기는 모습을 보여주면서 소비자들의 공감을 쉽게 얻어내고 있다.

(2) 감성소구(emotional appeal)

감성적 표현방식은 소비자들의 이성적 판단보다는 광고를 통하여 긍정적 느낌이나 감정을 경험하도록 광고컨셉을 표현하는 것인데, 주로 소비자의 심리적 · 사회적 욕구의 충족에 초점을 맞추는 경향이 있다. 소비자의 제품구매동기들 중 적지 않은 것들이 감정적이며, 소비자의 브랜드에 대한 감정은 브랜드 지식에 못지 않게 제품구매에 중요하다. 특히 이성적인 근거(가령, 기술수준 또는 물리적 속성에서의 우위 등)에 의한 제품 차별화가 어려운 경우 소비자의 감정에 호소하는 광고가 보다 효과적일 수 있다. 광고를 보면서 유발된 긍정적 감정이나 기분은 브랜드에 대한 호의적 감정으로 전이될 수 있고 소비자의 브랜드에 대한 평가에도 긍정적인 영향을 미칠 수도 있다(이를 무드효과라고 함).

감정소구방식을 이용한 광고는 감정전이형 광고로도 불리운다. 감정전이형 광고(trasnsformational ad)는 소비자들이 제품을 사용할 때 느낄 수 있는 감정을 광고 속에서 표현함으로써 제품이 소비자들에게 제공하는 혜택을 전달하는 것이다. 이러한 감정전이형 광고는 국제전화 광고에서 자주 등장한다. 유학 간 자녀와의 통화 장면을 통하여 제품사용 시 경험할 수 있는 부모자식 간의 그리움을 표현하고 제품사용을 통하여 기분이 전환되는 모습을 쉽게 찾아볼 수 있다. 다른 예로 삼성생명의 '인생은 길기에'편은 가족 간의 사랑을 소재로 활용한 광고이고, 교보생명 광고는 실직한 친구 또는 입원한 친구를 위로하는 모습을 통하여 우정을 표현한 바 있다. 유한락스의 '마음 청소'편은 평소 집안일에 무관심한 가부장적인 아버지가 사랑하는 딸과 손주가 친정집을 방문하기 앞서 유한락스로 집안 구석구석을 깨끗이 청소하는 모습을 보여줌으로써 가족들을 사랑하는 아빠의 마음을 잘 전달하고 있다.

이하에서는 감성적 표현방식 가운데 자주 사용되는 몇 가지 유형들을 설명하기로 한다.

① **온정적 감정소구**

온정적 감정소구(warmth appeal)는 소비자가 광고를 통하여 직접적으로 또는 대리적으로 사랑, 가족애, 우정관계 등을 경험하게 함으로써 긍정적이고 온화한 감정을 불러일으키는 표현방식이다. 특히 온정적 감정을 활용하는 방식은 다양한 제품에서 자주 사용되고 있다. 시골에 계신 부모님을 그리워하는 모습을 표현하는 경동보일러 광고, 수녀와 스

감정전이형 광고의 예–유한락스 '마음청소' 편: 이 광고는 평소 집안일에 무관심한 가부장적인 아버지가 친정집을 방문하는 딸과 손주를 맞이하기에 앞서 집 안 구석구석을 깨끗이 청소하는 모습에서 가족들을 사랑하는 마음이 드러난다는 메시지를 전달하고 있다.

님이 등장하는 SK텔레콤 광고가 그 예이다. 경동보일러 광고는 부모와 자식 간의 본능적인 사랑을, SK 텔레콤 광고는 자전거를 타고 가던 수녀가 걸어가고 있던 스님을 태워주는 내용으로 종교를 떠난 사람에 대한 따뜻한 마음을 전한 바 있다. 최근엔 의자 전문업체 시디즈가 "기대요" 응원프로젝트를 진행해 사회적 관심을 모았다. 시디즈는 소외된 사람들을 응원하는 도구로 자사제품을 활용하기로 하고 소비자들로부터 응모받아 광고 시리즈를 전개했다. 논산의 한글대학을 다니는 할머니들, 1인 학교를 졸업하고 진학하는 장도분교의 김이건 학생, 길거리에서 공연하는 버스커들과 같이 어려운 환경에서도 자신만의 삶을 도전하는 사람들에게 의자를 제공해 그들의 꿈을 응원한다는 메시지를 전하면서 보는 사람들의 마음을 훈훈하게 해 주고 있다.

② 향수소구형 표현방식

향수소구형(nostalgia appeals)광고는 과거에 대한 그리움을 중심으로 인간의 감성을 자극하는 광고이다. 예를 들어, 다시다의 '고향의 맛'캠페인의 '질화로'편, '외할머니'편, '황해도'편, '연변'편, '콩비지'편 등은 모두 고향을 생생하게 표현하거나 고향을 그리워하는 내용을 광고의 중심주제로 하고 있다. 이는 광고를 통해서 느끼는 고향에 대한 향수를 다시다의 '고향의 맛'으로 연결하여 성공을 거두고 있는 대표적인 경우이다. 최근 아름다운 재단은 민들레 사진관 목감점과 함께 치매노인 가정을 주제로 한 캠페인을 전개했다. 치매를 앓고 있는 엄마가 기억을 더듬어 과거 딸과의 추억을 되새길 수 있는 전시회를 개최할 수 있게 해 주어 많은 사람들에게 잔잔한 감동을 전해 준 바 있다. "기

온정적 감정소구의 예: 논산의 한글대학에 다니는 할머니에게 편한 의자를 제공하는 메시지를 담은 시디즈 광고는 할머니들의 뜨거운 청춘을 응원하며 사회적 공감을 얻는 데 성공했다.

추억을 주제로 한 기억사진관 캠페인: 아름다운 재단은 지금의 모습을 그대로 사진으로 담아 미래의 추억을 제공하는 행사를 전개한 바 있다.

억사진관"캠페인은 다양하게 전개되면서 지금 이 순간이 미래의 향수가 될 수 있음을 제안한다. "기억 사진관"캠페인은 2019년 한국광고학회에서 공익캠페인 부분 금상을 수상했다.

③ 유머소구

유머소구(humor appeals)는 소비자들을 설득하기 위해 자주 사용되는 소구방법으로, 널리 알려지고 기억되는 광고메시지들 중 유머소구 방식이 많다. 미국이나 유럽의 광고에서만큼 자주 활용되지는 않지만 우리나라의 광고에서도 유머소구는 상당한 활용도를 보이고 있다. 예를 들어, 과거 인기를 끌었던 KTF Show광고에서는 아버지가 아들에게 대통령이 되면 뭘 시켜줄 것이냐고 묻자, 아들은 탕수육이라는 엉뚱한 대답을 하여 폭소를 자아낸다. 이렇게 유머러스한 상황을 연출하면서 독자들에게 화상통화라는 새로운 기능을 자연스럽게 전달했다. 최근엔 김영철 배우가 등장한 버거킹 광고가 시청자들에게 웃음을 선사하면서 좋은 성과를 거두었다. 2018년 겨울 버거킹은 'ALL DAY King, 4딸라'광고를 만들어 화제를 모았다. 이 광고에 김영철이라는 배우가 등장하여 '4달라'를 외치는데, 이는 야인시대에 나오는 '김두한식 협상'에서 아이디어를 얻은 것이다. 이 광고에서 '김영철'은 일관되게 "사달라(4딸라와 동음 이의어)"를 외치며 협상하는 말투와 표정, 그리고 협상 성공 후 여유 있는 미소로 '김두한식 협상법'을 보여주면서 세트가격의 저렴함을 잘 전달하고 있다. 이 광고는 김두한과 관련된 시대적 배경을 모르

YouTube https://www.youtube.com/watch?v=Lx69h2J2XjQ

제 목 버거킹 김영철 4딸라 풀버전 광고 모음

시청자들에게 웃음을 선사하는 유머광고의 예: 버거킹은 김영철 배우가 세트메뉴를 주문하는 과정에서 익살스러운 모습을 통해 소비자들에 저렴한 가격(4달라)이라는 장점을 전하면서도 웃음을 선사하고 있다.

는 젊은 세대들에게도 재미있는 유머로 해석되면서 지인들에게 자신들이 갖고 싶은 음식과 물건을 사달라고 조를 때 사용되는 방법으로 SNS에서 회자되고 있다.

유머소구의 긍정적 효과를 보여주는 연구들에 의하면, 유머소구는 소비자의 주의를 유발하는 데 효과적이며, 소비자에게 긍정적인 무드를 조성하여 광고 자체에 대한 호감도를 증가시킴으로써 제품에 대한 호의적인 태도를 갖게 한다. 또한 유머소구는 주의분산(distraction)을 조성함으로써 메시지에 대한 반박주장(즉 부정적인 생각을 떠올리는 것)이 발생될 가능성을 줄일 수 있다.

광고메시지전략에서 유머소구방식을 사용할 때 다음과 같은 사항을 고려해야 한다. 첫째, 유머소구는 소비자들의 주의를 브랜드나 제품에 관한 정보처리로부터 분산시키기 때문에 자사제품에 대해 비호의적인 태도를 가진 소비자들이 반박주장을 떠올리는 것을 감소시키는 데 효과적이다. 둘째, 유머소구가 광고되는 제품과 전혀 동떨어진 것일 때에는 효과적일 가능성이 적으며, 제품사용자와 관련된 유머보다는 제품 그 자체와 관련된 유머가 보다 효과적일 확률이 높다. 셋째, 유머소구는 메시지 자체에 대한 주의를 분산시키기 때문에 소비자들이 메시지를 이해하는 데는 오히려 방해가 될 수가 있다. 넷째, 유머소구는 주된 메시지에 대한 주의를 분산시키는 효과를 가지므로 소비자들이 비교적 친숙한 제품의 광고에 효과적이다. 그러나 기존제품과는 상당히 다른 신제

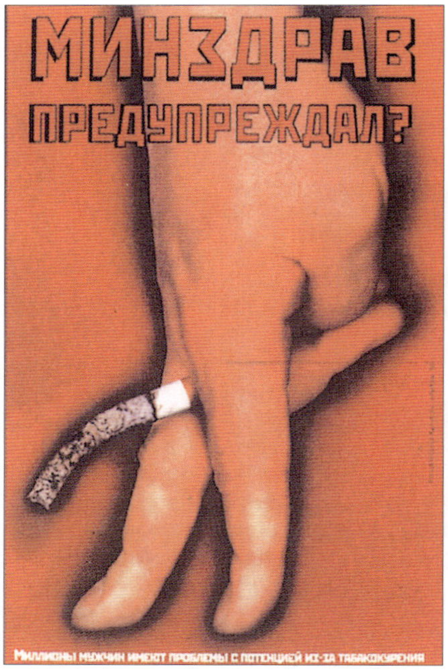

공포를 이용한 광고의 예: 이 광고는 흡연이 남성에게 가져다 줄 수 있는 치명적인 결과를 재미있게 표현하고 있다.

품이거나 소비자들이 이해해야 할 정보의 양이 많은 경우에는 유머소구가 적절하지 않다. 다섯째, 유머소구광고는 소비자에게 반복적으로 노출될수록 그 효과가 감소될 수 있다. 유머러스한 표현은 초기에는 긍정적인 감정을 유발하지만 반복될수록 지겨움이나 진부함 등의 부정적 감정으로 바뀔 가능성이 높아지기 때문에 유머광고는 그 소재를 자주 교체할 필요가 있다. 따라서 크리에이터는 유머를 이용한 표현방식을 사용하여 광고캠페인을 전개할 때 소비자에게 웃음을 줄 수 있고 제품의 핵심개념과 조화를 이룰 수 있는 다양한 소재를 계속 개발해야 한다.

④ 공포소구

대부분의 광고메시지는 소비자에게 자사브랜드를 사용함으로써 얻을 수 있는 제품편익을 알리려고 노력한다. 그에 반해 공포소구(fear appeals)는 소비자가 어떤 행동을 취하지 않으면 위험이 발생할 것이라는 위협적 메시지를 제시함으로써 소비자에게 두려움을 유발시키는 것이다. 이때 소비자는 위협을 제거하기 위해 정보제공자인 기업이 원하는 행동을 할 수 있다. 예컨대, 마약이나 담배의 사용이 건강에 치명적인 위험을 가져다 줄 수 있음을 소비자에게 알리는 것이 공포소구의 예이다. 또한 탈취제, 구강청정제, 비듬용 샴푸 등과 같은 제품범주의 광고도 흔히 제품의 비사용으로 인해 사회적으로 낭패를 보는 장면을 소비자에게 보여준다.

공포소구의 메시지전략을 이용할 때, 기업은 어느 정도의 공포심 유발이 소비자의 메시지 수용도에 가장 효과적인지를 알아야 한다. 일반적으로 공포심의 수준과 메시지 수용도 간에는 역U형의 관계(curvilinear)를 갖는다. 즉 공포심의 수준이 증가함에 따라 메시지 수용도도 증가하지만, 공포심의 수준이 일정수준을 지나 너무 위협적이면 오히려 메시지 수용도가 감소한다는 것이다.

공포심의 수준과 메시지 수용도(설득력) 간의 이러한 관계는 공포소구가 조장효과(facilitating effect)와 저지효과(inhibiting effect)를 함께 갖는다는 사실에 의해 설명될 수 있다. 낮은 수준의 공포심은 조장효과를 갖기 때문에 메시지에 대한 주의와 관심을 유발시켜 소비자에게 위협을 제거하려는 행동을 취하려는 동기를 부여한다. 그러므로 적정 수준까지 공포심이 증가할수록, 메시지의 설득력도 함께 증가한다. 그러나 너무 지나친 공포심은 저지효과를 갖기 때문에, 소비자는 메시지를 무시하거나 선택적으로 지각하는 등의 인지적 반응을 보이게 된다. 예를 들어, 말기 암 환자의 모습을 보여주는 금연캠페인에 노출된 흡연자는 메시지를 무시해 버리거나 인지부조화를 감소시키기 위한 지각상의 방어기제(perceptual defense)를 작동시켜 그 메시지를 선별적으로 받아들이게 된다.

한 연구에서는 금연을 권장하는 데 있어 강한 공포소구방식과 약한 공포소구방식이 각각 보다 효과적일 수 있는 조건에 대해 검토하였다. 연구결과에 의하면 낮은 수준의 공포소구는 별효과를 거두지 못하였는데, 그 이유는 흡연이라는 파괴적 행위를 함으로써 초래될 부정적 결과에 대해 심사숙고할 만큼 충분한 동기부여를 제공하지 못했기 때문이다. 그러나 너무 높은 수준의 공포소구도 비효과적이었는데, 이는 흡연의 부정적 결과에 대해 너무 심사숙고하게 만들어, 메시지 회피와 같은 방어기제를 유발하고 권고된 문제해결방법에 대해 생각해 볼 여지를 차단해 버리기 때문이다.

그러므로 공포소구가 가장 효과적인 경우는 중간 정도의 공포심을 불러일으키는 메시지들이며, 위협을 제거할 수 있는 해결책이 함께 제시될 때 더욱 효과적이다. 이런 측면에서 금연캠페인 포스터 광고는 공포수준을 높여 조장효과를 높이면서도 이를 재미있게 표현해 저지효과를 낮추고 있다.

지금까지 여러 가지 유형의 소구방식을 이성적인 표현방식과 감성적인 표현방식으로 나누어 설명하였다. 그러나 실제에 있어 대부분의 광고는 이성적 또는 감성적 표현방식만을 이용하기보다는 이들을 적절히 혼합한 형태를 갖는다. 그러므로 크리에이티브 표현방식에서 이성적인 방식과 감성적인 방식의 구분은 어디에 더 비중을 두고 있는가의 문제로 볼 수 있다.

(3) 기타 표현방식

유능한 크리에이터는 기존에 제시된 표현방식에 얽매이지 않고 새로운 표현방식을 끊임없이 시도한다. 이하에서는 이성적 표현방식과 감성적 표현방식으로 구분되기는 어렵지만 크리에이터가 자주 사용하는 표현방식에 대해 소개하기로 한다.

① 상징적 표현

상징적 표현방식은 선사시대 이전부터 존재했던 시각적 커뮤니케이션 방법이다. 선사시대의 동굴벽화나 토기에서 발견할 수 있는 비사실적인 그림들은 상징적인 기호로서, 이는 표의문자의 효시이기도 하다. 사람들의 공통된 생각, 경험 및 감정을 상징물을 사용하여 표현하는 방식은 광고에서도 자주 시도된다. 상징은 추상적인 내용을 기호(가령, 특정의 사물, 동물, 부호 등)를 사용하여 함축적으로 표현하는 것이다. 잘 표현된 상징은 의미전달을 명쾌하게 해주고 소비자의 상상력을 자극하여 브랜드에 대한 다양한 연상을 유도해 내기도 한다.

상징적 인물을 이용해 브랜드 정신을 전달하는 광고의 예: 신한 금융은 독립운동가라는 상징적인 인물을 통해, 나이키는 콜린 이라는 프로축구 선수를 통해 브랜드가 추구하는 정신을 전달하고 있다.

광고 Highlight

세계에서 가장 영향력 있는 상징적 인물 말보로 맨

최근 미국에서 출판된 책 〈가장 영향력 있는 가공의 인물 101명〉에 말보로 광고의 상징적 기호인 말보로 맨이 1위에 뽑혔다. 산타클로스가 4위였고, 셜록홈즈는 8위였으며, 신데렐라는 26위였음을 비추어 보면, 말보로 맨이 얼마나 영향력 있는 캐릭터인지 알 수 있다.

말보로 클래식 광고: 이 광고들은 담배를 물고 말을 타지 않아도 말보로 맨의 정신을 이어갈 수 있음을 카우보이의 전통적인 의상을 통하여 표현하고 있다.

1950년대 여성용 담배로 포지셔닝하여 '5월처럼 부드러운'이라는 슬로건을 가지고 런칭하여 매우 저조한 매출 실적을 올리고 있던 말로로 브랜드는 남성용 담배로 재포지셔닝을 하면서 전기를 맞게 된다. 당시 이 브랜드는 말보로 맨이라는 상징적 인물을 만들었고 이후 카우보이를 통하여 말보로 맨의 개성을 표현하였는데, 이후 매년 고속장을 거듭해 지금은 세계 최대의 브랜드가 되었다. 말보로 맨이 등장하는 광고는 개척정신이라는 컨셉트를 근간으로 하고 있다. 말보로 맨의 정신을 한마디로 말하면 웨스턴 헤리티지(Western Heritage), 즉 서부 문화전통의 계승이다. 강인함과 정열의 상징인 레드는 말보로의 대표 색상으로 남성상을 대변해 준다. 말보로 맨에 남성적이고 정열적인 상징적 기호를 보다 확실히 심어주기 위해 광고에서 등장하는 모든 소재는 매우 세심하게 연출된다. 말보로 맨이 등장하는 무대는 광활한 대지, 즉 말보로 컨트리가 보여지고, 말보로 맨이 착용하는 모든 복장에는 전통적인 양식이 세심하게 준비된다. 예를 들어, 데님 진, 말발굽이나 낙인 등의 소품에도 카우보이로서의 격조를 보여주고 있다. 또한 말보로 맨이 말을 타는 모습, 밧줄을 던지는 모습에서도 격조 있는 카우보이의 모습이 표현된다.

이와 같이 상징적 기호는 세심한 준비와 표현의 일관성으로 창조되었다. 말보로가 50여 년간 고집한 전통, 격조가 말보로 맨을 가장 영향력 있는 상징적 인물로 만들어 주었다. 이러한 상징성은 다양하게 활용될 수 있다.

담배가 갖는 문제점이 점점 부각되어 가는 시점에서 말보로는 의류사업으로 진출하였고, 그래서 말보로 클래식이라는 브랜드가 탄생되었다. 말보로 맨이 입고 있는 의상이 핵심컨셉이고, 자유롭고 독립적이며 전통을 중시하는 젊은이들에게 인기가 높은 것은 너무도 당연하다. 강인함과 정열의 상징이 말보로 맨이 입는 의상이기 때문이다.

자료원: 제일커뮤니케이션즈, "말보로 맨은 말을 타지 않는다,"2007년 2월호, pp. 30–37.

상징적 표현방식에는 두 가지가 있는데, 하나는 이미 사람들에 의해 학습된 상징기호를 활용하는 것이며, 다른 하나는 상징을 새롭게 창출해 내는 것이다. 상징적 표현기법은 복잡한 메시지를 단순하게 기호화하는 방법을 사용하거나 특정의 사물이나 동물 등 사실적인 것을 사용하여 광고메시지를 상징화한다. 말보로 담배광고에 등장하는 카우보이, 캔터키 프라이드 치킨을 상징하는 할아버지 샌더스, 펩시의 펩시맨, 앱솔루트의 병 모양을 이용한 광고 등은 사실적인 대상물을 사용하여 광고컨셉을 상징적으로 표현한 예이다. 한편 상징적인 기호로 인물이 사용되기도 한다. 신한금융그룹이 운영하는 신한희망재단은 2018년 8월 우리나라 대한민국의 임시정부가 만들어진 지 100년이 된 것을 기념하는 행사의 일환으로 '독립운동가'들이 그 옛날 먹었던 음식을 현대적으로 다시 만들어서 판매하는 식당 운영을 통해 독립운동가 후손을 지원하는 캠페인을 준비했다. 이 캠페인에서는 독립운동가라는 상징적인 기호가 활용되었다. 한편 나이키는 2016년 'Just Do It' 캠페인 30주년을 기념하는 광고모델로 미국프로풋볼(NFL) 선수 콜린 캐퍼닉을 선정했다. 캐퍼닉은 미국경찰의 흑인과잉진압이 논란이 된 2016년, 경기 시작 전 애국가 제창을 거부하고 기립 대신 무릎을 꿇는 퍼포먼스를 시작한 인물로서, 캐퍼닉은 이러한 행동으로 다음 해에 미식프로축구 팀과 계약을 맺지 못하게 되었다. 나이키는 광고에서 "무언가를 믿어라. 이것이 모든 것을 희생한다는 뜻일지라도"라는 문구를 통해 나이키의 브랜드 정신을 소개하고 있다. 콜린은 다음 해 타임지에 미국사회에 가장 영향을 미친 인물로 선정되어 표지모델로 소개된 바 있고, 나이키 브랜드 매출은 신장되었던 것으로 나타났다. 이러한 예들은 잘 알려진 인물을 통해 브랜드 정신을 효과적으로 전달할 수 있음을 보여주고 있다.

② 성적 소구

성적 소구(sex appeal) 방식은 인간의 근본적 욕구인 성(sex)에 대한 관심을 상품에 연관시키는 광고유형이다. 누드, 성적 이미지, 그리고 성의 이중적 의미 등을 이용한 표현방식은 오랫동안 광고기법의 하나로 사용되어 왔는데, 이는 성적 묘사가 소비자의 광고에 대한 주의를 유발시키고 구매욕구를 자극한다는 믿음에 근거한다. 내의, 향수, 개인위생용품 등의 광고는 제품 자체를 보여주기 위해서는 불가피하게 성적 노출이 이루어지게 되는데, 이를 기능적 성적 소구(functional sex appeals)라고 부른다. 성적 표현은 광고에 대한 주의를 환기시키는 긍정적 효과를 가지며, 특히 여자모델은 남자 소비자들에게

성적 소구를 이용한 광고의 예: 녹 에어는 비행기를 배경으로 젊은 여성이 등장하는 달력을 만들었는데, 이 광고는 회사의 컨셉과 조화를 이루면서 브랜드인지도 제고에 큰 도움을 주었다.

강한 주의를 유발한다. 그러나 성적 표현은 소비자들의 브랜드나 광고내용에 대한 기억에 부정적인 영향을 미칠 수 있다. 성적 표현에 대한 지나친 주의집중이 브랜드나 광고내용에 대한 주의를 감소시킬 수 있기 때문이다. 그러므로 성적 소구 광고는 광고모델의 적합성, 성적 표현과 제품과의 연관성 등을 고려하여 사용해야만 광고에 대한 주의와 구매욕구의 증가라는 목표를 함께 달성할 수 있다.

태국 항공사 녹 에어는 2013년 비행기를 배경으로 한 12명의 비키니 모델을 달력으로 만들어 소비자들의 관심을 끄는 데 성공했다. 태국 정부는 이 달력 제작을 여성의 존엄성을 무시한 행동이라 비난했지만, 녹 에어는 자사가 젊은 항공을 표방하고 있고 노출의 정도가 지나치지 않기 때문에 문제가 되지 않는다는 입장을 발표했다. 이러한 논란은 오히려 뉴스거리가 되었고, 그 결과 녹 에어의 인지도는 큰 폭으로 높아졌다. 성적 소구의 효과는 노출수준에 의해 결정되는 것이 아니라 회사의 컨셉과 얼마나 잘 조화를 이룰 수 있는가에 달려 있다.

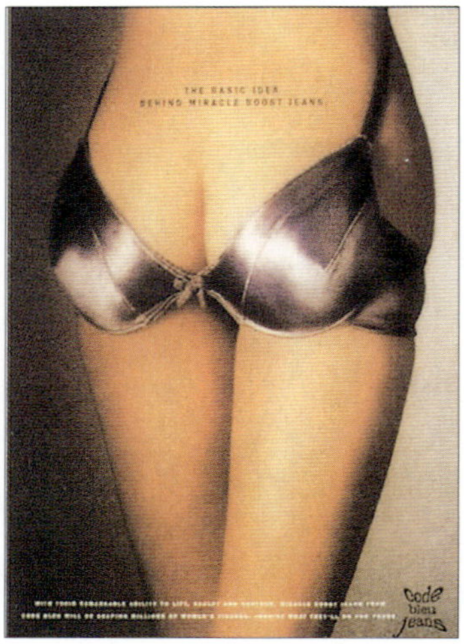

비일상적인 표현방식의 예: 코드블루진 광고는 모델이 브래지어를 히프에 착용하는 비일상적 표현으로 청중의 관심을 끌면서 코드블루진이 여성의 히프를 잘 받쳐준다는 메시지를 전달하고 있다.

비일상적인 표현방식의 예: 원더브라 광고는 'GOOD BOY. NOW, ROLL BACK.'이란 재치있는 헤드라인을 거꾸로 놓음으로써 소비자들의 관심을 유도하고 있다.

③ 비일상적 표현방식

비일상적 표현방식은 사람들이 지금까지 별로 본 적이 없거나 전혀 예상하지 못했던 것, 돌발적이거나 기대하지 않은 모습, 또는 부적합하고 우스운 내용이나 소재 등을 도입함으로써 소비자들의 관심을 끌어들이는 것이다. 이 방식은 표현된 아이디어가 재치있고 위트가 넘쳐흐를 때 효력을 발휘할 수 있다. 따라서 크리에이터는 트릭을 쓰거나 기발한 비주얼이나 색다른 소재를 개발하기 위해 노력한다. 예를 들어, 코드블루진 광고는 누드의 뒷모습을 한 모델이 브래지어를 히프에 착용시킨 비주얼을 중심으로 코드블루진이 여성의 히프를 잘 받쳐준다는 메시지를 전달하고 있다. 원더브라 광고는 브래지어를 착용하고 있는 매력적인 미인이 보는 사람을 응시하면서 'GOOD BOY. NOW, ROLL BACK.'이란 재치있게 표현된 헤드라인을 거꾸로 놓았다. 이러한 광고들은 기대하지 않은 형상이나 구도로 독자의 시선을 끄는 비일상적 광고의 예이다.

④ 패러디 광고(parody advertising)

패러디(parody)란 널리 알려져 있는 문학작품, 연극, 영화, 미술, 음악 속의 특정 구조나 소재, 캐릭터 등을 재현하거나 각색하여 웃음이나 과장 혹은 풍자적인 효과를 창출하는 것이다. 패러디를 이용한 표현은 일종의 모방형 창작으로서 원작의 내용을 독특하게 재해석 및 재구성하여 색다른 것으로 바꾸는 일종의 '전후 의미관계의 전환(trans-contextualizing)'이라는 과정을 거치게 된다. 패러디의 이러한 전후 의미관계의 전환은 기존작품의 구조와 내용을 이용하면서 이를 새롭게 재생산하는 형태를 취하거나 캐릭터나 상황 등의 형식적 요소들을 원작의 형태와 유사하게 배치하면서 내용을 변형시키는

LG전자 '명화' 편: 이 광고는 유명화가의 명화를 패러디하여 명화 속에 LG전자의 제품을 배치시킴으로써 LG전자가 추구하는 예술적 가치를 절묘하게 전달하고 있다.

광고 Highlight

패러디와 저작권

사전적 정의에 따르면 패러디는 '특정 작품의 소재나 작가의 문체 등을 변형하여 익살스럽게 표현하는 기법 또는 작품이다. 패러디는 대중에게 잘 알려진 사건을 모방하여 익살스럽게 표현하기도 한다. 특히 기술의 발달과 그에 따른 매체환경의 변화는 이제 일반인에게 창작에 참여할 수 있는 기회를 제공해 주었다. 그에 따라 패러디는 일반 대중이 참여하는 현대사회의 한 문화적 코드로 자리잡고 있다. 특히 인터넷 사이트에선 정치적인 논쟁을 일으킨 패러디에서 단순한 엽기 패러디에 이르기까지 온갖 종류의 패러디가 넘치고 있다.

잘 알려진 문화적 코드를 패러디하는 유쾌하고 기발한 상상력은 인터넷을 통하여 전달되고, 그에 따라 많은 사람들에게 카타르시스를 제공해 주기도 한다. 예를 들어, 타이레놀은 르윈스키 사건을 패러디한 광고를 게재한 바 있다. 이 광고는 클린턴대통령의 근심스런 얼굴과 그의 이마 위에 붙어있는 르윈스키 사진, 그리고 타이레놀 패키지를 대조시켜 보여줌으로써 타이레놀이 두통에 좋음을 절묘하게 표현하고 있다. 이러한 풍자형의 패러디는 보는 사람에게 제품의 핵심개념을 설득력 있게 전달해 주고 있지만, 저작권 침해라는 문제를 일으킬 수 있다.

이렇게 넘쳐나는 패러디물의 홍수 속에서 간과되고 있는 것이 저작권이다. 패러디 사용자들이 원작의 동의없이 사용한 후 이에 대한 논란이 야기되면 '패러디였다'고 항변하는 모습을 자주 볼 수 있다. 원래의 의미대로 패러디가 익살이나 비평 혹은 문화적 오락으로 자리잡기 위해선 패러디와 저작권에 대한 개념이 정립되고, 사용자들이 이를 정확히 인식할 필요가 있다.

미국의 경우 패러디가 저작권을 침해하지 않으려면 사용자가 원작물의 정당한 이용(fair use)이라는 것을 입증하는 것이 가장 중요하고, 이를 위해선 다음과 같은 측면들이 분석된다.

첫째, 사용목적과 성격이다. 패러디를 통하여 상업적인 이득을 위하는 것이 목적이라면, 당연히 원작의 저작권이 보호되어야 한다는 것이 일반적인 관례이다. 또한 사용의 성격에서 패러디를 통하여 원작물과 다른 성격을 표현한다면, 정당한 패러디로 보호될 수 있다. 광고와 관련된 사례로 파라마운트 영화사의 '총알 탄 사나이 3(Naked Gun 33 1/3: The Final Insult)'광고와 관련된 판례가 있다. 레슬리 닐슨이 주연한 코미디물인 이 영화는 여러 영화를 패러디한 것으로 인기를 끌었고, 영화포스터와 광고에서 레슬리 닐슨이 임신한 모습으로 포즈를 취한 사진을 사용한 바 있다. 이 광고는 데비 무어가 Vanity Fair 잡지의 표지에서 임시 8개월의 누드로 등장한 사진을 패러디한 것이다. 원작의 사진작가가 이와 관련하여 저작권 침해에 관한 소송을 냈고, 법원은 이를 정당한 패러디로 인정하였다. 법원은 이 영화포스터가 코믹한 장면을 나타내는 것으로 원작에서 표현한 임신한 여성의 아름다움과는 다른 성격을 나타내고 있다고 판단하였다.

둘째, 원작물의 성격이 검토된다. 예를 들어 원작물이 '창작물'인 경우가 '정보물'인 경우보다 저작권의

보호를 더 받게 된다. 즉, 패러디의 대상인 원작인 소설이나 영화 등과 같은 창작물인 경우 저작권의 침해없이 정당한 패러디로 인정받기가 더 어려워진다.

셋째는 패러디가 차용한 원작의 분량이 검토되고, 넷째는 패러디가 원작물의 가치에 미치는 영향이 분석된다. 차용한 분량이 많고 원작물의 가치에 지대한 영향을 미치는 경우 패러디는 정당한 사용으로 인정받기가 더 어려워진다. 마지막으로 가장 중요한 것은 패러디의 성격이 악의적이냐이다. 앞서 언급한 네 가지 조건이 모두 충족되었어도 그 성격이 악의적이라면, 저작권을 침해한 것으로 판단되는 경우도 적지 않다.

패러디를 이용한 광고에서 항상 저작권 문제가 등장하는 것은 아니다. 예를 들어 베네통은 'Unhate'캠페인에서 대통령을 모델로 이용해 절묘한 메시지를 전달한다. 베네통의 의도는 세계 정상들이 서로 키스하는 장면을 통해 정치와 신념과 사상을 넘어 화합하는 상징적인 의미를 강하게 표현하였고 이러한 의미를 베네통에 전이시켰다. 이 광고는 2012년 칸 광고제에서 프레스 부분 그랑프리를 받았다.

한편 방송연예인 이경규는 KBS의 인기프로그램으로 오랫동안 국민의 사랑을 받아온 전국노래자랑을 모티브로 동명의 영화를 만들어 성공을 거두었다. 영화를 만들기 전 저작권 협의를 했음은 물론이고, 더 나아가 프로그램의 진행자인 송해를 영화에 등장시키기까지 했다. 이제 광고나 영화에서 원작을 이용하는 것은 새로운 일이 아니다. 잘 알려진 인물이나 작품을 이용해 이들이 가진 상징적인 의미를 재미있게 표현하는 것은 이제 하나의 크리에이티브 양식으로 받아들여지고 있다.

자료원: 전영우, "패러디 그 수위는 어디까지인가," 제일커뮤니케이션즈, 2007년 3월호, pp. 20–23.

방법을 취하기도 한다.

패러디를 이용한 표현이 효과적이기 위해서는 크리에이터와 수용자 간에 공유된 기호가 존재하여야 한다. 크리에이터는 그 시대의 대중에게 잘 알려져 있고 자연스럽게 수용될 수 있는 전형적 요소를 공유된 기호로 사용하거나 원작이 갖는 내적 긴장을 더욱 확대하여 드라마틱하게 표현함으로써 소비자에게 짧은 시간 내에 메시지를 함축적으로 전달하는 힘을 발휘하게 된다. 예를 들어, LG전자의 '명화'편 광고도 패러디의 한 유형으로 볼 수 있다. 명화 속에 LG전자의 제품을 배치함으로써 LG전자가 생활 속에서의 예술적 가치를 표현하였다. 즉 이 광고들은 명작의 내용을 재치있게 재해석하여 제품의 예술적 가치를 부여한 것이라고 하겠다.

⑤ 키치적 표현

진흙을 가지고 손으로 문대며 논다는 뜻의 독일어 kitchen, 건방지고 우쭐댄다는 뜻의 러시아어 keetcheesya, 값싸게 만들다는 뜻의 메클렌부르크 방언 verkischen 등에서 유래했다는 다양한 견해가 있는 키치(kitsch)라는 용어는 천박하고 불손한 행동, 저속한 모조품 혹은 대량생산된 싸구려 제품을 마치 훌륭한 가치와 의미를 가진 것처럼 위장하는

키치적 표현의 예: NBC 투데이쇼는 싸이의 강남스타일에 맞춰 춤출 때 '옷은 부티나게 입되 춤은 싼티나게 추어야 함'을 소개하고 있다.

일종의 통속적인 현상을 말한다. 사람들은 키치적인 소비를 통해 자신의 실제모습을 감추거나 왜곡, 과장 및 변형함으로써 정서적인 위안과 만족을 얻는 경향이 있다. 우리가 소비하는 모든 제품들은 사회 · 경제적 신분이나 취향을 표현하는 수단 또는 기호로 사용되는데, 그것을 소유하지 못한 사람들은 상대적 결핍감을 느끼게 되고 그 결핍을 해소하려는 욕망을 갖게 된다. 그러므로 경제적 제약으로 이러한 욕망을 충족시킬 수 없는 사람들이 제품에 특별한 의미를 부여하는 키치적인 소비를 하는 것이다.

이러한 소비현상을 소재로 활용한 광고가 키치적인 광고인데, 광고를 통하여 가치가 떨어지는 제품에다 신화적 상징, 소비계층의 신분 또는 스타일을 구별해 주는 이미지를 부여함으로써 남들과 구별되기를 원하는 소비자들의 욕구를 충족시켜 주는 것이다. 따라서 키치적 광고는 이성적이기보다는 감성적이고, 본질적이기보다는 형식적이며, 진지함보다는 기호적이고 감각적인 것에 가깝다.

최근 싸이는 '강남스타일'로 세계적인 가수로 등극했는데, 이때 그의 춤이 성공의 원동력이 되었다. 그는 NBC 엘렌쇼의 인기가수 브리트니 스피어스 편에 초대되었고, 출연 당시 스피어스에게 말춤을 가르쳤다. MC였던 엘렌은 춤출 때 스피어스에게 하이힐을 벗어야 되는 것이 아니냐며 빨강색의 정장 차림에 대해 걱정하자, 싸이는 자신의 곡에 맞춰 춤출 때 "옷은 부티나게 입되 춤은 싼티나게 추어야 함"(dress classy and dance cheesy)을 강조했다. 이 말은 브리트니가 출연한 쇼의 최고 명언으로 꼽혔다. 싸이는 곡을 제작하고 춤을 개발할 때 키치적인 표현방식을 염두에 두었던 것 같다.

⑥ 엽기적 표현

엽기적 표현방식은 광고컨셉을 촌스럽고 추하고 기이하게 표현함으로써 소비자의 관심을 끌고자 한다. 엽기는 N세대를 대상으로 대중문화의 대표적인 표현양식으로 등장하고 있는데, 이를 반영하듯 광고에서 피를 흘리는 장면을 보여주거나 똥이 등장하고 촌스럽고 상스러운 표현이 자주 사용되고 있다. 이러한 엽기적인 표현에 대한 소비자 반응은 연령층(세대)에 따라 달라진다. 기성세대들은 엽기풍 광고에 부정적인 반응을 보이는 반면, 젊은이들은 거부반응을 보이지 않고 오히려 표현방식에 대하여 호기심을 갖고 해석하고자 하며 이를 즐기는 경향이 있다.

따라서 엽기형 광고에서는 아름다운 것보다는 낯설고 새로우며 거부감을 유발하는 방식을 추구한다. 낯선 것에 대하여 소비자들이 거부하지만 않는다면 그 기억은 오래

영화 속의 엽기적인 모습을 활용한 광고의 예: 네파는 '엽기적인 그녀'에서 나왔던 주연배우 전지현 모습 그대로의 화보를 중국 최대 온라인몰 티몰의 네파 매장에서 공개해 좋은 성과를 거두었다.

가기 때문이다. 최근 패션브랜드 네파는 중국에서 개봉된 영화 '엽기적인 그녀'의 주인공 전지현을 앞세운 마케팅으로 중국시장공략에 성공을 거두었다. 네파는 '엽기적인 그녀'에서 나왔던 모습 그대로의 화보를 중국 최대 온라인몰 티몰의 네파 매장에서 공개했는데, 전지현은 이 광고에서 뉴트로(새로운 복고) 차림을 한 뒤 해변가에서 롤러스케이트를 타면서 익살스러운 표정을 짓고 있다. 티몰 데이터 뱅크 조사에 따르면 네파의 활동소비자 수가 전지현 광고 집행 전보다 무려 9배 는 것으로 나타났다.

⑦ 잠재의식을 이용한 표현

잠재의식(subliminal perception)을 이용한 표현방식은 소비자들의 감각기관이 감지할 수 있는 자극수준(threshold level) 이하에서 광고메시지(예: 언어, 형상, 또는 상징물 등)를 제공하여 소비자가 그 메시지에 노출되었음을 알지 못하는 상태에서 긍정적인 반응을 유도하려는 광고이다. 잠재의식효과는 1950년대 미국의 한 극장에서 있었던 실험에서 처음 발견된 후 그 효과에 대해 논란이 지속되어 왔다. 당시 한 영화관에서는 영화의 슬라이드에 "Hungry? Eat popcorn and drink coke"라는 메시지를 담은 사진을 삽입하여 상영하였는데, 이 메시지는 영화를 보는 사람들에게 시각적으로 보여지지 않는 수준에서 통제되었다. 그러나 이 메시지가 삽입된 기간 동안 영화관에서의 콜라와 팝콘의 매출액이 상당히 증가하면서 화제가 된 것이다.

이후 이러한 효과에 대한 체계적이고 과학적인 연구가 진행되었는데, 지금까지의 잠정적 결론은 잠재의식 광고는 실용적으로 사용될 만큼의 효과를 발생시키지 않는다는 것이다. 그럼에도 불구하고 아직도 이러한 잠재의식 광고가 간헐적으로 시도되고 있다. 예를 들어, 양주 광고는 광고의 비주얼 중에 작은 크기의 멋진 여성의 모습이나 남녀의 다정한 모습을 자세히 보지 않으면 찾아내기 어려울 정도의 작은 크기로 삽입하고 헤드라인에서 숨어 있는 즐거움을 찾아보라고 권유함으로써 소비자들의 호기심을 유발하고 있다. 또한 앱솔루트의 'Evidence'편은 사람의 지문 속에 앱솔루트 병을 숨겨 놓으면서 독자의 호기심을 유도하고 있다. 당시 앱솔루트는 독자들이 더 열심히 찾아보도록 지문의 사이즈를 최소한으로 줄였다고 한다.

⑧ 애니메이션

제품과 정보를 보다 친숙하고 편안한 느낌이 들도록 소비자에게 제시하는 방법으로 애니메이션(animation) 기법이 있다. 애니메이션 기법은 제품을 의인화 · 동물화 할 수 있으며 TV광고에서 제품의 특징을 역동적으로 표현할 수 있게 한다. 이러한 표현방법은 생명력이 부여된 제품이 소비자에게 자신의 특성이나 개성을 이야기할 수 있어 광고와 광고주의 일방적인 정보제시 형식에 비해 재미있고 다정한 느낌이 들게 한다.

앱솔루트 잠재의식 광고

광고 Highlight

애니메이션 기법을 활용한 광고

LG기업PR '명화캠페인' 편

CJ 홈쇼핑 '쇼핑의 지혜' 편

세계 최초의 만화영화는 1928년 월트 디즈니가 만든 흑백 단편 애니메이션 〈증기선 윌리(Steamboat Willie)〉였다. 쥐를 만화로 표현한 미키마우스는 사람처럼 말하고 살아서 움직인다는 의미의 애니메이션(Animation)으로 부르게 되었다. 만화와 애니메이션의 인기는 상업화를 가속하게 되었고 오늘날과 같이 광고에도 등장하게 된 것이다.

만화 주인공들을 캐릭터(Character)라고도 하는데, 캐릭터는 만화와 영화 · 연극 · 소설 등의 등장인물의 특성과 개성을 말한다. 이런 기존의 캐릭터를 활용한 광고는 몇 가지 장점을 갖는다. 많은 사람들에게 잘 알려진 인지도를 활용할 수 있으며, 캐릭터 선호도가 광고, 또는 브랜드 선호도로 연결될 수 있는 장점이 있다. 그리고 무엇보다 광고모델이 NG를 내거나 스캔들에 휘말릴 우려가 없어서 광고 담당자들의 고민을 덜어줄 수 있다.

예를 들어, LG그룹은 기존의 기업광고 캠페인 '명화'편을 애니메이션으로 발전시켜 생명을 불어 넣었다. 노래하고 사진 찍고 휴식하며 빨래하는 명화의 주인공들을 통해 낯익은 것의 '낯설게 하기'를 잘 보여주고 있다. 또한 여성의 심리를 파고든 CJ홈쇼핑 광고에서도 애니메이션은 위력을 발휘했다. 여자를 그리는 화가 육심원의 작품 속 여자들이 광고의 등장인물로 사용되었다. 시청자와 직접 이야기하듯 그림들이 살아 움직이는데, 그림 속 주인공의 감정을 최대한 잘 표현할 수 있도록 여성의 표정을 더 극대화했다. 섬세한 여성의 심리를 잘 묘사하면서, 자연스러운 움직임을 보여주기 위해 각각의 포즈에 맞는 일러스트를 별도로 그려 다양한 각도의 표정을 만들었고 2D와 3D 기법을 함께 활용했다고 한다. 마치 그림 속 주인공들이 여성 타깃에게 말을 걸어오듯 소통하는 광고를 만들어냈다.

만화는 상상력의 산물이다. 그 안에서 모든 것이 가능하고 모든 것을 얻을 수 있다는 측면에서 광고가 제공하는 꿈과 일맥상통한다. 그래서 애니메이션 광고는 잠시지만 소비자들이 진정 원하는 것을 얻게 해준다. 또한 소비자들은 이제 문화를 감상하고 소비하려고 한다. 이런 욕구가 반영된 광고라야 사랑받고 살아남는다. 광고나라에서는 다양한 문화가 만들어지고 자라나고 소비된다. 광고와 문화의 본격적인 사귐이 그 어느 때보다 기대되는 요즘이다.

자료원: HSAD 2008, 광고나라산책, 만화가 있는 광고, 이희복.

3 광고모델의 선정

아이디어 표현을 위한 광고의 톤과 매너 및 표현방식의 선정과 함께 메시지를 전달할 모델을 결정하여야 한다. 광고 아이디어의 표현과 모델은 서로 밀접한 관계를 가지고 있다. 광고의 표현방식에 따라 모델이 필요 없는 경우도 있으나, 잘 선정된 모델은 광고의 크리에이티브 효과를 극대화시켜 준다. 다시다는 김혜자를, 맥심커피는 안성기를, 파크랜드는 박상원을 오랜 기간 동안 전속모델로 활용하였는데, 그 모델들은 제품의 상징으로 자리 잡고 있다.

정보원천(광고모델)이 소비자의 광고메시지 수용도에 미치는 영향에 관한 연구결과에 따르면, 정보원천이 신뢰성(credibility)이 있고 매력적(attractive)이며 권위적일수록, 소비자들의 메시지에 대한 수용도가 높아지는 것으로 나타났다. 신뢰성 있는 정보원천은 내면화 과정을 통해 소비자의 메시지 수용도를 높이는데, 내면화(internalization)란 제공된 메시지의 내용을 자신의 의견으로 수용하는 것을 말한다. 이성적인 표현방식을 사용하는 경우 신뢰성이 높은 모델을 사용하는 것이 바람직하다. 정보원천의 매력성은 소비자들에게 일체화(identification) 현상을 경험하게 하는데, 일체화란 청중과 정보원천 간의 관계 형성을 통해 정보원천과 비슷한 견해를 취하는 것을 말한다. 이러한 일체화 현상은 광고에 등장하는 모델이 매력적일수록 또는 자신과 비슷한 사람으로 지각될수록 크게 나타난다. 한편 정보원천이 권위적이면, 순응화(compliance) 과정을 통해 메시지의 수용도가 높아진다. 순응화 과정이란 메시지의 수신자가 정보원천의 권위에 압도되어 그가 전달하는 메시지를 수용하는 현상이다.

소비자는 다양한 정보원으로부터 제품정보를 제공받는다. 그러나 동일한 제품정보라고 하더라도 누가 전달했느냐에 따라 소비자들의 그 메시지에 대한 반응은 다를 수 있다. 예컨대, 같은 제품정보라 하더라도 광고나 판매원을 통해 소비자가 그 정보를 접하게 되는 경우와 친구나 이웃에게서 알게 된 경우는 소비자의 수용도에 상당한 차이를 보이게 된다. 또한 같은 내용의 광고라고 하더라도 광고메시지를 전달하는 사람이 누구인가에 따라 소비자에게 미치는 영향력이 달라진다.

소비자의 태도와 행동에 영향을 미치는 정보원천 특성들 중 가장 대표적인 것이 정보원천의 신뢰성(credibility)과 매력도(attractiveness)이다.

(1) 광고모델의 신뢰성

① 신뢰성 있는 광고모델이 되기 위한 요건: 전문성과 진실성

정보원천의 신뢰성(source credibility)은 수신자(소비자)가 메시지의 전달자에게서 느끼는 지식 및 경험의 보유 정도와 객관적인 정보제공능력을 말한다. 이 같은 정보원천의 신뢰성은 메시지 전달자의 전문성(expertise)과 진실성(trustworthiness)에 의해 크게 영향을 받는다. 전문성은 메시지 전달자가 메시지와 관련하여 보유하고 있는 지식과 경험의 정도를 말하며, 진실성은 메시지의 전달자가 수신자에게 어느 정도 객관적이고 정직하게 보이는가를 말한다. 메시지 전달자가 광고되는 제품과 관련하여 충분한 지식이 있고, 그 지식을 토대로 정직하게 자기의 의견을 말하는 것으로 받아들여진다면, 수신자는 정보원천에 대해 높은 신뢰도를 갖게 된다. 예를 들어, 유산균 발효유 Will 광고에서는 노벨 의학상을 수상한 배리마셜 박사가 모델로 등장하여 메시지를 전달하기 때문에, 소비자들은 그의 전문성에 대한 믿음을 바탕으로 그 메시지를 수용할 가능성이 높아진다. 그러나 메시지 전달자의 전문성이 높다고 하더라도 소비자들의 그 전달자에 대한 신뢰성의 정도가 반드시 높은 것은 아니다. 왜냐하면 소비자들은 광고주가 메시지 전달자에게 금전적인 보상을 해줄 것이라고 생각하기 때문에 정보원천의 전문성에도 불구하고 그가 하는 이야기를 전적으로 진실된 것으로 판단하지는 않는다. 따라서 소비자들이 정보원천에 대한 신뢰성을 갖게 하기 위해서는 전문성과 함께 정보원천이 제품에 관해 진실

신뢰를 전하는 전문가 광고의 예: 야쿠르트 윌은 배리마셜 박사와의 공동연구를 강조하면서 제품의 신뢰성을 전달하고 있다.

된 메시지를 전달하고 있다는 인상을 소비자들이 가질 수 있도록 하는 진실성을 필요로 한다.

일단 내면화를 통해 수용된 의견(메시지 주장)은 후에 정보원천이 누구인지를 잊어버리더라도 계속 유지되는 경향이 있다. 그러나 모든 경우에 정보원천의 신뢰성 효과가 나타나는 것은 아니다. 즉, 항상 일률적으로 높은 신뢰성을 가진 정보원천이 그렇지 않은 정보원천보다 소비자들의 메시지 수용도를 높여 주는 것은 아니라는 것이다.

또한 정보원천의 신뢰도 효과는 제품에 대한 관여도가 낮은 소비자(즉, 광고메시지가 개인적으로 관심이 없는 것이거나 중요하지 않은 경우)에게 더 강하게 나타난다. 왜냐하면 제품에 관여되어 있는 소비자(예컨대, 자동차를 구매하려는 소비자)는 광고메시지를 전달하는 제품의 구체적인 속성들을 토대로 제품을 평가하는 반면, 제품에 대한 관여도가 낮은 소비자(가령, 청량음료나 샴푸제품을 구매하려는 소비자)는 광고에서 제시된 제품특성보다는 광고에 등장하는 정보원천(광고모델)의 신뢰성을 토대로 제품에 대한 호의적 태도를 형성할 가능성이 높기 때문이다.

② 광고메시지의 신뢰성을 높여주는 광고모델의 유형

일반적으로 소비자들은 광고의 판매메시지보다는 소비자보호원에서 발간하는 '소비자 시대'와 같은 잡지나 신문기사 등에 실려 있는 제품정보나 친구나 가족구성원의 의견을 보다 신뢰하는 경향이 있다. 그러므로 광고모델의 신뢰성을 높이는 노력이 필요하다. 광고의 신뢰성을 높이는 데 기여하는 광고모델의 유형에는 다음과 같은 것이 있다.

■ **전문가 모델**: 기업은 전문가를 광고모델로 흔히 활용하는데, 이는 정보원천의 신뢰성 효과(source credibility) 때문이다. 해당 분야의 전문가가 메시지를 전달할 경우 소비자는 그 메시지에 대해 보다 높은 신뢰성을 갖게 되어 메시지에 대한 수용성도 높아진다.

이에 따라 의사, 교수, 스포츠 선수 등이 해당분야의 광고모델로 등장하는 경우를 흔히 볼 수 있다. 해태제과의 덴티큐껌에 치과의사가, 나이키 농구화에 마이클 조단이, 골프용품에 타이거 우즈가 등장하는 경우가 이에 해당된다. 그런 측면에서 나이키의 모델철학은 많은 점을 시사해 준다. 나이키는 최고의 성적을 내는 운동선수를 후원하여 이를 브랜드이미지 제고에 활용하고 있다. 나이키가 운동선수에 대한 후원을 결정함에 있어 세 가지 원칙을 갖고 있다. 후원해주는 선수는 그 분야의 최고의 선수가 될 자질

전문적인 모델이 가져다주는 효과의 예: 세계적인 골프 선수 타이거 우즈가 브릿지 스톤 TOUR B XS 골프공을 사용하기로 결정하면서 높은 매출액 신장을 기록하고 있다.

이 있어야 하고, 개성이 있어야 하며, 운동에 대한 열정이 있어야 한다는 것이다. 그래서 나이키는 운동선수를 평가할 때 그들의 성적만을 분석하는 것이 아니라, 그 선수의 가정환경, 성장과정에서의 성실성에 관한 자료를 분석하여 이를 종합하여 평가한다고 한다. 나이키가 세계적인 골퍼인 타이거 우즈를 후원하기로 결정했을 때 그는 아직 프로로 전향하지 않았던 아마추어 선수였음은 많은 것을 시사하고 있다. 한편 2019년 최고 권위의 마스터즈 골프대회에서 우승을 거둔 타이거 우즈는 2017년 선수복귀를 선언하면서 사용할 골프공으로 브릿지 스톤을 선택했다. 브릿지 스톤은 타이거 우즈가 시합을 할 때 TOUR B XS 골프공을 사용한다는 간단명료한 메시지만을 전달하면서도 엄청난 매출신장을 기록했는데, 이는 유능한 선수의 전문성이 가져다주는 효과라고 할 수 있다.

■ **진실성을 확보한 모델**: 광고의 신뢰성을 높이기 위해 광고되는 제품에 대해 진실된 메시지를 전달하고 있다고 느낄 수 있는 광고모델을 선정해야 한다. 예컨대 제일제당의 다시다는 75년부터 김혜자라는 배우를, 동서식품은 83년부터 안성기라는 배우를 기용해 메시지의 진실성을 구축하는 광고효과를 누린 바 있다. 그러나 광고되는 제품에 대

최고경영자를 광고모델로 사용한 예: '어렸을 때에는 아버지의 손에서 나는 약 냄새가 싫었습니다'라는 아들의 회상을 내레이션으로 시작해 '아버지에서 아들로 대를 이어온 우황청심원의 명가는 광동제약'이라는 컨셉을 표현하고 있다.

해 전문성을 갖고 있으면서 진실된 이미지를 함께 갖춘 유명인을 찾기가 쉽지 않은 경우가 많다. 따라서 광고관리자들은 모델을 선정한 후에도 이들의 진실성을 높이기 위해 다양한 스토리를 개발하는 등의 노력을 기울여야 한다.

■ 최고경영자 모델: 정보원천의 신뢰성을 높이기 위해 기업의 최고경영자를 광고모델로 흔히 활용한다. 1980년대 초반 판매부진으로 경영위기에 직면한 미국의 크라이슬러 자동차는 최고경영자인 Lee Iacocca를 60개 이상의 광고에 등장시켜 기업의 위기를 극복하는 데 성공하였다. 국내에서는 광동제약의 최수부 회장이 광고에 출연해 최고의 제품을 개발하려는 창업주의 신념을 보여 주려고 한 것은 소비자에게 광고되는 제품에 대한 신뢰성을 높이는 데 성공한 예라고 볼 수 있다. 연구결과에 의하면 최고경영자가 등장하는 광고는 소비자의 브랜드태도를 향상시키고 광고되는 브랜드에 대한 소비자 문의가 증가하였다. 특히 최고경영자가 유명인사이어서 기업이미지의 향상에 도움이 된다고 판단될 경우에는 그를 광고모델로 활용하는 것을 적극적으로 고려할 수 있을 것이다. 이러한 전략의 문제점은 반복되는 광고에 의해 기업의 이미지가 최고경영자와 너무 밀착된다면, 그 최고경영자가 기업을 떠남으로 인해 기업에 부정적 영향을 미칠 수 있다는 것이다.

(2) 광고모델의 매력도

① 매력도 있는 광고모델의 요건: 유사성, 친숙성, 호감성

소비자들은 모델의 신뢰성뿐만 아니라 정보원천이 얼마나 매력적인가에 의해서도 영향을 받는다. 일반적으로 정보원천의 매력도가 높을수록 메시지의 수용도가 증가한다.

정보원천의 매력도(source attractiveness)를 결정하는 세 가지 중요 요인으로는 유사성(similarity), 친숙성(familiarity), 그리고 호감성(likability)을 들 수 있다. 유사성은 정보원천이 소비자와 얼마나 비슷하게 느껴지는가를 말하며, 친숙성은 정보원천이 소비자에게 얼마나 낯이 익은가를, 그리고 호감성은 신체적 매력 등으로 인해 정보원천에 대해 호의적인 감정을 갖는 경우를 말한다. 그러므로 소비자가 느끼는 광고모델과 소비자 자신 사이의 유사성이 높을수록, 모델이 소비자에게 친숙할수록, 그리고 소비자에게 주는 호감이 클수록, 정보원천의 매력도가 높아지며 그 결과 소비자의 메시지 수용도가 증가한다.

② 매력적인 광고모델의 유형

정보원천의 매력도가 높을수록 커뮤니케이션의 효과가 증가하므로 기업은 신뢰성이 높은 정보원천 이외에 매력적인 정보원천을 광고모델로 활용하는 방법을 고려할 수 있다. 다음은 매력적인 정보원천을 광고에 활용하기 위한 구체적 방법들이다.

▪ 일반인 모델: 광고모델이 소비자의 욕구, 목표, 관심영역, 라이프스타일 등에서 서로 비슷할수록, 모델이 제시하는 주장(의견)을 보다 잘 이해하고 수용할 가능성이 높아진다. 인적판매의 경우, 소비자들은 판매원들이 자신과 비슷하다고 느낄 때 판매원이 제시하는 메시지를 수용할 가능성이 높아지는 경향이 있다. 인적판매와 마찬가지로 광고에서도 소비자와 정보원천 사이의 유사성을 강조하기 위해 그 제품범주의 전형적인 소비자(typical-person endorsers)가 등장해 제품을 사용하는 장면을 보여주는 생활단편형 광고(slice-of-life advertising)의 예를 흔히 볼 수 있다. 실제로 P&G의 섬유탈취제 브랜드 페브리즈는 일반인을 광고모델로 기용하여, 실내에서 향균 및 악취제거와 관련된 사용상황에서 자사제품을 효과적으로 사용할 수 있음을 자연스럽게 보여주고 있다.

▪ 유명인 모델: 마케터는 흔히 소비자들에게 호감(likability)을 주는 TV스타, 영화배우, 스

유명인 모델의 예: 롯데면세점 광고

포츠맨 등의 유명인(celebrity)을 이용한다. 연구결과에 의하면 유명인을 이용한 광고가 소비자의 브랜드태도와 품질에 대한 지각을 강화시키는 것으로 나타난다. 미국의 경우 20% 이상의 TV광고에서 유명인들이 등장하며, 표적청중들이 좋아하는 유명인에 대해서는 엄청난 모델료를 지불한다. 불세출의 미 프로농구(NBA) 선수인 마이클 조던(Michael Jordan)은 대표적인 유명 광고모델의 예이다. 마이클 조던은 MCI-WorldCom, Nike, Bijan Fragrance, Quaker Oats(게토레이의 제조업체) 같은 기업들과의 광고출연 계약을 통해 연 수천 만 달러의 광고수입을 올렸다. 한국에서도 이러한 유명인 모델 광고전략을 쉽게 볼 수 있다. 롯데면세점은 유명인 모델을 총동원한 광고로 화제를 모았다. 일본과 한국에서 동시에 인기가 높은 비, 송승헌, 박용하, 강지환, 지성, 그룹 빅뱅, BTS 등의 초호화캐스팅으로 이목을 끌었으며, 한국어와 일본어로 함께 제작되어 양국의 소비자들에게 효과적으로 광고내용을 전달했다.

그러나 유명인을 이용한 광고가 모든 브랜드와 상황에 대해서 효과적인 것은 아니다.

유명인을 광고모델로 이용하는 광고는 광고메시지를 적극적으로 처리하려는 소비자의 동기부여가 낮을 때 (호의적인 브랜드태도형성에) 특히 효과적이다. 마케터는 인기가수나 유명 탤런트 같은 매력 있는 정보전달자의 모델료가 비싼 상황에서 어떤 경우에 매력도가 높은 유명인의 활용이 보다 효과적인지를 생각할 필요가 있다. 소비자가 광고메시지를 처리할 능력이 있고 강한 동기부여가 되어 있다면, 정보원천의 매력도보다는 신뢰성이 브랜드태도형성에 더 효과적이다. 그러나 광고메시지를 처리할 능력과 동기부여가 낮은 경우에는 정보원천의 신뢰성보다는 매력도가 소비자 설득에 상대적으로 더 중요하게 된다. 예컨대, 소비자의 관여도가 높은 제품(자동차나 PC와 같이 고가격의 제품)에 대해서는 그 제품에 대한 전문가와 같이 신뢰성 있는 광고모델을 이용하는 것이 효과적인

광고 Highlight

유명인 모델 선정 시 주의해야 할 포인트

1. 유명인 모델이 소비자들의 광고메시지 처리를 방해하지 않아야 한다.

너무 유명한 모델이 광고에 나올 경우, 소비자의 관심이 브랜드보다는 유명인 모델에 집중되고 유명인의 강한 개성이 오히려 제품의 장점을 가리는 음영효과(overshadowing effects)가 발생할 수 있다. 이 경우 유명인이 제품을 광고하는 것이 아니라 오히려 광고가 그 모델만을 부각시키는 결과를 초래할 수 있다. 예를 들어, 과거 OB맥주의 시장선도적 지위에 타격을 주었던 OB 아이스맥주 출시광고는 강수연이라는 유명한 영화인을 모델로 기용했는데, 모델의 강한 개성은 제품에 관한 메시지 전달을 오히려 방해한 것으로 평가되었다.

2. 유명인 모델이 너무 많은 광고에 출연하여 과다노출 되지 않아야 한다.

유명인이 다양한 제품광고에 중복출연하게 되면 여러 광고메시지들 간에 간섭현상(interference effects)이 발생하여 특정제품의 메시지에 대한 기억을 방해하거나 브랜드와 모델 사이의 연상작용이 약화될 수 있다. 예를 들어, 김태희라는 유명 연예인은 여러 제품에 모델로 등장하는데, 화장품, 음료 등 일부 제품을 제외하고는 광고된 상표와 모델 간의 연상이 별로 높지 않은 것으로 나타난다. 신인모델을 기용하여 모델의 의외성으로 인해 소비자의 관심을 끄는 데 성공했던 SKT 011-TTL, 박카스 광고 사례는 시사하는 바가 크다.

3. 표적고객의 특성을 고려해야 한다.

유명인 모델은 제품에 대한 지식이 높거나 이미 강한 태도가 형성된 소비자보다는 제품지식이 낮고 중립적인 태도를 가진 소비자에게 더 효과적이다. 또한 청소년 시장에 대해서는 유명인을 정보전달자로 사용하는 것이 매우 효과적인 것으로 인지되어 왔는데, 청량음료, 의류, 화장품회사들이 유명 연예인과 스포츠 선수를 자주 광고모델로 활용하는 것이 그 예이다. 그러나 많은 마케터들이 발견한 바에 의하면 청소년 소비자들은 유명인 광고모델에 대해 회의적이거나 냉소적 태도를 보이는 반면 유머, 아이러니 등의 기법을 이용한 광고물에 보다 호의적 반응을 보인다고 한다.

4. 유명인 모델의 돌출적 행동이 광고제품에 미칠 부정적 영향에 대해 고려해야 한다.

광고에 출연한 유명인 모델의 예상치 못한 행동으로 인해 광고주들이 곤경에 처할 수 있다. 미국육류협회의 육류소비촉진광고에 출연한 TV탤런트 Cybil Shepherd가 자신은 육류를 먹지 않는다고 이야기함으로써 광고주를 당황하게 만들었다. 국내의 경우에도 가수 백지영의 섹스비디오 사건과 TV탤런트 황수정의 마약복용사건 등은 이들을 광고모델로 사용한 광고주들의 이미지나 매출에 부정적 영향을 미칠 수 있다.

5. 광고 제품과 모델의 이미지가 조화되는가를 고려해야 한다.

조화가설(matchup hypothesis)에 의하면 광고모델이 가지고 있는 이미지와 제품이 전달하고자 하는 특성이 상응해야(즉 조화를 이루어야) 광고효과를 거둘 수 있다. 가령, 화장품광고에 나오는 유명 여성모델의 매력적인 피부와 예쁜 얼굴을 본 소비자가 광고하는 화장품을 사용하면 자신도 그 모델과 같은 매력을 가질 수 있을 것으로 생각한다면, 이는 유명인의 육체적 매력도와 브랜드이미지 간의 일치성(조화)이 높은 경우이다. 유사한 예로, 다시다 광고에서 탤런트 김혜자가 주는 이미지(즉 포근한 인상)와 광고되는 브랜드의 성격(즉 고향의 맛)이 서로 조화를 이루기 때문에 다시다에 대한 호의적인 브랜드태도가 형성되는 것이다. 이에 반해 만약 젊고 예쁜 여성탤런트가 세탁기 광고에 출연하여 세탁기 성능에 대하여 이야기한다면, 이 광고를 본 소비자는 집에서 빨래할 시간도 없을 그녀가 세탁기 광고에서 빨래이야기를 하는 것에 대하여 의아해 할 것이다. 그러므로 육체적으로 매력적인 유명인 모델은 광고되는 제품과의 관련성이 높아야만 보다 호의적인 브랜드(혹은 광고)태도의 형성에 기여할 수 있다.

반면, 일상생활용품에 대한 구매와 같이 소비자들의 관여수준이 낮은 경우에는 매력적인 유명인 모델의 활용이 더 유리할 수 있다.

4 광고 아이디어 표현의 구체화

아이디어 표현을 위한 광고의 톤과 매너, 표현방식 및 광고모델이 선정되면 이제 그 아이디어를 구체적으로 표현해야 한다. 크리에이티브 표현의 구체적 요소인 언어적·시각적·청각적 표현 요소 등에 대해서는 다음 장에서 설명하기로 하고, 여기에서는 창의적인 광고를 위해 지침이 될 만한 요소들을 짚어보고자 한다.

(1) 광고의 창의성이란?

광고의 창의성(Advertising Creativity)은 크게 두 가지 관점에서 접근할 수 있다. 하나는 제품판매에 도움을 줄 수 있는 광고가 창의적인 광고라는 관점이고 다른 하나는 아이디어가 독창적인 광고가 창의적인 광고라는 관점이다. 첫 번째 관점은 광고주가 선호하는 관점이고, 두 번째 관점은 광고대행사의 크리에이터들이 선호하는 관점이다. 광고대행사의 AE는 이 두 가지 관점들을 모두 추구하려고 노력하는 사람이다.

창의적인 광고는 독창적인 표현 아이디어로 제품판매에 도움을 주는 광고이다. 광고전략 수립과정은 광고목표의 선정, 광고컨셉의 개발, 크리에이티브 아이이어의 개발, 크리에이티브 아이디어의 구체화 등 네 가지 단계로 구성된다. 이 단계들을 자세히 분석해 보면 처음 두 단계는 궁극적으로 매출증대(때로는 즉각적일 수도 있고 또는 인지도 상승, 선호도 형성을 통한 구매유도가 될 수 있다)를 이루기 위한 메시지를 선정하는 것이고 나머지 두 단계는 선정된 메시지를 표현하기 위한 아이디어를 개발하는 것이다. 메시지 선정이 적절치 않으면 또는 표현방법이 독창적이지 않으면 결국 그 광고는 소비자를 설득(궁극적으로 구매유도)하기 힘들어 창의적인 광고라고 할 수 없다.

(2) 창의적인 아이디어가 개발되는 과정

여러 광고인들이 창의적인 아이디어가 개발되는 과정에 관한 다양한 모형을 제시했는데, 그 과정은 크게 1) 필요한 자료를 준비하는 단계, 2) 영감이 떠오르는 단계, 3) 떠오른 아이디어를 검증하고 보완하는 단계, 4) 발표단계로 구성된다.

이하에서는 각 단계별 내용과 광고인에게 필요한 자세를 설명하기로 한다.

① 필요한 자료를 준비하는 단계(Preparation Stage)

창의적인 아이디어는 하늘에서 떨어지지 않는다. 아무리 창의적인 자질을 갖고 있는 사람일지라도 주어진 과제와 관련된 충분한 지식을 갖지 못하면 창의적인 아이디어를 개발할 수 없다. 광고컨셉을 찾기 위한 지침으로 광고주로부터의 오리엔테이션, 탐색적 조사방법의 사용, 소비자와의 만남 등을 제시하였는데, 이들이 바로 준비단계에서 수행되는 활동들이다.

이러한 준비는 특히 적절한 광고컨셉을 찾는 데 필수적인 단계이다. 이 단계가 부실하게 되면 이 이후의 단계는 아무 의미가 없다. 우리는 간혹 광고의 표현 아이디어는 우수하였지만 제품판매에 도움을 주지 못한 경우를 목격할 수 있는데, 이는 바로 준비단계의 부족함으로 광고컨셉이 제대로 선정되지 못했기 때문이다.

이 단계에서 광고인에게 가장 요구되는 것은 노력과 통찰력이다. 아이디어는 노력한 만큼 좋아진다고 한다. 가장 창의적인 과학자로 존경받는 에디슨도 '99%의 노력과 1%의 영감'을 강조했다. 노력이 없이는 문제해결과 관련된 자료를 수집할 수 없고, 자료가 없이는 올바른 컨셉의 설정은 불가능하다. 그리고 열심히 노력하여 수집된 자료를 집약할 수 있는 통찰력이 필요하다. 자료만 잔뜩 수집해 놓고 이를 소화하지 못하면 자료수집을 위한 노력은 그 의미를 상실한다. 통찰력은 부분이 아닌 전체를 보려는 노력에서 나온다. IMC는 결국 전체를 보는 안목에서 출발한다. 이 전체를 보는 안목을 '헬리콥터 사고(helicopter thinking)'또는 '큰 그림 사고(big picture thinking)'라고 한다. 여러분이 미로에 빠져 있다고 가정해 보라. 여러분이 그 미로 안에 있으면 나갈 수 있는 길이 보이지 않는다. 시행착오를 반복할 수밖에 없다. 그러나 헬리콥터를 타고, 있는 자리에서 수직으로 상승하면(헬리콥터의 특징은 수직 상승임) 전체가 보이고 전체를 보는 순간 나갈 수 있는 길이 보인다. 따라서 수집된 자료를 묶어서 큰 그림을 그리는 시도가 끊임없이 시도되어야 한다. 이 통찰력도 반복된 연습을 통하여 향상되는 것으로 연구되고 있다. 결국 가장 중요한 것은 노력인 셈이다.

② 영감을 얻는 단계(Inspiration Stage)

자료가 충분히 수집되고 이를 토대로 소비자와 시장을 정확하게 읽을 수 있는 통찰력이 가미되면, 아이디어가 떠오르게 된다. 즉, 광고컨셉과 표현방법이 떠오르는 것이다.

이 단계에서 중요한 것은 선입관 또는 고정관념의 배제이다. 이 아이디어는 안 될 거라는 생각 또는 고정관념은 아이디어의 발상을 제한하게 된다. 그래서 광고인은 '어린아이와 같은 호기심'이 필요하다. 지금까지 당연한 것으로 받아들여졌던 것들에 대한 의문에서 훌륭한 아이디어가 개발되는 것이다. 만년필에 빨간색을 칠해 성공하게 된 파커 만년필을 생각해 보자. 만년필에 색을 칠해 보는 아이디어는 경쟁사들도 생각해 보았을 것이다. 그러나 경쟁사는 안 된다고 생각했고, 파커 사(社)는 이를 적극적으로 검토하였다.

성공과 실패는 종이 한 장 차이에서 나온다. 예를 들어, 뉴턴의 만유인력 법칙을 생각해 보자. 그는 나무 밑에서 자고 있던 중 사과가 나무에서 떨어져 그의 잠을 깨웠다. 그리고 그는 '왜 사과는 떨어져야만 할까?'라는 의문을 가졌다. 이 의문을 갖는 순간이 위대한 법칙을 발견하는 첫걸음이었다. 사물이 떨어지는 것을 항상 보아왔지만, 그는 이 당연한 것에 의문을 가진 것이다. 이는 쉬운 일이 결코 아니다. 어린아이는 물건이 왜

협업으로 브랜드의 이미지 강화에 성공한 예: Supreme은 루이비통과의 공식적인 협업을 통해 자신의 브랜드 가치를 향상시키는 데 성공하였다.

떨어져야 하냐고 물을 수 있다. 그러나 이 현상을 수없이 보아왔던 사람에게 이러한 의문은 쉽게 생기지 않는다. 이미 고정관념을 가지고 있기 때문이다. 어린아이와 같은 호기심이 필요한 이유가 바로 여기에 있다.

광고에서 예를 찾아보자. 하이트의 광고컨셉인 '천연암반수로 만든 깨끗한 맛'은 아주 우연한 기회에 발견되었다. 신제품 개발을 하고 있던 김 과장이란 사람이 현지공장을 조사하던 중 지하에서 암반수가 나오고 있다는 보고를 받았다. 이는 흔히 그냥 지나칠 수 있는 일이었지만, 김 과장은 이를 광고컨셉으로 발전시켰다. 앱솔루트 패션(Absolut Passion) 보드카 광고를 생각해 보자. 립스틱 자국이 남겨진 입술은 누구나 볼 수 있는 것이다. 그러나 크리에이터는 빨간 립스틱 자국을 자신이 다루고자 하는 소재인 열정과 연결시켰고 벌어진 입술 사이에서 앱솔루트 병을 표현할 수 있는 공간을 발견하였다. 에이스의 '침대는 가구가 아닙니다. 과학입니다'라는 광고컨셉은 평범한 아이디어로부터 개발되었다. 당시 AE는 수집한 시장자료에서 중요한 시장상황 하나를 찾아냈다. 그것은 경쟁회사인 가구회사가 침대를 가구의 하나로 판매하고 있는 것이었다. 그는 이러한 상황에서 에이스가 살아남을 수 있는 방법으로 가구회사와의 차별화를 제안하였고, 카피라이터는 이를 '침대는 가구가 아닙니다'로 구체화하였다.

아이디어는 광고인들 주변에 항상 존재하고 있음이 틀림없다. 문제는 이를 발견할 수 있느냐이다. 지금까지 가지고 있었던 고정관념을 가지고는 창의적인 아이디어를 발견할 수 없다. 고정관념을 버리고 어린아이의 호기심 어린 눈으로 바라볼 때 아이디어는 발견된다. 아이디어는 특별한 곳이 아니라 다양한 곳에서 나온다.

예를 들어 빅 아이디어 개발과 표현은 적절한 협업을 통해서 효과적으로 구현될 수도 있다. 이미 강력한 이미지나 개성을 확보한 브랜드와의 협업을 통해 자사브랜드에 특별한 의미를 담을 수 있다. 그 대표적인 예가 다양한 브랜드와의 협업으로 글로벌 브랜드로 성장해 온 미국의 스트리트 패션 브랜드 Supreme이다. Supreme은 1994년 스케이트 보더들을 위한 패션 브랜드로 뉴욕에 첫 매장을 개점한 이후 유명 브랜드와 한정판을 소개하면서 매니아 층을 확보하고 있다. Supreme은 초기 나이키와의 협업을 통해 슈프림×나이키 덩크 드로를 판매해 글로벌 브랜드로 도약하는 발판을 마련했고, 패션 브랜드뿐만 아니라 마이클 잭슨, 이소룡과 같은 시대의 아이콘들과 협업해 제품을 소개하면서 브랜드의 가치를 높여 왔다. 특히 2017년 루이비통과의 협업을 통해 출시된 한정판은 폭발적인 인기를 끌었다. 당시 Supreme은 브랜드정체성인 젊고 자유로운 이미지에 루이비통의 고급스럽고 절제된 미를 가미한 한정판을 출시하면서 브랜드 가치를 높였다. Supreme과 루이비통은 2017년 6월 30일 '슈프림×루이비통' 팝업스토어를 서울을 비롯한 전 세계 8개 매장에 오픈하면서 사전에 알리지 않고 인스타 그램을 통해 오픈 당일 공지했음에도 불구하고 서울에 공급된 1차 물량은 사흘 만에 완판되는 기록을 세웠다.

③ **아이디어를 검증하고 보완하는 단계(Testing & Refinement Stage)**

처음에 떠오른 아이디어가 최종적인 아이디어가 되는 경우는 거의 없다. 떠오른 아이디어는 여러 각도에서 평가되고, 발견된 문제점은 보완된다. 여러 문제점이 발견되고 이 문제점들이 해결되는 과정에서 그 아이디어는 발전하는 것이다.

에디슨은 '실패는 성공의 어머니'라는 말을 남겼다. 이 말은 음미해볼 만하다. 이 말은 에디슨이 전구를 개발할 때 나온 말인데, 그가 전구를 개발하면서 가장 어려움을 겪었던 단계가 원하는 빛을 발하는 소재를 발견하는 것이었다. 그는 원하는 빛을 찾기 위하여 약 2년간 700여 개의 소재를 실험해 보았다. 이러한 에디슨의 계속되는 실험을 옆에서 보고 있던 친구가 에디슨에게 "너는 왜 계속 실패하면서 실망하지도 않느냐"고 물었다.

이 질문에 대하여 에디슨은 "나는 700여 번 실패하지 않았다. 나는 내가 시도해본 700여 개의 소재가 내가 원하는 빛을 발하지 못한다는 지식을 얻었다"고 대답했다. 그래서 나온 말이 '실패는 성공의 어머니'란 말이다. 실패를 통하여 지식을 얻기 때문에 결국은 성공한다는 말이다. 과학적 지식도 가설의 기각(이는 학문적 용어로 연구자가 자신이 생각하는 가설을 세우고 이 가설이 틀렸다는 증거를 발견하는 것을 의미함)을 통해서 발견된다.

그래서 광고인은 끊임없이 무엇인가를 시도해야 한다. 그리고 그 시도에 어떤 문제점이 있는지를 찾아보아야 한다. 그 문제점을 해결하려는 노력에서 아이디어의 보완이나 새로운 아이디어의 발견이 가능하고, 이 과정에서 아이디어는 발전하는 것이다. 창의적인 사람은 다른 사람의 이야기에 귀를 기울인다. 다른 사람의 의견으로부터 다양한 시각을 확보하는 것이다. 창의적이지 못한 사람은 자신의 아이디어를 이야기하기만 하고 자신만의 고정관념에 사로잡힌다. 창의적인 사람은 아이디어를 제시하고 그 아이디어에 문제점이 없냐고 주위 사람에게 묻는다. 창의적이지 못한 사람은 아이디어를 제시하고 이게 너무 좋지 않느냐고 묻는다. 그리고 창의적인 사람은 문제점을 지적하는 사람에게 고맙다고 이야기하고, 창의적이지 못한 사람은 문제점을 지적하는 사람을 무시하거나 그 사람에게 화를 낸다. 여러분은 어떤 사람이 되고 싶은가?

④ 발표하는 단계: 최종 아이디어를 발표하고 설득하는 단계

아이디어가 충분히 검증되고 보완되면 비로소 그 아이디어는 빛을 보게 된다. 광고인이 개발한 아이디어가 빛을 보기 위해서는 크게 세 가지 단계를 거쳐야 한다. 첫째는 크리에이티브 팀을 설득해야 하고, 둘째는 광고주를 설득해야 하고, 셋째는 소비자를 설득해야 한다. 여기서 가장 중요한 것은 소비자를 설득하는 것이다. 소비자를 설득해야 판매증가를 기대할 수 있다. 창의적 아이디어는 소비자의 관점에서 개발되기 때문에 소비자 관점을 가지고 있지 않은 사람으로부터 호의적인 평가를 받기 어렵다. 소비자의 관점이 없이 그 아이디어의 가치를 감상할 수 없기 때문이다. 특히 광고주가 제품 위주의 사고를 갖고 있을 때 광고주의 설득은 더욱 어려워진다.

그래서 광고인에게는 인내심과 지적인 용기가 필요하다. 자신의 아이디어를 설득하기 위한 다양한 방법을 강구해야 하고 그 과정에서 다시 시행착오를 거칠지도 모르며 어쩌면 그 아이디어가 결국 사장될지도 모른다. 그러나 창의적인 사람은 자신의 아이디어에 대한 믿음(이 믿음이 지적인 용기로 연결됨)이 있다. 이미 수많은 검증을 거쳐 개발되었기 때문이다. 그는 인내심을 가지고 자신의 아이디어를 설득하고 결국 성공한다. 창의적인 아이디어는 처음에는 이해되기 어려울지 모르지만 충분한 설명으로 그 가치가 인정받기 마련이다.

〈광고 Highlight〉에서 가장 창의적인 광고로 소개하고 있는 매킨토시 광고는 처음에 광고주의 반대에 부딪혀 무산될 위기에 놓여 있었다. 그 광고 아이디어를 개발한 크리에이터는 인내심을 가지고 광고주를 설득했고 결국 그 광고는 성공하였다. 광고주가 소비자 관점이 아닌 제품 위주의 사고에 머무르고 있을 때 광고주에 의하여 반대되었던 아이디어가 우여곡절 끝에(또는 광고대행사의 끈질긴 노력으로) 방영되면 성공할 가능성이 높다고 한다. 매킨토시의 사례가 이에 해당한다.

광고 Highlight

세계에서 가장 창의적인 광고로 평가되고 있는 매킨토시 런칭광고의 개발과정

YouTube https://www.youtube.com/watch?v=KDHb1zJpw_o

제 목 애플 매킨토시 런칭광고–슈퍼볼 광고

1983년 애플 컴퓨터(Apple Computer)는 매킨토시(Macintosh)의 런칭광고를 슈퍼볼 시간에 방영하였다. 애플사는 이 광고를 위해 수억 원의 제작비를 투입하였지만 이 광고는 단 1회 방영되고 중단되었다. 광고에 문제가 아니라 전략적인 선택의 결과였다. 애플사는 신제품 매킨토시 광고를 프로미식축구 결승전인 슈퍼볼 TV중계 시간에 단 한 번 방영함으로써 소비자의 관심을 증폭시키고자 한 것이다. 이러한 전략적 선택의 배경에는 당시 애플사가 처했던 시장상황과 크리에이티브 아이디어가 고려되었다. 이하에서는 애플사의 시장상황, 광고 크리에이티브 전략 및 성과를 소개하기로 한다.

1. 애플사의 시장상황

1980년대 초 애플사는 매출액 감소라는 매우 어려운 시기를 맞고 있었다. 리사(Lisa)라는 기존제품이 경쟁에서 밀리면서 애플사는 PC시장의 선두자리를 IBM에게 내주고 있었다. 이에 대응하여 애플사는 혁신적인 편리성을 제공하는 PC(personal computer)를 개발하였고 제품의 이름은 매킨토시였다. 매킨토시의 편리성은 소비자의 사용 측면에서 매우 우수한 것으로 확인(특히 주 경쟁자인 IBM의 제품과 비교할 경우)되고 있었기 때문에 애플사의 다음 과제는 '어떻게 이 혁신적인 제품을 소비자들에게 소개할 것인가'이었다. 이 시기 매킨토시의 성패는 애플사의 성패와 직결되는 매우 중요한 프로젝트가 되어 있었다.

2. 매킨토시의 런칭 커뮤니케이션 전략

매킨토시의 커뮤니케이션 전략은 신제품에 대한 즉각적인 반응을 얻는 것이었다. 애플사는 충분한 시간을 가지고 소비자의 반응을 기다릴 수 없는 상황이었다. 제품의 핵심개념은 명확했다. 기존제품과는 전혀 다른 차원의 PC이다. 매킨토시의 런칭광고를 담당한 Chiat/Day라는 대행사의 임무는 매킨토시를 극적으로 소개하는 창의적인 아이디어를 개발하는 것이었다.

Chiat/Day의 크리에이티브 제작팀은 최종적으로 George Owell의 고전적인 소설에 나오는 'Big Brother'라는 개념(이 개념은 암시적으로 IBM을 의미함)을 이용한 암시적인 표현기법을 선택했다. 이 광고의 줄거리는 다음과 같다. 죄수복 차림의 관객들이 극장에 입장하면 'Big Brother'가 스크린에 등장하고 그는 연설을 시작한다. 연설이 진행되는 동안 젊은 여성(도끼 같은 것을 들고 있음)이 극장 안으로 뛰어 들어오고 뒤를 이어 경호원 모습을 한 사람들이 뒤를 쫓는다. 'Big Brother'가 '우리가 지배할 것이다'라는 멘트로 연설을 끝내는 순간 젊은 여성은 들고 있던 도끼를 스크린에 던진다. 'Big Brother'가 등장하는 스크린이 깨지면서 극장 안에 있는 관객들의 놀란 표정이 보이고 마지막으로 이 광고의 유일한 광고문안이 나온다: 애플사가 매킨토시를 소개한다. 여러분은 지금까지 보지 못했던 새로운 1984년을 맞이하게 될 것이다.'

이 광고가 표현하는 바는 다음과 같다. 이 광고에서 'Big Brother'는 IBM을, 젊은 여성은 '매킨토시'를, 관객은 소비자를 상징한다. 즉, 1984년 애플사가 런칭하는 매킨토시를 통해서 소비자는 PC의 새로운 개념을 경험하게 될 것이고, 매킨토시라는 컴퓨터는 IBM의 아성을 무너뜨리게 될 것이라는 점을 암시하고 있는 것이다.

애플사는 이 광고를 위하여 당시 4억 원의 제작비를 투입하였고, 광고제작은 유명한 필름 감독인 Ridley Scott에 의하여 진행되었다. Chiat/Day사는 광고주에게 광고내용 외에도 광고의 길이와 광고가 집행될 프로그램에 대하여 몇 가지 파격적인 제안을 하였다. 첫째, 60초 짜리 TV광고가 제작되었다. 60초는 아이디어 표현을 위하여 필요한 시간이었고 또한 시간 자체(당시 통상적으로 방영되는 광고는 30초였음)가 소비자의 관심을 유도할 수 있다는 점이 반영되었다. 둘째, 이 광고는 단 한 번만 방영되었다. Chiat/Day사는 단 한 번의 방영으로 오히려 소비자의 호기심을 증폭시킬 수 있다고 생각하였다. 광고의 표현아이디어 자체가 파격적이었고, 광고시간도 다른 광고와는 달리 60초이며, 광고에서는 제품에 대한 설명이 전혀 소개되지 않는 티저형 광고였기 때문이다. 셋째, 이 광고는 당시 가장 많은 소비자들이 시청하는 Super Bowl(미국에서 가장 인기있는 스포츠행사인 미식 프로축구의 결승전) TV중계시간에 집행되었다. 즉, 단 한 번의 노출이지만 가장 많은 소비자들에게 메시지를 전달하고자 한 것이다. 넷째, 이 광고가 방영된 후 자세한 제품설명이 담긴 후속광고가 집행되었다. 즉 런칭광고로 소비자의 관심을 유도하고 이어지는 후속광고로 제품의 핵심적인 장점을 명료하게 소개하는 전략인 것이다.

3. 런칭광고의 성과

이와 같은 Chiat/Day사의 광고전략은 초기 광고주의 반대(파격적인 메시지가 오히려 애플사의 이미지를 손상시킬 수 있다는 우려와 비싼 광고제작비와 광고요금 때문)로 무산될 위기에 있었다. 그러나 Chiat/Day사의 끈질긴 설득과 몇 가지 우여곡절 끝에 이 광고는 집행되었다.

그 결과는 대단한 성공이었다. 이 광고는 시청자들뿐만 아니라 미국 방송국의 관심을 끌어 이 TV광고가 방영된 후 미국 주요 방송국들은 뉴스의 하나로 매킨토시 런칭광고의 전부 또는 일부를 방영하기도 하였다. 이 광고는 시청자들의 광고에 대한 호기심을 유발하였고 이 호기심은 다시 구전효과로 연결되었다. 애플사의 런칭 후 100일간 판매목표(매킨토시 판매목표는 5만 대였음)는 약 7만 대나 초과달성되었고 애플사는 시장경쟁에서 새로운 전기를 마련하게 되었다.

이 매킨토시 런칭광고는 현재까지 가장 많이 언급되는 광고사례로 기록되고 있다. 특히 단 한 번만 광고가 방영되었음에도 불구하고 엄청난 커뮤니케이션 효과를 거두었다는 측면에서 이 광고는 여러 학자들과 실무자들에게 새로운 시사점을 제공하였다. 1990년 미국의 가장 권위 있는 광고전문지인 Advertising Age는 이 광고를 1980년대의 가장 창의적인 광고로, Chiat/Day사를 1980년대의 가장 우수한 광고대행사로 선정하였다. 당시 미국 광고대행사 협회의 회장이었던 O'Toole은 이 광고는 광고 크리에이티브의 새로운 장을 개척하였다고 언급한 바 있다.

CHAPTER

10

크리에이티브 요소와 광고제작과정

1. 광고 크리에이티브 요소
2. 광고제작의 실제 과정

YouTube https://www.youtube.com/watch?v=W1jXZ94OC94

제 목 2018 평창 동계 올림픽 현대자동차 파빌리온

크리에이티브의 힘: 자동차가 없는 현대자동차 파빌리온 홍보전시관

2018년 평창 동계 올림픽 개최와 함께 올림픽 프라자에 세계에서 가장 검은 건물 하나가 세워졌다. 마치 우주의 한 조각을 떼어내 옮겨놓은 것 같은 인상을 주는 이 건물의 정체는 현대자동차가 마련한 파빌리온 전시관이다. 현대자동차그룹 광고회사 이노션 월드와이드는 기획부터 시공 및 진행까지 담당했는데 광고회사다운 크리에이티브한 아이디어를 구현해 현대차의 미래차인 수소차를 전 세계인에게 전달하였다. 이제 파빌리온이 어떻게 구성되었는가를 알아보자.

홍보관 설치 동기와 기획컨셉: 현대자동차그룹은 2018년 평창 동계 올림픽과 동계 패럴림픽 기간 동안 브랜드 홍보관을 운영하기로 결정했다. 현대차는 1999년부터 세계인의 축제인 월드컵의 공식후원사로 참여(여자 월드컵 및 청소년 월드컵 등으로 확대해 왔음)해 경기장 주변에 현대차를 전시하고 공식차량을 제공하면서 현대차의 친숙도를 높여 글로벌 브랜드로 성장할 수 있는 기반을 마련한 바 있다. 현대자동차는 2018년 동계 올림픽이 대한민국(평창)에서 개최되자 공식 후원사로 참여하기로 결정했다. 현대차는 2018년 3월 출시를 앞두고 있는 미래형 수소전기차 NEXO를 동계올림픽에 참여하는 전 세계인들에게 소개할 수 있는 결정적인 기회로 평창올림픽을 활용하기로 결정한 것이다. 현대차는 "올림픽은 모든 이가 평등하게 겨루는 가장 공정한 경쟁의 장인 만큼, 현대자동차도 수소전기차가 가져올 평등하고 무한한 미래사회를 전달할 수 있는 기회"로 판단했다. 이노션 월드와이드는 이 홍보관을 준비하면서 "자동차가 없는 자동차 전시관"을 기획했다. 제한된 공간에서 홍보관이 만들어지기 때문에 차의 모습을 보여주기보다는 수소차가 만들어지는 과정과 원리를 소개하면서 미래 차의 모습을 상상할 수 있도록 구성한 것이다.

최고의 작품을 구현하기 위한 협업: 이노션 월드와이드는 최고의 작품을 만들기 위해 최고의 디자이너, 도로개발사, 해외 시공 전문회사 등과 협업체계를 구축했다. 예를 들어, 현대차 파빌리온의 건축 디자인은 올림픽, 엑스포 등 비상설 건축물 분야에서 다양한 수상경력이 있는 건축가 아시프 칸이 담당했고 실내전시에 사용된 음향은 국제 유명 디자인상에서 최우수상을 수상한 '현대 사운드'를 사용했다. 그 결과 외관은 현대차 미래 비전의 핵심인 수소 에너지의 무한함을 표현하는 '유니버스'(UNIVERSE)라는 이름의 파사드(정면부) 작품으로 꾸며졌다. 이 외관은 우주의 느낌을 표현하기 위해 슈퍼 블랙이라고 알려진 반타 블랙(Vanta Black)이라는 획기적인 소재를 사용했다. 이 소재는 주로 내부 자재로 사용되어 왔는데 최초로 외장재로 사용됐다. 반타 블랙은 음영이 지지 않아 블랙홀처럼 뻥 뚫린 느낌을 주기 때문에 우주를 표현하는 데 적합했다. 그 과정에서 원하

평창 올림픽 프라자에 설립된 현대자동차 파빌리온 홍보관: 세상에서 가장 검은 특수 재료를 건축물 외관에 적용해 형상화한 완벽한 우주와 마치 씨앗처럼 자유로이 움직이는 물방울이 이루는 장관을 연출한 파빌리온 전시관 모습

는 색을 구현하기 위한 치열한 노력이 들어갔음은 물론이다.

체험 중심의 전시관: 평창 올림픽 프라자 부지 내 건축면적은 1225㎡ 규모로 제한되었기 때문에 이노션은 자동차가 없는 전시관이라는 파격적인 개념을 도입했다. 수소전기차 전시를 과감하게 포기하면서 관람객이 내부에 들어섰을 때 직관적으로 수소차의 원리나 요소를 느낄 수 있는 체험관으로 구성할 수 있게 한 것이다. 체험관은 미래 모빌리티의 새로운 씨앗을 물방울로 형상화한 ‘워터(Water)관’과 수소전기차의 원리를 보여주는 ‘하이드로젠(Hydrogen)관’으로 구성됐다. 워터 존을 구성한 이유는 수소와 물이 서로 뗄 수 없는 관계이기 때문이다. 물에서 수소를 만들어 낼 수 있고 수소차의 유일한 배출물이 미네랄이 들어가 있지 않은 수순한 물임을 전달하기 위함이다. 관객들은 이 체험관에서 자연스럽게 환경 친화적인 차임을 느낄 수 있다. 워터존의 전체 구성은 벽면에 폭포처럼 떨어지는 물을 떠서 움푹하게 패인 곳에 따르면 자동으로 라인을 따라 물이 흐르도록 고안했는데, 흐르는 물은 개개인을 상징한다. 그리고 이들이 모여서 작은 연못으로 향하게 되는데, 그것은 개인이 모여 미래 수소사회를 만드는 모습을 전달한다.

하이드로젠 관(Hydrozen zone)은 수소차의 4가지 구동원리(태양 에너지 생성, 물의 전기분해, 연료전지 스택, 수소전기차에서 나오는 순수한 물)를 각기 다른 느낌의 방으로 연출했다. 이 방의 연출은 이상한 나라의 엘리스에서 영감을 받았는데, 각 공간별로 천장의 높이를 다르게 만들었다. 첫 번째 공간은 천장이 높아서 자

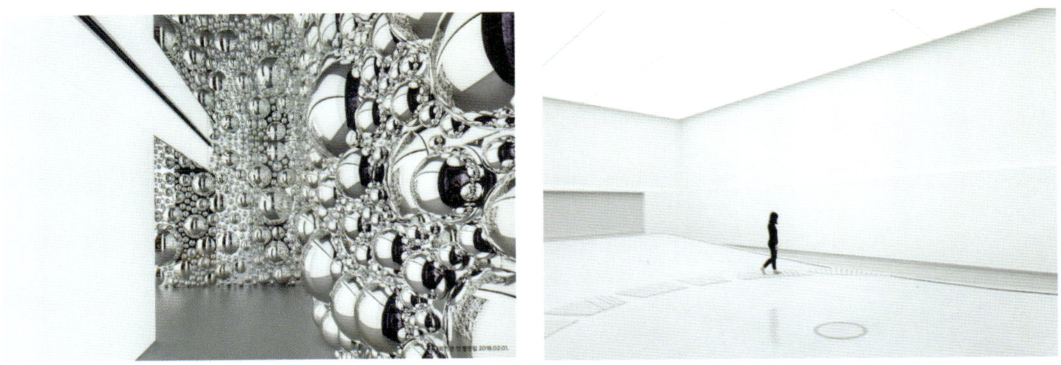

물에서 수소가 만들어지는 원리를 체험할 수 있게 구성된 내부의 모습

연스럽게 올려다보게 되고 다음 공간은 낮게 구성해 물이 전기 분해되는 모습을 반사하는 소재를 활용했고, 다음 방에서는 인터액티브한 LED 조명을 사용했으며, 마지막 배출되는 방에선 천장 유리벽에 떨어지는 파형이 벽에 투영되게 구성했다. 이 모든 것은 과학적이고 어려운 원리를 비주얼로 쉽게 느낄 수 있게 표현한 것이다. 미래의 씨앗은 빛 흡수율이 높은 소재를 사용해 수소의 기원이 되는 우주를 표현하고, 별을 나타내는 LED와 수소의 씨앗을 형상화한 물방울 등으로 수소 에너지의 원리를 직관적으로 보여준다. 관객들은 이와 같은 공간에서 예술과 기술을 접목해 수소사회가 가져올 평등하고 자유로운 모빌리티의 미래 모습을 만나볼 수 있게 된다.

미래형 수소 전기차 자율주행 프로그램: 홍보관에는 자동차가 전시되어 있지 않지만 홍보관을 관람하고 나오면 관객은 미래형 전기수소차 NEXO를 시승해 볼 수 있는 기회를 가질 수 있다. NEXO는 4단계 자율주행으로 서울에서 평창의 200km 주행을 성공한 바 있는데, 이 프로그램은 NEXO 차에 인스트럭터가 참여하는 완전 자율주행과 고객이 직접 주행하는 고객직접시승 두 가지로 제공되었다. 차가 없는 전시관과 시승 이벤트의 결합으로 시너지를 내고 있다.

칸 국제 광고제에서 디자인 카테고리 본상 수상: 2018년 열린 칸 국제 광고제는 파빌리온 전시관에 디자인 카테고리 본상을 수여했다. 세계적인 광고제에서 이 전시관의 크리에이티브 우수성이 인정받은 것이다. 현대차는 올림픽 기간이 끝난 후에도 소비자들에게 이 전시관을 체험할 수 있는 기회를 주기 위해 서울에서 다시 전시회를 진행했다. 이 전시회는 세계적인 이벤트를 활용해 국내외 소비자들에게 현대차그룹이 추진하는 미래형 수소전기차 개념을 창의적인 아이디어로 전달한 사례로 기록되고 있다.

자료원: Life Is Orange 편집실(2018), "현대자동차 파빌리온 Episode," Life is Orange, Issue No. 29, 2018 Spring, 76–83.

1 광고 크리에이티브 요소

광고표현에서 좋은 작품이 나오기 위해서는 그 작품의 뼈대가 되는 크리에이티브 토대가 제대로 마련되어야 한다. 광고기획 단계에서 크리에이티브 토대는 담당 AE(Account Executive)나 팀장 등이 생산공장이나 판매현장을 방문하여 얻은 자료, 기타 관련 자료 또는 AP(Account Planner)가 소비자 조사를 통해 얻은 자료 등을 분석해 얻은 정보에 입각해 도출된 광고표현의 전략적 방향을 말한다. 전략팀에 의해 크리에이티브 토대가 마련되면 제작 실무팀에 의해서 전술단계인 제작작업이 이루어진다. 이는 카피의 전략적 토대에 입각해 크리에이티브 요소가 실제로 제작되는 과정이라 할 수 있다.

본 장은 광고의 크리에이티브 요소를 언어적 요소, 시각적 요소, 그리고 청각적 요소로 구분하고, 각 크리에이티브 요소의 제작과정에 대해 살펴보기로 한다.

(1) 언어적 요소: 광고카피의 개발

광고에서 언어적 요소는 광고카피(advertising copy)로 표현된다. 이 광고카피를 담당하는 전문가를 카피라이터라고 하는데, 카피라이터의 표현능력에 따라 메시지 전달효과는 크게 달라질 수 있다.

"AE는 움직일 수 없는 사실을 찾아야 하고, 크리에이터는 그것을 아이디어에 담아야 하고, 카피라이터는 새로운 설득의 논리를 만들어 그것을 드라마화 시켜야 한다. 그리고 그 드라마를 소비자 언어로 잘 포장해야만 성공할 수 있는 것이다."

'광고의 꽃은 카피라이터'라는 말이 있을 정도로, 광고에서 카피의 비중이 높은 것은 두말할 나위가 없다. 광고대행사의 AE는 광고컨셉을 포함한 광고전략의 개요를 설정하고 이를 크리에이티브 팀에게 설명한 다음 아이디어를 개발하거나 구체화하기 위한 아이디에이션을 진행한다. 카피라이터는 AE가 설명하는 광고전략을 검토하여 광고카피 작성의 틀을 작성하는데, 이 틀을 카피 플랫폼(copy platform)이라 하며, 크리에이티브의 토대가 된다. 이 카피 플랫폼은 광고의 전략적 역할, 광고목표, 타겟소비자, 주요 경쟁자, 광고의 핵심개념 또는 포지셔닝 등을 요약한 한 페이지 정도의 분량이면 충분하다.

카피라이터는 광고전략에 대해 충분히 이해해야 한다. 왜냐하면 좋은 광고카피는 광고의 전략적 방향과 조화를 이루면서 전하고자 하는 메시지를 창의적으로 표현한 것이기 때문이다.

카피는 인쇄광고뿐만 아니라 방송광고에서도 매우 중요한 역할을 하는 경우가 많다. 예를 들어, 과거 이동통신광고의 카피를 생각해 보자. 한때 전쟁을 방불케 하던 이동통신시장은 5자 구도(011, 016, 017, 018, 019)에서 3자 구도(011과 017, 그리고 016과 018이 합쳐짐)로 정리되었는데, 그 과정에서 유명한 카피들이 많이 등장했다. '묻지마 다쳐', '잘 자, 내 꿈 꿔!', '사랑은 움직이는 거야', '사람과 사람 그리고 커뮤니케이션', '나도 잘 몰라–' 등의 카피는 TV광고의 전체적인 스토리를 함축적으로 대변하면서 타겟소비자와의 공감대 형성에 결정적으로 기여하였다. 그리고 KT는 KTF(KT의 이동통신브랜드)와의 합병을 계기로, 초고속인터넷, IPTV, 유선전화 등 관련상품을 함께 판매하는 결합상품인 올레KT를 출시함으로써, SKT는 다양한 결합상품에 대한 커뮤니케이션을 강화함으로써 고객이탈을 막기 위한 노력을 경주하고 있다.

이하에서는 인쇄매체와 방송매체로 나누어 광고문안(카피)의 구성요소와 제작에 대해 살펴보자.

1) 인쇄광고의 카피

인쇄광고의 카피는 헤드라인(headline), 서브헤드라인(sub-headline), 카피본문(body copy), 슬로건(slogan) 등으로 구성된다. 이들 요소들은 상황에 따라 모두 포함되기도 하고 일부가 생략되기도 한다. 다음은 카피의 구성요소와 각 구성요소의 구체적 예를 정리한 것이다.

- 헤드라인(Headline: 표제)
- 서브 헤드라인(Sub-headline: 부제)
- 본문(Body Copy)
- 식별표지(Identification or Signature or Logo)

① 헤드라인

헤드라인(headline)은 일반적으로 가장 큰 활자로 표현되고 독자의 눈길이 가장 먼저 닿는 곳에 놓이기 때문에 광고카피 중 가장 먼저 읽힐 가능성이 높다. 대부분 소비자가 헤드라인만 읽고 지나칠 가능성이 높으므로 헤드라인은 무엇보다도 먼저 소비자들의 관심을 유도할 수 있어야 한다.

좋은 헤드라인의 요건은 다음과 같다. 첫째, 헤드라인은 광고에서 전달하고자 하는 핵심컨셉을 효과적으로 표현하여야 한다. 광고의 제목과 같은 헤드라인에서 핵심컨셉이 전달되지 못하면, 그 광고는 타겟소비자들로부터 관심을 끌기 어렵다. 둘째, 헤드라인은 광고의 비주얼과 조화를 이루어야 한다. 광고의 비주얼과 헤드라인이 조화를 이루지 못 하면, 광고의 설득력은 떨어질 수밖에 없다. 아이디에이션에서 아트 디렉터와 카피라이터가 함께 일하는 이유가 여기에 있다. 광고의 비주얼과 헤드라인의 조화를 확인

"예를 통해 본 카피의 구조"

피부는 사람마다 다릅니다.	→ 헤드라인
개인의 지문이 다른 것처럼	→ 서브 헤드라인
자신의 피부에 대해 얼마나 잘 알고 계세요? 단순히 건성, 중성, 복합성 또는 지성이라고 생각하시나요?	→ 도입단락
지난 10년간 쎄리에스(C.E.R.I.E.S)연구소의 피부 과학자들은 세계 여성들에 대한 각기 다른 스킨 프로필을 찾아냈습니다. 이제 샤넬은 좀 더 세분화된 범위 안에서 당신의 피부를 이해하고자 합니다.	→ 내심단락/본문
샤넬이 새롭게 탄생시킨 프레시지옹(PRECISION) 개인의 피부에 대한 정확인 이해를 바탕으로 당신의 피부에 알맞은 스킨케어를 제안해 드립니다. 이제부터 프레시지옹(PRECISION)과 함께 피부의 밸런스를 찾으십시오.	→ 결미단락
PRECISION	→ 식별표지

하는 방법 중의 하나는 비주얼과 헤드라인을 따로 놓고 분석하여 보는 것이다. 광고의 비주얼이나 헤드라인만이 독립적으로 있을 때보다 두 요소가 같이 있을 때 메시지 전달이 보다 분명해지며, 두 요소는 서로 조화를 이루고 있는 것으로 판단될 수 있다. 셋째, 헤드라인은 소비자가 이해하기 쉬운 언어를 사용하여 간결하게 표현되어야 한다. 소비자는 헤드라인을 카피본문(body copy)보다 3배 정도 더 자주 읽는다는 보고서가 있다. 따라서 광고전문가들은 광고의 비주얼과 헤드라인만으로도 소비자를 설득할 수 있어야 한다. 불가피한 경우를 제외하고는 헤드라인은 한 줄로 간결하게 표현하는 것이 바람직하다. 카피 전문가들은 헤드라인의 길이를 10개 내외의 단어(영어의 경우)로 제안하고 있다. 미국의 2,000여 개 인쇄광고의 헤드라인을 조사해 본 결과 헤드라인의 평균 길이는 8단어인 것으로 밝혀졌다. 한편 카피라이터들은 광고전략에 따라 다양한 형태의 헤드라인을 사용하고 있다. 헤드라인의 형태는 뉴스형(news), 편익형(benefit), 질문형(question), 경고형(warning), 명령형(command) 등이 있다.

■ 뉴스형: 헤드라인에서 새로운 뉴스를 소개하는 유형

(예: Sea World 광고의 'It's a Girl'– 놀이공원에 있는 돌고래의 아기가 암컷이었음을 공고하는 형식의 헤드라인)

■ 편익형: 소비자가 제품을 구매함으로써 얻을 수 있는 편익을 표현하는 유형

(예: 삼성전자 파브 광고의 '파브로 보면 다릅니다', 펜텍 베가 아이언 스마트폰 광고의 'It's different')

헤드라인 작성의 지침

- 광고의 분위기(Tony&Manner)를 고려해서 메시지를 소구할 것인지 아니면 직접 소구할 것인지 결정한다.
- 헤드라인은 간단히 작성한다. 보통 사람들이 한 번에 읽을 수 있는 글자 수는 8~9자에서 최대 13자 정도이다.
- 가능하면 헤드라인에 브랜드 이름을 포함시킨다.
- 헤드라인에서 소비자 편익을 부각시킨다.
- 구체적인 헤드라인으로 소비자의 시선을 잡아끌도록 한다.
- 헤드라인을 비주얼과 잘 연결되도록 한다.
- 본문카피를 읽을 수 있도록 유도하도록 한다.

- 질문형: 소비자에게 질문을 던져 소비자가 스스로 답을 찾도록 유도하는 유형
  (예: 서울우유의 '왜? 서울우유만 주치의 제도가 있을까요?')
- 경고형: 제품을 사용하지 않았을 때의 문제점을 제시해 제품사용을 권하는 유형
  (예: SK 엔진오일 지크 XQ의 '차는 좋은데 일반 엔진 오일을 넣는다고? 차값이 얼만데… 차값을 생각하면, 지크 XQ')
- 명령형: 소비자에게 구체적인 행동을 지시하는 유형
  (예: 스킨푸드의 '먹지마세요. 피부에 양보하세요. KT SHOW의 'SHOW를 하라')

헤드라인은 위에서 언급한 유형 외에도 상황에 따라 다양한 형태가 카피라이터의 창의적 능력에 의하여 개발될 수 있다.

② 서브 헤드라인

서브 헤드라인(sub-headline)은 헤드라인만으로 메시지의 정확한 전달이 불충분한 경우 보완적인 설명을 하거나 좀 더 주의를 유도하여 광고본문의 내용으로 연결시키는 고리를 제공하기 위해서 사용된다. 서브 헤드라인은 상황에 따라 생략되는 경우도 많다.

③ 카피본문

카피본문(body copy)은 구체적인 광고메시지가 전달되는 부분으로 제품에 대한 상세한 설명이 제공된다. 카피본문은 구체적인 내용이나 근거가 제시되기 때문에 광고의 가장 큰 공간을 차지하는 경우가 많다. 좋은 카피본문을 작성하기 위하여 갖추어야 할 요건은 전략적인 측면과 표현적인 측면에서 생각해 볼 수 있다.

전략적인 측면에서 보면, 첫째, 카피본문은 헤드라인을 어떻게 보완하여 소비자의 구매를 유도할 것인가의 관점에서 작성되어야 한다. 따라서 헤드라인이 정해진 다음 카피본문을 작성하는 것이 일반적이다. 둘째, 카피본문은 소비자에게 제공되는 핵심편익(benefit)을 구체적으로 설명하는 것이 바람직하다. 즉, 소비자가 카피본문을 통해 자사제품이 제공하는 기능적 편익(functional benefits), 심리적 편익(psychological benefits), 또는 자사제품이 충족시킬 소비자 가치(value)를 이해할 수 있어야 한다. 셋째, 카피본문은 가능하면 브랜드명을 부각시키고, 반복해서 언급하는 것이 바람직하다. 강력한 브랜드를 만들기 위해서는 우선 브랜드의 인지도를 높이는 것이 필요하다. 따라서 소비자가 카피

본문을 자세히 읽는 경우를 대비하여 브랜드명을 자주 언급함으로써 소비자가 브랜드에 친숙하게 만들어 줄 필요가 있다. 넷째, 카피본문도 헤드라인과 마찬가지로 광고의 비주얼을 지원해 주어야 한다. 광고문안 전체가 브랜드 개념을 잘 전달할 수 있도록 일체감(unity)을 가져야 하기 때문이다.

표현적인 측면에서 보면, 첫째, 카피본문은 불필요한 내용을 억제하고 간결하게 표현되어야 한다. 장황한 설명은 오히려 커뮤니케이션의 장애요인이 되는 경우가 많다. 문장의 간결함을 위하여 불필요한 부사, 형용사, 접속사 등의 사용을 가급적 억제하는 것이 바람직하다. 둘째, 카피본문은 문장의 리듬과 운율을 살려 가독성을 높여 주어야 한다. 문장과 문장, 절과 절의 자연스러운 연결을 통하여 쉽게 읽고 이해할 수 있도록 배려해 주어야 한다. 셋째, 카피본문은 구성을 치밀하게 하여 소비자의 이해를 도와야 한다. 카피본문은 크게 도입(lead), 연결(connections or tracking), 종결(close)로 구성되는 것이 일반적이다. 카피본문의 도입부분은 헤드라인과 직접 연결되어 독자의 관심을 계속 유지시켜 주고, 연결부분은 광고의 핵심적인 개념을 구현하며, 종결부분에서는 소비자가 얻게 될 궁극적인 편익을 표현함으로써 자사제품의 구매를 유발시킨다.

④ 로고 등 식별표지

식별표지(identification or signature or logo)는 광고주가 누구임을 명시하는 부분으로, 회사마크나 브랜드 마크와 회사명이나 브랜드명을 함께 표시한다. 회사명이나 브랜드명을 쓸 때는 흔히 로고타이프(고유표시형 활자체)를 사용한다.

⑤ 슬로건

슬로건(slogan)은 기업이념이나 캠페인 주제 등을 짤막한 구호 형식으로 표현한 것인데, 씸라인(themeline) 또는 태그라인(tagline)으로 불리기도 하며, 광고의 연속성을 확보하기 위해서 사용된다. 즉, 여러 편의 광고에서 그 소재가 바뀌더라도 항상 같은 위치에 같은 슬로건이 위치하여 광고들 간에 연결고리를 제공하여 준다. 광고캠페인은 이 슬로건을 중심으로 광고주제의 일관성을 유지하는 경우가 많다. 현대자동차의 'Live brilliant', 애플의 'Think different', 박카스의 '대한민국 피로회복제' 등이 그 예다. 슬로건이 하나의 유행어가 되기도 한다. 마몽드의 '산소 같은 여자', 삼양라면의 '형님먼저 아우먼저', 새우깡의 '손이 가요 손이 가' 등은 슬로건이 유행어가 되어 소비자와 브랜드

간에 호의적 관계를 형성하는 데 기여했다.

⑥ 기타 카피 요소

카피본문을 표현하기 위하여 캡션(caption), 벌룬(balloon 또는 blurb), 박스와 패널(box and panel) 등 여러 가지 기법이 사용될 수 있다. 캡션(caption)은 일러스트레이션을 수반하는 카피를 말하는데, 흔히는 광고물의 그림 밑이나 옆에 붙어 있으면서 그림내용을 설명하는 부분, 광고물의 구석에 놓이면서 본문 내용과는 별도로 처리되는 쿠폰이나 특별제공물의 내용을 알리는 부분을 지칭한다. 벌룬(balloon 또는 blurb)은 만화 형식의 광고에서 흔히 쓰이는, 광고 등장인물의 입에서 흘러나오는 것같이 처리되는 카피이다. 박스(box)는 특별히 강조하고 싶은 문귀에 테두리를 한 것이며, 패널(panel)은 컬러 또는 흑백의 판면에서 자형만을 파내거나 사각형으로 파내어진 부분에 글자를 넣은 것을 가리킨다.

2) 방송광고의 카피

방송광고와 인쇄광고는 언어적 요소의 활용에 있어서 큰 차이가 없다. 인쇄광고의 카피와 방송광고의 카피는 같은 카피라이터에 의해 개발되기 때문이다. 그러나 방송광고

삼성전자의 센스 노트북 업그레이드 프로젝트를 다양한 캡션으로 설명하고 있는 광고의 예

와 인쇄광고는 사용하는 매체가 서로 다르므로 카피에서 약간의 차이가 있는데, 방송광고 카피의 차별적 특성은 다음과 같다.

방송광고 카피는 보조적인 커뮤니케이션 도구를 사용할 수 있는 장점이 있다. 인쇄광고의 경우에는 언어적인 표현과 시각적인 표현에만 의지하여야 하는 반면, 방송광고는 음향효과를 함께 사용할 수 있다. 또한 TV광고의 경우 모션(동작)을 보조적인 커뮤니케이션 수단으로 사용할 수도 있다. 한편 방송광고 카피는 메시지 처리 시 시간적 제약을 받는 단점이 있다. 즉, 방송광고를 시청하는 소비자들은 한 번 지나간 메시지는 다시 볼 수 없으며, 주어진 순서에 의해서 카피를 접할 수밖에 없다. 카피를 이해하지 못한 시청자는 다시 그것을 볼 기회를 갖기 어렵기 때문이다. 따라서 방송광고의 경우 15초에서 30초 내에 소비자와의 커뮤니케이션이 완결될 수 있도록 광고 카피가 작성되어야 한다. 최근 들어 IP TV 등 양방향 미디어의 도입에 따라 방송광고 카피가 갖는 이러한 단점이 극복되고 있다.

① 라디오 광고 카피의 작성

라디오 광고는 시각적인 효과를 사용할 수 없는 제약점을 갖는다. 따라서 언어적인

남아프리카 케이프타운의 한 자폐아동협회가 만든 라디오 광고	
(음향효과)	울부짖음에 가까운 비명소리 그리고 나서 슬픔에 흐느끼는 소리
(멘트)	지금부터 제가 여러분을 위해서 이 소리를 번역해 드리겠습니다.
(음향효과)	비명소리
(멘트)	"숟가락 떨어뜨렸어요."
(음향효과)	비명소리
(멘트)	"테이블 밑에 있어요."
(음향효과)	슬픔으로 신음하는 소리
(멘트)	"완전히 더러워졌어요"
(음향효과)	흑흑 흐느끼는 소리
(멘트)	"자폐 아동들이 내는 소리를 듣고 그 애들이 정말로 무엇을 말하고 싶어 하는지 알게 된다면 당신은 깜짝 놀라실 겁니다. 자폐아동협회에 기부하십시오. 저희가 이런 상황을 더 깊이 이해하고 도울 수 있도록."

광고 Highlight

때로 추억이 되기까지 하는 광고카피들을 시대별로 살펴보면 흥미롭다. 어떤 제품을 광고하는 카피들인지 맞춰보자.

1950년대 어려운 삶의 형편을 잘 나타내는 광고카피들 등장.

'살찌는 가을 영양보충에 해태 카라멜'
'왜 유아의 8할이 비락을 먹나'
'언제든지 어디든지 호평, 소주의 왕자 □□.'
'가장 새롭고 강력한 결핵 치료제(하이파스)'

1960년대 밥상의 혁명, 조미료가 부엌에 등장.

'음식 맛을 낼 때는 신선로 표 □□'
'건강미! 아로나민 효과'
'우리 식생활에 맞는 소화제! 베스타제'

1970년대 광고대행사가 하나 둘 문을 열고 카피라이터라는 새로운 직종 등장. 감각적인 카피가 등장하기 시작한 시절.

'계절을 마시자! OB맥주'
'담배를 끊느냐, 비타민을 보충하느냐, 노나비타'
'보입니다, 잘 보입니다. 아주 잘 보입니다. 대한 텔레비전'
'일요일은 □□□카레'
'주고 싶은 마음, 먹고 싶은 마음 퍼모스트'
'열두시에 만나요, □□□콘'

1980년대 컬러TV 보급이 시작되면서 광고도 빠른 속도로 발전. 기업광고, 공익광고 시작.

'무좀박테리아 번식 예방. 땀으로 인한 발 냄새 제거(월드컵 스포츠화)'
'우리 강산 푸르게 푸르게(유한킴벌리)'
'순간의 선택이 □년을 좌우합니다.(금성사)'
'코로 숨쉬니까 좋구나!(스카이나)'
'지난밤 피로하셨죠? 월드컵 피로 서울에서 풉시다.(우루사)'
'사나이 대장부가 울긴 왜 울어?(농심□□□)'
'가슴이 따뜻한 사람과 만나고 싶다.(□□커피)'

1990년대 카피를 들으면 광고모델이 떠오른다. 유명 연예인 등 빅 모델을 앞세운 광고가 붐.

'산소 같은 여자(□□□)'
'미인은 잠꾸러기(에바스타임)'
'침대는 가구가 아닙니다. 과학입니다.(□□□침대)'
'여보, 아버님 댁에 보일러 놓아드려야 겠어요.(□□보일러)'
'우리 것은 소중한 것이여.(솔표 우황청심원)'

2000년대 휴머니즘이나 생활의 단면을 진솔하게 보여주는 광고제작 활발.

'넥타이와 청바지는 평등하다.(KT 기업광고)'
'사랑의 향기는 영원하다.(맥심)'
'여자라서 좋아요.(LG 디오스)'
'부~자 되세요.(비씨카드)'
'당신의 능력을 보여주세요.(삼성카드)'
'180도 기분전환(하이트 맥주)'
'열심히 일한 당신, 떠나라.(현대카드)'
'지킬 건 지키자.(박카스)'
'나이는 숫자에 불과하다.(KTF)'
'미녀는 □□를 좋아해.(미녀는 □□를 좋아해)'
'에쓰~오일, 에쓰~오일, 좋은 기름이니까. (S-Oil)'

정 답 진로, 미원, 오뚜기, 부라보, 10, 신라면, 맥심, 마몽드, 에이스, 경동, 석류

자료원: 동아일보, 2009. 4. 13; 중앙일보, 2004. 3. 26 참조.

표현만으로 메시지가 정확히 전달될 수 있도록 카피를 쉽고 명확하게 작성해야 한다. 이러한 제약점을 보완하는 방법의 하나로 라디오 광고는 청각적 표현을 토대로 청취자의 시각적 상상력을 유도하는 카피를 자주 사용한다. 예를 들어, 남아프리카 케이프타운의 한 자폐아동협회가 만든 라디오 광고를 보자.

이 라디오 광고는 적절한 카피와 음향효과를 이용하여 청취자들로 하여금 자폐아동들의 모습을 자연스럽게 떠올리게 하면서 메시지 전달효과를 극대화하고 있다. 또 다른 예로 던킨도너츠의 아이스커피 광고카피가 있는데, 이 광고는 음향효과와 함께 듣는 이의 상상력을 자극하는 카피로서 시청자들의 식감을 자극하는 데 효과적이다.

'차가운 얼음에 커피가 어울릴 것이라고 생각했던 사람은
(목넘김 소리) 카~~
천재다.
던킨 아이스커피의 계절입니다.(유리잔 소리)'

② TV광고 카피의 작성

카피라이터는 TV광고의 카피인 대본(script)을 준비한다. 대본은 전체 CM의 언어적 요소를 말하는데, 대본을 여러 컷의 그림과 함께 표현하는 방법을 스토리보드(storyboard)라고 한다. 스토리보드는 TV광고의 흐름을 설명하기 위하여 스토리 구성, 대본, 화면, 음향효과 등의 내용을 스케치하여 패널화한 것이다. TV는 동화상으로 표현되는 매체이기 때문에 시각적 표현이 가장 중요한 커뮤니케이션 수단이 되는 경우가 많다. 따라서 TV광고의 카피는 시각적 표현의 효과를 보조하거나 이를 상승시키는 데 역점을 두어야 하며, 시각적 표현과의 조화를 염두에 두고 개발되어야 한다. TV광고는 흔히 스토리 형태로 전개되므로 대화형으로 작성되는 경우가 많다. 또한 TV광고에서 사용하는 언어는 간결할수록 좋으며, 반드시 전달해야 할 메시지는 반복하여 사용할 필요가 있다.

(2) 시각적 요소: 광고 비주얼의 개발

우리 속담에 '百聞이 不如一見'이라는 말이 있다. 광고의 시각적 요소인 비주얼의 중요성은 아무리 강조해도 지나침이 없다. 예를 들어, 해지는 무렵의 저녁놀을 묘사한다고 생각해 보자. 어떤 미사여구를 써도 저녁놀의 환상적인 모습을 찍은 한 장의 사진이나 한 편의 그림만 못할 것이다. 광고의 비주얼은 강력한 커뮤니케이션 수단이다. 실제로 소비자들은 언어적인 메시지보다는 잘 표현된 그림이나 사진을 더 잘 이해하고, 그 그림이나 사진은 소비자의 기억 속에 오래 남는다. 예를 들어, 옷에 부착된 작은 브랜드 마크는 놀랍게도 한눈에 들어온다. 독특하게 표현된 시각적 정보는 순간적인 판단에 의해서도 정보처리가 가능하기 때문에 소비자의 정보처리 욕구가 낮은 상황에서 더욱 효과적일 수 있다. 또한 잘 표현된 비주얼은 단순히 정보를 제공할 뿐만 아니라 소비자에게 감정적 반응을 유발하기도 한다.

광고의 시각적 표현을 담당하는 전문가들에는 아트 디렉터(art director), 그래픽 디자이너(graphic designer), 일러스트레이터(illustrator), 사진사(photographer), 제작 아티스트(production artist) 등이 있는데, 이들이 하는 역할들은 〈광고 Highlight〉에서 소개되어 있다.

광고 비주얼 개발은 레이아웃(ad layout), 사진(photograph)이나 그림(illustration)의 개발, 활자유형(typography)과 색상(color)의 선택에 따라 달라지는데, 이들 요소들을 간략히 소개하면 다음과 같다.

광고 Highlight

광고회사의 시각적 표현 전문가들

아트 디렉터(Art Director)

광고대행사에서 아트 디렉터는 광고의 모든 시각적인 표현을 책임지는 사람으로 카피라이터와 함께 광고를 구체적으로 표현하는 아이디어를 개발한다. 그는 초기의 스케치와 레이아웃을 담당하고, 그 이후의 상세한 아트워크는 그래픽 디자이너의 몫이다. 유능한 아트 디렉터는 언어나 그림으로 아이디어를 표현하는 데 능숙해야 한다. 그는 광고의 아이디어가 개발되는 단서를 제공해 주기도 한다. 아트 디렉터는 광고대행사의 조직 내에서 크고 작은 스탭을 가지고 있고, 때로는 프리랜서로 광고대행사와 독립적으로 일하는 경우도 있다.

그래픽 디자이너(Graphic Designer)

그래픽 디자이너는 형태와 모양에 특별한 재능을 갖고 있는 전문가이다. 그들은 광고를 가장 매력적이고 효과적으로 표현하기 위하여 여러 가지 그래픽 요소들(타이프, 일러스트레이션, 사진, 여백 등)을 사용한다. 광고대행사에서는 아트디렉터가 그래픽 디자이너의 역할을 수행하기도 한다. 광고에서 매우 독특한 시각적 표현이 필요한 경우, 그 분야를 전문으로 하는 그래픽 디자이너가 외부에서 발탁되기도 한다.

일러스트레이터(Illustrator)

일러스트레이터는 광고에서 시각적인 측면을 그림으로 표현하는 전문가다. 일러스트레이터는 일반적으로 자동차, 패션, 가구 등과 같은 특정 분야에 전문성을 가지고 있는 경우가 많다. 일러스트레이션 작업을 전담하는 전문가를 가지고 있는 대행사는 그렇게 많지 않고 대부분 프리랜서를 이용한다. 광고의 특성에 따라 특정 분야의 전문가를 찾아 이용하는 것이 보다 효율적이기 때문이다.

사진사(Photographer)

사진사는 언어적인 메시지를 강화시키거나 비언어적 표현을 통하여 이미지를 창조하는 전문가이다. 사진사는 일러스트레이터와는 달리 카메라, 렌즈, 빛 등과 같은 사진기술을 이용한다. 그는 흥미로운 앵글을 찾고, 주인공들을 새로운 방법으로 배열해 보기도 하며, 조명들을 주도면밀하게 통제하여 창조적인 이미지를 형상화시키기도 한다. 사진사는 스튜디오 안에서 이루어지는 촬영을 전문으로 하는 스튜디오 사진사와 특정 장소에서 실제 생활의 촬영을 전문으로 하는 로케이션 사진사(location photographer)로 나뉜다.

제작 아티스트(Production artist)

제작자는 광고의 여러 가지 요소들을 모아서 편집하는 일을 담당하고 있다. 좋은 제작자는 제작과정에 대하여 잘 알고 있어야 하고, 일을 정확하게 수행할 수 있는 능력이 있어야 한다. 제작자들은 컴퓨터 사용에도 능숙해야 한다. 최근에는 그림이나 사진 스캐닝을 위해서 소프트웨어 프로그램을 자주 사용하기 때문이다. 대부분의 디자이너들이 제작자에서부터 그들의 커리어를 시작하는 경우가 많다. 광고와 관련된 여러 가지 요소들이 실제로 제작자에 의하여 완성되기 때문에, 제작자들이 수행하는 일은 어렵지만 중요하다.

1) 레이아웃

레이아웃(layout)은 'Laying out the element'를 줄인 말로 디자인, 광고, 편집, 인쇄 등을 제작할 때 광고주나 제작자의 메시지가 타겟 오디언스에게 잘 전달될 수 있도록 일러스트(사진이나 그림), 문자, 제품, 기호, 브랜드명 등 여러 가지 구성요소를 공간과 지면에 효과적으로 배열하는 것을 말한다.

같은 아이디어, 같은 광고안이라도 어떻게 레이아웃을 하느냐에 따라 완성도와 질은 판이하게 달라진다. 더욱 힘주어 말하자면 레이아웃이 그 광고를 죽이고 살리는 데 결정적인 역할을 함은 물론 새로운 아이디어를 찾아내는 방법이기도 하다. 그래서 전문 광고인 중에는 레이아웃만 연구하는 사람들도 있다.

레이아웃 전개는 개략적 표현에서 시작되는데, 레이아웃의 '개략적인 표현'이란 실제로 집행될 최종제작물과 같은 정교한 수준의 표현이 아니라 디자이너의 기본 아이디어를 반영하기 위하여 전체적인 구도, 느낌, 그리고 이미지 정도만을 표현하는 것을 의미한다. 이에 대한 평가를 토대로 아이디어가 발전되며 레이아웃이 보다 구체화된다. 또한 레이아웃은 광고제작비를 추정하는 기준이 된다. 광고대행사는 레이아웃에 포함된 사진, 일러스트 등을 토대로 정확한 제작비용을 추정할 수 있다.

① 레이아웃의 진행과정

레이아웃은 광고디자인의 개발과정이 진행됨에 따라 보다 정교해지며, 마지막 단계의 레이아웃은 최종제작물이 된다. 레이아웃의 진행과정은 섬네일(thumbnail) 레이아웃,

개략적 레이아웃, 시안단계의 레이아웃, 원고단계의 레이아웃 순으로 진행되는데, 아래에서는 이들에 대해 간략히 설명한다.

첫 번째 단계는 섬네일 레이아웃(thumbnail layout)이다. 아트 디렉터나 그래픽 다지이너는 테마나 소재거리가 떠올랐을 때 이를 자유롭게 스케치하면서 개략적인 구도를 표현해 본다. 카피를 선으로, 비주얼 요소를 박스로 표시하면서 자신의 아이디어를 표현하는 것이다. 둘째 단계는 개략적 레이아웃(rough layout)이다. 섬네일 레이아웃에 의해 표현된 크리에이티브 아이디어가 긍정적으로 평가되면, 그 아이디어를 보다 상세하게 표현하는 개략적 레이아웃이 작성된다. 개략적 레이아웃에서 카피의 헤드라인과 서브헤드는 실제 사용할 글자체로, 일러스트레이션이나 사진들은 스케치 형태로, 광고물은 실제 크기로 표현된다. 셋째 단계는 시안단계의 레이아웃으로 포괄적 레이아웃(comprehensive layout)이라고도 한다. 이는 마치 실제 광고물이 팩스를 통하여 전송된 모습으로 생각하면된다. 이 레이아웃은 광고제작에 들어가기 전 단계에 그려지는 것으로, 글자의 크기,

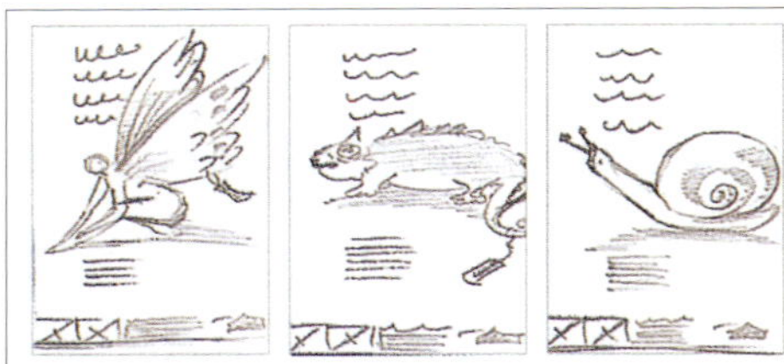

섬네일 수준의 레이아웃

개략적 수준의 레이아웃

시안단계의 레이아웃

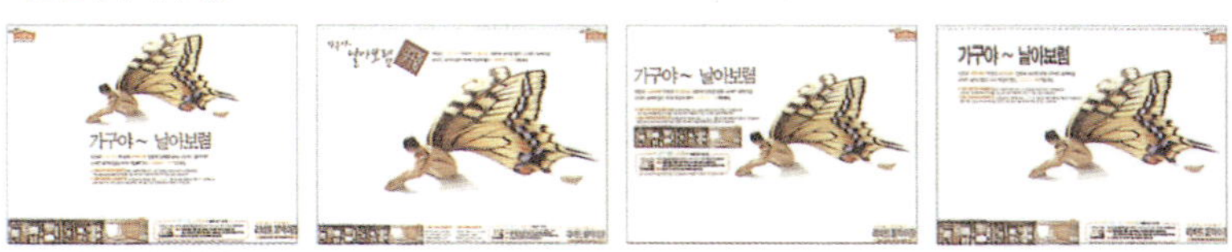

원고단계의 레이아웃

모양, 색채 등을 모두 상세하게 표현하고, 세부적인 광고문안까지도 실제적으로 표현한다.

크리에이티브 팀과 AE는 이 포괄적 레이아웃을 광고주에게 제시하며, 광고주가 이 레이아웃을 토대로 광고 아이디어를 평가한 후 승인하게 되면 광고제작을 시작한다. 마지막 단계는 원고단계의 레이아웃으로 페이스트업 레이아웃(paste-up layout)이라고도 불리어진다. 이는 최종 인쇄에 들어가기 위해서 활자, 비주얼 등 모든 크리에이티브 요소들이 정확한 위치에 자리 잡고 있는 레이아웃이다. 과거에는 실제 광고물 크기의 화이트보드(white artboard)에 실제모양의 활자체, 사진이나 그림 등이 놓여졌는데, 최근에는 이러한 페이스트업 레이아웃은 컴퓨터에 의하여 작업되는 것이 일반적이다.

② 레이아웃의 구성요소

광고디자인이란 아트 디렉터나 그래픽 디자이너가 광고의 예술적인 요소들을 선택하고 구성하는 작업이다. 디자이너는 광고의 예술적인 요소들을 선정하여 그 요소들을 독특한 방법으로 구성함으로써 자신의 생각이나 느낌을 표현하는 스타일을 정하게 된다.

여러분이 광고를 볼 때 눈에 띄는 것은 카피, 사진, 광고모델, 로고 등일 것이다. 그러나 광고디자인은 선(line), 색상(color), 형상(shape), 방향(direction), 여백(space), 크기(size) 등으로 구성된다.

- 선: 선(line)은 디자인의 분위기를 잡아주고, 소비자의 시선을 안내해 주며, 카피의 부분과 부분을 격리시켜 주는 역할을 한다. 일반적으로 수직선은 권위감을, 수평선은 고요함을, 대각선은 역동성을, 곡선은 우아함을 나타낸다.
- 색상: 색상(color)은 분위기를 잡아주고, 특정의 카피부분이나 제품을 부각시키며, 광고에 대한 관심을 유도하고 상징적인 의미를 전달한다. 예를 들어, 빨간 지붕(red roof)이라는 이름을 갖는 말보로 담배의 패키지 디자인은 가장 성공적인 디자인 중의 하나로 평가되고 있는데, 디자인에서 사용하고 있는 빨간색은 카우보이의 정열적인 이미지를 상징해 주고 있다.
- 형상: 형상(shape)은 선과 영역(area)에 의하여 형성되는 디자인 요소이다. 형상은 현실적(realistic)일 수도 있고, 추상적(abstract)일 수도 있으며, 상징적(symbolic)일 수도 있다. 디자이너는 사람들의 관심을 끌기 위하여 때때로 대조되는 모양이나 기대하지 않은

형상을 디자인하기도 한다.

- 방향: 방향(direction)은 선과 형상에 의하여 표현된다. 디자이너는 광고의 특정 부분에 대한 소비자의 관심을 끌기 위하여 디자인의 방향적인 요소를 사용하기도 한다.
- 여백: 여백(space) 또는 공간은 광고에서 광고문안이나 사진 등에 의하여 쓰여지고 남은 부분을 의미하는데, 제품을 부각시키고 소비자의 관심을 끄는 유용한 수단으로 사용될 수 있다. 일반적으로 광고가 여백이 별로 없이 광고요소로 가득 차 있으면, 그 광고의 시각적 효과가 감소하는 경우가 많다. 여백이나 공간의 적절한 활용은 메시지의 전달효과를 높이는 데 매우 중요하다.
- 크기: 크기(size)는 광고의 커뮤니케이션 효과에 지대한 영향을 미치는데, 크기에는 광고 자체의 크기, 광고의 각 요소별 크기(가령, 헤드라인의 크기 또는 사진의 크기 등) 등이 모두 포함된다. 일반적으로 크기는 중요함을 의미하지만, 이는 항상 적용되는 원칙은 아니다. 때로는 의도적으로 작게 만듦으로써 오히려 강조의 의미를 표현할 수도 있다.

③ 레이아웃 디자인의 원리

글을 쓰는 데 있어서 문법을 지켜야 하듯이, 디자인을 개발할 때도 몇 가지 원리를 지켜야 하는데, 이를 소개하면 다음과 같다.

- 단순성(simplicity)의 원리: 광고는 소비자에게 명료(clarity)하고 설득력 있게 메시지를 전달해야 하므로, 광고 크리에이티브의 단순성은 가장 중요한 디자인 요소이다. 애매모호하고 불필요하게 복잡한 광고디자인일수록 메시지 전달효과는 그만큼 반감되기 때문이다. 라코스테 광고는 창시자이자 테니스 선수였던 라코스테 사진을 통해 옷의 가벼움을 단순명료하게 보여주고 있다.
- 균형(balance)의 원리: 광고디자인을 개발할 때 디자이너는 구성요소들 사이의 균형을 고려하여야 한다. 디자인의 구성요소로는 광고카피, 사진이나 그림, 슬로건(slogan), 로고(logo)와 시그너처(signature) 등이 있는데, 균형이란 이러한 요소들의 포함여부, 위치선정 또는 크기와 관련하여 광고의 시각적 안정감을 의미한다. 즉, 광고는 꼭 표현되어야 할 요소들을 시각적으로 안정감 있게 표현해야 한다. 예를 들어 설중매광고는 제품의 특징을 강조하기 위해 일러스트레이션을 이용하고 있는데, 일러스트레이션, 카피, 제품사진 등이 잘 균형을 이루어 제품의 특징을 전달하고 있다.

단순성 원리를 활용한 광고의 예: 이 광고는 브랜드 창시자의 테니스 치는 모습을 통해 옷의 가벼움을 단순하게 보여주고 있다.

균형의 원리를 활용한 광고의 예: 이 광고는 일러스트레이션, 카피, 제품 사진 등이 균형을 이루면서 제품의 특징을 잘 전달하고 있다.

• 비율(proportion)의 원리: 디자인의 비율과 관련된 문제에는 디자인의 표현요소들과 여백(space)의 상대적 크기, 광고의 폭(width)과 깊이(depth)의 비율, 각 표현요소들 사이의 공간의 양, 흑백과 컬러의 비율, 밝은 지역과 어두운 지역의 비율 등이 포함된다. 디자인의 비율에는 정해진 원칙이 없는데, 「광고의 디자인(Design of Advertising)」이라는 책의 저자 넬슨(Nelson)은 디자인 요소들 간의 자연스러움이 가장 좋은 비율임을 강조

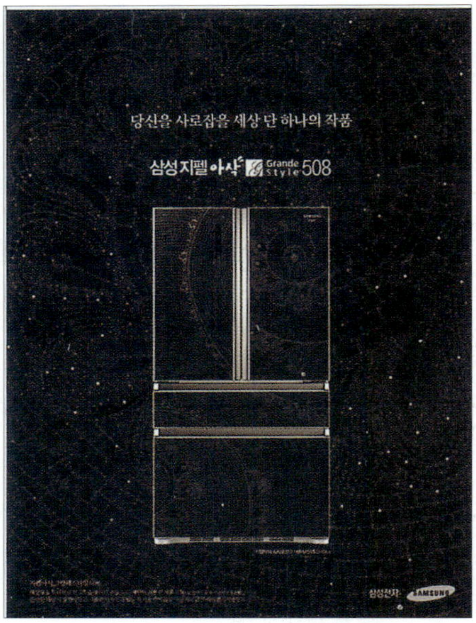

비율의 원리를 이용한 광고의 예: 지펠 광고는 어두운 배경과 밝은 면을 이용해 제품의 고급스러움을 전달하고 있다.

한다. 예를 들어 삼성전자 지펠 광고는 명암을 이용해 제품의 고급스러움을 표현하고 있다.

- 연속(sequence)의 원리: 연속성은 광고를 보는 사람을 안내하기 위하여 디자이너가 의도적으로 여러 구성요소들을 배열하는 것을 의미한다. 인쇄광고에서 연속성은 주로 광고의 요소별 공간위치에 의해 유지되지만, 방송광고에서는 시간의 흐름에 따른 구성에 의해 유지된다. 인쇄광고에 접할 때 사람들은 일반적으로 왼쪽에서 오른쪽으로, 그리고 위에서 아래로 글이나 사진을 읽는 습관이 있으므로, Z형의 구도는 광고를 보는 사람들의 시선을 통제하는 방법의 하나이다. 결국 사람들의 시선이 광고의 핵심개념에 맞추어지도록 광고를 디자인하여야 한다. 아메리칸 익스프레스카드 광고는 비주얼로 시선을 확보하고 우측에 카피라인

연속의 원리를 이용한 광고의 예: 아메리칸 익스프레스카드 광고는 Z형 구도를 통해 원하는 메시지를 자연스럽게 전달하고 있다.

일체감 원리를 이용한 광고의 예: 디젤 광고는 카피와 비주얼 두 요소만을 주로 사용하고 이들 요소들의 일체감을 통해 디젤의 "Be Stupid"정신을 명확하게 전달하고 있다.

강조의 원리를 이용한 광고의 예: 하바이아니스 광고는 노란색을 이용해 브라질 국민 샌들 이미지를 표현하고 있다.

을 통해 카드의 의미를 생각해 볼 수 있는 시간을 제공하고 그 답이 아메리칸 익스프레스임을 아래의 로고로 제시하고 있다.

- 일체감(unity)의 원리: 광고가 일체감을 갖기 위해서는 광고의 모든 요소들이 서로 잘 조화를 이루어야 한다. 광고의 여러 요소들이 일체감을 갖고 광고에서 전달하고자 하는 핵심개념을 표현하였을 때, 그 광고는 설득적인 효과를 가질 수 있다. 예를 들어 디젤 광고는 비주얼과 카피의 일체감을 통해 브랜드의 본질을 정확하게 전달하고 있다.
- 강조(emphasis)의 원리: 강조성은 광고의 전략적인 측면에서 고려되어야 한다. 즉 여러 가지 메시지 중에서 강조되어야 할 부분이 무엇인지를 미리 설정하여 디자인하여 야 한다는 것이다. 디자이너는 특정 요소를 강조하기 위해서 형상, 크기, 색상 등을 주로 사용한다. 로버트 로체(Robert de Roche)라는 아트 디렉터는 화장품 광고의 크리에이티브를 개발할 때 제품을 강조하기 위해서 제품만을 컬러로 처리하고 모델이나 카피 등은 흑백으로 보여주는 방법을 자주 사용한 바 있다. 한편 브라질의 국민 샌들 브랜드인 하바이아니스는 브라질의 전통색인 노랑을 통해 제품의 컨셉을 강조하고 있다.

2) 광고 비주얼의 개발

광고 비주얼(visual)의 개발은 인쇄광고에서 가장 중요한 활동이다. 사람들은 대부분

광고 Highlight

혀보다 눈이 먼저 맛본다는 것을 고려한 제품광고

칸딘스키의 추상화' 201번'(왼쪽)과 이를 모방한 샐러드(오른쪽): 사람들은 명화를 본떠서 꾸민 음식이 재료를 기하학적으로 배치한 샐러드나 일반적인 샐러드(왼쪽 작은 사진)보다 더 맛있다고 평가했다.

최근 한 음식 배달업체가 프랑스 화가 마네의 그림 '풀밭 위의 식사'에 치킨을 먹는 남자를 교묘하게 끼워 넣은 광고로 눈길을 끌었다. 명화(名畵) 속의 치킨을 보고 더 군침이 도는 것은 왜일까. 심리학자들은 '보기 좋은 떡이 먹기도 좋다'는 속담으로 이유를 설명한다. 음식 맛은 미각(味覺)보다 먼저 시각(視覺)으로 판단되기 때문에 눈이 혀보다 먼저 맛을 느낀다는 것이다.

영국 옥스퍼드대 심리학과 찰스 스펜스(Spence) 교수는 명화에 음식을 끼워 넣는 데서 한 걸음 더 나아가 아예 음식재료를 갖고 명화를 재현했다. 전문 요리사를 시켜 화가 칸딘스키가 그린 추상화와 모양이 똑같은 샐러드를 만들어 실험에 쓴 것이다. 멀리서 보면 어느 쪽이 그림인지, 샐러드인지 구별하기 어려울 정도로 닮았다. 연구진은 명화를 본뜬 샐러드와 일반 샐러드, 그리고 재료를 섞지 않고 하나하나 줄에 맞춰 배치한 샐러드를 각각 60명에게 제시하고 맛을 평가하도록 했다. 맛을 보기 전과 후의 점수는 모두 칸딘스키 그림을 본뜬 샐러드가 가장 높았다. 평가자들은 다른 샐러드의 두 배나 비싼 돈을 낼 용의가 있다고 답했다.

사실 세 가지 샐러드는 재료나 소스가 모두 같았다. 평가자들도 각각의 샐러드에서 단맛, 신맛, 짠맛, 쓴맛 네 가지는 모두 같다고 답했다. 하지만 전체적인 맛은 추상화 모양 샐러드가 가장 좋다고 느꼈다.

자료원: 안광호 (2017), 고객지향적 마케팅, p. 510 마케팅 Highlight.

비주얼을 먼저 접하고 광고의 헤드라인을 보게 되며 그 내용에 흥미가 있을 때 광고카피를 자세히 읽어보는 경향이 있다고 한다. 따라서 광고의 비주얼은 헤드라인과 함께 사람의 관심을 광고로 끌어들이는 핵심적인 역할을 한다.

광고개념에 적합한 비주얼을 개발하는 것은 어려운 일이다. 아트 디렉터는 비주얼을 개발할 때 비주얼의 사용 여부, 카피내용과 비주얼의 적합성, 광고제작에 따른 비용의 문제를 신중히 고려하여 결정하여야 한다. 디자인의 기본원리로 소개한 바 있는 디자인 요소들의 일체감(unity)을 얻기 위해서 비주얼과 카피내용(특히 헤드라인) 간의 적합성은 특히 중요하다. 아트 디렉터는 광고의 비주얼을 표현하기 위한 방법으로 사진(photograph)과 일러스트레이션(illustration)을 이용하고 있는데, 이하에서는 이에 대해 설명하기로 한다.

① 사진

20세기에 등장한 사진기술은 점차 일러스트레이션을 대체하기 시작하였다. 광고에서 사진은 광고메시지를 영상적인 표현물의 형태로 바꾸는 제작물의 하나로 소구대상에게 제품이나 서비스에 의해 제공되는 편익이나 문제해결의 실마리를 보여줄 수 있다. 이러한 광고사진은 소비자에게 보여지는 모든 표현의 결정체이며 광고전략과 광고 크리에이티브가 집약된 것이다. David Ogilvy 같은 광고인은 「광고카피 작성을 위한 37개 지침」에서 삽화 또는 도안을 사용하지 말고 언제나 사진을 사용하라고 제안한 바 있다. 사진은 독자의 관심을 끌고 상품을 파는 데 공헌한다고 믿었기 때문이다.

사진은 일러스트레이션에 비하여 여러 가지 장점을 가지고 있는데, 첫째, 사진은 광고에 진실성(believability)을 제공한다. 사진은 인위적인 느낌을 억제하고 현실감을 부여해주기 때문이다. 둘째, 광고디자인에 융통성(flexibility)을 제공한다. 확대, 축소, 부분삭제 등을 통한 크기 변경과 붓이나 에어 페인팅을 통한 재구성이 가능하기 때문이다. 셋째, 사진은 신속성(speed)을 갖는다. 사진은 일러스트레이션에 비하여 사진 촬영에서 최종제작물 완성까지 소요되는 시간이 짧은 장점을 가지고 있다.

② 일러스트레이션

일러스트레이션(illustration)은 손으로 그리거나 컴퓨터로 제작된 삽화를 말한다. 아트디렉터는 사진으로 표현하기 어려운 가상적인 모습을 형상화하기 위해 일러스트레이션을 이용한다. 일러스트레이션은 생략과 강조가 자유로워 환상적인 이미지를 유발하거나 과장된 소구에 적합하며, 특히 유머와 같은 특별한 정서의 유발에 효과적일 수 있다. 아트 디렉터가 사용할 수 있는 일러스트레이션의 형태에는 그림, 카툰, 재제작 등이 있다.

첫째, 그림(drawings)은 아트 디렉터가 직접 그린 것으로 원하는 이미지를 전달하는 사진이 없거나 사진촬영으로 원하는 이미지의 포착이 어려운 경우 사용된다. 둘째, 카툰(cartoons)은 그림의 한 종류로 펜이나 잉크를 사용한 선화(line drawing)가 중심이다. 주로 과장이나 유머러스한 경우에 많이 사용된다. 가장 대표적인 카툰은 신문에 나오는 만화이다. 셋째, 아트 디렉터는 재제작(reproduction)을 이용할 수 있다. 즉 기존에 있는 그림을 재제작하여 광고의 삽화로 사용하는 것이다. 최근 가장 각광받는 일러스트레이션 기법 중의 하나가 컴퓨터그래픽인데, 이 컴퓨터그래픽은 일러스트레이션과 사진의 기능을 결합한 효과를 낼 수 있는 특징이 있다.

③ 활자유형의 선정

같은 내용이라도 그 내용이 표현된 활자체에 따라 소비자는 다른 느낌을 받을 수 있다. 예를 들어, 아래의 박스 안에 있는 '당신을 오늘 밤 파티에 초청합니다'라는 같은 초청 메시지를 생각해 보자. 파티의 성격에 대한 느낌은 서체, 활자의 크기, 활자의 굵기 등에 따라 달라질 것이다.

'당신을 오늘 밤 파티에 초청합니다'
'당신을 오늘 밤 파티에 초청합니다'
'당신을 오늘 밤 파티에 초청합니다'
'당신을 오늘 밤 파티에 초청합니다'
'당신을 오늘 밤 파티에 초청합니다'
'당신을 오늘 밤 파티에 초청합니다'

④ **색상의 선택**

색상선택은 디자인에 있어 용도와 재질에 기초하여 기능적이고 아름다운 배색효과를 얻을 수 있도록 계획하는 것이라고 정의된다. 색상은 소비자 행동에 적지 않은 영향을 주고 있으나, 그 영향을 쉽게 관찰할 수 없기 때문에 과소평가되거나 잘못 이해되기 쉽다.

색상은 광고의 비주얼 효과를 높일 수 있는 효과적인 수단이다. 글자와 배경색의 적절한 선정은 광고에 대한 관심과 가독성을 높일 수 있으며, 색상과 형태의 조합양상에 따라 색면의 크기가 실제보다 크게 또는 작게 지각될 수 있다는 점을 이용하여 광고의 비주얼에 임팩트를 줄 수 있다. 컬러광고가 흑백광고보다 더 많은 주의를 끌 수 있다는 것은 이미 잘 알려져 있고 색상을 이용한 표현은 제품의 장점을 보다 효과적으로 보여줄 수 있다. 예를 들어, 식욕을 돋구는 데 가장 효과적으로 사용할 수 있는 수단 중의 하나가 색상을 이용하는 것(예: 파란 시금치나물, 빨간 고추, 노란 콩나물 등)이다. 제품의 질이나 특정 분위기를 묘사하기 위해서 또는 광고캠페인의 연속성을 표현하기 위해서 특정 색상이 사용되는 경우도 있다.

3) 방송광고의 스토리보드 개발

TV광고에 대한 아트 디렉션 작업의 마지막 단계는 스토리보드를 작성하는 것이다. 스토리보드의 작성은 광고 아이디어를 시각화하는 작업으로 광고의 주요장면, 대사, 음악, 음향효과, 기타 디자인 요소 등을 종합적으로 보여주는 것이다. 광고주와 광고대행사는 스토리보드를 통하여 TV광고의 전체적인 구성양식, 광고 스타일과 톤, 시청각효과 등을 한눈에 평가할 수 있게 된다.

인쇄광고의 레이아웃과 같은 역할을 하는 스토리보드는 대행사의 크리에이티브 팀이나 광고주의 의사결정에 도움을 준다. 광고대행사의 크리에이티브 팀은 개략적인 스토리보드를 이용하여 크리에이티브 아이디어를 개발한 다음 이를 수정해 나간다. 광고주는 스토리보드 다음 표현된 아이디어를 토대로 자사의 마케팅전략과의 일치성, 전략적 방향의 적절성, 광고 크리에이티브의 창의성 등을 평가하여 광고대행사가 제시한 아이디어를 승인하거나 수정보완을 요구하게 된다. 광고주로부터 스토리보드에 대한 승인을 받은 광고대행사는 이를 토대로 TV광고의 제작을 진행한다.

광고 Highlight

광고의 스토리보드는 기획단계에서 많은 수정을 거쳐 제작에 적용된다. 경쟁 프레젠테이션에서 대행사가 제안한 기획안을 광고주가 선택하면 이들은 서로 협의 하에 적절한 스토리를 도출하고, 제작진에게 넘겨지면 촬영에 적합한 그림으로 재구성되는 것이다.

아래는 금강기획(현 금강오길비)이 제작한 SK건설의 아파트 브랜드 "VIEW"의 스토리보드 예다.

1. 경쟁 프레젠테이션용

'전망'이라는 개념을 생활에 도입해 작은 차이가 '생활전망'을 바꾼다는 컨셉의 스토리보드

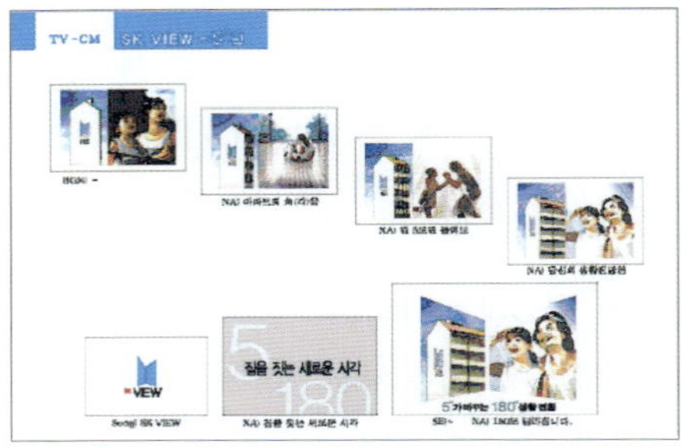

2. 광고주 협의 후 수정판

SK건설 VIEW의 브랜드인지도가 낮은 현실과 광고주의 요구를 수렴해 재구성한 스토리보드

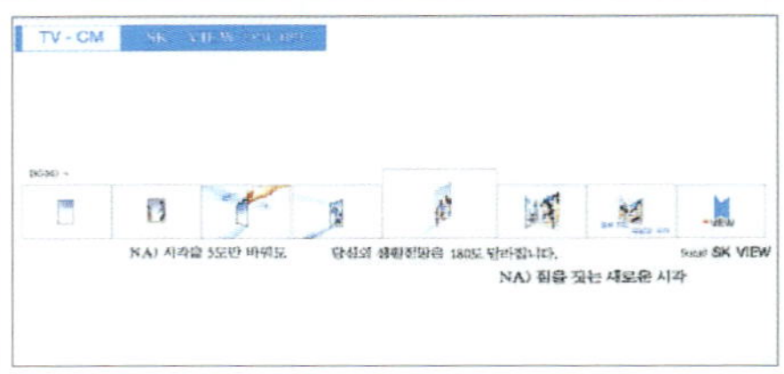

3. 광고감독 스토리보드

실제 촬영을 위해 광고감독에 재구성된 스토리보드

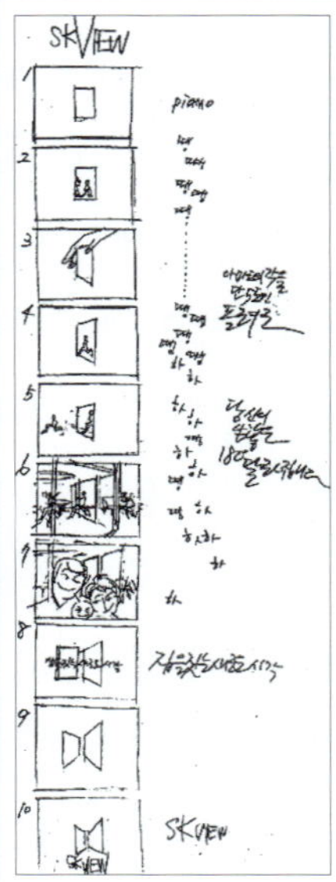

4. 실제 촬영된 스토리보드

실제로 화면에 담아진 스토리보드

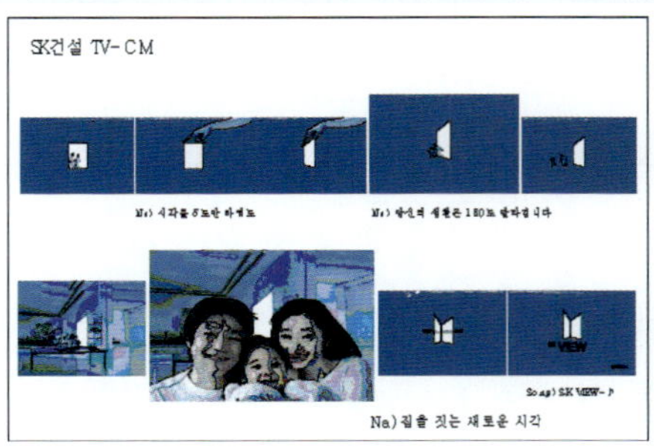

(3) 청각적 요소

광고에 있어 청각적 요소는 방송광고에 해당하는 요소라 하겠다. TV광고에서 청각적 요소는 등장인물들이 말하는 소리, CM송, 배경음악, 음향효과 등을 포함한다. 말하는 소리에는 광고에 등장하는 사람들의 대화를 그대로 녹음하여 내보내는 경우와 화면에 보이지 않는 사람에 의해 보이스 오버(voice-over) 형식으로 카피를 읽는 경우가 있다.

음악은 TV광고의 중요한 부분을 차지하며 다양한 역할을 수행한다. 광고음악은 시청자의 정서적 반응을 유도하거나 광고의 핵심개념을 전달하기 위한 수단으로 활용되며, 시청자의 관심을 끌거나 경쟁광고의 방해현상(clutter)을 피하기 위한 수단으로 사용되기도 한다. 광고음악이 제품에 대한 평가나 구매에 미치는 영향은 학계에서 고전적 조건화 과정(classical conditioning process)에 의하여 설명되어 왔다. 즉, 소비자들이 광고음악에 규칙적이고 반복적으로 노출되면, 광고음악으로 형성되는 호의적인 감정이 무의식적으로 광고제품에 전이된다는 것이다. 또한 광고음악에 의해 형성된 호의적인 감정은 광고메시지에 대한 수용 가능성을 높여 준다는 연구결과도 있다.

광고에 있어서 음악은 크게 CM송과 배경음악으로 나누어지는데, 광고메시지를 전달하는 짧은 노래가사를 CM송 또는 징글(jingle)이라고 하며, 배경음악은 광고의 배경으로 등장하는 음악을 말한다. 한편 시각적 표현을 보완하거나 그 효과를 높이기 위하여 특별히 제작된 소리(가령 맥주의 병 따는 소리 등)를 음향효과라고 한다.

1950년대 진로소주 광고의 CM송이 대히트를 기록한 이래 CM송은 국내 방송광고에 커다란 영향을 미쳤다. 1970년대에 방영된 농심라면의 '형님먼저 아우먼저', 오뚜기 카레의 '일요일은 오뚜기 카레', 오란씨의 '하늘에서 별을 따다 하늘에서 달을 따다…', 부라보콘의 '열두시에 만나요 부라보콘', 새우깡의 '손이 가요 손이 가' 등은 지금도 많은 소비자들의 머릿속에 뚜렷이 남아 있는 유명한 CM송들이다. CM송에 관한 연구결과에 따르면, 특정 광고를 위해 특별히 제작된 CM송이 가장 효과적이며, 히트한 기존노래를 약간 변형시켜 사용하는 것이 다음으로 효과가 있고, 히트송을 그대로 CM송으로 사용하는 것은 가장 효과가 낮은 것으로 나타난다. 따라서 CM송을 사용할 경우 가능하면 그 제품의 성격에 맞는 새로운 노래가사와 리듬을 개발하는 것이 바람직하다고 하겠다.

2 광고제작의 실제 과정

(1) 인쇄광고의 제작과정

디자이너가 작성한 시안단계의 레이아웃이 광고주에게 제시되고, 광고주가 그 아이디어를 승인하면, 다음 단계로 제작이 시작된다. 인쇄광고의 경우 광고물의 제작과정은 제작전문가에 의해 진행된다. 일반적으로 인쇄광고의 제작은 제작준비단계, 제작단계, 인쇄 전 준비단계, 인쇄단계 등 네 가지 과정을 거치게 된다.

1) 제작준비단계

이는 시안단계의 레이아웃(광고주의 승인 후)이 제작팀에 전달되면서 시작된다. 광고의 시안을 전달받은 제작관리자는 부서의 트래픽 체계(traffic system)를 점검하고 제작과정에 필요한 아트워크와 업무를 분석한다. 업무분석 시 제작담당자는 필요한 장비, 프리랜서의 사용여부(외부 프로덕션에 제작을 의뢰할 것인가의 결정), 필요로 하는 재료, 인력 등을 점검하여 전체적인 제작과정에 대한 설계를 한다.

그림 10-1 인쇄광고의 제작과정

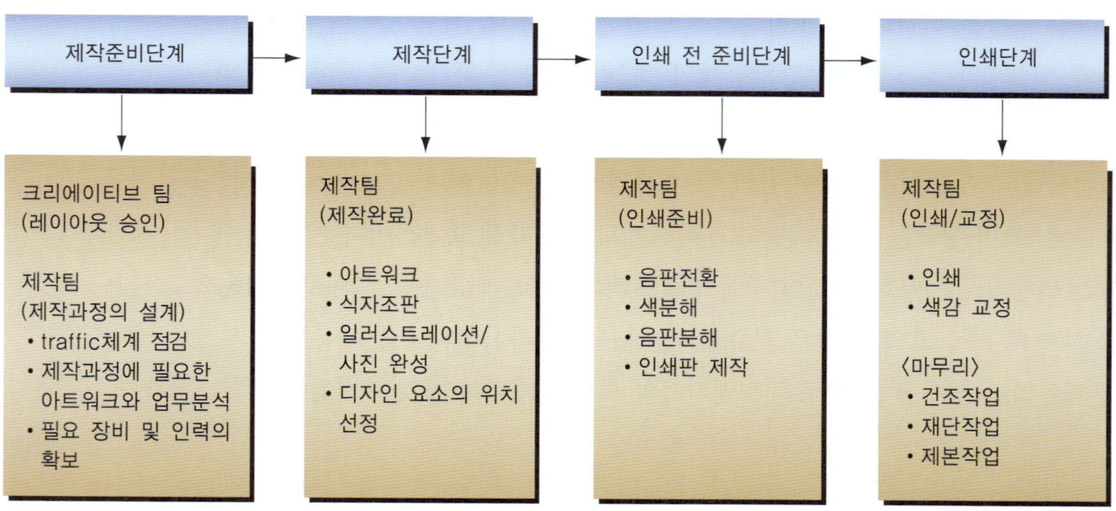

2) 제작단계

이 작업에는 디자인 작업을 하는 아트워크(artwork), 식자조판(typesetting), 필요한 경우 사진과 일러스트레이션의 완성, 그리고 여러 가지 디자인 요소들의 위치선정 등이 포함된다.

3) 인쇄 전 준비단계

이 준비과정에는 음판(film negative)으로의 전환작업, 색분해(color separation) 작업, 음판을 오파크 플라스틱 도면(flat이라고도 불리움)으로 옮기는 분해작업(stripping), 인쇄를 위한 판(plate)을 만드는 작업이 포함된다. 컬러 인쇄광고의 경우 사용하는 컬러의 수에 따라 필요한 인쇄판의 수가 달라진다. 하나의 인쇄판은 한 번에 오직 한 색만을 인쇄할 수 있지만, 네 개의 인쇄판을 이용하여 다양한 색상을 표현할 수 있다. 네 가지의 기본색(process red, process blue, process yellow, and black)을 합성하여 여러 가지 색상을 연출할 수 있기 때문이다. 이러한 과정을 4색분해(four color separations)라고 한다.

4) 인쇄단계

이는 마지막 작업과정으로서 여기에는 교정작업 및 마무리 작업도 포함된다. 교정작업에서는 표현되는 색감에 대한 교정이 주로 이루어지며, 마무리 작업에는 인쇄 후 건조(drying)작업, 재단(cutting)작업, 제본(binding)작업이 포함된다.

(2) 방송광고의 제작과정

앞에서 설명한 아트 디렉션을 통해 완성된 스토리보드를 토대로, 제작전문가는 광고의 제작을 시작한다. 광고제작은 많은 인력, 시간 및 자금이 소요되는 과정이다. 본 절에서는 방송광고의 제작과정을 제작준비단계(preproduction phase), 제작단계(production phase), 제작 후 단계(postproduction phase)로 나누어 설명한다.

1) 제작준비단계

광고주가 스토리보드를 승인하면, 아트 디렉터는 촬영 시 필름 또는 비디오테이프를 사용할 것인지를 결정하고, 필요한 특수효과에 대한 제작계획을 수립하고, 촬영장소를 선정하는 등 광고 크리에이티브 아이디어를 시각화하기 위한 구체적인 촬영계획을 수립한다. 촬영계획이 수립되면 광고제작을 위한 팀이 구성된 후 제작 전 미팅을 갖게 된다.

이 과정에서 필요한 경우 촬영계획이 수정되기도 한다. 각 단계별 작업에서 고려되어야 할 요소들은 다음과 같다.

① 필름과 비디오테이프의 선정

제작 전 단계의 중요한 의사결정 중의 하나가 촬영 시 필름(film)을 사용하여야 할 것인가 혹은 비디오테이프(videotape)를 사용할 것인가의 문제이다. 각 촬영수단은 나름대로 장·단점을 가지고 있고 제작전문가들이 두 가지 수단에 모두 능숙하지 않은 경우가 흔하므로 제작준비단계에서 미리 결정하는 것이 바람직하다.

필름촬영은 TV광고제작에서 오랫동안 사용되어 왔던 전통적인 방법으로, 비디오 기술이 발전되었음에도 불구하고 아직까지 가장 많이 사용되는 촬영수단이다. 필름은 화면의 깊이감이나 부드러운 이미지를 표현하기 편리하다는 장점 외에도 애니메이션 기법에서 가장 흔히 사용되는 수단이며 차세대 TV인 고화질 TV(HD TV)에 적합하다는 장점이 있다.

반면 비디오테이프의 장점은 촬영되는 대상을 보다 현실감 있게 표현할 수 있는 화질과 생동감에 있다. 따라서 흥분된 분위기나 긴장감을 표현하기에 적합한 방법이다. 이외에도 비디오테이프는 촬영하고 난 후 그 장면을 즉시 확인할 수 있는 장점이 있다. 촬영 후 특별한 작업이 필요 없이 영사가 가능하기 때문이다. 이러한 즉각적인 처리 가능성은 촬영장소를 수배하기 어렵거나 촬영기간이 짧을 때 중요한 고려요소가 된다.

대부분의 경우 촬영은 필름으로 하고, 그 후반작업은 비디오테이프로 하여 두 가지 방법의 장점을 동시에 살리고 있다. 필름에서 비디오테이프로 전환시키는 텔레시네(telecine) 과정을 통해 이러한 작업방식이 가능해졌기 때문이다.

② 특수효과의 계획

최근 들어 특수효과기법의 사용이 증가하고 있다. 예를 들어, 컴퓨터 그래픽에 의한 특수한 모양이나 추상적 이미지의 표현 등이 필요한 경우 아트 디렉터는 전문가와 충분한 시간을 확보하는 등 이에 대한 세심한 계획을 수립해야 한다. 실물영사와 애니메이션의 합성작업이 필요한 경우, 실물영사의 촬영이 먼저 이루어지고 애니메이터의 작업이 이루어진 다음 합성작업에 들어가는 것이 일반적인 순서이다. 제작된 광고의 품질을 높이기 위해서는 최소한 1~2주의 합성작업 기간이 확보되어야 한다.

③ 촬영장소의 선정

아트 디렉터는 현장에서 TV광고를 직접 촬영하는 로케이션 방법이나 또는 스튜디오에서 촬영하는 방법을 선택할 수 있다. 스튜디오에서 세트를 준비하여 촬영하는 방법은 소음, 조명, 군중을 통제하는 이점이 있고, 무거운 장비를 사용하기 용이하다. 또한 스튜디오 촬영은 촬영을 위해 설치된 여러 보조기구의 도움을 받을 수 있다. 스튜디오 촬영은 다양한 촬영 각도가 요구되고 까다로운 카메라의 동선이 필요한 경우에 바람직하다.

한편 로케이션 촬영은 현장감과 진실성을 높일 수 있는 장점이 있다. 감상적인 분위기나 환상적인 표현이 요구되는 화장품이나 의류광고의 경우 현장에서의 로케이션 촬영이 많이 이용된다. 그러나 현장 로케이션의 경우 조명에 대한 통제의 어려움을 대비한 세심한 준비가 필요하고, 주위 소음을 통제하는 방법을 미리 강구해야 한다.

④ 제작팀 구성

제작에 대한 전반적인 계획이 수립되면, 광고제작팀을 구성하여야 한다. TV광고는 많은 인력과 시간이 소요되기 때문에 팀웍과 전문적인 능력을 갖춘 구성원의 확보가 광고 제작의 섭외에 결정적인 영향을 미친다. 이하에서는 분야별로 제작과정에 필요한 사람들의 역할을 간략히 설명하기로 한다.

첫째, 프로듀서(producer)는 제작의 전 과정에 대해 책임을 지는 사람이다. 따라서 프로듀서는 기술적 부분에서의 전문가역, 여러 사람의 일을 조정하고 관리하는 코디네이터역, 제작비용을 확보하고 시간을 조정하는 관리자역 등 다양한 역할을 수행할 수 있는 능력이 있어야 한다. 둘째, 감독(director)은 촬영에 관해 모든 책임을 지는 사람이다. 촬영 시 캐스트들의 동작이나 표정 등에 대한 지시, 적절한 조명 및 카메라 각도의 선정 등 광고의 비주얼 이미지를 창조하는 모든 것에 대하여 책임을 갖는다. 셋째, 카피라이터는 TV광고의 스크립트를 작성하여 감독에게 전달하고, 아트 디렉터는 프로듀서와 감독에게 TV광고의 아트 디렉션이 개발된 배경, 의도 및 요구사항을 정확히 설명해 주어야 한다.

넷째, 캐스트들은 TV광고에 등장하는 사람들이다. TV광고에 등장하는 모델의 선정은 아트 디렉터, 카피라이터, 그리고 감독이 협의하여 광고주의 승인을 받아 선정하는 것이 일반적이다. 마지막으로 감독은 카메라맨, 조명전문가, 대본 담당자 등 분야별 전문가를 선정한다.

⑤ 제작 전 제작팀 회의

제작팀이 구성되면 그 구성원들은 미팅을 통해 실제 제작에 관한 내용을 검토한다. 제작 전 회의에서는 일반적으로 광고 아이디어의 개발과정과 의도가 팀원에게 설명되고, 스토리보드의 장면들이 하나씩 검토되며, 감독의 각 장면 촬영에 따른 지침이 설명된다.

2) 제작단계

제작의 전 과정에 대하여 책임을 지는 프로듀서는 제작을 위한 준비상황을 점검하고, 촬영의 예행연습을 실시하고 난 후 실제 촬영에 들어가게 된다.

① 촬영의 준비와 예행연습

촬영 시 준비사항은 제품에 따라 약간 차이가 있으나 대체로 다음과 같은 것들이 점검된다. 첫째, 필요한 장비와 인력을 검토하고 카메라의 위치를 선정하여야 한다. 둘째, 광고에 사용할 제품을 준비하여야 한다. 예를 들어, 식료품 광고에서 음식을 만드는 장면을 연출해야 할 경우 다양한 소품과 다량의 제품이 필요할 수 있다. 셋째, 조명의 사용방법을 검토하여야 한다. 촬영에 사용되는 조명기기는 주라이트(key light), 필라이트(fill light), 백라이트(back light), 세트라이트(set light) 등 네 가지가 있는데, 표현하고자 하는 분위기나 톤에 따라 사용할 조명이 결정된다. 넷째, 광고에서 모델이 입을 의상과 기타 소품을 코디네이트하여야 하고, 모델의 분장을 검토하여야 한다.

위에서 설명한 촬영을 위한 준비과정이 완료되면, 촬영의 예행연습이 실시된다. 감독은 예행연습에서 다양한 촬영 각도와 동선을 시도하여 봄으로써 원하는 분위기와 톤의 장면을 찾아낸다.

② 촬영과 녹음

촬영을 위한 모든 준비가 완료되면 본격적인 촬영이 시작되는데, 촬영에 대한 총책임은 감독이 맡게 된다. 스토리의 순서대로 각 장면을 찍는 경우는 드물다. 등장하는 캐스트들을 중심으로 촬영하여 캐스트들의 시간과 제작비용을 절약하기도 하고, 사용되는 조명 스타일이나 촬영방법(예를 들어 클로즈업)에 따라 촬영을 진행하기도 한다. 모든 장면들을 광고의 스토리에 따라 정리하는 것은 제작 후 단계에서 편집자의 일이다. 감독들은 촬영된 장면이 만족스러운 수준에 도달할 수 있도록 최선의 노력을 다한다. TV CF촬영에서 한 장면을 여러 번 반복하여 촬영하는 것은 일반적인 현상이다. 현상된 러쉬(rushes: 촬영 직후 만들어지는 편집용 프린트)를 검토하여 만족스러운 수준에 오른 컷들을 고르고 필요하면 재촬영이 시작된다. 필름을 이용한 촬영은 촬영장면의 확인을 위해 현상작업이 완료될 때(일반적으로 하루나 이틀이 소요됨)까지 기다려야 하는 단점이 있다. 반면 비디오테이프를 이용한 촬영은 촬영 직후 바로 그 장면을 확인할 수 있는 장점이 있다. 어떤 경우이든 감독은 원하는 모든 장면을 확보할 때까지 촬영장소를 떠나는 경우는 거의 없다. 한편 녹음은 촬영단계에서 이루어지기도 하고 촬영 전이나 후에 이루어지기도 한다. 경우에 따라 배경음악은 미리 녹음되어 시각적 요소들을 음악의 리듬이나 흐름에 맞춰 합성하는 작업이 이루어지는데, 이를 프레스코링(prescoring)이라고 한다. 애니메이션을 이용하는 경우 대체로 프레스코링작업이 실시된다. 반면 특수효과음 같은 것은 제작 후 작업에서 만들어지는 경우가 많다.

3) 제작 후 단계

제작 후 단계에서는 필름이나 테이프의 편집작업이 이루어지며 필요한 경우 특수효과음을 제작한다. 편집작업이 완료되면 필름의 경우 테이프로 변환시키는 작업이 필요하며 마지막으로 컴퓨터에 의한 마무리 작업을 거쳐 최종제작물이 완성된다. 최종제작물에 대한 광고주의 승인이 이루어지면, 비로소 그 제작물은 방송매체사를 통하여 방영된다.

① **편집작업**

TV광고의 편집작업(editing)은 마치 50페이지의 보고서를 4~5페이지로 줄이는 과정과 같다. 일반적으로 감독은 30초짜리 광고를 위해 1,000미터 넘는 길이의 필름을 찍게 되며, 이 필름들을 10여 미터의 길이로 줄이는 작업은 편집자의 몫이다. 편집자는 장면과 장면이 부드럽게 연결될 수 있도록 조정하여야 하며, 삽입되는 스틸사진이 미리 녹음된 소리와 잘 조화를 이룰 수 있도록 타이밍을 조절해야 한다. 편집자와 감독은 우선 촬영된 필름들 중에서 TV광고에서 쓰여질 필름들을 선택하고, 편집자는 선택된 필름에 대한 인터록(interlock) 작업을 진행한다. 인터록 작업이란 선택된 필름들을 연결시키는 작업을 의미하는데, 이 작업 중에 특수효과음이나 새로운 시각적 요소들을 삽입하기도 한다.

② **특수효과의 제작과 합성작업**

특수효과음이나 배경음악의 일부분을 합성하는 보이스오버 등은 제작 후 단계에서 이루어진다. 제작 후 단계에서 배경음악이 합성되기도 하는 포스트스코링(postscoring)이라는 작업은 시각적 요소와 청각적 요소들 사이의 완벽한 조화를 가져다줄 수 있다. 주어진 비주얼에 맞추어 배경음악을 조절할 수 있기 때문이다. 이때 화면의 리듬과 음악의 리듬, 화면의 분위기와 음악의 분위기 등이 고려되어야 한다.

한편, 컴퓨터 작업에 의해서 시각적 영상이 만들어질 수 있는데, 이를 CGI(computer-generated imagery)라고 한다. 최근 컴퓨터 작업에 의하여 영상을 창조해 내는 기술은 빠르게 발전하고 있다. 예를 들어, 몰핑(morphing)과 같은 기술은 필름에 찍힌 사람이나 물건을 변형시킬 수 있는데, '영화 터미네이터 2'는 악마(터미네이터)가 활동 중에 모습을 변형시키는 것을 자연스럽게 보여주었다. TV광고에서도 이러한 몰핑작업이 가능하지만, 문제는 시간과 비용이다.

필름의 편집과 특수효과의 제작이 완성되면 마지막으로 합성작업(mixing)에 들어간다. 이 시기에 시각적 요소와 청각적 요소의 결합, 애니메이션과 실물영상의 합성, 스틸 사진과 애니메이션의 합성 등의 작업이 이루어져 TV광고의 최종제작물이 완성된다. 이렇게 완성된 최종제작물은 광고주에게 시사되어 다시 평가받게 된다. 광고주가 최종제작물을 승인하면, 이 제작물은 광고심의를 받은 후 방송사에 전달되어 방영된다. 다만 광고주의 요구에 따라 최종적인 제작물에 대한 부분적인 수정이 이루어지는 경우도 있다.

광고 Highlight

무엇이 훌륭한 광고를 만드는가?

소비자들은 어떤 광고는 좋아하고 어떤 광고는 싫어한다. 우리는 좋아하는 광고를 소위 '훌륭하다'라고 말한다. 그러나 진정으로 훌륭한 광고라고 말할 때 그것이 의미하는 바는 무엇일까?

공명(Resonance)

공명한다는 것은 가슴 속 깊이 메아리치거나, 울려 퍼지거나, 혹은 가슴 떨리게 한다는 의미이다. 아울러 어떤 소리를 울려 퍼지게 한다는 뜻도 포함된다. 훌륭한 광고는 바로 이런 것들을 소비자에게 주는 광고다. 즉 좋은 광고는 가슴 속에 종을 울리고 사람들의 귀에 메아리를 울려 퍼지게 한다. 그와 같은 것들을 공명한다고 말한다. 왜 그럴까? 그것은 붐(boom)을 일으키는 요인들이 있기 때문이다. 대포가 쿵하는 소리를 내면 사람들은 당장 주의를 기울일 것이다. 동일한 원리가 광고에도 적용된다. 그러나 광고는 거기에서 더 나아가 소비자의 상상력까지 붙들어야 한다. 사람들을 멈추도록 만들어 메시지에 대해 생각하도록 하는 단계까지 이르러야 하는 것이다.

불행하게도 대부분의 광고들은 정보를 전달하든 감정을 전이하든 소비자와 공명하는 데 실패하고 만다. 그 이유는 광고제작에서 실패하기 때문이다. 카피가 감흥을 유발하지 못할 수도 있고, 비주얼이 덜 매력적으로 보일 수도, 또한 제작기법의 완성도가 떨어질 수도 있다. 탁월한 광고들은 광고주에게 지출된 비용 이상의 광고효과를 준다.

전략적 관련성(Strategic Relevance)

위대한 광고의 두 번째 차원은 전략적 관련성이다. 광고는 사람들로 하여금 생각하게 만들어야 한다. 그러나 무엇에 관해 생각하게 만들어야 할까? 하나의 고전적 사례로 모 소화제 광고의 "내가 그 모든 것을 먹었다니 믿어지지 않아요(I can't believe I ate the whole thing)."라는 카피가 있다. 이 광고는 모든 사람의 주의를 끌었지만, 해결책(제품)보다는 오히려 과식이라는 문제를 더욱 인식하게 만들어 좋지 않은 감정을 유발시키고 말았다. 그 결과 광고주는 대행사를 떠나버렸다.

텍스트와 비주얼이 광고메시지를 전달하기는 하지만, 크리에이티브 팀들이 선택하는 광고에서의 어조, 단어, 아이디어들에는 광고전략이 깔려 있다. 광고가 완전해지려면 반드시 광고주의 마케팅 및 광고전략과 연결되어야 한다. 그렇지 않으면 설사 광고가 소비자와 공명한다 해도 그것은 실패한 광고다. 다른 말로 표현하자면, 그것은 훌륭한 오락물이 될 수 있을지언정 훌륭한 광고는 되지 못한다. 탁월한 광고에는 항상 달성해야 할 전략적 사명이 있다. 실제로 전략은 크리에이티브 작업을 위한 중요한 열쇠가 된다.

아이디어 개발을 위한 기초적 발상법

- 뒤집어 본다.
- 색을 바꾸어 본다.
- 아주 작게 혹은 아주 크게 해 본다.
- 둥글게 혹은 모나게, 삼각형, 사각형으로 변형해 본다.
- 고체로 액체로, 부드럽게 단단하게 해 본다.
- 길게 혹은 짧게 해 본다.
- 볼 수 있게 해 본다.
- 그림 혹은 글자를 없애 본다.
- 반복, 중첩해 본다.
- 2차원 혹은 3차원으로 만들어 본다.
- 만화를 삽화로 그려 본다.
- 부분을 크게 해 본다.
- 부분을 없애 본다.
- 철자를 틀리게 해 본다.
- 계절을 바꾸어 본다.
- 움직이게 해 본다.
- 배경을 이용해 본다.
- 다른 환경에 놓아 본다.
- 불필요한 것은 없애 본다.
- 나누어 본다.
- 조각으로 만들어 본다.
- 구부려 본다.
- 좌우 대칭 혹은 비대칭으로 만들어 본다.
- 펼쳐 본다.
- 우스꽝스럽게 해 본다.
- 병, 캔 등 다른 용기에 담아 본다.
- 얼리거나 녹여 본다.
- 단순화하거나 복잡하게 해 본다.
- 냄새, 맛, 향을 바꿔 본다.
- 의인화 해 본다.
- 섞어 본다.
- 빠르게, 날아가게 해 본다.

햄버거와 유사한 형상으로 커피원두를 표현한 맥까페 인쇄광고

프랑스 루브르 박물관의 유명 예술작품을 한글타이포 그래픽으로 표현, 대한항공이 루브르 박물관의 한국어 안내서비스를 후원함을 효과적으로 전달하고 있는 인쇄광고

CHAPTER

11

매체전략Ⅰ: 매체유형별 특징 및 현황

다양화되고 있는 커뮤니케이션 캠페인의 중심매체

과거 광고 캠페인의 중심매체는 TV광고이었다. 그러나 IMC 개념이 도입되면서 고객과의 접점 중심으로 다양한 매체가 고객과의 커뮤니케이션을 위해 사용되고 있다. 과거 광고관리자들은 캠페인을 전개하는 중심매체로 TV를 주로 이용했지만, 이제 고객과의 접점에서 소비자들의 관심을 끌 수 있고 화제를 불러일으킬 수 있는 매체로 바꾸고 있다. 이러한 추세는 과거 커뮤니케이션 개념이 "푸쉬형(소비자들이 광고정보를 피하지 못하게 만드는 전략)"에서 "풀형(소비자들로 하여금 광고정보를 스스로 찾게 만드는 전략)"으로 바뀌는 현상을 반영하는 것으로 볼 수 있는데, 이하에서는 TV광고와 다른 매체가 통일성을 유지하며 통합적 마케팅 캠페인이 전개된 사례를 소개한다.

1. 하이트진로의 '진로이즈백' 캠페인

아재들이나 마시는 술이라는 고정관념을 깨고 힙한 느낌으로 재탄생한 술이 있다. 50년 만에 재출시된 원조 소주 브랜드 '진로'는 TV, 옥외광고 등 전통매체와 소셜 미디어(SNS)와 같은 뉴미디어를 조화롭게 활용한 '진로이즈백' 광고 캠페인으로 노후화된 브랜드 이미지를 제고하고 소비자 기반을 확장하며 제2의 전성기를 맞이하고 있다.

1970년대 디자인을 복원해 재해석한 '뉴트로 진로'는 소주의 원조라는 헤리티지를 현대적 감성으로 전달하는 데 성공, 2030세대를 중심으로 소비자들의 폭발적인 호응을 이끌어냈다. 출시 두 달 만에 연간 목표치였던 1,000만 병이 판매됐고, 7개월 만에 1억 병이 팔려나갔다. 물량이 달려 못 팔 정도로 반응이 뜨겁다.

하이트진로의 '진로이즈백' 캠페인은 제품부터 광고, 홍보물, 소비자 프로모션에 이르기까지 진로 브랜드의 통합적인 이미지를 형성하는 데 초점을 맞췄다. 제품은 70년대 진로병의 하늘색을 재현하고, 진로의 한자 로고를 새롭게 디자인하는 등 현대적이고 젊은 감각으로 뉴트로 감성을 집약했다. 진로의 병 모양은 기성세대에겐 복고로 인식됐지만, 젊은 세대에겐 신선하고 새로운 제품으로 받아들여졌다. SNS에서 자발적 인증샷을 올리는 이들이 많아지면서 입소문을 타 순식간에 브랜드 인지도를 높였다.

또한 '진로이즈백'이라는 캠페인 슬로건과 진로의 상징인 두꺼비를 의인화해 귀엽고 엉뚱한 캐릭터로 재탄생시켰다. 슬로건과 두꺼비 캐릭터를 모든 홍보물에 일관되게 적용하고, 팝업스토어 운영과 두꺼비 인형 탈 홍보 등을 통해 출시 초기, 브랜드 이미지를 명확하게 형성했다. 이에 더해 20대를 중심으로 인기가 좋은 스트리트 패션 브랜드 '오베이'와 협업해 한정판 티셔츠를 내놓는가 하면 팝업스토어 '두꺼비집'을 운영하면서

2030 소비자들의 관심을 집중시킨 전략이 주효했다는 평가다.

이러한 통합적 광고 캠페인을 통해 진로 소주는 '서민의 애환을 달래는 술'이라는 낡은 이미지를 탈피하고 '힙한 인싸템'으로 등극, 소주라면 거들떠도 안 보던 젊은 세대의 마음을 돌리는 데 성공했다.

2. 유튜브를 통해 고객과의 소통을 이끌어내는 SK하이닉스의 PR 광고

B2B 기업 SK하이닉스가 기발하고 재미있는 기업 이미지(PR) 광고를 통해 대중과 소통하고 있다. SK하이닉스는 파격적인 소재와 구성에 더해 광고 속 '스토리'가 특유의 색채로 완성도를 더해 가면서 대중의 지속적인 관심을 이끌어내고 있다. 실제로 SK하이닉스의 광고 시리즈는 광고이되 광고 같지 않은, 마치 영화를 보는 듯한 몰입감을 선사하고 있는데, TV를 통한 1회성 소비를 넘어 유튜브 등 SNS를 통해 공유되면서 최종 소비자들에게 반도체 제조 기업으로서의 정체성을 각인시킨 효과적인 광고 캠페인으로 평가받고 있다.

구체적으로 살펴보면, 2018년 반도체를 의인화한 신선한 컨셉의 '졸업'편, '수출'편과 협력사와 상생협력을 통해 반도체 생태계를 강화하겠다는 '상생협력'편 광고시리즈는 반도체의 유용한 쓰임을 강조하는 메시지를 친근하고 재미있게 풀어내 유튜브, 페이스북 등 SNS에서 두고두고 회자되며 2030세대로부터 큰 호응을 이끌어낼 수 있었다. 이를 시작으로 반도체도 특산품이 될 수 있다는 기발한 아이디어로 완성한 '이천/청주'시리즈, 그리고 스마트폰 카메라 등에 적용되는 비메모리 반도체인 CIS(CMOS 이미지센서)의 기능을 인기영화 킹스맨과 어벤져스의 형식을 빌려 재미있게 전달한 '눈력자들'편 광고를 통해 그 성과를 이어가고 있다.

자료원: 서울경제, "슬기로운 B2B 광고생활...'우리도 브랜드 중요해'," 2020.04.17; EBN, "SK하이닉스, '올해의 광고상'대상 수상…'이천 · 청주 편'," 2020.03.23.

앞서 소개한 도입사례들은 다양한 매체도구의 활용과 소비자와의 접점에 근거한 중심매체 선정의 중요성을 잘 보여주고 있다. 광고관리자는 메시지를 최대한 효율적이고 효과적으로 전달하는 매체들을 선정하고, 이 매체들이 서로 일관성 있게 핵심메시지를 전달하게 함으로써 그 효과를 배가시킬 수 있다.

광고전략은 광고컨셉의 설정과 크리에이티브 아이디어의 개발과 구현으로 구성된다. 이 단계들은 8장, 9장, 10장에서 자세히 설명하였다. 다음 단계는 매체계획의 수립이다. 광고관리자는 매체계획을 전략적으로 수립하기 위해서는 각 매체유형별 특징을 잘 이해해야 한다. 본 장에서는 각 매체의 종류와 특징을 살펴보고, 제12장에서는 매체계획의 수립과정을 설명한다.

매체군을 ATL(Above The Line)과 BTL(Below The Line)로 나누어 보기도 한다. ATL은 브랜드 혹은 제품을 다수의 소비자에게 광고하기 위해 매스미디어가 사용되는 영역을 의미하며, TV, 라디오, 신문, 잡지 등 전통적인 4대 매체를 포함한다. ATL 매체는 불특정 다수의 소비자들에게 광고를 전달하고자 함을 목적으로 한다. 반면 BTL은 ATL이 갖고 있는 불특정 다수의 소비자들에게 동일한 메시지를 전달하는 것에 대한 문제점과 고비용에 대한 대안으로 제시된 매체들로서, 전통적인 매스미디어가 아닌 다른 매체를 활용하는 것을 의미한다. 대표적으로 인터넷을 통한 소비자와의 인터렉션 광고 또는 SNS를 활용한 광고, 그리고 개별 소비자들이 직접 참여할 수 있도록 하는 이벤트 등이 포함된다. BTL은 직접적으로 소비자들과 소통할 수 있다는 점과 정해진 예산에 맞추어 진행할 수 있다는 유연성이 강점이라고 할 수 있다. 스마트폰이 현대인의 필수품으로 자리매김하고 소비자들의 온라인 접속 시간이 증가하면서, 광고계의 관심도 지상파 TV, 라디오 등 기존의 매체에서 케이블TV, 인터넷, 소셜미디어를 포함한 모바일 플랫폼 등 뉴미디어 매체로 옮겨가고 있다. 따라서 광고계에 종사하는 사람들의 재능과 노력은 이제 단순히 TV광고 한 편을 만드는 것에 투여되는 것이 아니라 종합적인 솔루션을 제공하는 데 맞춰진다.

인터넷과 소셜미디어 같은 뉴미디어들은 그 미디어 형식의 스마트함과 구조의 개방성 때문에 전통미디어로 대변되는 TV를 무의미하게 만들고 있다. 그 결과 이제는 새로운 BTL로 패러다임이 이동하고 있다. 여기서 새로운 BTL은 ATL의 대응개념인 Below The Line이 아니라 선 긋기의 개념이 의미 없는 'Beyond The Line'으로서 ATL과 BTL의 구분을 넘어서 소비자의 경험을 최적으로 만드는 통합적 커뮤니케이션 활동이다.

ATL과 BTL에서 일관된 메시지를 통합적으로 전달하고 관리함으로써 효과적인 광고관리를 진행하는 것이 바람직하다고 할 수 있다.

1 4대 매체

전통적으로 광고에서 많이 사용되는 4대 매체는 방송매체인 TV와 라디오, 인쇄매체인 신문과 잡지가 있다. 이하에서는 각 매체의 편성현황을 설명한 다음 각 매체의 특징과 장단점을 소개한다. 매체별 편성현황에서는 각 매체에서 사용가능한 광고의 형태 및 사용단가가 소개되고, 매체별 특징에서는 시청자 및 구독자의 선별성, 도달범위와 도달횟수의 가능성, 크리에이티브 표현의 용이성, 매체의 수명, 매체집행비용, 제작 및 집행에 따른 제약조건 등이 설명된다.

(1) TV

1) 한국 TV 프로그램의 편성현황

① 방송국별 현황

현재 전국적인 네트워크를 갖고 있는 TV 방송국은 KBS TV, KBS-2 TV, MBC-TV, SBS-TV 및 EBS-TV가 있고, 지역 민방은 PCB, TBC, KBC, TJB, JTV, UBC, CJB, ITV 등이 있다. 한편 전국적인 네트워크를 가지고 있는 방송국들 중 KBS TV는 상업용 광고가 판매되지 않고 있다.

② TV 프로그램의 편성 및 TV광고의 종류

국내 TV 프로그램은 주간 단위로 편성되며 주중과 주말로 다시 구분된다. 프로그램 편성에 대한 이해를 돕기 위하여 KBS-2 TV의 프로그램 편성표와 시급구분 및 단가를 **표 11-1** 에 예시하였다.

이와 같은 프로그램들에 광고주가 방영할 수 있는 광고의 종류를 간략히 살펴보도록 한다.

토막(spot)광고 방송 프로그램과 프로그램 사이에 방영되는 광고로서 SB(station break)라고도 한다. 20초와 30초짜리의 광고방영이 일반적이다. 토막광고는 방송 프로그램 편성시간의 최대 18/100 이내에서만 방송할 수 있다.

프로그램(program)광고 광고주가 프로그램의 스폰서로 참여하여 광고하는 것으로 본 프로그램과 프로그램 사이에 나가는 광고를 말한다. 프로그램 전후에 따라 전 CM, 후 CM으로 구분된다. SPOT광고의 경우 방송권역별로 제한하여 광고를 집행할 수 있는 반면, 프로그램광고는 방송권역별 광고방영이 허용되지 않는다. 우리나라에서는 방송법 규정상 프로그램 방송도중엔 광고를 할 수 없기 때문에 프로그램이 시작된 직후와 프로그램 엔딩자막이 나가기 직전에 방송된다. 단, 프로그램을 임의로 분리하여 그 사이에 광고를 내보내는 방식은 허용되고 있는데, 이러한 분리편성광고 또는 유사중간광고(Premium CM)의 무분별한 사용이 프로그램에 대한 시청자의 몰입을 방해한다는 비판이 제기되고 있어 주의가 필요하다. 프로그램 광고는 해당 프로그램 시간의 15/100이내에서만 방송할 수 있다. 예를 들어 1시간 동안 방송되는 프로그램의 경우 3,600초의 15%인 540초 동안 광고가 방영될 수 있다.

자막광고 방송국 이름고지나 방송순서 고지시간대에 화면의 1/4에 해당하는 크기로 화면의 하단에 10초 정도 방영되는 광고이다. 방송국 명칭고지 시 방영되는 광고는 ID 광고, 방송순서 고지 시 방영되는 광고는 곧이어 광고라고 한다. 제작비와 광고비가 저렴하기 때문에 중소광고주가 많이 이용하고 있다.

시보광고 시보광고는 방송시간 고지 시 제공되는 광고를 의미한다. TV의 경우 대부분이 시간을 알리는 화면을 내보내면서 하단에 광고주명이 나타난다.

간접광고 간접광고는 방송프로그램 안에서 상품을 소품으로 활용하여 그 상품을 노출시키는 형태의 광고를 의미한다. 최근 인기 드라마와 예능 프로그램에 노출되는 간접광고의 효과가 두드러지게 나타나면서 업계의 큰 관심을 받고 있다. 그러나 맥락에 맞지 않는 무분별한 간접광고의 사용은 오히려 소비자들의 반감을 일으킬 수 있어 주의가 필요하다.

표 11-1 TV의 프로그램 편성표/시급구분/광고단가(2020년 4월 기준)

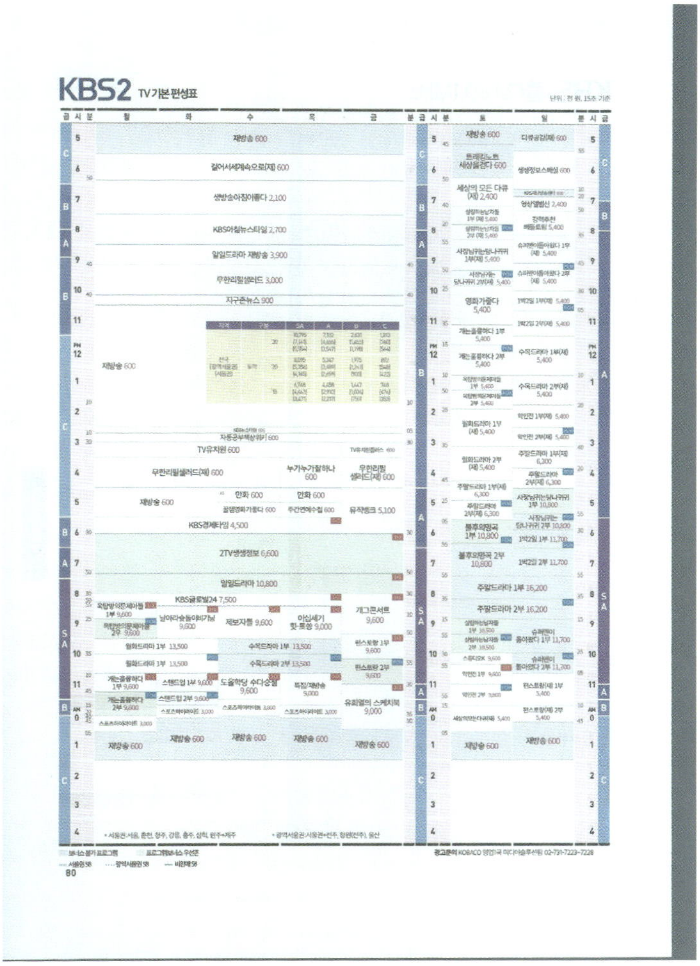

협찬광고 이 광고는 상업성이 배제된 것으로서 프로그램 진행을 위해 협찬해준 협찬회사의 회사명을 밝혀주는 형태이다.

특집광고 정규 프로그램 이외의 비정규 프로그램으로 편성된 특집 프로그램에 광고를 방영하는 것으로, 특집이 편성될 때마다 스폰서가 공모된다. 특별 시사좌담회, 미스코리아 선발대회, 광복절기념 특집기획 드라마 등이 특집프로그램의 예들이다.

연간스포츠광고 이 광고는 연간 편성된 스포츠 중계에 집행되는 광고를 말한다. 스

표 11-2 TV방송광고의 종류

광고유형	광고길이	제한규정	내용
토막광고	20초, 30초	방송프로그램 편성시간의 최대 18/100 초과 금지(단, 지상파TV 프로그램광고는 15/100 초과 금지)	프로그램과 프로그램 사이의 광고
프로그램광고	15초		프로그램 전후에 집행되는 광고
자막광고	10초	채널별로 1일 동안 방송되는 방송프로그램 편성시간당 방송광고시간의 비율의 평균이 15/100 이하	방송국 명칭고지나 방송순서의 고지 시 자막으로 표현되는 광고
시보광고	10초		방송시간 고지 시 집행되는 광고
간접광고	–	오락과 교양 프로그램에 한정, 해당 방송프로그램시간의 5/100 이내, 방송화면의 1/4 이내, 간접광고 포함 여부 자막표기	방송프로그램 안에서 상품을 소품으로 활용하여 그 상품을 노출시키는 형태의 광고
협찬광고	–	회사명만 고지	협찬 사실만 고지됨
특집광고	15초, 20초, 30초	프로그램 광고에 준함	정규 프로그램이외에 편성된 특집 프로그램에 집행되는 광고
연간스포츠광고	편성시 정해짐	편성 시 정해짐	스포츠 중계에 집행되는 광고
가상광고	–	운동경기중계, 오락 및 스포츠 보도 프로그램 한정, 해당 방송프로그램시간의 5/100, 방송화면의 1/4 이내, 방송전에 가상광고 포함 여부 자막표기	프로그램에 컴퓨터 그래픽을 이용한 가상 이미지를 삽입하는 광고

포츠특집 광고에서는 광고주가 일정금액을 지불하고 대부분의 스포츠중계에 교대로 광고를 방영한다. 프로야구 또는 프로축구 경기와 같이 연간 단위로 편성된 스포츠 프로그램에 방영되는 광고가 스포츠 특집광고에 해당된다. 올림픽 및 세계 복싱타이틀전 등과 같이 단발적으로 편성되는 스포츠 프로그램은 별도의 특집광고로 편성된다.

가상광고 운동경기 중계, 오락 및 스포츠 보도 프로그램에 한정하여, 프로그램에 컴퓨터 그래픽을 이용한 가상 이미지를 삽입하는 형태의 광고이다. 가상광고는 방송프로그램시간의 5/100 이내에만 광고가 가능하고 프로그램 화면의 1/4 이내로 광고 화면의 크기가 제한된다. 또한 방송 전에 가상광고 포함 여부를 자막으로 표기하여야 한다.

한편 최근 중간광고의 도입여부가 광고계의 주요 쟁점으로 부각되는 한편, 이와 관련하여 유사중간광고 또는 분리편성광고(Premium Commercial Message, PCM)가 그 대안으로 적극 활용되고 있는데, 〈광고 Highlight〉는 중간광고의 개념과 도입 시 장단점을 소개하고, 최근 지상파TV에서 적극 활용되고 있는 유사중간광고의 편성현황과 이와 관련한 소비자와 광고업계 간의 갈등을 살펴보았다.

2) TV방송광고의 요금제도

과거의 TV광고 판매제도의 특징은 모든 프로그램들이 지정되어 판매되고 시간대별로 요금이 고정되는 형식의 '고정단가제'와 '지정판매제'로 요약된다. 이 제도는 방송광고의 수요와 공급원리의 적용을 원천적으로 봉쇄하는 비탄력적인 요금구조라는 문제점을 가지고 있었다. 이를 보완하기 위하여 한국방송광고진흥공사(KOBACO)는 2000년부터 새로운 시스템인 GS제도(Global Standard 제도)를 도입해 TV 광고요금의 판매방식에 탄력적인 구조를 부분적으로 반영하고 있다. GS제도의 골격은 탄력요금제와 판매방식의 다양화로 구분된다.

탄력요금제도는 단순시청률 및 시급에 의한 고정요금 체계를 탈피하여 과학적 데이터를 기초로 기준요금을 산정하고, 광고시장의 수급사정에 따라 요금을 탄력적으로 적용하는 제도이다. 이 제도 하에서 기준요금은 연 2회에 걸쳐 광고주 선호도, 수급상황, 광고길이, 시청률, 신탁관련 누적데이터 등이 종합적으로 반영되며 실제 방영요금은 시장상황을 감안한 변동요금과 구매량 및 구매조건 등 협상요인을 반영하여 산정되게 된다. 이와 같이 새로 도입된 탄력요금제와 기존의 시급별 고정요금제의 차이를 요약하면 **표 11-3** 과 같다.

표 11-3 시급별 고정요금제와 탄력요금제의 비교

시급별 고정요금제	탄력요금제
• 시급별 구분(SA, A, B, C) • 평일(월-금), 토, 일로 구분 • 시급별 동일요금 적용	• 프로그램별 광고요금 설정 • 요일의 구분 없음 • 방송국별 차등요금 적용

광고 Highlight

중간광고 도입에 대한 주요쟁점

최근 다시 중간광고의 도입여부가 광고업계에서 화두가 되고 있다. 중간광고란 TV 프로그램 중간에 삽입되는 광고를 의미한다. 우리나라에서는 70년대 초반까지 중간광고와 프로그램 도중 자막광고를 허용해 오다가 1974년 중간광고가 폐지되었다. 1974년 중간광고가 폐지된 이유는 명확하게 제시되지 않았지만, 당시 1차 오일쇼크 이후 소비억제와 시청자의 시청권 확대가 주 명분이었던 것으로 보인다. 현재 방송프로그램을 중단하는 중간광고는 허용되지 않지만 운동경기, 문화예술행사 등 그 중간에 휴식 또는 준비시간이 있는 방송프로그램을 송신하는 경우는 허용되고 있다. 따라서 현재 지상파 광고의 경우 중간광고는 스포츠 중계, 대형 이벤트, 영화(전체 프로그램을 2회로 나누어 중간에 광고가 삽입됨: 그러나 이러한 형식이 불법 편성이라는 논란이 있었음)에서 부분적으로 허용되고 있다. 그러나 케이블 TV의 경우 프로그램 시간에 따라 중간광고의 일정 횟수(45분–60분 프로그램: 1회, 60분–90분: 2회, 90분–120분 3회, 120분 이상: 4회)가 허용되고 있고, 매 회별로는 1분 이내 또는 4건 이내로 허용되고 있다.

중간광고의 도입에 관한 이슈는 이미 오래 전부터 방송광고 발전을 위한 제도개선의 차원에서 자주 제기되어 왔고, 특히 방송국의 운영이 어려워질 때마다 방송국의 재원확충의 한 방법으로 거론되어 왔다. 예를 들어 1990년대 말 IMF 한파로 방송국의 광고 수주가 줄어들면서 이슈가 되었고, 최근에도 뉴미디어의 등장으로 지상파 광고의 광고비중이 줄어들면서 중간광고 허용에 관한 문제가 쟁점이 된 바 있다.

그러나 이러한 제도개선이 언급될 때마다 관계기관들은 이에 대한 찬성(광고주, 지상파 전파매체, 광고회사 등)과 반대(언론계, 비지상파 전파매체, 시청자 단체 등)로 확연하게 구분되어 왔는데, 이를 정리하면 다음과 같다.

중간광고 도입에 찬성하는 전문가들은 광고운영의 탄력성 제고 및 광고 기능의 활성화, 방송국의 안정적인 재원 마련, 다매체 시대에서의 규제의 부적합성, 글로벌 스탠다드 관점에서의 규제근거의 모호함 등을 언급하고 있다.

첫째 중간광고의 도입으로 광고의 시간대가 다양화되면, 광고주의 선택의 폭이 강화되고 그에 따라 광고주는 광고를 보다 탄력적으로 운영할 수 있다. 또한 일부 프로그램의 경우(예: 몇 개의 독립적인 아이템으로 구성된 프로그램의 경우) 프로그램의 진행상 중간광고의 도입이 시청흐름을 오히려 도와줄 수도 있는데, 이는 TV프로그램의 시청 최적 시간이 30분 전후라는 연구결과를 근거로 한다. 둘째, 중간광고를 허용하게 되면 중간광고의 특성상 광고단가가 올라가기 때문에 방송국의 입장에선 안정적인 재원을 확보할 수 있고, 그에 따라 프로그램의 질을 향상시킬 수 있다. 그러나 중간광고 도입으로 인한 방송국의 재원확충은 보다 면밀하게 다시 평가될 필요가 있다. 셋째, 인터넷과 같은 뉴미디어(다매체 시대로 발전됨)가 발전되기 전에 도입된 중간광고에 대한 규제는 시대적 변화에 적합하지 않다는 주장이 있다. 소비자의 광고정보 선택권이 강화되고 있는 뉴미디어 환경에서 방송사는 시청자의 선택행위에 맞추어 광고시간대를 편성하려고 노력할 수밖에 없기 때문에 중간광고의 규제 자체가 불요불급한 사안이라는 것이다. 마지막으로 전 세계적으로 대부분의 국가에선 중간광고를 규제하지 않고 있는데, 현재의 중간광고 규제는 글로벌 추세에 못 미치는 제도이고, 오히려 이러한 규제가 국내 프로그램의 해외 판매에 장애요인이 될 수 있다는 주장도 있다.

반면 중간광고 도입을 반대하는 전문가들도 적지 않은데, 이들이 제기하는 문제점들은 다음과 같다. 첫째, 중간광고가 허용되면 시청자의 프로그램 시청권한이 부분적으로 제한되기 때문에 이는 시청자 보호를 표방하는 지상파 방송의 공익성이 훼손될 수 있다는 주장이 있다. 둘째, 중간광고의 도입이 거론되는 이유로 방송국의 안정적 운영을 언급하지만 이는 방송의 공익성을 충분히 고려하지 않은 것이고, 방송사는 아직도 이익을 내고 있기 때문에 재원확보는 충분한 명분이 되지 못한다는 것이다. 셋째, 중간광고를 허용하게 되면 방송국은 보다 시청률 위주로 프로그램을 제작하게 되고, 그에 따라 선정적이고 폭력적인 흥미위주의 프로그램이 늘어나게 될 것이라고 우려하는 학자들도 있다. 이 외에도 중간광고의 허용은 인쇄 매체 및 케이블 TV 등과 같은 경쟁매체들 간 균형발전에 걸림돌이 될 수 있다는 주장도 있다. 중간광고의 도입으로 지상파 TV광고의 매력도가 높아지기 때문에 다른 매체에 대한 광고예산의 편성이 줄어들 것을 우려하는 것이다.

종합편성방송과 케이블 방송국의 성장으로 인해 중간광고에 대한 시청자들의 목소리가 더욱 커지고 있다. 최근 케이블 방송에 대한 대중적 인기가 높아짐에 따라 제도적으로 중간광고에 대한 규제가 덜한 케이블 방송의 중간광고에 대한 불만의 목소리가 커지고 있는 실정이다. 이러한 불만을 최소화하고 시청자 몰입의 방해를 줄이기 위해 중간광고의 모델을 특정 프로그램의 출연자로 섭외한 광고를 삽입하여 시청자

분리편성광고(Premium CM)의 예시

들의 몰입을 최소화하고자 하는 노력을 하고 있다(TVN의 '응답하라 1994'). 또한 중간광고로 인해 소비자들이 몰입하는 데 방해가 되는 것을 오히려 역으로 이용하여, 소비자들이 더욱 긴장감 있게 프로그램에 몰입하도록 유도하는 경우도 있다. 예를 들어 미스터트롯, 불후의 명곡과 같은 경연프로그램의 경우 탈락자와 합격자가 발생하는 프로그램의 특성상 시청자들의 긴장감을 유지하고 강화시키는 것이 프로그램의 성패와 직결된다고 할 수 있다. 이러한 점을 이용하여 프로그램의 진행자는 적시에 60초간의 중간광고를 배치하여 시청자들의 긴장감을 강화시킨다.

한편 2015년 광고 총량제 도입 이후 광고시간의 탄력적 편성이 가능해지면서, 지상파TV에서도 프로그램을 임의로 분리하여 그 사이에 광고를 삽입하는 분리편성광고(PCM)를 적극적으로 활용하고 있는데, 광고수익을 극대화하기 위한 무분별한 광고편성으로 시청자의 몰입을 방해한다는 비판이 제기되고 있다. 인기드라마의 도를 지나친 분리편성광고에 시청자민원이 빗발치자 방송통신위원회에서는 분리편성광고에 대한 집중 모니터링 조사를 실시하였다. 이에 따르면 지상파 3사는 자체적인 분리편성 가이드라인에 따라 대부분 60분 또는 70분 이상 방송프로그램에 대해 분리편성을 실시하고 있는 것으로 나타났다. 이러한 조사결과에 대해 방통위는 방송프로그램을 30분 미만으로 지나치게 짧게 편성하고 그 사이 분리편성 광고를 하는 것은 시청권을 침해할 우려가 있다고 판단, 지상파와 종편 및 유료방송사업자 전체에 걸쳐 일원적으로 적용하는 개선정책을 마련할 계획이라고 밝혔다.

자료원: 유창조, "중간광고 도입이 광고산업에 미치는 영향에 관한 재해석," 한국광고학회 경제 선진국을 지향하는 방송광고 제도의 개선방안에 관한 심포지움, 2008, p. 5-20, 중앙일보, 2011.08.20.; 미디어오늘, "방통위원장 '지상파 분리편성 광고 시청권 침해 우려'," 2020.04.02. 신문기사 발췌 및 수정.

한편 판매방식의 다양화를 위해 장기판매, 선매제, CM순서 지정판매 및 ROS판매제 등이 도입되었다. 첫째, 장기판매(up-front 방식이라고 함)제도는 1년간 광고물량을 6개월 단위로 판매하는 방식으로 요금은 변동요금이 적용되지 않고 기준요금이 적용된다. 그리고 물량의 확보 가능성을 고려해 연간 일정금액 이상의 광고비를 집행하는 광고주로 구입자를 한정하고 있다. 둘째, 선매제(pre-emption)는 광고단가에 프리미엄을 허용하여 광고주가 특정 프로그램을 우선 지정할 수 있는 제도이다. 즉, 방송국은 몇몇 프로그램을 선매제 대상으로 선정하여 기준요금보다 할인된 가격으로 판매한 후 방송개시 1주일 전까지 정상가 또는 선매된 광고주보다 높은 조건의 요금을 제시하는 광고주가 나타나는 경우 그 광고가 다른 시간대로 이동되거나 불방되는 것을 조건으로 한다. 셋째, CM 순서지정 판매제는 광고주가 추가적으로 비용을 부담(기준가 대비 10~15% 선)하면서 자사광고의 방송순서를 지정하는 제도이다. 마지막으로 ROS판매제는 미판된 프로그램들을 패키지로 50% 내에서 할인판매하는 제도이다.

3) TV의 특징

TV는 가장 대중적인 매체이다. 모든 연령대의 사람들이 가정에서 시간이 날 때마다 TV를 시청하고 있기 때문에 불특정 다수에게 메시지를 보낼 경우 효과적으로 사용될 수 있는 매체이다. TV는 다음과 같은 특징을 갖는다.

첫째, TV는 선별성이 매우 낮은 매체이다. 대부분의 TV 프로그램은 온 가족이 함께 보는 대중매체의 성격이 강하기 때문에 인구통계적인 측면에서 시청자 층이 명확하게 구분되지 않는다. 그러나 일부 TV 프로그램의 선별성은 높아지고 있는 추세이다. 예를 들어 프로야구와 같은 스포츠 특집과 가요순위 프로그램과 같은 경우는 남성과 10대 청소년에 대한 선별성은 상대적으로 높은 편이다. 최근 TV 프로그램의 시청률은 성별, 연령별, 직업별, 소득별 등으로 다양하게 구분되어 발표되고 있기 때문에 이를 면밀하게 검토하여 표적시장에 대한 선별성을 높일 필요가 있다.

둘째, 시청자에 대한 도달가능성 측면에서 TV광고는 가장 우수한 매체이다. 한국인의 매체접촉행동에 관한 조사결과에 의하면, 소비자들은 전통적인 4대 매체 중에서 TV에 가장 자주 접하고 있고 이에 대한 호감도가 가장 높으며 가장 재미있는 매체로 생각하고 있는 것으로 나타났다. 또한 SBS를 제외한 대부분의 방송국들의 커버리지는 거의

100%에 접근하고 있다.

셋째, TV광고는 시각과 청각적 요소를 모두 활용할 수 있기 때문에 광고주는 창의적인 표현 아이디어를 개발하여 광고효과를 높일 수 있다. TV광고는 다양한 스타일의 표현이 시도될 수 있어 시청자의 관심 확보와 메시지 설득이 타 매체보다 용이하다. 또한 무형적인 브랜드이미지의 형성에는 TV광고가 효과적이다. 예를 들어, 네이버 웹콘텐츠 플랫폼 시리즈(Series)의 '인생작을 만나다' 광고캠페인을 생각해보자. 이 캠페인은 시리즈의 인기 웹소설 4개를 선정하여 각각 수애, 이제훈, 김윤석, 변요한 배우가 소설의 주인공을 연기하며 소설 속 대사를 읊는 형식으로 진행되었는데, 광고가 아니라 마치 영화 예고편을 보는 듯한 몰입감과 재미를 시청자에게 제공, 광고대상 작품이 실시간 네이버 검색어 1위에 오르고, CF 영상 조회수가 150만 회를 넘는 등 소비자들의 큰 호응을 이끌어냈다. 이렇듯 콘텐츠의 장점을 200% 살린 TV광고 시리즈를 통해 네이버는 소비자들의 독서욕구를 자극하며 브랜드 인지도를 높이고 신규고객을 유치하는 데 성공할 수 있었다.

넷째, TV광고는 짧은 시간 동안에 메시지를 전달해야 하는 제약이 있다. 시청자들은 TV광고가 방영된 다음 그 광고메시지를 다시 검토할 수 있는 기회를 가질 수 없다. 소비자가 15초에서 30초에 이르는 짧은 시간 동안 메시지를 이해할 수 있도록 광고가 표현되어야 한다. 또한 TV광고는 경쟁사 메시지에 의한 잡음도 상당히 존재한다. 현재 프

네이버 시리즈(Series)의 '인생작을 만나다' 광고

YouTube https://youtu.be/aQksr9789TU

제 목 수애의 인생작 "재혼황후"
검색어 네이버 시리즈, 인생작을 만나다

로그램의 15%가 광고시간으로 편성되고 있기 때문에 60분짜리 프로그램의 경우 20초짜리 광고 27편 정도가 프로그램 전후에 편성되고 이에 따라 경쟁사 제품의 광고에 의한 방해효과가 발생된다. 이와 같이 여러 광고의 동시방영으로 인해 소비자의 관심과 주의가 분산되는 현상을 클러터(clutter)라고 한다. 한편 리모콘의 사용으로 소비자는 손쉽게 광고를 회피할 수 있다. 녹화된 프로그램을 시청하면서 의도적으로 광고를 빨리 넘기는 현상인 집핑(zipping)과 광고가 방영되기 시작하면 다른 채널로 전환하는 현상인 잽핑(zapping)으로 TV광고에 대한 시청자의 시선을 유지하는 것이 점점 어려워지고 있다.

다섯째, TV광고는 매체집행에 따른 비용이 큰 편이다. TV광고의 제작비용은 일반적으로 ATL 광고매체 중에서 가장 비싼 편이다. 그러나 남녀노소, 소득 및 학력수준에 관계없이 많은 사람들이 TV를 시청하고 있기 때문에 도달범위가 다른 매체 유형에 비해 높으며 이에 따라 일인당 도달비용은 비교적 낮은 장점이 있다.

마지막으로 TV광고는 지역별 선택에 약간의 제약이 있다. 프로그램과 프로그램 사이에 방영되는 SPOT광고는 지역적인 선택이 가능하지만, 전국적인 네트워크 프로그램에 방영되는 광고는 지역적인 선택이 불가능하다.

이상과 같은 설명을 정리하여 **표 11-4** 는 TV의 장단점을 요약하였다.

표 11-4 TV광고의 장단점

장점	• 광고 아이디어 표현의 융통성이 높음 → 시각적 요소와 청각적 요소를 모두 활용할 수 있음 • 도달범위가 넓음 → 1인당 도달비용이 비교적 저렴함 • 시청자의 관심을 끌기 위한 다양한 시도가 가능함 • 프로그램의 특징에 따른 매체단위의 선정이 가능함
단점	• 제작비용과 매체비용이 비쌈 • 시청자를 세분화하기 어려움 • 일회성(즉, 다시 볼 수 없음) • 광고들 간의 경쟁이 심함 • 시청자가 광고를 의도적으로 피할 수 있음

(2) 라디오

1) 라디오 프로그램의 편성현황

① 방송국별 현황

라디오 광고는 전국적인 네트워크를 가지고 있는 KBS-2, MBC(AM, FM), SBS(AM, FM), 지역 민방과 종교방송으로 구분된다. 라디오의 경우 전국 네트워크 방송국의 점유율은 TV에 비하여 낮은 편이나 아직도 광고비가 네트워크 방송국에 편중되어 있다.

② 라디오 편성 프로그램 및 광고의 종류

라디오 편성 프로그램은 TV와 같이 주간 단위로 편성되며, 이용할 수 있는 광고의 종류도 TV와 비슷하다. 표 11-5 는 라디오 광고의 종류를 요약하였다.

표 11-5 라디오 광고의 종류

<table>
<tr><th>광고명</th><th>시간유형</th><th>제한규정</th><th>내 용</th></tr>
<tr><td>SPOT광고</td><td>20초</td><td rowspan="3">• 방송프로그램 편성시간의 최대 18/100 초과 금지
• 채널별로 1일 동안 방송되는 방송프로그램 편성시간당 방송광고시간의 비율의 평균이 15/100 이하</td><td>방송프로그램과 프로그램 사이의 광고</td></tr>
<tr><td>Program광고</td><td>20초</td><td>프로그램 전후에 집행되는 광고</td></tr>
<tr><td>특집광고</td><td>20초</td><td>정규 프로그램 이외에 비정규 프로그램으로 편성된 특집 프로그램에 집행되는 광고</td></tr>
<tr><td>연간스포츠광고</td><td>편성시 정해짐</td><td>• 편성 시 정해짐</td><td>스포츠 중계에 집행되는 광고</td></tr>
<tr><td>시보광고</td><td>10초</td><td>• 매 시간 2회
• 매회 10초 이내</td><td>방송시간 고지 시 집행되는 광고</td></tr>
<tr><td>협찬광고</td><td></td><td>• 회사명만 고지됨</td><td>협찬사실만 고지함</td></tr>
</table>

2) 라디오광고의 시급구분과 요금체계

라디오광고 역시 TV광고와 마찬가지로 탄력적인 판매제도가 적용되고 있다. 라디오 광고 역시 TV광고와 마찬가지로 청취자가 즐겨 청취하는 시간 순으로 등급을 정하여

표 11-6 KBS-제2FM(쿨FM) 라디오 편성표/시급구분/광고단가(2020년 4월 기준)

KBS-쿨FM 89.1MHz

(단위: 원, 20초 기준)

급	시	분	월 · 화 · 수 · 목 · 금 · 토 · 일	실방송단가
C	5		박소현의상쾌한아침	17,000
B	6		조정현의굿모닝팝스 ♥	72,000 (137,000)
A	7–8	1부–4부	조우종의FM대행진	165,400
A	9–10	1부–4부	이현우의음악앨범	152,400
A	11	1부–2부	박명수의라디오쇼 ♥	127,000 (110,000)
A	PM 12–1	1부–4부	정오지의가요광장 ♥	127,000 (110,000)
A	2–3	1부–4부	황정민의뮤직쇼	127,000
B	4–5	1부–4부	윤정수남창희의미스터라디오	72,000
A	6–7	1부–4부	사랑하기좋은날,이금희입니다	152,400
A	8	1부–2부	강한나의볼륨을높여요	104,000
B	9	3부–4부	강한나의볼륨을높여요	72,000
B	10–11	1부–2부	박원의키스더라디오	63,000
C	AM 0–1	1부–2부	설레는밤,이해상입니다	17,000
C	2		심야식당	17,000
C	3–4	1부–2부	윤정수남창희의미스터라디오(재)	17,000

♥ 2R 교차송출 ( )안은 2R 단가 **광고문의** KOBACO 영업1국 미디어솔루션팀 02)731-7232

쿨FM 기본편성표
수도권 : 89.1MHz

토막광고(20초, 1회단가)

AA급	BA급	CA급
82,700	43,600	20,200

시보광고(10초, 1회단가)

AA급	BA급	CA급
49,600	26,200	12,100

83

광고요금을 책정하고 있다. 라디오광고의 시급은 평일과 주말 구분 없이 단일형태로 운영되며, A, B, C 세 종류의 시급이 있다. **표 11-6** 에는 라디오광고의 요금 및 편성표를 KBS-제2FM 방송의 예를 들어 제시하였다.

3) 라디오광고의 특징

최초의 방송매체인 라디오는 그동안 TV와의 경쟁에서 열세에 놓여 있었으나 서서히 활력을 되찾아가고 있다. 이는 소비자들이 오너드라이버 시대를 맞아 차 안에서 많은 시간을 소비하고 고정적인 시간에 라디오를 청취하는 경향을 보이기 때문인데, 새롭게 인식되고 있는 라디오광고의 특징은 다음과 같다.

첫째, 라디오는 TV보다 청취자의 선별성이 높은 편에 속한다. 라디오는 프로그램별로 청중이 차별화되어 있어 표적소비자에 대한 선별성이 높은 편이다(TV광고와 비교할 때임). 예를 들어, 특정 종교의 소비자층을 표적으로 하는 광고의 경우 종교방송의 프로그램들이, 자동차를 소유하고 있는 소비자층을 표적시장으로 하는 광고의 경우 교통방송이 바람직한 대안으로 고려될 수 있다.

둘째, 청중의 분포측면에서 보면 라디오광고는 제한된 청취자 집단에게 노출되는 단점을 갖는다. 방송국별 커버리지도 대부분 60% 미만으로 낮은 편이다. 반면 라디오 프로그램은 고정적인 청취자집단을 갖는 장점이 있다. 특히 월터 톰슨사의 사장은 라디오의 반복노출 효과가 크다고 강조하고 있다. 소비자들이 라디오를 '개인적인 세계' 또는 '친구들과의 의사소통'을 위한 수단으로 간주하는 경향이 있다는 것이다. 예를 들어, 출퇴근 시간의 운전자는 출근 시 교통안내 프로그램을 친구처럼 생각할 것이다. 마찬가지로 '별이 빛나는 밤에'와 같은 장수 프로그램의 청취자는 이 방송을 들으며 자신만의 세계를 상상할지도 모른다. 그리고 이러한 프로그램들은 고정적인 청취자를 확보하고 있어 광고방영시 반복노출 효과를 기대할 수 있다.

셋째, 라디오광고는 청각효과만을 이용하여 아이디어를 표현해야 하는 한계를 갖는다. 그러나 이러한 한계는 여러 가지 아이디어에 의해 보완될 수 있다. 예를 들어, 광고주는 소비자의 상상력을 자극하는 표현을 시도할 수 있다. 예를 들어, 자폐아동협회가 마련한 라디오광고는 음향효과(그릇이 깨지는 소리, 아이의 울부짖음에 가까운 비명소리 등)를 이용하여 청취자로 하여금 자폐아동들의 모습을 자연스럽게 떠올리게 하였다. 또한 TV광고에서 사용된 CM송이나 청각적인 요소를 라디오 광고에 사용하여 TV광고의 이미지를 라디오광고에 전이시키는 방안도 고려될 수 있다. '손이 가요, 손이 가, 새우깡에 손이 가요'로 시작하는 새우깡 광고는 CM송처럼 우리의 귀에 익숙해져 있다. 소비자들은 라디오 광고를 들으면서 TV광고에서 본 영상 이미지를 쉽게 떠올릴 수 있다.

넷째, 라디오는 TV와 마찬가지로 짧은 시간동안에 메시지를 전달해야 하고, 경쟁사 제품의 광고에 따른 방해현상도 존재하고 있다.

마지막으로 라디오광고는 매체집행에 따른 비용과 제작 및 집행에 따른 제약조건 측면에서 매우 효율적인 매체로 평가된다. 라디오광고의 제작비용은 일반적으로 4대 매체 중 가장 저렴한 편이며, 프로그램에 대한 매체사용료도 매우 낮은 수준이다. 표 11-7 은 라디오의 장단점을 요약한 것이다.

표 11-7 라디오광고의 장단점

장점	• 제작비용과 매체비용이 가장 저렴함 • 시청자별 세분화가 가능함 • 원할 때 광고를 방영하고 중단하기 용이함 • 청취자에 대한 반복 도달효과 가능성이 높음
단점	• 시각적 효과를 사용할 수 없음 • 노출되는 청중의 숫자가 적음 • 라디오 청취율 자료가 불충분함 • 소비자의 관심을 끌기가 TV보다 어려움

(3) 신문

90년대 한국 신문시장은 여러모로 많은 변화를 겪었다. 특히 뉴미디어가 증가하면서 신문의 비중은 점점 줄어들고 있고, 최근 경기침체에 따라 신문의 지면이 축소되는 경향이 있다. 그러한 시장변화를 주도한 요인들 중에 하나는 다름 아닌 20대와 30대 초반 수용자들의 라이프스타일의 변화와 신문매체에 대한 태도 변화이다. 급격한 사회, 경제, 문화적 변화와 매체환경의 변화를 겪고 있는 20~30대 초반 독자들은 40~50대 인구에 비해 놀랄 정도로 변화에 민감한 수용자들이다. 이 연령대의 관심에서 멀어지면서 신문사 경영이 어려워질 정도로 20대와 30대 초반 수용자들은 신문사의 장래를 거머쥐고 있어 디지털 영상세대를 대변하는 젊은 수용자들의 중요성은 아무리 강조해도 부족하지 않다. 이러한 변화에 맞춰 각 신문사들은 뉴미디어에 근거한 비즈니스 모델에 심혈을 기울이고 있다. 이러한 신문매체의 위기에도 불구하고 사람들에게 특정 정보의 가치를 판단해주고 이에 대한 평가를 제공해주는 신문의 역할과 위상은 쉽게 줄어들지 않을 것이다. 신문이 뉴스를 전달해주는 수단 또는 독자가 뉴스를 받아보는 방식에 있어서는 변화가 있을 수 있겠지만 신문 역할의 가치는 앞으로도 크게 변하지 않을 것이다. 따라서 전통적 매체로서의 신문의 역할 또한 중요하다고 볼 수 있다.

1) 신문매체의 종류

우리나라의 신문매체는 크게 중앙지, 지방지, 경제지, 스포츠지, 영자지, 소년지 및 기타로 구분되고 있는데, 표 11-8 은 부분별 주요 신문매체를 요약하였다.

표 11-8 국내 주요 신문매체

매체의 유형	매 체 명
일 간 지	조선일보, 중앙일보, 동아일보, 국민일보, 한겨레, 문화일보 등
경 제 지	매일경제, 한국경제, 서울경제, 헤럴드경제 등
스포츠지	스포츠서울, 스포츠조선, 스포츠투데이, 일간스포츠 등
지 방 지	부산, 매일, 광주, 대전, 전북, 경남, 충청, 강원, 경인 등
소 년 지	어린이동아, 소년조선, 소년한국일보
영 자 지	JoongAng Daily, Korea Hearald, Korea Times
무 가 지	메트로 등

한편 인터넷의 등장과 함께 대부분의 신문사들은 자체 미디어 사이트를 운영하고 있다. 인터넷 사용의 확산에 따라 이러한 온라인 신문 미디어는 소비자들이 뉴스를 접하는 가장 보편적인 통로로서 영향력을 확대하고 있으며, 광고수요 또한 온라인, 모바일 매체에 집중되고 있다. 특히 스마트폰 사용률이 증가하면서 대중교통 이용객들의 무료함을 달래주던 무가지에 대한 수요가 급격히 감소했고, 이에 따라 '데일리줌', '대학내일'을 비롯한 대부분의 무가지가 인터넷 신문으로 전환하거나 폐간되었으며, 지하철 무가지 '메트로'만 남아 명맥을 유지하고 있다.

2) 신문광고의 종류와 요금체계

신문광고의 공간은 단과 가로의 cm를 기준으로 정해지는데, 1단은 세로 3.4cm이고 가로는 1cm가 기준이 된다. 즉, 신문에서 찾아볼 수 있는 가장 작은 광고지면은 가로 1cm, 세로 3.4cm이다. 단은 일반적으로 5단, 7단, 8단, 10단, 15단 식으로 구분되며,

가로는 매우 융통성 있게 운영된다. 광고가 실리는 위치에 따라 광고면 광고, 기사 중 돌출광고, 변형광고로 구분된다. 광고면 광고는 신문 하단에 지정된 광고이며, 돌출광고는 제호 밑이나 만화 밑, 바둑면, 증권면 및 일반면(1면의 소설면, 사회면) 등에 돌출되는 형태로 신문사마다 다양하게 집행되고 있다. 변형광고로는 가운데 면에 양면으로 집행되는 브릿지 광고, 한 면을 모두 광고지면으로 사용하는 전단 광고 등이 있다.

한편 신문광고의 단가는 1단 1cm를 기준으로 설정되고 있다. 신문의 단가는 지면, 색도 및 광고종류에 따라 다양하게 책정되어 있다. 지면으로 보면 1면이 신문단가가 가장 높고 사회면 뒷면, 제2사회면, 2~3면, 스포츠면 순으로 낮게 책정되어 있다. 광고종류로 보면 성명서, 부고, 사과문, 법정공고의 신문단가가 가장 비싸고, 다음이 일반 공고이며, 영업 광고가 가장 저렴한 편이다.

3) 신문의 특징

신문은 우리나라 매체별 광고비용 중 높은 비중을 차지해 왔으나, 인터넷과 같은 뉴미디어가 등장하면서 신문의 비중은 지속적으로 감소하고 있다. 뉴미디어에 의해 그 영향력을 감소되고 있지만 구독자들은 아직도 신문을 가장 신뢰할 만하고 유익한 정보원천으로 간주하고 있어 신문을 읽는 것은 하루생활에서 빠질 수 없는 일부가 되고 있다. 이하에서는 신문광고의 특징을 살펴보기로 한다.

첫째, 신문은 구독자의 선별성이 낮은 편이다. 이는 시사뉴스에 대한 관심도가 연령대별, 성별 차이에 관계없이 높게 나타나기 때문이다. 그런데 최근에는 10대를 포함한 전 연령대에서 뉴스 및 시사정보를 입수하는 통로로서 종이 신문의 영향력이 크게 감소하는 반면, 포털 및 인터넷 신문 이용률이 급격히 부상하고 있다. 특히, 특정 지역에만 판매하는 지방지의 경우, 지역민들에 맞춤된 유용한 정보를 제공함에도 불구하고, 대부분 종이매체의 형태로 소비되고 있어 신규독자를 유인하는 데 큰 어려움을 겪고 있다. 따라서 디지털 문화의 확산에 따른 뉴스 소비방식의 변화를 포착하고 이에 적응하려는 노력이 필요할 것이다.

둘째, 신문광고는 짧은 시간에 광범위한 도달범위를 얻을 수 있다는 장점을 갖는다. 이미 인지도가 높은 브랜드의 경우 기억과 태도를 효율적으로 강화한다. 또한 상대적으로 많은 정보를 제공할 수 있어서 구매를 위한 정보를 찾는 소비자에게는 중요한 정보

대한민국 신문구독률 ※2018년부터 가구 가중치 적용

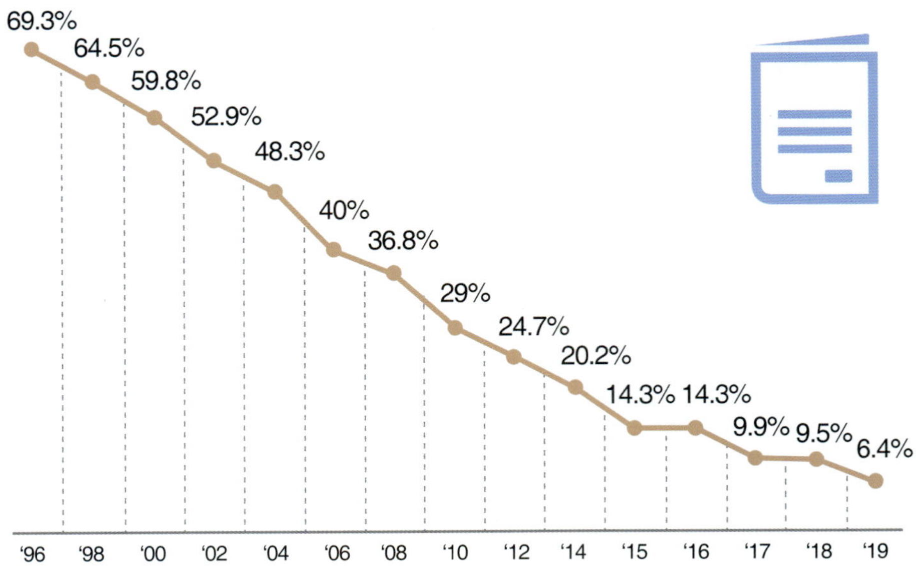

출처: 한국언론연감 및 한국언론진흥재단 '2019 언론수용자 조사'

디지털 문화의 확산에 따른 신문구독률의 변화

원천이 된다. 따라서 신문광고를 할 때는 그 목적이 브랜드를 좋아하는 소비자의 태도를 강화하고자 하는 것인지, 다양한 소비자를 도달하기 위한 것인지, 또는 정보 추구하는 소비자에게 정보를 제공하기 위한 것인지를 분명히 해야 한다.

셋째, 신문은 시각적 효과만을 이용해야 하는 단점을 갖는다. 예를 들어 광고의 주요 아이디어가 실연(demonstration)을 통하여 표현되는 경우 신문광고는 연속동작을 보여주는 데 한계가 있어 좋은 효과를 기대하기 어렵다. 또한 신문은 광고물의 질적 수준을 통제하기 어려운 단점도 있다. 신문광고는 칼라 광고를 위한 지면이 한정되어 있고, 칼라를 이용할 경우에도 색상의 선명도를 유지하기가 쉽지 않다.

넷째, 일간지의 광고수명은 TV나 라디오에 비해 훨씬 긴 장점이 있다. 즉 소비자는 필요에 따라 오전에 보았던 광고를 오후에 다시 볼 수 있는 것이다. 따라서 신문광고는 자세한 제품정보를 소비자에게 전달할 수 있는 강점이 있다. 자동차, 가전제품, 의류 등과 같은 제품은 이러한 신문광고의 장점을 효과적으로 활용할 수 있다.

마지막으로 신문광고는 광고 제작 및 집행에 따른 제약조건이 적은 편이다. 신문광고

는 빠른 시간 내에 광고제작을 완료할 수 있으며 신문이 제작되기 바로 전에도 상황에 따라 신문광고 지면이 확보될 수 있다. 표 11-9 는 신문광고의 장단점을 요약하였다.

표 11-9 신문광고의 장단점

장점	• 도달범위가 넓음 → 1인당 도달비용이 비교적 저렴함 • 제작기간이 짧고 게재절차가 간단함 • 지역적 선별성이 높음 • 독자의 관여도와 메시지 수용가능성이 높음 • 수명이 방송광고에 비하여 김
단점	• 제작물의 질적 수준을 통제하기 어려움 • 수명이 잡지광고에 비하여 짧음 • 인구통계적인 측면에서의 선별성이 낮음

(4) 잡지

한국의 잡지는 최근 질적 및 양적으로 괄목할 만한 성장을 보이고 있다. 1980년 7월 언론 통폐합에 의해 월간중앙, 뿌리깊은 나무, 창작과 비평, 문학과 지성 등의 정기간행물 194종이 동시에 폐간되어 위축되었던 잡지업계가 6.29선언 이후 언론자유화의 바람을 타고 창복간되었고, 전문잡지의 수요가 늘어남에 따라 잡지매체에 많은 변화가 일어나기 시작하였다. 이러한 추세는 두 가지로 요약될 수 있다. 첫째, 잡지는 점차 전문화되고 있다. 시사, 경제, 여성생활, 전문분야, 생활문화, 레저, IT(CD롬 잡지, 전자잡지, 통신잡지 등) 등을 주 분야로 자리매김한 신생잡지들은 시장에서 성공적으로 기반을 잡아가고 있다. 둘째, 잡지는 구독자 층의 세분화를 시도하고 있다. 잡지들은 연령별, 관심영역별, 성별로 차별화된 구독자 층의 확보에 주력하고 있으며, 고품격 여성지 및 귀족형 잡지도 등장하고 있다.

최근 디지털 기술의 발전과 소비자들의 라이프스타일의 변화로 인해 미디어 산업은 급격한 구조변화를 맞이하고 있다. 이러한 미디어 환경 속에서 잡지는 새로운 정보 제공의 중심적인 역할에서 점점 그 입지가 줄어들고 있다. 이와 같은 추세는 잡지 열독률의 변화를 통해서도 파악할 수 있다. 2007년 이후 여성들의 잡지 열독률(최근 6개월간 한 번이라도 월간지를 본 비율)은 꾸준히 감소하고 있는 추세이다. 이러한 추세에 대응하기 위

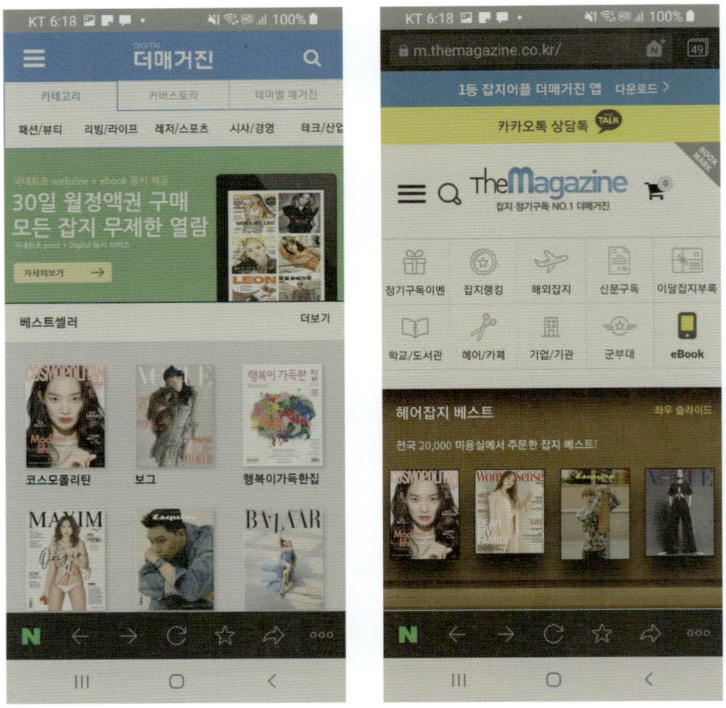

최근 스마트 환경에 적응하기 위한, 스마트미디어용 잡지 어플리케이션

해 많은 잡지사들은 새로운 미디어 환경에 대응하고자 노력하고 있다. 실제로 스마트 환경에 대응한 새로운 잡지광고기법들이 시도되고 있는데, 대표적으로 QR(Quick Response)코드 및 스마트폰을 활용한 광고는 많은 반향을 일으킨 바 있다. 또한 아이패드나 갤럭시탭 등 스마트미디어용 잡지 어플리케이션은 잡지판매 측면과 잡지광고비 증가 측면에서 잡지산업의 새로운 성장을 추동할 수 있는 원동력으로 기대를 받고 있다. 실제로 현재 대부분의 잡지사가 종이잡지와 더불어 전자책(ebook), 웹매거진(webzine) 형식의 디지털 잡지를 출간하고 있는데, 더 매거진, 애플의 뉴스플러스 등 국내외 디지털 광고 플랫폼에서는 월정액 무제한 구독 서비스를 제공하며 신규고객을 유치하고 잡지시장의 저변을 넓히는 데 일조하고 있다.

1) 잡지광고의 종류와 요금체계

잡지광고의 종류는 비교적 간단하다. 잡지의 한쪽 면에만 광고를 나가는 경우 왼쪽 면에 게재하는 좌수광고, 오른쪽 면에 게재하는 우수광고, 광고가 나가는 쪽의 옆쪽에 기사가 나가는 기사대면좌수광고 또는 기사대면우수광고가 있다. 그리고 광고가 두 쪽으로 이어져 나가는 두 쪽 폴더, 그 중 한 쪽이 세로로 접히는 두 쪽 변형폴더, 연속되는 여러 쪽에 한 회사의 여러 가지 상표를 게재하는 카탈로그형 광고가 있다.

신문매체의 광고요금은 면, 색상, 광고내용에 따라 달라지지만, 잡지매체의 광고물은 대부분 칼라이며 광고내용과 관계없이 광고물의 게재면에 따라 요금이 차등적으로 적용된다. 잡지광고의 게재면은 크게 다섯 가지로 구분될 수 있는데, 표2면, 표2대면, 표3면, 표4면 및 내지이다. 잡지의 표지 바로 다음 장을 표2면이라고 하고, 표2면과 마주보는 면을 표2대면, 잡지 맨 마지막 장의 뒷표 지면을 표4면, 뒷표 지면의 앞면을 표3면이라고 한다. 표2면, 표2대면, 표3면 및 표4면을 제외한 광고물 게재면을 내지라고 부른다. 면 위치에 따라 광고에 대한 주목지수도 달라지는데, 광고위치별 주목지수에 따라 광고요금도 대체로 표4면, 표2면, 표2대면, 표 3면, 내지 등의 순서로 책정된다.

2) 잡지의 특징

정보수집 및 오락 욕구를 충족시키는 매체로 자리매김하고 있는 잡지의 일반적인 특징은 다음과 같다.

첫째, 잡지는 소비자의 선별성이 매우 높은 편이다. 잡지는 지역에 따라 또는 표적 구

고급스러운 잡지 이미지와 스마트폰 기기를 활용한 인터액티브 광고(2014 Lexus ES 잡지 광고)

YouTube https://youtu.be/gzd95Bajdbc

제 목 LEXUS ES 인터렉티브 잡지 광고

검색어 mobile interactive ad

독자층에 따라 전문화·세분화가 이루어져 있기 때문이다.

둘째, 잡지의 소비자 도달범위는 제한되어 있다. 잡지의 구독자 수는 다른 매체에 비하여 적은 편이고 그에 따라 일인당 메시지 도달비용은 높은 편이다. 따라서 광고 메시지의 도달범위를 높여야 하는 경우 잡지광고는 적절하지 않은 매체이다.

셋째, 잡지는 아이디어표현을 위해 시각적인 요소만을 사용할 수 있다. 그러나 신문에 비해 색상의 선명도를 높임으로써 제작물의 품격을 유지할 수 있어 보다 창의적인 아이디어의 활용이 가능하다. 예를 들어, 연속적인 광고지면을 구입하거나 티저광고(teaser ad: 시리즈 형식으로 광고를 집행하여 우선 관심을 유도한 다음 제품에 대한 정보를 제공하는 형태의 광고), **팝업광고**(pop-up ad: 구독자가 잡지면을 펼치면 자동적으로 특정 지면의 광고물이 펼쳐지는 형태로 소비자의 시선을 확보하는 광고)를 이용하여 구독자의 주의를 환기시킬 수 있다. 또한 광고에 대한 주목률을 높이기 위하여 기사가 나가는 다른 쪽에 광고물이 게재되는 기사대면광고 등도 고려될 수 있다. 최근에는 잡지광고의 높은 시각적 디자인을 최대한 활용하기 위하여 스마트폰과 결합하여 인터액티브 광고를 진행하기도 한다. 특히 전자책(ebook) 형식의 디지털 잡지의 경우에는 기존 지면 광고의 한계를 넘어 동영상, QR코드 등 다양한 형식의 광고를 통해 직관적이고 재미있는 소비자 경험을 선사하고 있다.

넷째, 잡지의 수명은 상대적으로 긴 편이다. 독자는 언제든지 광고를 다시 볼 수 있는 장점이 있는 것이다. 광고가 집행된 다음 다시 그 광고를 볼 수 있는 기회가 없는 TV나 라디오의 경우나 수명이 하루 정도 지속되는 신문광고에 비해 잡지는 매체의 수명에서 경쟁우위를 갖는다. 또한, 잡지는 경쟁광고물에 의한 소비자의 주의분산현상이 가장 높게 나타난다. 잡지사는 일반적으로 광고물을 최대한 확보하여 이들을 연속적으로 게재

표 11-10 잡지광고의 장단점

구분	내용
장점	• 지역적 측면과 인구통계적인 측면에서 소비자 선별성이 높은 편임 • 제작기간이 짧고 게재절차가 간단함 • 광고 수명이 긴 편임 • 제작물의 색상선명도를 확보할 수 있음 • 독자의 광고에 대한 관여도가 비교적 높은 편임
단점	• 도달범위가 낮음 • 광고물이 많이 게재됨으로 인해 주의를 끌기가 어려움 • 일인당 매체 비용이 높은 편임 → 독자 수에 비하여 광고비가 높은 편임

하는 방식으로 잡지를 편성하기 때문이다. 이에 따라 잡지는 독자의 시선을 확보하기 위한 창의적인 아이디어가 절실하게 요구되는 매체이다. 표 11-10 은 잡지광고의 장단점을 제시하였다.

2 옥외광고와 뉴미디어

지금까지 전통적인 4대 광고매체에 대하여 살펴보았다. 본 절에서는 옥외광고와 뉴미디어를 살펴보도록 한다.

(1) 옥외광고

옥외광고는 'Out of Home Media' 혹은 'Outdoor Media'의 우리말로 일정한 장소에서 게재되는 광고물이다. 역사적으로 옥외광고는 광고매체의 가장 오래된 유형이라고 할 수 있다. 이하에서는 옥외광고의 종류와 특징을 설명하기로 한다.

1) 옥외광고의 종류

옥외광고는 광고가 게재되는 장소에 따라 옥상광고(빌보드 광고), 교통광고, 경기장광고 및 기타광고로 구분되는데, 표 11-11 은 옥외광고의 종류를 간략히 소개하였다. 이하에서는 이들 옥외광고의 특징을 설명하기로 한다.

표 11-11 옥외광고의 종류

구분	종류
옥상광고	옥상광고, 네온사인광고, 빌보드광고, 전광판광고
교통광고	지하철광고, 버스광고, 철도광고, 고속도로광고, 공항광고
경기장광고	에어보드광고, 펜스광고
기타광고	극장광고, 비행선광고, 공중전화 부스광고, 휴지통광고

첫째, 옥상광고는 일반적으로 옥외의 고정시설물에 부착된 광고로 건물의 옥상에 부착된 광고, 길거리에서 흔히 볼 수 있는 네온사인 광고, 선명한 화질로 대형 TV를 보는 듯한 느낌을 주는 전광판 광고가 있다. 네온사인 광고는 통행인과 광고물과의 거리를 감안하여 기업 및 브랜드 로고 등이 주로 부착되고 있으며, 빌보드 역시 기업로고 부착이 많으나 최근 신소재 개발로 제품에 대한 다양한 아이디어 표현이 증가하고 있는 추세이다. 예를 들어, 전광판은 비교적 화질이 선명하여 기업로고 뿐만 아니라 캐치프레이즈 등 다양한 형태의 표현이 가능하다.

둘째, 교통광고는 교통수단을 기준으로 지하철 광고, 버스광고, 철도광고, 고속도로광고, 공항광고로 구분되고, 각각의 교통광고는 다시 차내 광고, 차외광고 및 역사나 터미널에 설치되는 시설물 이용광고로 구분될 수 있다. 지하철 및 버스와 같이 교통수단의 내외부에 광고물이 게재되는 교통광고는 광고물에 대한 노출시간이 길다는 장점이 있고 그에 따라 승객들의 비자발적인 메시지 노출효과를 기대할 수 있다. 예를 들어, 지하철 내의 승객들은 차량 내부에 머무는 동안 적어도 한 번 이상은 자연스럽게 광고메시지에 시선이 가게 될 것이다. 스위스 초콜릿 토블론은 한국 지하철에 기발한 광고로 주목을 끈 바 있다. 이 광고는 다양한 SNS 매체에서 공유됨으로써 처음 기대했던 광고효과보다 더 큰 효과를 얻었다. 이를 시작으로 단순한 전단지 형식을 넘어 보다 창의적인 아이디어를 적용한 다양한 형식의 옥외광고가 등장하고 있다. 버거킹의 서브웨이 그릴 셸프(subway grill shelf) 옥외광고가 대표적이다. 버거킹은 지하철 선반과 그릴의 모양이 유사한 점에 착안하여 직화 방식(flame-grilled)으로 조리해 불맛을 자랑하는 버

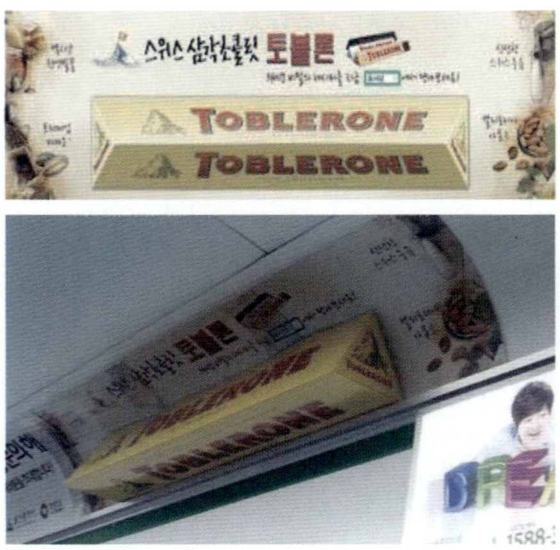

스위스 초콜릿 토블론의 지하철 교통광고

버거킹 서브웨이 그릴 지하철 교통광고

거킹만의 100% 순 쇠고기 와퍼 패티의 특색을 재미있게 전달해 큰 관심을 모았다. 요리사가 그릴 위에 놓인 와퍼 패티를 직화로 조리하고 있는 듯한 모습을 지하철 천장에 생생하게 연출해, 일상적인 공간에서 브랜드의 차별성을 쉽고 친근하게 체험할 수 있도록 한 것이다.

셋째, 경기장 광고는 스포츠 경기가 벌어지는 장소에서 게재되는 광고로 에어보드와 펜스 광고가 있다.

마지막으로 기타 광고는 극장에서 제공되는 극장광고, 비행선에 부착된 비행선 광고, 공중전화 부스에 부착된 광고, 휴지통에 부착된 광고 등 다양한 유형이 있다. 극장에서 상영되는 광고는 소비자들로부터 광고에 대한 높은 집중을 기대할 수 있다. 대부분의 소비자들은 대체로 기분이 좋은 상태에서 광고를 접하게 되며 극장의 여건 때문에 광고에 집중할 수밖에 없다.

옥외광고는 위에서 설명한 유형 외에도 새로운 유형이 계속 개발되고 있는데, 〈광고 Highlight〉는 최근 TV, 컴퓨터, 모바일에 이어 제 4의 미디어로 주목받고 있는 디지털 사이니지(digital signage) 옥외광고의 개념과 그 활용사례를 소개하였다.

2) 옥외광고의 특징

옥외광고는 24시간 광고물의 게재가 가능할 뿐만 아니라 설치되는 장소에 따라 주목률을 높일 수 있는 매체로 평가된다. 미국 옥외광고협회는 옥외광고에 있어서 '짧은 문구', '큰 일러스트레이션', '강한 카피', 그리고 '명료한 제품의 제시'를 강조하고 있다. 광고주는 옥외광고의 장소를 선정할 때 위치, 유동인구의 특성, 교통량, 도로상황, 광고물이 게재되는 높이와 각도 등 여러 가지 요인을 복합적으로 고려해야 한다. 이러한 옥외광고물의 특징을 간략히 요약하면 다음과 같다.

첫째, 옥외광고는 고정된 위치에 설치되기 때문에 지속적이고 반복적인 노출이 가능하다. 예를 들어, 서울 광화문에 위치하고 있는 동아일보사 사옥에 설치된 전광판 광고를 생각해 보자. 이 지역 통행자의 출퇴근 시간에 전광판 광고가 방영되면 이 광고는 고정적인 출퇴근자들에게 반복적으로 노출될 가능성이 매우 높다.

둘째, 옥외광고는 전통적으로 지역적 선별성은 높으나, 인구 통계적 선별성은 낮다. 이에 따라 옥외광고는 지역밀착형 광고로 특정지역 공략을 위해 유용하게 사용될 수 있는 반면, 인구 통계적으로 세분화된 소비자층에게 소구하는 제품광고에는 적절하지 않다고 평가되어 왔다. 그런데 최근에는 오픈 API 기술, 증강현실(AR) 기술, 카메라 등 발전한 디지털 기술을 활용해 날씨, 시간, 미세먼지, 차종, 차량 속도 등에 따라 개별 맞춤형 메시지를 전달할 수 있는 디지털 스크린 옥외광고가 등장해 이러한 한계를 극복할 대안으로서 주목받고 있다. 실제로, 온라인 쇼핑 플랫폼 11번가에서는 올림픽대로에 디지털 고속도로 옥외광고(digital highway billboard)를 설치하고 차량인식기술을 활용해 택배차량을 특정하고 해당 차량이 지나갈 때 맞춤형 응원 메시지를 전달하는 광고 캠페인을 진행해 좋은 반응을 얻었다.

셋째, 새로운 소재 및 기술의 발달로 크리에이티브 측면에서 최대의 효과를 기대할 수 있고, 좋은 위치와 크기를 확보하면 소비자의 주목을 끌기에 적합하다.

넷째, 옥외광고는 초기의 설비투자비용이 비교적 큰 편이다. 옥외광고 비용의 대부분은 초기에 장소 사용과 광고물 제작에서 발생하는데, 이러한 초기 비용은 광고주에게 부담으로 작용할 수 있다. 그러나 옥외광고는 일단 설치되면 오랜 기간 사용이 가능하고 추가비용 부담은 적기 때문에 일정 기간의 평균 비용은 비교적 작은 편이다.

다섯째, 옥외광고는 많은 정보를 제공하기 어렵다. 옥외광고는 소비자들이 옥외광고물이 있는 지점을 지나가는 순간 메시지를 전달해야 한다. 따라서 로고, 심벌마크, 상표이름 등 간단한 메시지가 주로 표현된다.

마지막으로 옥외광고는 그 효과에 대한 객관적인 자료를 수집하기 어렵다. 거리에 설치한 옥외광고물의 효과는 그 거리를 통과하는 통행인의 수를 추정하여야 하고 통행인의 주목도를 파악하여야 하는데 이에 대한 정확한 객관적인 자료의 별로 없는 실정이다. 표 11-12 는 옥외광고의 장단점들을 정리한 것이다.

표 11-12 옥외광고의 장단점

장 점	단 점
• 노출효과와 주목률이 높음 • 고정고객의 반복노출을 기대할 수 있음 • 기업 로고, 심벌, 상표이름 등 단순메시지 전달에 적합함 • 새로운 매체로 주목률을 높이고 화제를 유발할 수 있음 • 지속적으로 광고할 수 있음 • 일정기간 동안의 평균 광고비용은 저렴함	• 법적/공간적 제한이 많아 좋은 위치를 확보하기 어려움 • 초기투자비용이 높음 • 정확한 광고효과 측정이 어려움 • 설명적인 광고표현이 어려움 • 광고면 수정 시 비용지출이 많음 • 주위경관에 따라 효과차이가 많음

광고 Highlight

디지털 사이니지: 디지털 광고의 총아로 부상한 옥외광고

2054년을 배경으로 한 영화 '마이너리티 리포트'에는 홍채 인식으로 행인의 신원을 파악한 후 그에 맞는 개별 맞춤형 광고를 제공하는 옥외광고판이 등장한다. 예를 들어 30대 남성이 지나갈 때 광고판은 그가 좋아하는 맥주 광고나 관심을 보였던 자동차 광고를 내보낸다. 이러한 맞춤광고를 통해 기업은 광고효과를 극대화할 수 있으며, 소비자는 무분별한 광고 공해에서 벗어나 필요한 정보만 얻을 수 있다. 그야말로 '누이 좋고 매부 좋은' 똑똑한 옥외광고다. 아직까지는 먼 미래의 이야기이지만 요즘 광고시장에서 각광 받고 있는 디지털 사이니지(Digital Signage)를 통해 '마이너리티 리포트'의 장면들을 연상하는 사람들이 많다.

디지털 사이니지는 디지털 기술이 발달하며 등장한 디지털 미디어의 총아다. 1987년 전통적인 옥외광고 영역에서 국내 최초로 옥상 전광판이 구축됐고, 2000년대 초반부터 옥외광고 분야에 디지털 사이니지가 본격적으로 등장했다. 이제, 교통수단을 비롯한 모든 공간에서 옥외광고의 디지털화가 진행되고 있다.

디지털 사이니지란? 디지털 사이니지란 디지털 정보 디스플레이(digital information display, DID)를 이용한 옥외광고로, 관제센터에서 통신망을 통해 광고내용을 제어할 수 있는 광고판을 말한다. 지하철 역사, 버스정류장, 아파트 엘리베이터, 은행 등 유동인구가 많은 곳에서 흔히 볼 수 있다. 현재는 단순히 동영상 형태에 소리를 곁들인 광고를 시간대별로 번갈아 노출하는 형식이 대부분이지만, 향후에는 동작(motion) 인식 기능이나 NFC(근거리무선통신) 기능 등을 이용해 사용자와 쌍방향으로 통신하는 형식으로 점차 옮겨갈 전망이다. TV, 인터넷, 모바일에 이어 제4의 미디어로 주목받고 있다.

영화 '마이너리티 리포트'에 등장한 맞춤형 디지털 사이니지

코엑스 '케이팝 스퀘어'에 설치된
삼성전자 '8K QLED TV'광고

뉴욕 타임스퀘어에 설치된
삼성전자 '갤럭시 언팩'한글 광고

디지털 사이니지의 발전단계 디스플레이 기술에 따라 변화를 거듭해온 디지털 사이니지는 3세대를 거치며 발전해왔다.

제1세대는 단순노출형(one way)으로, 기존의 아날로그 광고판을 디지털 디스플레이 장치로 바꿔, 영상정보만 송출하는 단방향 영상기기에 메시지를 전송하는 데 그쳤다. 이때는 LCD 모니터로 변환된 전광판에 광고메시지, 뉴스정보, 안내영상을 전송하는 데 치중했다.

제2세대는 상호작용형(interactive)으로, 이 시기에 소비자들은 중앙에서 관리하는 터치스크린을 조작해 매체사와 양방향으로 소통했고, 키오스크(kiosk, 무인정보 단말기)를 활용해 실시간으로 정보를 주고받았다.

제3세대는 상황인지형(context aware)이다. 미래형 하드웨어, 통신 서비스, 모바일, 클라우드 등 핵심기술의 융합을 통해 개별 소비자의 상황을 차별적으로 인지하고 맞춤형 광고를 제공하는 융합형 디지털 사이니지가 가능해졌다.

지하철 디지털뷰

레고 디지털박스

코카콜라의 3D 로봇 옥외광고 캠페인

YouTube https://www.youtube.com/watch?v=6e5iNxY76J0

제 목 Coca-Cola is Making a Splash in Time Square
검색어 Coca cola 3d billboard

디지털 사이니지의 대표적 유형 3가지

(1) 아웃도어 디지털 사이니지

현재 가장 흔한 디지털 사이니지의 유형 중 하나는 건물 외벽이나 전광판에 설치된 아웃도어 디지털 사이니지다. 방수 처리된 대형 LCD TV에서 동영상 광고나 실시간 뉴스를 다룬다. 보통 중앙관제센터의 PC와 인터넷으로 연결되어 있으며, 이 PC에서 광고교체 명령을 내리게 된다. 일반 옥외광고처럼 사람이 광고를 일일이 교체할 필요가 없고 보는 재미가 있다는 점에서 의의가 있다.

건물 전체를 하나의 대형 디스플레이로 활용하는 미디어 파사드(media façade)가 대표적인 아웃도어 디지털 사이니지에 해당한다. 미디어 파사드는 건물 외벽에 수천 개에서 수만 개의 LED 조명을 부착해 하나의 대형 전광판을 만들거나, 벽면에 빔 프로젝터로 영상을 투사해 만든다.

아웃도어 디지털 사이니지는 쌍방향 소통과는 거리가 먼 원시적인 형태를 취하는 경우가 대부분이지만, 최근에는 증강현실(AR) 기술, 카메라, 오픈 API 기술 등 발전한 디지털 기술을 기반으로 날씨, 시간, 미세먼지, 차종, 차량 속도 등에 따라 개별 맞춤형 메시지를 전달하는 디지털 고속도로 옥외광고(digital highway billboard)가 등장하여 업계의 주목을 받고 있다.

(2) 인도어(indoor) 디지털 사이니지

대형 쇼핑몰 내벽에 설치하거나 입간판 형태로 만든 작은 디지털 사이니지도 있다. 단순히 아웃도어 디지털 사이니지의 크기를 축소한 버전인 경우가 많지만, 터치스크린 방식의 키오스크(kiosk)를 채택해 사용자와의 적극적인 상호작용을 유도하는 사례도 종종 보인다. 예를 들어 레스토랑 앞에 설치된 제휴카드 할인쿠폰 발급기나, 지하철 관련정보는 물론이고 인터넷전화까지 쓸 수 있는 지하철 '디지털뷰'가 여기에 해당한다. 최근에는 증강현실 기능을 활용한 광고도 활용되고 있는데, 지난 2009년 레고는 미국 내 일부 매장에 설치된 키오스크에 증강현실을 도입해 소비자의 호응을 얻어낸 바 있다. '레고 디지털박스'로 알려진 이 키오스크는 소비자가 레고 박스를 키오스크 상단의 카메라에 비추면 실제 조립된 형태의 레고 모형이 연출됐다.

(3) 시선을 사로잡으며 효과를 극대화하는 '3차원 광고'

다양한 디지털 사이니지가 있지만 대부분 평면화면으로 구성되기에 화려하지 않으면 행인들의 관심도가 낮을 수 있다. 미디어 파사드처럼 건물 전체에 화면을 비춰 화려한 영상을 상영하는 것이 아니라면 대부분 잠깐 지나치고 마는 게 사실이다. 이에 입체적인 광고 이미지를 제공하는 3차원 광고가 소비자의 관심도와 집중도를 제고시킬 수 있는 대안으로 주목받고 있다.

3차원 광고는 주로 3D 디스플레이에 영상을 재생해 눈길을 사로잡거나 증강현실(AR)을 활용하는 형식을 취하고 있는데, 최근에는 특정한 공간에 프로젝터와 카메라 등을 설치하고 사람의 움직임을 인지해 입체적으로 표기하기도 한다. 또한 기술발전으로 편광 안경을 쓰지 않고도 디스플레이 자체에서 3D 재생이 가능해지면서 3차원 광고에 대한 업계의 관심이 더욱 높아지고 있다.

2017년 코카콜라에서 진행한 3D 로봇 옥외광고 캠페인은 3차원 광고의 성공적 사례로 손꼽힌다. 이 캠페인은 기네스북에 '세계에서 가장 큰 3D 로봇 옥외광고' 부문과 '세계 최초의 3D 로봇 옥외광고' 부문에 동시에 등재되며 큰 화제를 모았다. 평면 광고판과 달리 마치 춤을 추는 듯한 3D 로봇 전광판은 맨해튼 거리를 오가던 30여만 명의 소비자들에게 '즐겁고 짜릿한' 다감각(multi-sensory) 체험의 기회를 선사하며 코카콜라 브랜드의 위상을 높였다.

자료원: 신문과 방송, "디지털 사이니지: 디지털 광고의 총아로 부상한 옥외광고[출처] 디지털 사이니지: 디지털 광고의 총아로 부상한 옥외광고," 2019.11.27; IT동아, "[IT강의실] 움직이고 소리나는 옥외광고 - 디지털 사이니지," 2015.08.07.; 코카콜라 저니, "기네스북 등극! 뉴욕 맨해튼의 중심 '타임스퀘어'에 가면, 코카-콜라 OOO을 찾아라!," 2017.12.18.

택배 차량을 특정해 시간대에 따라 맞춤형 메시지를 보여주는 디지털 고속도로 옥외광고

날씨에 따라 맞춤형 광고를 보여주는 디지털 고속도로 옥외광고

(2) 뉴미디어

최근 마케팅 커뮤니케이션의 통로가 되는 미디어 환경이 급격하게 뉴미디어로 진화되고 있다. 뉴미디어는 웹사이트 혹은 여타의 디지털 커뮤니케이션 및 정보채널로서 소비자들이 참여하여 정보를 생성하거나 다른 소비자가 생성한 정보를 재소비하며, 동시에 장소의 제한 없이 활동할 수 있는 곳을 의미한다. 페이스북, 인스타그램, 유튜브, 트위터, 카카오톡 등의 뉴미디어 채널들은 소비자가 시장의 구성원으로서 적극적인 역할을 수행할 수 있게 한다. 이러한 뉴미디어 환경으로의 진전은 IMC의 대상이던 소비자들을 커뮤니케이션 활동의 주체로 변모시키고 있다. 즉 미디어 발달에 따라 소비자들이 시장 프로세스에 직접 참여하는 트렌드를 촉발한 것이다.

1) 인터넷 매체 (Internet Media)

정보기술의 발달은 기업경영에 커다란 변화를 가져다주고 있고, 이런 변화는 기업에게 새로운 시장기회와 위협을 제공해 준다. 마케터는 새로운 정보기술을 최대한 활용하여 빅데이터 마케팅, 개인화 마케팅(individualized marketing) 등을 구현할 수 있게 되었다. 본 절에서는 커뮤니케이션 매체로서 인터넷의 종류와 특징을 소개하기로 한다.

① 인터넷 광고의 종류

인터넷에서 중요하게 사용되는 커뮤니케이션 도구들은 웹사이트, 이메일, 웹사이트에서 게재되는 광고물, 인터넷에서 수행되는 SP와 PR, 온라인 커뮤니티를 통한 커뮤니케이션 등이 있다. 인터넷 광고는 매체로부터 구매하는 형태와 전달하고자 하는 메시지로 구분할 수 있다.

웹사이트 인터넷에서 정보를 전달하는 수단으로 처음 사용된 방법은 웹사이트를 개설하는 것이었다. 이는 기업이 가상공간에서 특정 사이트를 개설하여 기업이나 제품에 관한 정보를 전달하는 형태이다. 웹사이트의 중요한 목적은 기업이 관계하는 구성원들의 방문을 유도하는 것이다. 그래야만 기업은 그들에게 유용한 정보를 제공할 수 있고 그 공간을 통하여 제품을 판매할 수 있는 기회를 갖게 된다. 예를 들어 영화 개봉 전에 해당 영화의 웹사이트를 개설함으로써 영화를 광고하고 있다.

배너광고 초기의 인터넷 광고는 배너(banner)라고 하는 입간판 성격의 광고가 대부분을 차지했다. 배너광고는 웹의 상단부에 위치하여 홈페이지로 사용자들을 끌어 모으는 통로역할을 한다. 배너광고는 메시지가 제시되는 형태에 따라 고정형 배너, 애니메이션형 배너, 인터액티브형(interactive) 배너로 나누어진다. 고정형 배너는 배너광고에서 처음 시도된 양식으로 광고메시지나 그림이 변화되지 않고 동일한 형태로 표현되는 것이고 애니메이션형 배너는 광고메시지나 그림이 변화되면서 움직이는 화면이 보여진다. 고정형 배너나 애니메이션형 배너 형태에 대한 클릭률이 점점 감소되면서 새로운 형태로 인터액티브형 배너가 등장하였다. 이 배너는 사용자에게 클릭 이외의 추가적인 행동을 요구한다. 추가적인 행동의 예는 게임에 참여, 개인정보의 제공, 질문에 대한 응답, 양

안심 케어 캠페인에 맞춰 전개한 LG전자 트롬 배너광고

식의 기입, 파일의 내려받기, 제품구매 등이 있다. 한편, 배너광고가 크기 면에서 축소된 버튼형 광고는 크기가 작기 때문에 웹페이지의 어떤 위치에도 차지할 수 있다는 특징이 있다.

삽입형 광고 삽입형 광고(interstitials)는 사이트의 페이지가 바뀌는 중간에 삽입되는 것으로, 팝업광고(pop-ups) 또는 인터머셜(intermercials)이라고도 불린다. 삽입형 광고는 무조건적인 노출이 가능하여 광고 주목률이 높다는 장점은 있으나 고객측면에서는 시간낭비, 웹사이트의 입장에서는 불필요한 공간 제공이라는 부작용이 발생할 소지가 있다.

동영상 광고 동영상 광고는 기존 배너 광고가 가지고 있는 정적인 단조로움에서 벗어나 역동적인 특성을 반영한다. 동영상 광고는 일반적으로 TV광고를 디지털화하여 보여주는 방식과 인터넷만의 독특한 표현 방식인 플래시 애니메이션으로 제작하는 방식이 존재한다. TV광고를 사용하는 경우 TV매체를 통한 충분한 노출이 달성되지 않은 상태에서 낮은 도달률과 빈도수의 한계를 극복하고자 하는 것이며, 플래시 애니메이션은 화려한 영상기법을 사용하여 압축적인 메시지를 전달하는 형태로 발전하고 있다. 이러한 동영상광고는 불특정 다수를 대상으로 하는 TV광고와는 달리 특정 타겟을 목표로 할 수 있다. 최근에 동영상 콘텐츠를 기반으로 하는 유튜브(Youtube)가 명실상부 대세 미디어로 자리매김하면서 온라인 동영상 광고의 비중 역시 증가하여 TV광고를 제치고 광고 캠페인의 중심축으로 부상하고 있다. 그러나 이와 동시에 콘텐츠 시청을 방해하는

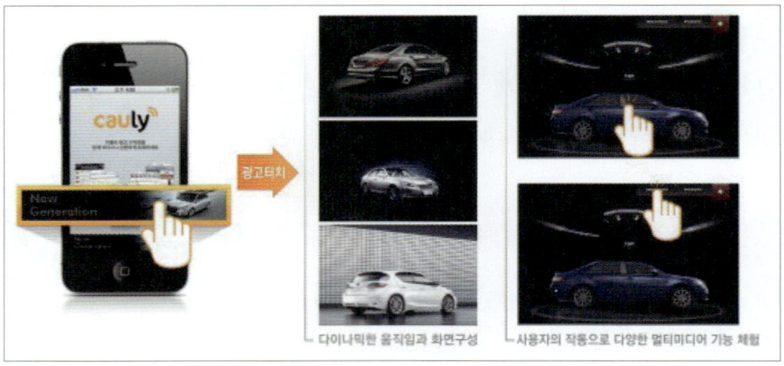

멀티미디어를 활용한 리치미디어 광고

광고를 기피하여 사전에 차단하거나 중간에 스킵(skip)해버리는 소비자들이 증가하면서, 10초 이상 1분 이하의 숏폼(short-form) 동영상 광고가 주목받고 있다.

리치미디어 광고(rich media advertisement) 리치미디어 광고는 단순히 텍스트나 그래픽, 애니메이션을 넘어서 멀티미디어를 이용하여 풍부한 메시지 전달을 할 수 있는 형태의 광고이다. 리치미디어는 리치라는 단어가 의미하듯 배너광고와 연결되어 배너광고를 더욱 풍부하게 표현하는 방법으로 정의되기도 한다. 최근 리치미디어는 자바나 자바스크립트 등과 같은 HTML을 초월한 컴퓨터 프로그래밍 기술과 연계되어 다양한 형태가 제시되고 있다. 일반적인 배너광고의 평균 클릭률보다 리치미디어를 이용한 광고는 4~8배가 많은 비교적 높은 클릭률을 보이고 있다.

co-branded contents 광고 기존의 협찬광고와 동일한 개념으로 다만 그 협찬이 인터넷상에서 이루어질 뿐이다. 즉, 협찬광고란 기업이나 브랜드가 웹사이트의 특정 콘텐츠나 이벤트의 후원자가 되어 기업 및 브랜드의 인지도와 이미지를 제고하기 위하여 제작된 광고물이다. 이러한 종류에는 스폰서십광고, PPL, 기사형 광고(advertorial ad) 등이 있다. 스폰서십은 특정 웹페이지에 협찬하여 기업의 로고나 브랜드명을 명시하는 것으로, 사용자들이 자신이 관심 있는 웹사이트를 찾아다니는 과정에서 콘텐츠의 내용과

웹툰을 활용한 PPL 광고 사례

관련이 있는 곳에 로고나 브랜드를 삽입함으로써, 그것이 마치 콘텐츠의 일부인 것처럼 만들어진 것이다. 스폰서십은 일정한 계약기간 동안 지속되기 때문에 장기적인 홍보를 위한 이미지 구축에 적합하다. PPL광고는 영화나 드라마의 소품에 제품을 협찬하는 것과 동일하게 게임이나 채팅과 같은 특정 콘텐츠 내에 제품을 배열한 것이다. 스마트기기의 대중화에 따라 자투리 시간을 활용해 스낵컬처(snack culture)를 즐기는 문화가 확산되면서 젊은 고객층 사이에 인기가 높은 웹툰 콘텐츠 역시 제품에 대한 정보를 쉽고 재미있게 전달할 수 있을 뿐만 아니라 댓글을 통해 WOM을 유도할 수 있고 콘텐츠의 맥락에 맞는 자연스러운 홍보가 가능하다는 점에서 효과적인 PPL 광고 플랫폼으로 주목받고 있다. 기사형 광고는 관련 업계의 기사 또는 사설 등을 배포하는 웹사이트의 특성을 살려 기업의 제품의 특징을 홍보하는 형태이다.

이메일 광고 이용자들이 인터넷을 접속한 후 가장 먼저 하는 것은 e-mail을 확인하는 작업일 것이다. e-mail은 인터넷상에서 가장 상용화되어 있는 커뮤니케이션 프로그램이다. 기업은 이메일을 이용하여 개별 고객에게 메시지를 보낼 수 있고 메일링 리스트 등을 이용하여 다수의 사용자들에게 메시지를 보낼 수도 있다. e-mail광고는 수신인 개개인에게 특화된 형태로 메시지를 작성하여 전달할 수 있으므로, 메일 수신자의 관심사, 성향에 맞추어 광고의 목표에 적합한 특정고객을 선별하여 메일을 보낼 수 있는 장점이 있다. 반면, 사용자가 메일을 열어보지 않거나 메일을 읽은 후에도 특별한 관심을 보이지 않을 가능성도 있다.

텍스트 광고 텍스트 광고는 웹사이트의 초기 또는 서브 페이지에 20자 내외의 텍스트 형태로 메시지를 전달하는 방법으로서 해당 사이트의 콘텐츠와 유사한 인식을 심어주어 보다 많은 클릭을 유발시킬 수 있다.

② 인터넷 광고의 특징

기업들이 컴퓨터와 통신망으로 형성된 가상공간을 커뮤니케이션 매체로 활용하면서 커뮤니케이션의 개념은 큰 변화를 보이고 있다. PC통신, 인터넷, 또는 정보고속도로(information highway)로 불리는 가상공간에서의 커뮤니케이션은 전통 매체에 비하여 다음과 같은 특징을 갖는다.

첫째, 가상공간에서는 다수 대 다수의 커뮤니케이션이 가능하다. TV, 라디오, 신문, 잡지 등의 대중매체를 통하여 이루어지는 커뮤니케이션은 메시지의 전달자가 다수의 정보수용자에게 일방적으로 정보를 제공하는 것을 전제로 한다. 그러나 가상공간에서는 다양한 통신망이 접속되어 있기 때문에 다수 대 다수의 커뮤니케이션이 가능하다. 기업들은 전자상거래를 하거나, 웹서버를 구축함으로써 기업이 소비자에게 제공할 정보를 가상공간에 설치할 수 있고, 다수의 수신자들은 그들의 욕구에 따라 제공되는 정보를 선택할 수 있게 되었다. 또한 커뮤니케이션 범위도 기업과 기업, 기업과 소비자, 소비자와 소비자 등으로 확장되었다.

둘째, 가상공간에서의 커뮤니케이션은 메시지의 전달자와 수신자간의 상호작용이 가능하다. 소비자는 가상공간에서 기업과 제품에 관한 정보를 취득하거나 구매할 수 있을 뿐만 아니라 기업이나 제품에 대한 그들의 의견이나 평가를 표현할 수 있다. 또한, 메시지의 수신자는 전달자가 제공하는 정보의 양과 속도 등을 조절할 수도 있다.

셋째, 인터넷은 멀티미디어형 방송능력을 갖는다. 여기서 멀티미디어형이란 음성정보만 제공하는 라디오, 문자정보만을 제공하는 인쇄매체, 화상 및 동영상정보를 제공하는 TV가 디지털이라는 새로운 부호의 사용을 통해 서로 결합되어 화상, 음성, 동영상정보가 복합적으로 이용되는 것을 의미한다.

넷째, 인터넷은 정보에 대한 재출판능력을 갖는다. TV나 라디오에서 제공되는 광고는 일회성 정보이므로, 소비자가 그 광고를 다시 보는 것은 불가능했다. 그러나 사이버공간에서 제공되는 정보는 언제든지 원할 때 볼 수 있고 문서자료로도 보관될 수 있는 정보출판능력을 가지고 있다.

다섯째, 인터넷은 대화능력을 갖는다. 정보제공자와 정보수용자가 가상공간을 통하여 접속하게 되면 마치 일대일로 만나서 직접 대화하듯이 커뮤니케이션이 이루어질 수 있다. 또한 가상공간에서는 일대일의 커뮤니케이션이 이루어지면서도 사용자의 익명성이 보장되는 장점이 있다.

표 11-13 인터넷 광고의 장 · 단점

구분	내용
장점	• 시간적 공간적 한계 극복 가능 • 잠재고객의 세분화 • 고객과 일대일 대응 가능 • 멀티미디어 이용 가능 • 광고범위의 제약이 없음 • 광고효과의 신속한 확인이 가능
단점	• 통일된 표준의 미비 • 광고효과 측정 수단이 미흡 • 웹사이트 간의 비교곤란 • 사용자층의 제한

2) 케이블TV

1995년 케이블TV가 개국되면서 그동안 공중파TV 위주의 방송매체 시장구조가 다채널 방송구조로 전환되었다. 2000년대 후반까지만 해도, 케이블TV는 공중파TV에 비해 상대적 영향력이 턱없이 부족했다. 하지만 2010년 이후 슈퍼스타K, 응답하라 1997, 응답하라 1994, 꽃보다 할배 등 케이블TV 프로그램의 경쟁력이 공중파TV에 버금갈 정도로 강력해지면서 케이블TV는 광고매체로서의 중요성이 더해지고 있다. 또한 2011년 12월, 종합편성채널(TV조선, JTBC, MBN, 채널A)이 동시에 개국하였다. 종합편성채널이란 줄여서 종편이라고 부르기도 하며, 뉴스 보도를 비롯하여 드라마 · 교양 · 오락 · 스포츠 등 모든 장르를 편성하여 방송할 수 있는 채널을 말한다. 모든 장르를 편성한다는 점에

4대 종합편성채널
(TV조선, 채널A, MBN, JTBC)

서는 지상파와 차이점이 없으나 케이블TV나 위성TV를 통해서만 송출하기 때문에 여기에 가입한 가구만 시청할 수 있으며, 지상파 TV와 달리 중간광고도 허용되는 차이점이 있다. 표 11-14 에서는 4대 종합편성채널에 대해 설명하고 있다.

표 11-14 4대 종합편성채널

채널명	최대주주	특징
JTBC	중앙일보	1964년 TBC 동양방송 개국(1980년 통폐합) QTV, 카툰네트워크, J Golf 등 케이블채널 보유
TV조선	조선미디어	방송국 운영 경험 없음 TV조선2 등 케이블 채널 보유
채널A	동아미디어 그룹	1963년 라디오 동아방송 개국(1980년 통폐합) 채널A 플러스 등 케이블 채널 보유
MBN	매일경제	케이블TV 출범 당시 보도채널 MBN 개국 MBN플러스, 매일경제TV 등 케이블 채널 보유

이하에서 케이블TV와 공중파TV를 비교하여 보고 케이블TV의 장단점을 살펴보기로 한다.

① 케이블TV와 공중파TV의 비교

케이블TV는 다음과 같은 특징이 있다. 첫째, 케이블TV는 다채널 기능을 갖는다. 공중파TV가 현재 6개의 채널을 갖는 반면 케이블TV는 약 100여 개의 채널을 갖고 있고 채널수는 계속 늘어나고 있다. 둘째, 공중파TV가 불특정 다수의 대중을 상대로 종합적인 프로그램을 편성하지만 케이블TV는 세분화된 시청자를 대상으로 전문적인 프로그램을 편성한다. 셋째, 케이블TV는 공중파TV보다 다채로운 쌍방향 서비스를 제공한다. 표 11-15 은 케이블TV 광고와 공중파TV 광고의 특징을 비교한 것이다. 또한 표 11-16 에서는 공중파TV 광고와 유료방송(케이블TV & 종합편성채널) 광고의 유형에 따른 차이점을 설명한 것이다.

표 11-15 케이블TV 광고와 공중파TV 광고의 특징

구 분	케이블TV 광고의 특징	공중파TV 광고의 특징
표적 시청자	세분화된 시청자	불특정 다수
광고형태	다양한 형태로 운영 가능 (예: 스폰서십 광고, 홈 쇼핑 등)	제한적으로 운영되고 있음
광고길이	수요에 따라 다양한 형태의 운영이 가능함: 30초를 초과하는 인포머셜(informercial)이 가능	광고 유형에 따라 10초, 15초, 20초, 30초 길이로 편성되는 것이 일반적이다.
광고내용	메시지 중심으로 편성됨	임팩트 중심으로 편성됨
광고비용	상대적으로 저렴한 편임	상대적으로 높은 편임

표 11-16 공중파TV 광고와 유료방송 광고의 광고 유형별 차이점

<table>
<tr><th>유형</th><th>공중파TV</th><th>유료방송</th><th>정의</th></tr>
<tr><td>프로그램 광고</td><td rowspan="2">방송프로그램 편성시간의 최대 18/100 초과 금지(단, 지상파TV 프로그램광고는 15/100 초과 금지)</td><td rowspan="4">방송프로그램 편성시간의 최대 20/100 초과 금지

채널별로 1일 동안 방송되는 각 방송프로그램의 방송프로그램 편성시간당 방송광고 시간의 비율의 평균이 17/100 이하</td><td>프로그램 전후에 집행되는 광고(진행 중에는 광고가 제한됨)</td></tr>
<tr><td>토막광고</td><td>프로그램과 프로그램 사이의 광고</td></tr>
<tr><td>자막광고</td><td rowspan="2">채널별로 1일 동안 방송되는 방송프로그램 편성시간당 방송광고시간의 비율의 평균이 15/100 이하</td><td>방송국 명칭고지나 방송순서의 고지 시 자막으로 표현되는 광고</td></tr>
<tr><td>시보광고</td><td>방송시간 고지 시 집행되는 광고</td></tr>
<tr><td>중간광고</td><td>금지(단, 운동경기, 문화. 예술행사 프로그램은 허용)</td><td>프로그램 길이에 따라 허용횟수가 다름(매회 광고시간 1분 이내)</td><td>1개의 동일한 방송프로그램이 종료되기 전까지 사이에 그 프로그램을 중단하고 편성되는 광고</td></tr>
<tr><td>간접광고</td><td>방송프로그램 시간의 5/100 이내</td><td>방송프로그램 시간의 7/100 이내</td><td>방송프로그램 안에서 상품을 소품으로 활용하여 그 상품을 노출시키는 형태의 광고</td></tr>
<tr><td>가상광고</td><td>운동경기 중계, 오락 및 스포츠 분야 보도 프로그램 한정, 해당 방송프로그램 시간의 5/100, 방송화면의 1/4 이내, 방송 전에 가상광고 포함 여부 자막 표기</td><td>광고시간이 해당 방송프로그램 시간의 7/100을 초과할 수 없다는 규정을 제외하고는 좌동</td><td>프로그램에 컴퓨터 그래픽을 이용한 가상 이미지를 삽입하는 광고</td></tr>
</table>

② 케이블TV의 특징

케이블TV의 가입자 수는 1997년 150만을 돌파한 후 지속적으로 증가되어 2012년 1,500만에 이르며 전성기를 맞았으나 최근에는 IPTV, 넷플릭스(Netflix), 디즈니 플러스(Disney Plus)와 같은 OTT 서비스가 강력한 경쟁자로 등장하면서 가입자 수가 감소세에 들어서고 있다. 이하에서는 케이블TV의 특징을 소개하기로 한다.

첫째, 케이블TV는 청중에 대한 선별성이 높다. 케이블 TV는 다채널 환경에서 여러 프로그램들이 경쟁하고 있기 때문에 프로그램에서 제공하는 콘텐츠가 특정 시청자를 대상으로 편성될 수밖에 없다.

둘째, 케이블TV 광고는 일반 TV광고보다 길어 상세한 제품정보를 전달할 수 있다. 광고 시간을 여러 개 동시에 구입하여 보다 긴 시간을 확보한 후 제품을 직접 판매하는 형태의 광고도 방영할 수 있다. 케이블TV에서 제품(예: 바지, 운동기구 등)의 장점을 시연하면서 직접 제품을 판매하는 형태의 광고를 본 경험이 있을 것이다. 이러한 형태의 광고는 인포머셜(informercial)이라고 불리어진다. 인포머셜은 흔히 15분에서 30분 동안 제품정보의 제공, 제품 핵심편익의 실연, 전화 주문을 위한 정보, 운송비 등 필요경비 안내, 반품 안내 등이 종합적으로 이루어지고 있다.

셋째, 케이블TV 광고에서는 중간광고가 허용된다. 공중파TV 광고에서는 운동 실황중계와 문화 · 예술행사 프로그램을 제외하고는 중간광고가 허용되지 않고 있는 데 비해, 케이블TV 광고에서는 이를 허용하고 있다. 중간광고의 주목률은 프로그램 전후의 광고보다 주목률이 높은 것으로 보고되고 있다.

넷째, 시청자들의 학력, 소득, 정보욕구는 비교적 높은 데 반해, 광고단가는 지상파에 비해 저렴하다. 지상파 방송과 달리 케이블TV는 타겟 소비자에게 반복적으로 노출이 가능하며, 제품이나 서비스 속성을 타겟층과 적절하게 연계시켜 월등한 광고효과와 효율성을 얻을 수 있다.

3) IPTV

IPTV(Internet Protocol Television)는 인터넷망을 통해 방송프로그램을 비롯한 멀티미디어 콘텐츠와 여러 가지 부가서비스를 제공하는 서비스라고 할 수 있다. 즉 IPTV는 TV기반의 실시간 방송을 기본 서비스로 하면서 동영상 콘텐츠와 다양한 양방향 정보 서비스

한국 IPTV 3대 사업자

를 이용자가 원하는 시간, 형태로 TV수상기를 통해 제공하는 서비스이다. 2009년 출범한 이후, IPTV 가입자는 꾸준히 성장하고 있으며 2018년 기준 총 가입자 1,500만 명을 돌파, 케이블 TV와의 시장점유율 격차를 넓혀가며 폭발적인 증가세에 있다. IPTV의 등장으로 인한 새로운 가능성을 활용하기 위해 효과적인 광고전략이 개발되고, 광고제작과 관련한 새로운 시도가 이루어지는 등 광고산업의 변화가 진행되고 있다.

첫째, 광고에서 수용자는 고전적 의미의 수동적 수용자라는 입장을 벗어나서 점차 능동적인 수용자의 위치가 강조되고 있다. 둘째, 광고에서도 개인화 경향이 강조되고 차별화가 이루어진다. 셋째, 양방향 및 부가기능을 가지는 영상, 방송, 문자의 융합된 형태의 다양한 형태의 광고가 등장하여 새롭고 밀도 높은 IMC가 활성화된다.

① IPTV 광고의 종류

IPTV에서 현재 운용되는 광고는 초기화면 및 EPG 광고, 프로그램광고, VOD광고, 양방향광고의 4가지 형태로 나타난다.

초기화면 및 EPG 광고 초기화면 및 EPG 광고는 초기에 나타나는 메뉴화면과 EPG 화면을 이용하여 정지영상 또는 배너형태의 광고를 3~5초 동안 노출시킨다. 로딩시간 광고(Loading Time AD)라고도 부른다. 이 광고의 특징은 초기화면이나 EPG 화면에서 프로그램을 선택하고 프로그램이 로딩되는 시간을 이용하여 노출된다는 것이다. 시청자가 광고를 건너뛸 수 없다는 특징이 있다.

IPTV 초기화면 광고

VOD 광고 VOD 광고는 원하는 콘텐츠를 시청하기 위하여 VOD 신청 시 콘텐츠를 내려받는 시간을 이용하여 노출되는 광고형태이다. VOD 광고의 특징은 프로그램이나 콘텐츠를 선택하고 그 내용을 내려받기 할 때의 시간을 이용해서 광고를 노출시키기 때문에 시청자가 광고를 건너뛰기(Zapping)하거나 빠르게 넘어가기(Fast Forward)할 수 없다는 것이다. 최근 1인 가구의 증가로 개인적인 공간에서 콘텐츠를 소비하는 생활방식이 확산되면서 VOD 콘텐츠 이용자 숫자는 꾸준히 증가하고 있으며, 이에 따라 VOD 광고 시장의 전망도 밝다 할 것이다. 그런데 유료로 결제한 VOD에 대해서조차 콘텐츠 시작 전 프리롤(pre-roll) 광고가 부과되는 방식에 대해서 소비자들이 불만이 크게 나타나고 있어 이에 대한 주의가 필요하다. 공급자 측에서는 광고 수익 덕분에 소비자 부담이 줄어든다는 장점을 고려할 때 무조건 규제하는 것이 답이 아니라며 항변하고 있지만, 소비자들을 설득하기에는 역부족이라는 평가다. 이에 따라 방송통신위원회와 IPTV업계가 함께 프리롤 광고의 개수와 시간 등에 대한 가이드라인을 마련한 바 있다.

양방향 광고 양방향 광고는 로딩광고 등에 광고주 홈페이지로 이동하게 하는 버튼을 노출시켜 시청자가 리모컨으로 클릭하면 광고주 홈페이지로 이동하게 하는 기능을 포함하는 것이 대표적이다. 예컨대, 시청자들은 각 IPTV 홈페이지에 개설된 브랜드관이나 메뉴입점형 광고를 메뉴에서 클릭하여 광고주 홈페이지로 이동, 관심 제품과 관련한 광고 콘텐츠와 할인혜택 등 다양한 마케팅 정보를 얻을 수 있다. 그러나 현재 국내 IPTV가 제공하는 셋톱박스는 많은 동영상이나 다양한 인터액티브 기능을 완벽하게 소화할 수 있을 정도는 아니다. 따라서 양방향 광고의 활성화를 위해서는 이러한 문제가 해결되어야 할 것이다.

② IPTV 광고의 특징

IPTV 광고는 인터넷을 이용함으로써 양방향성을 기반으로 한다. 양방향 기능을 가짐으로써 기존 TV 광고에 비해 다양한 형태의 광고 운영이 가능하다. IPTV 광고의 특징은 크게 세 가지로 정리할 수 있다.

첫째, 양방향성이다. IPTV는 인터넷을 기반으로 하기 때문에 서비스 이용자와 정보제공자 사이에 양방향의 커뮤니케이션이 가능하다. 과거의 방송광고는 강제적으로 노출되면서 수용자는 일방적으로 광고 메시지를 받아들여야만 했다. 그러나 IPTV 광고는 수용자와 광고주 사이의 커뮤니케이션이 가능하게 되면서 수용자들을 상대로 지속적인 일대일 관계를 형성할 수 있고, 이를 통해 소비자의 관심과 참여를 유도할 수 있다.

둘째, 다양한 광고형식이 가능하다. IPTV 광고는 기존광고에 비해 광고형식이나 적용방식이 자유로워져 광고삽입이 가능한 영역이 프로그램의 시작이나 끝나는 시간 등에 제한받지 않으며 광고의 노출화면이나 영역도 다양하다. 향상된 화면 처리기술을 이용하여 동영상을 다운로드 할 때, 시청자가 부가정보를 요청할 때, 부팅화면이나 화면보호기 등에서 원하는 광고를 제공할 수 있다. 또한 광고빈도나 광고길이에 대한 제한에 있어서도 자유롭다. 기존 TV광고는 시 · 공간적 제한이 있고 많은 금액과 노력을 들여 제작한 광고일지라도 표시공간의 부족과 일정 기간 후에는 노출시키지 못한다는 단점이 있다. 반면에 IPTV 광고는 시간이나 표시공간의 제한에서 비교적 자유롭고 노출공간과 기간에 상관없이 시청자의 상황에 맞춰 하나의 광고를 여러 화면에 그리고 여러 차례 제공할 수 있으며 광고길이에서도 유연성을 갖고 있다.

셋째, 고객 맞춤형 타겟팅 광고가 가능하다. IPTV는 IP 주소별 가입자 정보를 확보할 수 있으며, 접근이 가능하기 때문에 수용자의 인구통계학적 특성, 구매형태, 시청기호 등을 세분화하여 개별 소비자들의 구매행태나 기호를 반영한 개인별 맞춤 광고를 보낼 수 있다. 또한 광고에 대한 시청자의 반응 정보가 실시간으로 확보되고 누가 어떤 광고를 얼마나 보고 있는지에 대한 정확한 측정이 가능하다.

4) 모바일 미디어

이제 모바일 미디어는 매스미디어다. 스마트폰은 현대인의 삶에서 없어서는 안 될 필수품으로 자리 잡았고, 그 보급률이 거의 100%에 육박하면서 광고산업에서도 그 영향력을 지속적으로 확장하고 있다. 4대 매체의 방송광고비가 감소하는 추세 속에 모바일 광고시장의 규모는 PC광고 비중마저 넘어서며 명실상부 광고시장의 지배자로 군림하고 있다. 스마트폰과 스마트 태블릿의 확산을 고려할 때 앞으로도 모바일 광고시장의 규모는 계속 증가할 전망이다.

효과적인 모바일 마케팅을 위한 광고는 어떻게 만들고 운영해야 할까? 과거 모바일 마케팅이 소비자가 반응하기에 적합한 상황(Hot Spot)에 메시지를 발송한다는 '전달의 패러다임'이었다면 이제 모바일 마케팅은 광고를 부담 없이 즐기는 '게임 패러다임'으로 빠르게 재구성되고 있다. 최근 수년간 주목 받아온 '디지털 스토리텔링'과 '게미피케이션(Gamification)'은 이런 변화에 가장 적합한 대안으로 주목 받고 있다.

디지털 스토리텔링 그동안의 모바일 광고가 소비자에게 광고 메시지를 강제로 밀어 넣을 수 있는 최적의 시간과 공간, 상황을 점유해서 광고를 전달하는 것에 초점을 맞췄다면, 최근 변화되는 미디어 환경, 소비자의 미디어 소비행태는 '콘텐츠 체험'의 중요성을 부각시키고 있다. 이런 맥락에서 디지털 스토리텔링이 일반 엔터테인먼트 콘텐츠뿐 아니라 광고에서도 중요한 개념으로 자리하고 있는 것이다. 디지털 스토리텔링이라는 관점은 아이애드(i-Ad) 출시 당시 스티브 잡스의 프레젠테이션에서도 잘 반영되어 있다. 아이애드의 기본철학은 '차세대 모바일 광고는 이성이 아니라 감성을, 노출이 아니라 즐거운 상호작용에 중심을 둬야한다'는 것이다. 결국 단순히 브랜드 메시지를 전달하는 것이 아니라, 매력적인 스토리를 전달해 소비자에게 강력한 연상을 유발하자는 전략이다. 이러한 디지털 스토리텔링 관점은 특히 광고차단기술이 발전하고, 소비자들의 광고 피로 및 기피 현상이 심화되고 있는 요즘 더욱 중요한 의미를 가진다. 이에 따라 최근 많은 기업들은 유튜브 동영상, 웹툰 등의 콘텐츠에 자연스럽게 조화를 이루는 co-branded contents 광고를 제작하여 소비자들이 광고를 성가시다고 느끼기보다는 자발적으로 보고 싶은 콘텐츠로 인식할 수 있도록 노력을 기울이고 있다.

게미피케이션(Gamification) 게미피케이션은 비디오 게임의 특성을 비디오 게임이 아닌 다른 맥락에 적용해 이용자의 체험과 관심을 높이는 것이다. 게임이 지닌 재미 창조의 힘을 비교적 덜 재미있는 일상의 과제에 적용한다고 풀이할 수 있다. 게임의 가장 큰 속성은 궁극적 성취를 통한 심리적 즐거움이며 그 목표를 이루는 과정에 지루함을 더는 방법이 바로 보상과 처벌이라고 할 수 있다. 이를 마케팅 맥락에서 보면 마케터가 설정한 특정 목표(구매유도, 참여 달성)를 향해 소비자를 움직여가는 데 게미피케이션은 매우 유용하다.

전통적으로 모바일 광고는 문자와 쿠폰 같은 전통적인 형태의 광고가 많이 행해졌으나, 스마트폰의 보급과 보편화라는 큰 변화 이후에, 다양한 새로운 광고형태가 등장하였다. 스마트폰에서 행해질 수 있는 모바일 광고의 유형은 다음과 같다.

어플리케이션 광고 어플리케이션 광고(Branded Application)는 기업 또는 조직이 브랜드와 제품, 서비스를 광고하기 위한 목적으로 제작하여 어플리케이션을 다운로드할 수 있는 곳에 배포하여 스마트미디어 사용자들이 직접 다운로드 받을 수 있는 브랜드 어플리케이션을 말한다. 어플리케이션의 활용목적에 따라 비즈니스 확장형, 차별적 서비스 제공형, 마케팅 채널형으로 유형을 나눌 수 있다. 비즈니스 확장형은 온라인에서 제공하던 네트워크 서비스를 모바일로 확장한 경우이다. 대표적인 예로 페이스북이나 유튜브와 같은 서비스가 있다. 차별적 서비스 제공형은 가장 일반적인 어플리케이션 광고로서 비 인터넷 기업도 자사의 비즈니스와 더불어 차별적인 서비스를 제공하는 것이다. 마케팅 채널형은 인터넷 홈페이지와 같이 제품정보, 주변 매장 정보 등을 제공하기 위한 것

피자헛 어플리케이션

으로 고객들에게 정보 제공형 광고를 하는 것을 목적으로 한다. 이러한 애플리케이션 광고는 웹 기반 광고에 비해 팝업(pop-up) 알림 형식의 push 광고, GPS, 카메라 등 다양한 기능의 활용이 가능하여 관심도와 충성도가 높은 고객을 확보하는 데 용이하고, 스마트폰에 최적화되어 사용자 친화적인 환경을 제공할 수 있다는 장점을 가진다.

인앱(in-app) 광고 인앱 광고란 기업과 직접적으로 관련이 없는 유·무료 애플리케이션 내에 배너광고, 리치미디어 광고, 동영상 광고, 네이티브 광고 등을 삽입하여 제품, 서비스, 브랜드 등을 홍보하는 방식의 모바일 광고를 의미한다. DMC 미디어의 조사결과에 따르면, 대부분의 소비자들은 실수가 아니라 광고 대상 상품에 대해 더 알고자 하는 의도와 관심을 가지고 모바일 인앱 광고를 클릭하는 것으로 나타났으며, 이와 같은 관심이 자연스럽게 구매로 이어지는 광고효과가 뛰어나 업계의 주목을 받고 있다.

모바일 웹페이지 광고 스마트폰의 등장으로 풀 브라우징이 가능해지면서 PC에서 구현되는 웹 광고가 스마트폰에서도 동일하게 구현되었다. 모바일 웹페이지 광고는 기존의 웹 광고와 같이 디스플레이 광고와 검색광고로 나누어 볼 수 있다. 모바일 디스플레이 광고는 전체 화면의 약 10%에 해당하는 면적을 점유하여 단독으로 광고가 노출되기 때문에 주목도가 높으며, 구매력 높은 고객들을 타겟팅하기에 용이하고 브랜드 어플리케이션, SNS 등 스마트폰 기반의 다른 마케팅 툴과의 연동을 통해 높은 광고효과를 얻을 수 있는 장점이 있다. 검색광고는 인터넷 포털 등 검색 사이트에서 특정 검색어로 검색하면 나오는 검색 결과 화면에 관련 브랜드 또는 업체의 링크가 노출되도록 하는 광고를 말한다. 모바일 검색 광고는 PC 상황에서의 검색광고와 유사한 형태로 포털의 모바일 웹 페이지 혹은 모바일 어플리케이션에서 이루어지는 광고기법이다. 검색광고는 사용자의 검색목적과 보다 밀접한 광고라는 점에서 클릭율이 높은 편이라는 특징뿐 아니라 스마트 디바이스의 특징과 연결되어 위치기반 검색을 통해 광고효과를 높일 수 있다는 장점이 있다.

QR 코드 QR 코드는 흑백 격자무늬 패턴으로 정보를 나타내는 매트릭스 형식의 2차원 바코드를 의미한다. QR 코드가 활성화된 이유는 QR 코드를 읽을 수 있는 어플리케이션을 무료로 다운로드 받아서 설치하면 QR 코드를 읽을 수 있는 스마트미디어 환경

그림자를 이용한 이마트 QR 코드 광고

YouTube https://youtu.be/EvIJfUySmY0

제 목 Emart Sunny Sale Campaign - 3D Shadow QR Code
검색어 이마트 QR 코드 광고

이 조성되었기 때문이다. 기업의 입장에서 QR 코드는 상품을 구매하기 전에 고객들에게 제품에 관한 정보와 체험의 기회를 제공함으로써 고객들이 상품구매를 통해 얻을 수 있는 가치를 즉각적으로 전달하여 구매 의사결정을 지원할 수 있다. QR 코드는 특히 오프라인과 온라인을 연결하는 데 효과적이며, 고객들의 흥미와 호기심을 자극하고, 굳이 검색창에 검색어나 URL을 입력하는 번거로움 없이 스마트폰의 전용 어플리케이션으로 스캔만 하면 되기 때문에 누구나 손쉽게 이용할 수 있어 기업의 다양한 마케팅 커뮤니케이션을 강화할 수 있는 수단으로 활용되고 있다.

5) 소셜 미디어

소셜 미디어(SNS: Social Networking Service)는 정보 콘텐츠와 디바이스를 중심으로 유형화되던 전통적인 미디어 특성에서 나아가 소비자가 정보 콘텐츠를 전달하는 미디어 역할을 수행한다는 측면에서 기존의 미디어와는 전혀 다른 특성을 지닌다. 본질적으로 소셜 미디어란 소비자를 둘러싸고 있는 타인이 정보의 매개체로서 미디어적 역할을 하며, 각 개인에게 영향을 미치는 것을 의미한다. 이러한 맥락에서 대인 커뮤니케이션 상황의 타인은 하나의 정보원으로서 개인의 판단 및 의사결정에 영향을 미치는 소셜 미디어 역할을 한다고 할 수 있다.

이런 맥락에서 소셜 미디어 광고는 전통적인 광고와는 다른 관점에서 정의된다. 개별

소셜 미디어 광고의 예:
삼성전자 페이스북 팬페이지

소비자가 정보를 알리는 미디어 역할을 하므로, 소셜 미디어 광고의 개념 및 범주는 플랫폼을 중심으로 제시되는 광고뿐만 아니라 미디어로서 기능하는 소비자가 네트워크 구성원에게 전달하는 기업, 제품 정보까지 광고로 정의될 수 있다. 즉 소셜 미디어 광고란 기업뿐만 아니라 개인이 정보 전달의 주체로서 네트워크 구성원에게 전달하는 기업, 제품에 대한 정보로서 네트워크를 통하여 정보를 매개하는 과정에서 발신자, 수신자의 소비행동에 영향을 미칠 수 있는 결과를 야기한 정보라 할 수 있다.

이러한 소셜 미디어적 특성을 반영하여 소셜 미디어 광고를 유형화한 Nielsen(2011)[1]의 조사자료에 따르면, 광고는 기업에 의해 제공된 것(Paid)과 사용자들 사이에서 공유된 것(Earned)으로 구분되며 그 안에서 3가지로 분류될 수 있다. 첫째, 홈페이지 광고처럼 기업에 의해 제시되는 광고로서 페이스북의 메인 페이지 및 기업의 팬페이지에 노출되는 배너광고가 이에 해당된다. 두 번째는 기업광고에 사회적 맥락(Social Context)이 결합된 형태이다. 이 유형은 특정 브랜드 팬페이지에 팬으로 가입된 친구의 리스트를 배너광고와 함께 노출시키는 유형이라고 할 수 있다. 마지막으로 자연스러운 노출(Organic Impression)로 정의되는 광고유형은 친구가 특정 브랜드의 팬으로 가입하면 이를 개인에게 알려주는 것이다. 이는 특정 기업 및 제품에 대한 소비자의 선호가 자연스럽게 알려짐으로써 광고효과를 내는 유형이라고 할 수 있다.

대표적인 소셜 미디어 네트워크 서비스에는 페이스북, 인스타그램, 카카오톡, 트위터, 그리고 동영상 검색기능과 소셜 네트워크 서비스를 결합한 형태의 유튜브가 있다.

페이스북(Facebook) 기업의 광고 입장에서 페이스북의 인기는 다양하고 유용한 콘텐

1) Nielsen(2011). *State of the Media: The Social Media Report Q3 2011*. The Nielsen Company.

츠를 제작 · 공유할 수 있다는 점과 소비자들이 직접적으로 기업과 팬페이지라는 수단을 통하여 상호작용할 수 있다는 점에 기인한다. 페이스북을 잘 활용하고 있는 기업으로는 삼성전자, 코카콜라 등이 있는데, 대체로 팬들을 대상으로 할인쿠폰을 발행하거나, 특별한 프로모션 광고를 시행하는 식의 활동을 하고 있다. 실제로 기업의 팬페이지에 팬으로서 활동을 하는 사람들 중에 1/3이 넘는 사람들이 기업이 제공하는 특별할인 혹은 쿠폰 때문에 자신이 특정 기업의 팬이 되었다고 한다.

인스타그램(Instagram) 인스타그램은 instant와 telegram의 합성어로 '세상의 모든 순간들을 포착하고 공유한다'는 슬로건을 내걸고 2010년 출시된 소셜 미디어 플랫폼이다. 2012년 페이스북에 인수된 이후 10~20대 여성 소비자들의 열성적인 지지를 기반으로 가파른 성장세를 이어가고 있다. 텍스트보다는 이미지, 동영상 콘텐츠가 주가 되는 특징을 가지는데, 이에 따라 뷰티, 패션, 요식업과 같이 비주얼이 중요한 업계에서 효과적인 광고 플랫폼으로 주목받고 있다. 타겟 고객층에 대한 맞춤광고를 가능케 하는 해시태그(#) 기능, 전체화면을 활용하여 보다 몰입도 높은 광고 콘텐츠 제작을 가능케 하는 스토리 기능과 더불어, 소비의 주축으로 성장하고 있는 밀레니얼 세대와 Z세대를 공략할 수 있다는 장점 덕분에 많은 기업들이 공식 인스타그램 계정을 통해 브랜드 홍보에 나서고 있다.

구찌의 인스타그램 계정을 통한 브랜드 홍보

샤넬의 인스타그램 스토리 광고

카카오톡(Kakao talk) 카카오톡은 모바일 메신저 기반의 소셜 미디어 플랫폼으로 2010년 첫 출시된 이후 유료 문자(SMS)서비스를 완벽하게 대체하며 지속적으로 사용자 기반을 넓혀 왔다. 현재 페이스북과 인스타그램을 제치고 국내시장에서 가장 인기 있는 소셜 미디어로 등극해 국내 소비자에 대해 압도적인 영향력을 자랑하고 있다. 이렇듯 대규모의 사용자 기반을 확보함과 동시에 다양한 광고상품을 제공하고 있는 카카오톡은 매력적인 모바일 광고 플랫폼으로서 업계의 주목을 받고 있다. 특히 최근 도입한 비즈보드 광고의 경우, 카카오톡 메신저 앱 내 대화창 상단에 배너광고를 삽입했는데, 이는 소셜 미디어를 즐겨하지 않는 40대 이상 연령대 고객에게도 브랜드를 알릴 수 있는 좋은 기회가 될 것이다. 또한 '카카오 채널'은 기업들이 자체적으로 운영하는 홍보 계정으로서, 채널을 추가한 소비자들에게 카카오톡 메신저를 통해 공지사항 및 다양한 프로모션 정보를 전달할 수 있을 뿐만 아니라 1:1 상담까지 가능해 소비자들로부터 큰 호응을 얻고 있다.

트위터(Twitter) 트위터는 마이크로 블로깅이라는 서비스를 제공하며, 개인이나 기업들이 한 메시지당 140글자라는 제한 안에서 자유롭게 글을 쓰거나, 사진을 올리거나, 링크를 걸어 사람들에게 전달할 수 있다. Promoted Tweets, Promoted Trend, Promoted Accounts와 같은 텍스트 형식의 광고 상품에 더해 Vine, Spotlight 등 동영상 광고 서비스를 추가적으로 제공하고 있는 트위터는 소비자들에게 도달할 수 있는 효과적인 방법이다. 마케터들은 특정 회사나 제품, 브랜드에 대해 언급하는 고객들을 포착해 그들과 실시간으로 직접 소통할 수 있다. 특히 불만족이나 불평을 표현한 고객들에게 일대일로 그들의 불만을 해결해줄 수 있는 통로로서 트위터가 활용될 수 있다. 실제로 한 승객이 Southwest항공에 대한 불평을 트위터 상에 공개한 바로 다음날, 그는 Southwest로부터 한 통의 메시지를 받았다. Southwest는 "당신의 불편함을 듣게 되어 매우 죄송스럽게 생각합니다. Southwest가 훌륭하다는 것을 입증할 수 있도록 당신이 다시 한번 기회를 주시기를 소망합니다"라는 메시지를 보내어, 그의 불만이 더 이상 확산되지 않도록 대처하였다. 이처럼 각 개인이 미디어로서 역할을 하게 되고 그 개인의 메시지가 하나의 광고로 활용될 수 있도록 기업이 체계적으로 트위터를 활용하고 있다. 하지만 기업이 소비자들의 메시지를 검색하고 감시하는 듯한 인상을 줄 수 있으며 실제로 이를 불편하게 생각하는 소비자들도 다수 있다.

유튜브(YouTube) 유튜브는 영상을 공유하는 웹사이트로서, 2005년 설립되어 2006년 구글에 인수되었다. 등록된 사용자가 영상을 올리면 미등록 사용자는 대부분의 영상과 그 영상에 대한 반응들을 볼 수 있다. 유튜브는 구글에 인수된 이후 검색엔진의 역할도 수행하고 있다. 특히 최근 문자보다 영상에 더 익숙한 디지털 세대가 등장하면서 유튜브는 구글에 이어 가장 많이 사용되는 검색엔진으로 기록되었다. 초기의 유튜브를 이용한 마케팅은 재미있고 유익한 광고를 제작하여 공유함으로써 자연스럽게 바이럴효과가 일어나도록 하는 것이었다. 하지만 하루에도 수만 개가 넘게 등록되는 영상들 중에서 브랜드에 대한 콘텐츠를 타겟 소비자에게 보여주는 것은 매우 어려운 일이었다. 이러한 한계에서 유튜브의 검색기능은 새롭게 주목 받았고, 구글의 다양한 검색기능과의 통합이 이루어지게 되었다. 이렇듯 유튜브는 등록되는 영상의 양이 엄청나게 증가하면서 영상 콘텐츠를 공유하기 위한 소셜 미디어 플랫폼에서 나아가 이제는 하나의 검색엔진으로서의 성격을 지니게 되었다. 또한 최근 유튜브 사용자가 폭발적으로 증가하면서 이들에 대한 스타 유튜브 창작자, 즉 인플루언서(influencer)의 영향력이 기업의 주목을 받고 있는데, 현재 많은 기업이 인플루언서와의 협업을 통해 콘텐츠 내에 광고를 삽입하거나 협찬광고 계약을 맺는 방식을 활용해 효과적으로 타겟 소비자를 공략하고 있다. 이에 더해 구글에서 무료로 제공하는 Youtube Video Builder 서비스를 통해 이제 기업들은 직접 유튜브 채널에 최적화된 동영상 광고를 손쉽게 제작할 수 있게 되었고, 이는 광고 플랫폼으로서 유튜브의 매력을 더해주고 있다.

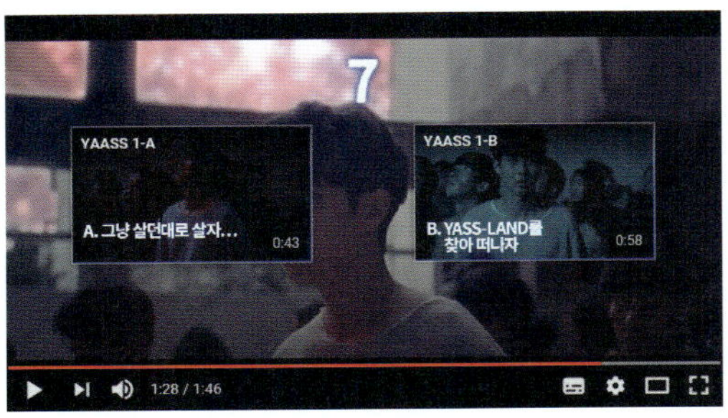

유튜브를 활용한 인터렉션 광고

YouTube https://youtu.be/TOv-Uq7XffM

제 목 Parasite Choi Woo Shik AORB by Cass [선택희비극, 아오르비]
검색어 CASS 아오르비 광고

최근에 다양한 뉴미디어를 활용한 전략을 통해 많은 기업들이 높은 광고효과를 기대하고 있는데, 〈광고 Highlight〉는 최근에 각광받고 있는 인플루언서 마케팅의 개념과 활용방안에 대해 소개하고 있다.

광고 Highlight

뉴미디어를 활용한 인플루언서 마케팅

1인 미디어 발달로 등장한 영향력 있는 개인

영향력을 뜻하는 '인플루언스(influence)'에서 파생된 인플루언서(influencer)는 영향력 있는 개인이란 의미다. 주로 인스타그램, 페이스북, 유튜브 등에서 수많은 팔로워를 거느린 연예인, 셀럽, 소셜스타를 지칭한다. 유튜브, 아프리카TV 등에서 직접 창작한 콘텐츠로 시청자와 소통하는 유명 '크리에이터(creator)'들 역시 인플루언서에 속한다.

인플루언서는 팔로워의 수에 따라 구분되기도 한다. 팔로워 수가 500명~1만 명 사이면 '마이크로(혹은 나노) 인플루언서', 1만~100만 명은 '매크로 인플루언서'이고 팔로워가 100만 명 이상일 경우는 '메가 인플루언서'이다.

인플루언서의 부상은 1인 미디어의 발달과 관계가 깊다. 인터넷, 스마트폰의 발달로 개인이 스스로 콘텐츠를 생산하고 콘텐츠 소비자와 직접 소통하기가 쉬워졌기 때문이다. 이러한 소통을 통해 쌓인 신뢰를 바탕으로 탄생한 인플루언서는 문자 그대로 대중에게 큰 영향력을 행사하며 소비 트렌드를 이끌어나가고 있다.

기존 마케팅 공식을 깨는 인플루언서의 상업적 영향력

최근 많은 기업들이 인플루언서가 가진 영향력에 주목하여 이들과의 협력을 통해 상품을 홍보하는 '인플루언서 마케팅' 전략을 적극 활용하고 있다. 인플루언서 마케팅은 주로 인플루언서가 협찬이나 보상을 받은 브랜드의 상품을 홍보하는 방식으로 진행된다.

디지털 마케팅 분야에서 인플루언서를 활용한 마케팅은 브랜드 인지도 향상과 상품홍보에 유명 연예인을 기용한 광고보다 효율적인 것으로 받아들여진다. 이에 따라 기업들은 자사제품 판촉과 관련해 소비자에게 영향을 줄 수 있는 인플루언서를 찾아 새로운 마케팅 플랫폼으로 활용하고 있다. 기업은 협업할 인플루언서를 선정할 때 구독자 규모와 충성도, 스타성은 물론 광고를 거부감 없이 녹여낼 수 있는지를 중요하게 살핀다고 전문가들은 설명한다. 광고 같지 않은 광고수단으로서 인플루언서를 활용한다는 뜻이다.

한 발 더 나아가 요즘은 SNS를 통해 직접 만들거나 구한 제품을 판매하는 인플루언서 '셀슈머(Cell-sumer)'와 이렇게 제품을 파는 채널 '셀 마켓(Cell Market)'이 팔로워들에게 주목을 받고 있다. 기존 마켓의 이미지와는 전혀 다른 1인 마켓의 모습을 세포(cell)로 표현한 것이다. 실제로 셀슈머들은 제품을 포스팅하고, 댓글과 라이브 방송을 통해 소비자와 직접 소통하는 등 판매의 모든 절차를 혼자서 해결한다.

이처럼 인플루언서 마케팅과 셀 마켓이 효과를 볼 수 있는 이유로는 팔로워가 인플루언서의 행위에 친숙함을 느끼고 그것을 자연스러운 것으로 여겨 큰 거부감을 갖지 않는 데 있다. 또한 인스타그램의 주 사용 연령층인 10~20대에게 가장 인기 있는 콘텐츠가 패션, 뷰티 콘텐츠인 것도 한몫을 한 것으로 보인다. 무엇보다도 인플루언서의 영향을 매일 받는 수많은 고정 팔로워들의 존재는 인플루언서가 가진 가장 큰 힘이라고 볼 수 있다.

상업성에 뒤따르는 문제점들 해결해야 영향력 유지 가능

하지만 이런 인플루언서의 상업적 영향력에 대한 부정적인 시선도 존재한다. 인플루언서가 제품 사용 경험을 소개한다면서 실제로는 제품홍보를 하는 행위나 광고주에게 협찬 받은 제품을 본인 돈으로 직접 구매해서 체험했다며 후기를 올리는 경우가 그 원인에 속한다. 인플루언서를 믿고 그의 제품을 구매 · 사용했다가 피해를 봤는데 제대로 된 피해보상을 받지 못하는 사례 등도 팔로워가 인플루언서를 곱게 보지 못하게 만든다. 또한 인플루언서의 영향력을 이용해서 돈을 벌 목적으로 가짜 SNS 계정을 만드는 업체들까지 존재한다.

이렇듯 가짜계정을 사용하거나 제품협찬 사실을 밝히지 않는 경우, 인플루언서의 중립성이 훼손되고 신뢰도가 감소하게 되면서 협찬의 대상이 되는 제품 및 브랜드에 대해서도 부정적인 영향을 미칠 수 있다. 실제로 전문가들은 광고 마케팅 기획자가 인플루언서가 가진 중립성을 훼손하면서까지 메이커 보이스(제조사 입장)에 대한 욕심을 콘텐츠에 반영하게 되면 소비자들은 콘텐츠에 대해 거부감을 느끼고 이에 해당 콘텐츠에 대한 신뢰성도 낮아질 수 있다고 경고하고 있다. 따라서 인플루언서는 소비자 입장에서 중립성을 지키고 상업적 콘텐츠 외에도 자신만의 콘텐츠에 집중하면서 영향력을 유지하고, 기업은 무분별한 협찬을 자제하는 것이 모두가 윈윈할 수 있는 방법일 것이다.

소비자 구매여정에 인플루언서 콘텐츠가 미치는 영향(단위: %)

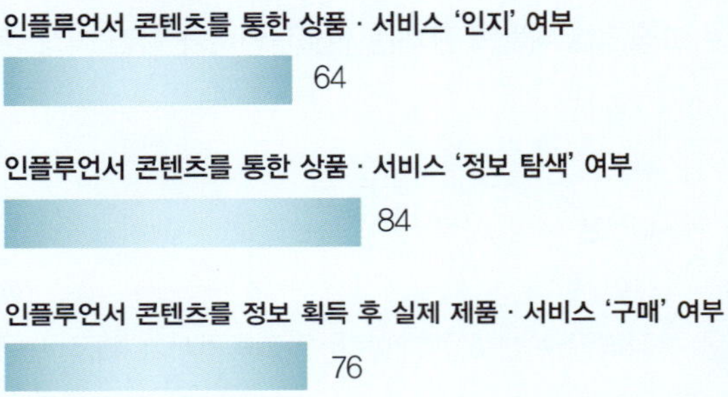

구독자 수별 인플루언서 등급
(단위: 명)

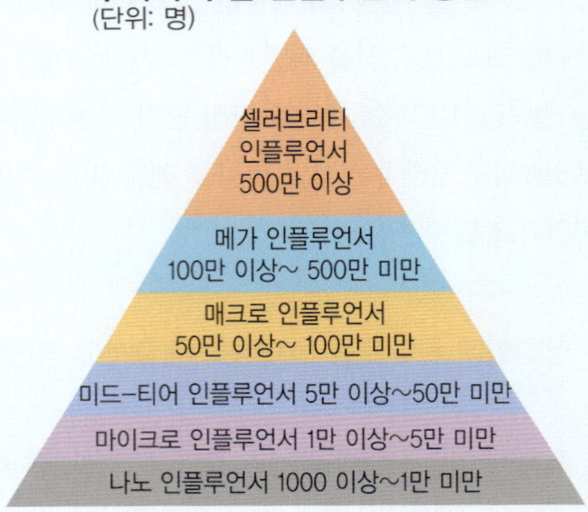

인플루언서 예시

자료원: 이데일리, "인플루엔자보다 강한 영향력 '인플루언서'," 2019.04.04; 국민일보, "후기야, 광고야?… 리뷰, 믿기도 안 믿기도 애매하네," 2019.06.15.

CHAPTER 12

매체전략 Ⅱ: 전략적 매체계획의 수립

1. 매체계획과 관련된 기초개념
2. 매체계획의 수립과정
3. 체계적인 매체계획 수립의 문제점과 과제

새로운 TV광고의 차원, Addressable TV Advertising

기존 TV광고는 편성된 프로그램 단위로 광고를 계약하여 전체 시청자들이 동시에 같은 광고를 시청하였다. 인기 있는 프로그램에 광고가 계약되면 많은 사람들에게 광고가 노출된다는 장점이 있지만, 반대로 해당 브랜드의 타겟이 아닌 불특정 다수에게 노출되어 정확한 타겟팅이 어려워 예산손실이 크고 정확한 광고성과측정도 어려우며 중복이 발생할 수도 있다.

어드레서블 TV(Addressable TV)광고는 같은 프로그램을 보는 사람들에게 가구별로 다른 광고를 노출시키는 기술이다. 이의 상위개념은 프로그래매틱 TV(Programmatic TV)로 데이터에 기반하여 TV광고 구매, 운영, 송출까지 가능한 자동화 기술이다. 광고주가 원하는 대상에게 광고를 전달할 수 있다는 점에서 디지털 광고에서 현재 실행되는 개인화된(personalized) 타겟광고와 동일하다고도 할 수 있다. 기존의 대중광고에서 벗어나 광고주가 선정한 특정 대상에게만 광고를 노출시켜 관련성과 영향력에 집중할 수 있는 방법이다.

기존의 TV광고와 달리 방송사가 아닌 IPTV 플랫폼 사업자가 가구별 시청이력과 구성원, 성별, 연령, 특성, 관심사와 같은 데이터를 기반으로 분석을 실행해 가구별 맞춤광고를 내보낸다. 광고주가 선정한 특정 대상에게만 광고를 노출하여 관련성과 영향력에 집중할 수 있고, 시청자도 본인이 평소 관심이 있거나 필요한 광고를 볼 수 있다. 더 세분화된 TV광고 기여 및 측정을 통해 광고주는 참여도, 브랜드 인지도, 전환(conversion) 등의 광고효과를 더 자세히 알아볼 수 있다. 광고의 많은 부분이 디지털 매체로 옮겨가는 상황에서 디지털의 장점인 타겟 광고를 전통적인 TV광고에서도 실현하는 것이다.

프로그래매틱 TV의 유형

사진제공: https://www.incross.com/pr-center/press-release/?mod=document&uid=175

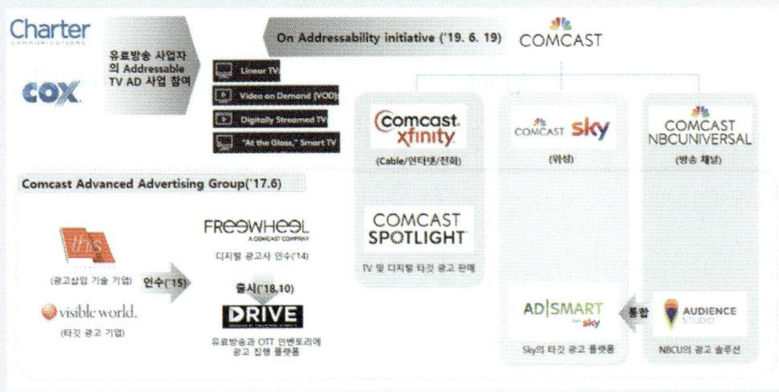

사진제공: http://www.kocca.kr/trend/vol19/sub/s31.html

미국의 Comcast는 'On Addressability'라는 이니셔티브를 시작하며 어드레서블 TV광고를 통해 업계를 통합하고 TV광고를 더욱 매력적이며 효과적으로 만들고 있다. 스트리밍 서비스에서는 고객의 데이터를 사용하여 각 시청자에게 개별광고를 제공하는 것이 가능하다. TV에서도 이러한 맞춤광고를 가구별로 제공하기 위해서 Comcast는 이러한 이니셔티브를 발표했다. Charter Communication과 Cox Cable도 이 이니셔티브에 참여한다. 디지털 광고가 점점 중요해지는 시점에서 디지털 광고의 장점인 타겟팅을 TV 시스템에서도 가능하게 하여 TV를 다시 의미 있는 광고매체로 주목 받게 하는 것이다.

자료원: BrandBrief, "TV 광고 저물고 어드레서블 TV가 온다…KT SK LG 유플러스 상용화 경쟁" 2020.01.09;
KOCCA, "레거시 미디어, 희망을 품고 반격을 시작하다" 2019.08;
인크로스, "TV 광고도 프로그래매틱으로 구매한다" 2019.06.26

광고전략을 세우고 광고제작물을 개발하고 나면, 매체전략을 수립하여 집행해야 한다. 매체기획자는 11장에서 소개한 매체유형별 특징을 충분히 분석한 후 해당 브랜드에 적합한 매체전략을 세우고 집행해야 한다. 도입사례는 디지털 매체의 특성인 타겟광고를 전통적인 광고매체인 TV에 적용하는 새로운 방법인 어드레서블 TV를 소개하고 있다.

본 장에서는 1) 매체계획과 관련된 기초개념을 설명하고, 2) 매체계획의 수립과정을 단계별로 소개한 다음, 3) 체계적인 매체계획 수립에 장애가 되는 요인과 미래방향을 살펴보기로 한다.

1 매체계획과 관련된 기초개념

매체계획(media planning)이란 예상고객에게 광고주의 메시지를 전달하는 데 가장 효과적인 매체를 선정하기 위한 계획이다. 매체계획에서는 전문적 용어가 많이 사용되므로 이에 대한 이해가 필요하다. 매체계획과 관련된 전문용어를 소개한 다음 광고전략과 매체계획과의 관계를 설명하기로 한다.

(1) 매체계획과 관련된 주요용어의 소개

매체계획 자료에는 생소한 용어들이 많이 등장한다. 매체군(매체유형), 매체비클, 매체단위, 도달률, 도달빈도 등은 매체계획과 관련되어 자주 언급되는 기본적 용어들이다.

매체군(medium)은 메시지를 전달하기 위하여 사용되는 일반적인 매체범주를 의미하는데, TV, 라디오, 신문, 잡지와 같은 ATL과 인터넷, 케이블TV, IPTV, 모바일 미디어 등과 같은 BTL이 대표적인 예들이다. TTL은 Through The Line의 약자로 ATL과 BTL의 역할을 동시에 하는 광고채널로 소셜미디어, 디스플레이 배너, 동영상 광고 등을 포함한다. TTL의 개념은 소셜미디어의 사용으로 ATL과 BTL의 경계가 애매해지고 도입사례의 어드레서블 TV광고와 같이 ATL로도 개인화 마케팅이 가능해지고 마케팅 채널이 다양화되면서 등장하게 되었다.

매체비클(media vehicle)은 매체군에 속하는 구체적인 매체수단을 의미한다. 가령, 신문이라는 매체군에는 조선일보, 중앙일보, 동아일보, 매일경제신문 등과 같은 매체비클이 있다. 광고주는 매체비클을 통해 구체적인 시간이나 지면을 구매한다. 예를 들어, MBC 뉴스데스크의 30초짜리 광고가 광고주가 구입하는 구체적인 매체비클이다.

도달률(reach)은 주어진 기간 동안에 광고에 적어도 한 번 이상 노출된 청중의 수 또는 비율을 말한다. 신제품 출시 후 3개월 동안 시청자들 중 50%가 적어도 한 번 광고를 보았다면, 이 50%가 도달률이 된다. 도달률은 시청자 중 광고 메시지에 노출된 사람의 비율로 표시되기도 하고 광고메시지에 노출된 사람의 수로 표시되기도 한다.

도달빈도(frequency)는 시청자가 특정 기간 동안 광고에 노출되는 횟수를 의미한다. 신제품이 출시된 후 1년 동안 특정 소비자가 신제품 TV 광고에 노출된 횟수가 20회라면, 이 20회가 도달빈도가 된다. 그러나 모든 소비자들의 도달빈도를 파악하는 것이 불가능하기 때문에 평균도달빈도의 개념이 주로 사용된다. 여기서 평균도달빈도는 광고메시지가 각 개별 소비자에게 도달된 횟수의 평균을 말한다. 예를 들어 매체계획의 목표가 '90%의 도달률과 8.5회의 도달빈도'라면, 이는 전체 표적소비자 중 90%의 소비자에게 평균 8.5회 광고메시지를 전달하겠다는 것을 의미한다.

(2) 광고전략과 매체전략의 관계

본 장을 포함한 제3부는 광고전략의 수립과정을 소개하고 있다. 광고전략의 수립과정은 크게 1) 광고목표의 결정, 2) 광고예산의 확보, 3) 광고컨셉의 결정, 4) 크리에이티브 아이디어의 개발, 5) 매체계획의 수립으로 구성되는데, 6장에서 광고목표를, 7장에서 광고예산을, 8장에서 광고컨셉의 설정과정을, 9장에서 크리에이티브 아이디어의 개발과정을, 그리고 10장에서 광고제작과정을 설명한 바 있다. 크리에이티브 아이디어가 구현되면 광고 담당자는 다음 단계로 구체적인 매체를 선정하는 작업, 즉 매체전략을 수립하게 된다. 매체계획은 최소의 비용으로 많은 고객들에게 메시지를 전달하는 데 효과적인 매체대안들을 결합하는 것을 목표로 한다. 마케팅전략, 광고전략, 매체전략의 관계를 정리하면 그림 12-1 과 같다.

그림 12-1 마케팅전략, 광고전략, 매체전략의 관계

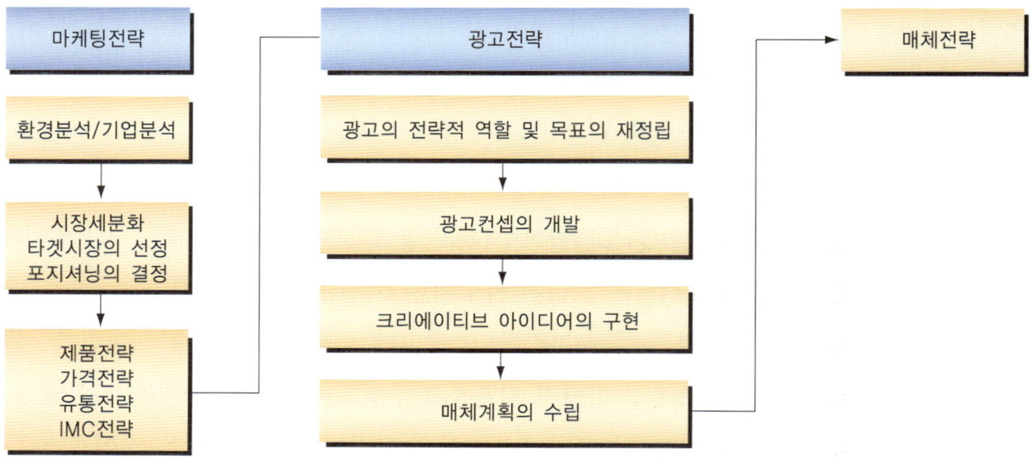

2 매체계획의 수립과정

매체계획을 수립하기 위해서는 여러 가지 의사결정을 해야 하는데, 크게 1) 매체목표의 구체화, 2) 매체전략의 수립, 3) 매체의 집행과 평가로 구분될 수 있다. 첫째, 매체목표는 마케팅 및 광고의 목표와 전략을 토대로 매체를 통해 달성하려는 것으로 정의된다. 둘째, 매체전략은 설정된 매체목표를 구현하는 구체적인 방법을 정하는 과정인데, 구체적으로 매체군의 결정, 매체비클의 결정, 집행시기와 집행일정의 결정, 기타 옵션의 결정 등이 포함된다. 셋째, 매체의 집행과 평가는 수립된 매체전략을 계획대로 집행했는지를 평가하여 그 결과를 차년도의 매체계획에 반영하는 것이다. 그림 12-2는 매체

그림 12-2 매체전략의 수립과정

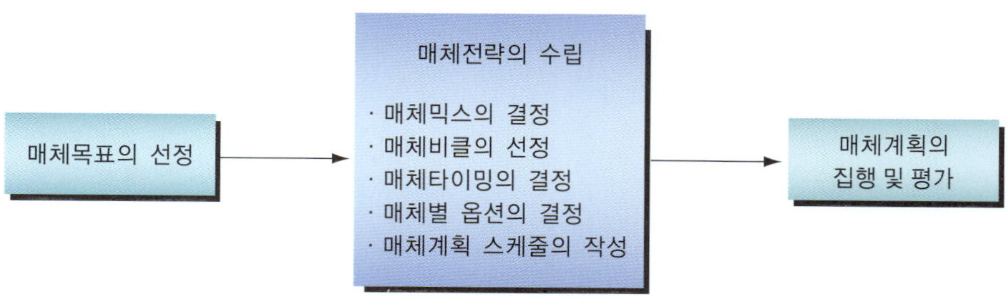

전략의 수립과정을 보여주는데, 이하에서는 각 단계에 대해 자세히 설명하기로 한다.

(1) 매체계획 목표의 선정

매체전략은 광고전략을 토대로, 그리고 광고전략은 마케팅전략을 토대로 수립된다. 따라서 매체전략은 마케팅전략 및 광고전략과 일관성이 있어야 하고 목표는 구체적으로 설정된다. 예를 들어 각 전략에서 설정되는 표적고객의 정의를 생각해 보자. 마케팅전략에서의 표적소비자는 기업이 제품을 판매하고자 하는 소비자들이며, 광고전략과 매체전략에서의 표적청중은 광고 메시지를 전달하고자 하는 대상이다. 다만 매체전략의 표적청중은 매체를 통한 도달 가능성을 고려하여 광고전략의 표적청중을 보다 구체화한 것이다.

같은 맥락에서 마케팅 목표, 광고목표 및 매체계획 목표를 비교해 보면 **그림 12-3**과 같다. 마케팅 목표는 일반적으로 시장점유율, 매출액, 이익 등을 사용하여 설정되고, 광고목표는 인지율, 선호도, 구매의사, 반복구매율 등과 같은 커뮤니케이션 과정의 소비자반응을 중심으로 설정되며, 매체계획의 목표는 도달률(reach)과 도달빈도(frequency)로 설정된다. 즉, 매체계획의 목표는 광고목표를 달성하기 위한 구체적인 활동방향을 설정하는 것이고, 이 목표는 광고 메시지를 전달하고자 하는 표적청중의 범위와 메시지의 전달횟수로 정의된다. 예를 들어, 어떤 신제품의 광고목표가 표적 소비자들로부터 30%의 브랜드재인율(brand recognition)과 15%의 브랜드회상율(brand recall)을 확보하는 것이라고 가정하여 보자. 매체계획은 이 광고목표를 달성하기 위하여 전체 표적소비자의 80%에게 평균 4회 정도 광고메시지를 전달하는 것을 매체목표로 설정할 수 있다. 물론 표적 소비자의 80%에게 4회 정도 메시지를 전달했을 때 목표로 한 30%의 브랜드재인

그림 12-3 마케팅목표–광고목표–매체계획목표의 설정기준 비교

마케팅목표	광고목표	매체계획목표
시장점유율 매출액 이익	인지도 선호도 구매의사 반복구매율	도달률 도달빈도

율과 15%의 브랜드회상율이 달성될 수 있는지는 또 다른 문제이다. 도달률과 도달빈도는 매체계획을 수립하는 데 매우 중요한 개념이므로, 이하에서는 이들을 보다 상세히 설명하고자 한다.

1) 도달률

도달률(reach)은 주어진 기간 동안 적어도 한 번 이상 특정 광고에 노출되는 청중의 수 또는 비율로 정의된다. 예를 들어, 전체 시청자의 숫자가 5천만 명이고 이들 중 3천만 명이 광고메시지에 한 번 이상 노출된 경우 그 매체비클의 도달률은 60%가 된다.

도달률과 관련된 개념으로 시청률과 발행부수가 있다. 일반적으로 시청률은 방송매체에서, 발행부수는 인쇄매체에서 사용된다. 즉 방송매체와 인쇄매체는 각각 시청률과 발행부수를 토대로 특정 매체에 게재된 광고가 소비자에게 도달되는 범위를 추정하는 것이다.

한편 방송매체의 시청률은 프로그램 시청률과 광고 시청률로 구분될 수 있다. 과거에는 이들을 구분하지 않고 특정 프로그램의 시청률을 측정했다. 그러나 특정 프로그램을 본 시청자가 그 프로그램의 전후에 나오는 광고를 시청한 것으로 간주하기 어렵기 때문에, 대체로 광고 시청률은 프로그램 시청률보다 낮다. 최근에는 프로그램 시청률과 광고 시청률을 분리하여 발표하기 때문에 이를 감안하여 광고메시지의 도달률에 대한 계

그림 12-4 일반적인 도달률과 표적소비자 도달률의 구분

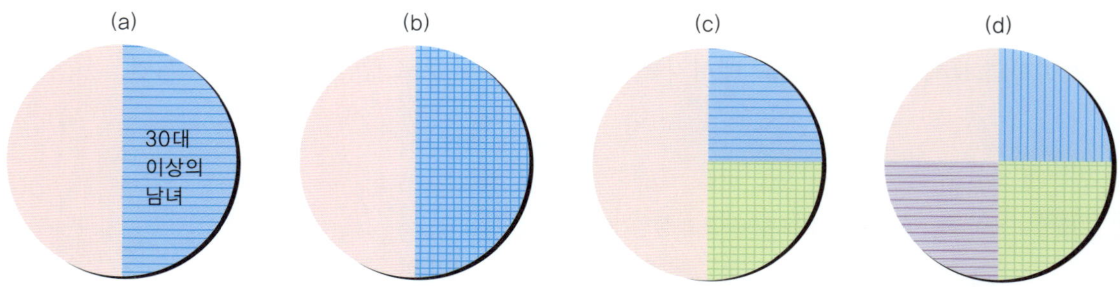

타겟소비자가 30대 이상의 남녀로서 전체(소비자의) 50%를 차지하는 경우 | 매체비클의 도달범위가 타겟소비자 전체를 커버하는 경우 | 매체비클의 도달범위가 타겟소비자의 일부만을 커버하는 경우 | 매체비클의 도달범위가 타겟소비자를 초과하여 커버하는 경우

• 원전체: 전체 소비자의 범위를 의미함 • 가로빗금: 타겟소비자의 범위를 의미함 • 세로빗금: 프로그램의 도달범위를 의미함
• 빗금이 가로와 세로로 겹쳐지는 부분은 특정 매체비클이 타겟소비자층을 커버하는 부분을 의미함

획을 보다 세밀하게 세울 수 있다. 인쇄광고의 경우도 인쇄매체의 발행부수가 도달률을 파악하는 자료로 사용되고 있으나 실제 광고 도달률은 이보다 낮을 가능성이 높다.

또한 매체의 도달률과 표적소비자 도달률도 구별되어야 한다. 매체의 도달률은 특정 매체를 이용하는 청중 중에서 광고에 노출된 청중의 수나 비율을 의미하는 반면, 표적소비자 도달률은 표적소비자들 중에서 광고에 노출된 사람의 수나 비율을 말한다. 특히 매체의 이용자가 광고의 표적소비자와 일치하지 않는 경우 이에 대한 구분은 더욱 중요하다. 그림 12-4은 매체의 도달률과 표적소비자 도달률을 여러 상황별로 설명하고 있다.

그림 12-4에서 (a)는 전체 소비자 가운데서 표적소비자가 차지하는 비율을 보여준다. 이 경우 표적소비자는 30대 이상의 남녀로서, 전체 소비자의 50%를 차지(가로로 빗금 친 부분이 표적소비자층)하고 있다. (b)는 특정 매체비클의 도달률을 보여주는데(세로로 빗금 친 부분이 특정 매체비클의 도달률), 매체비클의 도달률이 표적소비자 전체를 커버하는 가장 이상적인 경우(빗금이 가로와 세로로 겹쳐지는 부분이 특정 매체비클이 표적소비자층을 커버하는 부분)이다. (b)의 경우 매체비클의 일반적인 도달률은 50%(전체 소비자 중 50%의 소비자에게 광고메시지가 전달됨)이고, 표적소비자 도달률은 100%(이 매체비클은 표적소비자 모두에게 광고메시지를 전달함)이다. 그러나 이와 같은 매체비클을 발견하는 것은 현실적으로 거의 불가능하다. 도표 (c)는 특정 매체비클의 커버리지가 표적소비자의 일부만을 커버하는 경우를 보여준다. 이 경우 매체비클의 일반적인 도달률은 25%이고 표적소비자 도달률은 50%이다. 한편 도표 (d)는 특정 매체비클이 표적소비자의 일부와 표적소비자 이외의 소비자들을 커버하는 경우이다. 이 경우 매체비클의 일반적인 도달률은 50%이고 표적소비자 도달률도 50%가 된다. 도표 (d)의 표적소비자 도달률은 도표 (c)의 표적소비자 도달률과 같지만, 불필요한 소비자에게도 광고메시지가 전달된다는 점에서 예산의 낭비가 있다. 즉 도표 (d)의 매체비클은 도표 (c)의 매체비클보다 일반적인 도달률이 높으므로 매체비용이 높을 수 있다. 따라서 매체계획을 수립할 때 단순히 도달률이 높은 매체비클보다는 표적소비자 도달률이 높은 매체비클을 고려하는 것이 중요하다.

2) 도달빈도

도달빈도(frequency)는 흔히 도달횟수라고도 불리는데 청중들이 특정 기간 동안 광고메시지에 노출되는 횟수를 말한다. 그러나 매체목표를 설정함에 있어서 모든 소비자들이 광고에 노출되는 빈도가 동일하기를 기대하기는 어렵다. 따라서 실무에서는 일반적으로 평균도달빈도의 개념이 사용되는데, 이는 표적청중이 특정 광고에 노출된 평균횟수를 의미한다. MBC TV의 '나 혼자 산다'에 광고를 5회 방영하였을 때 이에 노출된 표적소비자의 수와 도달빈도가 표 12-1 과 같다고 가정하여 보자.

표 12-1 평균 도달빈도의 계산

(가정) 총 표적소비자수: 5,000,000명)

도달빈도	도달률: 시청자 수(혹은 시청률)	도달빈도×도달률 (표적 소비자에 대한 GRP)
0	1,000,000 (20%)	0 (0×20)
1	1,500,000 (30%)	30 (1×30)
2	1,500,000 (30%)	60 (2×30)
3	600,000 (12%)	36 (3×12)
4	300,000 (6%)	24 (4×6)
5	100,000 (2%)	10 (5×2)
	표적소비자에 대한 도달률: 80% (4,000,000/5,000,000)	총계 160
	평균도달빈도: 160/80=2 (회)	

표 12-1 에서 볼 수 있는 바와 같이 광고가 5번 집행되었을 때 표적 소비자가 그 메시지에 노출되는 횟수는 0번에서부터 5번까지 다양하게 나타날 것이다. 0, 1, 2, 3, 4 및 5회 노출된 표적소비자의 비율이 각각 20%, 30%, 30%, 12%, 6%, 2%로 나타났을 경우 표적소비자 도달률은 80%가 된다. 표적소비자 가운데 20%가 광고에 한 번도 노출되지 않았기 때문이다.

평균도달빈도는 GRP(Gross Rating Points)의 개념을 이용하여 계산할 수 있다. GRP는 도달률에 도달빈도를 곱하여 계산되는데, 이는 특정 광고에 노출된 총 접촉률 또는 중복된 시청자의 수를 의미한다.

GRP(총 접촉률) = 도달률(reach) × 도달빈도(frequency)

평균도달빈도는 전체 GRP를 도달률로 나눈 것이다. 위의 예에서 1회 광고에 노출된 소비자들의 비율이 30%인 경우 접촉률은 30이 되며, 2회 광고에 노출된 소비자들의 비율이 30%인 경우 접촉률은 60이다. 같은 방식으로 3회, 4회, 5회 광고에 노출된 소비자들로부터 얻게 될 접촉률을 구하면 각각 36, 24, 10이 된다. 따라서 MBC TV '나 혼자 산다'에 광고를 5회 방영했을 때 얻은 GRP의 총합은 160이 된다. 위의 예에서 표적소비자 도달률은 80%이고 총접촉률(GRP)은 160이므로, 80%의 표적소비자에게 제공되는 평균도달빈도는 2회가 된다(160/80=2).

3) 도달률과 도달빈도의 관계

GRP는 도달률이나 도달빈도가 증가할수록 커진다. 매체관리자는 도달률과 도달빈도를 극대화하는 매체를 선정하여 GRP를 높이고자 할 것이다. 그러나 GRP는 광고예산과 직접적인 관계가 있다. 매체의 도달률에 따라 매체의 단가가 결정되고 그 매체에 몇 번 광고하느냐에 따라 총 광고비용이 결정되기 때문에, 주어진 광고예산으로 확보할 수 있는 GRP는 어느 정도 한정되어 있다. 따라서 매체계획의 목표는 도달률과 도달빈도 간의 상쇄관계를 고려하여 설정되어야 한다. 즉, 도달률을 높이기 위해서는 도달빈도를 희생해야 하며, 도달빈도를 높이기 위해서는 도달률을 희생해야 하는 것이다. 〈광고 Highlight〉에서는 이들의 관계에 대한 이해를 돕기 위한 예를 제시하였다.

광고 Highlight

도달률과 도달빈도의 관계에 대한 예

예 1

프로그램 선정에 따른 도달률과 도달빈도의 계산을 단순화하기 위하여 다음과 같은 다섯 가지를 가정하자. 첫째, 관리자가 고려하는 매체는 종합편성채널이고, 프로그램은 채널A의 '하트시그널'과 '도시어부'에 한정된다. 둘째, 두 프로그램의 광고비용은 같으며 각 프로그램의 시청률도 10%로 같다. 셋째, 광고예산은 어떤 프로그램이든지 2회 방영하는 것으로 한정되어 있다. 넷째, 동일한 프로그램에 2회 연속으로 방영될 경우 같은 시청자가 그 프로그램을 반복하여 시청한다. 즉, 한 프로그램에 대한 시청자 층의 변화가 없는 것이다. 다섯째, 각 프로그램을 시청하는 시청자들은 서로 다르다. 즉, 두 프로그램을 동시에 시청하는 시청자는 없다. 아래에서는 매체관리자의 프로그램 선택에 따른 도달률과 도달빈도를 계산하였다.

선택 1: '하트시그널'과 '도시어부'에 각각 1회씩 방영하는 경우

표적 소비자 도달률은 20%가 되고 도달빈도는 1회(두 프로그램을 모두 시청하는 소비자는 없다고 가정하였음)가 된다. 즉, 표적소비자 중 20%의 소비자가 광고메시지에 한 번씩 노출되는 것이다.

선택 2: '하트시그널'에만 2회 방영하는 경우

선택 3: '도시어부'에만 2회 방영하는 경우

표적소비자 도달률은 10%가 되고 도달빈도는 2회(모든 시청자가 특정 프로그램을 반복하여 시청하는 것을 가정하였음)가 된다. 즉, 표적소비자 중 10%의 소비자가 광고메시지에 2회 노출된다.

이 예는 주어진 예산으로 도달률과 도달빈도 중 어디에 중점을 두고 매체비클을 선정해야 하는가의 문제를 보여준다. 도달률을 높이기 위해서는 두 가지 프로그램에 1회씩 방영하는 것이 바람직하고, 도달빈도를 높이는 것이 중요하다면 한 가지 프로그램에 2회 광고하는 것이 바람직할 것이다.

예 2

실제로 도달률과 도달빈도의 결정은 〈예 1〉처럼 그리 간단하지 않다. 〈예 1〉에서는 같은 프로그램에 광고를 2회 방영할 경우 각 회마다 시청자가 동일하다고 가정하였다. 그러나 이러한 가정은 매우 비현실적이다. 각 회마다 시청자 층이 바뀔 가능성이 높기 때문이다. 따라서 〈예 2〉에서는 도시어부가 2회 방영되는 경우 각 회마다 시청자 층이 전혀 중복되지 않는 경우와 시청자의 절반이 중복되는 경우(즉, 10% 시청자들의 절반) 두 가지를 가정하여 보았다.

선택 1: '하트시그널'과 '도시어부'에 각각 1회씩 방영하는 경우

〈예 1〉과 동일하여 도달률은 20%이고 도달빈도는 1회이다.

선택 2: '하트시그널'에만 2회 방영하는 경우

〈예 1〉과 동일하여 도달률은 10%가 되고 도달빈도는 2회이다.

선택 3: '도시어부'에만 2회 방영하는 경우

1회와 2회의 시청자가 전혀 중복되지 않는 경우 도달률은 20%이고 도달빈도는 1회가 된다. 반면 1회와 2회의 시청자 중 50%가 중복되는 경우 도달률은 15%가 되고 도달빈도는 1.5회가 된다.

이 예는 같은 매체에 반복하여 광고를 집행하는 것이 반드시 도달빈도를 높이는 것은 아니라는 것을 보여준다. 매체관리자가 프로그램의 성격과 시청자 층을 정확히 파악하여야 할 이유가 여기에 있다.

예 3

이번에는 '하트시그널'과 '도시어부'의 시청자가 50% 중복된다고 가정해 보자.

선택 1: '하트시그널'과 '도시어부'에 각각 1회씩 방영하는 경우

표적소비자에 대한 도달률은 15%(두 프로그램을 중복하여 시청하는 시청자가 50%가 있기 때문)가 되고 도달빈도는 1.5회가 된다.

선택 2: '하트시그널'에만 2회 방영하는 경우
선택 3: '도시어부'에만 2회 방영하는 경우

도달률은 10%가 되고 도달빈도는 2회가 된다.

위의 예들에서 본 것처럼 어떤 매체를 선택하느냐 그리고 각 매체에 어느 정도 반복해 광고하는가에 따라 도달률과 도달빈도가 달라진다. 따라서 과학적인 매체계획을 위해서는 각 프로그램별 시청자 층에 대한 구체적 자료를 확보하는 것이 필수적이다.

매체계획의 목표는 일반적으로 도달률과 도달빈도에 의해 설정되지만 때로는 GRP에 의해 설정되기도 한다. GRP와 광고목표(예: 제품 인지도 또는 선호도 등)의 관계는 잘 밝혀져 있고, GRP와 매체비용의 관계는 비교적 쉽게 예측(각 프로그램의 시청률과 단가를 비교하면 됨)할 수 있다. 따라서 매체관리자의 입장에서는 매체계획의 목표를 GRP로 설정하는 것이 훨씬 편리하다.

총접촉률(GRP)과 도달률의 관계는 그림 12-5의 (a)와 같은 형태로 나타나고 있다. 즉, 총접촉률이 증가하면서 도달률은 초기에 급속히 증가하나 그 속도는 감소한다. 또한 도달빈도와 도달률에 관한 관계는 그림 12-5의 (b)와 같은 형태로 나타난다. 즉, 프로그램의 방송이 계속되면서 초기에는 새로운 시청자가 증가하지만 이와 같은 증가속도는 방송횟수가 늘어나면서 감소하게 된다. 따라서 매체목표가 도달률을 높이는 것이라면, 주 단위로 매번 다른 내용이 방영되는 프로그램에 광고를 집행하거나 도달빈도를 줄이더라도 다양한 프로그램에 광고를 집행하는 것이 바람직하다. 그러나 이러한 결과들은 일

그림 12-5 도달률, 도달빈도, GRP의 관계

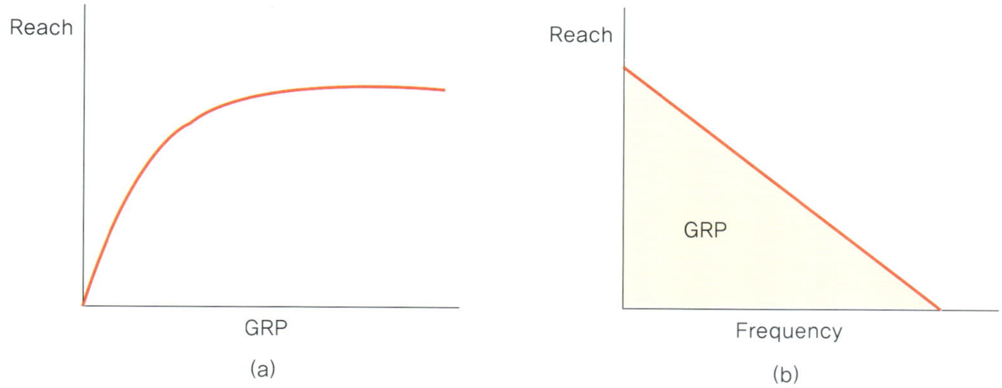

반적인 현상일 뿐이다. 앞서 소개한 예들에서 볼 수 있듯이 같은 GRP라도 매체비클의 선택에 따라 도달률과 도달빈도는 얼마든지 달라질 수 있다.

4) 유효빈도와 유효도달률

마케터들은 예산제약으로 인해 GRP를 기준으로 도달빈도를 희생하고서라도 도달률을 높이거나 도달률을 줄이고서라도 도달빈도를 높여야 한다. 이러한 결정에 영향을 미치는 요인에는 여러 가지가 있다. 예를 들어 신제품을 출시하는 경우에는 가능한 한 많은 사람들에게 알리기 위해서 도달률, 특히 중복되지 않은 도달률을 높여야 할 것이다.

유효빈도는 특정 광고물에 대한 소비자의 인지, 태도, 행동과 같은 반응을 얻기 위해서 필요한 빈도 또는 반복의 수준을 의미한다. 유효도달률은 일정 기간 동안 유효빈도 이상 노출된 개인의 비율을 말한다. 이와 같은 개념은 광고에 한 번 노출시키는 것으로 원하는 메시지를 제대로 전달할 수 없다는 가정에 근거를 두고 있다. 원하는 효과를 얻기 위해 필요한 노출빈도를 정확하게 파악하기는 어렵지만 업계에서는 일반적으로 최소한 3번의 노출이 필요하다고 한다. 그림 12-6은 유효빈도와 유효도달률의 개념을 나타내는데, 3~10회 노출이 유효빈도라면 유효도달률은 유효빈도 구간의 색칠된 영역을 나타낸다. 여기에서 3회보다 적은 도달률은 비유효노출(ineffective exposure)이고, 11회 이상은 과다노출(excessive exposure), 16회 이상은 부정적 노출(negative exposure)이 된다.

여러 연구자들과 실무자들이 경험과 연구결과를 바탕으로 최소한의 도달빈도와 최대

그림 12-6 유효빈도와 유효도달률

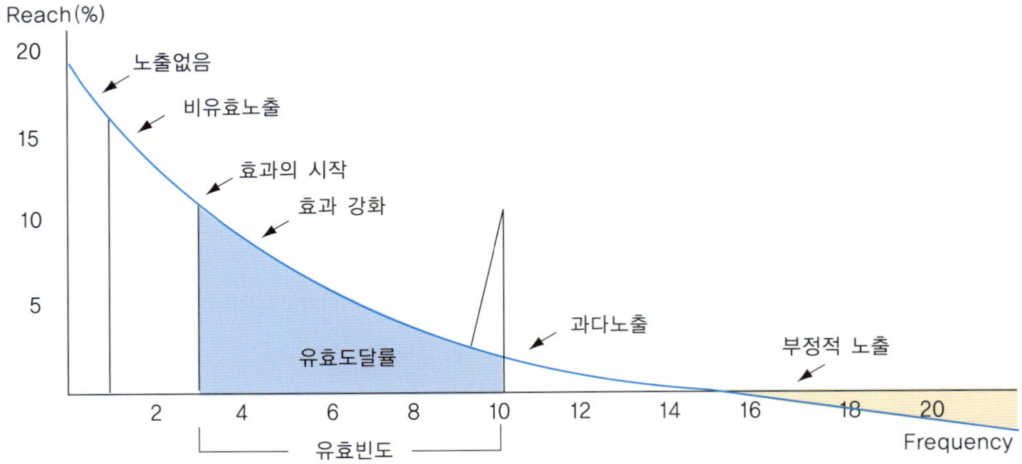

자료원: Belch George E. and Michael A. Belch, *Advertising and Promotion : An Integrated Marketing Communications*, McGraw-Hill, p.323.

한의 도달빈도 개념을 제안하고 있다.

General Electric의 경영자이자 광고이론가인 Krugman은 적정 도달빈도로 3회를 언급한 바 있다. 그에 따르면 소비자는 첫 번째로 접촉한 광고에 대해 호기심을 가지게 되고, 두 번째 접촉을 통해 제품정보를 획득하며, 세 번째 접촉을 통해 취득한 정보를 강화시킬 수 있다. 그는 표적청중의 2/3에게 매월 적어도 2회 이상, 그리고 많아도 4회 이하로 광고를 노출시키는 것이 바람직하다고 실무자들에게 조언했다.

한편 Myers Reports 회장은 과거에는 유효빈도 3회가 적합했지만, 소비자들이 수많은 광고에 노출되고 있는 현시점에서는 세 번의 노출로 충분하지 않다고 주장한다. TV 프로그램의 다양화, 인쇄매체의 다양화, 다양한 뉴미디어의 출현 등으로 인해 12회 노출을 최소한의 도달빈도로 권고하고 있다.

최근에는 매체와 광고의 유형에 따라서 다른 도달빈도를 추천하고 있다. 모바일마케팅협회(Mobile Marketing Association)에서 진행한 연구에 따르면 캠페인 기간 동안 케이블 TV 광고는 12~15회, 모바일 광고는 3회 노출이 최적인 것으로 나타났다. 같은 광고 영상을 사용하더라도 TV광고보다 모바일 광고가 더 큰 영향을 미친다. 사람들이 TV보다 자신의 스마트폰에 더 많은 주의를 기울이는 경향이 있기 때문이다. 그러나 영상광고가 아닌 디스플레이 광고의 경우에는 광고가 알림의 역할을 하기 때문에 더 높은 노출빈도가 효과적이라고 한다.

그러나 시청자들이 실제로 노출되는 횟수를 정확하게 측정하기 어렵기 때문에, 광고주들은 일반적으로 유효도달률과 유효빈도의 가능성을 증가시키는 3회 이상의 노출을 하는 GRP를 구매하게 된다. 유효도달률을 결정하는 것은 GRP를 계산할 때, 평균빈도를 사용한다는 사실 때문에 더 복잡하다. 이런 문제는 다음 시나리오에서 드러난다. 다음과 같이 매체를 구매하는 예를 가정해 보자.

- 목표청중의 50%에 2회 도달
- 목표청중의 30%에 5회 도달
- 목표청중의 15%에 10회 도달
- 평균 빈도 = 4(.5×2+.3×5+.15×10=4)

여기에서 평균빈도는 4회이며, 이것은 일반적으로 통용되는 유효빈도보다는 높은 것으로 나타난다. 그렇지만 정작 목표청중의 50%에게는 2회만 노출된다는 문제점이 있다. 따라서 평균빈도를 사용하는 GRP는 문제점을 갖고 있다고 볼 수 있다.

Young & Rubicam 광고대행사는 GRP와 관련하여 다음과 같은 제안을 하고 있다. 매체예산이 허락하는 범위의 총 GRP를 예측하고, 광고효과를 얻기 위해 필요한 최소 도달빈도를 결정한 다음, 최소 도달빈도에 따른 도달률을 검토하여 최종적으로 유효빈도(effective frequency)와 유효도달률(effective reach)을 결정하라는 것이다. 또한 유효빈도를 결정하기 위해 마케팅 요인, 메시지 요인, 매체 요인을 함께 고려할 것을 제안하였는데, 이들은 **표 12-2**에 정리되었다.

표 12-2 유효빈도 수준을 결정하는 데 영향을 미치는 요인

마케팅 요인
• **브랜드의 역사**: 신규 브랜드인가 기존 브랜드인가? 신규 브랜드는 일반적으로 높은 도달빈도가 필요하다. • **브랜드 점유율**: 브랜드 점유율과 도달빈도 간에는 역(–)의 관계가 존재한다. 브랜드 점유율이 높은 경우 도달빈도의 필요성은 낮아진다. • **브랜드 애호도**: 브랜드 애호도와 도달빈도 간에도 역(–)의 관계가 존재한다. • **구매주기**: 구매주기가 짧을수록 인지도를 유지하기 위해 도달빈도를 높일 필요가 있다. • **사용주기**: 자주 사용되는 제품일수록 도달빈도가 높아야 한다. • **경쟁사의 광고 점유비**: 경쟁사의 광고활동이 치열하여 경쟁광고의 방해효과가 예상되는 경우 높은 수준의 도달빈도가 바람직하다. • **표적집단**: 표적집단의 학습능력이 높은 경우 높은 도달빈도의 필요성은 낮아진다.

메시지 요인
• **메시지의 단순성**: 메시지가 단순할수록 높은 수준의 도달빈도는 불필요하다. • **메시지의 독특성**: 메시지가 독특할수록 높은 수준의 도달빈도는 불필요하다. • **새로운 캠페인**: 새로운 광고 캠페인일수록 높은 수준의 도달빈도가 요구된다. • **이미지 광고**: 이미지 창출이 목적인 광고는 높은 수준의 도달빈도가 필요하다. • **메시지 변형(message variation)**: 다양한 형태로 제공되는 광고는 높은 수준의 도달빈도가 요구된다. • **광고효과의 감퇴**: 과다한 도달빈도로 광고효과의 감퇴현상이 발생할 가능성을 검토해야 한다.
매체 요인
• **혼잡현상(clutter)**: 경쟁광고의 수가 많을수록 광고의 도달빈도를 증가시킨다. • **편집성향(editorial environment)**: 매체의 편집성향과 부합되는 광고는 높은 수준의 빈도를 필요로 하지 않는다. • **주의유발 정도**: 매체의 주의유발 가능성이 높을수록 높은 수준의 도달빈도는 불필요하다. • **스케줄링**: 지속적인 스케줄로 광고를 집행하는 경우 높은 수준의 도달빈도는 불필요하다. • 사용하는 매체의 수: 사용하는 매체가 적을수록, 도달빈도의 수준도 낮아진다. • **반복노출**: 반복노출의 가능성이 높은 매체(가령, 월간지)에 대해서도 낮은 수준의 도달빈도가 요구된다.

표 12-2 에서 언급한 바와 같이 유효빈도의 결정은 여러 가지 요인들을 고려해야 하는 어려운 문제이다. 따라서 유효빈도를 고려함에 있어서 최소 노출빈도뿐만 아니라 최대 노출빈도도 고려하여야 한다. 왜냐하면 광고효과의 감퇴(advertising wearout) 때문이다. 광고효과의 감퇴란 소비자가 같은 광고 메시지에 과다 노출됨으로써 더 이상 반응을 보이지 않거나 경우에 따라서는 부정적인 반응을 보이는 것이다. 같은 광고메시지에 너무 많이 노출된 소비자들은 광고에 대해 싫증이나 짜증을 낼 수 있고, 이런 부정적 감정은 상표태도나 구매의사에 부정적 영향을 미치는 것으로 알려져 있다. 페이스북에 의하면, 페이스북 환경에서 최적의 광고빈도는 전체 캠페인 기간 동안 일주일에 1~2회이고, 3, 4회를 넘어가면 광고효과가 떨어진다고 한다. 또한 페이스북과 같은 대부분의 소셜 미디어 페이지에는 보고 싶지 않은 광고를 숨기거나 차단하는 기능이 있다. 이러한 소비자의 광고 거부를 방지하기 위해서도 최대 노출빈도를 정하는 것이 중요하다.

한편 유효빈도를 검토함에 있어서 메시지의 도달(노출)가능성과 실제 노출을 구분할 필요가 있다. 매체계획에서 언급하는 평균빈도는 일반적으로 메시지의 도달가능성을 의미하는 것으로 실제 노출되었음을 보장하지 못하기 때문이다. 따라서 최대 도달빈도는 이를 감안하여 보다 높게 책정될 필요가 있다.

최소 도달빈도와 최대 도달빈도에 대해 명확한 결론을 내리기는 어렵지만, 대체로 실무자들은 유효빈도의 수준을 4회에서 10회 정도로 보며 상황에 따라 유연하게 적용하고

그림 12-7 매체전략의 수립단계

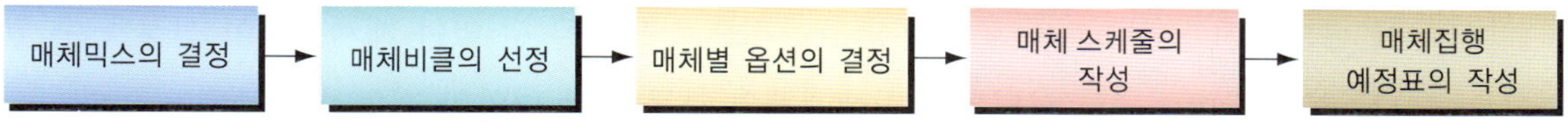

있다. 예를 들어, 유효빈도는 광고메시지의 질에 따라 달라질 수 있다. 매우 창의적인 아이디어가 반영된 우수한 광고물은 단 1회의 노출만으로도 충분한 효과를 거둘 수 있다.

(2) 매체전략의 수립

매체목표를 설정하면 다음 단계는 그 목표를 달성하기 위한 전략을 수립하는 것이다. 매체전략의 구성요소는 그림 12-7과 같이 크게 다섯 단계로 구분할 수 있다. 즉, 매체전략에서 이루어지는 주요 의사결정은 주어진 광고예산의 범위 안에서 어떤 매체군을 이용하고, 각 매체군 내에서 어떤 매체비클을 선정하고, 매체비클별 어떤 구체적 옵션을 선택하며 어느 시기에 어떤 일정으로 광고예산을 집행할 것인가 등에 관한 것이다.

1) 매체믹스의 결정

매체전략수립의 첫 번째 단계는 각 매체의 특징을 고려하여 광고가 집행될 매체유형(매체군)을 설정하고, 총광고예산을 각 매체유형별로 어떻게 할당할 것인가를 결정하는 것이다. 매체유형별 특징은 11장에서 설명되었는데, 표 12-3은 매체믹스의 결정 시 고려해야 할 요인들을 정리한 것이다.

표 12-3 매체유형(매체군)을 선정할 때 고려해야 할 사항

1. 도달률과 도달빈도에 대한 매체목표를 효율적으로 달성할 매체인가?
2. 크리에이티브전략과 조화될 수 있는 매체인가?
3. 매체의 계절성이 광고전략이나 매체목표에 영향을 미치는가?
4. 매체 각각의 고유한 역할은 무엇이고 이를 달성할 수 있는가?
5. 광고주가 특별히 기피하는 매체인가?
6. 광고할 지역의 특성에 맞는 매체인가?
7. 유통경로관리나 판매원활동에 대한 지원이 필요한 경우 이를 잘 수행할 수 있는가?

첫째, 매체유형별 시청자 혹은 구독자에 대한 자료를 검토하여야 한다. 이러한 분석에 근거하여 표적소비자에게 가장 효율적으로 도달될 수 있는 매체유형이 선정될 수 있다. 최근 방송매체의 시청률과 인쇄매체의 구독률 등 다양한 자료가 발표되고 있다.

둘째, 매체유형별 특징은 크리에이티브 실행의 적합성을 고려해 비교한다. 즉, 크리에이티브 전략에서 결정된 메시지의 길이, 복잡성, 주요 소구점 등을 고려하는 것이다. 예를 들어, 광고의 핵심개념이나 주요 판매 아이디어가 무형적인 브랜드 이미지를 표현하는 것이거나 감정적 소구형식으로 표현된다면, 인쇄매체보다는 방송매체가 적합할 것이다. 반면 메시지가 복잡하고 객관적인 제품정보를 전달하는 경우에는 인쇄매체가 더 적합하다. 인쇄매체의 경우 소비자는 시간적 여유를 가지고 제공되는 정보를 처리할 수 있기 때문이다.

셋째, 원하는 시점에 매체를 이용할 수 있는가를 검토해야 한다. 대체로 시청률이 높은 시간대의 방송 프로그램은 시간확보가 용이하지 않다.

넷째, 매체의 계절성을 검토해야 한다. 여름 휴가기에는 TV 시청률이 감소하는 경향이 있으며 스포츠지의 경우 여름과 겨울에 구독률이 현저하게 떨어진다.

다섯째, 소비자들의 매체이용행태에 대한 철저한 분석을 바탕으로 매체를 결정해야 한다. 최근에는 모바일 매체와 함께 소셜 미디어의 등장으로 소비자들이 기업의 광고나 캠페인에 직접적으로 참여하는 사례들이 빈번하기 때문에 매체군을 선택할 때 이러한 매체환경의 변화를 고려하여 의사결정하여야 한다. 〈광고 Highlight〉에서 소개된 스타벅스의 경우 소비자들의 UGC(user-generated content)를 적극적으로 유도하여 소비자의 직접적 참여와 이러한 소비자들의 자연스러운 메시지 전달로 입소문 또한 얻는다. 스타벅스는 #WhiteCupContest를 통해 소비자에게 재미있는 놀이와 같은 미션을 던져주며 소셜미디어를 통해 소비자들과 소통하며 스타벅스의 인상적인 초록색 로고를 각인시키고 새로운 제품 디자인까지 얻은 바 있다.

〈광고 Highlight〉에서는 이와 같이 소셜미디어를 사용해 캠페인을 효과적으로 전개한 사례들을 소개하고 있다.

광고 Highlight

소셜 미디어를 이용한 광고캠페인

소비자들과 직접 소통할 수 있는 소셜 미디어의 역할이 중요하다. 인스타그램의 경우 인터페이스 내에서 혹은 비즈니스 계정으로 광고를 진행할 수 있다. 직접적인 광고 외에도 소비자의 포스트에 브랜드의 계정을 태그하거나 지정된 해시태그(#)를 사용해서 소비자들의 참여 활동을 장려하고 추적할 수 있다.

스타벅스의 다양한 UGC를 활용한 캠페인

#WhiteCupContest

스타벅스의 매장에서 제공하는 흰색 테이크아웃 컵을 꾸며서 인스타그램에 #WhiteCupContest의 해시태그와 함께 올리는 콘테스트였다. 이 캠페인을 통해 스타벅스는 3주 동안 4,000개 이상의 참가작을 받았으며, 최종 우승한 디자인은 한정판의 컵으로 제작되어 실제 매장에서 판매되었다. 스타벅스 소비자들의 창의성과 예술적인 감각을 자극한 콘테스트로 소비자들이 참여할 수 있는 놀이를 제공하며 스타벅스가 일회용품을 줄이고 환경 보호에 기여하는 브랜드라는 이미지도 전달했다.

#UnicornFrappuccino

스타벅스의 Pumpkin Spiced Latte를 마셔야 가을이 시작한다는 말이 있을 정도로 스타벅스의 시즈널 음료들은 큰 사랑을 받는다. 그 중에서 특히 많은 주목을 받은 음료는 2017년 4월에 론칭된 유니콘 프라푸치노다. 4월 19~23일 동안만 한정판 음료로 팔렸던 유니콘 프라푸치노는 알록달록한 색감으로 소비자들이 해당 음료를 구매해서 인스타그램에 올리고 싶은 욕구를 자극했다. 흔히 말하는

"instagrammable"한 음료를 한정판으로 판매하여 론칭과 함께 많은 소비자들이 인스타그램에 #UnicornFrappuccino로 이 음료의 사진을 공유하여 큰 화제를 일으켰다. 수년이 지난 현재에도 해당 해시태그를 검색하면 스타벅스 한정판 음료의 사진을 확인할 수 있다.

Airbnb의 #LiveThere 캠페인

"파리에 가지 마세요. 파리에서 여행을 하지 마세요."라는 메시지로 시작한다. 새로운 도시로 떠날 때, 그냥 가는 것이 아니라, 하룻밤만 이라도 그 도시를 경험하고 살라는 메시지를 전달한다. 새로운 도시를 경험할 때 많은 경우에 여행객들은 그 도시에서 생활하는 로컬들과 전혀 다른 경험을 하게 된다. 여행객들과 로컬들을 나누는 선을 에어비앤비에서 생활하는 것으로 극복할 수 있다는 점을 보여준다. 에어비앤비와 여행을 떠나면 에어비앤비만의 특별한 시스템과 서비스로 인해 자신만의 집을 가지게 되고 그 지역의 사회에 포함됨으로써 자신이 마치 동네 주민이 된 것 같은 경험을 할 수 있기 때문이다. 이렇게 다른 숙박 서비스와 구별되는 에어비앤비만의 차별점을 강조하여 소비자들이 여행에 대해서 새로운 가치를 고려하게 한다.

'Live There' 캠페인은 인스타그램, 페이스북, 트위터, 유튜브를 포함한 다양한 소셜미디어 플랫폼을 통해서 소비자에게 전달되었다. 또한 #LiveThere 해시태그를 사용하여 에어비앤비의 사용자들도 자신들의 경험을 쉽게 공유할 수 있도록 했다.

홈플러스 더 클럽의 인스타그램 계정 제품광고

홈플러스의 창고형 온라인 몰 '홈플러스 더 클럽'의 인스타그램 공식 계정에 들어가면 다양한 패턴을 활용한 이미지들이 돋보인다. 이미지를 클릭하면 B급 감성을 이용한 재미있는 글과 상품에 따라서 감동적인 글, 유행하는 콘텐츠 패러디, 유행어와 언어유희를 사용한 글, 혹은 짧은 스토리 등을 확인할 수 있다. '대용량은 소비 패턴을 좌우합니다'라는 슬로건에 맞춰 상품을 나열해 패턴을 만들고 그 상품에

홈플러스: theclub_homeplus의 인스타그램 계정 제품광고

YouTube https://www.youtube.com/watch?time_continue=11&v=bbdF8Muiwtk&feature=emb_logo

제 목 Don't Go There. Live There.
검색어 #LiveThere

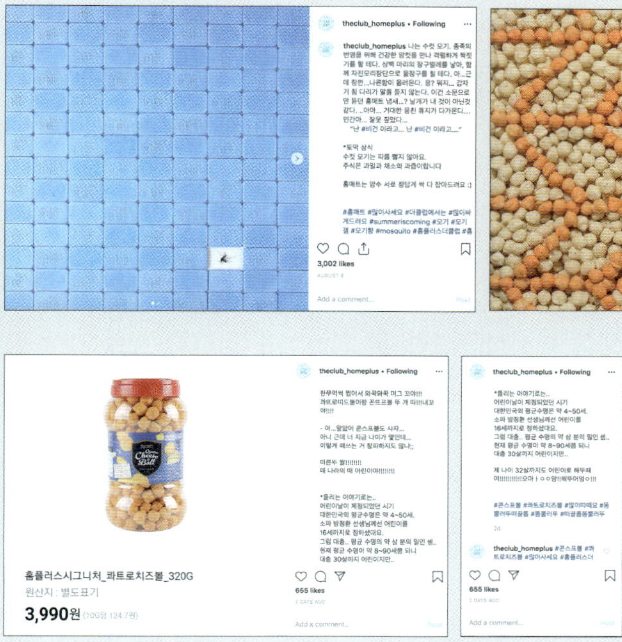

사진제공: https://www.instagram.com/theclub_homeplus/

어울리는 감성을 자극하는 글로 사용자의 피드에서 비주얼과 내용 모두 돋보인다. 상품으로 만든 패턴을 보고 글을 읽으면서 자연스럽게 소개된 제품에 대해서도 읽게 된다. 소셜미디어의 새로운 형태의 온라인 서비스로, 메인 타겟고객에 포함된 2030세대의 수요에 맞는 스토리텔링 마케팅으로 상품에 대한 흥미를 느끼게 하고 브랜드에 대한 친숙도 역시 강화시킨다.

자료원: Starbucks' Stories & News, "Starbucks Weaves its Magic with New Color and Flavor Changing Unicorn Frappuccino" 2017.04.18; Starbucks' Stories & News, "Starbucks Announces the Winner of its White Cup Contest" 2014.06.23

2) 매체비클(Media Vehicles)의 결정

매체군별 예산이 배정되면, 매체관리자는 각 매체군 내에서 어떤 비클을 사용해야 할 것인가를 결정해야 한다. 매체비클은 비용의 효율성에 따라 비교적 쉽게 선정할 수 있다. 이하에서는 방송매체와 인쇄매체의 매체비클에 대한 비용평가방법을 설명하기로 한다.

① 방송매체의 비용효율성 평가

TV, 라디오와 같은 방송매체를 구매하는 비용의 효율성을 평가하는 데 가장 많이 사용되는 방법은 1GRP를 얻는 데 드는 비용(Cost/GRP)이나 1%의 시청률을 얻는 데 소요되는 비용(CPRP)을 산출하는 것이다.

Cost/GRP = 매체비용/GRP
CPRP(Cost per Rating Points) = 매체비용/시청률

단일 매체비클의 경우 일반적으로 시청률이 도달률이 되기 때문에 Cost/GRP와 CPRP(Cost per Rating Points)는 같은 개념이다. 따라서 이 개념은 개별 프로그램의 비용대비 효율성을 평가하는 데 사용될 수 있다. 그런데 TV와 라디오에는 여러 프로그램이 있으므로, 매체관리자는 각 프로그램에 대한 시청률 자료를 토대로 CPRP를 계산하여 비용 측면에서 가장 효율적인 프로그램을 확인할 수 있다. 그러나 방송매체는 공급량이 제한된 상황이므로 광고주가 원하는 프로그램에 광고를 집행할 수 없는 상황이 발생될 수 있다. 따라서 여러 프로그램의 조합을 비교해 볼 필요가 있는데, 이 경우에는 Cost/GRP가 활용될 수 있다. 표 12-4 는 여러 가지 프로그램을 조합한 두 가지 대안의 비용을 비교한 것이다.

표 12-4 매체믹스 대안별 상대적 비용

〈대안 1〉					
프로그램	시청률	매체비용(1회당)	방영횟수	총비용	GRP
A	18%	2,000,000	5	10,000,000	90
B	30%	4,000,000	4	16,000,000	120
C	15%	2,000,000	6	12,000,000	90
D	25%	3,000,000	4	12,000,000	100
				총계 50,000,000	400
Cost/GRP = 50,000,000/400 = 125,000원					
〈대안 2〉					
E	35%	5,000,000	4	20,000,000	140
F	20%	3,000,000	5	10,000,000	100
G	12%	2,000,000	5	10,000,000	60
				총계 40,000,000	300
Cost/GRP = 40,000,000/300 = 133,333원					

대안 1과 대안 2를 비교하기 위해서 각 대안에 대한 GRP당 비용을 계산하여 보았다. 대안 1의 경우 1GRP를 얻는 데 들어가는 비용은 125,000원이고 대안 2의 경우는 133,333원이므로, 대안 1이 비용적인 측면에서 더 효과적이다.

② 인쇄매체의 비용효율성 평가

인쇄매체의 비용효율성 평가를 위하여 가장 일반적으로 사용되는 방식은 CPM을 계산하는 것이다. CPM은 천 명의 구독자에게 메시지가 도달되는 데 들어가는 비용을 의미하는데, 산출방식은 다음과 같다.

$$CPM = 광고지면에\ 대한\ 비용 \times 1{,}000\ /\ 판매발행부수$$

이 방식을 사용하여 매체비클별 비용효율성을 비교할 때 주의해야 할 점은 같은 크기의 지면을 구매하는 데 드는 비용을 산출해야 객관적인 비교가 가능하다는 점이다. CPM의 숫자 자체는 큰 의미가 없으며 이는 단지 다른 인쇄매체와 비교될 때 의미를 갖는다.

신문, 잡지 등 인쇄매체의 판매부수자료는 발행사의 수입원인 구독료 및 광고수입과 깊은 상관관계를 가지고 있으며 인쇄매체 광고비의 책정근거가 된다는 점에서 중요하다. 2009년부터 한국 ABC 협회(Audit Bureau of Circulation)에서는 전국 일간 신문사의 발행부수를 발표하고 있다. 본격적으로 발행부수와 유료부수를 공개하기 시작한 2010년부터 2019년까지 10년 사이의 추이를 보면 발행부수는 26.6%, 유료부수는 10.1% 감소한 것을 확인할 수 있다.

최근 인터넷이 광고매체로서 큰 영향력을 보이고 있다. 이에 따라 인터넷의 효율성 및 광고효과를 측정하는 것이 중요해지고 있다. 〈광고 Highlight〉에서 인터넷 광고의 효과와 효율성을 측정하는 데 필요한 기준을 설명하고 있다.

3) 매체별 옵션의 구체적 결정

매체 유형과 매체비클을 결정하면, 매체관리자는 각 매체별로 구체적 옵션을 결정해야 한다. 일반적으로 매체별 옵션에 대한 결정에는 광고물의 길이나 크기, 위치, 색상 등이 고려된다.

먼저 TV광고의 경우 15초, 20초, 30초 등이 가능하고, 프로그램에 따라 광고물의 길이에 제한을 두는 경우도 있다. 만약 선택권이 있을 경우 어떤 길이를 택하는 것이 효율적인가를 검토하여야 한다. 연구결과에 따르면 15초짜리 광고물에 대한 상기도가 30초짜리 광고물에 대한 상기도의 절반보다 높은 것으로 나타나 비용 측면에서 효율적인 것으로 나타나고 있다. 그러나 광고메시지의 이해도 및 설득력 측면에서는 15초짜리가 비효율적일 수도 있다. 특히 신제품광고의 경우 광고가 너무 짧아 메시지 내용이 충분히 전달되지 않는 경우 기대한 광고효과를 얻을 수 없다. 일반적으로 도입기나 성장기의 브랜드는 긴 광고가 바람직하며, 성숙기에 들어섰거나 잘 알려져 있는 브랜드는 짧은 광고가 효율적일 수 있다.

유튜브의 경우 영상광고는 5초 시청 후에 건너뛸 수 있는 광고(skippable video ads)와 15~20초 분량의 건너뛸 수 없는 광고(non-skippable video ads)가 있다. 두 종류의 광고 모두가 영상 전, 중간, 혹은 끝에 삽입할 수 있다. 사용자가 시청해야 하는 광고가 5초에서 20초로 TV광고보다 짧은 편에 속하지만, 건너뛸 수 있는 광고의 경우 처음 5초내에 시청자의 시선을 사로잡으면 일상적인 TV광고보다 훨씬 긴 광고를 시청자에게 전달할

광고 Highlight

인터넷 광고의 효과측정 기준

1. 효과 측정의 기본단위

인터넷은 매체의 특성상 광고가 등장하는 즉시 오디언스의 반응을 측정할 수 있다. 인터넷 광고의 효과 측정에는 주로 히트수(hits count), 페이지뷰(page view), 임프레션(impression) 등이 사용되어 왔다. 광고를 직접 클릭한 측정수단으로는 클릭 또는 CPC 등이 있다.

광고측정에 쓰이는 기본단위들을 정리하면 다음과 같다.

히트수: 히트는 가장 기초적인 효과 측정 데이터로서 클라이언트(client)와 서버(server) 간의 접촉기록을 표시하는 단위이다. 웹서버에 설치된 소프트웨어는 서버의 웹 파일이 몇 번이나 브라우저를 통해 다운로드 되었는가를 세어서 로그 파일에 기록하게 되는데 이 통계량을 히트수라고 한다. 그러나 이 방법은 단지 다운로드된 파일의 숫자만을 의미하기 때문에 100명이 1번 방문한 것인지, 1명이 100번 방문한 것인지 구분할 방법이 없으므로 광고를 집행하는 입장에서는 큰 의미를 가지기 어렵다.

방문: 방문 또는 비지트(visit)는 1인의 사용자에 의해서 연속적으로 서버에 대한 요청이 이루어지는 것을 의미한다. 다시 말해 한 사용자가 특정 웹사이트에 접속해 일련의 웹페이지를 연속적으로 이용할 때 이를 하나의 방문으로 기록하는 방법이다. 사용자가 일정 시간이 지난 후 다시 해당 웹사이트를 방문하면 이는 다시 또 다른 방문으로 기록된다.

임프레션: 임프레션(impression)은 실질적으로 광고 배너가 들어 있는 웹페이지가 노출된 수를 말하며, 웹 방문자가 회사의 로고나 광고를 본 수를 측정한 것이다. 인터넷 광고시장에서 가장 널리 통용되는 수치이다.

클릭수: 클릭수(ad click count)는 사용자가 배너를 클릭하였을 때 측정되는 수치를 말하며, 광고 노출에 비해 사용자의 반응을 측정한다는 점에서 인터넷 광고효과를 측정하는 기준으로 제시되고 있다. 이 기준은 광고집행자의 관점에서는 유용하지만, 광고물의 영향을 받는다는 점에서 매체 측에서는 광고비 산출기준으로 수용하기 어려운 데이터이다.

클릭률: 클릭률(click through rate)은 노출된 광고 중에서 실제 클릭을 하여 링크된 사이트로 이동한

횟수의 비율을 말하며, 얼마나 많은 사용자가 광고 페이지를 선택했는지 파악할 수 있다. 하지만 클릭으로 광고주가 정한 웹페이지로 이동하는 것만을 측정하기 때문에 사용자가 광고 메시지를 실제로 받아들였거나 사용자의 태도에 변화가 있었는지를 측정할 수 없다는 단점이 있다. 클릭수를 임프레션으로 나누고 100을 곱하면 클릭률을 구할 수 있다(클릭률 = (클릭수/임프레션) x 100). 예를 들어 광고가 100번 노출됐을 때 사용자에게 5번 클릭되면 클릭률은 5%가 된다.

지속시간: 특정 인터넷 광고의 웹페이지에 머물러 있는 평균 시간을 의미한다.

페이지뷰: 서버가 에러 없이 특정 페이지를 전달한 횟수를 말하며 종종 이 페이지에 포함된 광고배너의 노출수와 동일하게 간주되기도 한다. 그러나 페이지뷰(page view)는 사용자가 해당 페이지의 모든 내용을 전송받았다고 보기는 어렵다. 사용자가 자신의 웹 브라우저에서 이미지 받기 기능을 꺼 놓았을 경우에는 광고배너가 전송되지 않기 때문이다.

2. 인터넷 광고 효과 측정의 기준

인터넷 광고 효과에 대한 기준은 광고주와 매체사가 다른 관점을 가지고 있다. 광고를 하는 입장에서는 매출증대에 기여하는 것이 광고의 목적인 반면, 매체사의 입장에서는 매체에 얼마나 노출되었는가를 가장 중요한 기준으로 둘 수밖에 없는 것이다. 인터넷 광고의 효과측정 기준에는 다음과 같은 것들이 있다.

노출기준(CPM, Cost Per Thousand): 페이지뷰와 같이 광고의 노출 수를 기준
기간기준(CPP, Cost Per Period): 1주일, 또는 1개월간 고정으로 노출하는 기간 기준
클릭기준(CPC, Cost Per Click): 광고게시물에 대한 클릭수가 효과의 기준
성과기준(P4P, Pay for Performance): 광고성과를 기준으로 하나 대부분 클릭 기준
획득기준(CPA, Cost Per Acquisition): 회원가입, 이벤트 응모 등 리스트 획득 기준
판매기준(CPS, Cost Per Sale): 판매액을 기준으로 광고비를 책정하는 기준

광고주 입장에서는 매출이나 회원가입과 같은 직접적인 성과에 대해 측정기준을 선택하면 효과의 변별력이 높아지게 된다. 반면 매체사 입장에서는 시간 또는 단순노출 수를 기준으로 하면 광고의 공정성과 관리의 용이성을 제고할 수 있다.

우리나라의 인터넷 광고는 대부분 CPM, 즉 노출기준이다. 배너광고, 이메일 광고에서 발송기준 과금, 네이버의 키워드 광고 등이 CPM 기준이다.

3. 새로운 측정지표의 개발

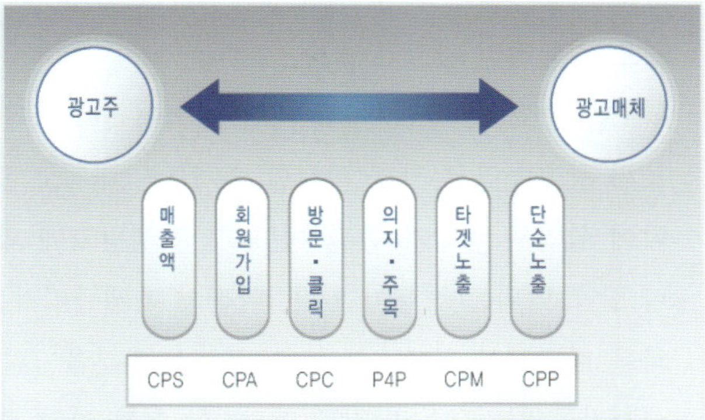

기존 온라인 광고의 효과측정은 여러 사람들이 한 개의 인터넷 연결기기를 이용하거나 한 사람이 여러 개의 인터넷 연결기기를 이용할 경우 개개인의 광고효과를 측정하거나, 그 개개인이 누구인지 파악하기 어려운 한계가 있었다.

미국 닐슨(Nielson)은 광고에 노출된 사람들의 인구통계학적 특성을 파악할 수 없었던 기존 측정방법의 단점을 보완하기 위해 2010년 온라인 캠페인 평점(online campaign ratings)을 개발하였다. 이것은 기존 온라인 광고효과 조사방식인 웹사이트 기반 전수조사 방식에 패널조사 방식을 접목한 것이다. 특정 광고의 노출 수는 전수조사로 측정하되(웹사이트 기반 전수조사), 페이스북 이용자와 닐슨이 보유하고 있는 별도 패널들을 이용해(패널조사) 광고에 노출된 사람들의 인구통계학적 특성(성별, 연령 등)을 추정하는 것이다.

또한 닐슨은 2019년 크로스 플랫폼 캠페인 평점(cross-platform campaign rating)을 제공하여 스마트폰, 태블릿, 컴퓨터, TV에서 광고를 보는 사용자에 대한 심층적인 분석을 한다. 모바일 및 OTT 잠재고객을 포함하는 기능을 통해 미디어의 구매자와 판매자에게 모든 플랫폼에 대한 포괄적인 수치를 제공하고 TV와 디지털을 통한 캠페인으로 수익을 창출할 수 있게 한다. 이번 출시로 닐슨은 처음으로 총 광고 평점(Total Ads Ratings)에 유튜브를 포함한 모바일 고객을 포함한다. 이는 실제 사용자와 데이터를 기반으로 유사한 측정항목을 사용하여 TV와 디지털을 통해 게재되는 광고의 실적을 비교할 수 있는 기능을 제공한다.

자료원: 광고정보, 에이스카운터(www.acecounter.com); Marketing Technology Insights, "Nielsen Launches Enhanced Cross-Platform Campaign Measurement Across TV and Digital Ads" 2019.01.08; 이승엽, 동향과 전망: 방송 · 통신 · 전파, 한국방송통신전파진흥원, 2013. 9

수 있다. 따라서 정보성 콘텐츠의 광고로 사용하기에 적절하다. 반대로 건너뛸 수 없는 광고에서는 짧은 시간 내에 메시지를 전달해야 하기 때문에 중독성이 높은 멜로디 영상광고와 패러디 광고가 많다.

또한 광고의 방영순서에 대한 선택이 필요하다. 광고주는 추가적인 비용을 부담함으로써 광고방영 순서를 지정할 수 있다. 대체로 광고가 방영되는 시간대의 처음과 마지막에 삽입된 광고가 중간부분보다 경쟁광고에 의한 혼잡현상(clutter)을 줄일 수 있어 보다 잘 기억되는 경향이 있다. 따라서 매체관리자는 추가비용과 위치별 상대적인 기억효과를 비교해야 한다. 최근 한 회의 방송분을 3편으로 나눠어 중간광고를 두 번 내보내 시청자들의 비난을 받기도 했다. 한 회를 여러 편으로 나누면 편 사이에 방영되는 광고가 중간광고로 간주되지 않아 법적인 문제는 없지만, 온라인 다시보기에는 3편이 1회차로 합쳐져서 제공되기 때문에 더 많은 광고를 내보내 광고수익을 올리기 위한 방법으로 의심을 받았다.

한편 인쇄광고의 경우 광고지면의 크기를 검토해야 한다. 매체관리자는 광고지면의 크기가 광고에 대한 주목률과 이해도에 미치는 효과를 검토해야 한다. 연구결과에 따르면 광고물의 크기를 두 배로 확대하더라도 광고에 대한 주목률이 두 배가 되지 못하는 것으로 나타났다. 그러나 메시지의 전달효과는 광고물의 크기가 커질수록 증가하므로 광고물의 크기를 작게 하는 것이 바람직하다고 말하기 어렵다. 경쟁광고의 게재여부와 크기, 광고내용 등을 종합적으로 고려해 광고물의 크기를 결정해야 한다. 신문광고의 경우 흑백광고 혹은 컬러광고에 대한 선택도 중요하다. 컬러광고는 흑백광고에 비하여 비용이 높은 반면, 주목률과 메시지 전달효과를 높일 수 있는 이점이 있다. 또한 광고위치의 결정도 중요한 옵션이다. 신문광고의 경우 지면에 따라 비용이 다르고 구독자층도 다르기 때문이다. 지면 선택에 따른 표적소비자층의 도달 가능성과 비용을 종합적으로 고려해야 한다.

광고매체를 선정하고 매체비클을 선택함에 있어서 전통적으로 '비용'이 큰 비중을 차지해왔다. 그러나 최근에는 광고에 크리에이티브 요소를 포함시키는 게 광고계의 한 축으로 자리잡게 되면서 매체의 선택 또한 광고의 크리에이티브 요소를 잘 반영할 수 있는지에 대한 기준을 바탕으로 이루어지고 있다. 〈광고 Highlight〉에서는 창의적인 아이디어와 이에 적합한 매체선택으로 인해 적은 광고비라는 제약을 극복한 버드와이저의 사례를 살펴본다.

광고 Highlight

창의적인 아이디어에 적합한 매체선택으로 적은 광고비의 제약을 극복한 Budweiser Tagwords 광고

TV만 켜면 흔히 볼 수 있는 몇몇 광고주들이 있어 특정 광고가 너무 많이 나와서 어떤 때는 소비자들의 짜증을 유발하기도 하며, 또 어떤 때는 세뇌를 당하는 기분이 들 때도 있다. 물론 매체비를 많이 쓰면 그만큼 효과를 볼 수 있겠지만 현실적으로 정해진 매체비에 맞게 광고를 집행해야 하고 상황에 따라 아주 적은 매체비에 대처해야 하는 상황도 존재할 것이다. 적은 매체비라는 제약을 스마트한 아이디어를 바탕으로 극복하고, 더 나아가 더 큰 효과를 누린 캠페인들이 해가 갈수록 늘어가고 있다.

Budweiser “TagWords”

버드와이저는 미국 시장 점유율 1위의 맥주 브랜드로 음악가들과 특히 밀접한 관계를 자랑하지만, 이를 광고로 활용하기에 어려움을 겪었다. 이를 광고하기 위해서는 음악가들이 버즈와이저를 들고 있는 사진을 사용해야 하는데, 광고에 싣기 위해서 감당해야 하는 사진의 초상권과 저작권이 어마어마하기 때문이다. 따라서 버드와이저는 이러한 사진들을 직접 광고에 싣는 대신, 소비자가 직접 검색하여 찾을 수 있도록 관련 검색어(tagwords)를 광고에 실었다. 모든 광고는 빨간색의 배경에 하얀색 글씨로 해당 연도와 3~4개의 단어를 나열하고, “SEARCH IT”이라는 문구로 소비자의 호기심을 자극하고 검색을 하게 지시한다. 예를 들어서 ‘1965 Poolside Florida Budweiser’를 구글에 검색하면 플로리다의 풀장에서 버드와이저를 들고 있는 롤링 스톤스의 멤버 믹 재거의 사진을 볼 수 있다. ‘1969 musicians sessions Budweiser’를 검색하면 과거와 현재의 다양한 스타들이 버드와이저를 즐기는 모습을 담은 사진들을 찾

을 수 있다. 아티스트의 이름이나 이미지를 언급하지 않고 해당 연도, 장소나 관련 단어와 '버드와이저'를 검색하는 것으로 충분하다.

대부분의 소비자들이 스마트폰을 가지고 다니는 요즘, 이미지가 없이 몇 개의 단어만 나열하는 형식으로 소비자의 궁금증을 유발하여 소비자가 직접 버드와이저에 대한 정보를 찾아보도록 유도하였다. 즉, 이미지가 없는 이미지 광고이다. 숨은그림찾기와 같은 재미를 선사하여 소비자의 참여를 이끌어내기도 하였다. 인쇄매체를 통해서도 광고비에 대한 제약을 창의적인 아이디어로 극복하고, 다른 맥주 브랜드들과의 차별점인 버드와이저의 역사와 유명 뮤지션들과의 관계를 돋보이게 해준 캠페인이다. 또한 현지에서의 협찬이나 광고로 얻을 수 없는 과거의 유명 뮤지션들과 함께한 역사적인 순간들(legendary moments)을 소비자에게 상기해주며 버드와이저 브랜드의 legacy를 증명한다. 버드와이저는 이 캠페인으로 칸 라이온즈 Print & Publishing 부문의 Grand Prix를 수상하기도 하였다.

자료원: https://activationideas.com/blog/tagwords

4) 매체 스케줄의 결정

매체 유형별 예산의 분배, 매체비클과 옵션에 대한 결정이 이루어지면, 다음 단계로 광고집행에 관한 스케줄이 결정되어야 한다. 광고의 스케줄링의 선택에는 다음과 같은 요인들이 고려된다.

첫째, 많은 제품들이 계절에 따라 수요의 변동을 보이므로 이에 따른 집행시기를 선정해야 한다. 예를 들어 초콜릿, 카드, 꽃 등은 발렌타인데이와 같은 특정 이벤트에 의하여 수요가 급격히 증가되고 있다.

둘째, 광고의 타이밍은 시간의 경과에 따른 광고효과에 영향을 미친다. 이하에서는 광고스케줄에 따라 광고효과(기억효과)가 어떻게 달라지는가에 대한 연구결과를 간략히 소개하기로 한다.

광고대행사의 조사자인 Zielske는 매우 흥미로운 조사를 실시하였다. 그는 무작위로 추출된 두 집단의 여성들에게 13가지의 신제품광고를 발송하였다. 한 집단에게는 같은 광고물을 13주 동안 매주 발송하였고, 다른 집단에게는 4주 간격으로 약 1년에 걸쳐 같은 광고물을 13번 발송하였다. 그는 다음으로 매주 신제품에 대한 비보조회상률을 1년

그림 12-8 광고의 스케줄별 기억효과의 비교

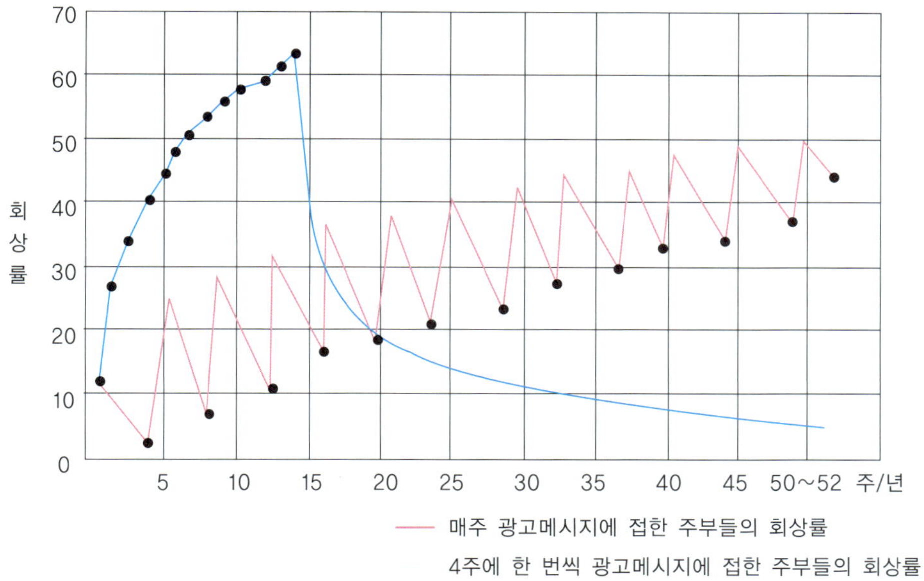

에 걸쳐 조사하였는데 그 결과는 그림 12-8과 같다. 매주 광고를 접한 집단의 비보조회상은 초기에 급격히 증가되었으나, 13주 후에는 급격히 감소되었다. 반면 광고물을 4주 간격으로 1년 동안 접한 집단의 경우 비보조회상이 꾸준히 증가되었다. 이 실험은 광고의 스케줄링과 관련되어 다음과 같은 시사점을 제공한다. 초기에 제품의 인지도를 높이고자 하는 경우에는 짧은 기간에 광고를 집중하는 것이, 꾸준히 제품에 대한 인지도를 유지하고 싶은 경우에는 일정 간격을 두고 광고를 집행하는 것이 바람직하다. 광고스케줄에 대한 다른 연구들도 광고효과가 급격히 쇠퇴하는 시점에 다시 광고를 집행함으로써 광고효과를 유지할 수 있는 것을 보여주고 있다.

셋째, 제품의 마케팅 및 광고전략이 광고스케줄링에 영향을 미칠 수 있다. 예를 들어 신시장에서 경쟁브랜드들과의 시장경쟁이 치열한 경우 초기에 광고를 집중하여 소비자 반응을 극대화하는 것이 바람직할 수 있다.

마지막으로 광고효과의 비대칭성이 감안되어야 한다. 광고량을 증가시키는 경우의 효과는 비교적 즉각적으로 나타나는 반면, 광고량을 감소하는 경우의 효과는 비교적 서서히 나타난다.

① 광고 스케줄링의 유형

광고 스케줄링은 광고를 시간에 따라 어떻게 집행할 것인가를 결정하는 것이다. 광고 스케줄링의 유형은 크게 지속형, 집중형, 파장형으로 나누어지는데, 그림 12-9는 각 유형의 특징을 보여주고 있다. 지속형 스케줄링(continuity scheduling)은 일정 기간 지속적으로 광고를 집행하는 경우이며, 집중형 스케줄링(flighting scheduling)은 광고를 특정 기간에 집중하여 방영하는 경우를 말한다. 그리고 파동형 스케줄링(pulsing scheduling)은 지속형과 집중형을 결합시킨 것으로 일정 기간 연속적으로 광고를 집행하지만 특정 시기에 광고량을 보다 많이 집행하는 형태를 말한다. 파동형은 다시 규칙적 파동형과 불규칙적 파동형으로 나뉘어진다. 규칙적 파동형은 광고물의 강약을 규칙적으로, 불규칙적 파동

그림 12-9 광고 스케줄링의 유형

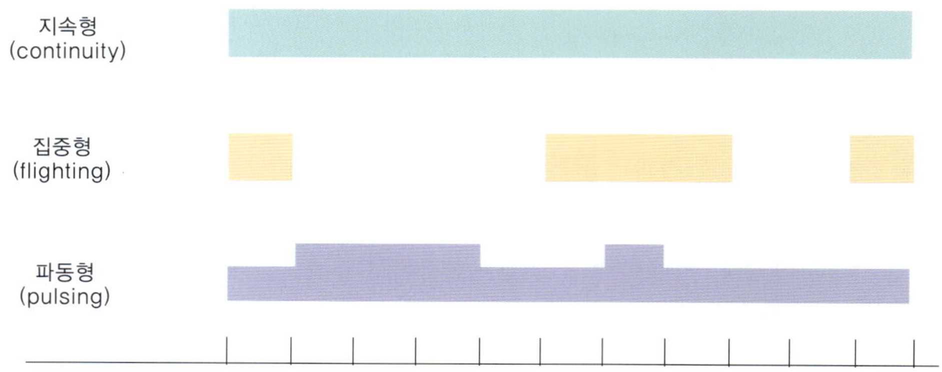

표 12-5 광고 스케줄링 유형별 장단점

스케줄링의 유형	장점	단점	유리한 상황
지속형	• 매체시간 선정상 유리 • 광고메시지에 대한 기억 유지	• 광고량이 상대적으로 적은 수준임 • 광고효과의 감퇴(ad wearout)발생 가능	• 성장기의 상표 • 독점적인 성숙상품의 경우
집중형	• 단기적 효과의 극대화 • 높은 주목률	• 광고의 연속성 상실 • 광고효과의 소멸이 빠름	• 신제품 런칭의 경우 • 도달률을 높여야 할 경우 • 경쟁광고가 많은 경우
파동형	• 소비자 기억의 극대화 • 계절성 및 구매주기의 고려가 가능	• 매체 확보에서 불리	• 성숙기에 접어든 브랜드 • 계절성이 있는 제품

형은 불규칙적으로 조절하는 것이다. 표 12-5 는 스케줄링의 유형별 장단점과 각 유형이 유리한 상황을 정리하였다.

매체관리자는 대체로 지속형과 집중형의 결합형태인 파동형을 사용하는 경향이 있다. 파동형의 적절한 활용은 지속형과 집중형의 단점을 최소화하고 장점들을 최대로 살릴 수 있기 때문이다. 일정 기간 고정된 광고량을 지속적으로 투입하는 극단적인 형태의 지속형이나 특정 기간에 광고비를 모두 투입하는 집중형의 예는 거의 찾아보기 어렵다. 예를 들어, 신제품 런칭의 경우 런칭 시기에 광고를 집중시키는 경향이 있으나 그 후에도 런칭 기간보다는 적은 양이지만 지속적으로 광고를 집행하는 것이 일반적이다.

매체관리자는 광고집행의 스케줄링을 계획할 때, 지속형, 집중형, 파동형의 원리와 병행하여 다음과 같은 기법을 사용할 수 있다. 첫째, 버스팅(bursting) 기법은 특정 매체비클에 일정 기간 동안 광고메시지를 반복하여 집행하는 것으로 지속형의 한 유형이다. 이 기법은 메시지가 복잡하여 반복적으로 전달해야 할 때 유용하게 사용될 수 있다. 즉 고정적인 청중을 확보하고 있는 특정 매체비클에 반복적으로 광고를 집행함으로써 소비자의 메시지에 대한 이해도를 높이는 데 효과적이다. 둘째, 로드블로킹(roadblocking) 기법은 여러 개의 매체비클에 광고를 동시에 집행함으로써 단기간에 도달률을 극대화하는 방법이다. 셋째, 그리드블로킹(gridblocking) 기법은 같은 시간대의 여러 TV 프로그램에 광고를 집행함으로써 역시 도달률을 극대화하는 것이 주목적이다. 이 기법은 같은 시간대의 여러 프로그램에 광고를 동시에 집행함으로써 시청자가 TV채널을 바꾸더라도 특정 광고에 대한 노출을 피할 수 없게 만든다.

광고 Highlight

매체계획의 마케팅적 접근방식

매체계획의 목적은 소비자들에게 광고를 가장 적절한 시기에 가장 적절한 채널을 통해 전달하는 것이다. 따라서 매체전략 관리자는 광고하는 제품/브랜드의 특성을 파악한 후, 가격, 시장, 경쟁 등의 마케팅 요소를 충분히 이해한 다음, 매체계획을 세워야 한다. Rossiter와 Percy는 제품특성에 맞게 적용할 수 있는 8가지의 모델을 소개했다. 그들은 제품 구매주기(purchase cycle), 제품 수명주기(product life cycle), 구매 결정시간(purchase decision time) 등을 고려해 매체 스케줄링과 관련된 8가지 모델(신제품에 적합한 모델 4가지와 기존 브랜드에 적합한 모델 4가지)을 제시하고 있는데, 이하에서는 이들을 간략히 소개하였다.

1. 신제품을 위한 4가지 모델

(1) Blitz 패턴

이 패턴은 '전면 공격(Blitz)'이라는 이름에서도 알 수 있듯이, 캠페인 기간 내내 엄청난 물량의 광고비를 투입하여 최단 기간에 도달률과 도달빈도를 높이는 방법이다. 조기에 많은 물량이 투입되는 만큼 광고효과의 감퇴(wearout)로 인한 역기능을 최소화하기 위해 소재가 자주 교체되는 경우도 있다. 이 전략은 조기에 업계 선두 자리를 굳히기를 원하는 기업이나 업계 1위를 빨리 따라잡기 원하는 기업이 시도한다. 또한 이러한 방식은 신제품 출시가 빈번한 경우, 그리고 제품이 계절에 의해 영향을 크게 받지 않는 경우에 실시된다.

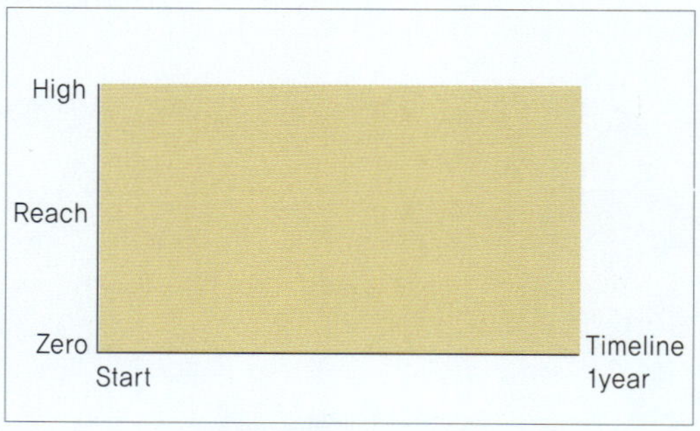

그림 1 Blitz Pattern

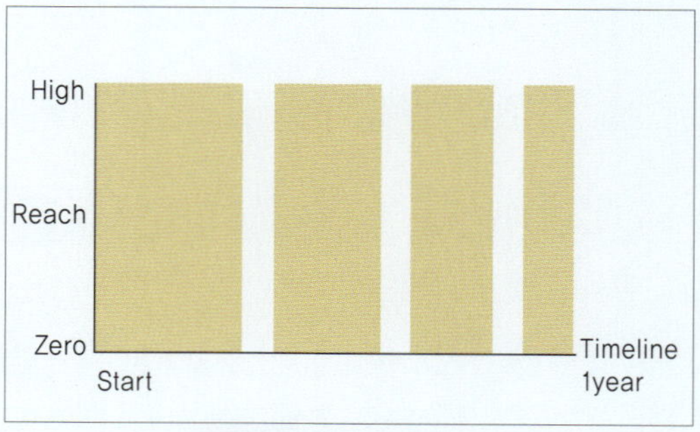

그림 2 Wedge Pattern

(2) Wedge 패턴

'Wedge' 패턴은 신제품 출시를 위한 캠페인에 가장 많이 활용되는 방식으로 'Blitz'를 좀 더 현실에 맞게 개선한 형태이다. 기본적인 형태는 그림 2에서 나타나듯이 초반엔 'Blitz'와 같이 집행되다가, 캠페인이 진행되면서 점차 광고비를 줄여 가는 방법이다. 'Wedge'는 '쐐기'라는 뜻으로, 투입되는 광고비의 양이 쐐기 모양처럼 한쪽 끝으로 갈수록 작아진다. 이 방식은 도달률은 유지하면서 도달빈도를 조절하는 것으로 주기적으로 구매되는 제품에 흔히 활용된다.

(3) Reverse-Wedge/PI 패턴

이 패턴은 'Wedge' 패턴과는 정반대로 광고예산을 할당하는 방식이다. 즉 초반에는 작은 광고비를 집행하다가 점차 광고비를 늘리는 것이다. 이 방법은 특정 소비자층의 구매가 다른 소비자들에게 영향을 주는 제품들에 적합하다. 예를 들어, 스키밍 가격전략(초기에 가격을 고가로 설정한 후 제품 확산속도에 따라 가격을 낮추는 전략)을 사용하는 마케팅 관리자는 초기 광고예산을 전체 소비자보다는 혁신 수용층(innovators)이나 오피니언 리더(opinion leader)를 대상으로 제한해 운영하고, 이들이 제품을 사용한 후 일반 소비자들을 대상으로 광고예산을 확대해 운영할 수 있다. 2007년 국내에 정식 발매된 '닌텐도 DS 라이트'는 발매 4개월 만에 출하량이 27만 대를 넘어섰다. 예상보다 빠른 성장에 탄력을 주기 위해 닌텐도는 런칭 이후 계속해서 광고비를 늘렸다. 이러한 닌텐도 광고는 이 광고 스케줄링의 대표적인 사례이다.

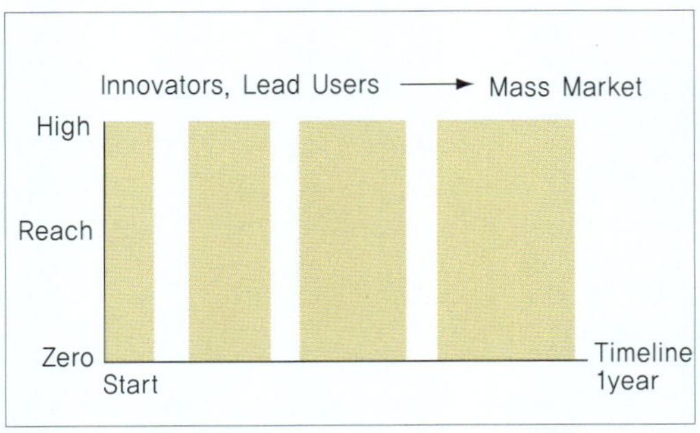

그림 3 Reverse-Wedge/PI Pattern

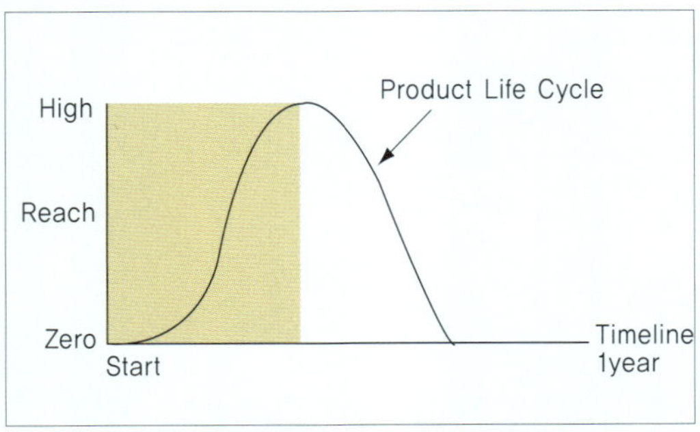

그림 4 Short Fad Pattern

(4) Short Fad 패턴

일반적으로 'Fad'는 단기간 끝나는 유행을 뜻한다. 따라서 이러한 방식은 수명주기가 매우 짧은 어린이 장난감, 게임, 영화, 다이어트 상품 등에 적합하다. 광고예산을 집행하는 형태는 짧은 'Blitz'와 같지만, 정확히 제품 수명주기를 예측하여 제품 출시에서 성장기까지만 광고를 집중해 운영하는 것이 일반적이다.

2. 기존 브랜드에 적합한 4가지 모델

(1) Regular Purchase Cycle 패턴

많은 제품과 서비스는 비교적 일정한 주기를 두고 구매가 이루어진다. 다시 말해, 소비자들은 일정한 시간이 지나야 다시 제품을 사려는 동기가 생긴다는 것이다. 슈퍼마켓, 편의점, 대형 할인점을 통해 유통되는 비교적 구매주기가 짧은 제품들이 여기에 속한다. 매체 기획자는 이러한 소비자의 구매주기를 이용하여 [그림 5]에서 나타나듯이 구매주기에 맞추어 구매주기의 길이만큼 광고를 집중하고, 한 번 혹은 두 번의 구매주기에 해당하는 길이만큼 쉬었다가 다시 구매주기의 길이만큼 광고를 집행하는 것을 반복한다. 광고를 하지 않는 기간은 이월(carryover)효과가 얼마 동안이나 적정 수준 지속되는지에 따라 결정한다.

(2) Awareness 패턴

이 방식은 광고예산을 구매주기에 따라 규칙적으로 할당하는 것으로, 소비자들의 구매주기가 짧고 구매결정시간이 긴 제품에 적합하다. 일반적으로 이 방식을 사용하는 매체기획자는 캠페인 기간 동안 일정한 간격으로 몇 회의 플라이트(Flight, 광고시기)를 주고, 각 기간별 도달률은 높은 수준을 유지하

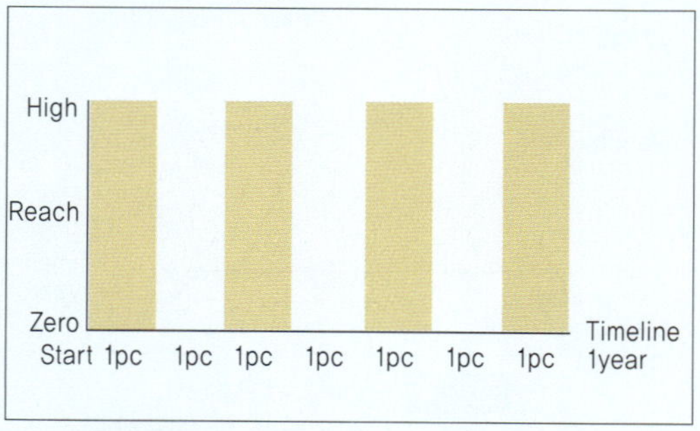

그림 5 Regular Purchase Cycle Pattern

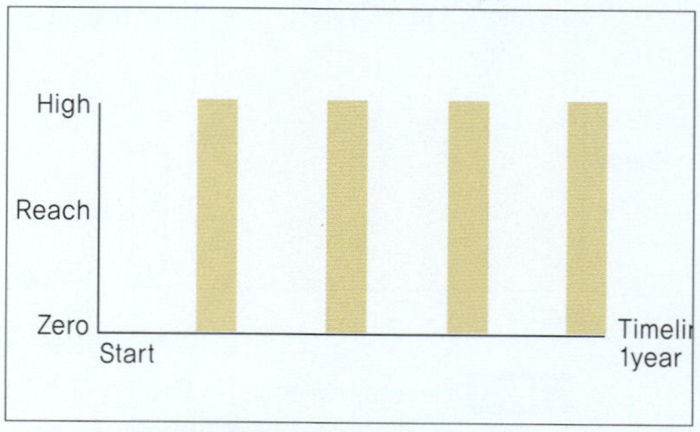

그림 6 Awareness Pattern

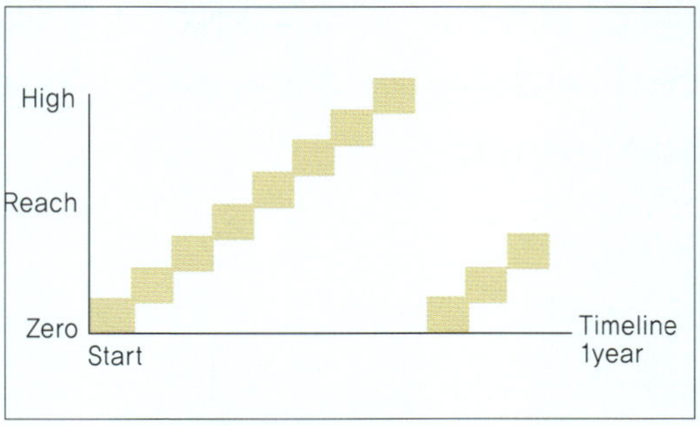

그림 7 Shifting Reach Pattern

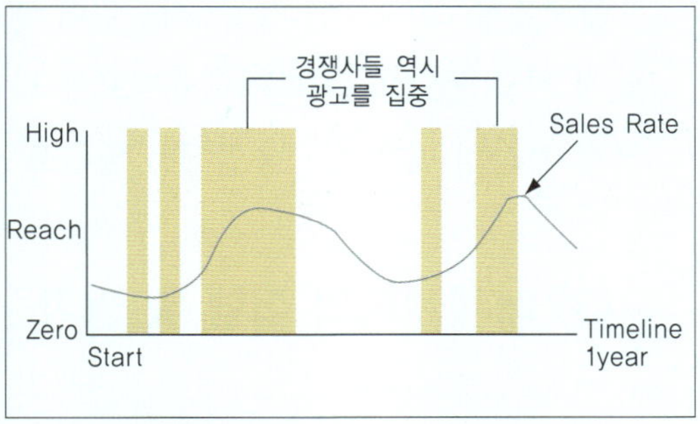

그림 8 Seasonal Priming Pattern

며, 각각 플라이트 시점에서 최소 유효빈도를 유지하는 것이 일반적이다. 매체 관리자는 광고의 이월효과를 감안하여 광고 중지기간을 결정함으로써 전체예산을 보다 효과적으로 사용할 수 있다.

(3) Shifting Reach 패턴

이 방식은 구매주기가 길고, 구매 결정시간이 짧은 제품에 적합한 모델이다. 구매주기가 매우 긴 소비자들을 대상으로 연간 지속적인 광고를 집행하는 것은 바람직하지 않을 것이다. 따라서 매체관리자는 이런 유형의 제품을 위해선 표적 고객들을 도달 가능한 범위 내에서 세분화하여 각 그룹에게 따로 따로 광고를 노출시키는 전략을 이용한다. 이 패턴은 각각 소비자 그룹의 크기가 작을수록 더 효과가 있으며, 광고주 입장에서는 광고비와 매출을 연중 고르게 유지할 수 있다는 장점이 있다.

(4) Seasonal Priming 패턴

이 방식은 계절성이 있는 제품에 적합한데, 제품의 매출이 집중되는 시점에 광고가 집중된다. 계절성이 뚜렷한 업종일수록 모든 경쟁 브랜드들이 같은 기간에 광고를 집중하기 때문에, 경쟁사들보다 먼저 성수기를 '준비(priming)'하여 소비자 인식을 선점하는 것이 중요하다. 따라서 성수기가 되기 직전(약 한두 달 전)에 짧은 플라이트를 주는 것이 효과적일 수 있다.

자료원: 양윤직, "효과적인 광고스케줄링 하기," 오리콤 미디어 인사이트, 2007. 6;
서지영, 안민영, "미디어 예산 효율관리와 타이밍전략–보다 넓은 시각에서의 미디어 플래닝," 제일커뮤케이션즈, 2001. 6;

② 매체 집행예정표의 작성

매체유형, 매체비클 및 스케줄링이 결정되면, 매체관리자는 광고가 집행될 매체별로 일정 기간 동안의 광고 집행예정표를 작성한다. 이러한 매체별 집행예정표는 연간 또는 특정 기간의 매체별 사용일정을 일목요연하게 보여 준다.

(3) 매체계획의 집행 및 평가

매체목표가 정해지고 구체적인 매체전략이 수립되면, 매체관리자는 이를 실행에 옮겨야 한다. 매체관리자는 선정된 매체비클을 원하는 시기에 원하는 위치에 확보하기 위한 작업을 시작한다. 매체 유형마다 완성된 광고제작물을 전달해야 하는 시기에 약간의 차이가 있다. 따라서 매체관리자는 AE와 수시로 접촉하여 각 매체에 집행될 광고제작물의 완성시기를 점검할 필요가 있다.

한편 매체관리자는 광고가 예정대로 집행되는가를 지속적으로 확인해야 한다. 이러한 확인작업은 주로 광고대행사의 담당 AE가 광고주에 대한 서비스 차원에서 하는 것이 일반적이다. 확인은 광고집행이 예정된 날 바로 이루어지는 것이 바람직하다. 방송매체의 경우 집행된 광고물을 매일 조사하는 전문기관이 있으므로 이를 활용할 수 있으며, 인쇄매체의 경우에는 당일 확인하는 것이 좋다. 때로는 매체사의 실수나 특집편성 또는 천재지변의 발생으로 예고 없이 광고집행이 유보될 수 있다. 광고대행사의 책임자는 이러한 사태를 최소한 광고주보다 먼저 발견하여야 하고 그 대처방안을 광고주에게 제시하여야 한다.

전략적인 매체계획은 매체목표를 달성하기 위한 매체전략을 수립하고 실행한 다음 사후평가를 통해 새로운 매체전략의 수립에 그 결과를 반영하는 것으로 마무리된다. 매체계획에 대한 성과의 측정은 설정된 매체목표가 어느 정도 달성되었는가를 조사하는 것이다. 원하는 목표가 달성되었으면, 매체전략의 어떤 요소가 목표달성에 기여했는지를 평가하여야 하고, 원하는 목표가 달성되지 못하였다면 어떤 요인에서 비롯되었는지를 확인해야 한다. 이에 대한 정확한 평가가 이루어져야 다음 기간의 매체계획을 보다 체계적으로 수립할 수 있다.

3 체계적인 매체계획 수립의 문제점과 과제

지금까지 체계적인 매체계획 수립과정을 설명하였다. 주어진 예산을 매체유형별로 어떻게 분배해야 하는가, 어떤 매체비클을 선택해야 하는가, 그리고 최적의 목표 도달률과 평균도달빈도는 무엇인가에 대한 문제는 매체계획 관련 실무자들이 항상 고민하는 문제들이다. 그러나 매체관리자가 이러한 문제들을 과학적이고 체계적인 방법으로 해결해 나가는 것은 매우 어렵다. 이하에서는 매체계획을 세울 때 당면하는 문제점들과 이를 해소하기 위한 방안을 간략히 살펴보기로 한다.

첫째, 매체계획과 관련되어 과학적으로 검증된 모델이 아직까지는 제시되지 못하고 있다. 특히 매체유형별 효과를 비교하는 모형의 개발은 시급한 과제이므로 이러한 연구에 대한 지원은 조속히 이루어져야 한다.

둘째, 현재 발표되고 있는 방송매체의 시청률 자료와 인쇄매체의 판매발행부수는 그 신뢰성에 문제가 있다. 인쇄매체의 경우 한국 ABC 협회에서 발행부수 정보를 공개하지만 신뢰성과 정확성에 대한 의심의 목소리가 높아지고 있는 실정이다. 시청률 자료 또한 자료의 객관성과 신뢰성에 의문이 제기되고 있다. 최근 시청률자료는 피플미터를 이용한 측정방법이 활용되면서 자료의 정확성이 많이 보완되었지만, 두 영리단체(TNmS, 닐슨 코리아)에 의하여 보고되고 있기 때문에 객관성이 결여될 가능성이 항상 존재하고 있다. 게다가 두 기관에서 발표되는 자료도 때때로 차이가 나는 경우가 있다. 또한 이들 기관들이 선정한 표본크기는 모집단을 대표하기에 충분하지 못해 자료의 신뢰성에도 문제가 있다.

또한 최근 TV를 통해 실시간으로 프로그램을 시청하는 경우 이외에 PC와 모바일 기기를 이용하여 실시간으로 시청하는 경우와 다시보기 서비스(VOD)를 통해 프로그램을 접하는 경우가 증가하고 있다. 또한 TV를 통해 전체 프로그램을 보는 대신에 유튜브로 짧은 하이라이트 요약 영상을 시청하기도 한다. 이러한 시청행태의 변화에 걸맞게 시청률 조사방식이 변화해야 할 것이다. 2021년부터 매체의 온라인과 오프라인 영향력을 함께 확인할 수 있는 통합시청점유율이 도입된다. 기존의 시청점유율 측정에 N스크린(스마트폰, PC, VOD) 조사결과를 더하여 실시간 시청뿐만 아닌 비실시간 시청에 대한 결과도 더해진다. 방송사들도 공식 유튜브 채널에 TV프로그램의 내용을 요약하는 하이라이트 영상을 업로드하고 있으며 N스크린의 조사를 담당하고 있는 닐슨코리아는 2019년부터 모바일 유튜브 시청형태도 조사하고 있다. 실질적인 시청률을 분석함으로써 구매력 있는 젊은 세대가 많이 이용하는 스마트 미디어를 통한 시청률이 집계에 포함될 수 있고, 이에 따라 보다 효율적인 광고집행이 가능해지고 광고매출도 늘어날 것이라고 예상할 수 있다.

셋째, 매체계획과 관련된 보다 체계화된 자료가 수집되어야 한다. 현재 업계에서 발표되는 자료는 시청률에 국한되고 있다. 시청률은 표적청중의 노출가능성을 알려주는 지표로 사용될 수 있지만, 실제노출, 노출에 따른 표적청중의 반응 자료가 축적되어야 한다. 또한 프로그램의 시청률뿐만 아니라 광고 시청률도 정기적으로 조사되어야 한다.

넷째, 효과적인 도달률 및 도달빈도에 관한 보다 체계적인 연구가 필요하다. 프로그램별 및 반복 횟수별 중복 시청자 비율 또는 중복 구독자에 대한 자료가 없이 효과적인 도달률 및 도달빈도를 과학적으로 설정하는 것은 불가능하다.

현재 광고 자체에 대한 효과분석도 충분히 이루어지지 않는 상황에서 매체사용의 효과분석을 따로 실시하는 것을 기대하기는 어렵다. 최근 들어 매체계획의 중요성이 인식되면서 매체구매 및 매체계획을 전문으로 하는 매체대행 전문회사가 등장하여 매체계획의 과학적인 업무대행을 하고 있다.

CHAPTER

13 광고효과의 측정

1. 광고효과
2. 광고효과 측정

AI 기술 기반으로 광고효과 예측 · 분석의 효율을 극대화하는 기업들

네트워크를 기반으로 혁신적인 서비스가 출현하는 4차 산업혁명에서 빅데이터와 인공지능(AI)은 그 핵심기술이다. 광고업계도 4차 산업혁명이라는 시대적 흐름이 제공해준 기술적 환경에서 다양한 시도를 거듭하고 있으며 현재는 하나의 서비스 또는 업무의 핵심기능으로서 AI를 이용하는 사례들이 많아지고 있다. 이하에서는 기업들이 광고효과를 제고하고 이를 예측 · 분석하는 데 있어 어떤 방식으로 효율을 극대화하고 있는지에 대해 AI를 적용한 사례를 중심으로 살펴보도록 한다.

모바일 부정광고 방지(Fraud prevention)

모바일 부정광고는 모바일 광고가 진행되는 동안 관여하게 되는 모든 부정행위를 뜻한다. 광고주는 이러한 부정광고로 인해 부당한 비용을 지불하게 되며, 광고효과 측정과 분석에 어려움을 겪게 된다.

AD Just 조사에 따르면 다음의 기법들은 최근 증가하고 있는 부정광고 대표유형들이다.

- SDK 스푸핑(Spoofing)은 부정광고의 37% 비중을 차지하고 있다. 이는 트래커의 SDK를 직접 해킹하여 트래커의 서버를 속이는 행위이다. 즉 SDK와 서버 간의 통신을 해킹하여 가짜설치(Install)을 만들어 내는 수법이다. 이러한 공격은 실제로 발생한 적이 없는 설치에 대해 비용을 지불하도록 함으로써 광고주의 예산에 큰 타격을 줄 수 있다.

SDK(Software Development Kit: 소프트웨어 개발 키트): 특정한 소프트웨어 꾸러미, 소프트웨어 프레임워크, 하드웨어 플랫폼, 컴퓨터 시스템, 게임기, 운영 체제 등을 위한 응용 프로그램을 만들 수 있게 해주는 개발 도구의 집합.

• 클릭 인젝션(Click injection)의 부정광고 비중은 27%이다. 사용자가 앱을 다운로드 하려고 할 때 악성 소프트웨어는 이를 감지하고 클릭을 생성하게 된다. 이렇게 중간에 삽입된 클릭이 트래킹(tracking)되도록 하여 중간에서 설치/전환(install/conversion)을 가로채는 것이다.

가짜설치(Faked install) 및 클릭 스패밍(Click Spamming)과 같이 타 매체에서 발생한 설치와 클릭을 가로채는 활동이 각각 부정광고의 20% 및 16% 비중을 차지하고 있다. Forrester는 월간 디지털 광고예산이 100만 달러를 상회하는 마케팅 담당자의 69%가 모바일에서 발생하는 광고사기로 인해 예산의 20% 이상을 낭비한다는 조사결과를 발표했다.

부정광고를 감지하는 것은 데이터에 대한 24시간 모니터링과 실시간 분석이 필요한 복잡한 과정을 요구한다. 따라서 이러한 작업은 AI가 가장 우선적으로 해결할 수 있는 솔루션이 된다. 지능형 알고리즘은 사람의 분석보다 훨씬 정확한 속도로 대량의 데이터를 취급하고, 오류를 발견하며 추가 조사를 위해 경고를 촉발할 수 있다. 또한 점점 발전하는 딥러닝을 적용한다면, AI 기반의 부정광고 방지 시스템은 시간이 지남에 따라 성능을 자체 조정하고 새로운 위협을 예측, 감지 및 완화하는 방법을 학습할 수 있다.

넷마블의 경우 이러한 부정광고 방지를 위해 구글의 클라우드 AI 서비스를 이용했다. 넷마블은 구글 클라우드의 빅쿼리 등의 서비스를 활용해 AI 모델을 만들어 부정광고에 대처했다. 다양한 부정광고에 대처하기 위해 머신러닝을 통해 다양한 종류의 트래픽을 분류하는 부정광고탐지 시스템을 구축하여 새로운 미디어와 채널을 테스트할 수 있어 유효하지 않은 클릭과 전환을 막을 수 있게 됐다.

> **빅쿼리(BigQuery)**: 구글 클라우드의 대표적인 서비스로, 대용량 데이터를 저장하고 분석 · 관리해주는 플랫폼.

프로그래매틱 구매(Programmatic Buying)

미디어 구매 및 광고게재의 일부 또는 전부가 자동화된 프로그래밍 방식으로 진행되는 프로그래매틱 구매가 활성화되고 있다. 프로그래매틱 구매는 수동 게재신청 및 기타 작업으로 시간이 오래 걸리는 광고구매 구성요소를 제거함으로써 광고주와 매체사가 보다 효율적으로 캠페인을 진행할 수 있도록 한다.

AI는 이러한 프로그래매틱 구매의 실시간 광고입찰에서 그 효율성과 ROI를 높여 준다. 광고경매에서 이기기 위해 광고주는 얼마를 입찰해야 할까? 타겟팅 할 이상적인 사용자 프로필은 무엇이며 언제 광고에 대한 수용도가 높은가? 어떤 광고소재를 사용해야 하며 어떤 매체 콘텐츠를 함께 사용해야 하는가? AI는 이러한 질문에 대해 실시간으로 응답할 수 있다.

AI 기반 실시간 광고입찰이 얼마나 경쟁력이 있을까? 중국 최대의 전자 상거래 플랫폼인 Taobao에서 한 과학자 그룹이 수행한 최근 실험에 따르면 알고리즘이 인간보다 우수하다는 것이 아래와 같이 입증됐다.

• 수동 입찰 캠페인은 지출된 예산의 99.52%로 100% ROI

• 알고리즘 입찰은 예산 지출의 99.51%로 340%의 ROI

AI는 프로그래밍 방식의 광고에 적용하여 광고를 게재하기에 가장 좋은 시간, 노출 전환 가능성 또는 사용자가 읽고 있는 기사의 중간광고에 사용자가 참여할 가능성 등을 결정할 수 있다. 또한 AI는 CLV(고객 평생 가치)를 기반으로 입찰전략을 조정하고 잠재적으로 고가치의 고객에게 더 많은 투자를 하는 데 사용될

수 있다.

모바일 마케팅 플랫폼 모로코(Moloco)는 광고주의 고유 데이터를 기반으로 머신러닝 기술과 테라 바이트 규모의 빅데이터를 활용하여 실시간 자동 비딩(RTB, Real-time bidding)을 통해 매체를 구매하고 운영한다. 고유의 빅데이터와 머신러닝 모델링 기술을 통해 광고노출에서 앱 인스톨로 전환되는 수십만 분의 1 레벨의 확률을 예측할 수 있어, 각 광고에 적합한 타겟 소비자를 찾아 광고를 내보내고 있다. 또한, 실시간 데이터를 활용한 머신러닝 학습을 통해 모델이 매 순간 진화하도록 구축하여 게임, E-커머스, 여행 등 다양한 산업의 모바일 광고에 대해 높은 효율과 성과를 달성하고 있다.

최근 위메프는 모로코와 함께 AI 기술을 활용한 위메프앰프(AMP) 서비스를 시행했다. 이는 쇼핑 데이터를 활용해 잠재고객을 발굴하고 구매전환율을 높이는 광고 플랫폼으로, 구매자수, 구매율, 구매당 광고비용 등 다양한 성과 데이터를 실시간으로 확인하여 실질적인 광고효과를 측정할 수 있게 됐다.

모바일 광고시장에서 AI의 활용과 광고성과에 기여하는 바는 아직까지는 크지 않지만 모바일 상에서의 빅데이터의 생성, 처리, 전송 등이 가지는 파급력을 예상할 때, AI는 모바일 광고성과를 효과적으로 달성하는 데 핵심 경쟁력으로 자리잡을 것이다.

자료원: 디지털투데이, 2019년 2월 19일; 손상만, 광고계동향, 2019년 10월 23일자에서 발췌 및 수정

1 광고효과

(1) 광고효과의 특성

광고효과(advertising effect)란 광고활동에 의하여 광고목표가 달성된 정도를 말한다. 따라서 설정되는 광고목표에 따라 측정되는 광고효과도 달라지기 마련이다. 광고효과의 측정은 광고의 효과를 어떻게 보느냐에 따라 커뮤니케이션 효과, 소비자 행동 효과 등 다양한 기준이 존재한다. 우선 그러한 광고효과들을 종합해 이들이 어떠한 특성을 지니는지 살펴보도록 하겠다.

1) 계층적 효과

지금까지 광고효과는 주로 광고주인 기업의 광고관리 입장에서 파악되었다. 광고주는 기업 차원에서 이익효과, 마케팅적 차원에서 판매효과 및 개인 및 집단의 반응을 중심으로 하는 커뮤니케이션 효과 등 다양한 차원에서 광고효과를 측정할 수 있다. 그림 13-1에서 보듯이 광고효과는 계층성(hierarchy)을 가지고 있다.

그림 13-1 광고효과의 계층성

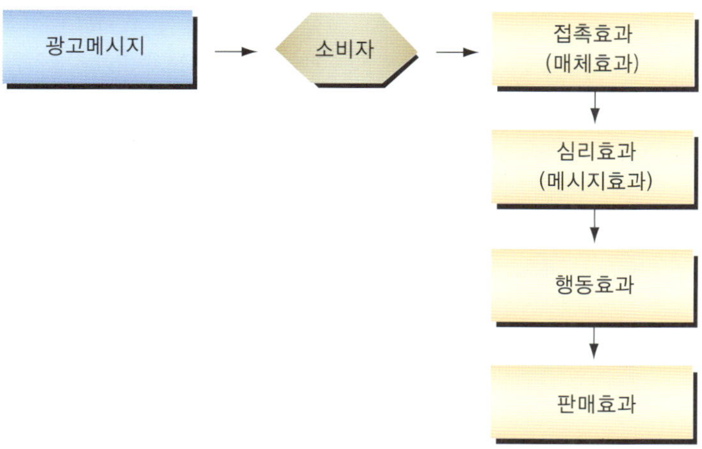

각 광고관계자는 각자의 역할에 따라 서로 다른 계층의 광고효과에 대해 관심을 가질 수 있다. 예를 들어, 카피라이터와 아트 디렉터는 광고메시지가 타겟 오디언스에게 적절하게 전달될 수 있는지, 즉 메시지 효과에 관심이 있으며, 매체담당자는 매체효과, 마케팅관리자는 판매효과에 관심이 있을 것이다. 이와 같이 관리목적에 따라 측정되는 광고효과도 달라지게 된다.

2) 이월효과

표 13-1 이월효과의 유형 및 특징

구분	유형	특징
지연반응효과	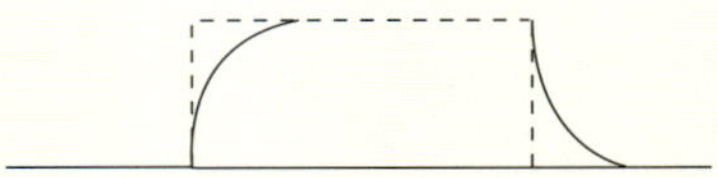	광고가 시작된 시점과 소비자가 제품을 구매한 시점 사이에 시차가 생기는 것으로, 구매결정을 내리기까지 오랜 시간이 걸리는 산업재의 경우에 자주 나타난다.
고객유지효과		광고에 노출되어 자사의 제품을 구매한 고객이 향후에도 그 제품을 지속적으로 구매하게 될 때 나타난다. 따라서 그 제품에 애착을 갖고 있는 고객은 광고가 중단된 후에도 제품을 구매할 것이다.
자기부상효과		광고캠페인이 시작되었을 때는 갑자기 매출이 늘고, 캠페인이 끝난 후에는 자기부상열차가 공중에 뜨듯이 매출이 변함이 없거나 조금씩 감소하는 현상을 뜻한다.
시험구매자 효과	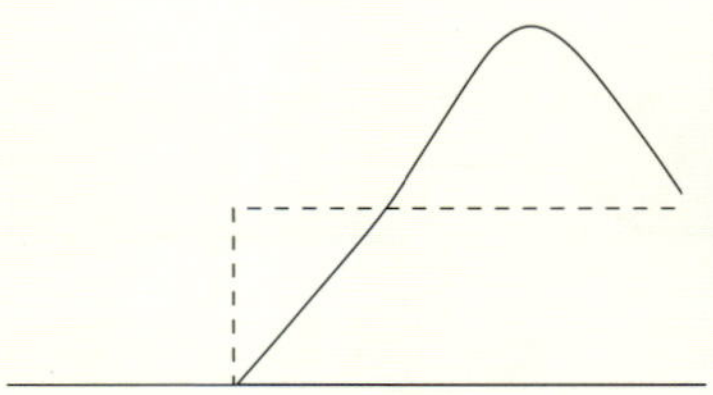	음료수, 과자, 빙과류 등과 같은 자주 구입되는 제품들은 광고를 보고 시험 삼아 구매하는 고객들 때문에 초기에는 매출이 치솟지만 일정 시간이 지나면 재구매하는 사람이 없어져 매출이 곧 정상적인 수준으로 떨어지는 현상이다.
재고보충효과	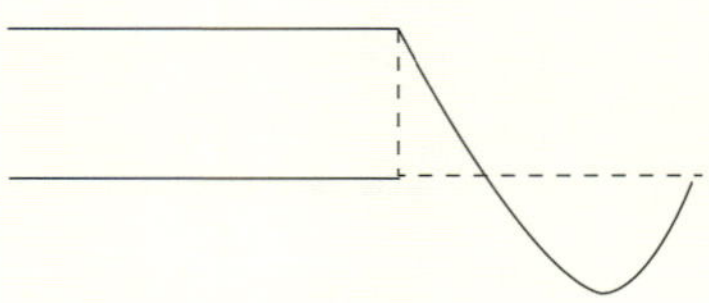	고객들이 향후에 구입할 제품을 미리 앞당겨 구매했을 때 일정 기간이 지난 후에야 재구매가 이루어지는 현상을 의미한다.

주: ________은 매출액, _ _ _ _ _은 광고비

특정 시점에서 광고비를 증가시켰다고 해서 그 효과가 즉시 나타나는 것은 아니다. 특정 제품의 인지도나 매출액이 증가하는 것은 일정 기간 동안 지속적으로 광고활동을 전개한 결과이다. 이와 같이 광고가 당기뿐만 아니라 차기에까지 영향을 미치는 것을 이월효과(carryover effect)라고 한다. 일반적으로 이월효과는 지연반응효과와 고객유지효과를 의미하는 것이다.

(2) 광고효과의 종류

광고효과는 설정된 광고목표에 따라 달라지는데, 크게 다음과 같이 세 가지 유형으로 구분된다.

1) 매출효과

매출효과(sales effect)는 매출에 대한 광고의 기여가치를 의미하는 것으로 광고활동 전체의 종합적인 효과를 말한다. 광고의 궁극적인 목표가 매출의 증대에 있으므로 광고효과도 매출액, 시장점유율, 이익 등의 판매 지향적 차원에서 측정되어야 한다. 이러한 매출효과 차원의 측정에 대해 규범적으로는 모두 동의하지만, 실제적으로는 측정이 어렵기 때문에 활용에 대해서는 많은 논란이 있다. 다음과 같은 이유 때문에 매출에 대한 광고만의 기여가치를 측정한다는 것은 매우 어려운 일이다.

- 광고는 전체 마케팅활동 중의 일부분에 지나지 않으므로 판매효과만을 분리해 측정하기 어렵다.
- 일반적인 경제상황은 항상 변동하는 것이기 때문에 판매증감의 어느 정도까지가 광고 때문이고, 어느 정도가 경제변동 때문인지를 확정하기 어렵다.
- 경쟁업체의 마케팅활동의 범위와 도구가 특정 업체의 매출에 상당한 영향을 미친다.
- 광고에 대한 소비자의 반응은 지연되어 발생하는 것이 일반적이다. 즉 광고집행과 소비자 반응 간의 시차(time lag) 때문에 판매효과를 측정하기 어렵다.
- 제품의 구매자가 잠재구매자에게 미친 구전효과까지도 광고효과로 오해하기 쉽다.

이와 같이 광고와 판매의 관계가 복잡하기 때문에 다른 변수를 완전히 통제하거나 광고효과를 정확하게 측정하기가 어렵다. 이러한 입장에서 광고대행사측에서는 광고효과 측정에서 판매를 척도로 사용하는 것에 반대하고 있지만, 광고주의 입장에서는 사실상 광고의 판매기여도가 약간만 증대하더라도 그 보상이 크므로 이에 대한 측정을 옹호하고 있다.

2) 행동효과

행동효과(behavioral effects)는 구매에 앞서서 발생할 수 있는 다양한 정보추구행동을 측정하는 것을 의미한다. 기술발전에 따라 이러한 행동효과 측정은 온라인/모바일 미디어에서의 소비자 행동을 반영할 수 있는 방식으로 변화되고 있다. 소셜, 모바일 미디어의 행동효과와 관련된 다양한 개념의 측정방식 및 지표들이 개발되었으며, 그 중 대표적인 것들을 살펴보면 다음과 같다.[1]

1) 자료원: 박진성(2016), 미디어 환경 변화와 광고효과측정 접근법의 변화, 오리콤 브랜드 저널, 74호

- 전환지수(Conversion): 목표한 행동을 완성한 사람의 수를 의미한다. 이러한 행동에는 구매신청, 구매비용 지불, 웹사이트 등록, 무료사용 신청, 특정 페이지 팔로우하기 및 좋아요 누르기 등 다양한 항목들이 있다.
- 관여지수(Engagement): 좋아요, 공유, 코멘트 남기기 등을 통한 관심과 긍정적 태도를 표명한 사람의 수를 의미한다.
- 방문수(Visits)와 유니크 방문수(Unique Visits): 방문수는 중복 방문했는지의 여부에 상관없이 특정 웹페이지를 방문한 총횟수를 의미하며, 유니크 방문수는 중복 방문횟수를 제거한 방문수를 의미한다.
- 바운스 지수(Bounce Rate): 특정 웹페이지에 들어오자마자 바로 떠난 사람의 비율을 의미한다. 첫 페이지만 보고(즉 페이지 내 기능을 사용하거나 다른 페이지를 둘러보거나 하지 않고) 바로 페이지를 떠난 사람의 비율로 정의되기도 한다.
- 대화지수(Conversation Rate): 소셜 미디어에 포스팅한 메시지당 사용자들이 남긴 대화의 개수로 정의된다. 페이스북, 구글 플러스, 링크드인 같은 사이트들의 경우 코멘트(Comments)에 해당하고 트위터의 경우 리플(Replies)을 카운트한 개념이다.
- 확대지수(Amplification Rate): 소셜 미디어에 포스팅한 메시지당 공유행위(Shares, Reshares, Retweets 등)를 카운트한 개념이다.
- 긍정지수(Applause Rate): 포스팅된 메시지에 대한 코멘트 중 긍정적 반응의 비율로 정의된다.

3) 커뮤니케이션 효과

커뮤니케이션 효과는 광고의 커뮤니케이션 목표 달성정도를 나타내는 것으로, 기술적 효과라고도 한다. 이는 광고물 전체나 각 구성요소가 광고 오디언스에게 끼친 효과를 나타낸다. 따라서 이와 같은 기술적 효과의 측정은 광고소구, 즉 광고내용에서 말하고자 하는 바를 얼마나 효과적으로 달성했는지를 조사하는 것이다.

커뮤니케이션 효과는 커뮤니케이션 목표에 따라 매체효과와 메시지 효과로 구분된다. 매체효과는 매체목표의 달성 정도를 말하는 것으로 노출효과(exposure effect) 또는 접촉효과라고도 하며, 매체의 도달효과를 나타낸다. 메시지 효과는 메시지 목표의 달성 정도를 나타내는데, 이는 수용자의 심리변화를 전제로 하므로 심리효과라고도 한다.

광고 Highlight

감동소구를 활용해 효과적으로 메시지를 전달한 KT '마음을 담다' 캠페인

KT가 AI(인공지능) 기술을 이용해 청각장애인에게 목소리를 선물했다. 새롭게 선보인 광고 캠페인 '마음을 담다'는 사람을 위한 따뜻한 기술을 기반으로 국민 개개인이 더 나은 삶을 누릴 수 있도록 노력하겠다는 KT의 의지와 고객에 대한 진정성을 전한다.

KT는 마음을 담다 캠페인을 통해 고객의 관점에서 삶에 도움이 되는 기술을 활용해 일상생활에서 필요로 하는 상품과 서비스를 구현해 나가는 과정을 보여줄 예정이다. '제 이름은 김소희입니다'편을 시작으로, 소중한 고객 한 사람의 사연을 담은 '제 이름은 OOO입니다' 시리즈 형태로 캠페인을 이어가고 있다.

이번 광고에서는 태어날 때부터 청력을 잃어 말을 할 수 없었던 선천성 청각 장애인 김소희 씨의 이야기가 등장한다. 본인의 목소리를 들어보지도, 다른 사람들에게 목소리를 들려주지도 못했던 그녀의 가장 큰 소원은 자신의 '목소리'로 세상과 소통하는 것이었다.

KT는 김소희 씨의 마음을 담아 특별한 울림이 있는 스토리를 선사했다. 김소희 씨의 목소리를 복원하기 위해 가족들의 목소리를 녹음했다. 이어 동년배 사람들의 목소리를 분석하고 그녀의 구강구조를 파악해 목소리를 추론해 나가는 기가지니 AI 음성합성 기술을 통해 목소리를 완성했다. 김소희 씨는 완성된 목소리로 "우리 가족 모두에게 내 목소리를 들려줄 수 있어서 정말 기쁘고 감사해요."라고 말한다.

유튜브 등에 게시된 3분 45초짜리 광고 영상물은 게시 이틀 만에 유튜브 조회수 200만 회를 훌쩍 넘으면서 많은 이들에게 감동을 선사했다. 이 영상을 본 한 네티즌은 블로그에 "울컥했다. 기술의 발전이 장애와 비장애 같은 말이 사라지는 세상을 만들어 주길 기대한다."고 전했다.

이처럼 KT의 '마음을 담다' 광고캠페인은 감동소구를 활용한 메시지를 효과적으로 전달함으로써 광고효과를 높이는 데 기여했다.

자료원: 브랜드브리프, 2020년 4월 6일자에서 발췌 및 수정

YouTube https://youtu.be/A2YSy-9LOmA

제 목 제 이름은 김소희입니다 [마음을 담다 KT] (풀스토리)
검색어 KT 마음을 담다

(3) 광고목표와 광고효과 간의 관계

광고효과와 광고목표는 밀접하게 연관되어 있다. 광고효과는 광고를 통하여 기대되는 반응인데, 이것이 바로 광고목표에 관련된다. 즉, 광고목표는 광고를 통해 기대되는 효과를 설정하는 것이고, 이를 확인하기 위하여 광고효과를 측정하는 것이다. 따라서 광고전략을 수립할 때 광고목표를 제대로 설정했다면 광고효과 측정의 대상을 선정하는 문제는 자동적으로 해결된다. 그 측정대상이 광고목표에 설정되어 있고 기간의 개념이 광고목표에 반영되어 있기 때문이다. 좋은 광고목표의 조건은 구체적인 반응의 기술, 측정 가능한 지표의 사용 및 기간개념의 반영 등이 있다.

이는 전략적 관리에서 제시하는 순환의 개념과 같다. 전략적 관리과정은 첫째, 목표를 세우고, 둘째, 목표를 달성하기 위한 전략과 전술을 개발하고, 셋째, 그 결과를 평가하여 이를 차기 목표에 반영하는 것이다. 즉, 광고목표는 광고효과 측정의 기준이 되고, 광고효과의 측정을 통한 평가는 차기 광고목표에 반영된다.

2 광고효과 측정

(1) 광고효과 측정의 바탕지식

1) 광고효과 측정의 중요성

광고효과 측정이란 광고효과를 반영하는 정보를 수집 · 분석 · 평가하는 광고조사의 일환이다. 이는 광고계획이나 광고통제 등 광고의사결정이 합리적으로 이루어지게 하려는 데 그 목적이 있다.

광고효과 측정은 효과적 광고관리를 위해 매우 중요하다. 기업의 마케팅활동에서 광고가 차지하는 역할이 중요하고, 광고비의 규모도 매우 크기 때문에 이에 대한 경제적이고 효율적인 관리가 요구된다. 관리자 입장에서 보면 광고효과의 측정은 경영의사결정에 필요한 정보를 제공하고 캠페인 전략의 관리 · 통제와 개선을 위한 토대를 제공한다는 측면에서 매우 유익하다. 또한 매체의 계약조건 이행 여부와 광고캠페인의 효율성을 평가하기 위한 기준을 제공하기 때문에 광고활동을 효율적이고 과학적으로 하기 위해서는 반드시 광고효과를 측정해야 한다.

2) 광고효과 측정 시 고려사항

광고효과의 측정결과를 차기 광고전략에 반영하기 위해서는 광고효과를 평가할 때 다음 사항들을 고려해야 한다.

첫째, 광고비가 투입되기 전 소비자의 단계별 반응수준이 점검되어야 한다. 목표설정과 효과평가는 항상 상대적인 관점에서 논의해야 한다. 예를 들어, 현재의 인지도가 50%인데 광고가 집행된 후 60%의 인지도를 확보하였다면 10%의 인지도 상승에 대해서 효과평가가 이루어져야 한다. 정기적인 효과조사가 필요한 이유가 여기에 있다.

둘째, 광고효과 평가는 광고비 투입량을 감안해야 한다. 모든 활동의 성과는 효율성에 근거하여 평가되어야 하는데, 효율성이란 투입량에 대한 성과의 비율로 평가된다. 광고활동을 포함한 모든 활동은 광고비 대비 그에 따른 성과로 평가되어야 한다.

셋째, 광고비 지출과 관련된 활동의 효율성이 감안되어야 한다. 광고가 메시지에 대한 소비자 반응에 미치는 영향은 매체기획의 효율성과 광고 아이디어의 창의성에 따라 달라진다. 따라서 광고효과를 평가할 때는 투입되는 광고비, 광고의 창의성 수준, 매체기획의 효율성 등을 종합적으로 고려해야 한다.

마지막으로 광고 외의 마케팅활동으로 발생하는 성과도 동시에 고려해야 한다. 매출은 광고를 포함한 모든 마케팅활동에 의해 영향을 받기 때문이다.

3) 광고효과 측정의 어려움

광고캠페인의 효과를 측정하는 것은 여러 가지 의미에서 중요하지만, 광고활동의 결과를 정확히 예측하고 측정하는 데는 많은 어려움이 따른다. 몇 가지 중요한 이슈를 살펴보면 다음과 같다.

측정수단의 문제 광고의 효과측정을 가장 어렵게 만드는 것은 무엇을 측정하느냐의 문제이다. 소비자행동 측면에서의 효과를 분석하기 위해 매출, 구매, 인지, 회상 등 그 어떤 수단을 사용하더라도 광고의 효과를 온전히 측정했는가 여전히 의문이 남게 된다. 적절한 자료가 존재하지 않는 문제점도 존재한다. 예컨대 잡지의 경우 ABC 제도(발행부수를 실제로 조사하여 공개하는 제도)가 제대로 실행되지 않아 정확한 자료를 얻을 수 없다.

광고와 기타 IMC활동의 효과 구별의 어려움 일반적으로 특정 제품에 대한 촉진활동은 동시다발적으로 발생하며, 광고는 촉진믹스의 일환이기 때문에 총체적 마케팅활동의 결과에서 광고의 효과를 따로 분리하기는 어렵다. 즉 가격정책, 유통 상황, 제품품질, 경쟁사의 프로모션 등 다른 변수들을 통제하고 광고효과를 분리하기 어렵다. 게다가 대부분의 광고캠페인은 수개월 또는 수년간 지속된 광고활동의 일부이기 때문에 특정 광고캠페인의 효과를 분리하는 것도 상당히 어렵다.

많은 비용과 시간의 소요 광고효과 측정에는 많은 비용과 시간이 소요된다. 많은 관리자들이 조사결과는 자신의 예측을 확인해 주는 역할에 그친다고 말한다. 그러나 만약 관리자의 예측이 잘못되었다면 광고효과 조사는 그릇된 광고활동으로 발생할 비용의 낭비를 예방할 수 있다. 따라서 광고집행 전 효과조사는 보험과 같은 역할을 한다고 볼 수 있다. 어떤 관리자는 1개월 후에 신제품을 출시해야 하는 상황에서 어느 세월에 조사를 실시해 광고를 수정하겠냐고 반문한다. 따라서 체계적인 광고전략을 수립하려면 광고 일정계획 속에 조사를 위한 기간을 확보해야 한다.

광고주와 광고대행사 간의 마찰 일반적으로 광고효과와 관련하여 광고주와 광고대행사 간에 마찰이 발생하는 근본적인 이유는 광고목표에 대한 상호간 이해가 부족하거나 명확한 합의가 없이 진행되기 때문이다. 이를 방지하기 위해서는 IMC를 도입하는 것이 바람직하다. 대부분의 광고주나 광고대행사에서는 광고의 커뮤니케이션 효과와 매출 간의 관계를 밝혀 줄 수 있는 모델이나 조사방법을 가장 중요한 기법으로 들고 있는데, IMC를 도입함으로써 이러한 문제를 해결할 수 있다.

다양한 매체의 등장 디지털 기술이 발달하면서 다양한 광고매체의 등장은 광고효과 측정을 더욱 복잡하게 만들고 있다. 인포머셜(informercials), PPL 효과를 비롯하여 이벤트 · 스폰서십 등과의 연계효과, 인터넷, 모바일, SNS의 광고효과 등에 대한 통합적 측정방법의 개발이 진행되고 있다.

이와 같은 이유들로 광고효과를 정확하게 측정하는 것이 어려우나, 최근에는 빅데이터 기술을 기반으로 광고효과를 보다 과학적으로 측정하는 것이 가능해졌다. 예를 들어 제일기획은 빅데이터 기반 통합 미디어 솔루션인 '넥스트 미디어 솔루션(The Next Media Solution)'을 개발했는데, 제공되는 3가지 서비스에 대해 간단히 살펴보도록 한다.[2)]

- 마케팅 믹스 모델링(Marketing Mix Modeling): 기업의 마케팅활동이 매출에 끼친 효과를 분석하는 서비스다. 이를 기반으로 매체별 마케팅활동이 매출에 각각 얼마나 기여했는지 분석하여 최적의 예산배분전략을 도출할 수 있다.
- 제일 3스크린 옵티마이저(The Cheil 3Screen Optimizer): TV와 디지털(PC · 모바일)에서 진행한 동영상 광고의 통합효과를 산출하고, 각 스크린(TV · PC · 모바일)의 최적의 조합을 찾아주는 서비스다. TV · PC · 모바일을 모두 이용하는 패널(3스크린 싱글소스 패널) 데이터를 활용해 각 스크린별 광고효과를 측정하고, 광고효과를 최대화 할 수 있는 예산배분 가이드를 제공할 수 있다.
- 제일 미디어 대시보드(The Cheil Media Dashboard): ATL · 디지털 등 다양한 캠페인 현황을 실시간으로 모니터링하는 서비스다. 미디어 담당자뿐만 아니라 광고주 또는

'제일 미디어 대시보드' 웹페이지 화면

2) 자료원: Cheil blog (https://blog.cheil.com/)

광고 Highlight

빅데이터 기술 적용사례: '지큐랩' 광고

인간의 학습능력과 같은 기능을 컴퓨터에서 구현해내는 AI 기술 중 하나인 머신러닝은 이미 광고업계에서는 빼놓을 수 없는 기술로 꼽힌다. 머신러닝과 빅데이터를 기반으로 소비자의 관심사 및 성향을 자동으로 분석하고 이에 맞는 광고유형과 매체, 게재 위치 및 사이즈까지 선정해 광고효율을 극대화할 수 있어 디지털 광고 영역에서 각광받고 있다. 아래에서는 빅데이터 기술을 활용해 높은 광고효과를 달성한 사례를 보여주고 있다.

디지털 마케팅 솔루션 기업 메조미디어는 광고효과를 자동으로 학습해 분석한 뒤 보완점을 반영하는 기술을 선보이고 있다. 메조미디어는 자체 보유하고 있는 3,500만 개 이상의 데이터를 포함한 DMP(데이터 매니지먼트 플랫폼)인 '데이터맥스(Data Max)'와 글로벌 애드테크(AD-Tech) 플랫폼 '미디어 매스(Media Math)'의 머신러닝 기술을 활용하고 있다.

이 기술은 이전 캠페인의 광고노출 요일 및 시간, 광고 사이즈, 광고유형, 광고노출 기기별 소비자 반응 등 다양한 항목을 AI가 점수화해 분석함으로써 예산 대비 최적의 광고효과를 제안한다. 즉, 1차 캠페인에 대해 날짜, 시간, 시간대, 브라우저의 종류, 지역, 기기(디바이스), 소재 사이즈, 카테고리, 사이트(페이지) 등 15가지 이상의 항목을 평가한 후 비용 대비 광고반응이 높은 항목으로 2차 캠페인을 진행하는 방식이다. 예를 들어 1차 광고에서 소비자 반응을 분석해보니 '토요일 오전 11시 크롬을 이용하는 서울시 거주자가 가장 좋은 반응을 보였다'는 결론이 나오면 이에 맞춰 2차 광고를 내보낸다.

해당 서비스를 이용한 일동제약 유산균 건강기능식품 '지큐랩' 광고는 이전 대비 동일한 비용으로 2배 이상 높은 광고노출과 클릭률을 기록했다.

자료원: 브랜드브리프, 2018년 12월 10일자; 매경이코노미, 2019년 7월 31일자에서 발췌 및 수정

YouTube https://youtu.be/41y9Z1O8gy8

제 목 [장건강, 지큐랩으로 지켜라!]
검색어 지큐랩 광고

AE(광고기획) 등도 광고비 집행 현황, 광고노출효과 등 캠페인 달성 현황을 손쉽게 확인할 수 있다.

(2) 광고효과 조사의 분류

1) 측정대상에 따른 분류

광고조사의 유형은 조사하는 대상에 따라 광고모델 효과, 메시지 효과, 매체전략 효과, 예산에 대한 조사로 나누어진다.

① 광고모델에 대한 조사

광고모델은 광고메시지의 주요 정보원천이므로 이들이 광고메시지를 얼마나 잘 전달하는지를 측정할 필요가 있다. 게다가, 최근 광고모델료가 수십억 원을 넘어서고 있는 상황에서 메시지를 가장 효율적으로 전달할 수 있는 광고모델을 선정하는 것은 중요하다. 표 13-2 는 광고모델을 평가할 때 고려해야 할 요소들을 정리하고 있다. 광고대행

표 13-2 광고모델 평가 시 고려해야 할 요소들

구분	고려 요소
신뢰성	• 신뢰할 만한가? • 사회적인 문제를 일으키고 있는가? • 관련분야의 전문적인 기술이나 지식을 가지고 있는가? • 관련분야에 대하여 충분한 경험이 있는가?
매력도	• 신체적으로 매력적인가? • 타겟소비자의 관심을 끌고 있는가? • 타겟소비자들에게 호의적인 반응을 얻고 있는가? • 타겟소비자가 좋아하고 있는가? • 타겟소비자와 유사한 점이 있는가?
권위	• 타겟소비자에게 권위를 갖고 있는가? • 타겟소비자를 움직일 만한 힘을 가지고 있는가?
기타	• 다른 광고에 출연하고 있는가? • 타겟소비자가 이 사람에 대하여 가지고 있는 이미지는 어떠한가? • 어떠한 개성을 가지고 있는가? • 앞으로 어떤 가능성을 가지고 있는가? • 평소의 사생활은 어떠한가?

사는 이러한 기준을 바탕으로 모델에 대한 평가치를 확보할 필요가 있다. 광고모델은 주관적 판단보다는 객관적 자료를 바탕으로 선정되어야 한다.

광고모델을 평가하는 것도 중요하지만 해당 모델이 광고효과에 미치는 영향도 검토되어야 한다.

첫째, 광고모델은 광고에 대한 소비자 관심을 높여줄 수 있다. 이에 따라 기업은 매력적이고 인기 있는 연예인이나 스타들을 광고모델로 선호하게 된다.

둘째, 광고모델은 광고정보의 설득력을 제고시킨다. 광고모델의 전문성이나 권위는 소비자의 정보 수용성을 높이는 효과가 있다. 예를 들어, 나이키는 각 스포츠 분야의 최고선수들을 광고모델로 기용하거나 후원하고 있다. 최고의 선수가 나이키 신발을 신고 경기를 하면, 소비자는 그 신발이 우수한 기능을 가지고 있다고 생각할 것이다.

셋째, 광고모델은 소비자 구매를 즉각적으로 유도한다. 예를 들어, 화장품 광고를 본 소비자들은 광고모델과 비슷하게 보이려는 욕구 때문에 제품을 구매하기도 한다. 이러한 효과는 저관여 구매상황이나 젊은 층에서 높게 나타나고 있다.

한편 디지털 기술의 발달로 소셜미디어(SNS), 블로그, 온라인 커뮤니티 등을 통한 상호작용이 활발해지면서 누구나 인플루언서(타인에게 영향력을 끼치는 사람)로서 영향력을 발휘할 수 있게 됐다. 특정 분야가 아닌 패션, 뷰티, 식음료, 관광, 헬스 등 전 산업에 걸쳐 인플루언서의 영향력은 커지고 있으며, 자연스럽게 인플루언서를 활용한 광고시장도 커지고 있다. 인플루언서는 상대적으로 비용은 적게 들면서 시장 반응은 즉각적으로 알 수 있다는 점에서 효율성이 높은 광고모델이다. 대중에 미치는 영향력에 따라 다음과 같이 크게 4가지 유형으로 나눌 수 있다.

- 메가 인플루언서: 유명 연예인, 운동선수, 작가 등 대중에 이미 이름을 널리 알리고 있는 사람을 의미한다. 흔히 말하는 '셀럽'에 해당하는 이들로 수백만 명의 팬을 아우른다. 단기간에 제품과 브랜드 인지도를 높이기에는 쉽지만 광고주 입장에서는 비용부담이 크다.
- 매크로 인플루언서: 교수, 기자, 크리에이터 등 특정 타겟층에 영향력을 행사할 수 있는 각 분야 전문가를 뜻한다. 수만에서 수십만 명에 이르는 가입자나 팔로워를 확보하고 있는 온라인 커뮤니티 · 페이스북 페이지 · 블로그 · 유튜브 채널 등의 운영자도 여기 속한다. 매크로 인플루언서는 연예인처럼 직접 협찬문의가 오는 경우

도 많다.

- 마이크로 인플루언서: 1만 명 미만의 팔로워를 보유한 사람을 뜻한다. 셀럽에 비해 소통이 잘되기 때문에 팔로워는 쉽게 친밀감을 느끼고 충성도도 높은 편이다. 마이크로 인플루언서의 특징은 본업이 따로 있고 마케팅은 부업이라는 점이다. 거액의 비용이 필요한 메가 · 매크로 인플루언서와 달리 광고비가 저렴하고 제품할인이나 선 경험을 제공하는 것만으로도 섭외가 가능하다.
- 나노 인플루언서: 1천 명 미만 팔로워를 갖는 개인 블로거나 SNS 이용자다. 제품이나 브랜드에 대해 이야기할 의사는 있지만 파급력은 미미한 사람들이다. 할인 등 프로모션에 민감하게 반응하고 시간이 지날수록 영향력이 커질 가능성이 있기 때문에 주목할 필요가 있다.

② 메시지 효과에 대한 조사

메시지의 구조나 소구형태가 소비자 반응에 미치는 영향을 조사할 필요가 있다. 먼저, 메시지의 구조는 표적청중들에게 전달할 메시지 내용을 어떻게 구성할 것인지에 관련되며, 이에 대한 조사는 아래와 같이 구분된다.

- 메시지의 제시순서(order of presentation): 메시지의 핵심내용을 처음에 제시하느냐, 중간에 제시하느냐, 아니면 마지막에 제시하느냐와 같은 순서의 문제
- 메시지의 주장측면(message sideness): 자사제품의 장점만을 제시할 것이냐 아니면 제품의 장점과 단점을 함께 제시할 것이냐의 문제
- 결론도출여부(conclusion drawing): 표적청중에게 메시지의 결론을 명확하게 제시할 것인지 아니면 청중이 스스로 결론을 내리도록 할 것인지에 관한 문제
- 언어적/비언어적 메시지의 비율

메시지 소구(message appeal)의 유형은 비교광고, 공포소구, 그리고 유머소구 등으로 구분되는데, 각 소구유형의 효과에 대한 조사도 이루어져야 한다. 즉, 메시지 효과에 대한 광고조사는 메시지의 구조와 소구유형이 소비자의 인지, 이해, 확신 및 행동의 각 단계에 어떤 영향을 미치는가를 분석하는 것이다. 특히 경쟁사와 특정 이슈에 대한 논쟁이 발생했을 때 메시지 효과에 대한 이해는 광고활동의 성패를 좌우할 수 있다.

광고 Highlight

연예인 대신 유튜버, 광고모델이 달라지고 있다

존슨앤드존슨의 구강 청결제 브랜드 '리스테린'은 '헬씨 브라이트' 라인을 한국시장에 선보이면서 유명 연예인 대신 유튜버 하늘(채널명 '오늘의 하늘')을 내세웠다. 유튜버 하늘은 80만 4,000여 명의 구독자를 보유한 브래지어 피팅 모델이다. 화장법 동영상으로 유튜브에 데뷔한 후 브래지어, 브라렛(와이어가 없는 홑겹 브래지어) 등 속옷 착용법과 착용후기 등을 올리며 유명해졌다. 그가 등장한 해당 유튜브 광고 조회수는 215만 회를 기록했다. '광고를 보고 싶어서 누른 건 처음이다', '하늘 언니를 보려고 왔다' 등과 같은 댓글이 줄줄이 달렸다.

이처럼 광고모델로 유명 배우, 아이돌 대신 소셜네트워크서비스(SNS)에서 이름을 알린 인플루언서를 찾는 기업이 많아지고 있다. 유명 유튜버 등은 특정 소비층에서는 연예인만큼 인지도가 높을 뿐 아니라 실제 소비로 이어지게 하는 영향력을 발휘하기 때문이다. 비용도 연예인보다 적게 든다.

광고업계에서 가장 인기 있는 콘텐츠 크리에이터는 '먹방'과 '뷰티' 유튜버들이다. 라면, 과자, 화장품 등 생활 속 소비재를 다뤄 일반인에게 널리 알려져 있다. 농심은 지난달 먹방 유튜버 '엠브로'와 함께 10분짜리 안성탕면 콘텐츠를 선보였다. 농촌을 찾아가 농촌에서의 일상을 체험하고, 안성탕면을 먹고, 어르신들에게 라면을 전달하는 내용이다. 업로드 50여 일 만에 영상 조회수는 99만 9,500여 건에 달했다.

농심은 또 다른 먹방 유튜버 '급식왕'과 함께 '튀김우동 먹는 유형'이라는 동영상도 올렸다. 조회수가 500만 건에 달할 정도로 인기를 끌었다. 농심 관계자는 "10~20대 소비자를 겨냥해 앞으로도 적극적으로 유튜버 등 유명 인플루언서들과 손잡을 계획"이라고 말했다.

이처럼 최근 광고업계는 Z세대에게 효과적인 인기 유튜버들을 광고모델로 활용하면서 비용 대비 높은 광고효과를 누리고 있다.

자료원: 한국경제, 2019년 7월 24일자에서 발췌 및 수정

YouTube https://youtu.be/veJa12HJ9hw

제 목 튀김우동 먹는 유형ㅋㅋㅋㅋㅋ
검색어 농심 급식왕

③ 매체전략의 효과에 대한 조사

매체담당자는 매체관련 자료의 부족으로 과학적인 매체전략 수립에 어려움을 겪고 있다. 예를 들어, 잡지광고에서 단면광고와 양면광고 중 어떤 것을 사용하는 것이 효과적인가는 매체비클의 구체적 옵션을 결정할 때 중요한 문제이다. 그러나 개별 광고주나 광고대행사가 이러한 조사를 직접 수행하기는 어렵다. 조사에 지출하는 비용에 비해 효용가치가 낮기 때문이다. 그러므로 광고대행사와 관련 단체들이 공동으로 매체유형별, 매체비클별, 광고의 크기, 색상 및 위치에 따른 효과, 그리고 광고스케줄링 유형에 따른 효과를 측정할 필요가 있다.

매체평가는 기존 매체전략에 대한 평가와 더 나은 대안에 대한 평가로 구성된다. 매체전략에 대한 평가는 계획에 따라 전략이 이루어졌는지, 그리고 매체와의 계약조건이 제대로 수행되었는지에 대한 내용이 포함된다. 반면, 대안평가는 현 상황에서 기존의 매체전략보다 더 나은 결과를 가져다 줄 수 있는 매체믹스 전략, 매체수단 및 매체일정 등이 있는지에 관한 내용을 평가하는 것이다.

국내에서는 전문조사기관이 TV 시청률 자료를 정기적으로 수집하여 관련기관들에게 그 자료를 판매하고 있다. TV 시청률 조사는 광고와 프로그램에 대한 시청자의 행태를 파악하는 데 그 목적이 있다. 시청률 자료는 방송프로그램의 편성과 제작뿐만 아니라 효율적인 매체계획, 특히 매체비클 선정에 중요한 기초자료를 제공해 준다.

한편 다매체시대라고 불리는 현대 매체환경에서 방송사, 광고대행사, 광고주들은 각 매체별 효과가 아니라 다매체 통합 시청률이나 통합 광고효과, 매체 간 광고효과 비교를 정교하게 측정하는 데 관심을 두고 있다. 매체 간 통합 광고효과는 다양한 관점에서 살펴볼 수 있지만, 무엇보다 광고의 가장 기본적인 효과인 노출효과부터 분석할 필요가 있다. 통합노출효과의 측정을 통해 광고주들은 매체 간 과학적인 미디어믹스와 평가가 가능하며 광고의 노출과 소비자반응/매출 등의 비교를 통해 광고가 마케팅 성과에 얼마나 기여하는지 살펴볼 수 있다. 현재 해외/국내에서는 광고의 통합노출효과를 측정하기 위한 다양한 시도들이 이뤄지고 있으며 구체적으로 TV와 디지털에 집행한 광고노출의 통합이 진행되고 있다. 몇 가지 사례를 살펴보도록 하자.[3)]

3) 자료원: 이서용, 오리콤 브랜드 저널, 2016년 74호

해외의 경우 통합노출효과 측정을 위한 사업자들의 협업이 활발하며 분석을 위한 데이터가 방대하다는 점이 특징이 있다. 글로벌 크로스미디어 측정 기업인 컴스코어(ComScore)는 CIMM(Coalition for Innovative Media Measurement)을 포함한 다양한 사업자와의 파트너십을 통해 이종매체 간 통합노출을 측정하고 있다. TV와 라디오, PC, 스마트폰, 태블릿에서 ESPN 채널에 노출된 소비자를 통합적으로 측정한 'Project Blueprint'가 대표적인 사례이며 현재는 신디케이트 서비스를 통해 'Xmedia'로 불리는 통합노출효과 솔루션을 제공하고 있다. 클라이언트는 'Xmedia'를 통해 TV, 라디오, PC, 스마트폰, 태블릿에 집행하는 경우의 미디어믹스를 수립할 수 있으며 광고가 집행된 후 매체 간 효과를 분석할 수 있다.

> **CIMM(Coalition for Innovative Media Measurement)**: 미국의 크로스미디어 오디언스 측정 기관.

> **ESPN**: 미국의 스포츠 전용 케이블 채널로, 스포츠 방송과 이에 관련된 프로그램들이 24시간 방송됨.

미국 시청률 조사회사인 닐슨(Nielsen)은 'TAR(Total AD Ratings)' 서비스를 통해 TV와 디지털에 집행된 광고의 통합 시청률과 통합 GRP(Gross Rating Points: 일정 기간 동안의 광고 누적 시청률)를 제공한다. 측정매체는 TV, PC, 모바일이며, 패널을 통해 수집한 TV데이터과 디지털 매체사부터 수집한 PC, 모바일의 데이터를 결합하여 통합 시청률과 통합 GRP를 산출한다.

국내에서는 CJ E&M이 CIM(Cross-media Campaign's Integrated Measurement)을 통하여 TV, PC, 모바일에 집행된 광고의 통합 GRP, 도달률(reach), 도달빈도(frequency) 등을 산출함으로써 통합노출효과를 측정하고 있다.

> **CIM(Cross-media Campaign's Integrated Measurement)**: 이종매체에 집행된 캠페인의 통합광고효과를 측정하는 모델.

④ 광고예산에 대한 조사

광고예산에 대한 조사는 광고효과 측면에서 예산규모의 적절성을 평가하는 것이다. 마케팅활동 중 과학적인 의사결정을 내리기 어려운 분야 중 하나가 광고예산 결정과 관련된 문제이다. 광고예산 결정방법들은 크게 하향식 접근방법과 상향식 접근방법으로 나누어지고, 마케터는 가능하면 커뮤니케이션 목표를 먼저 고려하여 이를 달성하는 데

광고비	1,000,000	천원
TV 집행비중	70	% □ only
디지털 집행비중	30	% □ only
Total 집행비중	100	%

매체	GRP	CPRP (천원)	R1+ (%)	R3+ (%)	평균빈도
TV	228.8	3,059	44.3	22.3	5.1
디지털	96.7	3,103	24.2	8.2	4.0
Total	325.5	3,072	58.3	32.5	5.6

광고비	1,000,000	천원
TV 집행비중	90	% □ only
디지털 집행비중	10	% □ only
Total 집행비중	100	%

매체	GRP	CPRP (천원)	R1+ (%)	R3+ (%)	평균빈도
TV	295	3,051	49.0	25.9	6.0
디지털	31.2	3,208	11.5	3.4	2.7
Total	326.2	3,066	56.7	31.2	5.8

CIM 분석사례: TV와 디지털 믹스에 따른 사전효과 예측 분석 결과(믹스 비중이 7:3, 9:1인 경우)

필요한 비용을 광고예산으로 책정하는 상향식 접근방법을 사용하는 것이 바람직하다. 그러나 상향식 접근방식을 이용하는 데 필요한 기초자료가 충분치 않기 때문에 관리자의 판단에 의존하는 하향식 접근방식이 실무에서 많이 사용된다. 상향식 접근방식이 보다 자주 활용되기 위해서는 광고비와 매출액, 광고비(또는 GRP)와 인지도, 광고비와 선호도 간의 관계를 분석하는 보다 정교한 모형이 개발되고 이에 대한 자료가 축적될 필요가 있다.

2) 측정시기에 따른 분류

광고효과는 광고가 집행되기 전 또는 광고가 집행된 후 조사한다.

사전조사 사전조사(pretesting)는 광고를 집행하기 전에 실시하는 것으로, 조사의 목적은 컨셉을 개발하거나 개발된 아이디어의 적절성을 평가하는 것이다. 따라서 사전조사에서 측정되는 내용은 소비자가 광고를 볼 때 관심을 기울이는 부분, 광고를 본 후 기억하는 장면이나 문구, 광고에 대한 이해도 등이며 주로 특정 광고를 볼 때 즉각적으로 나타나는 반응들이다. 광고주와 광고대행사는 가능하면 광고집행 전에 효과조사를 실시하여 완성도를 높일 필요가 있다. 사전조사를 통해 광고의 컨셉이나 표현방식에 대한 소비자 반응이 확인되면 그만큼 광고집행에 대한 위험부담을 줄일 수 있다.

표 13-3 사전조사의 목적 및 내용

구분	내용
목적	• 광고 계획, 의도, 방향의 타당성 점검, 광고표현과 전달의 적절성 및 효율성 점검
내용	• 광고전략의 목표, 방향 확정 • 광고컨셉 비교, 사전평가 • 크리에이티브 컨셉 선정, 점검 • 광고 제작 방향 점검, 결정

사후조사 광고를 게재한 이후에 실시되는 광고효과와 관련된 모든 조사를 사후조사(posttesting)라고 한다. 즉, 소비자가 광고를 접촉하고 최종적으로 제품을 구매하기까지의 의사결정 단계에서 나타나는 광고효과를 측정하는 것이다. 사후측정의 목적은 사전측정에서 효과적이라고 평가된 광고물의 실제 효과를 확인하는 것으로, 이에 대한 구체적인 내용은 **표 13-4** 와 같다. 사후조사를 통해 분석된 자료는 차기 광고캠페인을 위한 기초자료로 사용된다.

표 13-4 사후조사의 목적 및 내용

구분	내용
목적	• 집행된 광고가 광고전략에 부합되는지를 점검하고, 소비자에게 미친 효과 측정
내용	• 광고목적에 따른 집행결과 평가 • 광고, 제품, 브랜드에 대한 인지, 재인조사 • 광고, 제품, 브랜드에 대한 상기조사 • 광고, 제품, 브랜드에 대한 태도조사 • 제품에 대한 구매의도 측정

3) 측정장소에 따른 분류

광고조사를 구분하는 마지막 기준은 조사장소로서, 조사가 이루어지는 장소에 따라 실험실 조사와 현장조사로 구분된다.

실험실 조사 실험실 조사(laboratory test)는 실험조건이 설정되어 있는 장소에서 광고메시지의 효과를 측정하는 방법으로, 실험참가자의 의견을 바탕으로 광고효과를 측정하게 된다. 이 방법은 조사자가 조사환경을 어느 정도 통제할 수 있으며 시간과 비용을 조절할 수 있는 장점이 있다. 그러나 실험실 조사는 TV를 시청하는 상황을 작위적으로 통제하기 때문에 광고에 대한 참가자의 관심이 실제보다 높아질 수 있다.

현장조사 현장조사(field test)는 광고가 실제로 노출된 시점에서 광고효과를 측정하는 것이다. 현장조사는 작위적인 통제를 하지 않으며, 프로그램 콘텐츠와 경쟁 메시지의 존재 여부가 미치는 영향을 설명할 수 있다는 장점이 있다. 그러나 현장조사는 상대적으로 시간과 비용이 많이 소요되기 때문에 조사결과를 즉각적으로 확인하기 어렵고, 조사활동이 경쟁사에게 노출될 위험도 있다.

(3) 광고효과 측정방법

광고효과의 측정은 광고 제작과 관련된 전 과정에서 발생한다. 광고효과 측정방법은 광고제작과정의 순서에 따라 컨셉 테스트, 광고 아이디어 테스트(prefinished art or copy test), 최종 광고제작물 테스트(finished advertisement test) 및 광고집행 후 테스트(market testing of advertisements)로 구분되며, 각 단계별 광고효과를 측정하는 방법은 그림 13-2

그림 13-2 광고제작과정에 따른 효과 측정방법

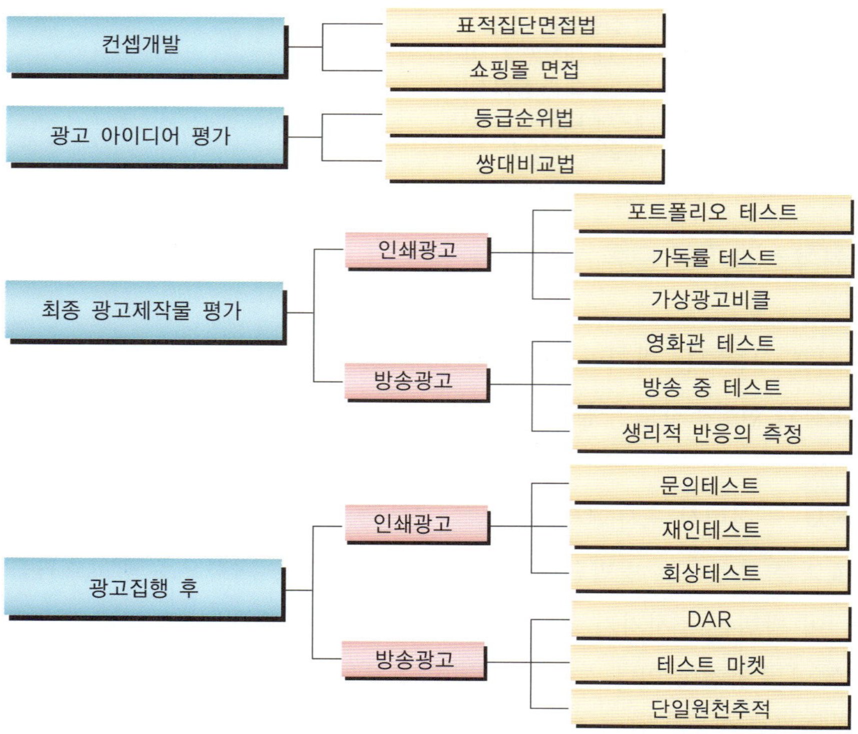

와 같다.

1) 컨셉 테스트

광고컨셉의 설정은 광고캠페인의 성공을 좌우한다. 따라서 광고관리자는 설정된 광고컨셉의 적절성을 확인하거나 또는 새로운 컨셉을 발견하기 위한 목적으로 조사를 실시하는 것이 바람직하다.

① 표적집단면접법

광고컨셉 테스트에 가장 흔히 사용되는 조사방식은 표적집단면접법(FGI: focus group interview)이다. 이 방법은 대체로 8명에서 10명의 소비자들을 회의실로 초청하여 토의를 진행한다. 예를 들어, 리바이스는 양복정장을 시장에 출시하면서 신제품 이름에 리바이스를 사용했을 때의 소비자 반응을 파악하기 위한 컨셉 테스트를 실시했다. 조사결과 리바이스의 '캐주얼한 이미지'가 양복정장 판매에 걸림돌이 될 수 있음을 확인했다. 토론 참가자들 대부분이 리바이스에서 양복정장을 판매한다는 것이 어색하다고 보고했는데, 그 이유는 리바이스를 떠올릴 때 '청바지'가 너무 강하게 연상되기 때문이었다. 이 결과를 토대로 리바이스는 신제품에 대한 마케팅전략 및 광고전략을 재검토했다.

표적집단면접법은 쉽게 시행할 수 있고 조사기간이 오래 걸리지 않는다는 장점이 있다. 그리고 전략수립 담당자가 토의내용을 직접 관찰(표적집단면접이 이루어지는 회의실 밖에서 관계자가 회의 진행 과정을 관찰할 수 있음)할 수 있기 때문에 보다 현장감 있는 자료 수집이 가능하다.

그러나 조사참가자 수가 한정되어 해당 조사결과로 전체 소비자 의견을 대표하기 어렵고, 조사결과를 계량화하기도 어렵다. 따라서 결과를 해석할 때 주의를 기울일 필요가 있다. 또한 참가자의 의견은 다른 참가자들(예: 자신의 주장을 강하게 말하거나 또는 이야기 자체를 좋아하는 참가자)로부터 영향을 받을 수 있으므로 토의를 주도하는 사회자의 역할이 매우 중요하다.

② 쇼핑몰 면접

광고컨셉에 대한 소비자 의견을 수집하는 또 다른 방법은 쇼핑몰 면접법(mall intercept interview)이다. 이 방법은 그룹 토의를 진행하는 것이 아니라 쇼핑몰에 있는 소비자들을 대상으로 질문, 척도, 순위 등을 사용하여 광고컨셉에 대한 평가를 수집하는 것이다. 이와 비슷한 조사방법으로는 트레일러 시험법이 있다. 이 방법은 특수 설비를 갖춘 트레일러를 수퍼마켓이나 쇼핑센터 근처에 세워두고, 쇼핑객들을 대상으로 특정 광고를 관람하도록 한 다음 그에 대한 반응을 질문하는 것이다. 이 두 가지 방법은 참가자들이 쇼핑을 즐기는 젊은 층일 확률이 높고, 자발적으로 조사에 참여한 경우 조사참가자의 대표성이 결여된다는 단점이 있다.[4)]

한편 신제품 광고의 경우 컨셉개발 테스트는 소비자의 정확한 반응을 파악하기 어렵다는 단점이 있다. 대부분의 컨셉개발 테스트가 제품 없이 진행되거나 또는 제품의 외관만 보여준 후 소비자의 반응을 파악하는 형식으로 진행되기 때문이다. 최근 이러한 문제를 보완하기 위해 자연주의적 연구방법의 특징을 이용한 심층면접 방식이 시도되고 있다.

2) 광고 아이디어 평가

최종광고물을 제작하기 전 광고 아이디어를 사진이나 그림의 형태로 표현하여 이에 대한 소비자 반응을 확인하기도 한다. 이러한 조사에서는 광고 아이디어가 광고의 핵심개념을 잘 표현하고 있는가, 주의를 유발하는가, 광고내용이 이해하기 쉬운가 등을 점검한다. 특별히 정해진 방식이 없으며 그룹면접 또는 개별면접을 통하여 소비자 반응을 측정하는 것이 일반적이다.

그 중 많이 사용하는 방식은 소비자 평가단을 활용하는 것인데, 즉 소비자 평가단을 구성하여 이들이 여러 가지 광고 아이디어를 비교 · 평가하도록 하고, 최종적으로 가장 선호하는 아이디어를 선정하는 방식이다. 이러한 조사방식은 조사의 통제력을 높일 수 있고 비용 측면에서 효율적이라는 장점이 있다. 여러 가지 아이디어 대안을 비교 · 평가하는 방법으로는 등급순위법(order of merit method)이나 쌍대비교법(paired comparison method)이 주로 사용된다.

4) 이두희, 광고론, 서울: 박영사, 2009, p. 464.

① **등급순위법**

이 방법은 소비자 평가단이 일련의 광고 아이디어를 본 후 호감도에 따라 각 대안들의 순위를 매기는 것이다. 응답자는 6~7개 정도의 일련의 광고물을 본 후, 호감도나 이해용이성과 같은 기준을 바탕으로 광고물에 순위를 부과한다. 각 응답자의 등급점수를 합한 총점을 기준으로 광고물을 선정하게 된다.

② **쌍대비교법**

이 방법은 두 개의 아이디어 대안을 보여주고 선호하는 대안을 선택하도록 하는 것인데, 모든 대안의 비교가 이루어질 때까지 평가가 계속된다. 이러한 비교 과정에서 컨셉 반영 정도, 예상치 못한 부정적인 반응, 광고물의 구도(layout) 또는 광고카피에 대한 의견과 같은 다양한 자료들이 수집될 수 있다. 이는 최종제작물의 완성도를 높이기 위해 유용하게 활용될 수 있다.

3) 최종 광고제작물 평가

외국의 경우 광고 아이디어뿐만 아니라 최종 광고제작물에 대한 평가를 실시하는 경우가 자주 있다. 최종광고물에 대한 평가는 실제상황과 유사한 환경을 조성한 후 소비자들로부터 평가를 받을 수 있다는 장점이 있다. 예를 들어, 여러 개의 실제 광고(여러 브랜드들의 광고를 편집함)를 보여준 후 광고에 대한 반응을 파악할 수 있다. 국내의 경우 광고컨셉 및 광고 아이디어 평가를 위한 조사는 간혹 실시되기도 하지만 최종제작물에 대한 평가는 거의 실시되지 않는다. 많은 비용을 들여서 제작된 광고를 포기하는 것을 꺼려할 뿐만 아니라 광고물 평가를 위한 조사를 실시할 만큼 충분한 시간적 여유가 없기 때문이다. 이하에서는 외국에서 자주 실시되고 있는 최종광고물 테스트방법을 인쇄광고와 방송광고로 구분하여 간략히 설명하기로 한다.

① **인쇄광고물에 대한 테스트**

■ 포트폴리오 테스트

포트폴리오 테스트(portfolio test)는 실험의 한 종류로서 테스트를 실시하기 위해 모의광고집이 준비된다. 모의광고집은 평가하려는 광고물과 기타 광고물들로 구성된 책자를 말하는데, 조사참여자들은 원하는 시간만큼 모의광고물을 읽은 후, 광고물에 대한 회상 내용을 기록한다. 이후 조사참여자들이 기억한 내용을 토대로 최종광고물의 광고효과를 평가한다.

■ 가상 광고비클

가상 광고비클(dummy advertising vehicle)은 실제상황에 가까운 상황을 연출하기 위하여 모의잡지를 만들어 조사를 실시하는 것이다. 이는 광고물 외에 기사내용도 함께 포함하는 잡지를 만들어 그 잡지를 구독하게 한 다음 광고물에 대한 기억을 측정하는 방식이다.

■ 가독률 테스트

가독률 테스트(readability test)는 플레쉬(Flesch) 공식으로 알려져 있는데, 이를 처음으로 고안한 루돌프 플레쉬의 이름을 딴 것이다. 이 방식은 100단어당 음절의 평균수를 계산하여 카피의 가독성을 평가한다. 조사결과에 의하면 문장이 짧고 단어가 구체적이고 친숙하며 개인적인 경험이 들어간 카피가 가장 이해하기 쉬운 카피인 것으로 나타났다. 이 방식은 면접원의 편견이 배제될 수 있고 비교적 객관적인 점수를 산정할 수 있다는 장점이 있는 반면, 계산이 너무 공식적이고 소비자의 의견이 충분히 반영되지 않는다는 단점이 있다.

② 방송광고물에 대한 테스트

방송광고에서 최종제작물을 평가하기 위해 실시되는 조사에는 영화관 테스트(theater tests), 방송 중 테스트(on-air tests), 생리적 반응의 측정(physiological measure) 등이 있다.

■ 영화관 테스트

이 방법은 방송광고제작물의 평가에 가장 자주 사용되는 방법으로, 도시에 있는 영화관에서 광고물을 실제로 방영한 다음 이에 대한 소비자 반응을 조사하는 것이다. 보통 250명에서 600명에 이르는 소비자를 영화관으로 초대하여 프로그램과 광고를 시청하게 한 다음 설문지에 응답하도록 요구한다. 설문지에서 조사되는 내용은 상황에 따라 다르지만 대체로 광고에 대한 관심과 흥미, 광고에 대한 인지도와 회상률, 기억하는 내용 등이 포함된다.

- 방송 중 테스트

이 방법은 영화관 테스트와 비슷하지만, 실제 TV 프로그램에 최종 광고제작물을 삽입하여 시청자에게 보여준다는 점에서 다르다. 방송 중 테스트는 선정된 지역의 소비자들에게 광고를 보여준 후 하루가 지난 다음 기억하는 정도를 측정한다. 신제품 광고를 테스트하는 경우 광고를 보여주고 난 후 광고에 대한 기억만을 측정하는 반면, 기존제품 광고를 테스트하는 경우 광고방영 이전의 측정치와 광고방영 이후의 측정치를 비교하여 평가해야 한다. 이 방식은 소비자가 실제로 TV를 시청하는 상황에서 광고에 대한 기억을 측정하기 때문에 광고효과를 비교적 정확하게 측정할 수 있다.

- 생리적 반응의 측정

이 방법은 광고에 대한 생리적 반응을 기계로 측정하여 광고효과를 평가하는 것으로 위의 방법에 비해 자주 사용되지는 않는다. 생리적인 반응을 측정하는 방법에는 동공계측법(pupil dilation), 갈바닉 피부반응법(galvanic skin response), 눈동자 추적법(eye tracking), 뇌파측정법(EEG: electroencephalogram), 그리고 최근 마케팅 연구의 관심사로 떠오른 뉴로마케팅의 주요 수단인 기능적 자기공명영상기법(fMRI: functional Magnetic Resonance Imaging) 등이 있다.

- 동공계측법: 눈동자의 크기를 측정하여 광고에 대한 반응(눈동자의 크기가 작으면 광고에 대한 긍정적인 반응을 의미하고 눈동자의 크기가 크면 부정적인 반응을 의미함)을 추정하는 것이다.
- 갈바닉 피부반응법: 피실험자의 피부와 손바닥에 두 개의 아연자극을 부착시켜 손바닥의 땀을 측정하는 갈바노미터(galvanometer)를 사용한다.
- 눈동자 추적법(eye tracking): 피실험자의 눈동자 움직임을 통해 광고에 노출된 피실험자의 관심대상과 관심을 보이는 순서, 빈도 등을 조사한다.
- 뇌파 측정법: 기계를 이용하여 광고에 노출된 피실험자의 두뇌활동을 조사하는 것으로, 알파활동(alpha activity)을 측정하는 경우가 많다. 알파활동 측정치는 광고정보에 대한 관심과 처리 정도를 추정하는 데 사용된다.
- 기능적 자기공명영상기법(fMRI): 뇌-신경혈류 간의 상호작용을 이미지로 나타냄으로

써 광고자극에 뇌의 어떤 영역이 민감하게 반응하는지를 보여주는 방식이다. 이는 실험 참가자들이 의식할 수 없는 반응을 대뇌 혈류량 이미지를 통해 확인하는 것이다. 예를 들면 우리가 냄새를 맡는 데 집중하고 있으면 후각을 담당하는 뇌의 부분이 fMRI 사진에서 밝게 나타난다. 반면 우리가 무언가를 골똘하게 기억하거나, 기억을 끄집어내려 한다면 기억과 사고를 담당하는 전두엽, 즉 뇌의 앞부분이 밝게 나타난다.

4) 광고집행 후 테스트

앞에서 설명한 세 가지 종류의 테스트들은 공통적으로 보다 나은 광고물을 제작하기 위하여 실시되는 조사인 반면, 광고가 집행된 이후 실시되는 테스트들은 조사결과를 차기의 광고전략에 반영하기 위하여 실시된다. 광고집행 후 테스트도 인쇄광고에 대한 조사와 방송광고에 대한 조사로 구분된다.

① 인쇄광고에 대한 광고집행 후 테스트

인쇄광고에 대한 광고집행 후 테스트는 문의테스트(inquiry test), 재인테스트(recognition test), 회상테스트(recall test) 등이 있다.

광고 Highlight

뇌파로 화장품 선호도 분석하는 '뉴로마케팅'이 뜬다

국내 화장품 업계에서 '뉴로마케팅(neuro marketing)'이 부상하고 있다. 뉴로 마케팅은 뇌과학 기술을 이용해 소비자가 무의식적으로 느끼는 심리와 행동을 연구하고 이를 제품 개발 · 개선, 광고효과 측정 등에 활용하려는 시도다. 최근 뇌신경 과학의 연구성과가 급속히 발전하면서 전자 · 화장품 · 자동차 · 이동통신 분야의 대표 기업을 중심으로 뉴로마케팅이 확산되는 추세다.

국내 화장품 업계에서는 아모레퍼시픽이 뉴로마케팅을 도입하는 초기 단계다. 아모레퍼시픽 연구개발(R&D) 유닛 '고객감성 랩(Lab)'은 뇌신경 과학을 바탕으로 고객반응을 연구하고 있으며 향후 제품개발 · 마케팅 등 다방면으로 활용한다는 계획이다. 아모레퍼시픽은 '아이오페 스킨위크'에서 고객들이 '뇌파 측정(EEG)'을 경험해 볼 수 있는 공간을 마련했다. 권구상 고객감성 랩 연구원은 "'덴츠 사이언스잼'의 뇌파 장비와 '이모션 애널라이저'를 사용해 고객의 실시간 감정 변화를 포착할 수 있다"고 설명했다.

이처럼 아모레퍼시픽을 비롯한 글로벌 기업들이 뉴로마케팅을 적극 도입하는 것은 소비자가 무의식적으로 느끼는 감성을 보다 정확하게 측정하기 위해서다. 일반적으로 전통적인 소비자 조사방법은 정확성이 떨어지는 편이다. 일부 소비자들은 기업의 설문조사에 거짓말을 하는 경향이 있는 데다, 스스로도 왜 특정 상품을 선호하는지 의식하지 못하는 경우가 많기 때문이다.

그러나 뇌 영상 촬영, 뇌파 측정, 시선 추적 등 뇌과학 기술을 이용하면 소비자의 뇌세포 활성화나 자율신경계 변화를 측정해 소비자 심리와 행동을 이해하고 이를 마케팅에 활용할 수 있다. 대표적인 예로 기아는 중대형차 'K7'의 이름을 뇌과학을 이용해 지었다. 200여 명의 소비자를 대상으로 임상실험을 진행해 뇌가 가장 강렬하게 반응하는 알파벳 'K'를 선택하고, 여기에 승리를 뜻하는 숫자 '7'을 합성해 'K7'을 탄생시켰다.

현재 로레알, 켈로그, 코카콜라, 나이키, 루이비통모에헤네시(LVMH) 등 글로벌 기업들은 뉴로마케팅을 신제품 개발, 디자인 개선, 매장 디스플레이 · 동선 개선, 웹사이트 사용자 환경(UI) 개선 등에 활용하고 있다.

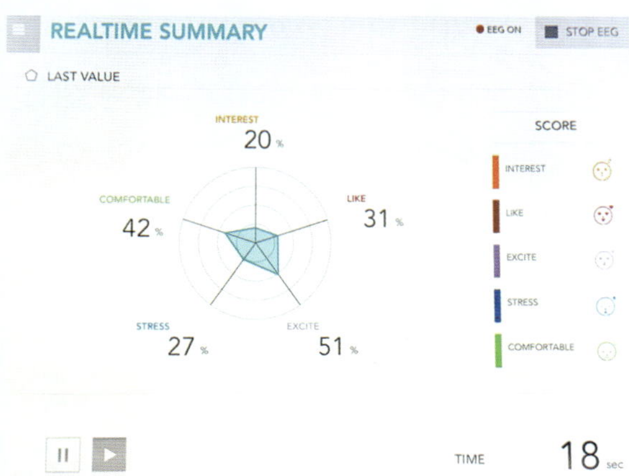

'관심, 호감, 신남, 스트레스, 편안함' 5가지 감정지표에 대한 뇌파 측정 화면

자료원: 헤럴드경제, 2019년 5월 15일자에서 발췌 및 수정

■ 문의테스트

문의테스트(inquiry test)는 집행된 광고물에 대한 소비자들의 문의를 토대로 광고효과를 측정하는 것이다. 소비자들의 문의는 여러 가지 형태로 나타날 수 있는데, 쿠폰의 회수량이나 전화 · SNS · 앱 문의 등을 통한 직접문의가 포함된다. 마케터는 문의테스트를 이용하여 다양한 광고효과를 측정할 수 있다. 같은 매체비클에 반복하여 광고를 집행한 후 광고의 누적효과를 점검하거나 같은 광고를 다른 매체비클에 집행한 다음 매체별 효과를 비교할 수 있다. 또한 같은 신문이나 잡지에 서로 다른 두 개의 광고를 집행한 후 광고지면의 위치에 따른 효과를 측정할 수도 있다. 이 방식은 사용하기 편리하며 비용이 저렴하다는 장점을 갖는 반면, 소비자 반응을 측정하는 데 오랜 시간이 걸리고 문의 횟수를 가지고 광고효과를 정확히 평가하기 어렵다는 단점이 있다. 독자가 실제로 광고에 많은 관심을 갖고 있거나, 광고정보를 처리했음에도 시간적 제약이나 다른 이유로 인해 문의하지 않을 수도 있다.

■ 재인테스트

재인테스트(recognition test)는 인쇄광고의 광고집행 후 테스트 방법 중 가장 빈번하게 사용되고 있다. 대표적으로 스타치 열독률보고서(Starch readership report)는 100개가 넘는 잡지와 신문으로부터 75,000개의 광고물에 대한 재인율을 측정하여 광고효과에 관한 정보를 제공한다. 재인테스트의 질문방식은 **그림 13-3**과 같다.

스타치사는 이와 같은 질문에 대한 반응을 토대로 주목한 독자(noted reader), 연상한 독자(associated reader), 그리고 대부분 읽은 독자(read-most reader)로 구분하여 응답자 비율을 작성하며, 이와 함께 헤드라인, 그림이나 사진, 광고내용, 브랜드나 회사명 등의

그림 13-3 재인테스트 질문방식

"예/아니오"만 하면 될 정도로 직접적인 단서를 제공한다.

✓ 이 광고의 한 부분이라도 읽거나 본 적이 있습니까?
✓ 특히 어느 부분을 보았습니까?
(예: 광고의 헤드라인, 일러스트레이션, 시그너쳐, 카피 등)
✓ 이 광고는 즉각적으로 브랜드와 연관되어집니까?
✓ 왜 이 광고가 기억에 남습니까?

각 부분에 대하여 어느 정도의 비율로 보았는지를 분석한다.

스타치사는 이 보고서가 신문광고의 다양한 효과를 측정하고, 경쟁사 광고의 효과도 측정하며, 보고서에 기록된 점수는 독자들의 광고에 대한 관여도 수준을 반영한다고 생각한다. 그러나 광고효과측정의 전문가들은 스타치사의 보고서가 응답자의 거짓응답(false claiming)을 발생시킬 수 있다고 지적한다. 응답자는 실제로 그 광고를 본 적이 없음에도 불구하고 본 것으로 응답할 수 있다. 이에 대해 스타치사는 측정 광고물의 숫자가 증가하면서 열독률 점수에 대한 신뢰성과 타당성이 증가하기 때문에 거짓응답 오류는 큰 문제가 되지 않는다고 반박했다.

■ 회상테스트

회상테스트(recall test)는 소비자가 스스로 기억하는 브랜드나 광고내용을 파악하기 위한 조사이다. 대표적인 방식은 SRI 프린트 플러스 테스트(print plus test)와 갤럽과 로빈슨에 의해 사용되는 임팩트 테스트(impact test)이다. 이들은 방송광고의 사전테스트 방식에서 사용되는 회상측정방식(특정 광고에서 기억나는 장면이나 문구를 이야기해 달라고 요청하는 것)과 유사하다. 회상테스트는 소비자의 기억에 미치는 영향을 가장 정확하게 측정한다는 장점을 갖지만, 측정된 회상점수가 실제의 기억을 과소평가하는 경향이 있다는 지적이 있으므로 결과 해석에 주의를 기울일 필요가 있다.

② 방송광고에 대한 광고집행 후 테스트

방송광고에 대한 광고집행 후 테스트에는 일일 후 회상조사, 테스트 마케팅, 단일원천 추적조사가 있다.

■ 일일 후 회상조사

일일 후 회상조사(DAR: Day After Recall test)는 방송광고에서 가장 흔히 사용되는 것으로 버크(Burke)테스트로도 알려져 있다. DAR은 광고가 방영되고 하루가 지난 후 해당 프로그램을 시청한 200명의 사람들을 대상으로 전화면접을 실시한다. 이 조사방법은 보조회상(aided recall)과 비보조회상(unaided recall)을 측정하는데, 측정을 위한 질문은 **그림 13-4**와 같다.

이 방법은 실제상황에서 자료를 수집하는 현장조사이기 때문에 비교적 조사결과의

광고 Highlight

마케팅 조사회사 갤럽과 로빈슨의 조사방식과 재인 및 회상의 다양한 측정방식

1. 갤럽과 로빈슨의 조사방법에 대한 개요

조사목적: 잡지에 등장하는 광고의 효과를 측정하기 위하여 광고에 대한 회상을 추적한다.
조사방법: 응답자의 집에 있는 잡지를 대상으로 조사를 실시하는데, 조사자는 응답자에게 집에 있는 잡지를 특정일에 읽을 것을 요구하고 하루가 지난 후 광고에 대한 기억을 전화면접으로 측정한다. 조사내용은 광고정보에 대한 회상, 카피 소구점에 대한 기억, 광고에 대한 응답자의 전반적인 인상 등이 포함되며, 표본의 크기는 150명 정도이다.
보고서 양식: 조사결과에는 1) 광고를 기억한 응답자의 비율, 2) 응답자가 기억한 주요 광고정보의 숫자, 3) 제품 및 광고에 대한 태도 등이 보고된다.

2. 광고에 대한 재인과 회상에 관한 다양한 측정방식

광고에 대한 인지도를 측정하기 위하여 주로 사용되는 것이 재인과 회상이다. 재인은 응답자의 기억 속에 특정 정보가 존재하고 있는지를 확인하는 것이고, 회상은 응답자가 습득한 정보를 기억에서 인출해 낼 수 있는가를 측정하는 것이다. 응답자가 광고정보에 대하여 회상을 하였으면 대부분 그 정보를 재인하고 있는 것으로 볼 수 있으나, 광고정보를 재인하더라도 이를 회상하지 못하는 경우가 있다.

회상을 측정하는 방법은 보조회상과 무보조회상으로 구분될 수 있는데, 보조회상은 응답자에게 정보를 인출하는 데 도움이 되는 단서(que)나 힌트를 제시하면서 회상능력을 측정하는 것이고, 무보조회상은 어떤 단서나 힌트를 제공하지 않고 회상능력을 측정하는 것이다. 대부분 회상에 대한 순서도 측정되는데, 처음으로 회상되는 제품이나 광고가 보다 광고효과가 큰 것으로 간주된다.

한편 재인을 측정하는 방법에는 양자택일형(yes–no recognition), 강제선택형(forced–choice test), 일괄시험형(batch–testing procedure)이 있다. 양자택일형은 조사참여자의 응답을 예–아니오로 제한하는 경우이고, 강제선택형은 여러 가지 보기를 제시하고 그 중에서 질문에 적합한 답을 고르는 방식이다. 그리고 일괄시험형은 여러 개의 정답과 오답을 함께 주어 그 중에서 정답을 모두 고르게 하는 방식이다.

그림 13-4 일일 후 회상조사의 질문방식

비보조회상: 응답자 스스로 광고를 회상

✓지난 밤 ○○프로그램을 시청하는 동안 ××제품군에 대한 광고를 보신 적이 있으십니까?
✓보셨다면, 브랜드를 기억하십니까?
✓기억하신다면, 광고를 설명해 주시겠습니까?

보조회상: 응답자가 기억을 못하면 광고를 제시한 후 질문

✓ 지난 밤 ○○프로그램을 시청하는 동안 ××브랜드에 대한 광고를 보신 적이 있으십니까?

신뢰성이 높으나 다음과 같은 문제점을 지닌다. DAR방식에서는 감성적 소구보다 이성적 소구가 더 좋은 점수를 얻는 것으로 보고된다. 이는 응답자에게 회상 메시지를 말로 표현하도록 요청하는 형태이므로 이성적인 광고가 더 표현하기 쉽기 때문이다. 이에 따라 감정적 반응에 대한 측정시도도 다양하게 전개되고 있다. 또한 DAR에서는 조사대상자가 미리 선정되는데, 선정된 조사대상자가 의식적으로 광고에 많은 관심을 보임으로써 회상점수가 실제보다 높게 나타날 가능성도 있다.

■ 테스트 마켓

테스트 마켓(test market)은 전국적으로 광고를 집행하기 전 선정된 일부 지역에 국한하여 광고를 실제로 집행한 후 효과를 측정하는 것이다. 이때 전국 소비자의 프로파일을 대표하는 지역을 선정하는 것이 중요하다. 이 조사에서는 광고의 위치와 관련된 효과에서부터 광고예산의 적절성, 매체믹스의 적절성 등 매우 다양한 광고효과를 측정할 수 있다. 또한 광고효과를 있는 그대로 평가할 수 있다. 그러나 테스트 마케팅은 상당한 비용과 시간이 투입되어야 하며 조사기간 동안 경쟁사에게 자사의 마케팅전략 또는 광고전략이 노출될 위험이 존재한다.

■ 단일원천 추적조사

단일원천 추적조사(single-source tracking test)는 TV시청부터 제품구매에 이르기까지 전 과정을 추적하는 조사를 의미한다. 케이블TV에 가입한 소비자들로 구성된 조사참여자(패널)들은 조사기관으로부터 슈퍼에서 사용할 수 있는 카드를 제공받는데, 이 카드는 쇼핑이 이루어진 매장에서 신용카드와 같은 구매대금결제수단이 된다. 이 카드를 통해 소비자의 구매기록이 자동적으로 기록되며 이러한 자료는 TV시청과 구매행동 간의 관계를 분석하는 데 이용된다. 단일원천 추적조사는 소비자들의 구매행동을 측정한다는 장점이 있지만, 단기적인 매출효과의 측정에 국한되며 수집되는 자료가 너무 방대하여 분석이 쉽지 않고 상당한 비용이 든다는 단점이 있다.

국문색인

영문색인

안광호 교수는 인하대학교 경영학과 교수로 재직하고 있다. 그는 한국 외국어대학교 무역학과를 졸업하고 서울대 대학원 경영학과에서 석사과정을 수료한 다음 미국 NYU(New York University)에서 마케팅을 전공하여 경영학 석사와 박사학위(Ph. D.)를 취득했다. 그의 관심분야는 소비자행동, 브랜드 관리, 마케팅 커뮤니케이션, 마케팅 전략 등이며, 이러한 관심분야에서 활발한 연구 및 저술 활동을 하고 있다. 그는 Journal of International Retailing, Management Decision, International Journal of Contemporary Hospitality Management, The International Journal of Human Resource Management, 『마케팅 연구』, 『한국마케팅 저널』 『소비자학 연구』, 『경영학 연구』, 『마케팅 관리연구』, 『광고학 연구』 등 국내외 유명 학술지에 100편 이상의 논문을 발표하였으며, 『고객지향적 마케팅』, 『소비자 행동』, 『마케팅 조사원론』, 『유통관리』, 『유통원론』, 『광고관리』, 『촉진관리』, 『전략적 브랜드 관리』, 『마케팅 전략』, 『사회과학 조사방법론』, 『패션마케팅』 『서비스마케팅』 등의 마케팅관련 저서와 『브랜드 파워』, 『브랜드의 힘을 읽는다』, 『SHOW』, 『정서 마케팅』, 『정서지배 소비자행동』, 『행동경제학 관점에서 본 소비자 의사결정』, 『행동적 의사결정론』, 『감정을 팔아라』, 『정서:n 소비자행동』 등의 단행본을 출판하였다. 2013년에는 경영학분야의 세계적 석학인 Kotler 교수와의 공동 저술작업을 통해 글로벌 베스트셀러 대학교재인 『마케팅 입문(Marketing: An Introduction)』 한국어 판을 출간했다.

한국마케팅학회 학회장, 한국광고학회 학회장, 한국소비자학회 학술지 『소비자학 연구』의 편집위원장과 한국광고학회 학술지 『광고학 연구』의 편집위원장을 역임하였으며, 한국마케팅학회, 한국소비자학회, 한국경영학회, 한국소비문화학회, 한국마케팅관리학회, 한국광고학회의 부회장 및 상임이사를 역임하였다. 2001년 한국소비자학회 최우수 논문상을, 2009년 한국경제신문 학술자상을 수상했다. 그리고 2012년 한국조사연구학회 한국갤럽학술논문상을, 2013년 한국광고학회 제일기획 학술상과 동아일보 '2013 한국의 최고경영인상'에서 한국의 최고경영학자상을 수상했다. 그는 인하대학교에서 2003년 우수연구업적 교수상을 수상하기도 하였다.

평소 영화 · 공연관람과 와인을 즐기며, 에릭클랩튼과 빌리 조엘, 그리고 고 이영훈님의 음악을 즐겨 듣는다. 방학이면 낯선 이국땅에서 배낭여행을 즐기며 잠시 일상에서 벗어난 시간을 갖곤 한다.

이유재 교수는 현재 서울대학교 경영대에서 교수로 재직 중이다. 서울대학교에서 경영학을 전공하고 스탠포드대학교에서 한국인 최초로 경영학 박사학위를 취득한 후, 미시간대학교에서 교수로 재직하며 정년보장을 받은 바 있다.

주요 저서로는 『서비스마케팅』, 『고객가치를 경영하라』, 『죽은 CRM, 살아있는 CRM』, 『광고관리』 등이 있다. 미국마케팅과학회 최우수논문상, 한국경영학회 중견경영학자상, 한국마케팅학회 최우수논문상, 한국소비자학회 최우수논문상, 서울대학교 학술연구상 등을 수상했으며 한국학술진흥재단 우수학자, 과학기술한림원 정회원으로 선정되었다.

미국소비자학회 자문위원, 한국소비자원 비상임이사, 한국마케팅학회장, 한국소비자학회장, 서비스마케팅학회장, 서울대학교 경영연구소장 등을 역임했으며, 한국서비스품질지수, 공공기관고객만족도지수 등 널리 사용되고 있는 서비스 품질모형을 개발했다. 우리의 삶 자체가 '서비스'이며 미래에는 모든 산업이 '서비스업'으로 변할 것으로 확신하고 국내외 저명 학술지에 170여 편의 논문을 발표하며 국내 기업의 서비스 품질향상 및 국민의 행복증진을 위해 꾸준히 노력하고 있다.

유창조 교수는 소비자행동과 마케팅 커뮤니케이션 분야에서 국내 최고의 권위자로 알려져 있다. 연세대 경영학과, University of Oregon에서 MBA, University of Arizona에서 경영학 박사학위(마케팅 전공)를 취득한 후, 현재 동국대학교 경영학과 교수로 재직하고 있다.

유창조 교수는 저서, 논문, 학술활동을 통해 학계에 다양한 활동과 기여를 하고 있다. 주요 저서로는 『사랑받는 기업의 비밀』, 『광고관리』, 『촉진관리』 등이 있고, Psychology & marketing, Journal of Business Research, International Journal of Advertising 등과 같은 SSCI급 저널과 마케팅연구, 소비자학연구, 광고학연구 등 국내 저명학술지에 130여 편의 논문을 발표한 바 있다. 그의 이러한 학술활동은 학계에서 인정받아 마케팅연구, 소비자학연구 등 학술지에서 최우수논문상을, 갤럽에서 학술논문상을, 동국대학교에서 우수연구교원상을, 소비자학회와 경영학회에서 최우수 논문심사자상을 수상한 바 있다. 또한, 유창조 교수는 학술활동의 리더십을 인정받아 한국경영학회, 한국마케팅학회, 한국소비자학회, 한국광고학회 회장을 역임한 바 있고, 소비자학연구 편집위원장, 마케팅관리연구 편집위원장직을 수행하면서 학술지 편집에도 기여했다.

유창조 교수는 경영활동을 통한 더 좋은 세상을 만드는 데 일조하기 위해 CSV 소사이어티 사무총장을 맡아 운영한 바 있고 2020년 대한민국 지속가능경영 포럼을 창립해 이사장직을 수행하고 있다. 이 외에도 서울시청, 관광공사, 우정사업국, 환경산업기술원 등 다수의 공공기관 자문위원과 현대자동차, CJ, SK텔레콤, 현대백화점 등 20여 개 기업의 자문과 프로젝트를 진행한 바 있다.

유창조 교수는 현재 마케팅관련 강의 및 연구활동이 학자로서의 소명임을 명심하고 연구에 매진하고 있고 이러한 활동에 대한 열정의 원천인 아내와 두 아들들의 사랑과 지원에 대한 깊은 감사를 드린다.

광고관리(제4판)

안광호 · 이유재 · 유창조 지음

1판 1쇄 발행 2004년 8월 25일
2판 1쇄 발행 2010년 2월 10일
2판 5쇄 발행 2013년 1월 10일
3판 1쇄 발행 2014년 2월 28일
3판 9쇄 발행 2020년 3월 3일
4판 1쇄 발행 2020년 8월 30일
4판 4쇄 발행 2024년 7월 30일

발행인 회장 박 철 용
대표 박 세 원

발행처 학 현 사
우. 10881 경기도 파주시 직지길 522 파주출판도시
전 화 031) 955-8700(대표)
팩 스 031) 955-8705
메 일 hhspub@chol.com
hhspub@daum.net
http://www.hakhyunsa.com

출판등록 1992년 6월 20일
등록번호 제 406-2004-000033호
ISBN 978-89-5853-521-8
정가 35,000원